최신 개정판

파고다
HSK

5급
급
종합서

PAGODA **Books**

파고다 HSK 5급 종합서

초판 1쇄 발행	2016년 6월 27일
개정판 1쇄 인쇄	2020년 1월 2일
개정판 1쇄 발행	2020년 1월 2일
개정판 7쇄 발행	2024년 1월 26일

지 은 이 | 김미나
펴 낸 이 | 박경실
펴 낸 곳 | **PAGODA Books** 파고다북스
출판등록 | 2005년 5월 27일 제 300-2005-90호
주   소 | 06614 서울특별시 서초구 강남대로 419, 19층(서초동, 파고다타워)
전   화 | (02) 6940-4070
팩   스 | (02) 536-0660
홈페이지 | www.pagodabook.com

저작권자 | © 2020 파고다북스

ISBN 978-89-6281-835-2 (13720)

파고다북스	www.pagodabook.com
파고다 어학원	www.pagoda21.com
파고다 인강	www.pagodastar.com
테스트 클리닉	www.testclinic.com

인사말

몇 년 전만 해도 HSK 5급 시험은 중국어 전공자 혹은 중국어를 학습한 시간이 2~3년 정도 된 사람들이 도전을 했었지만, 현재는 신 토익과 함께 취업에 있어 절대 빠질 수 없는 조건 가운데 하나가 되었고, 전공자는 물론 많은 분야의 다양한 사람들이 HSK 5급 시험에 참가하고 있습니다.

HSK에 도전하는 학습자가 늘어나는 만큼 각자에게 맞는 공부 방법을 찾는 학습자들도 늘어나는 추세입니다.
특히나 독학으로 학습하는 학습자의 경우에는 어떤 것을 공부하고, 어떤 것을 중점적으로 봐야 하는지 알 수 없어 학습에 불편을 겪고 있을 것이라 생각합니다.

현장에서 학습자들과 만나 그들의 이야기를 들어주고 공감해주며 10여 년의 강사 생활을 해 온 저로써는 학습자들의 불편과 불만을 해소할 만한 도서를 집필하고 싶었습니다. 단기간에 목표 급수에 합격하고 싶은 학습자들의 희망을 누구보다 잘 알고 있기에 제가 가지고 있는 10여 년의 데이터와 제노하우를 모두 집약하여 개정판을 출간하였습니다.

시험 출제 경향은 해마다 달라지고 있고, 자주 출제되는 어휘나 표현도 매년 바뀌고 있습니다. 최근 시험 출제 경향을 철저하게 분석하여 학습자들이 꼭 공부해야 할 것만 액기스처럼 뽑아냈습니다. 이런 경향과 추세를 토대로 자주 출제되는 문제는 그대로 두고, 최신 경향의 문제들을 업데이트해 전보다 더 완벽하게 집필하고자 노력했습니다. 학습자들이 본 서에서 제시된 공략법을 따라 매일 성실히 학습한다면 비교적 단기간에 고득점으로 합격할 수 있으리라 자신합니다.

마지막으로 좋은 환경 속에서 연구하고 집필할 수 있도록 아낌없는 격려와 지원을 해주신 박경실 회장님과 고루다 대표님께 깊은 감사를 드립니다. 사랑하는 가족들과 늘 든든한 응원을 해주는 남편 서중원님 그리고 현장에서 늘 함께 수고해 주시는 동료 강사님께도 감사 인사 드립니다.

2019. 12
저자 김미나

파고다 HSK 5급
그것이 알고 싶다!

Q 5급의 구성과 시험 시간은 어떻게 되나요?

A HSK 5급은 총 100문항으로 듣기, 독해, 쓰기 3부분으로 나뉘며, 100문항을 약 125분 동안 풀게 됩니다. 듣기 시험을 마치고 나면 5분의 답안지 작성 시간이 주어집니다.

시험 구성		문항 수	배점	시험 시간
개인 정보 작성 시간				5분
듣기	제1부분	20	100점	약 30분
	제2부분	25	45 문항	
듣기 답안지 작성 시간				5분
독해	제1부분	15		
	제2부분	10	45문항 100점	45분
	제3부분	20		
쓰기	제1부분	8	100점	40분
	제2부분	2	10문항	
총계		100문항	300점	약 125분

Q 몇 점이면 합격인가요?

A 총 300점 만점에서 180점 이상이면 합격입니다. 영역별 과락 없이 총점 180점을 넘으면 급수를 획득할 수가 있지만, 성적표에는 영역별로 성적이 모두 표기되므로 점수가 현저히 낮은 영역이 있는 것은 좋지 않습니다.

Q 영역별 배점은 어떻게 하나요?

A 영역별 배점은 아래와 같습니다.

영역별		문항 수	총점
듣기		45문항	100점
독해		45문항	100점
쓰기	제1부분	8문항	100점
	제2부분	2문항	

쓰기 부분은 어법 오류나 틀린 글자가 있으면 감점이 됩니다. 너무 길게 쓰려고 하는 것보다 자신이 알고 있는 문장으로 정확하게 쓰는 것이 좋습니다.

Q 얼마나 공부하면 5급을 받을 수 있나요?

A 학습자 개개인의 수준과 공부하는 태도에 따라 속도의 차이는 있겠지만 이 책으로 20일간 집중 학습 후, 30일간 파고다 HSK 실전 모의고사를 풀며 학습 내용을 확인하는 방식으로 학습한다면 5급에 충분히 합격할 수 있습니다.

Q 기출문제가 중요하나요?

A 기출문제는 실제 시험문제의 유형과 난이도를 직접 체험할 수 있는 최적의 문제입니다. 이 책은 최근 1~2년 사이 시험에 출제되었던 기출문제를 변형해 실제 시험문제의 난이도와 가장 유사하게 만들었기 때문에 실전감각을 익히는데 큰 도움이 될 것입니다.

Q 5급 시험 난이도는 어떤가요?

A 최근 HSK 5급 시험의 난이도가 높아졌습니다. 특히, 독해 영역의 문제들은 과거 시험보다 까다롭다는 평가도 있지만 본 서에서 제공하는 문제를 풀고 그에 해당하는 5급 어휘를 암기한 수험생이라면 무난하게 합격할 수 있는 난이도입니다. 최신 출제 경향이 한동안은 그대로 유지될 가능성이 높으므로 기출문제를 많이 접해보는 경험이 반드시 필요합니다.

Q 정기 시험 일자는 어떻게 되나요?

A HSK 시험은 매달 1번씩, 1년에 12회가 실시되며(IBT의 경우 한 달에 2번 시험을 보는 달도 있음), 실시 지역과 시행하는 단체가 조금씩 다르므로, HSK 한국사무국 홈페이지(www.hsk.or.kr)에서 확인하는 것이 좋습니다.

목차 5급

듣기 听力

독해 阅读

쓰기 书写

제1부분   제시된 어휘로 문장 완성하기

○ **문제 형식**
○ **출제 경향 및 문제풀이 전략**

제2부분   짧은 글쓰기

○ **문제 형식**
○ **출제 경향 및 문제풀이 전략**

HSK 시험 소개

HSK란 무엇인가?

汉语水平考试(중국어 능력시험)의 한어병음인 Hànyǔ Shuǐpíng Kǎoshì의 앞 글자를 딴 것으로, 중국어가 제1언어가 아닌 사람의 중국어 능력을 측정하기 위해 만든 표준어 시험이다.

HSK 용도

- 중국 · 한국 대학(원) 입학 · 졸업 시 평가 기준
- 한국 특목고 입학 시 평가 기준
- 각 기업체 및 기관의 채용, 승진을 위한 기준
- 중국 정부 장학생 선발 기준
- 교양 중국어 학력 평가 기준

HSK 각 급수 구성

HSK는 중국어 듣기 · 독해 · 쓰기 능력 평가 시험으로 가장 낮은 급수인 1급부터 가장 높은 급수인 6급까지 총 6개의 급수로 나누어져 있다.

	등급	어휘량
HSK 6급	기존 고등 HSK에 해당	5,000개 이상
HSK 5급	기존 초중등 HSK에 해당	2,500개
HSK 4급	기존 기초 HSK에 해당	1,200개
HSK 3급	중국어 입문자를 위해 신설된 시험	600개
HSK 2급		300개
HSK 1급		150개

HSK 시험 접수

❶ 인터넷 접수 HSK 한국사무국 홈페이지(http://www.hsk.or.kr) 에서 접수

❷ 우편 접수 **구비 서류** | 응시원서(반명함판 사진 1장 부착) 및 별도 사진 1장, 응시비 입금 영수증

❸ 방문 접수 **준비물** | 응시원서, 사진 3장
접수처 | 서울 공자 아카데미(서울 강남구 테헤란로 5길 24 장연빌딩 3층)
접수 시간 | 평일 오전 9시 30분 ~12시
평일 오후 1시 ~ 5시 30분
토요일 오전 9시 30분 ~ 12시

HSK 시험 당일 준비물

수험표, 신분증, 2B 연필, 지우개

HSK 시험 성적 확인

1 성적 조회

PBT는 시험 본 당일로부터 1개월 후, IBT는 2주 후에 HSK 한국사무국 홈페이지(http://www.hsk.or.kr)에서 조회가 가능하다.

입력 정보 | 수험증 번호, 성명, 인증번호

2 성적표 수령 방법

HSK 성적표는 시험일로부터 45일 이후, 접수 시 선택한 방법(우편 또는 방문)으로 수령할 수 있다.

우편 수령 신청자의 경우, 등기우편으로 성적표가 발송된다.

방문 수령 신청자의 경우, 홈페이지에서 해당 시험일 성적표 발송 공지문을 확인한 후, 신분증을 지참하여 HSK 한국사무국으로 방문하여 수령한다.

3 성적의 유효기간

증서 및 성적은 시험을 본 당일로부터 2년간 유효하다.

HSK 5급
영역별 공략법

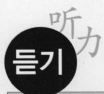

	제1부분(第一部分)	제2부분(第二部分)
문제 형식	남녀가 한 번씩 주고받는 대화를 듣고 질문에 대한 정답 고르기	① **대화형**: 남녀가 두 번씩 주고받는 대화를 듣고 질문에 대한 정답 고르기 ② **단문형**: 단문을 듣고 2~3개의 질문에 답하기
시험 목적	남녀의 짧은 대화를 듣고 대화의 장소, 직업, 행동, 상황, 어기 등을 파악했는지 테스트	① **대화형**: 남녀의 대화를 듣고 장소, 직업, 행동, 상황, 어기 등을 파악했는지 테스트 ② **단문형**: 단문의 세부 내용을 파악했는지 테스트
문항 수	20문항(1번–20번)	25문항 대화형(21-30번) / 단문형(31번–45번)
시험 시간	약 30분	

문제는 이렇게 풀어라!

제1, 2부분_대화형

Step 1 대화를 듣기 전에 보기를 읽어 대화 내용과 질문을 예측한다.

Step 2 보기 중의 내용이 대화에서 그대로 언급되는 경우 정답일 확률이 높다. 따라서 보기와 관련이 있는 내용이 언급되면 해당 보기 옆에 ✔ 표시를 해 둔다.

Step 3 질문을 끝까지 집중해서 듣고 표시하며 들은 내용을 바탕으로 정답을 선택한다.

제2부분_단문형

Step 1 단문을 듣기 전에 보기를 읽어 단문의 내용과 질문을 예측한다.

Step 2

Step 2 | 보기에 제시된 내용이 녹음에 그대로 언급될 경우, 정답일 확률이 높으므로 표시를 하며 듣는다.

Step 3 | 이어지는 질문까지 집중해 듣는다. 보기 옆에 표시하거나 메모해 둔 정보를 바탕으로 정답을 찾는다.

독해

	제1부분(第一部分)	제2부분(第二部分)	제3부분(第三部分)
문제 형식	빈칸에 알맞은 어휘나 문장 고르기	단문을 읽고 본문 내용과 일치하는 보기 고르기	장문을 읽고 제시된 4개의 질문에 답하기
시험 목적	글 전체 내용의 파악과 빈칸에 들어갈 어휘의 품사와 쓰임을 파악했는지 테스트	일상 생활, 일반상식 중국문화, 사회 이슈, 에피소드 등을 다룬 단문을 읽고 보기의 옳고 그름을 판단할 수 있는지 테스트	긴 지문을 읽고 주제나 세부적인 내용을 파악했는지 테스트
문항 수	15문항(46-60번)	10문항(61번-70번)	20문항(71-90번)
시험 시간	45분		

문제는 이렇게 풀어라!

제1부분

Step 1 | 빈칸 앞뒤 문맥을 파악해 빈칸에 들어갈 품사나 자주 쓰이는 호응 표현을 먼저 찾아낸다.

Step 2 | 보기 가운데 문맥상 가장 어울리는 어휘를 찾아 정답으로 선택한다.

제2부분

Step 1 | **단문의 첫 문장부터 읽어라.**
우선 단문의 첫 문장을 읽고 문장의 유형을 파악해야 한다. 설명문일 경우, 보기와 단문을 대조해가며 풀어야 하고 논설문일 경우, 단문의 주제를 묻는 문제로 단문의 처음과 끝에 정답이 있을 확률이 높다. 단문의 유형에 따라 문제 풀이 전략이 달라지므로 단문의 유형을 먼저 파악하자.

어려운 내용일수록 보기부터 읽자.

보기를 먼저 읽어 단문과 일치하는 표현이나 어휘가 있는지 대조해 나가는 것 이 가장 좋은 방법이다. 도덕적이거나 합리적인 보기가 무조건 정답이라 는 개인적인 주관을 넣어 문제를 풀지 않아야 한다. 단문에서 말하고자 하는 내용과 일치하는 내용을 찾는 문제임을 잊지 말자!

Step 3 **유형에 따라 맞는 전략을 써라!**

단문에 맞는 유형으로 문제를 공략해야 한다.
논설문 – 단문의 처음과 끝을 주목해 정답 찾기
설명문 – 보기와 단문을 대조해 보기를 소거해 정답 찾기
이야기 – 주로 글의 교훈이나 주제를 물으므로 이야기의 끝 부분을 주목해 정답 찾기 전략 외에도 명심할 것은 우리가 모르는 어휘도 출제될 수 있다는 것이다. 모든 지문의 어휘를 해석하려 하지 말고, 고급 어휘는 스킵해가며 전체적인 내용을 파악하는 전략이 필요하다.

제3부분

Step 1 **반드시 질문을 먼저 읽고 출제 유형을 확인하라.**

지문을 처음부터 읽고 시간 내에 모든 문제를 풀기는 어려우므로 반드시 질문을 먼저 읽어 지문에서 읽어내야 하는 부분을 찾아내야 한다. 예를 들어 특정인에 대해 묻는 질문이라면, 세부 내용을 묻는 문제로 지문과 보기를 대조해 풀어야 하고 이 글이 우리에게 알리고자 하는 것에 대해 묻는 질문이라면 주제나 제목에 대해 묻는 문제로 지문의 처음과 마지막을 공략해야 한다. 질문에 따라 문제 푸는 방법을 전략적으로 달리해야 한다는 점을 기억해두자.

Step 2 **질문 다음은 문제의 보기이다.**

제3부분은 한 지문당 3~4개의 질문과 보기가 나온다. 질문을 읽어도 문제의 유형을 파악할 수 없다면 각 질문의 보기로도 유형을 파악할 수 있다. 보기에 동일한 어휘가 반복해 나온다면 설명문 문제일 확률이 높다. 그런 문제의 경우 보기와 지문을 일일이 대조하는 방식으로 문제를 풀어야 하며, 글쓴이의 생각이나 주제를 묻는 문제의 경우에는 동의어나 동의 표현으로 바꾸어 쓰였는지 보기와 지문을 확인해 정답을 선택해야 한다.

Step 3 **핵심어와 속독이 관건이다.**

모든 지문을 꼼꼼히 읽고 완벽하게 파악해 문제를 푸는 것은 매우 어려운 일이다. 질문과 보기를 읽었다면 질문과 보기에서 문제의 핵심어를 찾아야 한다. 질문과 보기에서 찾은 핵심어를 지문에서 찾아내 핵심어를 중심으로 앞뒤 문장을 속독해 문제를 하나하나 해결해 나가는 것이 문제를 푸는 전략임을 잊지 말자!

쓰기 书写

	제1부분(第一部分)	제2부분(第二部分)
문제 형식	4~6개의 제시된 어휘를 어순에 맞게 배열해 완벽한 문장 완성하기	① 주어진 어휘를 사용하여 80자 내외로 글 쓰기 ② 주어진 사진을 보고 상황에 맞게 80자 내외로 글쓰기
시험 목적	중국어의 어순과 각 문형의 특징을 이해하고 있는지 테스트	① 제시된 어휘의 품사와 용법을 정확히 알고, 어법에 맞게 문장을 만들 수 있는지를 테스트 ② 사진과 어울리는 상황을 설정해 주제에 맞는 문장을 만들 수 있는지 테스트
문항 수	8문항(91번-98번)	2문항(99번- 100번)
시험 시간	40분	

문제는 이렇게 풀어라!

제1부분

Step 1 먼저 술어를 찾는다.

Step 2 술어를 찾은 후, 주어나 목적어가 되는 어휘를 찾아서 배치한다. [주어 + 술어 + 목적어] 순으로 배치하되, 술어가 형용사이거나 목적어를 갖지 않는 경우에는 우선 주어만 배치한다.

Step 3 남은 어휘들은 어순이나 의미에 맞게 배치하고, 마침표(。) 나 물음표(?) 와 같은 문장부호를 붙여 문장을 완성한다.

제2부분

99번 문제

Step 1 제시된 어휘의 품사와 의미를 파악한 후, 그중 중심이 되는 어휘를 찾아 주제 토픽으로 삼는다.

Step 2 단어마다 살을 붙여 주제 어휘에 맞게 호응 어휘나 문장을 만든다.

Step 3 완성한 문장들의 줄거리를 만들어 원고지에 작성한다. 99번과 100번 문제에 각각 15분씩 할애하는 것이 가장 바람직하다.

100번 문제

일기 형식

Step 1 사진을 보고 사진 속 시간, 인물, 장소, 사건(행동), 감정 등과 같은 정보를 캐치해 기본 어구나 문장을 만든다.

Step 2 어휘에 관형어나 부사어를 붙여 문장의 길이를 조절해야 하며, 사진에서 얻은 정보를 토대로 좀 더 긴 스토리를 구상해야 한다.

Step 3 원고지 작성법에 따라 작문해야 하며 15분 안에 80자 내외의 짧은 글을 완성할 수 있도록 주의한다.

논설문 형식

Step 1 사진을 설명하는 글의 도입부를 완성한 후, 서론, 본론, 결론에 맞춰 스토리를 구상한다

Step 2 살을 붙여나간다

Step 3 서론은 의문형으로 작성한다

Step 4 본론은 나열 형태로 이유나 근거를 작성한다

Step 5 결론은 서론의 의문형 문장을 평서문으로 바꾸거나 제안으로 글을 마무리한다

Step 6 원고지 작성 방법에 따라 작문한다. 15분 안에 완성할 수 있도록 주의한다.

내게 맞는
맞춤 학습 진도표

HSK 20일 프로젝트

각 영역별로 DAY 별 20일 학습 프로젝트에 맞춰 체계적으로 학습합니다.

	1일	2일	3일	4일	5일
1주	듣기 공략비법 01 듣기 공략비법 02	듣기 공략비법 03 듣기 공략비법 04	듣기 공략비법 05 듣기 공략비법 06	듣기 공략비법 07 듣기 공략비법 08	듣기 공략비법 09 듣기 공략비법 10
2주	듣기 공략비법 11 듣기 공략비법 12	듣기 공략비법 13 독해 공략비법 01	독해 공략비법 02 독해 공략비법 03	독해 공략비법 04 독해 공략비법 05	독해 공략비법 06 독해 공략비법 07
3주	독해 공략비법 08 독해 공략비법 09	독해 공략비법 10 독해 공략비법 11	독해 공략비법 12 독해 공략비법 13	쓰기 공략비법 01 쓰기 공략비법 02	쓰기 공략비법 03 쓰기 공략비법 04
4주	쓰기 공략비법 05 쓰기 공략비법 06	쓰기 공략비법 07 쓰기 공략비법 08	쓰기 공략비법 09 쓰기 공략비법 10	쓰기 공략비법 11 쓰기 공략비법 12	쓰기 공략비법 13 쓰기 공략비법 14

★ 각 영역별로 번갈아 가며 학습도 가능합니다.

★ 어휘 노트 속 DAY 20 5급 어휘 1300을 추가해 데일리 학습을 진행하세요.

★ 듣기 능력 향상 및 어휘·구문 학습을 위해 부록으로 받아쓰기 PDF를 제공합니다.
파고다북스 홈페이지(www.pagodabook.com)에서 무료로 다운받을 수 있습니다.

이 책의 특장점

이 책은 HSK 5급을 준비하는 학습자가 20일 동안 '듣기, 독해, 쓰기' 영역을 개념 학습부터 실전 문제까지 종합적이고 효과적으로 한 권에 끝낼 수 있도록 구성한 교재이다. 한국 및 중국에서 실시된 최신 시험에 대한 경향 분석을 토대로 한 꼼꼼한 유형 설명, 적중률 높은 실전 문제, 시험에 정답으로 자주 출제되는 빈출 어휘 노트까지 합격을 위한 출제 가능한 모든 포인트를 한 권에 담았다.

특장점 1

**중국어 1위!
파고다가 제시하는
HSK 5급 합격 핵심 비법**

파고다 어학원의 스타강사가 직접 개발한 영역별 공략 비법을 교재 내 모든 학습 내용에 반영하였으며, 이 분석을 근거로 5급 합격에 최적화된 적중률 높은 문제를 수록했다.

특장점 2

**HSK 5급 개념 학습부터
실전까지 단번에 합격**

HSK 5급의 듣기, 독해, 쓰기 영역 기본 개념부터 실전 유형까지 체계적으로 단기간에 완성할 수 있도록 20일 맞춤 진도표를 제공하였다. 학습자들이 진도표에 맞춰 매일 학습을 진행한다면 모든 영역에 대한 준비를 체계적으로 완성할 수 있을 것이다.

특장점 3

**QR 코드를 삽입해
휴대 전화로 편리하게
듣기 학습 가능**

듣기 MP3를 다운받고 파일을 찾아 듣는 번거로움 없이 교재와 휴대 전화만 있으면 언제 어디서든 듣기 음원을 바로 들을 수 있도록 본서 듣기 영역과 실전 모의고사 듣기 영역에 QR코드를 삽입하였다.

특장점 4

빈출 문제와 최신
기출 문제를 활용·가공한
실전 문제 수록

실전 테스트를 비롯하여 실전 모의고사 2회분에 이르기까지 수록된 모든 문제는 빈출 문제와 최근 출제된 최신 기출 문제들을 가공한 예상 문제로 학습자들이 합격에 한 걸음 더 가까워질 수 있도록 구성하였다.

특장점 5

데일리 트레이닝 세트인
5급 어휘 노트와 받아쓰기
PDF 제공

매일 조금씩 꾸준히 공부하는 힘을 기르기 위해 데일리 트레이닝 세트를 제공한다. HSK 시험에서 중요한 것은 어휘력이다. 따라서 DAY 20 1,300개의 5급 어휘와 시험에 자주 출제되는 어휘, 시험에 반드시 나오는 접속사, 시험 바로 전에 보는 필살 단어 세트를 한데 모은 어휘 노트와 MP3를 제공한다. 또한 듣기 능력 향상 및 어휘·구문 학습을 위해 받아쓰기 PDF와 음원을 제공한다.

[5급 어휘 노트의 음원(MP3)과 받아쓰기 PDF 및 음원(MP3)은 파고다북스 홈페이지(www.pagodabook.com)에서 무료로 다운받을 수 있다.]

이 책의 구성

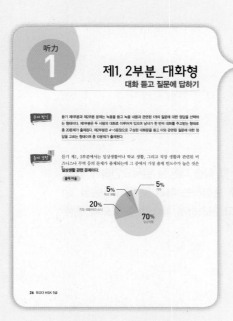

문제 형식 및 출제 경향

수험생에게 학습 전 충분한 정보를 제공하기 위하여 다년간의 기출 문제를 철저하게 분석하였고, 시험에 자주 출제되는 문제들의 유형과 최신 출제 경향을 한눈에 알아볼 수 있도록 정리하였다.

공략 비법

각 부분에서 문제별로 출제 형식 및 핵심 전략을 엄선하여 공략 비법으로 구성했다. 또한 유형 맛보기를 통해 어떤 유형의 문제가 출제되었는지 쉽게 파악할 수 있도록 구성했다.

QR 코드로 편리하게 듣기 학습

파고다 HSK 5급 종합서 최신 개정판에서는 듣기 학습에 편의성을 제공하기 위해 듣기 영역의 각 공략 비법과 실전 모의고사 2회분의 듣기영역에 음원 바로 듣기 QR 코드를 삽입하였다. 스마트폰을 활용해 QR 코드를 찍으면 MP3를 다운받지 않고도 음원을 들을 수 있다.

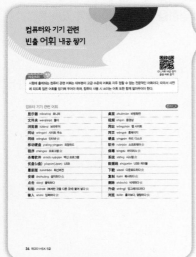

내공 쌓기

공략별로 꼭 알아두어야 할 학습 내용을 일목요연하게 정리하였다. 시험 문제에 자주 등장하는 어휘 및 어법 내용을 깔끔하게 보여줌으로써 쉽고 편리하게 학습할 수 있도록 구성하였다.

실전 테스트

각 공략 비법에서 학습한 내용을 실전 테스트로 풀어 봄으로써 실전에 대비할 수 있도록 하였으며, 자신의 실력을 정확히 파악하고 예측할 수 있도록 하였다. 실전 테스트에 수록되어 있는 문제는 기출 문제를 100% 활용·가공한 문제들로 구성하여 탄탄하게 복습하고 연습할 수 있도록 하였다.

실전 모의고사 2회분

파고다 종합서로 기본 실력을 쌓고, 실전 모의고사로 실력 점검! 실전 모의고사 2회분을 풀어봄으로써 실전에 완벽 대비할 수 있도록 하였다. 실제 시험과 유사한 환경에서 문제를 풀어보고 해설집을 통해 부족한 부분을 확인하고 정리할 수 있다. 자신의 실력을 좀 더 점검하고 완벽하게 대비하고 싶은 수험생은 파고다 HSK 5급 실전 모의고사를 활용해 보길 추천한다.

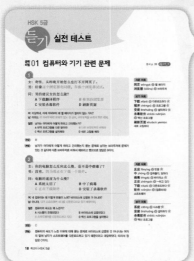

군더더기 없는 깔끔한 해설서

해설서는 정답, 해석, 해설로 나누어 구성하였으며, 학습자들이 확인하고 학습하기 쉽도록 지문 어휘, 보기 어휘를 나누어 정리하였다. 본서에서 학습한 내용을 문제에 어떻게 적용하여 풀어나갈지 방법을 짚어줌으로써 학습자의 편의를 도모하였다.

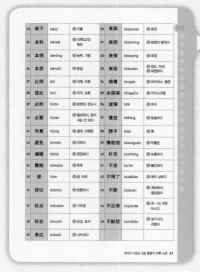

데일리 트레이닝 세트

5급 필수 어휘 1,300개를 20일에 걸쳐 외울 수 있도록 DAY별로 구성한 별책 어휘 노트와 듣기 능력 향상 및 어휘·구문 학습을 위한 받아쓰기 PDF를 DAY별로 나누어 제공한다. 어휘 노트에 해당하는 MP3 음원과 받아쓰기 PDF 및 해당 음원을 파고다 북스 홈페이지(www.pagodabook.com)에서 무료로 다운받을 수 있다.

听力

제1, 2부분

대화 듣고 질문에 답하기

제2부분

단문 듣고 질문에 답하기

제1, 2부분 _ 대화형

대화 듣고 질문에 답하기

1 어휘가 듣기의 힘이다!

공략비법 01   컴퓨터와 기기 관련 문제
공략비법 02   직업과 인물 문제
공략비법 03   여행, 건강, 운동 문제
공략비법 04   날씨, 취미, 자격증 문제

2 상황을 알면 답이 보인다!

공략비법 05   일상생활 문제
공략비법 06   학교와 회사 생활 문제
공략비법 07   다양한 장소와 상황 문제

3 어투와 감정에 예민하라!

공략비법 08   각종 감정 관련 표현 총집합

4 HSK, 중국 문화를 품다!

공략비법 09   중국인의 생활 문화 관련 문제

5 동의어 표현을 익혀라!

공략비법 10   뜻은 하나인데 표현은 다양하게

听力

제1, 2부분_대화형
대화 듣고 질문에 답하기

문제 형식

듣기 제1부분과 제2부분 문제는 녹음을 듣고 녹음 내용과 관련된 1개의 질문에 대한 정답을 선택하는 형태이다. 제1부분은 두 사람의 대화로 이루어져 있으며 남녀가 한 번씩 대화를 주고받는 형태로 총 20문제가 출제된다. 제2부분은 4~5문장으로 구성된 대화문을 듣고 이와 관련된 질문에 대한 정답을 고르는 형태이며 총 10문제가 출제된다.

출제 경향 1

듣기 제1, 2부분에서는 일상생활이나 학교 생활, 그리고 직장 생활과 관련된 비즈니스나 무역 등의 문제가 출제되는데 그 중에서 가장 출제 빈도수가 높은 것은 **일상생활 관련 문제이다.**

출제 비율

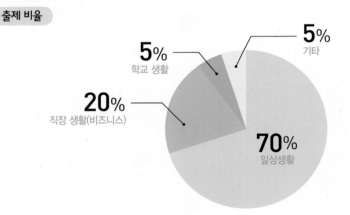

5%
기타

5%
학교 생활

20%
직장 생활(비즈니스)

70%
일상생활

일상 생활에서 많이 거론되는 대화 내용

❶ 취미생활 또는 배우는 과정에 대한 대화

学乐器 : 악기 배우기   学吉他 : 기타 배우기

学射击 : 사격 배우기   学武术 : 무술 배우기

学滑冰 : 스케이트 배우기   学网球 : 테니스 배우기

给花浇水 : 꽃에 물 주기   养小猫(宠物) : 고양이(애완 동물) 기르기

乐器 yuèqì 명 악기 ☆ ｜ 吉他 jítā 명 기타 ｜ 射击 shèjī 명 사격 통 사격하다 ☆ ｜ 武术 wǔshù 명 무술 ☆

滑冰 huábīng 명 스케이트 ｜ 浇水 jiāo shuǐ 통 물을 주다, 물을 뿌리다 ｜ 养 yǎng 통 기르다

宠物 chǒngwù 명 반려 동물, 애완 동물

❷ 고장난 물건의 상태, 수리 내용에 대한 대화

小区管道维修 : 아파트 단지의 파이프 보수하기

去汽车维修店，换后视镜 : 자동차 수리센터에 가서 후방거울 교환하기

装修房间 : 방 인테리어 하기

相机自动关机，送去维修 : 사진기가 자동으로 꺼져 수리하러 가기

给摩托车换一个零件 : 오토바이 부품 갈기

冰箱坏了，不制冷了 : 냉장고 고장나서 냉동이 안 됨

换个显示器 : 컴퓨터 모니터 교환하기

电脑网页打不开 : 컴퓨터 인터넷 홈페이지가 열리지 않음

管道 guǎndào 명 파이프 ｜ 维修 wéixiū 통 보수하다, 유지 수리하다, 손보다 ☆ ｜ 维修店 wéixiūdiàn 명 수리센터

后视镜 hòushìjìng 명 후방거울, 백미러 ｜ 装修 zhuāngxiū 통 인테리어 하다 ☆

自动 zìdòng 형 (기계·장치 따위가) 자동의, 자동적인 ☆ ｜ 关机 guān jī 통 전원을 끄다

摩托车 mótuōchē 명 오토바이 ☆ ｜ 零件 língjiàn 명 부속품 ☆ ｜ 制冷 zhìlěng 통 냉동하다

显示器 xiǎnshìqì 명 모니터 ｜ 网页 wǎngyè 명 인터넷 홈페이지

★ **스포츠, 영화, 출판 주제의 문제가 반드시 출제된다.**

제1부분과 제2부분에서는 스포츠 경기 내용에 대한 대화나 감독과의 대화, 영화 내용 또는 출판이나 출판 편집자와 관련된 대화 문제도 하나씩은 꼭 출제된다.

스포츠 이야기

男: 没想到今天下雨，现场居然还来了这么多球迷。

남: 오늘 비가 올 줄 몰랐는데, 현장에는 의외로 축구팬들이 이렇게 많이 왔네.

女: 那当然了，今天不是全国总决赛吗?

여: 그거야 당연하죠, 오늘이 전국 결승전 아닌가요?

现场 xiànchǎng 명 현장 │ 居然 jūrán 부 의외로, 뜻밖에, 놀랍게도 ☆ │
球迷 qiúmí 명 (구기 종목 운동이나 경기의) 팬 ☆ │ 全国 quánguó 명 전국, 전체 │ 决赛 juésài 명 결승 ☆

영화 이야기

男: 最近新上映了几部恐怖片，咱们一起去看吧。

남: 요즘 공포 영화 신작 몇 편을 상영하던데, 우리 같이 보러 가자.

女: 我不去了，恐怖片太刺激了，我喜欢看浪漫的爱情片。

여: 난 안 갈래, 공포 영화는 너무 자극적이야, 난 로맨틱한 멜로 영화 보는 걸 좋아해.

上映 shàngyìng 동 상영하다 │ 恐怖片 kǒngbùpiàn 명 공포 영화 │ 刺激 cìjī 동 자극하다 ☆
浪漫 làngmàn 형 낭만적이다, 로맨틱하다 │ 爱情片 àiqíngpiàn 명 멜로 영화, 애정 영화

출판 이야기

男: 主编，那位作家刚来电话，问我什么时候举办签售活动。

남: 편집장님, 그 작가에게 방금 전화가 왔는데, 언제 저자 사인회 행사를 여는지 물어보시네요.

女: 应该是下星期五吧。

여: 다음 주 금요일에 할 거예요.

主编 zhǔbiān 명 편집장 │ 签售 qiānshòu 동 저자 사인회를 하다

대화자와 관련된 세부 내용을 묻는 질문[男的~? (남자는 ~한가?), 女的~? (여자는 ~한가?]의 출제 빈도수가 높다.

제1, 2부분에서 출제되는 30문제 가운데 남자나 여자에 대해 묻는 질문의 출제 빈도수가 높다.

> · 关于男的(女的), 可以知道什么? 남자(여자)에 관하여 알 수 있는 것은 무엇인가?
> · 男的(女的)让女的(男的)做什么? 남자(여자)는 여자(남자)에게 무엇을 하도록 시켰는가?

문제는 이렇게 풀어라!

Step 1 대화를 듣기 전에 보기를 읽어 대화 내용과 질문을 예측한다.

Step 2 보기 중의 내용이 대화에서 그대로 언급되는 경우 정답일 확률이 높다. 따라서 보기와 관련이 있는 내용이 언급되면 해당 보기 옆에 ✓ 표시를 해 둔다.

Step 3 질문을 끝까지 집중해서 듣고 표시하며 들은 내용을 바탕으로 정답을 선택한다.

HSK
20일
프로젝트

DAY **01**
공략비법 01
공략비법 02

DAY **04**
공략비법 07
공략비법 08

DAY **02**
공략비법 03
공략비법 04

DAY **05**
공략비법 09
공략비법 10

DAY **03**
공략비법 05
공략비법 06

DAY **20**

듣기 제1, 2부분 최신 경향 분석

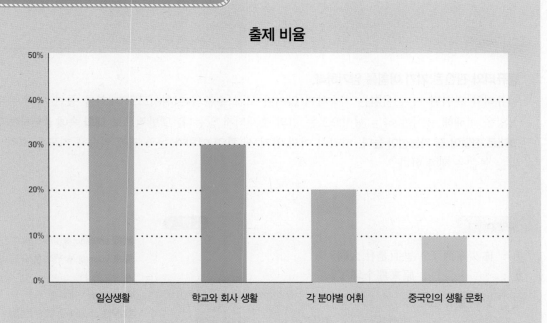

출제 비율

- 일상생활: 40%
- 학교와 회사 생활: 30%
- 각 분야별 어휘: 20%
- 중국인의 생활 문화: 10%

중요도 ★★★★ 난이도 ★★

듣기 제1, 2부분에서 최다 빈출 문제는 일상생활과 관련된 문제이다. 일상생활에서 자주 접하는 소재들이 시험에 많이 출제되므로 시험 전에 관련 어휘나 표현들을 미리 익혀두는 것이 좋다.

DAY 01

1 어휘가 듣기의 힘이다!

공략비법 01 컴퓨터와 기기 관련 문제

01_유형맛보기
음원 바로 듣기

> **출제 형식**

컴퓨터와 전자 기기는 중국인들의 일상생활에도 밀접하게 관련되어 있어 듣기 영역에서도 이와 관련된 문제가 매회 출제되고 있다. 출제되는 어휘 역시 전문성을 띤 어휘들이 출제되므로 이에 대한 대비를 해 두어야 한다.

> **핵심 전략**

1 컴퓨터와 관련된 기기 어휘를 암기하라.

컴퓨터와 관련된 기기 어휘는 익숙하지 않거나 고급 수준의 어휘이므로 대화를 통한 의미 유추나 상황을 이해해 풀어야 하는 형식으로는 거의 출제되지 않는다. 일반적으로 **대화 속에 출현하는 어휘 그대로 정답이 될 가능성이 높다.** 따라서 어휘 암기 시 관련 어휘가 눈과 귀에 익숙해 지도록 소리내어 읽는 연습을 해야 한다.

> **유형맛보기 1**　🎧 01_1

男 : 你买东西了? 里面是什么啊?
女 : 新买的鼠标, 原来那个坏了。

问 : 女的买什么了?
Ⓐ 鼠标　　　B 数据线　　　C 键盘　　　D 显示器

남 : 물건 샀어? 안에 뭐야?
여 : 새로 산 마우스야. 원래 (있던) 그건 고장났더라.

질문 : 여자는 무엇을 샀는가?
A 마우스　　　B USB 케이블　　　C 키보드　　　D 모니터

鼠标 shǔbiāo 명 마우스 ⭐
原来 yuánlái 명 원래, 본래
　부 알고 보니
坏 huài 동 고장 나다
数据线 shùjùxiàn USB 케이블
键盘 jiànpán 명 키보드 ⭐
显示器 xiǎnshìqì 명 모니터

> **정답**　A

> **해설**　보기에 컴퓨터와 관련된 기기 어휘들이 제시되어 있음을 알 수 있다. 남자가 '你买东西了? 里面是什么啊?'라고 묻자, 여자가 '新买的鼠标(새로 산 마우스야)'라고 대답했다. 따라서 정답은 A 鼠标(마우스)이다.

✏️ 유형맛보기 2　　　　　　　　　　　　　　🎧01_2

男：你点击右键，先复制，然后把它粘贴到桌面上就行了。
女：原来这么简单，谢谢你。

问：女的最可能在学什么?
　A 预订机票　　Ⓑ使用电脑　　C 装修房子　　D 钓鱼

남: 오른쪽 버튼을 클릭해서 먼저 복사한 후에 그것을 바탕화면에 붙여 넣으면 끝나.
여: 알고보니 이렇게 간단한 거구나, 고마워.

질문: 여자는 무엇을 배울 가능성이 가장 큰가?
　A 비행기 표 예약　　B 컴퓨터 사용　　C 집 인테리어　　D 낚시

点击 diǎnjī 동 클릭하다
右键 yòujiàn 오른쪽 버튼
复制 fùzhì 동 복사하다, 복제하다 ⭐
先 A, 然后 B xiān A, ránhòu B A 먼저 한 후, B하다
粘贴 zhāntiē 동 (복제한 것을 다른 곳에) 붙여 넣다, 붙이기 하다 ⭐
桌面 zhuōmiàn 명 바탕화면
简单 jiǎndān 형 간단하다
预订 yùdìng 동 예약하다, 예매하다 ⭐
装修 zhuāngxiū 동 인테리어 하다 ⭐
房子 fángzi 명 건물, 집
钓鱼 diào yú 동 낚시하다

정답 ▶ B

해설 ▶ 이 문제는 컴퓨터와 관련된 용어를 잘 알고 있는지 확인하는 문제이다. 남자가 '你点右键，先复制，然后把它粘贴到桌面上就行了(오른쪽 버튼을 클릭해서 먼저 복사한 후에 바탕화면에 붙여 넣으면 끝나)'라고 말했다. 复制(복사하다), 桌面(바탕화면) 등의 어휘들이 언급된 것으로 보아 여자는 컴퓨터 사용에 관해 배우고 있다는 것을 알 수 있다. 따라서 정답은 B 使用电脑(컴퓨터 사용)이다.

BEST 10 시험에 잘 나오는
빈도수 높은 컴퓨터와 관련 기기 어휘

01_BEST 10 어휘
음원 바로 듣기

🎧01_3

1 充电器 chōngdiànqì 충전기 ⭐
2 下载 xiàzài 다운로드하다 ⭐
3 浏览器 liúlǎnqì 브라우저
4 数据线 shùjùxiàn USB 케이블
5 中病毒 zhòng bìngdú 바이러스에 걸리다 ⭐
6 硬盘 yìngpán 하드 디스크
7 打印机 dǎyìnjī 프린터
8 网页 wǎngyè 인터넷 홈페이지
9 电池 diànchí 건전지, 배터리 ⭐
10 光盘 guāngpán CD ⭐

听力
듣기

컴퓨터와 기기 관련
빈출 어휘 내공 쌓기

01_어휘 내공 쌓기
음원 바로 듣기

 라오쓰의 킥!

시험에 출제되는 컴퓨터 관련 어휘는 대부분이 고급 수준의 어휘로 자주 접할 수 없는 전문적인 어휘이다. 따라서 사전에 되도록 많은 어휘를 암기해 두어야 하며, 컴퓨터 사용 시 쓰이는 어휘 또한 함께 알아두어야 한다.

컴퓨터 기기 관련 어휘 🎧 01_4

显示器 xiǎnshìqì 모니터	**桌面** zhuōmiàn 바탕화면
文件夹 wénjiànjiā 폴더	**视频** shìpín 동영상
浏览器 liúlǎnqì 브라우저	**网站** wǎngzhàn 웹 사이트
网址 wǎngzhǐ 사이트 주소	**网页** wǎngyè 홈페이지
网络 wǎngluò 인터넷 ☆	**硬盘** yìngpán 하드 디스크
移动硬盘 yídòng yìngpán 외장하드	**软件** ruǎnjiàn 소프트웨어 ☆
程序 chéngxù 프로그램 ☆	**病毒** bìngdú 바이러스 ☆
杀毒软件 shādú ruǎnjiàn 백신 프로그램	**系统** xìtǒng 시스템 ☆
优盘(U盘) yōupán(Upán) USB	**数据线** shùjùxiàn USB 케이블
最新版 zuìxīnbǎn 최신버전	**下载** xiàzài 다운로드하다 ☆
安装 ānzhuāng 설치하다 ☆	**复制** fùzhì 복사하다 ☆
点击 diǎnjī 클릭하다	**删除** shānchú 삭제하다 ☆
粘贴 zhāntiē (복제한 것을 다른 곳에) 붙여 넣다 ☆	**升级** shēngjí 업그레이드하다
输入 shūrù 입력하다 ☆	**浏览** liúlǎn 훑어보다, 열람하다 ☆

실전 테스트

第1-5题 请选出正确答案。

01_실전 테스트
음원 바로 듣기 🎧 01_5

대화를 듣고 질문에 알맞은 보기를 선택하세요.

1 A 下载翻译程序
B 换别的浏览器
C 安装杀毒软件
D 刷新页面

2 A 系统太旧了
B 中了病毒
C 正在下载软件
D 安装了杀毒软件

3 A 要删除材料
B 文件内容比较多
C 现在不能升级
D 要复制到桌面上

4 A 下载不了
B 工具书很便宜
C 不需要买纸质书
D 电子书要付钱

5 A 鼠标
B 键盘
C 麦克风
D 显示器

정답 및 해설 ≫ 해설서 p. 18

DAY 01

1 어휘가 듣기의 힘이다!

공략비법 02 직업과 인물 문제

02_유형맛보기
음원 바로 듣기

출제 형식

HSK 5급 시험에는 기본적인 가족관계나 직업에서 벗어나 조금 더 전문적이고 확장된 범위의 인물들이 출제된다. 하지만 다행히도 대화에서 언급하는 인물이나 직업이 바로 정답이 되는 확률이 높기 때문에 보기에 자주 출제되는 직업이나 인물 어휘는 사전에 꼭 정리해두자.

핵심 전략

1 다양한 전문직에 친숙해져라.

5급에서 주로 출제되는 직업은 编辑(편집자), 会计(회계사), 设计师(설계자, 디자이너), 导演(영화 감독), 教练(감독, 코치) 등과 같은 전문직종이다.

2 외가 식구는 암기하라.

4급과 달리 5급에서는 외가 식구와 관련된 어휘가 자주 출제된다. 그 중 姥姥(외할머니)와 舅舅(외삼촌)는 시험에 가장 많이 출제되는 가족 관련 어휘이다.

유형맛보기 1　　🎧 02_1

男 : 我们总裁待会儿有个重要会议，只有10分钟可以接受采访。

女 : 我只占用5分钟时间，不会耽误他开会的。

问 : 女的最可能是做什么的?

Ⓐ 记者　　　B 导演　　　C 秘书　　　D 销售员

남 : 저희 총수께서 이따가 중요한 회의가 있어서, 10분만 인터뷰하실 수 있습니다.

여 : 제가 5분만 쓸게요, 회의가 지체되지는 않을 거예요.

질문 : 여자는 무엇을 할 가능성이 가장 높은가?

A 기자　　　B 감독　　　C 비서　　　D 판매원

总裁 zǒngcái

명 (대기업의) 총수, (정당의) 총재 ⭐

待会儿 dāihuìr 통 이따(가), 잠시 후에, 잠시 머물다. 좀 기다리다

接受 jiēshòu 통 받아들이다. 수락하다

占用 zhànyòng
통 점유해 사용하다. 빼앗다

耽误 dānwu 통 (시간을 끌거나 시기를 놓쳐) 지체하다, 일을 그르치다 ⭐

정답 A

해설 보기를 통해 직업을 묻는 질문이 나올 것을 예상한다. 남자가 '只有10分钟可以接受采访(10분만 인터뷰하실 수 있습니다)'이라고 언급하였다. 여자의 직업을 묻는 문제로 질문까지 집중해서 들어야 한다. 정답은 A 记者(기자)이다.

✏️ 유형맛보기 2 🎧02_2

男：姥姥，您慢点儿，路很滑。

女：别担心，我会注意的。

问：男的在提醒谁？

Ⓐ 姥姥　　　B 小伙子　　　C 下属　　　D 老乡

남 : 외할머니, 천천히요, 길이 미끄러워요.

여 : 걱정하지 마, 조심할 테니.

질문 : 남자는 누구를 일깨워 주고 있는가?

A 외할머니　　　B 젊은이　　　C 부하 직원　　　D 고향 사람

姥姥 lǎolao 명 외할머니 ⭐

滑 huá 형 미끄럽다 ⭐

提醒 tíxǐng 동 일깨우다, 주의를 주다

小伙子 xiǎohuǒzi 명 젊은이

下属 xiàshǔ 명 부하(직원)

老乡 lǎoxiāng 명 고향 사람, 동향인

정답 ▶ A

해설 ▶ 보기를 통해 신분을 묻는 질문이 나올 것을 예상한다. 남자가 '姥姥，您慢点儿，路很滑(외할머니, 천천히요, 길이 미끄러워요)'라고 직접적으로 언급했다. 따라서 정답은 A 姥姥(외할머니)이다.

听力

听力

BEST 10 시험에 잘 나오는
빈도수 높은 직업, 인물 어휘

02_BEST 10 어휘
음원 바로 듣기

🎧02_3

1　编辑 biānjí 편집자 ⭐

2　教练 jiàoliàn 코치, 감독 ⭐

3　设计师 shèjìshī 설계사, 디자이너

4　模特 mótè 모델 ⭐

5　主持人 zhǔchírén 사회자, 진행자

6　舅舅 jiùjiu 외삼촌 ⭐

7　摄影师 shèyǐngshī 촬영사, 사진작가

8　教师 jiàoshī 교사

9　主任 zhǔrèn 주임, 팀장 ⭐

10　导演 dǎoyǎn 감독, 연출자 ⭐

직업과 인물
빈출 어휘 내공 쌓기

02_어휘 내공 쌓기
음원 바로 듣기

라오쓰의 킥!

4급에 비해 5급에 출제되는 직업과 인물 어휘는 훨씬 광범위하고 세분화되어 있다. 듣기 뿐만 아니라 독해와 쓰기영역 에서도 자주 출제되므로 관련 어휘 암기가 반드시 필요하다.

🎧 02_4

주요 직업

企业家 qǐyèjiā 기업가	诗人 shīrén 시인
发明家 fāmíngjiā 발명가	主任 zhǔrèn 주임 ☆
芭蕾舞演员 bāléiwǔ yǎnyuán 발레리나, 발레리노	编辑 biānjí 편집자, 에디터 ☆
团长 tuánzhǎng 단장	主持人 zhǔchírén 사회자
解说员 jiěshuōyuán 해설자	教练 jiàoliàn 코치 ☆
画家 huàjiā 화가	收藏家 shōucángjiā 수집가
秘书 mìshū 비서 ☆	下属 xiàshǔ 부하(직원)
设计师 shèjìshī 설계사, 디자이너	上司 shàngsi 상급자, 상사
摄影师 shèyǐngshī 사진작가	车夫 chēfū 마부
工程师 gōngchéngshī 엔지니어 ☆	领导 lǐngdǎo 지도자, 리더 ☆
明星 míngxīng 유명인, 스타 ☆	总裁 zǒngcái 총재 ☆
球星 qiúxīng (구기 스포츠의) 유명 선수	染布匠 rǎnbùjiàng 천 염색공
心理学家 xīnlǐxuéjiā 심리학자	清洁工 qīngjiégōng 환경미화원
仓管人员 cāngguǎn rényuán 창고 관리자 ☆	士兵 shìbīng 병사 ☆
哲学家 zhéxuéjiā 철학가	负责人 fùzérén 책임자
书法家 shūfǎjiā 서예가	魔术师 móshùshī 마술사
船夫 chuánfū 사공	会计 kuàijì 회계사 ☆
农夫 nóngfū 농부	漫画家 mànhuàjiā 만화가

인물 및 관계

个人 gèrén 개인 ☆	**双方** shuāngfāng 쌍방 ☆
对手 duìshǒu 상대, 라이벌 ☆	**对方** duìfāng 상대방 ☆
亲戚 qīnqi 친척	**亲友** qīnyǒu 친척과 친구
邻居 línjū 이웃	**夫妻** fūqī 부부
媳妇 xífù 며느리	**姑姑** gūgu 고모 ☆
外公 wàigōng 외할아버지 ☆	**姥姥** lǎolao 외할머니 ☆
舅舅 jiùjiu 외삼촌 ☆	**同龄人** tónglíngrén 동갑
师傅 shīfu 남자를 부르는 호칭, 사부	**师哥** shīgē 남자 선배

기타 인물

求职者 qiúzhízhě 구직자	**志愿者** zhìyuànzhě 지원자 ☆
人才 réncái 인재 ☆	**竞争者** jìngzhēngzhě 경쟁자
队员 duìyuán 팀원	**嘉宾** jiābīn 귀빈 ☆
同乡 tóngxiāng 동향인	**老乡** lǎoxiāng 동향인
用户 yònghù 사용자	**网友** wǎngyǒu 네티즌
乞丐 qǐgài 거지	**富翁** fùwēng 부자
小偷 xiǎotōu 도둑	**房东** fángdōng 집주인
受奖者 shòujiǎngzhě 수상자	**冠军** guànjūn 챔피언 ☆
懒人 lǎnrén 게으른 사람	**熟人** shúrén 잘 아는 사람
华裔 huáyì 화교 2, 3세 (자손) ☆	**少数民族** shǎoshù mínzú 소수민족
小伙子 xiǎohuǒzi 젊은이	**胆小鬼** dǎnxiǎoguǐ 겁쟁이 ☆
失眠者 shīmiánzhě 불면증 환자 ☆	**大臣** dàchén 대신, 신하

02_실전 테스트 음원 바로 듣기 🎧 02_5

第1-5题 请选出正确答案。

대화를 듣고 질문에 알맞은 보기를 선택하세요.

1 A 张教练
   B 舅舅
   C 赵教授
   D 朱会计

2 A 魔术师
   B 书法家
   C 摄影师
   D 设计师

3 A 奥运会冠军
   B 仓管人员
   C 心理学家
   D 杂志编辑

4 A 作家
   B 司机
   C 秘书
   D 教授

5 A 记者
   B 摄影师
   C 翻译
   D 工程师

정답 및 해설 ≫ 해설서 p. 20

DAY 02

1 어휘가 듣기의 힘이다!

공략비법 03 여행, 건강, 운동 문제

03_유형맛보기
음원 바로 듣기

출제 형식

여행과 운동 그리고 건강에 관심을 갖는 현대인들이 늘어남에 따라 HSK에서도 이러한 시대적 흐름을 반영한 문제들이 출제된다. 특히 건강과 관련한 신체 명칭과 함께 질병 및 행동들이 함께 출제되고 있다.

핵심 전략

1 여행과 관련한 표현을 익혀라.

여행은 **교통수단과 탑승권 구매, 관광지의 경치 및 입장권 구매, 명승고적지**와 관련된 문제들이 출제되므로 이러한 상황과 관련한 어휘들에 대한 이해가 필요하다.

2 신체 명칭과 건강 관련 어휘는 서로 뗄 수 없다.

일반적으로 건강을 주제로 하는 대화는 **신체 명칭을 언급하며 불편함을 호소하거나 건강이 좋지 않다는 이야기**이므로 질병 이외에 신체 관련 어휘도 함께 암기해야 한다.

유형맛보기 1 🎧 03_1

男 : 你把机票、房间都订好了吗？
女 : 是学校组织的，这些都不用我们操心。
问 : 关于这次旅游，可以知道什么？
　　 A 提前了　　　　　　　　Ⓑ 由学校组织
　　 C 没订到机票　　　　　　D 准备开车去

订 dìng 동 예약하다
组织 zǔzhī 동 기획하다, 조직하다 ★
操心 cāo xīn 동 걱정하다, 신경을 쓰다 ★

남 : 비행기 표랑 방은 모두 잘 예약했어?
여 : 학교에서 기획한 거라서, 이런 건 우리가 걱정할 필요 없어.
질문 : 이번 여행에 관하여, 알 수 있는 것은 무엇인가?
　　 A 앞당겨졌다　　　　　　B 학교에서 기획한 것이다
　　 C 비행기 표를 예약하지 못했다　　D 운전해서 갈 예정이다

정답 B

해설 보기를 통해 여행과 관련된 표현들이 제시되어 있음을 알 수 있다. 여자가 **是学校组织的，这些都不用我们操心**(학교에서 기획한 거라서, 이런 건 우리가 걱정할 필요 없어)이라고 말했다. 이번 여행에 대해 알 수 있는 것을 물었으므로 정답은 B **由学校组织**(학교에서 기획한 것이다)이다.

男：这个胃药你一天吃一次，一次一粒。
女：好的，谢谢大夫。
问：女的最可能哪儿不舒服？
　　A 腰　　　　B 肩膀　　　C 脖子　　Ⓓ 胃

남 : 이 위장약은 하루에 한 번, 한 알씩 복용하세요.
여 : 알겠습니다, 감사합니다 선생님.
질문 : 여자는 어디가 불편할 가능성이 큰가?
　　A 허리　　　B 어깨　　　C 목　　　D 위

胃药 wèiyào 명 위장약
粒 lì 양 알, 톨(알갱이 모양의 물건을 세는 단위)
腰 yāo 명 허리 ☆
肩膀 jiānbǎng 명 어깨 ☆
脖子 bózi 명 목 ☆

정답 ▶ D

해설 ▶ 보기에 신체 관련 어휘가 제시되어 있으므로 건강에 대해 묻는 질문이 나올 것을 예상한다. 남자가 '这个胃药你一天吃一次，一次一粒(이 위장약은 하루에 한 번, 한 알씩 복용하세요)'라고 언급했다. 따라서 정답은 D 胃(위)이다.

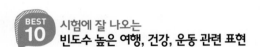

BEST 10 시험에 잘 나오는
빈도수 높은 여행, 건강, 운동 관련 표현

03_BEST 10 어휘
음원 바로 듣기

🎧 03_3

1　出门旅行 chūmén lǚxíng
　　여행가다 ☆

2　安排行程 ānpái xíngchéng 스케줄을 짜다

3　留下深刻印象 liúxià shēnkè yìnxiàng
　　깊은 인상을 남기다

4　调整状态 tiáozhěng zhuàngtài 컨디션을 조절하다 ☆

5　设施齐全 shèshī qíquán 시설을 완비하다

6　过敏了 guòmǐn le 알레르기가 있다 ☆

7　着凉了 zháo liáng le 감기에 걸리다 ☆

8　无精打采 wújīngdǎcǎi 기운이 없다, 풀이 죽다

9　睡眠不足 shuìmián bùzú 수면부족

10　消化不良 xiāohuà bùliáng 소화불량

여행, 건강, 운동
빈출 어휘 내공 쌓기

03_어휘 내공 쌓기
음원 바로 듣기

신체 관련 어휘는 문제에서 질병이나 증상 또는 특정 신체 부위나 운동과 관련된 표현으로 자주 출제된다. 따라서 자주 호응되어 출제되는 어휘나 표현들은 미리 정리해 두어야 한다.

신체 관련 어휘

🎧 03_4

신체	관련 표현
头 tóu 머리	头顶 tóudǐng 정수리
	头晕 tóu yūn 어지럽다
眼睛 yǎnjing 눈	闭上眼睛 bìshàng yǎnjing 눈을 감다
嘴 zuǐ 입	闭嘴 bì zuǐ 입을 다물다
	嘴真甜 zuǐ zhēn tián 말을 달콤하게 한다
鼻子 bízi 코	鼻子堵了 bízi dǔ le 코가 막혔다
	鼻子不通气 bízi bù tōngqì 코가 막히다, 코로 숨을 쉬지 못하다
	鼻子很痒 bízi hěn yǎng 코가 가렵다 ☆
耳朵 ěrduo 귀	戴上耳环 dàishàng ěrhuán 귀걸이를 하다
	竖起耳朵 shùqǐ ěrduo 귀를 쫑긋 세우다
皮肤 pífū 피부	皮肤过敏 pífū guòmǐn 피부 알레르기 ☆
脸 liǎn 얼굴	丢脸 diū liǎn 창피하다
	脸色不好 liǎnsè bùhǎo 안색이 좋지 않다
眉头 méitóu 미간	眉头紧锁 méitóu jǐnsuǒ 미간을 찌푸리다
	愁眉苦脸 chóuméi kǔliǎn 수심이 가득한 얼굴
眉毛 méimao 눈썹 ☆	眉毛浓 méimao nóng 눈썹이 짙다 ☆

双眼皮 shuāngyǎnpí 쌍꺼풀 | 双眼皮手术 shuāngyǎnpí shǒushù 쌍꺼풀 수술

单眼皮 dānyǎnpí 홑꺼풀

脖子 bózi 목 ☆ | 伸长脖子 shēncháng bózi 목을 길게 빼다

嗓子 sǎngzi 목구멍 ☆ | 嗓子哑了 sǎngzi yǎ le 목이 쉬다

胸 xiōng 가슴 ☆ | 挺胸 tǐng xiōng 가슴을 쭉 펴다

肩膀 jiānbǎng 어깨 ☆ | 按摩肩膀 ànmó jiānbǎng 어깨를 안마하다

耸耸肩膀 sǒngsǒng jiānbǎng 어깨를 으쓱이다

胳膊 gēbo 팔 | 弯胳膊 wān gēbo 팔을 구부리다

脚 jiǎo 발 | 脚步 jiǎobù 발걸음

脚印 jiǎoyìn 발자국

肌肉 jīròu 근육 ☆ | 肌肉拉伤 jīròu lāshāng 근육이 찢어지다

扭伤肌肉 niǔshāng jīròu 근육을 접질리다

胃 wèi 위 | 胃酸 wèi suān 위가 쓰리다

腰 yāo 허리 ☆ | 腰酸 yāo suān 허리가 시큰하다

背 bèi 등 ☆ | 背痛 bèi tòng 등이 아프다

肚子 dùzi 배 | 拉肚子 lā dùzi 설사하다

血 xiě/xuè 피 ☆ | 出血 chū xiě 피가 나다

肉 ròu (사람의) 살 | 长肉了 zhǎngròu le 살이 찌다

指甲 zhǐjiǎ 손톱 | 美甲 měijiǎ 네일아트를 하다

咬指甲 yǎo zhǐjiǎ 손톱을 물어뜯다

手指 shǒuzhǐ 손가락 ☆ | 手指上戴着戒指 shǒuzhǐ shang dàizhe jièzhi

손가락에 반지를 끼고 있다

腿 tuǐ 다리 | 大腿 dàtuǐ 허벅지

小腿 xiǎotuǐ 종아리

* 火腿 huǒtuǐ 햄

心脏 xīnzàng 심장 ☆

肝 gān 간

肺 fèi 허파

실전 테스트

03_실전 테스트
음원 바로 듣기

🎧 03_5

第1-5题   请选出正确答案。

대화를 듣고 질문에 알맞은 보기를 선택하세요.

1 A 爱收集硬币
   B 在北京上学
   C 对颐和园印象深刻
   D 常去国外旅游

2 A 不想减肥
   B 没吃饱
   C 最近胃不好
   D 稍后再去健身

3 A 不需要住院
   B 是卖营养品的
   C 马上要做手术
   D 身体恢复得很好

4 A 机票卖光了
   B 要参加开业典礼
   C 有台风
   D 公司临时有事儿

5 A 胳膊扭伤了
   B 鼻子很痒
   C 过敏了
   D 出血了

정답 및 해설 ≫ 해설서 p. 23

DAY 02

1 어휘가 듣기의 힘이다!

공략비법 04 날씨, 취미, 자격증 문제

04_유형맛보기
음원 바로 듣기

> **출제 형식**

5급에서 날씨 표현은 打雷(천둥 치다), 闪电(번개 치다), 彩虹(무지개)과 같은 고급 수준의 어휘들이 출제되므로 시험 전에 꼭 암기해 두어야 한다. 이 밖에도 중국인들이 여가와 취미로 즐기는 활동 명칭과 身份证(신분증), 驾驶执照(운전 면허증), 营业执照(영업 허가증) 등과 같은 각종 증서와 관련된 어휘 또한 정리해 두자.

> **핵심 전략**

1 날씨와 관련된 표현을 암기하라.

최근 시험에서 날씨 관련 문제의 출제율은 높은 편이 아니지만 갈수록 고급 수준의 표현들이 다양하게 출제된다. 下雨(비가 온다)와 같은 기본 표현에서 벗어나 阵雨(소나기), 打雷(천둥 치다), 闪电(번개 치다), 避暑(더위를 피하다)와 같은 날씨 표현들이 등장하므로 주의하여 익혀두자.

2 중국인의 여가생활에 관심을 가져라.

중국인들의 여가생활과 취미생활의 종류가 다양해짐에 따라 그들이 즐기는 여가생활에 대한 이해가 필요하다. 중국인들의 여가생활이나 취미생활이 HSK 시험에도 반영되어 출제되므로 중국인들이 여가로 즐기는 다양한 활동들을 정리해 두자.

> **유형맛보기 1**　　　　　　　　　　　🎧 04_1

男 : 今天又是闪电又是打雷的，咱们明天再去吧。
女 : 没问题，活动下周一才结束，不着急。
问 : 今天天气怎么样？
　　A 刮大风　　B 下阵雨　　Ⓒ 打雷闪电　　D 下雪

남 : 오늘은 번개도 치고 천둥도 치니, 우리 내일 가자.
여 : 문제 없어, 행사는 다음 주 월요일에 끝나니까 급하지 않아.
질문 : 오늘 날씨는 어떠한가?
　　A 바람이 많이 불다　B 소나기가 내리다　C 천둥·번개가 치다　D 눈이 내리다

闪电 shǎn diàn 통 번개 치다 ⭐
打雷 dǎ léi 통 천둥 치다
结束 jiéshù 통 끝나다
刮风 guā fēng 통 바람이 불다
阵雨 zhènyǔ 명 소나기

정답 C

해설 보기를 통해 날씨를 묻는 질문이 나올 것을 예상한다. 남자가 '今天又是闪电又是 打雷的(오늘은 번개도 치고 천둥도 친다)'라고 했다. 오늘 날씨가 어떠한지 묻는 질 문으로 정답은 C 打雷闪电(천둥 · 번개가 치다)이다.

✏️ 유형맛보기 2　　　　　　　　　　🎧 04_2

男 : 你明天要不要跟我们一起去划船?
女 : 我不去了，我晕船。

问 : 关于女的可以知道什么?
　　 A 想去钓鱼　　　　　　Ⓑ 晕船
　　 C 想去拍照　　　　　　D 在学乐器

남 : 너는 내일 우리와 같이 배 타러 가지 않을래?
여 : 안 갈래, 나는 뱃멀미를 해.

질문 : 여자에 관하여 알 수 있는 것은 무엇인가?
　　 A 낚시하러 가고 싶어 한다　　B 뱃멀미를 한다
　　 C 사진 찍으러 가고 싶어 한다　D 악기를 배우고 있다

划船 huá chuán 동 배를 타다
晕船 yùn chuán
　명 뱃멀미 동 뱃멀미하다
钓鱼 diào yú 동 낚시하다
拍照 pāi zhào 동 사진 찍다
乐器 yuèqì 명 악기⭐

정답 B

해설 보기의 钓鱼(낚시하다), 拍照(사진 찍다), 学乐器(악기를 배우다)는 모두 여가생활 이나 취미 활동과 관계된 어휘들로, 화자의 여가생활이나 취미 활동을 묻는 문제가 나 올 수 있음을 예상한다. 여자에 관하여 알 수 있는 것을 묻는 문제로 여자는 '我晕船 (나는 뱃멀미를 해)'이라고 대답했다. 따라서 정답은 B 晕船(뱃멀미를 한다)이다.

BEST 10 시험에 잘 나오는
빈도수 높은 날씨, 취미, 자격증 어휘

04_BEST 10 어휘
음원 바로 듣기

🎧 04_3

1 彩虹 cǎihóng 무지개⭐
2 避暑 bì shǔ 더위를 피하다
3 闪电 shǎn diàn 번개 치다⭐
4 手工 shǒugōng 수공예⭐
5 空闲 kòngxián 여가, 짬⭐
6 恶劣 èliè 열악하다, 나쁘다⭐
7 浇花 jiāo huā 꽃에 물을 주다
8 种菜 zhòng cài 채소를 심다
9 学乐器 xué yuèqì 악기를 배우다⭐
10 学射击 xué shèjī 사격을 배우다⭐

听力

듣기

날씨, 취미, 자격증
빈출 어휘 내공 쌓기

04_ 어휘 내공 쌓기
음원 바로 듣기

라오쓰의 킥!

날씨 관련 문제나 여가생활 혹은 취미를 묻는 문제는 자주 출제되는 유형이므로 관련된 어휘를 미리 익혀두어야 한다.

🎧 04_4

주요 날씨

晴天 qíngtiān 맑은날	台风 táifēng 태풍
阴天 yīntiān 흐린날	刮风 guā fēng 바람이 불다
晴转阴 qíng zhuǎn yīn 하늘이 흐려지다	太晒了 tài shài le 햇볕이 내리 쬐다 ⭐
阴转晴 yīn zhuǎn qíng 날씨가 개다	雪花 xuěhuā 눈송이
打雷 dǎ léi 천둥 치다	彩虹 cǎihóng 무지개 ⭐
闪电 shǎn diàn 번개 치다 ⭐	阳光好 yángguāng hǎo 햇볕이 좋다
雾很大 wù hěn dà 안개가 짙다 ⭐	阵雨 zhènyǔ 소나기
降雨 jiàng yǔ 비가 내리다	

취미, 자격증

(学)乐器 (xué) yuèqì 악기(를 배우다) ⭐	(学)武术 (xué) wǔshù 무술(을 배우다) ⭐
(学)射击 (xué) shèjī 사격(을 배우다) ⭐	(学)书法 (xué) shūfǎ 서예(를 배우다)
(学)美术 (xué) měishù 미술(을 배우다) ⭐	(学)太极拳 (xué) tàijíquán 태극권(을 배우다) ⭐
(学)驾驶 (xué) jiàshǐ 운전(을 배우다) ⭐	(学)服装设计 (xué) fúzhuāng shèjì 의상 디자인(을 배우다) ⭐
看话剧 kàn huàjù 연극을 관람하다	手工 shǒugōng 수공 ⭐
浇花 jiāo huā 꽃에 물을 주다	感兴趣 gǎn xìngqù 관심이 있다, 좋아하다
业余爱好 yèyú'àihào 여가 취미 ⭐	空闲时间 kòngxián shíjiān 여가
打工 dǎ gōng 아르바이트하다 ⭐	做兼职 zuò jiānzhí 시간제 근무하다, 아르바이트하다 ⭐
营业执照 yíngyè zhízhào 사업자등록증 ⭐	驾照 jiàzhào 운전 면허증
亲手 qīnshǒu 직접, 손수	

실전 테스트

第1-5题　请选出正确答案。

04_실전 테스트
음원 바로 듣기　⌂ 04_5

대화를 듣고 질문에 알맞은 보기를 선택하세요.

1　A 很佩服父亲
　　B 学过射击
　　C 喜欢钓鱼
　　D 研究古典文学

2　A 爱好摄影
　　B 经营一家照相馆
　　C 在投简历
　　D 公司业务太忙

3　A 非常干燥
　　B 连续下雨
　　C 会有大雾
　　D 会下暴雪

4　A 彩虹颜色
　　B 科学节目
　　C 月亮形状
　　D 昼夜温差

5　A 笔试考试不及格
　　B 没收到面试通知
　　C 还没拿到教师资格证
　　D 要重新参加路考

정답 및 해설 ≫ 해설서 p. 25

DAY 03

2 상황을 알면 답이 보인다!

공략비법 05 일상생활 문제 별다섯개! ★★★★★

05_유형맛보기
음원 바로 듣기

출제 형식

HSK 5급 듣기 제1, 2부분의 대화형 문제에서는 이웃 관계, 자녀 양육, 정년 퇴직, 집 임대, 쇼핑과 같은 일상생활 속 다양한 상황을 다루는 문제가 출제된다. 자주 출제되는 문제는 가정과 이웃 문제, 쇼핑 문제이다.

핵심 전략

1 일상생활은 가정이 중심이다.

일상생활 관련 문제에 **가장 빈번하게 출제되는 주제는 '가정'**으로 **결혼, 정년퇴직, 요양, 집 임대나 빨래, 청소, 설거지와 같은 가사 활동, 자녀 양육 또는 이웃간의 관계**에 대한 문제가 이에 속한다. 가정과 관계된 어휘를 암기하는 것이 문제를 푸는 데 도움될 것이다.

2 쇼핑 내용은 정해져 있다.

쇼핑과 관련된 문제는 **가격과 디자인, 스타일 또는 할인과 배송, 회원가입** 등에 대한 문제들이 출제된다. 최근에는 **트렌드나 유행과 관련된 어휘**도 시험에 자주 출제되니 반드시 관련 어휘들을 암기하자.

빈출 질문

· 根据对话，可以知道什么？	대화에 근거하여, 알 수 있는 것은 무엇인가?
· 关于郑阿姨，可以知道什么？	정씨 아주머니에 관해서, 알 수 있는 것은 무엇인가?
· 根据对话，下列哪项正确？	대화에 근거하여, 다음 중 옳은 것은?
· 女的(男的)是什么意思？	여자(남자)의 말은 무슨 의미인가?

유형맛보기 1　　　　　　　　　　🎧05_1

男：冬天到了，我们该换个厚一点儿的窗帘儿了。
女：那么周末去商场看看吧。

问：根据对话，下列哪项正确?

　Ⓐ 他们要换窗帘　　　　　B 他们想去滑雪
　C 下水道漏水　　　　　　D 他们要换灯

남 : 겨울이 되었으니 우리 좀 두꺼운 커튼으로 바꿔야겠어.
여 : 그럼 주말에 쇼핑센터에 가서 좀 보자.

질문 : 대화에 근거하여, 다음 중 옳은 것은?

　A 그들은 커튼을 바꾸려고 한다　　B 그들은 스키 타러 가고 싶어 한다
　C 하수도 물이 새다　　　　　　　D 그들은 등을 바꾸려고 한다

厚 hòu 형 두껍다
窗帘(儿) chuānglián(r) 명 커튼 ☆
滑雪 huá xuě 동 스키를 타다
下水道 xiàshuǐdào 명 하수도
漏水 lòu shuǐ 동 물이 새다, 누수 되다
灯 dēng 명 등

정답　A

해설　보기의 换窗帘(커튼을 바꾸다), 去滑雪(스키 타러 가다), 漏水(물이 새다), 换灯(등을 바꾸다)과 같은 어휘들은 일상생활과 밀접한 관련이 있는 어휘들로, 일상생활이 주제인 문제가 출제될 수 있음을 예상한다. '我们该换个厚一点儿的窗帘儿了(우리 좀 두꺼운 커튼으로 바꿔야겠어.)'라는 남자의 제안에 여자는 주말에 쇼핑센터에 가서 보자고 대답했다. 대화 내용에 근거해 옳은 것을 물었으므로 정답은 A 他们要换窗帘(그들은 커튼을 바꾸려고 한다)이다.

05_BEST 10 어휘
음원 바로 듣기

BEST 10 시험에 잘 나오는
빈도수 높은 가정 관련 어휘　　🎧05_2

1 看望 kànwàng 찾아 뵙다 ☆
2 装修 zhuāngxiū 인테리어 하다 ☆
3 换窗帘 huàn chuānglián 커튼을 바꾸다
4 纪念 jìniàn 기념하다 ☆
5 出嫁 chū jià 시집가다, 출가하다
6 (参加)婚礼 (cānjiā) hūnlǐ 결혼식(에 참석하다) ☆
7 维修 wéixiū 수리하다 ☆
8 租房 zū fáng 임대하다
9 退休 tuìxiū 퇴직하다 ☆
10 送货 sònghuò 배송하다, 물건을 배달하다

听力
듣기

男：你帮我看一下，这套西装配这条领带怎么样？
女：这条太艳了，你带这条吧，看起来更正式一些。

问：女的觉得那条领带怎么样？

Ⓐ颜色太鲜艳了　　　　B 看起来很贵
C 有点短　　　　　　　D 很时髦

남 : 좀 봐줘, 이 정장에 이 넥타이 매는 거 어때?
여 : 이거 너무 화려해, 이걸로 매봐, 더 정식적으로 보여.

질문 : 여자는 그 넥타이가 어떠하다고 느끼는가?

A 색이 너무 화려하다　　　　B 비싸 보인다
C 조금 짧다　　　　　　　　D 최신식이다

西装 xīzhuāng 몡 정장, 양복
配 pèi 동 매치하다
领带 lǐngdài 몡 넥타이
艳 yàn 톙 화려하다, 선명하다
正式 zhèngshì 톙 정식의, 공식의
鲜艳 xiānyàn 톙 화려하다 ⭐
时髦 shímáo
톙 최신식이다, 현대적이다, 유행하다 ⭐

정답 ▶ A

해설 ▶ 보기를 통해 쇼핑과 관련된 문제임을 알 수 있다. 남자가 '这套西装配这条领带怎么样?(이 정장에 이 넥타이 매는 거 어때?)'이라고 묻자, '这条太艳了(이거 너무 화려해)'라고 대답했다. 여자는 그 넥타이가 어떠하다고 느끼는지 묻는 질문으로 정답은 A 颜色太鲜艳了(색이 너무 화려하다)이다.

BEST 10 시험에 잘 나오는
빈도수 높은 쇼핑 관련 어휘

05_BEST 10 어휘
음원 바로 듣기

🎧 05_4

1 推荐 tuījiàn 추천하다 ⭐
2 包装 bāozhuāng 포장하다
3 适合 shìhé 어울리다
4 鲜艳 xiānyàn 화려하다 ⭐
5 老 lǎo 촌스럽다
6 围巾 wéijīn 목도리, 스카프 ⭐
7 项链 xiàngliàn 목걸이 ⭐
8 非卖品 fēimàipǐn 비매품
9 免费 miǎnfèi 무료로 하다
10 样式 yàngshì 스타일, 디자인 ⭐

일상생활
빈출 어휘 내공 쌓기

05_어휘 내공 쌓기
음원 바로 듣기

라오쓰의 킥!

일상생활과 관련된 문제에서 자주 출제되는 어휘들을 정리해 두었다. 미리 암기해 두자!

🎧 05_5

가정과 이웃

谈恋爱 tán liàn'ài 서로 사랑하다, 연애하다 ⭐	婚礼 hūnlǐ 결혼식 ⭐
婚姻 hūnyīn 혼인, 결혼 ⭐	老婆 lǎopo 아내 ⭐
娶 qǔ 아내를 얻다, 장가 들다 ⭐	嫁 jià 시집 가다 ⭐
出嫁 chū jià 출가하다, 시집 가다	陪家人 péi jiārén 가족과 함께하다
怀孕 huái yùn 임신하다 ⭐	照顾 zhàogù 돌보다
离婚 lí hūn 이혼하다 ⭐	纪念 jìniàn 기념하다 ⭐
公寓 gōngyù 아파트, 기숙사 ⭐	家务 jiāwù 가사, 집안일 ⭐
下水道 xiàshuǐdào 하수도	漏水 lòu shuǐ 누수 되다, 물이 새다
装饰 zhuāngshì 장식하다 ⭐	装修 zhuāngxiū 인테리어 하다 ⭐
地板 dìbǎn 바닥, 마루	维修 wéixiū 수리하다 ⭐
窗帘 chuānglián 커튼 ⭐	地毯 dìtǎn 양탄자, 카펫 ⭐
扫地 sǎo dì 바닥을 청소하다	隔壁 gébì 이웃집 ⭐
打交道 dǎ jiāodào 왕래하다, 교제하다 ⭐	退休 tuìxiū 퇴직하다, 은퇴하다 ⭐

집 임대 관련

租房 zū fáng 집을 빌리다, 임대하다	出租房子 chūzū fángzi 집을 세놓다
房租 fángzū 집세	押金 yājīn 보증금 ⭐
房东 fángdōng 집주인	中介 zhōngjiè 중개 ⭐
贷款 dài kuǎn 대출하다 ⭐	

쇼핑 관련

服装 fúzhuāng 의류, 복장 ☆		帽子 màozi 모자	
丝绸 sīchóu 실크 ☆		丝巾 sījīn 실크 스카프	
围巾 wéijīn 목도리, 스카프 ☆		扇子 shànzi 부채 ☆	
戒指 jièzhi 반지 ☆		项链 xiàngliàn 목걸이 ☆	
鲜艳 xiānyàn 화려하다 ☆		朴素 pǔsù 화려하지 않다	
时髦 shímáo 최신식이다, 현대적이다, 유행하다 ☆		时尚 shíshàng (시대적) 유행 ☆	
高档 gāodàng 고급의 ☆		合适 héshì 어울리다	
推荐 tuījiàn 추천하다 ☆		名牌 míngpái 유명 상표, 브랜드 ☆	
尺寸 chǐcùn 사이즈		款式 kuǎnshì 스타일	
发票 fāpiào 영수증 ☆		包装 bāozhuāng 포장하다	
送货 sònghuò 배송하다		打折 dǎ zhé 할인하다	
优惠活动 yōuhuì huódòng 우대 혜택 ☆		减价 jiǎn jià 값을 내리다	
涨价 zhǎng jià 물가가 오르다		非卖品 fēimàipǐn 비매품	
纪念品 jìniànpǐn 기념품		洗面奶 xǐmiànnǎi 클렌징 크림	

각종 명절과 기념일

元旦 Yuándàn 설(양력 1. 1) ☆		母亲节 Mǔqīn Jié 어머니의 날(매년 5월 둘째 주 일요일)	
春节 Chūn Jié 설날(음력 1. 1)		父亲节 Fùqīn Jié 아버지의 날(매년 6월 셋째 주 일요일)	
中秋节 Zhōngqiū Jié 추석		教师节 Jiàoshī Jié 스승의 날(9. 10)	
除夕 Chúxī 섣달 그믐(음력 12. 31) ☆		国庆节 Guóqìng Jié 국경일(10. 1) ☆	
劳动节 Láodòng Jié 노동절(5. 1)		情人节 Qíngrén Jié 밸런타인데이	
儿童节 Értóng Jié 어린이날(6. 1)		圣诞节 Shèngdàn Jié 성탄절	

실전 테스트

第1-5题　请选出正确答案。

05_실전 테스트
음원 바로 듣기　⌒ 05_6

대화를 듣고 질문에 알맞은 보기를 선택하세요.

1　A 卖房子
　　B 出租空房间
　　C 去房屋中介
　　D 想找房东

2　A 种类太少
　　B 手感粗糙
　　C 质量很好
　　D 颜色太鲜艳

3　A 交房租
　　B 延期合同
　　C 安装网络
　　D 下水道漏水了

4　A 不够独立
　　B 很顽皮
　　C 特别自私
　　D 不懂事

5　A 色彩单一
　　B 太休闲了
　　C 不时髦
　　D 比较薄

정답 및 해설 ≫ 해설서 p. 28

DAY 03

2 상황을 알면 답이 보인다!

공략비법 06 학교와 회사 생활 문제

별다섯개! ★ ★ ★ ★ ☆

06_유형맛보기
음원 바로 듣기

출제 형식

HSK 5급 시험에 참가하는 대다수의 응시자는 취업을 앞 둔 대학생과 이미 회사에 다니고 있는 직장인이다. 그렇기 때문에 듣기 문제에서는 학교 교육이나 활동 혹은 회사 업무와 관련된 문제들이 다수 출제된다. 특히 사무 관련 어휘는 문서 작성이나 이메일 발송 등과 같은 어휘보다는 협상, 계약, 광고, 마케팅 등 광범위한 범위에서 출제된다.

핵심 전략

1 ★학교는 공부만 하는 곳이 아니다.

HSK 3, 4급과 달리 5급 시험에서는 학교 활동이나 강연, 각종 행사와 학교 운영까지 출제된다.

2 ★회사에서 발생하는 모든 일을 알면 알수록 좋다.

5급 시험에서는 다양한 회사 관련 용어들과 상황들이 출제된다. 신입사원 입사부터 일반적인 사무 외에 기획, 마케팅, 판매와 광고, 회사 관리 그리고 퇴사까지 실질적이고 구체적인 회사 생활 관련 용어와 상황이 시험에 출제되므로 주의를 기울여야 한다.

📝 유형맛보기 1   🎧 06_1

男：听说今天的演讲特别精彩，你也去听了吗？
女：没有，我的导师临时让我去机场接客人。
问：女的为什么没去听讲座？
    A 不感兴趣   Ⓑ 要去接客人
    C 要写报告   D 有约会

演讲 yǎnjiǎng 명 강연, 연설 ⭐
精彩 jīngcǎi 형 훌륭하다, 뛰어나다
导师 dǎoshī 명 지도 교수
临时 línshí 부 갑자기, 임시에 ⭐
可惜 kěxī 형 아쉽다
讲座 jiǎngzuò 명 강좌, 강의 ⭐
约会 yuēhuì 명 약속

남 : 듣자 하니 오늘 강연이 정말 훌륭했다던데. 너도 들으러 갔니?
여 : 아니, 지도 교수님이 갑자기 나에게 공항에 손님을 마중하러 가라고 하셨어.
질문 : 여자는 왜 강좌를 들으러 가지 않았는가?
    A 관심이 없다   B 손님을 마중하러 가야 했다
    C 보고서를 써야 했다   D 약속이 있었다

정답   B

해설   강연을 들으러 갔냐는 남자의 질문에 여자는 '我的导师临时让我去机场接客人
(지도 교수님이 갑자기 나에게 공항에 손님을 마중하러 가라고 하셨어)'이라고 대답했
다. 여자가 왜 강좌를 들으러 가지 않았는지 물었으므로 정답은 B 要去接客人(손님
을 마중하러 가야 했다)이다.

BEST 10 시험에 잘 나오는
빈도수 높은 학교 생활 어휘

06_BEST 10 학교
음원 바로 듣기

🎧 06_2

1   办理 bànlǐ 처리하다 ⭐
2   报名 bào míng 신청하다, 등록하다
3   录取 lùqǔ 선발하다, 채용하다 ⭐
4   通知 tōngzhī 통지하다, 알리다
5   申请 shēnqǐng 신청하다
6   讲座 jiǎngzuò 강좌 ⭐
7   论文 lùnwén 논문 ⭐
8   有学问 yǒu xuéwèn 학식이 있다 ⭐
9   实验 shíyàn 실험하다 ⭐
10   演讲 yǎnjiǎng 강연하다 ⭐

听力 听기

男: 马主任，我应该去哪个部门办理入职手续？

女: 你先去人事部报到，有人会告诉你怎么办理的。

问: 关于男的可以知道什么？

　　A 已经退休了　　　　　　B 是人事部负责人

　　C 涨工资了　　　　　　Ⓓ 要去办理入职手续

남: 마 주임님, 제가 어느 부서에 가서 입사 수속을 처리해야 하나요？

여: 먼저 인사과에 가서 보고하시면 어떻게 처리하는지 알려주는 사람이 있을 거예요.

질문: 남자에 관하여 알 수 있는 것은 무엇인가？

　　A 이미 은퇴했다　　　　　　B 인사부 책임자이다

　　C 월급이 올랐다　　　　　　D 입사 수속을 처리하러 가려 한다

部门 bùmén 명 부서 ☆

办理 bànlǐ
동 처리하다, 수속하다, 취급하다 ☆

入职 rù zhí 동 입사하다

手续 shǒuxù 명 수속 ☆

人事部 rénshìbù 명 인사부(과)

报到 bào dào 동 (관련 부서에) 도착하였음을 보고하다, 도착 서명하다 ☆

退休 tuìxiū 동 은퇴하다 ☆

负责人 fùzérén 명 담당자

涨 zhǎng 동 오르다 ☆

工资 gōngzī 명 월급, 임금

정답　D

해설　보기를 통해 회사 생활과 관련된 문제임을 예상한다. 남자가 '马主任，我应该去哪个部门办理入职手续？(마 주임님, 제가 어느 부서에 가서 입사 수속을 처리해야 하나요？)'라고 질문한 것으로 보아 입사한 직원임을 알 수 있다. 남자에 대해서 알 수 있는 것은 무엇인지 물었으므로 정답은 D 要去办理入职手续(입사 수속을 처리하러 가려 한다)이다.

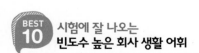

BEST 10　시험에 잘 나오는
빈도수 높은 회사 생활 어휘

06_BEST 10 회사
음원 바로 듣기

🎧06_4

1　投资 tóuzī 투자하다 ☆

2　安排 ānpái 안배하다

3　参观 cānguān 참관하다

4　调动 diàodòng 이동하다, 옮기다

5　辞职 cí zhí 사직하다 ☆

6　销售 xiāoshòu 판매하다 ☆

7　打交道 dǎ jiāodao 왕래하다 ☆

8　方案 fāng'àn 방안 ☆

9　合作 hézuò 합작하다 ☆

10　展览 zhǎnlǎn 전람하다 ☆

학교와 회사 생활
빈출 어휘 내공 쌓기

06_어휘 내공 쌓기
음원 바로 듣기

 킥!

학교와 회사 생활 관련 표현들은 HSK 5급 시험에 자주 출제된다. 그중 회사와 업무에 관련된 문제가 더 자주 출제되므로 미리 익혀두어야 한다.

🎧 06_5

학교

高考 gāokǎo 대학입학시험	录取 lùqǔ 채용하다, 합격시키다 ☆
学院 xuéyuàn 학원, 단과대학	校园 xiàoyuán 캠퍼스
念书 niàn shū 공부하다, 학교에 다니다	学期 xuéqī 학기
举办 jǔbàn 개최하다, 열다	讲座 jiǎngzuò 강좌 ☆
演讲 yǎnjiǎng 강연, 연설하다 ☆	嘉宾 jiābīn 귀빈 ☆
活动 huódòng 활동, 행사, 이벤트	比赛 bǐsài 경기
专业 zhuānyè 전공	文学 wénxué 문학
物理 wùlǐ 물리 ☆	建筑工程 jiànzhù gōngchéng 건축공학
计算机 jìsuànjī 컴퓨터	国际贸易 guójì màoyì 국제무역
化学 huàxué 화학 ☆	论文 lùnwén 논문 ☆
主题 zhǔtí 주제 ☆	刊登 kāndēng 싣다, 등재하다
导师 dǎoshī 지도교수	分数 fēnshù 점수
成绩 chéngjì 성적	奖学金 jiǎngxuéjīn 장학금
排名 pái míng 순위를 매기다	得了第一名 dé le dìyīmíng 일등하다
申请 shēnqǐng 신청하다	志愿 zhìyuàn 자원하다
推荐书 tuījiànshū 추천서	操场 cāochǎng 운동장 ☆
国家图书馆 guójiā túshūguǎn 국립도서관	参考书 cānkǎoshū 참고서
电子书 diànzǐshū 전자도서	有学问 yǒu xuéwèn 학식이 있다, 지식이 있다 ☆
资料丰富 zīliào fēngfù 자료가 풍부하다 ☆	校报 xiàobào 학교 신문
消息 xiāoxi 소식	夏令营 xiàlìngyíng 여름캠프, 하계캠프 ☆

获奖作品 huòjiǎng zuòpǐn 입상 작품 ⭐	**冠军** guànjūn 챔피언, 우승자 ⭐
复习 fùxí 복습하다	**留学** liú xué 유학하다
展出 zhǎnchū 전시하다	**实验** shíyàn 실험하다 ⭐
报告 bàogào 보고서, 리포트 ⭐	**教学环境** jiàoxué huánjìng 교육환경
教学质量 jiàoxué zhìliàng 교육의 질	**状态** zhuàngtài 컨디션, 상태 ⭐

회사 생활_입사와 퇴사 ⭐ 빈출문제

录取职员 lùqǔ zhíyuán 직원을 채용하다 ⭐	**录用职员** lùyòng zhíyuán 직원을 채용하다
招聘 zhāopìn 모집하다	**应聘** yìngpìn 지원하다
雇佣 gùyōng 고용하다	**简历** jiǎnlì 이력서 ⭐
条件 tiáojiàn 조건	**符合** fúhé 부합하다
解雇 jiěgù 해고하다	**办理入职手续** bànlǐ rùzhí shǒuxù 입사수속을 처리하다 ⭐
辞退 cítuì 해고하다	**开除** kāichú 제명하다, 해고하다
裁员 cái yuán 감원하다	**辞职** cí zhí 사직하다 ⭐
退休 tuìxiū 퇴직하다 ⭐	**办理辞职手续** bànlǐ cízhí shǒuxù 사직수속을 처리하다 ⭐
勤奋 qínfèn 부지런하다 ⭐	

회사 생활_부서

单位 dānwèi 직장 ⭐	**部门** bùmén 부서 ⭐
人事部 rénshìbù 인사부(과)	**会计部** kuàijibù 회계부(과)
财务部 cáiwùbù 재무부(과)	**市场部** shìchǎngbù 마케팅부(과)
宣传部 xuānchuánbù 홍보부(과) ⭐	**销售部** xiāoshòubù 판매부(과)

회사 관련 인물

总裁 zǒngcái 총재, 총수 ⭐	**董事长** dǒngshìzhǎng 회장, 이사장
企业家 qǐyèjiā 기업가	**领导** lǐngdǎo 지도자 ⭐
负责人 fùzérén 책임자	**管理人员** guǎnlǐ rényuán 관리자
董事会 dǒngshìhuì 이사회	**股东** gǔdōng 주주
外商 wàishāng 외국 바이어	**客户** kèhù 거래처, 고객
员工 yuángōng 직원, 근로자 ⭐	**秘书** mìshū 비서 ⭐
工程师 gōngchéngshī 기사, 엔지니어 ⭐	**厂长** chǎngzhǎng 공장장
会计 kuàiji 회계, 회계원 ⭐	**翻译** fānyì 번역자, 통역원

上司 shàngsi 상사	下属 xiàshǔ 부하(직원)
主任 zhǔrèn 주임 ⭐	实习生 shíxíshēng 실습생 ⭐
求职者 qiúzhízhě 구직자	用户 yònghù 가입자, 사용자

업무 관련 용어 ⭐빈출문제

产品 chǎnpǐn 제품 ⭐	厂家 chǎngjiā 제조업자
名片 míngpiàn 명함 ⭐	工厂 gōngchǎng 공장 ⭐
设备 shèbèi 설비, 시설 ⭐	规模 guīmó 규모 ⭐
议题 yìtí 토론 주제	方案 fāng'àn 방안
待遇 dàiyù 대접, 대우 ⭐	营业额 yíngyè'é 거래액, 영업액
案子 ànzi 사건, 소송	损失 sǔnshī 손실, 손해 ⭐
任职 rèn zhí 직무를 맡다, 재직하다	调动 diàodòng 옮기다, 이동하다
培训 péixùn 양성하다, 육성하다	转正 zhuǎn zhèng 정직원이 되다, 정식 사원이 되다
升职 shēng zhí 승진하다	请假 qǐng jià 휴가를 신청하다
涨工资(加薪) zhǎng gōngzī(jiāxīn) 월급이 오르다	汇报 huìbào 상사에게 보고하다
发言 fā yán 발언하다, 의견을 발표하다 ⭐	总结 zǒngjié 총 정리하다
参观 cānguān 견학하다, 시찰하다	展览 zhǎnlǎn 전람하다 ⭐
评选 píngxuǎn 선정하다	投资 tóuzī 투자, 투자하다 ⭐
合作 hézuò 합작하다 ⭐	谈判 tánpàn 협상하다, 교섭하다 ⭐
打交道 dǎ jiāodào 왕래하다 ⭐	签约 qiānyuē 서명하다
签字 qiān zì 서명하다	经营 jīngyíng 운영하다, 경영하다 ⭐
完成 wánchéng 완성하다	发展 fāzhǎn 발전하다
销售 xiāoshòu 판매하다 ⭐	开放 kāifàng 개방하다 ⭐
批准 pīzhǔn 허가하다 ⭐	负责项目 fùzé xiàngmù 프로젝트를 맡다
负责工程 fùzé gōngchéng 프로그램을 책임지다	开发程序 kāifā chéngxù 프로그램을 개발하다 ⭐
分析数据 fēnxī shùjù 데이터를 분석하다 ⭐	做统计 zuò tǒngjì 통계를 내다
市场营销 shìchǎng yíngxiāo 마케팅	签合同 qiān hétong 계약서에 서명하다 ⭐
加强合作 jiāqiáng hézuò 협력을 강화하다 ⭐	扩大规模 kuòdà guīmó 규모를 넓히다
购买设备 gòumǎi shèbèi 설비를 구매하다 ⭐	超出预算 chāochū yùsuàn 예산을 초과하다
调整方案 tiáozhěng fāng'àn 방안을 조정하다 ⭐	得到批准 dédào pīzhǔn 승인을 얻다, 비준을 얻다 ⭐
违反规定 wéifǎn guīdìng 규칙을 위반하다	注册步骤 zhùcè bùzhòu 등록 절차 ⭐
宣传计划 xuānchuán jìhuà 마케팅 계획 ⭐	

听力
듣기

실전 테스트

第1-5题　请选出正确答案。

대화를 듣고 질문에 알맞은 보기를 선택하세요.

1　A 产品销售不了
　　B 接待了新客户
　　C 无法完成任务
　　D 工厂经费有限

2　A 安装设备
　　B 写报告
　　C 做实验
　　D 制作歌曲

3　A 获得了第一名
　　B 是学生会主席
　　C 参加了摄影社团
　　D 爱看体育节目

4　A 刚获得经理的批准
　　B 实验报告完成了
　　C 在分析数据
　　D 正在搜集相关资料

5　A 咨询专家意见
　　B 购买商业保险
　　C 跟总裁商量
　　D 提高员工待遇

정답 및 해설 》 해설서 p. 30

DAY 04

2 상황을 알면 답이 보인다!

공략비법 07 다양한 장소와 상황 문제

07_유형맛보기
음원 바로 듣기

출제 형식

호텔, 식당 등의 다양한 장소에서 발생하는 대화나 인터뷰, 주차, 사업 상담 등 여러가지 상황이 출현한다. 특히 장소나 상황에 따라 발생할 수 있는 동작들을 세트로 기억해두자!

핵심 전략

1 행사(活动)를 공략하라.

장소와 상황 문제에서 가장 많이 출제되는 내용이 바로 ★搞活动(행사를 하다)이다. 행사는 상점 외에도 호텔, 여행사, 식당, 옷 가게, 전자제품 판매점 등에서 다양하게 열릴 수 있으므로 행사 관련 어휘를 반드시 익혀두어야 한다.

2 ★장소에 맞는 상황을 익혀라.

HSK 5급 시험에 출제되는 장소는 4급 시험과 크게 다르지 않다. 가장 큰 차이는 장소를 직접적으로 언급하지 않고 **장소에서 발생하는 동작이나 상황을 통해 장소를 유추하게 하는 문제들이 주를 이룬다**는 것이다. 게다가 장소와 관련된 표현 역시 전문적이고 구체화된 표현들이 출제되므로 장소에 알맞은 상황과 표현들을 함께 정리해두어야 한다.

유형맛보기 1 🎧 07_1

男：最近几乎每家商店都在搞活动。
女：是，快到元旦了，他们都想趁着节日，增加营业额。

问：商店为什么要搞活动?
　　A 提高服务质量　　　　　B 竞争很激烈
　　ⓒ 增加销售额　　　　　　D 扩大营业范围

남: 최근에 거의 모든 상점이 행사를 하고 있어.
여: 그래, 이제 곧 설이 다가오니, 그들 모두 명절을 틈타 영업액(판매액)을 늘리려는 것이겠지.

질문: 상점은 왜 행사를 하는가?
　　A 서비스의 질을 높이려고 한다　　　B 경쟁이 심하다
　　C 판매액을 늘리려고 한다　　　　　D 영업 범위를 확대하려 한다

几乎 jīhū 부 거의, 모든
搞 gǎo 동 하다(목적어와 결합하여 목적어의 동작이나 행위를 나타냄)★
元旦 Yuándàn 명 설(양력 1월 1일)★
趁 chèn 전 ~을 틈타★
节日 jiérì 명 명절
增加 zēngjiā 동 늘리다, 증가하다
营业额 yíngyè'é 명 영업액, 거래액
竞争 jìngzhēng 명 경쟁
激烈 jīliè 형 격렬하다, 치열하다★
销售额 xiāoshòu'é 명 판매액, 매출액
扩大 kuòdà 동 확대하다★
营业范围 yíngyè fànwéi 명 영업 범위★

听力
듣기

정답 C

해설 모든 상점이 행사를 하고 있다는 남자의 말에 여자는 '想趁着节日, 增加营业额(명절을 틈타 판매액을 늘리려는 것이겠지)'라고 대답했다. 상점은 왜 행사를 하는지를 물었으므로 정답은 C 增加销售额(판매액을 늘리려고 한다)이다.

✏️ **유형맛보기 2**　　　　　　　　　　　　　　　　　🎧 07_2

男: 你好，我不小心把我的登机牌弄丢了，请您帮我重新办理一张。

女: 没问题，请出示一下您的身份证。

问: 他们最可能在哪儿?
　　A 服装店　　　　　　　　B 高速公路上
　　C 健身房　　　　　　　　Ⓓ 机场

남: 안녕하세요. 제가 실수로 탑승권을 잃어버렸습니다. 다시 한 장 발급해 주세요.

여: 당연하죠. 신분증 좀 보여주세요.

질문: 그들은 어디에 있을 가능성이 가장 큰가?
　　A 옷 가게　　　　　　　　B 고속도로
　　C 헬스장　　　　　　　　D 공항

登机牌 dēngjīpái 명 탑승권

重新 chóngxīn 부 다시, 재차

办理 bànlǐ
　　동 처리하다, 수속하다, 취급하다 ☆

出示 chūshì 동 제시하다, 내보이다 ☆

身份证 shēnfènzhèng 명 신분증

服装店 fúzhuāngdiàn 명 옷 가게

高速公路 gāosù gōnglù 명 고속도로

健身房 jiànshēnfáng 명 헬스장

정답 D

해설 남자가 '把我的登机牌弄丢了，请您帮我重新办理一张(탑승권을 잃어버렸습니다. 다시 한 장 발급해 주세요)'이라고 요청하자 여자가 '请出示一下您的身份证(신분증 좀 보여주세요)'이라고 대답했다. 남녀의 대화에 탑승권, 신분증과 같은 어휘가 언급된 것으로 보아 정답은 D 机场(공항)임을 알 수 있다.

07_BEST 10 어휘
음원 바로 듣기

BEST 10 시험에 잘 나오는
빈도수 높은 장소, 상황 어휘　　　　　　　　　🎧 07_3

1 搞活动 gǎo huódòng 행사를 하다

2 退票 tuì piào 표를 환불하다

3 改签 gǎi qiān 비행기 표를 변경하다

4 急诊室 jízhěnshì 응급실

5 轮流开 lúnliú kāi 번갈아 가며 운전하다

6 恢复 huīfù 회복하다 ☆

7 罚款 fá kuǎn 벌금을 부과하다 ☆

8 着凉 zháo liáng 감기에 걸리다 ☆

9 游乐园 yóulèyuán 유원지

10 行李超重 xíngli chāozhòng 짐 중량이 초과되다

다양한 장소와 상황 빈출 어휘 내공 쌓기

07_어휘 내공 쌓기
음원 바로 듣기

라오쓰의 킥!!

HSK 5급 시험에 자주 출제되는 어휘를 장소와 상황으로 분류하였다. 각 장소와 상황에 따른 다양한 동작들을 함께 익혀보자.

🎧 07_4

1 장소별 분류

宾馆 bīnguǎn / 酒店 jiǔdiàn / 饭店 fàndiàn **호텔**

办理入住手续 bànlǐ rùzhù shǒuxù	退房 tuì fáng 체크아웃하다
체크인 수속을 처리하다 ⭐	前台 qiántái 카운터
双人间 shuāngrénjiān 2인실, 트윈룸	单人间 dānrénjiān 1인실, 싱글룸

机场 jīchǎng **공항**

登机牌 dēngjīpái 탑승권	班机 bānjī 정기 항공편
往返票 wǎngfǎnpiào 왕복표	单程票 dānchéngpiào 편도표
登机口 dēngjīkǒu 탑승 게이트	乘客 chéngkè 승객
改签 gǎi qiān 비행기 표를 변경하다	退票 tuì piào 표를 환불하다
回程 huíchéng 돌아오는(가는) 길, 리턴	退掉返程票 tuì diào fǎnchéngpiào 리턴표를 무르다
记错航班号 jì cuò hángbānhào 항공편 번호를 착각하다	行李超重 xíngli chāozhòng 짐 중량이 초과되다
到达 dàodá 도착하다 ⭐	海关 hǎiguān 세관 ⭐

火车站 huǒchēzhàn **기차역**

列车 lièchē 열차 ⭐	车厢 chēxiāng 객실 ⭐
站台 zhàntái 플랫폼	候车室 hòuchēshì 대합실

商店 shāngdiàn 상점

搞优惠活动 gǎo yōuhuì huódòng 할인행사를 하다 ⭐	**优惠券** yōuhuìquàn 할인권
会员卡 huìyuánkǎ 멤버십 카드	**减价** jiǎn jià 값을 내리다
交换 jiāohuàn 교환하다 ⭐	**退货** tuì huò 반품하다
发票 fāpiào 영수증 ⭐	**收据** shōujù 영수증 ⭐
柜台 guìtái 계산대, 카운터 ⭐	**款式** kuǎnshì 스타일

银行 yínháng 은행

账户 zhànghù 계좌 ⭐	**自动取款机** zìdòng qǔkuǎnjī ATM ⭐
存款 cún kuǎn 저금하다	**取款** qǔ kuǎn 인출하다
汇款 huì kuǎn 송금하다	**转账** zhuǎn zhàng 계좌 이체하다
输入密码 shūrù mìmǎ 비밀번호를 입력하다 ⭐	**利息** lìxī 이자 ⭐
汇率 huìlǜ 환율 ⭐	

医院 yīyuàn 병원

挂号 guà hào 등록하다, 접수시키다 ⭐	**挂号处** guàhàochù 접수처
着凉 zháo liáng 감기에 걸리다 ⭐	**咳嗽** késou 기침하다
皮肤过敏 pífū guòmǐn 피부가 알레르기 반응을 보이다	**腿疼** tuǐ téng 다리가 아프다
开药方 kāi yàofāng 처방전을 내다	**动手术** dòng shǒushù 수술하다
恢复 huīfù 회복하다 ⭐	**做康复训练** zuò kāngfù xùnliàn 재활치료를 하다
康复中心 kāngfù zhōngxīn 재활 센터	**药房** yàofáng 약국
急诊室 jízhěnshì 응급실	**手术室** shǒushùshì 수술실
伤势 shāngshì 부상정도(상태)	**肌肉** jīròu 근육 ⭐

邮局 yóujú 우체국

寄信 jì xìn 편지를 부치다	**寄包裹** jì bāoguǒ 소포를 보내다 ⭐
寄信人 jìxìnrén 발신자	**收信人** shōuxìnrén 수신인
邮政编码 yóuzhèng biānmǎ 우편번호	

② 상황별 분류

开车 kāichē 운전 ⭐반출문제

超速驾驶 chāosù jiàshǐ 속도위반	**酒后驾车** jiǔhòu jiàchē 음주운전
疲劳驾驶 píláo jiàshǐ 졸음 운전하다	**夜间出行** yèjiān chūxíng 야간 운행하다
罚款 fá kuǎn 벌금을 부과하다 ⭐	**轮流开** lúnliú kāi 번갈아 가며 운전하다
违反交通规则 wéifǎn jiāotōng guīzé 교통법규를 위반하다 ⭐	**遵守交通规则** zūnshǒu jiāotōng guīzé 교통법규를 준수하다 ⭐
危险 wēixiǎn 위험하다	**驾驶执照(驾照)** jiàshǐ zhízhào(jiàzhào) 운전면허증 ⭐

采访 cǎifǎng 인터뷰 ⭐

接受 jiēshòu 받다, 받아들이다	**读者** dúzhě 독자
记者 jìzhě 기자	**回答问题** huídá wèntí 질문에 대답하다
新闻社 xīnwénshè 신문사	

买票 mǎipiào 티켓 구매

订票 dìng piào 표를 예매하다	**门票** ménpiào 입장권
退票 tuì piào 표를 환불하다	**打折票** dǎzhépiào 할인 티켓

娱乐活动 yúlè huódòng 오락 활동 ⭐

游乐场 yóulèchǎng 놀이공원	**游乐园** yóulèyuán 유원지
游客 yóukè 관광객	**演唱会** yǎnchànghuì 콘서트
下棋 xià qí 장기·바둑을 두다	**兜风** dōu fēng 드라이브하다
博物馆 bówùguǎn 박물관 ⭐	**话剧** huàjù 연극
喜剧片 xǐjùpiàn 코미디 영화	**动作片** dòngzuòpiàn 액션 영화
影片 yǐngpiàn 스크린	**精彩** jīngcǎi 다채롭다, 멋지다

실전 테스트

07_실전 테스트
음원 바로 듣기
 07_5

第1-5题 请选出正确答案。

대화를 듣고 질문에 알맞은 보기를 선택하세요.

1
A 免费品尝
B 交押金
C 看样品图后挑选
D 提前预定

2
A 法院
B 电台
C 政府
D 餐厅

3
A 阳台
B 楼顶
C 厨房
D 超市

4
A 高速公路上
B 照相馆
C 中介
D 博物馆

5
A 购买机票
B 邮寄包裹
C 办理登机手续
D 接受海关安检

정답 및 해설 ≫ 해설서 p. 33

DAY 04

3 어투와 감정에 예민하라!

공략비법 08 각종 감정 관련 표현 총집합

08_유형맛보기
음원 바로 듣기

📖 **출제 형식**

HSK 5급 시험에서는 놀라움, 만족, 불만과 같은 개인적인 감정 외에도 대상에 대한 판단이나 태도와 관련된 문제들이 출제된다. 대화 가운데 정답을 그대로 언급하는 문제보다는 화자의 어투나 감정, 태도를 유추해 해결하는 문제들이 주로 출제되므로 대화의 분위기를 읽고 캐치하는 능력도 길러야 한다.

📖 **핵심 전략**

1 ★화자의 말에서 감정을 느껴라.

대화에서 직접적으로 감정을 말하고 정답을 보기에서 찾는 유형은 극히 드물게 출제된다. 주로 **화자 간의 대화에서 느껴지는 감정과 들리는 내용으로 정답을 찾아야 하는 문제들이 출제**되므로 감정을 표현하는 다양한 어휘를 숙지해야 한다.

2 ★유사한 표현끼리 묶어서 익혀라.

대화에서 언급한 표현이 보기에 그대로 제시되기 보다는 유사한 표현으로 제시될 가능성이 높다. 가령 칭찬의 경우 佩服(감탄하다), 厉害(대단하다), 了不起(대단하다), 真棒(멋지다) 등으로 다양하게 표현하므로 **유사한 것끼리 분류해 묶음 별로 익혀** 두어야 한다.

✏️ **유형맛보기 1** 🎧 08_1

男: 我已经试了5次了，不行，还是放弃吧。

女: 别轻易说放弃，说不定下次就成功了。

问: 女的的态度是什么?

Ⓐ 鼓励   B 看不起   C 抱怨   D 称赞

남 : 나는 벌써 다섯 번이나 해봤는데, 안되겠어. 아무래도 포기하는 게 좋겠어.

여 : 쉽게 포기한다고 말하지 마. 아마 다음 번에는 성공할 거야.

질문 : 여자의 태도는 무엇인가?

A 격려하다   B 무시하다   C 원망하다   D 칭찬하다

放弃 fàngqì ⑧ 포기하다

轻易 qīngyì ⑨ 쉽사리, 함부로 ★

说不定 shuōbudìng
⑨ 아마, 짐작컨대, 대개 ★

鼓励 gǔlì ⑧ 격려하다

看不起 kànbuqǐ ⑧ 무시하다 ★

抱怨 bàoyuàn ⑧ 원망하다

称赞 chēngzàn ⑧ 칭찬하다 ★

听力
듣기

정답 ▶ A

해설 ▶ 보기를 통해 감정·태도를 묻는 질문이 나올 것을 예상한다. 포기하는 게 좋겠다는 남자의 말에 여자가 '别轻易说放弃，说不定下次就成功了(쉽게 포기한다고 말하지 마, 아마 다음 번에는 성공할 거야)'라고 격려한다. 따라서 정답은 A **鼓励**(격려하다)이다.

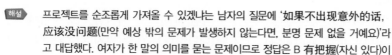

🖊 유형맛보기 2　　　　　　　　　　　　　🎧 08_2

男: 你看这个项目我们能顺利拿下吗?
女: 如果不出现意外的话，应该没问题。

问: 女的是什么意思?
　　A 问题很大　　　　　　Ⓑ 有把握
　　C 资金不够　　　　　　D 要分析材料

남: 자네가 보기에 이 프로젝트를 우리가 순조롭게 가져올 수 있겠나?
여: 만약 예상 밖의 문제가 발생하지 않는다면, 분명 문제 없을 거예요.

질문: 여자의 말은 무슨 의미인가?
　　A 문제가 매우 크다　　　　　B 자신 있다
　　C 자금이 부족하다　　　　　D 자료를 분석해야 한다

项目 xiàngmù 명 프로젝트 ⭐
顺利 shùnlì 형 순조롭다
出现 chūxiàn 동 발생하다
意外 yìwài 형 예상 밖의, 의외의, 뜻밖의
把握 bǎwò (성공에 대한) 자신, 가망, 가능성 동 (추상적인 사물을) 파악하다, 장악하다, 붙잡다 ⭐
资金 zījīn 명 자금 ⭐
分析 fēnxī 동 분석하다 ⭐
材料 cáiliào 명 자료, 데이터(data)

정답 ▶ B

해설 ▶ 프로젝트를 순조롭게 가져올 수 있겠냐는 남자의 질문에 '如果不出现意外的话，应该没问题(만약 예상 밖의 문제가 발생하지 않는다면, 분명 문제 없을 거예요)'라고 대답했다. 여자가 한 말의 의미를 묻는 문제이므로 정답은 B **有把握**(자신 있다)이다.

08_BEST 10 어휘
음원 바로 듣기

BEST 10 시험에 잘 나오는
빈도수 높은 감정 어휘　　　　　　　　　　🎧 08_3

1　佩服　pèifú　감탄하다, 탄복하다 ⭐
2　兴奋　xīngfèn　흥분하다
3　赞成　zànchéng　찬성하다 ⭐
4　悲观　bēiguān　비관적이다 ⭐
5　鼓励　gǔlì　격려하다
6　惊讶　jīngyà　놀랍다
7　遗憾　yíhàn　유감이다 ⭐
8　安慰　ānwèi　위로하다, 위로가 되다 ⭐
9　责备　zébèi　꾸짖다, 비난하다 ⭐
10　有把握　yǒu bǎwò　자신이 있다 ⭐

각종 감정 관련
빈출 어휘 내공 쌓기

08_어휘 내공 쌓기
음원 바로 듣기

 킥!

유사한 표현끼리 분류한 감정과 태도 표현을 익혀보자.

🎧 08_4

만족과 긍정적 감정

幸福 xìngfú 행복하다		**愉快** yúkuài 유쾌하다	
满意 mǎnyì 만족하다		**激动** jīdòng 감격하다	
兴奋 xīngfèn 흥분하다		**谨慎** jǐnshèn 신중하다 ☆	
自豪 zìháo 자부심을 느끼다 ☆		**有把握** yǒu bǎwò 자신이 있다 ☆	
得意 déyì 득의양양하다		**了不起** liǎobuqǐ 대단하다 ☆	
灵活 línghuó 융통성 있다 ☆		**活泼** huópō 활발하다	

실망과 부정적 감정

失望 shīwàng 실망하다		**遗憾** yíhàn 유감이다 ☆	
可惜 kěxī 애석하다, 아쉽다		**不满** bùmǎn 불만이다	
生气 shēng qì 화나다		**寂寞** jìmò 외롭다 ☆	
痛苦 tòngkǔ 괴롭다 ☆		**难过** nánguò 괴롭다	
难受 nánshòu 괴롭다		**吃惊** chī jīng 놀라다	

존중과 무시

尊重 zūnzhòng 존중하다		**重视** zhòngshì 중시하다	
看不起 kànbuqǐ 무시하다 ☆		**轻视** qīngshì 경시하다 ☆	
忽视 hūshì 경시하다 ☆		**不在乎** búzàihu 개의치 않다	
无所谓 wúsuǒwèi 상관없다 ☆		**冷淡** lěngdàn 냉담하다 ☆	
嘲笑 cháoxiào 비웃다			

부정적 태도

狡猾 jiǎohuá 교활하다 ⭐		小气 xiǎoqi 인색하다 ⭐
模糊 móhu 모호하다 ⭐		无奈 wúnài 어쩔 수 없다 ⭐
陌生 mòshēng 생소하다 ⭐		犹豫 yóuyù 머뭇거리다 ⭐
惭愧 cánkuì 부끄럽다 ⭐		

칭찬 · 꾸지람 · 원망

称赞 chēngzàn 칭찬하다 ⭐	表扬 biǎoyáng 칭찬하다
鼓励 gǔlì 격려하다	批评 pīpíng 혼내다
责备 zébèi 혼내다 ⭐	抱怨 bàoyuàn 원망하다 ⭐

건의 · 충고

建议 jiànyì 건의하다	提醒 tí xǐng 일깨우다
命令 mìnglìng 명령하다 ⭐	警告 jǐnggào 경고하다
禁止 jìnzhǐ 금지하다	

안심 · 걱정

担心 dān xīn 걱정하다	发愁 fā chóu 걱정하다 ⭐
不安 bù'ān 불안하다 ⭐	着急 zháo jí 조급하다
放心 fàng xīn 마음을 놓다	安慰 ānwèi 위로하다 ⭐

08_실전 테스트
음원 바로 듣기

🎧 08_5

第1-5题　请选出正确答案。

대화를 듣고 질문에 알맞은 보기를 선택하세요.

1 A 感到惭愧
　　B 祝贺女的
　　C 可怜女的
　　D 鼓励女的

2 A 抱歉
　　B 激动
　　C 怀疑
　　D 责备

3 A 很佩服
　　B 无所谓
　　C 不赞成
　　D 舍不得

4 A 自豪
　　B 寂寞
　　C 冷淡
　　D 兴奋

5 A 经常出去旅游
　　B 很羡慕男的
　　C 喜欢参观展览
　　D 去云南出差了

정답 및 해설 ≫ 해설서 p. 35

4 HSK, 중국 문화를 품다!

공략
비법 09 중국인의 생활 문화 관련 문제

09_유형맛보기
음원 바로 듣기

출제 형식

중국의 전통문화나 역사 혹은 현대 중국의 최신 유행, 트렌드와 관련된 문제들이 출제된다. 특히 각 지역별 특징은 자주 시험에 출제되므로 지역과 그 지역의 주요 특징을 함께 기억해 둔다면 문제 풀이에 큰 도움이 될 것이다.

핵심 전략

1 중국만의 독특한 문화적 특징을 이해하라.

중국의 주택은 시공을 마치고 판매할 때 아무런 인테리어가 되어 있지 않은 경우가 많다. 그렇기 때문에 이사나 결혼으로 처음 집을 살 때 개인적으로 **인테리어 회사를 찾아서 집을 꾸미는 상황이나 집 인테리어와 관련된 대화 내용**처럼 중국의 문화 특징을 녹인 문제가 출제된다.

2 중국의 지역별 특징을 이해하라.

중국은 지역별로 기후, 문화, 음식 등의 특징이 뚜렷하며, 중국의 주요 도시나 지역은 시험에 자주 출제된다. 예를 들어, **北京(베이징)의 골목(胡同), 광저우(广州)의 담백한(清淡) 음식, 쑤저우(苏州)의 비단(丝绸), 산시(陕西)의 역사 박물관(历史博物馆), 항저우(杭州)의 수공 부채(手工制作的扇子) 등과 같은 내용이 출제**된다. 지역별 특징을 미리 공부해 문제를 쉽게 풀 수 있도록 대비하자.

유형맛보기 1 ∩09_1

男：你们什么时候搬家?
女：新房子正在装修，我估计下个月就能搬进去。
问：她为什么还没搬家?
  A 要贷款   Ⓑ正在装修
  C 房子漏水   D 合同没到期

남 : 너희는 언제 이사 가니?
여 : 새 집이 인테리어를 하고 있어서, 다음 달에 들어갈 수 있을 것 같아.
질문 : 여자는 왜 아직 이사를 하지 않았는가?
  A 대출 해야 한다   B 인테리어를 하고 있다
  C 집에 물이 샌다   D 계약이 만료되지 않았다

装修 zhuāngxiū
⑧ 인테리어 하다, 장식하다 ⭐

贷款 dài kuǎn ⑧ 대출받다 ⭐

漏水 lòu shuǐ ⑧ 물이 새다, 누수되다

合同 hétong ⑨ 계약, 계약서 ⭐

到期 dàoqī ⑧ 만기가 되다, 기한이 되다

정답 ▶ **B**

해설 보기를 통해 집과 관련된 문제임을 짐작할 수 있다. 집과 관련된 문제 가운데 인테리어 문제가 자주 출제됨을 떠올리며 녹음을 듣는다. 언제 이사가냐는 남자의 질문에 여자가 '新房子正在装修(새 집이 인테리어를 하고 있어)'라고 대답한다. 왜 아직 이사를 가지 못했는지 물었으므로 정답은 B 正在装修(인테리어를 하고 있다)이다.

 유형맛보기 2 🎧 09_2

男 : 你对哪儿的博物馆印象最深?
女 : 陕西历史博物馆，在那儿可以看尽一千年的历史。

问 : 关于女的可以知道什么?
　　A 研究历史　　　　　　B 在博物馆工作
　　 去过陕西　　　　　D 常去旅游

남 : 너는 어느 지역의 박물관에 대한 인상이 가장 깊니?
여 : 산시 역사 박물관, 그곳에서 천 년의 역사를 다 볼 수 있어.

질문 : 여자에 관하여 알 수 있는 것은 무엇인가?
　　A 역사를 연구한다　　　　　B 박물관에서 일한다
　　C 산시에 가본 적이 있다　　　D 자주 여행을 간다

印象 yìnxiàng 명 인상
博物馆 bówùguǎn 명 박물관 ☆
尽 jìn 형 전부의, 모든
陕西 Shǎnxī 지명 산시(섬서)
历史 lìshǐ 명 역사
研究 yánjiū 동 연구하다

정답 ▶ **C**

해설 보기의 지명이 녹음 내용에 언급되면 정답일 확률이 높다. 어느 지역의 박물관에 대한 인상이 깊은지 묻는 남자의 질문에 여자가 '陕西历史博物馆(산시 역사 박물관)'이라고 답한다. 여자에 관하여 알 수 있는 것을 고르는 문제로 정답은 C 去过陕西(산시에 가본 적이 있다)이다.

BEST 10 시험에 잘 나오는
빈도수 높은 중국인의 생활 문화 관련 어휘

09_BEST 10 어휘
음원 바로 듣기

🎧 09_3

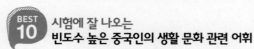

1 贷款 dài kuǎn 대출하다
2 装修 zhuāngxiū 인테리어 하다 ☆
3 布置 bùzhì 진열하다, 배치하다
4 印象 yìnxiàng 인상
5 房子 fángzi 집
6 装饰 zhuāngshì 장식하다, 꾸미다 ☆
7 博物馆 bówùguǎn 박물관 ☆
8 胡同 hútòng 골목 ☆
9 设计 shèjì 디자인하다 ☆
10 合同 hétong 계약, 계약서 ☆

중국인의 생활 문화 관련
빈출 **어휘** 내공 쌓기

O9_어휘 내공 쌓기
음원 바로 듣기

> 중국의 지역별 명소와 특징 그리고 중국 4대 음식에 대해 알아보자.

🎧 09_4

① 중국의 지역별 명소와 특징

北京 Běijīng 베이징(북경)

故宫 Gùgōng 구궁(고궁) – **长城** Chángchéng 창청(만리장성) – **颐和园** Yíhéyuán 이허위안(이화원, 중국의 황실 정원)

胡同 hútòng 후통(골목) – **四合院** sìhéyuàn 쓰허위안(사합원) – **欢乐谷** Huānlègǔ 환러구(중국의 테마파크)

云南省 Yúnnán Shěng 윈난성(운남성)

昆明 Kūnmíng 쿤밍(곤명)

– **云南民族村** Yúnnán mínzúcūn 윈난 민족촌(운남 민족촌, 소수 민족의 문화를 체험할 수 있는 테마파크)

丽江 Lìjiāng 리쟝(려강, 세계문화 유산으로 지정된 고원 도시)

四川省 Sìchuān Shěng 쓰촨성(사천성)

成都 Chéngdū 청두(성도)

川菜 chuāncài 쓰촨 음식(사천 음식) – **大熊猫** dàxióngmāo 판다 – **九寨沟** Jiǔzhàigōu 쥬자이거우(구채구)

中国佛教四大名山 Zhōngguó fójiào sì dà míngshān 중국 불교 4대 명산

– **峨眉山** Éméi Shān 어메이산(아미산, 중국 불교 4대 명산 중 하나)

山东省 Shāndōng Shěng 산둥성

济南 Jǐnán 지난(제남)

青岛 Qīngdǎo 칭다오(청도) – **啤酒** píjiǔ 맥주 – **沙滩** shātān 모래사장 – **海鲜** hǎixiān 해산물

河南省 Hénán Shěng 허난성(하남성)

郑州 Zhèngzhōu 정저우(정주) – **登封市** Dēngfēngshì 덩펑스(등봉시)

少林寺 Shàolínsì 소림사 – **少林武术发源地** shàolín wǔshù fāyuándì 소림 무술의 발원지

黑龙江省 Hēilóngjiāng Shěng 헤이룽장성(흑룡강성)

哈尔滨 Hā'ěrbīn 하얼빈 – **冰灯节** bīngdēngjié 빙등제 – **啤酒** píjiǔ 맥주

山西省 Shānxī Shěng 산시성(산서성)

产醋 chǎn cù 식초 생산 – **五台山** Wǔtái Shān 우타이산(오대산, 중국의 이름난 불교의 성지)

陕西省 Shǎnxī Shěng 산시성(섬서성)

西安 Xī'ān 시안(서안) – **丝绸之路** sīchóu zhī lù 실크로드

世界四大文明古都之一 shìjiè sì dà wénmíng gǔdū zhī yī 세계 4대 문명 발상지 중 하나 – **秦始皇兵马俑**

Qínshǐhuáng Bīngmǎyǒng 진시황 병마용

浙江省 Zhèjiāng Shěng 저장성(절강성)

杭州 Hángzhōu 항저우(항주) – **西湖** xīhú 시후(서호)

苏州 Sūzhōu 쑤저우(소주)

– **上有天堂，下有苏杭** shàng yǒu tiāntáng, xià yǒu Sūháng 하늘에 천국이 있고 땅에는 쑤저우와 항저우가 있다

– **丝绸** sīchóu 실크 – **苏州园林** Sūzhōu yuánlín 쑤저우 원림

② 중국 4대 요리(四大菜系)

鲁菜 lǔcài **산둥 요리**

鲜香脆嫩 xiān xiāng cuì nèn 신선하고 향기로우며 바삭하고 부드럽다

突出原味 tūchū yuánwèi 재료 본연의 맛을 살린다

咸鲜为主 xiánxiān wéizhǔ 짜고 신선한 요리가 주를 이룬다

川菜 chuāncài **쓰촨 요리**

麻辣 málà 얼얼하고 맵다

一菜一格，百菜百味 yí cài yì gé, bǎi cài bǎi wèi 모든 음식에 격식이 있고 많은 음식과 많은 맛이 있다

粤菜 yuècài **광둥 요리**

清鲜 qīngxiān 담백하고 신선하다

淮扬菜 huáiyángcài **화이양 요리**

口味清鲜平和 kǒuwèi qīngxiān pínghé 음식 맛이 담백하고 신선하며 조화롭다

咸甜浓淡适中 xiántián nóngdàn shìzhōng 짜고, 달고, 진하고, 연한 맛이 적절하다

실전 테스트

09_실전 테스트
음원 바로 듣기 🎧 09_5

第1-5题 请选出正确答案。

대화를 듣고 질문에 알맞은 보기를 선택하세요.

1. A 扇子
   B 梳子
   C 剪纸
   D 窗帘

2. A 房价低
   B 生活节奏快
   C 历史名城
   D 少数民族多

3. A 支付安全
   B 随叫随到
   C 省钱
   D 有优惠活动

4. A 纯手工制作的
   B 两面都有古诗
   C 是画家设计的
   D 颜色鲜艳

5. A 去草原骑马
   B 去沙漠探险
   C 去野外摄影
   D 去云南玩儿

정답 및 해설 ≫ 해설서 p. 38

DAY 05

5 동의어 표현을 익혀라!

공략비법 10 뜻은 하나인데 표현은 다양하게

10_유형맛보기
음원 바로 듣기

출제 형식

뜻은 하나인데 표현은 다양한 어휘를 묻는 문제는 매회 출제된다. 이런 문제 유형은 사실상 의미를 파악하는 문제이므로 평소 다양한 표현과 어휘를 암기해 두어야 한다.

핵심 전략

1 뜻은 하나인데 표현은 다양하다.

'同意(동의한다)'라는 어휘는 不反对(반대하지 않는다), 支持(지지한다), 赞成(찬성한다)과 같은 다양한 표현으로 바꾸어 말할 수 있다. 일반적으로 듣기 영역은 소리 일치형 문제가 대다수이지만 **동의어를 묻는 문제는** 소리 보다는 **의미를 파악하는 능력과 밀접한 관련**이 있으므로 이에 대한 준비가 필요하다.

2 관용어들과 친해져라.

우리말의 '허풍떨다'는 중국어로 '吹牛'이다. '吹牛'의 문자적 해석은 '소를 불다'이지만, 중국에서는 이를 '허풍떨다'라는 의미로 활용한다. 이와 같은 **관용어는 문자 그 자체의 해석과 실제 생활에서 쓰이는 의미가 전혀 다르므로 시험 전에 반드시 관용어를 정리**해 두어야 한다.

男: 小丽，你儿子的手术还顺利吗？

女: 挺顺利的，医生说他恢复得不错，下星期就能出院。

问: 关于儿子可以知道什么？

　Ⓐ 手术成功了　　　　　　B 性格害羞
　C 要回国了　　　　　　　D 想当大夫

남: 샤오리, 아들 수술은 잘 됐니?

여: 잘 됐어, 의사가 그러는데 회복이 빨라서 다음주에 바로 퇴원할 수 있대.

질문: 아들에 관하여 알 수 있는 것은 무엇인가?

　A 수술이 성공적이다　　　　B 성격이 내성적이다
　C 곧 귀국한다　　　　　　　D 의사가 되고 싶어 한다

| 手术 shǒushù 명 수술 ☆ |
| 顺利 shùnlì 형 순조롭다 |
| 恢复 huīfù 동 회복하다 ☆ |
| 出院 chū yuàn 동 퇴원하다 |
| 成功 chénggōng 동 성공하다 |
| 性格 xìnggé 명 성격 |
| 害羞 hàixiū 형 내성적이다, 부끄러워하다 |
| 回国 huí guó 동 귀국하다 |

정답 A

해설 남자가 '你儿子的手术还顺利吗?(아들 수술은 잘 됐니?)'라고 묻자 여자가 '挺顺利的(잘 됐어)'라고 대답한다. 샤오리의 아들에 관해 알 수 있는 것을 고르는 문제로 정답은 A 手术成功了(수술이 성공적이다)이다.

男: 你怎么这么兴奋？天上掉馅儿饼啦？

女: 差不多吧。我被那家公司录取了，下个月就开始正式上班。

问: 女的为什么很兴奋？

　A 公司发奖金了　　　　　　Ⓑ 被录用了
　C 升职了　　　　　　　　　D 中奖了

남: 너는 왜 이렇게 흥분했어? 무슨 횡재라도 했어?

여: 비슷해. 나는 그 회사에 채용됐어, 다음 달부터 바로 정식으로 출근해.

질문: 여자는 왜 흥분했는가?

　A 회사에서 보너스를 줬다　　　B 채용되었다
　C 승진했다　　　　　　　　　D 복권에 당첨됐다

| 兴奋 xīngfèn 형 흥분하다 |
| 天上掉馅儿饼 tiānshàng diào xiànrbǐng (공짜나 횡재가) 하늘에서 떨어지다. 호박이 넝쿨째 들어오다 |
| 差不多 chàbuduō 형 비슷하다, 큰 차이가 없다 |
| 录取 lùqǔ 동 채용하다, 합격시키다 ☆ |
| 正式 zhèngshì 형 정식의, 공식의 |
| 奖金 jiǎngjīn 명 보너스, 상금 |
| 录用 lùyòng 동 채용하다, 고용하다 |
| 升职 shēng zhí 동 승진하다 |
| 中奖 zhòng jiǎng 동 당첨되다 |

정답 B

해설 남자가 '你这么兴奋, 天上掉馅儿饼啦?(너는 왜 이렇게 흥분했어? 무슨 횡재라도 했어?)'라고 묻자 여자가 '我被那家公司录取了(나는 그 회사에 채용됐어)'라고 대답했다. 여자가 왜 흥분했는지 묻는 문제로 录取(채용하다)와 동의어인 录用(채용하다)이 제시되어 있는 B를 고르면 된다.

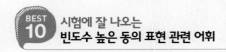

1 有信心 yǒu xìnxīn 자신이 있다
= 有把握 yǒu bǎwò 자신 있다

2 调动工作了 diàodòng gōngzuò le
근무지를 옮기다
= 换部门了 huàn bùmén le 부서를 바꾸다

3 突出 tūchū 뛰어나다 ☆
= 出色 chūsè 뛰어나다 ☆

4 录用 lùyòng 채용하다 ☆
= 录取 lùqǔ 채용하다 ☆

5 去看看姥姥 qù kànkan lǎolao 외할머니를 보러 가다
= 看望外婆 kànwàng wàipó 외할머니를 찾아 뵙다 ☆

6 加薪 jiā xīn 임금이 오르다
= 涨工资 zhǎng gōngzī 월급이 오르다

7 修理 xiūlǐ 수리하다
= 维修 wéixiū 수리하다, 보수하다 ☆

8 转正 zhuǎn zhèng 정식 사원이 되다
= 成为正式员工 chéngwéi zhèngshì yuángōng 정식 사원이 되다

9 学车 xué chē 운전을 배우다
= 学驾驶 xué jiàshǐ 운전을 배우다 ☆

10 共同经营 gòngtóng jīngyíng 공동 경영하다 ☆
= 合开 hékāi 함께 열다, 동업하다

听力

듣기

동의어 및 표현
빈출 어휘 내공 쌓기

10_어휘 내공 쌓기
음원 바로 듣기

라오쓰의 킥!

HSK 5급 시험에 자주 출제되는 동의어 및 표현들을 꼭 익혀두자.

🎧 10_4

有信心 yǒu xìnxīn 자신이 있다 ★빈출문제

有把握 yǒu bǎwò 자신을 가지다 ☆

自信 zìxìn 자신감 있다

讽刺 fěngcì 비꼬다 ☆

笑话 xiàohua 비웃다

嘲笑 cháoxiào 비웃다

虚心 xūxīn 겸손하다 ☆

谦虚 qiānxū 겸손하다 ☆

立即 lìjí 곧 ☆

立刻 lìkè 곧 ☆

支持 zhīchí 견디다, 지지하다 ★빈출문제

信任 xìnrèn 신뢰하다, 신임하다 ☆

同意 tóngyì 동의하다

刻苦 kèkǔ 노고를 아끼지 않다 ☆

努力 nǔlì 노력하다

奋斗 fèndòu 분투하다, 노력하다 ☆

合影 héyǐng 단체 사진 / 함께 사진을 찍다 ☆

照片 zhàopiàn 사진

照相 zhàoxiàng 사진을 찍다

看不起 kànbuqǐ 경시하다 ☆

瞧不起 qiáobuqǐ 무시하다

轻视 qīngshì 경시하다 ☆

结账 jié zhàng 계산하다 ☆

付款 fù kuǎn 계산하다

买单 mǎi dān 계산하다

如今 rújīn 현재, 지금 ★빈출문제

现在 xiànzài 현재, 지금

目前 mùqián 현재, 지금 ☆

眼下 yǎnxià 현재, 지금

熬夜 áo yè 밤새다 ☆

开夜车 kāi yèchē 밤샘하다

时髦 shímáo 유행이다 ☆

时尚 shíshàng (시대적) 유행 ☆

流行 liúxíng 유행하다 ☆

突出 tūchū 뛰어나다 ☆ 出色 chūsè 뛰어나다 ☆	称赞 chēngzàn 칭찬하다 ☆ 夸 kuā 칭찬하다 ☆ 赞美 zànměi 찬미하다, 칭찬하다 ☆ 表扬 biǎoyáng 칭찬하다
歪 wāi 기울다, 비뚤다 ☆ 斜 xié 기울다, 비뚤다 ☆	
	程序 chéngxù 프로그램 ☆ 软件 ruǎnjiàn (컴퓨터의) 소프트웨어 ☆
难怪 nánguài 어쩐지 ☆ 怪不得 guàibude 어쩐지 ☆	
	废话 fèihuà 쓸데없는 말을 하다 ☆ 胡说 húshuō 헛소리하다 ☆
发愁 fā chóu 걱정하다 ☆ 担心 dān xīn 걱정하다, 염려하다	
	修理 xiūlǐ 수리하다 ☆ 维修 wéixiū 수리하다, 보수하다 ☆
结婚 jié hūn 결혼하다 ☆ 出嫁 chū jià 시집가다 ☆	
	共同经营 gòngtóng jīngyíng 공동 경영하다 ☆ 合开 hékāi 함께 열다, 동업하다
年纪很轻 niánjì hěn qīng 나이가 젊다 岁数不大 suìshù búdà 연령이 많지 않다	
	学车 xué chē 운전을 배우다 ☆ 学驾驶 xué jiàshǐ 운전을 배우다 ☆
转正 zhuǎn zhèng 정식 사원이 되다 ☆ 成为正式员工 chéngwéi zhèngshì yuángōng ☆ 정식 사원이 되다	
	来晚了 láiwǎn le 늦게 왔다 迟到了 chídào le 지각했다
北京给我留下了深刻的印象 ☆ Běijīng gěi wǒ liúxià le shēnkè de yìnxiàng 베이징은 나에게 깊은 인상을 남겼다 对北京印象深刻 duì Běijīng yìnxiàng shēnkè 베이징에 대해 인상이 깊다	调动工作 diàodòng gōngzuò 근무지를 옮기다 ☆ 换部门 huàn bùmén 부서를 옮기다 ☆
换我开车 huàn wǒ kāi chē 교체하며 운전을 하다 ☆ 轮流开车 lúnliú kāi chē 운전을 번갈아 하다 ☆	开张 kāi zhāng 영업을 시작하다 开业 kāi yè 개업하다
是山西人 shì Shānxīrén 산시인이다 ☆ 来自山西 lái zì Shānxī 산시에서 왔다 ☆	经营餐厅 jīngyíng cāntīng 식당을 경영하다 ☆ 运营餐厅 yùnyíng cāntīng 식당을 운영하다
肠胃不好 chángwèi bù hǎo 위장이 나쁘다 肠胃不适 chángwèi bú shì 위장이 편치 않다	是病毒邮件 shì bìngdú yóujiàn 바이러스 메일이다 ☆ 中病毒了 zhòng bìngdú le 바이러스에 걸렸다 ☆

以前是厨师 yǐqián shì chúshī 이전에 요리사였다 **当过厨师** dāngguo chúshī 요리사를 한 적이 있다	**一个人完不成** yí ge rén wánbuchéng ⭐ 혼자서는 완성할 수 없다 **无法独自完成** wúfǎ dúzì wánchéng ⭐ 독자적으로 완성할 수 없다
可以去很多地方 kěyǐ qù hěn duō dìfang 많은 곳을 갈 수 있다 **能去许多地方** néng qù xǔduō dìfang 많은 곳을 갈 수 있다	**加薪** jiā xīn 임금이 오르다 ⭐ **涨工资** zhǎng gōngzī 월급이 오르다 ⭐
跟我说明原因 gēn wǒ shuōmíng yuányīn 원인을 설명해 주세요 **我想了解原因** wǒ xiǎng liǎojiě yuányīn 원인을 알고 싶어요	**家乡大变样了** jiāxiāng dà biàn yàng le ⭐ 고향의 모습이 크게 변했다 **家乡变化大** jiāxiāng biànhuà dà 고향의 변화가 크다 ⭐
资金不足 zījīn bùzú 자금이 부족하다 ⭐ **缺少资金** quēshǎo zījīn 자금이 모자라다 ⭐	**质量有问题** zhìliàng yǒu wèntí 품질에 문제가 있다 ⭐ **质量不及格** zhìliàng bù jígé 품질이 불합격이다 ⭐
照顾父母 zhàogù fùmǔ 부모를 보살피다 ⭐ **要陪父母** yào péi fùmǔ 부모를 모시다 ⭐	**去看看姥姥** qù kànkan lǎolao 외할머니를 보러 가다 **去看望外婆** qù kànwàng wàipó 외할머니를 찾아 뵙다 ⭐
太休闲了 tài xiūxián le 너무 캐주얼하다 ⭐ **不正式** bú zhèngshì 격식을 차리지 못하다, 　　　　　격식을 갖추지 못하다 ⭐	

第1-5题　请选出正确答案。

대화를 듣고 질문에 알맞은 보기를 선택하세요.

1　A 有把握
　　B 谦虚
　　C 支持
　　D 抱怨

2　A 没使用过
　　B 不超过十天
　　C 没剪掉价格牌
　　D 消费满100元

3　A 是导演
　　B 热爱民族舞
　　C 未退休
　　D 仍在坚持表演

4　A 不够专业
　　B 缺乏代表性
　　C 用过很多次
　　D 投入太大

5　A 父母不支持他
　　B 被人误会了
　　C 与妻子有矛盾
　　D 跟同事吵架了

정답 및 해설 ≫ 해설서 p. 40

听力

1

제2부분
단문 듣고 질문에 답하기

听力
1

제2부분_단문형
단문 듣고 질문에 답하기

문제 형식

듣기 제2부분은 단문을 듣고 이와 관련된 2~3개의 질문에 대한 정답을 고르는 형태로 31~45번까지 총 15문제가 출제된다. 단문과 질문을 듣고, 보기에서 정답을 찾으면 된다.

출제 경향 1

★ 스토리 형태의 단문 출제 빈도수가 가장 높다.

단문에서는 스토리형, 열거형, 논설형 등 다양한 유형이 출제되며 그중 스토리 형태의 단문이 가장 많이 출제된다. 유머, 교훈, 고사성어, 해결 방안을 찾는 스토리들이 주로 출제된다.

출제 비율

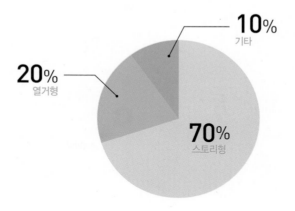

10%
기타

20%
열거형

70%
스토리형

출제 경향 2

★ 육하원칙을 사용한 질문이 주로 나온다.

주로 세부 내용을 묻는 질문이 출제되며, 의문사 **什么(무엇/어떤)**, **为什么(왜)**, **哪儿(어디)**, **怎么(어떻게)**, **谁(누구)** 등을 사용해 묻는다. 그중에서 **什么(무엇/어떤)**로 묻는 질문이 가장 많이 출제되며, 마지막 문제의 질문으로 단문의 주제를 묻기도 한다.

什么 – 무엇, 어떤

- 把画儿倒过来看，上面的人有什么变化?
  그림을 거꾸로 보면 위의 사람은 어떤 변화가 있는가?
- 朋友的第一条秘诀是什么?
  친구의 첫 번째 비결은 무엇인가?
- 侄子吃零食前，有什么习惯?
  조카는 간식을 먹기 전에, 어떤 습관이 있는가?
- 来到海边后，水手让那个人做什么?
  해변에 온 후, 선원은 그 사람에게 무엇을 하게 했는가?
- 心理学家让志愿者做了什么?
  심리학자는 지원자에게 무엇을 하게 했는가?
- 父母给了女儿什么建议?
  부모는 딸에게 어떤 제안을 했는가?

倒 dào 동 거꾸로 하다, 뒤집히다 | 变化 biànhuà 명 변화 | 秘诀 mìjué 명 비결 | 侄子 zhízi 명 조카
零食 língshí 명 간식, 군것질, 주전부리 ★ | 水手 shuǐshǒu 명 (갑판에서 일하는) 선원, 갑판원
心理学家 xīnlǐ xuéjiā 명 심리학자 | 志愿者 zhìyuànzhě 명 지원자 ★

为什么 – 왜

- 那棵老树为什么总被嘲笑?
  그 오래된 나무는 왜 항상 비웃음을 받는가?
- 修船工为什么感到奇怪?
  배 수리공은 왜 이상하다고 느끼는가?
- 那家公司的招聘为什么吸引了很多人?
  그 회사의 직원 채용은 왜 많은 사람들을 끌어들였는가?
- 乐羊子为什么突然回家了?
  러양즈는 왜 갑자기 집에 돌아왔는가?
- 说话人现在为什么常去胡同儿里的酒吧?
  말하는 이는 현재 왜 골목 내 술집에 자주 가는가?

棵 kē 양 그루, 포기(식물을 세는 단위) | 嘲笑 cháoxiào 동 놀리다, 비웃다
修船工 xiūchuángōng 명 배수리공 | 招聘 zhāo pìn 동 모집하다, 채용하다
胡同儿 hútòngr 명 골목 ★ | 酒吧 jiǔbā 명 술집, 바(bar) ★

哪(儿) – 어느, 어디

- 从应聘人员的哪方面能发现他比较真实的一面?
  지원자의 어느 면을 통해 그의 비교적 진실한 모습을 발견할 수 있는가?

- 住房中的哪个空间应该使用暖色灯?
  주택 안 어느 공간에 따뜻한 색 조명을 사용해야 하는가?

- 园艺师想把那棵老树移植到哪儿去?
  원예사는 그 오래된 나무를 어디로 옮겨 심으려고 하는가?

真实 zhēnshí 형 진실하다 ☆ | 住房 zhùfáng 명 주택 | 空间 kōngjiān 명 공간 ☆
暖色灯 nuǎnsèdēng 명 따뜻한 색 조명 | 园艺师 yuányìshī 명 원예사
移植 yízhí 동 옮겨 심다, 이식하다

怎么 – 어떻게

- 为了启发乐羊子,妻子是怎么做的?
  러양즈를 일깨우기 위해, 아내는 어떻게 했는가?

- 朋友怎么看待对伴侣缺乏礼貌的人?
  친구는 배우자에게 예의 없는 사람을 어떻게 대하는가?

- 登山途中遇到暴雨天气应该怎么办?
  등산 도중 폭우가 내리는 날씨를 만나면 어떻게 해야 하는가?

- 说话人小时候怎么样?
  말하는 이는 어릴 적에 어땠는가?

启发 qǐfā 동 일깨우다, 불어넣다 ☆ | 看待 kàndài 동 대하다, 어떤 견해를 가지다
伴侣 bànlǚ 명 배우자, 반려자, 짝 | 缺乏 quēfá 동 결핍되다, 결여되다 ☆
礼貌 lǐmào 명 예의 형 예의 바르다 | 登山 dēng shān 명 등산 동 등산하다 | 途中 túzhōng 명 도중
暴雨 bàoyǔ 명 폭우

주제 질문

- 关于说话人,下列哪项正确?
  말하는 이에 관해서, 다음 중 옳은 것은?

- 关于那个人,可以知道什么?
  그 사람에 관해서, 무엇을 알 수 있는가?

- 关于那些盒子,可以知道什么?
  그 상자에 관해서, 무엇을 알 수 있는가?

- **关于钱钟书，可以知道什么？**
  첸중수에 관해서, 무엇을 알 수 있는가?

- **关于那条公路，可以知道什么？**
  그 도로에 관해서, 무엇을 알 수 있는가?

- **这段话中说的"吃苦"指的是什么？**
  이 글 안에서 말하는 '吃苦'가 가리키는 것은 무엇인가?

- **这段话主要谈什么？**
  이 글은 주로 무엇을 이야기하는가?

- **这段话主要谈的是什么？**
  이 글이 주로 이야기하고 있는 것은?

- **这段话主要想告诉我们什么？**
  이 글이 주로 우리에게 알리고자 하는 것은?

문제는 이렇게 풀어라!

Step 1 단문을 듣기 전에 보기를 읽어 단문의 내용과 질문을 예측한다.

Step 2 보기에 제시된 내용이 녹음에 그대로 언급될 경우, 정답일 확률이 높으므로 표시를 하며 듣는다.

Step 3 이어지는 질문까지 집중해 듣는다. 보기 옆에 표시하거나 메모해 둔 정보를 바탕으로 정답을 찾는다.

DAY 20

출제 비율

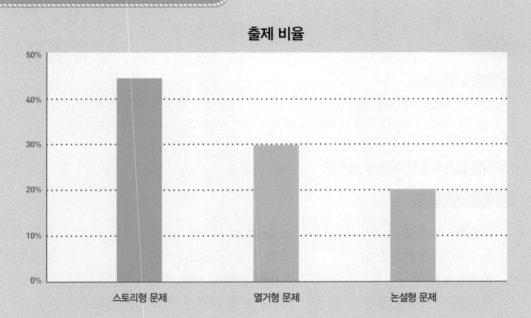

중요도 ★★★ **난이도** ★★

듣기 제2부분은 단문을 듣고 질문에 답하는 유형으로 단연 스토리형 문제가 가장 많이 출제 되며, 열거형 문제의 출제 비중도 계속 증가하는 추세이다.

DAY 06

6 이야기의 흐름을 놓치지 마라!

공략비법 11 스토리형 문제

11_유형맛보기
음원 바로 듣기

11_유형맛보기
음원 바로 듣기

출제 형식

스토리형 문제는 인물, 장소, 시간, 방식, 원인, 결과 등 육하원칙을 중심으로 전체적인 내용을 파악해야 한다. 녹음을 듣기 전 보기를 미리 읽어 인물, 장소, 시간 등을 알아두는 것이 문제를 해결하는 데 도움이 된다.

핵심 전략

1 ★ 육하원칙을 활용하라.

스토리형 문제는 스토리의 인물이나 사건, 결과 등 다양하게 출제할 수 있는 유형이다. 따라서 녹음을 들을 때, 육하원칙을 기준으로 메모나 체크를 하며 듣는 습관을 길러야 한다.

2 ★ 스토리형 문제의 질문 유형을 익혀라.

육하원칙 질문 유형

· 他在那个地方做什么?	그는 그곳에서 무엇을 하는가?
· 他为什么突然打电话了?	그는 왜 갑자기 전화를 했는가?
· 最后赢家是谁?	최후의 승리자는 누구인가?
· 专家想把那个箱子搬到什么地方?	전문가는 그 상자를 어디로 옮기고 싶어 하는가?
· 瓶子里面有什么变化?	병 안쪽에는 어떤 변화가 있는가?
· 朋友怎么看待对伴侣缺乏礼貌的人?	친구는 배우자에게 예의 없는 사람을 어떻게 대하는가?

스토리 주제 파악 문제

· 根据这段话，可以知道什么?	이 글에 근거하여, 알 수 있는 것은 무엇인가?
· 关于钱钟书，可以知道什么?	첸중수에 관해서, 무엇을 알 수 있는가?
· 这段话主要想告诉我们什么?	이 글이 주로 우리에게 알려 주려고 하는 것은 무엇인가?

스토리형 빈출 토픽

◆ 유머 및 에피소드

· 간식을 먹기 전에 간식의 유통기한을 살피는 조카의 습관 이야기
  – 侄子吃零食前要先看零食是否过期了

· 자신이 깨트린 꽃병을 고양이가 깨트렸다고 엄마에게 거짓말하는 이야기
  – 向妈妈说了谎话，花瓶是猫打碎的

· 어릴 적 베이징 후퉁(골목)에 살았던 이야기
  – 小时候住在北京的胡同儿里

· 수영을 못하는 사람의 이야기
  – 有一个人不会游泳

· 상대방의 말을 오해한 이야기
  – 被人误解的事情

· 친구와 사과 농장을 견학한 이야기
  – 和朋友到烟台一个著名的苹果园参观

· 친구에게 등산 도중에 폭우를 만나면 빨리 하산해야 한다고 충고·조언 하는 이야기
  – 你登山途中遇到暴雨，你得马上下山

◆ 교훈 및 고사성어 이야기

· 외모로 사람을 판단하지 마라 (진주 상자는 사고 진주는 되돌려 주다)
  – 买椟还珠

· 어느 한 기업가의 성공 비결
  – 一位企业家成功的秘诀 → **坚持**

· 인생은 줄타기와 같다. 떨어지는 것을 두려워하지 말고, 다시 일어서는 법을 배워라 (인생은 줄타기 연습과도 같다)
  – 人生就像练习走钢丝一样

· 어느 회사의 신입사원 채용 이야기
  – 有家公司的招聘

· 어느 성악가의 성공 메시지 전달
  – 一位歌唱家，回顾自己的成功之路，讲了一个故事

· 사물을 보는 시각의 변화로 얻는 진리 (시각을 바꾸어 사물을 관찰하고 문제를 생각해라)
  – 换个角度观察事物，思考问题

· 중국 유명 소설가 钱钟书(첸중수)의 이야기

3 **★녹음의 시작 부분과 마지막 부분은 놓치지 말자.**

세부적인 것을 묻는 문제를 제외하고는 대부분 **녹음의 시작 부분과 마지막 부분에 질문의 정답이 있을 확률이 높으므로 집중**하여 듣도록 한다.

보기 어휘

1　A 做生意　　　　　Ⓑ 求学
　　C 参加考试　　　　D 看亲戚

做生意 zuò shēngyi
　동 사업을 하다, 장사를 하다
求学 qiúxué 동 학문을 탐구하다
亲戚 qīnqi 명 친척
看望 kànwàng
　동 방문하다, 찾아 뵙다 ☆

2　A 完成了学业　　　Ⓑ 想念家人
　　C 妻子生病了　　　D 拿学费

3　A 买了一件衣服　　B 讲了一个故事
　　Ⓒ 剪断了布匹　　　D 看望父母

古时候，有一个人 1 在远方求学。一天他突然回家了，他的妻子感到很奇怪，于是问他回来的原因。他说："没有特殊的事情，2 只是因为出行在外久了，想念家人了。"妻子听后，就拿起剪刀快步走到织布机的前面，将快要织好的布剪断了，并严肃地对他说："学习就像织布，需要慢慢地积累。3 现在，我把还没织好的布剪断了，等于白浪费了时间。你去外地求学，中途回来了，那跟剪断布匹有什么不同呢？"他被妻子的话感动了，返回学堂继续学习，几年后终于学成归来。

지문 어휘

求学 qiúxué 동 학문을 탐구하다
于是 yúshì 접 그래서
特殊 tèshū 형 특별하다, 특수하다 ☆
想念 xiǎngniàn 동 그리워하다 ☆
剪刀 jiǎndāo 명 가위 ☆
织布机 zhībùjī 명 베틀
织 zhī 동 짜다
剪断 jiǎnduàn 동 잘라 버리다
严肃 yánsù 형 엄숙하다 ☆
织布 zhībù 동 천을 짜다
等于 děngyú 동 ~와 같다 ☆
白 bái 부 헛되이, 공연히
中途 zhōngtú 명 중도
布匹 bùpǐ 명 천의 총칭
返回 fānhuí
　동 (원래의 곳으로) 되돌아가다
学堂 xuétáng 명 학당
终于 zhōngyú 부 마침내
学成归来 xuéchéng guīlái
　학업을 마치고 돌아오다

1　丈夫在远方做什么？

2　丈夫为什么突然回家了？

3　为了启发丈夫，妻子是怎么做的？

　　옛날에 어떤 사람이 1 먼 곳에서 공부를 했다. 하루는 그가 갑자기 집에 돌아왔고, 그의 아내는 이상하게 여겨 그에게 돌아온 이유를 물어봤다. 그가 말했다. "특별한 일은 없소. 2 밖에 나가 지낸 지 오래되어 가족이 그리워진 것뿐이오." 아내는 그말을 들은 후에 바로 가위를 들고 빠른 걸음으로 베틀 앞으로 다가가 곧 다 짜낼 천을 잘라 버렸다. 그리고 그에게 엄숙하게 말했다. "공부는 천을 짜는 것과 같아서 천천히 쌓아가야 해요. 3 지금 제가 아직 다 짜지 않은 천을 잘라 버린 것은 시간을 헛되이 낭비한 것과 같아요. 당신이 타지에 가서 공부를 하다가 중도에 돌아왔으니, 그것이 천을 잘라 버린 것과 무엇이 다른가요？" 그는 아내의 말에 감동하여 학당으로 돌아가 계속 공부를 했다. 몇 년 후 결국 학업을 마치고 돌아왔다.

1 A 사업을 했다   B 공부했다
     C 시험에 참가했다   D 친척을 만났다

2 A 학업을 완성했다   B 가족이 그리웠다
     C 아내가 병이 났다   D 학비를 받으러 왔다

3 A 옷 한 벌을 샀다   B 이야기를 하나 들려줬다
     C 천을 잘라 버렸다   D 부모님을 찾아뺐다

1 남편은 먼 곳에서 무엇을 했는가?

2 남편은 왜 갑자기 집으로 돌아왔는가?

3 남편을 일깨우기 위해 아내는 어떻게 했는가?

 정답 **1.** B   **2.** B   **3.** C

해설 **1.** 녹음 시작 부분에 '在远方求学(먼 곳에서 공부를 했다)'라고 그대로 언급한다. 그가 먼 곳에서 무엇을 했는지 물었으므로 정답은 B 求学(공부했다)이다.

2. 녹음 중간 부분에 '只是因为出行在外久了，想念家人了(밖에 나가 지낸 지 오래되어 가족이 그리워진 것뿐이다)'라고 언급하였다. 남자가 왜 갑자기 집에 돌아왔는지 물었으므로 정답은 B 想念家人(가족이 그리웠다)이다.

3. 녹음 후반부에 아내가 남편에게 한 대화에서 정답을 유추할 수 있다. 아내가 '现在，我把还没织好的布剪断了，等于白浪费了时间。你去外地求学，中途回来了，那跟剪断布匹有什么不同呢?(지금 제가 아직 다 짜지 않은 천을 잘라 버린 것은 시간을 헛되이 낭비한 것과 같아요. 당신이 타지에 가서 공부를 하다가 중도에 돌아왔으니, 그것이 천을 잘라 버린 것과 무엇이 다른가요?)'라고 언급하였다. 남편을 일깨우기 위해 아내가 한 행동을 물었으므로 정답은 C 剪断了布匹(천을 잘라 버렸다)이다.

11_실전 테스트
음원 바로 듣기

🎧 11_2

第1-6题 请选出正确答案。

대화를 듣고 질문에 알맞은 보기를 선택하세요.

1. A 待遇丰厚
   B 外语要求低
   C 公司名气大
   D 有发展空间

2. A 秘书
   B 总裁
   C 主任
   D 部门经理

3. A 十分幽默
   B 态度大方
   C 被录取了
   D 非常谦虚

4. A 不想自己捡钱
   B 掉了一枚硬币
   C 丢了一百元钱
   D 曾经做过保安

5. A 拥抱了他
   B 给他升了职
   C 给了他钱
   D 表扬了他

6. A 没必要攒钱
   B 小钱无所谓
   C 不能浪费钱
   D 要留给子孙

정답 및 해설 ≫ 해설서 p. 43

DAY 06

7 열거와 예시를 주시하라!

공략비법 12 열거형 문제

12_유형맛보기
음원 바로 듣기

출제 형식

열거형 문제는 하나의 주제에 대해 여러 사람의 생각이나 태도 혹은 방법들을 나열하여 들려주는 유형이다. 열거형 문제는 질문을 듣기 전까지 녹음 내용 가운데 어떤 것이 문제 해결의 키워드일지 확인할 수 없다. 따라서 메모를 하며 녹음을 들어야 알맞은 정답을 고를 수 있다.

핵심 전략

1 **소리를 한국어로 메모하라.**

한 사람이 꽃을 기르는 3가지 이유를 열거하는 문제가 출제되었다고 가정할 때 어떤 질문이 나올 지 예상할 수 없으므로 3가지 이유를 빠르게 메모해야 한다. 하지만 짧은 시간에 한자나 병음으로 메모한다는 것은 굉장히 어려운 일이므로 **들리는 소리를 그대로 한국어로 메모**하며 문제를 풀어야 한다.

예 第一，我喜欢园艺工作。⋯ 워 시환 위앤이 꽁쭈어

第二，我可以抚摸我的花。⋯ 워 커이 푸모 워더화

第三，我可以闻到它们的花香。⋯ 워 커이 원따오 타먼더 화씨앙

⋮

问: 他说的第一个理由是什么? (질문 : 그가 말한 첫 번째 이유는 무엇인가?)

2 **열거형 문제의 질문 유형을 익혀라.**

열거형 질문 유형

· 经理最满意的回答是哪个?	사장이 가장 만족스러워 한 답은 어느 것인가?
· 第二个孩子的方法是什么?	두 번째 아이의 방법은 무엇인가?
· 东方人的意见是什么?	동양인의 의견은 무엇인가?
· 每天都说"没问题"的人会怎样?	매일 '문제 없어'라고 말하는 사람은 어떠한가?
· 追求完美的人有什么特点?	완벽을 추구하는 사람은 어떤 특징이 있나?

3 **녹음 속에 열거, 예시를 나타내는 어휘에 주목하라.**

· 第一，第二，第三……	첫째, 둘째, 셋째……
· 一方面，另一方面……	한편으로는, 다른 한편으로는
· 首先，其次，……	먼저, 그 다음은
· 比如……	예를 들어

4 **열거형 문제는 설명문이 기출 토픽으로 자주 등장한다.**
일상생활이나 일반 상식과 관련된 내용이 주로 출제된다.

◆ **일상생활 및 일반 상식**

· 몸이 피곤할 때, 잠이 가장 효과적인 휴식 방식이다 : 疲劳时，睡觉是最有效的休息方式

· 동양인과 서양인의 감정 표정에 차이가 있다 : 东方人和西方人在面部表情上存在差异

· 가정용 등을 살 때 고려해야 하는 점 : 如何挑选家用灯具

· 생활용품(수건, 치약, 젓가락 등)은 정기적으로 교체해야 한다는 내용 : 日常生活用品应该定期更换

· 비언어적 교류에서 아이컨텍의 주요 작용 : 在非语言的交流中，眼睛起着重要的作用

· 옅은 색 냉장고가 많은 이유 : 冰箱为何多为浅色

· 수면부족은 사람에게 주의력, 기억력을 떨어지게 만든다 : 睡眠不足会给人造成注意力、记忆力下降。

◆ **중국 문화 및 동물 이야기**

· 나무늘보(树懒), 개미(蚂蚁) 이야기

· 윈난과 하이난의 야자나무 : 云南和海南的椰子

· 2015년 8월 9일 후난성 씽산현에 도로가 개통된 이야기 : 2015年8月9日湖南省兴山县公路开通

· 중국 신장 북부와 헤이룽장 지역에 서식하는 썬더버드(雷鸟) 이야기 : 中国新疆北部和黑龙江有雷鸟

✏ 유형맛보기 🎧 12_1

1 A 不管它 B 把裤子剪短
ⓒ 把洞补好 D 把它遮盖起来

2 A 做人一定要谦虚
B 做事要小心谨慎
ⓒ 勇于改正自己的错误
D 要避免犯错误

보기 어휘

遮盖 zhēgài 통 덮다, 가리다
谦虚 qiānxū 형 겸손하다 ⭐
避免 bìmiǎn 통 피하다, 모면하다 ⭐
犯错误 fàn cuòwù
통 실수를 범하다, 잘못을 저지르다

从前，有一个师傅收了三个徒弟。有一天，师傅将三个徒弟召集在一起，给他们上课。课堂上师傅问了他们一个问题："如果你穿的裤子破了个洞，从你身边走过的路人当面指出你的裤子破了一个洞，你会怎么办？"大徒弟回答道："我就当没听见，置之不理。"二徒弟说："我会脸红，然后偷偷地把它遮掩起来。"师傅听了他们的回答后没有露出满意的表情。这时，小徒弟答道：**1**"我会对他表示感谢，然后回家把裤子补好。"听了小徒弟的回答后，师傅微微点了点头，说：**2**"这个裤子上的洞就像我们犯过的错误，面对我们的错误时，我们应该积极改正，而不是回避和掩饰。"

1 师傅最满意的回答是哪个？

2 这段话主要想告诉我们什么？

옛날에 어떤 사부가 3명의 제자를 받았다. 하루는 사부가 세 명의 제자를 한데 모아 그들에게 수업을 하고 있었다. 수업시간에 사부는 그들에게 한 가지 질문을 했다. "만약 네가 입은 바지에 구멍이 하나 났는데, 네 곁을 지나가는 사람이 면전에서 네 바지에 구멍이났다고 지적한다면 너는 어떻게 할 것이냐?" 큰 제자가 대답하면서 말했다. "저는 못들은 셈치고 내버려 두겠습니다." 둘째 제자가 말했다. "저는 얼굴이 빨개져, 몰래 그 구멍을 감출 것입니다." 사부는 그들의 대답을 듣고 만족스러운 표정을 짓지 않았다. 이때 가장 어린 제자가 대답했다. **1** "저는 그에게 감사를 표한 후에, 집에 가서 수선할 것입니다." 어린 제자의 대답을 들은 후에, 사부는 가볍게 고개를 끄덕이며 말했다. **2** "이 바지에 난 구멍은, 우리가 저지른 잘못과도 같다. 우리의 잘못에 직면했을 때, 우리는 적극적으로 바로 잡아야 하며, 회피하고 숨겨서는 안 된다."

1 A 그것을 신경 쓰지 않는다　　　　B 바지를 짧게 자른다
　　C 구멍을 수선한다　　　　　　　　D 구멍을 가린다

2 A 사람은 반드시 겸손해야 한다
　　B 일을 할 때는 조심하고 신중해야 한다
　　C 용감하게 자신의 잘못을 고쳐야 한다
　　D 실수를 범하지 않도록 해야 한다

1 사부가 가장 마음에 들어 한 대답은 어느 것인가?

2 이 글이 주로 우리에게 알리고자 하는 것은 무엇인가?

정답 1. C　　2. C

해설
1. 3명의 제자 가운데 마지막 제자가 한 말이 질문의 답이다. 마지막 제자가 '我会对他表示感谢，然后回家把裤子补好。(저는 그에게 감사를 표한 후에, 집에 가서 수선할 것입니다)'라고 답하자 사부가 고개를 끄덕였으므로 정답은 C 把洞补好(구멍을 수선한다)이다.

2. 이 글이 우리에게 알리고자 하는 것이 무엇인지 묻는 문제로, 이 글의 주제를 묻는 문제이다. 녹음 마지막 부분에서 '这个裤子上的洞就像我们犯过的错误，我们应该积极改正，而不是回避和掩饰(이 바지에 난 구멍은 우리가 저지른 잘못과도 같다, 우리가 잘못에 직면했을 때, 우리는 적극적으로 바로 잡아야 하며, 회피하고 숨겨서는 안 된다)'라고 언급한다. 따라서 이 글의 주제는 C 勇于改正自己的错误(용감하게 자신의 잘못을 고쳐야 한다)이다.

听力

12_실전 테스트
음원 바로 듣기

🎧 12_2

第1-6题 请选出正确答案。

대화를 듣고 질문에 알맞은 보기를 선택하세요.

1　A 能集中精力
　　B 令观众发笑
　　C 令人印象深刻
　　D 让气氛更活跃

2　A 着装夸张
　　B 使用停顿
　　C 转换主题
　　D 语言简洁

3　A 演讲的意义
　　B 如何做演讲
　　C 怎样放松精神
　　D 幽默的重要性

4　A 会发出各种声音
　　B 睡眠时间长
　　C 颜色单调
　　D 有自我保护意识

5　A 月光
　　B 手电筒
　　C 太阳光
　　D 星星

6　A 海底植物比海底动物少
　　B 海底有丰富的资源
　　C 阳光无法照射到海底
　　D 海洋面积比陆地面积大

정답 및 해설 » 해설서 p. 46

DAY 07

8 내용 파악이 핵심이다!

공략비법 13 논설문과 설명문 유형 문제

13_유형맛보기
음원 바로 듣기

听力

듣기

출제 형식

HSK 5급 응시생들이 가장 어려워하는 유형이다. 논설문과 설명문 모두 필수 어휘에 포함되어 있지 않은 어휘가 자주 출제되기 때문이다. 하지만 정답을 선택하는 것에는 큰 영향이 없기 때문에 내용 파악에 집중하며 듣자.

핵심 전략

1 보기 파악은 기본

논설문은 화자의 주장이나 의견을 묻는 문제가 출제되는데, 일반적으로 **녹음의 첫 부분과 마지막 부분에 주장이나 의견**이 제시되는 경우가 많다. 설명문은 다양한 분야의 내용을 다루기 때문에, **설명하는 대상의 특징과 세부 내용**을 파악해야 한다. 또한, **보기를 미리 읽어 녹음에 언급될 내용을 파악**해 두는 것이 문제 푸는 데 도움이 된다.

유형맛보기
🎧 13_1

1 A 生活在南方　　　　Ⓑ 飞行速度非常快
　 C 寿命很长　　　　　D 春季羽毛是灰色

2 A 模仿人们说话　　　B 听觉灵敏
　 Ⓒ 更换羽毛的颜色　　D 不断更换住处

　　雷鸟是典型的寒带鸟类，终年在严寒的北方生活。**1** 雷鸟飞行迅速，但只能飞短途，不能远距离飞行。雷鸟与一般的鸟类的不同之处是，它随着四季的变化而更换羽毛：夏羽和冬羽是全更换新羽；春羽和秋羽只是局部更换，而且每个季节的颜色都不同。春天时，它的羽毛是栗棕色的；夏天，它的羽毛是黑褐色的；到了秋天，它的羽毛是黄栗色的；冬天时，雷鸟羽毛的颜色与四周环境的颜色一样，都是白色。**2** 因为北方的冬天缺乏植物，但白色可以把自己隐蔽起来，从而能保护自己。

보기 어휘

寿命 shòumìng 명 수명 ☆

模仿 mófǎng 동 모방하다 ☆

灵敏 língmǐn 형 영민하다, 재빠르다

지문 어휘

雷鸟 léiniǎo 명 썬더버드(새의 이름)

典型 diǎnxíng 형 전형적인

寒带 hándài 명 한대

鸟类 niǎolèi 명 조류

终年 zhōngnián 명 일년 내내

严寒 yánhán 형 추위가 심하다, 대단히 춥다

短途 duǎntú 형 근거리의, 단거리의

不同之处 bùtóngzhīchù 차이점

1 关于雷鸟可以知道什么？

2 雷鸟用什么方式保护自己？

　　썬더버드는 전형적인 한대 조류로, 일년 내내 추운 북쪽에서 생활한다. **1** 썬더버드는 비행 속도가 빠르지만 근거리만 날 수 있고 원거리 비행은 할 수 없다. 썬더버드와 일반 조류의 차이점은 사계절의 변화에 따라 털갈이를 하는 것이다. 여름 깃털과 겨울 깃털은 전체적으로 털 갈이를 하고, 봄 깃털과 가을 깃털은 일부 털갈이를 하며 게다가 모든 계절의 색이 모두 다르다. 봄에 썬더버드의 깃털은 다갈색이고, 여름에는 흑갈색, 가을이 되면 황밤색이 되고, 겨울에는 썬더버드의 깃털 색이 주위 환경의 색과 마찬가지로 흰색이 된다. **2** 북쪽의 겨울은 식물이 부족하지만 흰색 깃털은 자신을 숨길 수 있어서 자신을 보호할 수 있기 때문이다.

1　A 남방에서 생활한다　　　　　　　B 비행 속도가 굉장히 빠르다
　　C 수명이 길다　　　　　　　　　　D 봄의 깃털 색은 회색이다

2　A 사람들이 말하는 것을 모방한다　　B 청각이 예민하다
　　C 깃털 색을 바꾼다　　　　　　　　D 거주지를 계속 바꾼다

1　썬더버드에 관하여 무엇을 알 수 있는가?

2　썬더버드는 어떤 방법으로 자신을 보호하는가?

更换 gēnghuàn **동** 바꾸다
羽毛 yǔmáo **명** 깃털
局部 júbù **명** 국소, 일부
栗棕色 lìzōngsè **명** 다갈색, 갈색
黑褐色 hēihèsè **명** 흑갈색
黄栗色 huánglìsè **명** 황밤색
四周 sìzhōu **명** 주위
缺乏 quēfá **동** 부족하다, 결핍되다 ⭐
隐蔽 yǐnbì **동** 은폐하다, 가리다
从而 cóng'ér
　접 이리하여, 그리하여 ⭐

정답　**1.** B　　**2.** C

해설　**1.** 녹음 시작 부분에서 '雷鸟飞行迅速(썬더버드는 비행 속도가 빠르다)'라고 언급했다. 따라서 정답은 B 飞行速度非常快(비행 속도가 굉장히 빠르다)이다.

　2. 썬더버드는 어떤 방법으로 자신을 보호하는지 묻는 문제로 녹음의 후반부에 정답을 언급한다. '因为北方的冬天缺乏植物，但白色可以把自己隐蔽起来，从而能保护自己(북쪽의 겨울은 식물이 부족하지만 흰색 깃털은 자신을 숨길 수 있어서 자신을 보호할 수 있기 때문이다)'라고 했으므로 정답은 C 更换羽毛的颜色(깃털 색을 바꾼다)이다.

실전 테스트

13_실전 테스트
음원 바로 듣기

🎧 13_2

第1-5题 请选出正确答案。

대화를 듣고 질문에 알맞은 보기를 선택하세요.

1 A 心情
B 气候
C 性格
D 睡眠

2 A 要珍惜生命
B 目标要明确
C 遇事要冷静
D 要保持乐观

3 A 氧气增多
B 气压降低
C 气候恶劣
D 身体瘦小

4 A 心跳加快
B 呼吸顺畅
C 膝盖疼
D 脱发

5 A 快步行走
B 吸氧
C 增加高度
D 听音乐

阅读

독해

HSK

제1부분
빈칸 채우기

제2부분
본문 내용과 일치하는 보기 고르기

제3부분
지문 읽고 질문에 답하기

阅读

2

HSK

제1부분
빈칸 채우기

1 품사 파악은 짝꿍을 찾는 열쇠다!

공략비법 01 품사 파악형 문제

2 빠른 문제 풀이, 호응에 달렸다!

공략비법 02 빈출 호응 어휘 모음

3 사전만 믿었다가는 미로에 빠진다!

공략비법 03 의미가 유사한 어휘 모음

4 혼자지만 강하다!

공략비법 04 단음절 동사

5 문장형 문제는 접속사부터 확인!

공략비법 05 5급 주요 접속사 총정리

阅读

2

제1부분
빈칸 채우기

 문제 형식

독해 제1부분은 지문 속 빈칸에 들어갈 알맞은 어휘나 문장을 보기 A, B, C, D에서 고르는 유형으로 총 15문제(46~60번)가 출제된다. 지문은 총 4개가 출제되며 보통 46~48번 문제는 한 지문당 빈칸이 3개, 49번~60번 문제는 한 지문당 빈칸이 4개로 출제된다.

출제 경향 1

★ **독해 제1부분은 어휘 싸움이다.**

빈칸에 들어갈 알맞은 어휘를 넣는 문제는 12문제에서 15문제 정도 출제되고, 문장 구조를 분석하거나 문장 연결을 파악해 빈칸에 문장을 넣는 문제는 3문제 정도 출제된다. 어휘력을 요하는 문제가 다수를 차지함으로 어휘 암기를 게을리 해서는 안 된다.

 출제 비율

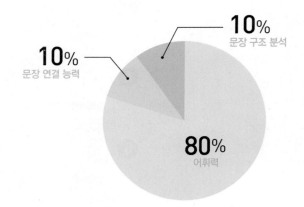

10%
문장 구조 분석

10%
문장 연결 능력

80%
어휘력

출제 경향 2

★ **중국 도시나 지역, 중국 문화, 중국 배우 등과 관련된 지문이 자주 출제된다.**

제1부분에 출제되는 지문은 대부분 이야기 지문이나 설명문으로 중국의 도시나 지역, 중국 문화, 중국 배우와 관련된 지문이 자주 출제된다.

普洱市，原名思茅，是云南省边境的一座城市。
푸얼시, 원래 이름은 쓰마오이며, 윈난성 국경지대의 도시 중 하나이다.

雷州半岛位于中国最南端，那儿有中国面积最大的"海上森林"。
레이저우반도는 중국의 최남단에 위치하며, 그곳에는 중국에서 가장 면적이 넓은 '해상삼림'이 있다.

北京烤鸭是中国著名的菜品之一。
베이징의 오리구이는 중국의 유명한 요리 중 하나이다.

著名京剧大师梅兰芳擅长饰演女性角色，叫旦角。
유명한 경극배우인 메이란팡은 여자 배역 연기를 아주 잘해서 여자 배역이라고 불린다.

边境 biānjìng 명 국경지대, 변경 | 位于 wèiyú 동 ~에 위치하다 ☆ | 面积 miànjī 명 면적 ☆
著名 zhùmíng 형 유명하다, 저명하다 | 擅长 shàncháng 동 뛰어나다, 잘하다
饰演 shìyǎn 동 ~역을 연기하다 | 角色 juésè 명 배역, 역할 ☆ | 旦角 dànjué 명 중국 전통극에서 여자 배역

문제는 이렇게 풀어라!

Step 1 빈칸 앞뒤 문맥을 파악해 빈칸에 들어갈 품사나 자주 쓰이는 호응 표현을 먼저 찾아낸다.

Step 2 보기 가운데 문맥상 가장 어울리는 어휘를 찾아 정답으로 선택한다.

HSK
20일
프로젝트

DAY 07

공략비법 01

DAY 08

공략비법 02

공략비법 03

DAY 09

공략비법 04

공략비법 05

DAY 20

독해 제1부분 최신 경향 분석

출제 비율

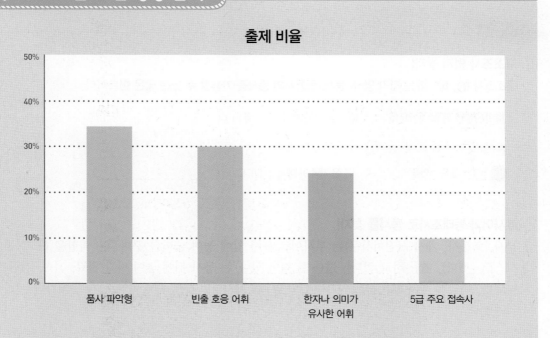

중요도 ★★★★ 난이도 ★★★★

제1부분에서 가장 많이 출제되는 문제는 빈칸의 품사를 파악하는 문제이며 뒤를 이어 빈출 호응 어휘 문제가 출제된다. 따라서 평소 품사와 어휘의 뜻을 함께 외우거나 자주 쓰이는 표현은 하나로 묶어 함께 외우는 습관을 들여야 한다.

1 품사 파악은 짝꿍을 찾는 열쇠다!

공략비법 01 품사 파악형 문제

빈칸에 알맞은 어휘를 넣는 문제가 다수 출제된다. 빈칸 앞뒤 문맥을 통해 품사를 유추해 빠르게 정답을 찾을 수 있는 문제도 출제되므로 중국어 문장 구조와 어휘의 품사를 미리 익혀두자.

핵심 전략

1 구조조사 먼저 찾자!

구조조사 **的, 地, 得**는 각각 명사, 동사, 형용사의 품사를 가늠할 수 있는 좋은 힌트이다.

能取得较好睡眠质量的入睡 __2__ 是晚上9点到11点。

A 态度　　**B** 趋势　　ⓒ 时间　　**D** 表面

해석 비교적 좋은 수면을 취할 수 있는 시간은 저녁 9시에서 11시이다.

2 부사어와 동태조사로 동사를 찾자!

부사, 조동사, 개사구(전치사구)는 부사어로 동사 앞에 놓여 술어를 꾸며주는 역할을 하고, 동태조사 '了(~했다), 着(~하고 있다), 过(~한 적이 있다)'는 동사 뒤에 놓여 각각 완료, 지속, 경험을 나타낸다. 따라서 **부사어나 동태조사가 빈칸의 앞뒤에 제시**되었다면, 빈칸에 동사가 들어간다는 사실을 잊지말자.

球场两边各有两名 __3__ 着太阳眼镜的警察。

A 副　　**B** 则　　**C** 朵　　ⓓ 戴

해석 구장 양편에는 각각 선글라스를 끼고 있는 경찰이 두 명씩 있다.

유형맛보기

1966年华裔科学家高锟博士提出一个理论：可以 **1 B 利用**玻璃纤维作为光的波导，来传输大量的信息，但当时很多人认为他的想法根本就不能 **2 A 实现**。43年后高锟因此 **3 B 获得**了2009年诺贝尔物理奖，他的这一发明改变了信息的传输模式，为信息通讯行业的发展作出了杰出 **4 C 贡献**。现在他被誉为"光纤通讯之父"。

1. A 争取　　Ⓑ 利用　　C 输入　　D 能源
2. Ⓐ 实现　　B 目标　　C 流传　　D 用途
3. A 出现　　Ⓑ 获得　　C 实验　　D 次数
4. A 启示　　B 气氛　　Ⓒ 贡献　　D 象征

1966년 중국계 과학자인 까오쿤 박사는 하나의 이론을 제시했다. 유리 섬유를 빛의 도파관으로 **1 B 이용하여** 대량의 정보를 전송할 수 있다는 것이다. 하지만 당시 많은 사람이 그의 생각은 근본적으로 **2 A 실현**될 수 없다고 생각했다. 43년 후, 까오쿤은 이로 인해 2009년 노벨 물리학상을 **3 B 받았다**. 그의 이러한 발명은 정보의 전송 패턴을 바꾸었으며, 정보 통신업의 발전을 위해서 뛰어난 **4 C 공헌**을 했다. 현재 그는 '광섬 통신의 아버지'로 불린다.

1. A 쟁취하다　　B 이용하다　　C 입력하다　　D 에너지
2. A 실현하다　　B 목표　　C 세상에 널리 퍼지다　　D 용도
3. A 출현하다　　B 받다　　C 실험하다　　D 횟수
4. A 깨닫게 하다　　B 분위기　　C 공헌　　D 상징

정답　1. B　2. A　3. B　4. C

해설
1. 조동사 可以 뒤에 빈칸이 있으므로 빈칸의 품사는 동사임을 예상할 수 있다. 또한 빈칸과 호응하는 목적어가 유리 섬유이므로 정답은 B 利用(이용하다)이다.

2. 조동사 不能 뒤에 빈칸이 있으므로 빈칸의 품사는 동사이며 빈칸과 호응하는 주어는 想法(생각)이므로 정답은 A 实现(실현하다)이다.

3. 빈칸 뒤의 동태조사 了가 있는 것으로 보아 빈칸의 품사는 동사임을 알 수 있다. 빈칸과 호응하는 목적어는 诺贝尔物理奖(노벨 물리학상)이므로 빈칸에 들어갈 동사는 '받다, 획득하다'의 의미인 B 获得이다.

4. 빈칸 앞에 형용사 杰出(뛰어나다, 걸출하다)가 있는 것으로 보아 빈칸은 명사일 확률이 높으며 술어 作出(하다, 만들어 내다)와 가장 잘 어울리는 어휘는 C 贡献(공헌)이다.

지문 어휘

华裔 huáyì 몡 중국계, 화교의 후손 ☆
高锟 Gāo Kūn 인명 까오쿤(저명한 중국계 물리학자로 '광섬유의 아버지'로 불림)
理论 lǐlùn 몡 이론 ☆
玻璃纤维 bōli xiānwéi 유리 섬유
作为 zuòwéi 동 ~로 삼다, ~로 여기다 ☆
波导 bōdǎo 몡 도파관(전파를 전송하는 데 쓰이는 금속 관)
传输 chuánshū 동 전송하다
诺贝尔物理奖 Nuòbèi'ěr wùlǐjiǎng 노벨 물리학상
模式 móshì 몡 패턴, 양식
行业 hángyè 몡 업종, 직종 ☆
杰出 jiéchū 형 뛰어나다, 걸출하다 ☆
誉为 yùwéi 동 ~라고 칭송받다, ~라고 불리다

보기 어휘

争取 zhēngqǔ 동 쟁취하다 ☆
利用 lìyòng 동 이용하다 ☆
输入 shūrù 동 입력하다 ☆
能源 néngyuán 몡 에너지 ☆
实现 shíxiàn 동 실현하다, 달성하다 ☆
目标 mùbiāo 몡 목표 ☆
流传 liúchuán 동 세상에 널리 퍼지다 ☆
用途 yòngtú 몡 용도, 쓰임새 ☆
出现 chūxiàn 동 출현하다, 나타나다 ☆
实验 shíyàn 몡 실험 동 실험하다 ☆
次数 cìshù 몡 횟수
启示 qǐshì 동 깨닫게 하다, 계시하다
气氛 qìfēn 몡 분위기 ☆
贡献 gòngxiàn 몡 공헌 ☆
象征 xiàngzhēng 몡 상징 ☆

─ 미나 쌤의 꿀 Tip! ─
[利用~ 作为~]는 '~을/를 이용해 ~(으)로 삼다'라는 뜻이며 호응 표현으로 자주 출제되니 꼭 알아두세요!

빈출 어휘 및 어법 내공 쌓기

라오쓰의 킥!

제1부분을 잘 풀기 위해서는 문장의 기본 구조를 이해하고, 빈칸에 알맞은 품사를 빠르게 파악해야 한다. 아래와 같은 방식으로 문제 푸는 연습을 하자!

1 자리로 호응을 찾자.

1 주어 자리가 비어있다면?

주어 자리가 빈칸으로 나올 경우, 빈칸 뒤의 술어를 찾아 술어와 문맥상 어울리는 어휘를 고른다. 마지막으로 **빈칸 앞의 관형어와 주어가 잘 어울리는지 확인 후, 정답을 선택**한다.

> 中国的（　　　）很悠久。
> 　관형어　　주어　　술어
>
> **A** 经济　　Ⓑ 历史　　**C** 美食　　**D** 胡同

정답 중국의 (B 역사)는 유구하다.

해설 먼저 빈칸 뒤의 술어 悠久(유구하다)와 어울리는 단어를 찾는다. 보기 가운데 '역사가 유구하다'라는 의미가 가장 자연스러우며, 빈칸 앞의 관형어인 '中国的(중국의)'와도 주어 '역사'가 잘 어울린다.

어휘 悠久 yōujiǔ 형 유구하다 ★　　历史 lìshǐ 명 역사　　美食 měishí 명 미식, 맛있는 음식　　胡同 hútòng 명 골목 ★

2 술어 자리가 비어있다면?

술어 자리가 빈칸으로 나올 경우, **주어와 목적어를 찾아 그와 잘 어울리는 어휘를 정답으로 선택**한다.

> 我想（　　　）一个房间。
> 주어　술어　　　목적어
>
> **A** 参考　　Ⓑ 预订　　**C** 观察　　**D** 游览

정답 나는 방을 하나 (B 예약하고) 싶다.

해설 빈칸은 동사 술어 자리로 빈칸과 호응하는 주어는 我(나)이며, 목적어는 房间(방)이다. 보기 가운데 목적어인 방과 가장 잘 어울리는 동사 술어는 预订(예약하다)이며 주어 '나'와도 잘 어울린다.

어휘 参考 cānkǎo 동 참고하다, 참조하다 ★　　预订 yùdìng 동 예약하다 ★　　观察 guānchá 동 관찰하다, 살피다 ★
游览 yóulǎn 동 유람하다 ★

3 목적어 자리가 비어있다면?

목적어 자리가 빈칸으로 나올 경우, **술어를 찾아 술어와 가장 잘 어울리는 어휘를 정답으로 선택**한다.

我们要慢慢积累（　　　　）。
　　　　　　　　술어　　목적어

A 现金　　**B** 安排　　ⓒ 经验　　**D** 批准

정답 ▶ 우리는 반드시 천천히 (C 경험)을 쌓아야 한다.

해설 ▶ 빈칸은 목적어 자리로 빈칸과 호응하는 술어는 积累(쌓다)이며, 보기 가운데 술어 '쌓다'와 어울리는 목적어는 명사 经验(경험)이다.

어휘 ▶ **积累** jīlěi 동 쌓다, 축적되다　　**批准** pī zhǔn 동 허가하다 ☆

---

2 품사를 제대로 알자.

1 구조조사 的, 地, 得를 이해하자. 별다섯개! ☆ ☆ ☆ ☆ ☆

- 的 뒤에는 명사가 온다.

  获得成功 + 的 + **因素** (성공을 얻는/쟁취하는 요소)

  城市发展 + 的 + **动力** (도시 발전의 원동력)

- 地 앞은 동작의 방식, 地 뒤에는 동사가 온다.

  仔细 + 地 + **观察** (자세하게 관찰하다)

  耐心 + 地 + **解释** (인내심 있게 설명하다)

- 得 뒤에는 정도가 온다.

  洗 + 得 + **很干净** (깨끗하게 씻다)

  说 + 得 + **很流利** (유창하게 말하다)

어휘 ▶ **因素** yīnsù 명 요소, 원인 ☆　　**动力** dònglì 명 원동력, 동력

耐心 nàixīn 형 인내심이 있다 명 인내심　　**解释** jiěshì 동 설명하다, 밝히다

2 부사어는 동사 앞에 놓인다. 헷갈리지 말자!

> 大家都（　　　　）逃命了。
> 　　　부사어　　　동사
>
> **A** 实现　　**B** 政策　　Ⓒ 纷纷　　**D** 享受

정답 모두 (C 잇달아) 목숨을 건지기 위해 도망쳤다.

어휘 **逃命** táo mìng 통 목숨을 건지다　　**政策** zhèngcè 명 정책　　**纷纷** fēnfēn 부 잇달아, 연달아 ☆
　　　享受 xiǎngshòu 통 누리다, 즐기다 ☆

3 동태조사 **了**(~했다), **着**(~하고 있다), **过**(~한 적 있다) 앞에는 동사가 놓인다. 헷갈리지 말자!

> 邀请 ＋ **了** ＋ 几万个专家。　　　　몇 만 명의 전문가를 초대했다.
>
> 桌子上摆 ＋ **着** ＋ 两瓶饮料。　　　테이블 위에는 두 병의 음료가 놓여져있다.
>
> 商量 ＋ **过** ＋ 这些问题。　　　　이 문제들을 상의해 본 적이 있다.

어휘 **邀请** yāoqǐng 통 초청하다, 초대하다　　**专家** zhuānjiā 명 전문가 ☆　　**摆** bǎi 통 놓다, 배열하다 ☆
　　　商量 shāngliang 통 상의하다, 의논하다

第1-10题 请选出正确答案。

빈칸에 알맞은 답을 선택하세요.

1-4.

　　有位业余摄影师拿着自己拍摄的照片去拜访《国家地理》杂志的主编，主编看后很欣赏他，不仅在杂志上使用了这张照片，而且还让他当自己的助理。这位摄影师很__1__主编。

　　但是过了一段时间，两个人在挑选图片的标准上意见逐渐不一样了。有一次，主编要去国外出差，他把编辑杂志的工作交给了这位摄影师。摄影师在没有告知主编的情况下，__2__掉了三张已选好的图片。

　　大家都觉得这位摄影师肯定会被炒鱿鱼，因为他自作主张。这位摄影师认识到了自己的错误，__3__向主编道歉。但没想到主编却说："我看了你编的这期杂志，很多读者来信说非常喜欢这期杂志的内容。"

　　从那之后，主编在工作上经常征求这位摄影师的__4__，杂志的销售量也越来越高了。

① A 强调　　　　　B 感激　　　　　C 珍惜　　　　　D 讽刺

② A 删　　　　　　B 剪　　　　　　C 拆　　　　　　D 滴

③ A 谨慎　　　　　B 虚心　　　　　C 主动　　　　　D 热心

④ A 目标　　　　　B 意见　　　　　D 矛盾　　　　　D 情绪

5-7.

　　大部分人都以为睡前饮酒会有助于睡眠。一位科学家做了相关的研究，研究却__5__，睡觉之前喝酒尽管能__6__人们入睡时间，让人们很快入睡，但是也会使人们进入浅睡眠状态。一旦浅睡眠的时间延长，中间醒来的次数就会增加，人们的睡眠就会断断续续。而且到了凌晨的时候，酒精的作用渐渐__7__后，还容易引起失眠多梦等问题，这会降低人们的睡眠质量，从而影响人们的工作和生活。

5 A 表明　　　　B 明显　　　　C 突出　　　　D 录取

6 A 阻止　　　　B 缩短　　　　C 促进　　　　D 实现

7 A 破坏　　　　B 诊断　　　　C 消失　　　　D 消灭

정답 및 해설 ≫ 해설서 p. 54

8-10.

　　地瓜又称番薯，原产于美洲中部，明朝后期传入中国云南、广东、福建等地。番薯产量高、易成活，是荒年救灾的好作物。据古籍记载，清朝时期政府大力___8___种植番薯，因此番薯开始向内地移栽，逐渐成为了中国仅次于稻米、麦子和玉米的粮食作物。番薯具有丰富的___9___，例如蛋白质、维生素等。___10___如此，番薯还对心脑血管有保护作用，所以又被称为"长寿食品"。

8 　A 参观　　　　B 代替　　　　C 调整　　　　D 提倡

9 　A 营养　　　　B 细节　　　　C 形式　　　　D 用途

10 A 不仅　　　　B 除非　　　　C 即使　　　　D 何况

정답 및 해설 ≫ 해설서 p. 55

2 빠른 문제 풀이, 호응에 달렸다!

공략비법 02 빈출 호응 어휘 모음

출제 형식

독해 1부분에서 품사 파악형 다음으로 많이 나오는 유형으로 정답률을 높이려면 호응 어휘 표현을 많이 알고 있어야 한다. 특히 보기의 어휘 난이도가 점차 높아지므로 단순히 5급 어휘만 학습할 것이 아니라 5급 어휘와 호응해 쓰이는 5급 이상의 어휘들도 함께 암기해야 한다.

핵심 전략

1 **호응 문제는 암기가 답이다.**

중국어에는 '기회를 잡다', '잘못을 고치다'처럼 어휘와 어휘가 만나 호응을 이루는 표현이 많다. 단어 하나하나를 따로 외우는 것보다 **호응을 이루는 어휘를 하나의 세트처럼 암기하면 훨씬 수월하게 정답을 찾을 수 있다.** 빈출 표현은 본서 124쪽 '빈출 호응 어휘 내공 쌓기'로 정리해 두었으니 예문과 함께 암기해두자!

유형맛보기

在一次军事讨论会上，军方建议加固机翼、机身中央和机尾。军方向在场的一位专家提供了一些数据，数据 **1 B** 表明，这三个部位是军用飞机在战争中最容易遭到破坏的部位。

那位著名的统计学家看到军方提供的数据以后，**2 A** 询问数据是怎么得出来的。军方负责人告诉他是根据从战场上返回来的飞机统计出来的。统计学家立刻指出，这恰恰说明这三个部位不是最致命的，因为这些部位在遭到破坏之后仍顺利地返航了，而那些其他部位受到攻击的飞机 **3 C** 却没有机会返航，他认为军用飞机的其他部位更应进行加固。他最后为军方 **4 B** 制定了一套科学的军用飞机护甲的方案。

1. A 批准　　　Ⓑ表明　　　C 报告　　　D 参与
2. Ⓐ询问　　　B 认识　　　C 诊断　　　D 集中
3. A 立即　　　B 无奈　　　Ⓒ却　　　　D 连忙
4. A 听取　　　Ⓑ制定　　　C 播放　　　D 观察

지문 어휘

军事 jūnshì 명 군사 ☆

讨论会 tǎolùnhuì 명 토론회, 세미나

建议 jiànyì 동 건의하다

加固 jiāgù 동 보강하다

机翼 jīyì 명 비행기 날개

机身 jīshēn 명 (비행기의) 기체, 동체

中央 zhōngyāng 명 중앙

专家 zhuānjiā 명 전문가 ☆

数据 shùjù 명 데이터 ☆

战争 zhànzhēng 명 전쟁 ☆

遭到 zāodào 동 당하다

破坏 pòhuài
동 파손되다, 손상시키다 ☆

著名 zhùmíng 형 유명하다, 저명하다

统计 tǒngjì 명 통계

立刻 lìkè 부 즉시, 곧, 당장 ☆

指出 zhǐchū 동 지적하다, 밝히다

恰恰 qiàqià 부 바로, 마침

한 군사 토론회에서 군 측은 비행기 날개, 기체 중앙과 꼬리를 보강하자고 건의하였다. 군 측은 이 세 부분이 전쟁 중에 군용기가 가장 파괴당하기 쉬운 부분이라고 **2 B 밝힌** 데이터를 현장에 있던 한 전문가에게 제공하였다.

그 유명한 통계학자는 군 측에서 제공한 데이터를 본 후에, 데이터를 어떻게 얻었는지 **2 A 물어보았다.** 군 측 책임자는 그에게 전쟁에서 돌아온 비행기들을 근거로 통계 낸 것이라고 알려주었다. 통계학자는 즉시 이것이 바로 이 세 부분이 가장 치명적인 부분이 아니라는 것을 설명한다고 지적했다. 이 부분들은 파괴당한 후에도 순조롭게 귀항했고, 다른 부분을 공격 받은 비행기들은 **3 C 오히려** 귀항할 기회가 없었기 때문에 그는 군용기의 다른 부분을 더 보강해야 한다고 간주했다. 그는 마지막으로 군을 위해 과학적인 군용기 장갑 방안을 **4 B 제정했다.**

1. A 허가하다   B 밝히다   C 보고하다   D 참여하다

2. A 물어보다   B 알다   C 진단하다   D 집중하다

3. A 즉시   B 어쩔 수 없이   C 오히려   D 급히

4. A 귀담아 듣다   B 제정하다   C 방송하다   D 관찰하다

정답   1. B   2. A   3. C   4. B

해설

1. 数据(데이터)와 호응해 쓰이는 동사는 B 表明(밝히다)이다. C 报告(보고하다)는 사람과 함께 어울려 쓴다.

2. 빈칸 뒤의 문장은 '데이터를 어떻게 얻었는지'의 뜻으로 보기 가운데 이 문장과 어울릴만한 술어는 A 询问(물어보다)이다. B 认识(알다)는 어떤 사람이나 글자를 목적어로 가지고, C 诊断(진단하다)은 疾病(질병)과 호응해 쓰인다. D 集中(집중하다)은 注意力(주의력)나 精神(정신)과 호응해 쓰인다.

3. 문맥상 순조롭게 귀항한 비행기와 귀항할 기회가 없었던 비행기에 대해 설명하므로 역접을 뜻하는 부사 C 却(오히려)가 정답이다. B 无奈는 어쩔 수 없는 상황에 쓰이고 D 连忙은 급히 서두르는 상황에 자주 쓰인다.

4. 목적어 方案(방안)과 호응해 쓰이는 동사를 찾는 문제로 정답은 B 制定(제정하다)이다. 制定은 计划(계획)/对策(대책)/政策(정책) 등도 어울려 쓰인다. A 听取(귀담아 듣다)는 意见(의견)과 호응해 听取意见(의견을 귀담아 듣다)으로 자주 쓰인다.

致命 zhìmìng ⑧ 치명적이다
顺利 shùnlì ⑱ 순조롭다
返航 fǎn háng ⑧ 귀항하다
攻击 gōngjī ⑧ 공격하다
护甲 hùjiǎ ⑲ 장갑, 갑옷, 철갑
方案 fāng'àn ⑲ 방안, 프로젝트 ⭐

보기 어휘

批准 pī zhǔn ⑧ 허가하다 ⭐
表明 biǎomíng ⑧ 밝히다, 분명하게 드러나다 ⭐
报告 bàogào ⑧ 보고하다 ⭐
参与 cānyù ⑧ 참여하다 ⭐
询问 xúnwèn ⑧ 물어보다 ⭐
认识 rènshi ⑧ 알다 ⭐
诊断 zhěnduàn ⑧ 진단하다 ⭐
集中 jízhōng ⑧ 집중하다 ⭐
立即 lìjí ⑭ 즉시, 곧 ⭐
无奈 wúnài ⑧ 어쩔 수 없이 ⭐
却 què ⑭ 오히려
连忙 liánmáng ⑭ 급히 ⭐
听取 tīngqǔ ⑧ 귀담아 듣다
制定 zhìdìng ⑧ 제정하다, (정책 등을) 만들다 ⭐
播放 bōfàng ⑧ 방송하다 ⭐
观察 guānchá ⑧ 관찰하다 ⭐

阅读

공통

빈출 호응 어휘 내공 쌓기

5급 시험에 자주 출제되는 호응 어휘들을 익혀보자.

1 술어 + 목적어 호응 어휘

1	**安装** ānzhuāng 설치하다	➕ **程序** chéngxù 프로그램 ➕ **设备** shèbèi 설비	该公司安装了一批几十万元的设备。 ⭐ 이 회사는 몇 십만 위안의 설비를 설치했다.
2	**把握** bǎwò 쥐다, 잡다, 파악하다	➕ **机会** jīhuì 기회 ➕ **时机** shíjī 시기	你们应该把握机会，争取胜利。 너희들은 기회를 잡아, 승리를 쟁취해야 한다. **어휘** 争取 zhēngqǔ **동** 쟁취하다, 얻어내다 ⭐ 胜利 shènglì **명** 승리 ⭐
3	**办理** bànlǐ 처리하다	➕ **手续** shǒuxù 수속 ➕ **业务** yèwù 업무	今天我得去趟大使馆办理出国手续。 오늘 나는 대사관에 출국수속을 처리하러 가야 한다.
4	**表达** biǎodá 표현하다	➕ **意思** yìsi 뜻, 생각 ➕ **看法** kànfǎ 견해	开会时应该积极表达自己的看法。 회의를 할 때에는 적극적으로 자신의 견해를 표현해야 한다.
5	**表明** biǎomíng 분명하게 밝히다	➕ **态度** tàidù 태도	如果你不同意他的意见，应该表明态度。 만약에 네가 그의 의견에 동의하지 않는다면, 태도를 분명히 밝혀야 한다.

6	参考 cānkǎo 참고하다	➕ 意见 yìjiàn 의견, 견해 ➕ 标准 biāozhǔn 표준, 기준	我是参考那位专家的意见的。 저는 그 전문가의 의견을 참고한 것입니다. 어휘 专家 zhuānjiā 명 전문가 ★
7	承担 chéngdān (책임을) 지다, (일·직책을) 맡다	➕ 责任 zérèn 책임 ➕ 后果 hòuguǒ (안 좋은) 결과	你们公司该承担这项工程的责任。★빈출문제 당신 회사는 이번 프로젝트의 책임을 져야 한다. 어휘 工程 gōngchéng 명 프로젝트, 공사
8	承认 chéngrèn 인정하다, 승인하다	➕ 事实 shìshí 사실 ➕ 错误 cuòwù 잘못	你应该承认自己的错误。 너는 자신의 잘못을 인정해야 한다.
9	创造 chuàngzào 창조하다	➕ 记录 jìlù 기록 ➕ 奇迹 qíjì 기적	失败反而能创造奇迹。 실패는 오히려 기적을 창조할 수 있다. 어휘 失败 shībài 동 실패하다
10	承受 chéngshòu 견디다	➕ 压力 yālì 스트레스 ➕ 痛苦 tòngkǔ 괴로움	他们认为这会给他们带来无法承受的压力。★빈출문제 그들은 이것이 그들에게 견딜 수 없는 스트레스를 줄 것이라고 생각한다.
11	达到 dá dào 달성하다	➕ 目的 mùdì 목적 ➕ 标准 biāozhǔn 기준	达到了所期望的目的。 기대하던 목적을 달성하였다. 어휘 期望 qīwàng 동 기대하다, 바라다
12	打听 dǎting 물어보다	➕ 消息 xiāoxi 소식, 뉴스 ➕ 情况 qíngkuàng 상황	他四处打听消息。 그는 사방에 소식을 물어보았다. 어휘 四处 sìchù 명 사방, 도처
13	担任 dānrèn 맡다	➕ 职务 zhíwù 직무 ➕ 领导 lǐngdǎo 지도자	他很适合担任这个职务。 그가 이 직무를 맡는 것이 아주 적합하다.

14	**导致** dǎozhì 야기하다	➕ **问题** wèntí 문제 ➕ **冲突** chōngtū 충돌 ➕ **疾病** jíbìng 병	在许多婚姻中，钱是导致冲突的一个重要原因。 ⭐빈출문제 많은 결혼에서 돈은 충돌을 야기하는 하나의 중요한 원인이다. 어휘 **婚姻** hūnyīn 명 혼인, 결혼 ⭐
15	**符合** fúhé 부합하다	➕ **标准** biāozhǔn 기준, 표준 ➕ **条件** tiáojiàn 조건 ➕ **要求** yāoqiú 요구	该设备的设计符合新的安全标准。 ⭐빈출문제 이 설비의 설계는 새로운 안전 기준에 부합한다.
16	**改进** gǎijìn 개선하다	➕ **技术** jìshù 기술, 기교 ➕ **方法** fāngfǎ 방법	他们只需要改进一下自己的技术。 그들은 단지 자신의 기술을 개선할 필요가 있다.
17	**改善** gǎishàn 개선하다	➕ **环境** huánjìng 환경 ➕ **条件** tiáojiàn 조건	国民代表建议政府改善福利条件。 국민 대표는 정부에게 복지 조건을 개선하라고 건의하였다. 어휘 **代表** dàibiǎo 명 대표 동 대표하다 ⭐ 　　 **政府** zhèngfǔ 명 정부 ⭐　**福利** fúlì 명 복지, 복리
18	**改正** gǎizhèng 고치다, 수정하다	➕ **错误** cuòwù 잘못 ➕ **做法** zuòfǎ 방법 ➕ **缺点** quēdiǎn 결점	近来他在有意识地改正自己的错误。 ⭐ 요즘, 그는 의식적으로 자신의 잘못을 고치고 있다. 어휘 **近来** jìnlái 명 요즘, 근래, 최근 　　 **意识** yìshí 명 의식
19	**贡献** gòngxiàn 공헌하다, 바치다	➕ **力量** lìliang 역량, 능력 ➕ **才能** cáinéng 재능	他们都为国家的发展贡献出了自己的力量。 ⭐ 그들은 모두 국가의 발전을 위하여 자신의 역량을 보탰다.
20	**集中** jízhōng 집중하다	➕ **力量** lìliang 힘 ➕ **精神** jīngshén 정신	大家应该集中力量克服目前的困难。 사람들은 힘을 모아 현재의 고난을 극복해야 한다. 어휘 **克服** kèfú 동 극복하다, 이겨내다 ⭐ 　　 **目前** mùqián 명 현재, 지금 ⭐

21	交换 jiāohuàn 교환하다	⊕ 意见 yìjiàn 견해 ⊕ 礼物 lǐwù 선물	开会时代表们都纷纷交换了各自的意见。 회의할 때 대표들은 모두 쉴 새 없이 각자의 의견을 교환하였다. 어휘 纷纷 fēnfēn 부 쉴 새 없이, 잇달아, 연달아 ⭐ 　　各自 gèzì 명 각자, 제각기 ⭐
22	交流 jiāoliú 교류하다	⊕ 经验 jīngyàn 경험 ⊕ 信息 xìnxī 정보	当一个人的力量不足时，我们应该通过互相交流经验来完成任务。 한 사람의 힘이 부족할 때, 우리는 서로 경험 교류를 통해 임무를 완성해야 한다. 어휘 力量 lìliang 명 힘, 역량 ⭐ 　　不足 bùzú 형 부족하다, 모자라다 ⭐
23	接触 jiēchù 접하다, 접촉하다	⊕ 新事物 xīn shìwù 새로운 사물	要让孩子从小就接触新事物。 아이에게 어렸을 때부터 새로운 사물을 접하게 해야 한다.
24	接待 jiēdài 접대하다	⊕ 客人 kèrén 손님 ⊕ 客户 kèhù 고객	那个服务员总是很热情地接待客人。 그 종업원은 항상 친절하게 손님을 접대한다.
25	具备 jùbèi 갖추다	⊕ 条件 tiáojiàn 조건 ⊕ 能力 nénglì 능력	他完全具备当教师的条件。 그는 교사가 되는 조건을 전부 갖추었다.
26	拒绝 jùjué 거절하다	⊕ 要求 yāoqiú 요구 ⊕ 邀请 yāoqǐng 초청, 초대	不能直接拒绝对方的邀请。 직접적으로 상대방의 초청을 거절해서는 안 된다. 어휘 直接 zhíjiē 형 직접적인 　　对方 duìfāng 명 상대방, 상대편 ⭐
27	克服 kèfú 극복하다	⊕ 困难 kùnnan 어려움 ⊕ 问题 wèntí 문제	遇到问题不能逃避，应该积极克服困难。 문제에 부딪혔을 때 회피해서는 안 되고, 반드시 적극적으로 어려움을 극복해야 한다. 어휘 逃避 táobì 동 피하다, 도피하다 ⭐

阅读

독해

28	控制 kòngzhì 통제하다	➕ 情绪 qíngxù 기분, 정서 ➕ 人口 rénkǒu 인구	他无法控制自己的情绪。 그는 자신의 기분을 통제할 수 없다.
29	浪费 làngfèi 낭비하다	➕ 资源 zīyuán 자원 ➕ 精力 jīnglì 에너지, 정신과 체력 ➕ 时间 shíjiān 시간	不要为闲事浪费时间。 중요하지 않은 일에 시간을 낭비하지 말아라. 어휘 闲事 xiánshì 명 중요하지 않은 일, 자신과 상관없는 일
30	面对 miànduì 맞서다	➕ 困难 kùnnan 어려움 ➕ 问题 wèntí 문제	你得面对自己的问题。⭐^{빈출문제} 당신은 자신의 문제에 맞서야 한다.
31	面临 miànlín 직면하다, 처하다	➕ 问题 wèntí 문제 ➕ 选择 xuǎnzé 선택 ➕ 危机 wēijī 위기	她的公司面临着严重的资金问题。⭐^{빈출문제} 그녀의 회사는 심각한 자금 문제에 직면해 있다.
32	培养 péiyǎng 양성하다, 키우다	➕ 能力 nénglì 능력 ➕ 人才 réncái 인재	所有的教师都在为培养杰出人才而努力。 모든 교사는 걸출한 인재를 양성하기 위해 노력하고 있다. 어휘 杰出 jiéchū 형 걸출한, 뛰어난
33	赔偿 péicháng 배상하다	➕ 经济损失 jīngjì sǔnshī 경제 손실 ➕ 精神损失 jīngshén sǔnshī 정신적 손실	他们同意赔偿我们的所有经济损失。 그들은 우리의 모든 경제 손실을 배상하는 것에 동의한다.
34	评价 píngjià 평가하다	➕ 历史 lìshǐ 역사 ➕ 作品 zuòpǐn 작품	你可以评价作品吗? 이 작품을 좀 평가해 주실 수 있나요?
35	实现 shíxiàn 실현하다	➕ 理想 lǐxiǎng 이상 ➕ 目标 mùbiāo 목표	为了实现我们共同的目标而不断奋斗。 우리의 공통적인 목표를 실현하기 위하여 끊임없이 분투한다. 어휘 不断 búduàn 부 끊임없이, 부단히 ⭐ 奋斗 fèndòu 동 분투하다 ⭐

36	**实行** shíxíng 실행하다	➕ **政策** zhèngcè 정책 ➕ **制度** zhìdù 제도	**实行新政策后，老百姓的生活稳定下来了。** 새로운 정책을 실행한 이후로, 시민들의 생활이 안정되었다. **어휘** **老百姓** lǎobǎixìng 명 시민, 국민, 백성 ⭐ **稳定** wěndìng 형 안정되다 ⭐
37	**逃避** táobì 도피하다	➕ **问题** wèntí 문제 ➕ **现实** xiànshí 현실	**如果你逃避现实，是解决不了问题的。** 만약에 당신이 현실을 도피한다면, 문제를 해결할 수 없을 것이다.
38	**突出** tūchū 부각시키다, 돋보이게 하다	➕ **特点** tèdiǎn 특징 ➕ **重点** zhòngdiǎn 중점	**不用说得太多了，突出重点就可以了。** 너무 많이 말할 필요 없이, 중점만 부각시키면 된다.
39	**推广** tuīguǎng 널리 보급하다	➕ **新技术** xīn jìshù 신기술 ➕ **方法** fāngfǎ 방법	**推广新技术能促进经济发展。** 신기술을 널리 보급하면 경제 발전을 촉진할 수 있다.
40	**完善** wánshàn 완벽하게 하다	➕ **制度** zhìdù 규칙, 제도 ➕ **法律** fǎlǜ 법률, 형법	**完善的管理制度是一个企业正常运转的基点。** 관리 제도를 완벽하게 하는 것은 한 기업이 정상적으로 돌아가는 것의 기초이다. **어휘** **管理** guǎnlǐ 명 관리 동 관리하다 **正常** zhèngcháng 형 정상적인 **运转** yùnzhuǎn 동 돌아가다, 회전하다 **基点** jīdiǎn 명 기초, 시작점, 출발점
41	**违反** wéifǎn 위반하다	➕ **规定** guīdìng 규정 ➕ **法律** fǎlǜ 법률	**那是违反法律的行为。** 그것은 법을 위반하는 행위이다. **어휘** **行为** xíngwéi 명 행위 ⭐
42	**享受** xiǎngshòu 누리다	➕ **生活** shēnghuó 생활 ➕ **美食** měishí 맛있는 음식	**如果想要得到幸福，就应该学会享受自己的生活。** 만약에 행복을 얻고 싶다면, 자신의 생활을 누리는 것을 배워야 한다.

阅读

어휘

43	欣赏 xīnshǎng 마음에 들다, 좋아하다	➕ 风景 fēngjǐng 풍경 ➕ 才能 cáinéng 재능 ➕ 能力 nénglì 능력	经理欣赏他的能力，所以不让他辞职。 ⭐_{빈출문제} 사장은 그의 능력을 마음에 들어하기 때문에, 그가 일을 그만두지 못하게 한다. 어휘 辞职 cí zhí 동 사직하다, 직장을 그만두다 ⭐
44	应付 yìngfù 대응하다	➕ 问题 wèntí 문제 ➕ 考试 kǎoshì 시험	我实在搞不懂怎么应付这些问题。 나는 정말 이 문제를 어떻게 대응해야 할지 모르겠어. 어휘 搞不懂 gǎobudǒng 동 알지 못하다, 이해하지 못하다
45	运用 yùnyòng 활용하다	➕ 规则 guīzé 규칙 ➕ 技术 jìshù 기술 ➕ 方法 fāngfǎ 방법	把尖端技术运用到实际生活中去。 첨단 기술을 실제 생활 중에 활용한다. 어휘 尖端 jiānduān 명 첨단 형 첨단의
46	造成 zàochéng 초래하다, 형성하다	➕ 问题 wèntí 문제 ➕ 后果 hòuguǒ 　(안 좋은) 결과 ➕ 压力 yālì 스트레스	离婚会造成严重的心理问题。 ⭐_{빈출문제} 이혼은 심각한 심리적 문제를 초래할 수 있다. 这无疑会给他们造成巨大的压力。 이는 두말할 것 없이 그들에게 커다란 스트레스를 유발했다. 어휘 离婚 lí hūn 동 이혼하다 ⭐　心理 xīnlǐ 명 심리 ⭐ 无疑 wúyí 형 의심할 바 없다 巨大 jùdà 형 (규모·수량 등이) 아주 크다, 거대하다 ⭐
47	掌握 zhǎngwò 마스터하다, 숙달하다	➕ 技术 jìshù 기술 ➕ 命运 mìngyùn 운명	掌握一门技术是打开成功大门的钥匙。 하나의 기술을 마스터하는 것은 성공의 문을 열 수 있는 열쇠이다. 어휘 钥匙 yàoshi 명 열쇠
48	诊断 zhěnduàn 진단하다	➕ 病情 bìngqíng 병세 ➕ 疾病 jíbìng 병	这家医院采用最新的科学技术诊断病情。 이 병원은 최신 과학 기술을 응용하여 병세를 진단한다. 어휘 采用 cǎiyòng 동 응용하다, 채용하다, 채택하다 科学 kēxué 명 과학　技术 jìshù 명 기술
49	征求 zhēngqiú (널리) 구하다	➕ 意见 yìjiàn 의견 ➕ 方案 fāng'àn 방안	那位律师在征求被害人的意见。 ⭐_{빈출문제} 그 변호사는 피해자의 의견을 구하고 있다.

50	执行 zhíxíng 실행하다, 집행하다	➕ 命令 mìnglìng 명령 ➕ 计划 jìhuà 계획	从12月开始，政府要执行新计划。 12월부터 정부는 새로운 계획을 실행할 것이다.
51	占 zhàn 차지하다	➕ 面积 miànjī 면적	该保护区内的红树林占全国红树林面积的32%。⭐_{빈출문제} 이 보호구역에 있는 홍수림은 전국 홍수림 면적의 32%를 차지한다.
52	失掉 shīdiào 잃어버리다, 놓치다	➕ 个性 gèxìng 개성	人不能失掉了自己的个性。 사람은 자신의 개성을 잃어버리면 안 된다.
53	遵守 zūnshǒu 준수하다	➕ 规则 guīzé 규칙 ➕ 规定 guīdìng 규정	为了安全，一定要遵守交通规则。 안전을 위하여, 반드시 교통 규칙을 준수해야 한다. 어휘 交通 jiāotōng 명 교통
54	存在 cúnzài 존재하다	➕ 差异 chāyì 차이, 다른점 ➕ 危险 wēixiǎn 위험	实际上不同国家之间仍然存在着很多文化差异。⭐_{빈출문제} 사실상 서로 다른 국가간에는 여전히 많은 문화 차이가 존재하고 있다. 어휘 实际上 shíjìshang 부 사실상, 실제로 仍然 réngrán 부 여전히, 변함없이
55	判断 pànduàn 판단하다	➕ 正误 zhèngwù 옳고 그름 ➕ 形势 xíngshì 형세	要正确地判断不稳定的国际形势。 불안정한 국제 형세를 정확히 판단해야 한다. 어휘 稳定 wěndìng 형 안정적이다 ⭐ 国际 guójì 명 국제
56	产生 chǎnshēng 생기다, 발생하다	➕ 影响 yǐngxiǎng 영향 ➕ 误会 wùhuì 오해	在谈判中就可能产生不必要的误会。 협상 중에 불필요한 오해가 생길 수 있다. 어휘 谈判 tánpàn 동 협상하다 ⭐
57	传播 chuánbō 전파하다	➕ 病毒 bìngdú 바이러스 ➕ 消息 xiāoxi 소식, 뉴스	病毒传播的速度非常快。⭐_{빈출문제} 바이러스가 전파되는 속도가 매우 빠르다.

58	公布 gōngbù 공포하다	➕ 结果 jiéguǒ 결과 ➕ 消息 xiāoxi 소식, 뉴스	测验结果还没公布。 테스트 결과는 아직 공포하지 않았다. 어휘 测验 cèyàn 동 시험하다. 테스트하다 ⭐
59	录取 lùqǔ 뽑다, 채용하다	➕ 学生 xuésheng 학생 ➕ 员工 yuángōng 직원	学校提高录取条件来限制学校的学生数量。 학교는 선발 조건을 높이는 것으로 학교의 학생 수를 제한한다. 어휘 限制 xiànzhì 동 제한하다 ⭐ 数量 shùliàng 명 수량, 양
60	破坏 pòhuài 깨다, 파괴하다	➕ 环境 huánjìng 환경 ➕ 气氛 qìfēn 분위기	整个气氛已经被完全破坏了。 전체적 분위기는 이미 완전히 깨졌다.
61	缺乏 quēfá 부족하다	➕ 经验 jīngyàn 경험 ➕ 资金 zījīn 자금	小王缺乏经验，不适合负责这项任务。 샤오왕은 경험이 부족하여, 이 임무를 책임지기에 적합하지 않다.

1	**主动** zhǔdòng 자발적인, 주동적인	➕ 道歉 dào qiàn 사과하다	年轻人主动向主编道歉。⭐ 젊은이는 자발적으로 편집장에게 사과했다.
2	**逐渐** zhújiàn 점점, 점차	➕ 发展 fāzhǎn 발전하다	当地的咖啡种植才逐渐发展起来。⭐ 현지의 커피 재배가 비로소 점차 발전하기 시작했다. 어휘 种植 zhòngzhí 동 재배하다
3	**不断** búduàn 부단히, 끊임없이	➕ 进步 jìnbù 진보하다	随着科学技术的不断进步，商品的技术含量越来越高。 과학 기술의 끊임없는 발전에 따라 상품의 기술 수준이 점점 높아지고 있다. 어휘 商品 shāngpǐn 명 상품, 제품 ⭐ 含量 hánliàng 명 수준, 함량
4	**根本** gēnběn 아예, 전혀	➕ 没有 méiyǒu 없다	甚至可能根本就没有真正的对与错。⭐ 심지어 진정한 옳고 그름은 아예 없을지도 모른다.
5	**毕竟** bìjìng 어쨌든, 결국, 끝내	➕ 不是 búshì ～이 아니다	毕竟不是所有的对错都能讲清楚。⭐ 어쨌든 모든 옳고 그름을 분명하게 설명할 수 있는 것은 아니다.
6	**特意** tèyì 특별히, 일부러	➕ 准备 zhǔnbèi 준비하다	他特意准备了十道难度降低了的题目。⭐ 그는 특별히 10개의 난이도 낮춘 문제를 준비했다. 어휘 降低 jiàngdī 동 낮추다, 하향하다
7	**勇敢** yǒnggǎn 용감하다	➕ 争取 zhēngqǔ 쟁취하다, 얻어 내다	要勇敢争取难得的机会。⭐ 반드시 얻기 힘든 기회를 쟁취해야 한다. 어휘 难得 nándé 형 얻기 힘들다

请选出正确答案。

빈칸에 알맞은 답을 선택하세요.

1-3.

北京烤鸭是具有世界声誉的北京菜式，但很多人都不知这个有名的北京菜却是从江苏的南京传来的。南京位于被人们称为"鱼米之乡"的江南大地， __1__ 养的鸭子以肉又肥又厚，味道鲜美而闻名，这种鸭子烤完以后味道更是__2__，不仅深受江南人的喜爱，连皇帝都爱吃。后来，明朝的第三位皇帝明成祖将都城从南京迁到了北京，因此烤鸭这道菜也被带到了北京，并受到了北京人的欢迎。到了清朝年间，这道菜的__3__就更响了，使得"北京烤鸭"代替了"南京烤鸭"。

1 A 故乡　　　　B 农业　　　　C 当地　　　　D 日程

2 A 成熟　　　　B 巧妙　　　　C 魅力　　　　D 独特

3 A 名声　　　　B 财产　　　　C 本质　　　　D 利润

정답 및 해설 ≫ 해설서 p. 56

4-7.

　　一项研究表明，孩子心理是否健康与家庭是否和睦有很大关联。如果父母总当着孩子的面吵架，__4__，甚至可能导致其患上精神疾病。

　　该项目的研究人员对上百名17至19岁参试者的大脑进行了检查。同时让参试者的父母__5__了参试者从出生至11岁期间所经历的家庭问题，如父母之间的争吵、父母对孩子的语言或身体暴力等。结果发现，经历过严重家庭问题的参试者，其小脑部分__6__较小。研究人员表示，小脑与学习、压力调节等关系__7__。小脑较小可能会导致成年后患精神疾病的几率大大增加。

4 A 离婚的可能性大大增加　　　　　B 孩子往往不会抱怨
　　C 避免承受这种刺激　　　　　　　D 会影响孩子的脑部发育

5 A 赞美　　　　　B 怀念　　　　　C 回忆　　　　　D 欣赏

6 A 相对　　　　　B 相当　　　　　C 毕竟　　　　　D 难怪

7 A 热烈　　　　　B 强烈　　　　　C 迫切　　　　　D 密切

정답 및 해설 ≫ 해설서 p. 58

8-11.

　　城市的出现是人类走向成熟和文明的标志，也是人类群居生活的高级形式。文化的多种多样的表现形式可以使城市富有魅力，也是城市能够__8__优秀人才和优秀企业的原因所在。在如今的知识经济时代，高素质劳动力是促进城市全面发展的重要动力，而这也使劳动力对城市文化__9__有着更高的要求。

　　专家指出丰富而__10__活力的文化是推动城市经济发展的重要资源，是影响未来城市发展的关键__11__之一，因而很多国际化的城市都很注重城市文化的建设。

8 A 录取　　　　B 组织　　　　C 吸引　　　　D 征求

9 A 气氛　　　　B 经历　　　　C 用途　　　　D 措施

10 A 流传　　　　B 分布　　　　C 开发　　　　D 充满

11 A 能源　　　　B 权利　　　　C 因素　　　　D 思考

정답 및 해설 ≫ 해설서 p. 59

DAY 08

3 사전만 믿었다가는 미로에 빠진다!

공략비법 03 의미가 유사한 어휘 모음

출제 형식

의미가 유사한 단어들을 보기로 주고 단어별로 그 쓰임을 정확하게 알고 있는지 구분해야 하는 문제들을 출제하기 때문에 단순하게 사전적 의미를 아는 것만으로는 정확한 답을 찾기 어렵다. 어휘 공부를 할 때에는 그 어휘가 내포하고 있는 구체적인 의미와 쓰임까지 함께 익혀야 한다.

핵심 전략

1 **사전만 믿지 마라!**

한국어의 '계속하다' 또는 '계속해서'처럼 중국어에도 의미가 유사한 어휘가 매우 많다. 실제 시험에도 一直(계속), 继续(계속하다), 不断(계속해서), 陆续(계속해서), 纷纷(계속해서)이 한 문제의 보기 문항으로 출제된 적이 있다. **단순히 사전적인 의미만 알아서는 정답을 찾아내기 어려우므로 어휘의 품사와 쓰임을 함께 알아두어야 한다.**

> 예
>
> · 纷纷은 '(많은 사람이나 사물, 눈, 꽃, 낙엽 등이 순서 없이 여기저기) 계속, 잇달아' 출현하거나 발생하는 상황에 쓰임
>
> · 陆续는 '(순서 있게 하나씩) 계속, 잇달아' 출현하거나 발생하는 것을 나타냄
>
> · 继续는 '(과거의 동작을 미래에도 이어서) 계속하다'라는 의미임
>   반면, 不断은 '(동작이나 상황의 끊임이 없이 꾸준히) 계속하여'라는 의미임

独해

쓰기

当我们被朋友误会时，我们会因为不想解释而选择沉默；当我们被父母或者爱人误解时，会因为伤心难过而选择沉默。其实很多误会我们 **1 B 不必** 一一解释清楚，因为有些误解会越解释越乱。在我们复杂的生活中总会有无法解决的问题，**2 B 毕竟** 不是所有的错与对都能说清楚，甚至可能 **3 C 根本** 就没有真正的错与对。当我们面对误会而拼命去解释的时候，往往会多此一举，相对而言沉默是最好的选择。

1. A 多亏　　　Ⓑ 不必　　　C 不免　　　D 亲自
2. A 总算　　　Ⓑ 毕竟　　　C 居然　　　D 依然
3. A 彻底　　　B 丝毫　　　Ⓒ 根本　　　D 简直

우리가 친구에게 오해를 받을 때, 우리는 해명하고 싶지 않아 침묵을 선택하고 우리가 부모님이나 애인에게 오해를 받을 때, 슬프고 괴로워서 침묵을 선택한다. 사실 많은 오해는 일일이 해명할 **1 B 필요가 없다.** 어떤 오해는 해명하면 할수록 혼란스러워지기 때문이다. 우리의 복잡한 생활에는 언제나 해결할 수 없는 문제가 있기 마련이며, **2 B 결국** 모든 옳고 그름을 분명하게 말할 수 있는 것은 아니다. 심지어 진정한 옳고 그름이 **3 C 아예** 없을 수도 있다. 우리가 오해에 직면하여 필사적으로 설명하는 것은 흔히 쓸데없는 일일 것이며, 상대적으로 침묵이 가장 좋은 선택이다.

1. A 덕택이다　　　B ~할 필요 없다　　　C 면할 수 없다　　　D 직접
2. A 결국 ~이 되다　　　B 결국　　　C 뜻밖에　　　D 여전히
3. A 철저하다　　　B 조금도　　　C 아예　　　D 그야말로

정답　1. B　2. B　3. C

해설　
1. B 不必는 '~할 필요가 없다'는 의미이다. 문맥상으로도 '많은 오해는 일일이 해명할 필요가 없다'라는 내용이 가장 적절하므로 정답은 B 不必(~할 필요가 없다)이다. 만약 C 不免이 빈칸에 들어가면 '많은 오해는 일일이 해명하지 않을 수가 없다'는 뜻으로 정반대의 내용이 된다.

2. '(근본적으로 바뀌지 않고) 결국, 끝에 이르러서는'의 의미를 가지고 있는 B 毕竟(결국, 필경)이 정답이다. A 总算은 긴 시간을 들여 '결국 ~이 되다', '겨우 ~을 하다'의 뜻으로 쓰이며, C 居然은 '뜻밖에, 놀랍게도'라는 뜻으로 예측하지 못한 상황에 쓰인다. D 依然(여전히)은 과거부터 변하지 않는 상태를 나타낸다.

3. 보기 어휘 가운데 부사 就와 함께 부정부사 没有를 강조해 주는 부사는 C 根本뿐이므로 정답은 C 根本(아예)이다. 만일 빈칸 뒤에 就가 없다면 丝毫没有(전혀 없다)도 가능하다. A 彻底는 '(한치의 소홀함 없이) 철저히'라는 의미이며 D 简直(그야말로, 실로)는 과장된 어투로 말할 때 쓰인다.

지문 어휘

误会 wùhuì ⑧ 오해하다
解释 jiěshì ⑧ 해명하다, 설명하다
选择 xuǎnzé ⑧ 선택하다, 고르다
沉默 chénmò ⑧ 침묵하다 ★
误解 wùjiě ⑧ 오해하다
清楚 qīngchu ⑱ 분명하다
乱 luàn ⑱ 혼란하다, 어지럽다
复杂 fùzá ⑱ 복잡하다
无法 wúfǎ ⑧ 방법이 없다
解决 jiějué ⑧ 해결하다
拼命 pīn mìng ⑧ 필사적으로 하다, 목숨을 내걸다
多此一举 duōcǐyìjǔ ⑳ 쓸데없는 짓이다
相对而言 xiāngduì'éryán 상대적으로

보기 어휘

多亏 duōkuī ⑧ 덕택이다 ★
不必 búbì ⑨ ~할 필요가 없다
不免 bùmiǎn ⑨ 면할 수 없다
亲自 qīnzì ⑨ 직접 ★
总算 zǒngsuàn ⑨ (긴 시간을 들여) 결국 ~이 되다, 겨우 ~을 하다 ★
毕竟 bìjìng ⑨ 결국, 필경 ★
居然 jūrán ⑨ 뜻밖에, 놀랍게도 ★
依然 yīrán ⑨ 여전히 ⑧ 여전하다 ★
彻底 chèdǐ ⑱ 철저하다 ★
丝毫 sīháo ⑨ 조금도, 추호도 ★
根本 gēnběn ⑨ 아예, 원래, 전혀 ★
简直 jiǎnzhí ⑨ 그야말로, 실로

라오쓰의 **킥!**

사전적 의미가 유사한 어휘들의 종류와 그 활용을 알아보자.

① 征求 / 救助

征求 zhēngqiú 图 구하다(다른 사람의 의견을 구하다)

公司在征求员工的意见。 회사는 직원들의 의견을 구하고 있다.

救助 jiùzhù 图 구하다(어려움에 처한 사람을 구하다)

地震发生后他们第一时间赶去救助伤员。 지진이 발생한 후 그들은 맨 처음으로 달려가 부상자를 구조했다.

어휘 **员工** yuángōng 圀 직원 ☆   **意见** yìjiàn 圀 의견, 견해   **地震** dìzhèn 圀 지진 ☆   **伤员** shāngyuán 圀 부상자

② 陆续 / 纷纷 ★ 빈출문제

陆续 lùxù 图 계속, 잇달아(순서 있게 하나씩)

学生们陆续进教室里来了。 학생들이 교실 안으로 잇달아 들어왔다.

纷纷 fēnfēn 图 계속, 잇달아(많은 사람이나 사물, 눈, 꽃, 낙엽 등이 순서 없이 여기저기)

这次会议开得很成功，大家纷纷发言，发表自己的意见。

이번 회의는 매우 성공적으로 열렸고, 모두가 잇달아 발언하며 자신의 의견을 발표했다.

어휘 **发言** fāyán 圀 발언 图 발언하다, 의견을 발표하다 ☆   **发表** fābiǎo 图 발표하다 ☆

3 则 / 却

则 zé 접 오히려(상황이 다르거나 대비를 나타냄)

东方人吃饭时用筷子，西方人则使用刀叉。

동양인은 밥 먹을 때 젓가락을 사용하고, 서양인은 오히려 나이프와 포크를 사용한다.

却 què 접 도리어, 오히려(상황이 반대임을 나타냄)

我对你多好，你却这样对我！ 나는 너에게 잘 해주는데, 너는 오히려 나를 이렇게 대하는구나!

어휘 筷子 kuàizi 명 젓가락   刀叉 dāochā 명 나이프와 포크

4 终于 / 总算 / 毕竟 ⭐빈출문제

终于 zhōngyú 부 결국, 마침내(원하는 상황이 발생)

我终于完成了任务。 나는 마침내 임무를 완성했다.

总算 zǒngsuàn 부 결국, 겨우(긴 시간을 들여 가까스로 발생)

我总算不用加班了。 나는 결국 야근을 할 필요가 없게 되었다.

毕竟 bìjìng 부 결국, 필경(근본적으로 바뀌지 않는 상황)

毕竟还不知道结果，先不要担心了。 결국 결과를 아직 모르니 우선 걱정하지 말아라.

어휘 任务 rènwu 명 임무   结果 jiéguǒ 명 결과   担心 dān xīn 동 염려하다. 걱정하다

5 面对 / 面临 ⭐빈출문제

面对 miànduì 동 맞서다(적극적으로 맞서다)

要勇敢地面对困难。 용감하게 어려움에 맞서야 한다.

面临 miànlín 동 직면하다(의도치 않게 어떤 상황에 처하게 되다)

面临选择时我们要慎重。 선택에 직면했을 때 우리는 신중해야 한다.

어휘 勇敢 yǒnggǎn 형 용감하다   慎重 shènzhòng 형 신중하다

6 **能源 / 精力** ★

能源 néngyuán 명 에너지, 에너지원(사물을 만들고 움직이는 힘)

地球上的能源是有限的。지구상의 에너지는 한계가 있다.

精力 jīnglì 명 에너지(사람이 가지고 있는 힘)

你的精力很旺盛。너의 에너지는 왕성하다.

어휘 **地球** dìqiú 명 지구   **有限** yǒuxiàn 형 한계가 있다, 제한적이다   **旺盛** wàngshèng 형 왕성하다

7 **成立 / 制定 / 建造**

成立 chénglì 동 세우다, 창립하다(회사나 국가를 세우다)

他去年在北京成立了一家公司。그는 작년에 베이징에 회사를 하나 세웠다.

制定 zhìdìng 동 세우다, 제정하다, 만들다(방안·규칙·목표를 세우다)

为了应对问题，他制定了一系列方案。문제에 대처하기 위해 그는 일련의 방안을 세웠다.

建造 jiànzào 동 짓다, 만들다(건물을 짓다)

听说这里要重新建造一栋房子。듣자 하니 이곳에 집 한 채를 다시 지어야 한대요.

어휘 **应对** yìngduì 동 대처하다, 대응하다   **一系列** yíxìliè 형 일련의   **方案** fāng'àn 명 방안 ★
重新 chóngxīn 부 다시, 재차   **栋** dòng 양 채, 동(건물을 세는 단위)

8 **充满 / 充足**

充满 chōngmǎn 동 가득하다(동사로서 목적어를 가질 수 있다)

这个故事充满童话色彩。이 이야기는 동화적인 색채로 가득하다.

充足 chōngzú 형 충분하다(형용사로서 목적어를 가질 수 없다)

青少年需要保证充足的睡眠才能健康成长。

청소년은 충분한 수면을 취해야 비로소 건강하게 성장할 수 있다.

어휘 **童话** tónghuà 명 동화   **色彩** sècǎi 명 색채, 빛깔 ★   **青少年** qīngshàonián 명 청소년 ★
睡眠 shuìmián 명 수면, 잠   **成长** chéngzhǎng 동 성장하다, 자라다 ★

9 导致 / 造成 / 引起 ⭐

导致 dǎozhì 동 야기하다, 초래하다(안 좋은 결과를 일으킬 때 사용함)

你错误的决定，导致了一系列严重的后果。 너의 잘못된 결정은 일련의 심각한 결과를 초래했다.

造成 zàochéng 동 야기하다, 초래하다(안 좋은 결과를 일으킬 때 사용함)

我造成的损失由我来承担。 내가 초래한 손실은 내가 책임지겠다.

引起 yǐnqǐ 동 야기하다, 초래하다, 불러일으키다(좋고 나쁨 상관없이 어떤 결과를 일으킬 때 사용함)

那家公司的新产品在电子商品领域引起了巨大的反响。

그 회사의 신상품은 전자 상품 영역에서 거대한 반향을 불러일으켰다.

어휘 **错误** cuòwù 명 잘못 형 잘못되다　　**后果** hòuguǒ 명 (좋지 못한) 결과 ⭐
　　　损失 sǔnshī 명 손실, 손해 ⭐　　**承担** chéngdān 동 (책임을) 지다, 부담하다
　　　商品 shāngpǐn 명 제품, 상품 ⭐　　**巨大** jùdà 형 (규모·수량 등이) 아주 크다, 거대하다 ⭐
　　　反响 fǎnxiǎng 명 반향

10 消失 / 消灭

消失 xiāoshī 동 소실되다, 사라지다(존재하던 것이 사라짐을 나타냄)

脸上的笑容消失了。 얼굴의 웃음기가 사라졌다.

消灭 xiāomiè 동 소멸하다, 박멸하다(근본적으로 없애는 것을 나타냄)

他在消灭家里的害虫。 그는 집의 해충을 박멸하고 있다.

어휘 **笑容** xiàoróng 명 웃음기, 웃는 얼굴　　**害虫** hàichóng 명 해충

실전 테스트

第1-10题 请选出正确答案。

빈칸에 알맞은 답을 선택하세요.

1-3.

　　我从小的时候就喜欢画画。记得，我上小学三年级的时候，画了一幅年轻人上坡的画儿。我很得意地把画给老师看了一下。老师看了看，对我说道："这个人的身体画得太直了。人向上爬的时候身体应该向前倾斜一点儿，＿＿＿**1**＿＿＿人很容易向后仰。"

　　听完老师的话后，我重新画了一幅年轻人下坡的画。老师还是没露出满意的表情，说："年轻人的身体向前倾斜得太厉害了，这样很容易滑下去，要站直。"受到老师的批评后，我有点儿＿＿＿**2**＿＿＿地说："向上走也是走路，向下走也是走路，为什么有这么多规矩？"

　　老师说："做任何事情都要讲究方法，不然人很容易从坡上滚下来。"这和为人处世是一样的道理：上坡时就如同我们的人生得意时，要谦虚，不能骄傲自满，身体应该向前倾斜；下坡时就如同我们的人生失意时，要勇敢地＿＿＿**3**＿＿＿困难。

① A 尽管　　　　B 可见　　　　C 假如　　　　D 否则

② A 怪不得　　　B 了不起　　　C 不耐烦　　　D 不得了

③ A 面临　　　　B 珍惜　　　　C 面对　　　　D 争取

정답 및 해설 ≫ 해설서 p. 61

4-7.

很多人都喜欢睡前开着灯看电视或者开着灯看书。他们看着看着就睡着了，睡着后便忘记了关灯。开着灯睡觉不但浪费_____4_____，而且会降低人们的睡眠质量。在黑暗的环境下睡觉是人们在进化过程中自然_____5_____的生活规律。_____6_____晚上开着灯睡觉或者白天在强烈的阳光底下睡觉，都会使人产生一种"光压力"，"光压力"会改变人体的生物系统，会改变人的体温，也会改变人们的心跳和血压。最终会_____7_____各种疾病。

4 A 精力　　　　　B 成分　　　　　C 资金　　　　　D 能源

5 A 形成　　　　　B 开发　　　　　C 制造　　　　　D 成立

6 A 如果破坏这个规律　　　　　B 为了治疗失眠
　　 C 自从电灯发明以来　　　　　D 针对失眠人群

7 A 导致　　　　　B 传染　　　　　C 配合　　　　　D 实现

정답 및 해설 ≫ 해설서 p. 63

8-10.

　　人们常说，第一印象非常重要，有个好的开始就成功了一半。其实，结尾的重要性同样不可忽视。比如，一个顾客在网上买了一件东西，拿到包裹后发现那家店还送了一个小礼物，那么顾客对那家店的好感度会___8___得到提升。相反，有些店家会打出"一经售出，概不退换"之类的标语。这会让消费者很反感，甚至产生___9___购物的念头。此外，有些店在遇到有顾客退换货的情况时态度十分___10___，这样只会导致生意越来越差。因此，做生意既要善始，也要善终。

8 A 立即　　　　B 连忙　　　　C 赶快　　　　D 急忙

9 A 消失　　　　B 限制　　　　C 改正　　　　D 放弃

10 A 狡猾　　　　B 恶劣　　　　C 巧妙　　　　D 勤奋

4 혼자지만 강하다!

공략비법 04 단음절 동사

🔖 **출제 형식**

단음절 동사 문제의 경우 한 회에 3문제까지 출제된 적이 있었으며, 매회 1문제 이상 출제된다. 빈출 유형인 만큼 시험에 자주 출제되는 단음절 동사와 예문을 함께 익히자.

🔖 **핵심 전략**

1 ⭐ **단음절 동사와 양사를 구분해야 한다.**

정해진 시간 안에 문제를 풀다 보니 단음절 동사를 묻는 문제인지 양사를 묻는 문제인지 구분하지 못하고 정답을 선택하는 경우가 많다. 보기에 단음절 동사와 양사를 함께 주는 문제의 경우, 어휘와 뜻을 모르면 품사도 분명하게 구분하기 어려우므로 ⭐단음절 동사의 뜻과 각각 어울려 쓰이는 호응 어휘, 예문을 함께 익히도록 한다.

✏️ **유형맛보기**

有一个胖子和一个瘦子来见法官。胖子气冲冲地指责瘦子 **1 B 欠**他很多的黄金至今未还。瘦子非常坚定地说："我是第一次和他见面，我向天发誓我从未跟他借过黄金。"总之，无论胖子说什么，他都死不承认。

法官问胖子："你还记得你是在什么地方把黄金借给他的吗？"胖子说："在离咱们村不远的一棵柳树下。"法官点点头，说："你现在再去一趟，从那棵柳树上 **2 C 摘**两片叶子回来，然后我要审问这两片叶子。我相信它们会告诉我真相的。"于是胖子走了。而这时瘦子仍在法庭上，法官没理会他，开始审理别的案件了。正当瘦子全神贯注地在一旁看法官审案子时，法官突然问他："你觉得他现在走到那棵树下了吗？"瘦子答道："还没有，大概还有一段距离。"法官顿时变得 **3 A 严肃**起来，问道："既然你没跟他去过那儿，你怎么知道还有一段距离呢？"瘦子无言以对，**4 D 只好**承认自己说谎了。

지문 어휘

胖子 pàngzi 명 뚱뚱, 뚱뚱한 사람

瘦子 shòuzi 명 홀쭉이, 마른 사람

法官 fǎguān 명 법관

气冲冲 qìchōngchōng 형 노발대발하다, 매우 화가나다

指责 zhǐzé 동 질책하다

至今 zhìjīn 부 지금까지 ⭐

未 wèi 부 아직 ~하지 않다

还 huán 동 갚다, 돌려주다

坚定 jiāndìng 형 (입장이나 주장·관점 등이) 확고하다, 꿋꿋하다

发誓 fā shì 동 맹세하다

总之 zǒngzhī 접 어쨌든, 하여간 ⭐

承认 chéngrèn 동 승인하다 ⭐

柳树 liǔshù 명 버드나무

审问 shěnwèn 동 심문하다

---

1. A 捐　　B 欠　　C 退　　D 挣
2. A 救　　B 翻　　C 摘　　D 摸
3. A 严肃　　B 委屈　　C 慌张　　D 痛苦
4. A 反正　　B 万一　　C 何必　　D 只好

어떤 한 뚱보와 홀쭉이가 법관을 찾아왔다. 뚱보는 노발대발하며 홀쭉이가 그의 많은 황금을 1 B 빚지고 지금까지 갚지 않고 있다고 질책했다. 홀쭉이는 확고히 말했다. "저는 그와 처음 만났습니다. 저는 하늘에 맹세코 그에게 황금을 빌린 적이 없습니다." 어쨌든 뚱보가 무슨 말을 하든 그는 절대 인정하지 않았다.

법관이 뚱보에게 물었다. "너는 네가 어디에서 황금을 그에게 빌려주었는지 기억이 나느냐?" 뚱보가 말했다. "저희 마을에서 멀지 않은 버드나무 아래입니다." 법관은 고개를 끄덕이며 말했다. "네가 지금 다시 가서 그 버드나무에 잎 두 개를 2 C 따서 돌아오거라. 그런 다음 내가 이 두 잎을 심문하겠다. 나는 그것들이 나에게 진상을 알려줄 것이라고 믿는다." 그리하여 뚱보는 떠났고, 이때 홀쭉이는 여전히 법정에 있었고, 법관은 그를 상대하지 않고 다른 사건을 심사 처리하기 시작했다. 홀쭉이가 온 정신을 기울여 옆에서 법관이 사건을 심사 처리하는 것을 보고 있을 때, 갑자기 법관이 그에게 물었다: "네 생각에 그가 지금쯤 그 나무 아래에 도착했을 것 같으냐?" 홀쭉이가 대답했다. "아직 아닙니다. 아직 거리가 남았습니다." 법관은 갑자기 3 A 엄숙해지며, 다음과 같이 물었다: "네가 그와 그곳에 가 본 적이 없는 이상, 네가 어떻게 아직 거리가 남았는지 알 수 있느냐?" 홀쭉이는 할 말이 없어, 자신이 거짓말 한 것을 인정 4 D 할 수밖에 없었다.

1. A 기부하다　　B 빚지다　　C 반환하다　　D (돈을) 벌다
2. A 구하다　　B 뒤집다　　C 따다　　D 쓰다듬다
3. A 엄숙하다　　B 억울하다　　C 당황하다　　D 고통스럽다
4. A 아무튼　　B 만일　　D ~할 필요 없다　　D ~할 수밖에 없다

 정답　1. B　2. C　3. A　4. D

해설
1. 빈칸 뒤의 很多的黄金(많은 황금)과 至今未还(지금까지 갚지 않다)을 통해 빈칸에 들어갈 어휘를 유추할 수 있다. '많은 황금을 빚지고 지금까지 갚지 못하다' 라는 문장이 가장 자연스러우므로 정답은 B 欠(빚지다)이다.

2. 빈칸 뒤의 목적어가 两片叶子(잎 두개)이므로 잎사귀와 가장 잘 어울리는 단음절 동사를 찾는다. 정답은 C 摘(따다)이다.

3. 빈칸 뒤에 법관의 말과 가장 잘 어울리는 어휘를 찾으면 된다. 홀쭉이의 말을 듣고 법관이 갑자기 분위기를 전환해 묻는 말로 '既然你没跟他去过那儿, 你怎么知道还有一段距离呢？(네가 그와 그곳에 가 본 적이 없는 이상, 네가 어떻게 아직 거리가 남았는지 알 수 있느냐?)'라고 하였다. 이 문장과 가장 잘 어울리는 어휘는 A 严肃(엄숙하다)이다.

4. 거짓말한 것을 인정할 수 밖에 없었다는 내용이 가장 자연스러우므로 정답은 D 只好(~할 수 밖에 없다)이다.

相信 xiāngxìn 동 믿다
真相 zhēnxiàng 명 진상, 실상
法庭 fǎtíng 명 재판정, 법정
理会 lǐhuì 동 상대하다. 아랑곳하다
审理 shěnlǐ 동 심사 처리하다
案件 ànjiàn 명 사건
全神贯注 quánshén guànzhù
성 온 정신을 기울이다. 모든 주의를 집중하다
一旁 yìpáng 명 옆
案子 ànzi 명 사건, 소송
答道 dádào
동 대답하다. 대답하여 말하다
顿时 dùnshí 부 갑자기
无言以对 wúyányǐduì
성 할 말이 없다

보기 어휘

捐 juān 동 기부하다 ★
欠 qiàn 동 빚지다 ★
退 tuì 동 반환하다 ★
挣 zhèng 동 (돈을) 벌다 ★
救 jiù 동 구하다 ★
翻 fān 동 뒤집다 ★
摘 zhāi 동 따다 ★
摸 mō 동 쓰다듬다 ★
严肃 yánsù 형 엄숙하다 ★
委屈 wěiqu 형 억울하다 ★
慌张 huāngzhāng 형 당황하다 ★
痛苦 tòngkǔ 형 고통스럽다 ★
反正 fǎnzhèng 부 아무튼 ★
万一 wànyī 부 만일 ★
何必 hébì 부 ~할 필요 없다 ★
只好 zhǐhǎo
부 ~할 수밖에 없다. 어쩔 수 없이

阅读

독해

단음절 어휘 내공 쌓기

라오쓰의 킥!

5급 시험에 자주 출제되는 단음절 동사와 활용 표현을 익혀보자.

동사	의미	예문
摆 bǎi	(손을) 흔들다, 진열하다	警察一个劲儿摆手，不让孩子们进来。 경찰은 끊임없이 손을 흔들어, 아이들이 들어오지 못하게 하였다.
踩 cǎi ⭐빈출문제	(발로) 밟다	在公交车上，我被人狠狠地踩了一脚。 버스에서 나는 다른 사람에게 아주 심하게 발로 한 번 밟혔다.
插 chā	꽂다, 끼워 넣다	我把充电器插上了。 나는 충전기를 꽂았다.
拆 chāi	헐다, 뜯다, 해체하다	他们在拆那些旧房子，打算在这里盖新公寓。 그들은 그 오래된 집들을 헐고 있고, 여기에 새 아파트를 지으려고 한다.
抄 chāo	베끼다, 표절하다	这篇论文不是自己写出来的，而是抄出来的。 이 논문은 스스로 쓴 것이 아니라, 베낀 것이다.
称 chēng	(이름을) 부르다, 무게 달다	人们把这种楼称为写字楼。 사람들은 이러한 건물을 오피스텔이라고 한다.
冲 chōng ⭐빈출문제	(물에) 풀다, 헹구다	你快给孩子冲奶粉吧。 너는 빨리 아이에게 분유를 타줘.
闯 chuǎng	돌진하다	发生火灾以后，他一头闯进去了。 화재가 발생한 이후, 그는 곧장 뛰어 들어갔다.
吹 chuī	(바람을) 쐬다, 불다	这边太闷了，我们出去吹吹风吧。 여기는 너무 답답해, 우리 나가서 바람 좀 쐬자.
催 cuī ⭐빈출문제	재촉하다	今天房东来好几次催了房租。 오늘 집주인이 몇 번이나 와서 집세를 재촉했다.

滴 dī	(물방울이) 똑똑 떨어지다	屋檐下滴答滴答滴着雨水呢。 처마 밑에 빗물이 똑똑 떨어지고 있다.
递 dì ⭐빈출문제	건네다	请把合同递给王总吧。 계약서를 왕 사장에게 건네주세요.
钓 diào	낚시하다	他终于钓到了一条大鱼。 그는 결국 한 마리의 대어를 낚았다.
冻 dòng	얼다	先把这些饺子冻上，过年时再吃吧。 먼저 이 만두들을 얼려놓고, 설을 쇨 때 다시 먹자.
逗 dòu	놀리다	别逗狗了，它会咬你啊！ 개를 놀리지 마, 너를 물 수도 있어!
堆 duī ⭐빈출문제	쌓이다	仓库里堆满了过季的服装。 창고에 철 지난 옷이 가득 쌓여 있다.
蹲 dūn	쪼그리고 앉다	妈妈蹲下安慰孩子呢。 엄마는 쪼그리고 앉아 아이를 위로하고 있다.
躲 duǒ	숨다, 도피하다	孩子躲在房里偷偷哭泣了。 아이는 방에 숨어서 몰래 울었다.
翻 fān ⭐빈출문제	뒤집다	她把手掌翻过来给我看了。 그녀는 손바닥을 뒤집어 나에게 보여주었다.
扶 fú ⭐빈출문제	부축하다	小朋友们扶着那位老人过马路了。 어린 친구들이 그 노인을 부축하여 도로를 건넜다.
盖 gài	짓다, 덮다, 가리다	他在森林里用木头盖上了一套房子。 그는 숲속에 나무로 집 한 채를 지었다.
滚 gǔn ⭐빈출문제	구르다	他从山坡上滚下来了。 그는 산비탈에서 굴러 내려왔다.
喊 hǎn	(사람을) 부르다, 소리지르다	他在大声喊着朋友的名字。 그는 친구의 이름을 큰 소리로 부르고 있다.
挥 huī	휘두르다	他转过身来向我挥手了。 그는 몸을 돌려 나를 향해 손을 흔들었다.
嫁 jià ⭐빈출문제	시집가다	把女儿嫁出去又高兴又舍不得。 딸을 시집보내는 것은 기쁘기도 하고 아쉽기도 하다.

동사	의미	예문
浇 jiāo ★ 빈출문제	물을 주다, (물을) 뿌리다	阳台上的花盆不用再浇水了。 베란다에 있는 화분에 더 이상 물을 줄 필요 없다.
救 jiù	구조하다	幸亏他及时来救我了，否则我差点儿淹死了。 다행히 그가 제때에 와서 나를 구해줬어, 그렇지 않았으면 나는 물에 빠져 죽을 뻔했어.
捐 juān	기부하다, 헌납하다	我向孤儿院捐了1万元。 나는 고아원에 1만 위안을 기부했다.
砍 kǎn ★ 빈출문제	(값을) 깎다, (도끼로) 찍다, 베다	砍价也不能砍到让人埋怨。 사람에게 원망을 들을 만큼 깎을 수는 없다.
拦 lán	가로막다, 저지하다	你要是真的要走的话，我也不会再拦你了。 네가 만약에 정말 가겠다고 하면, 나도 더 이상 너를 막지 않을게.
漏 lòu ★ 빈출문제	새다	下水道漏水了，你赶快跟房东联系吧。 하수도에 물이 새니, 너는 빨리 집주인에게 연락해.
骂 mà	욕하다	孩子今天在学校被老师骂了一顿。 아이가 오늘 학교에서 선생님에게 욕을 얻어먹었다.
摸 mō	쓰다듬다, 만지다	妈妈摸了摸孩子的脸，热得发烫。 엄마가 아이의 얼굴을 쓰다듬었는데 굉장히 뜨거웠다.
拍 pāi	두들겨 치다, 촬영하다	老师拍了拍我的肩说："加油！" 선생님은 나의 어깨를 두들기며 "힘내라!"라고 말했다.
派 pài ★ 빈출문제	파견하다, 보내다	公司要派我去中国处理那件事。 회사는 나를 중국에 파견하여 그 일을 처리하게 할 것이다.
飘 piāo	(바람에) 흩날리다, 나부끼다	天空上纷纷飘着雪花。 하늘에서 눈송이가 끊임없이 흩날리고 있다.
牵 qiān ★ 빈출문제	끌다, 잡아당기다	他牵着我的手要跟自己一起去。 그는 나의 손을 잡아 끌며 자기와 함께 가자고 한다.
欠 qiàn	빚지다	我上次交货款时还欠了多少钱？ 내가 지난번에 물건값을 치를 때 빚진 게 얼마야?
抢 qiǎng ★ 빈출문제	앞을 다투다, 빼앗다	大家都抢着购买那家的东西。 모두들 그 집의 물건들을 앞다투어 구매했다.
瞧 qiáo	보다	我不怕等着瞧。 나는 두고 보자는 것을 두려워하지 않는다.

娶 qǔ	아내를 얻다, 장가가다	此地的小伙子们都想娶这个姑娘。 이곳의 젊은이들은 모두 이 아가씨에게 장가가고 싶어한다.
绕 rào ⭐빈출문제	돌다, 휘감다	月亮绕着地球转。 달은 지구를 에워싸며 돈다.
洒 sǎ ⭐빈출문제	쏟다	他不小心把咖啡洒在笔记本电脑上了。 그는 실수로 커피를 노트북 위에 쏟았다.
杀 shā	죽이다	为招待客人，奶奶杀母鸡做菜了。 손님을 접대하기 위해 할머니는 암탉을 잡아 요리를 만드셨다.
晒 shài ⭐빈출문제	(햇볕이) 내리쬐다	他喜欢躺在沙滩上晒太阳。 그는 모래사장에 누워 햇볕 쬐는 것을 좋아한다.
伸 shēn	내뻗다	他伸手拿过酒瓶去了。 그는 손을 뻗어 술병을 집어 들고 갔다.
升 shēng	상승하다, 오르다	紧张情绪会使血压升高。 긴장감은 혈압을 상승시킬 수 있다.
输 shū	패배하다, 운반하다	他们在比赛中输得很惨。 그들은 시합에서 형편없이 졌다.
摔 shuāi ⭐빈출문제	넘어지다	他摔了一跤，把肌肉扭伤了。 그는 넘어져 근육을 접질렸다.
甩 shuǎi ⭐빈출문제	(연인 관계에서) 차다, 내동댕이치다	他竟然被那个女孩子甩了。 그는 갑자기 그 여자아이에게 차였다.
撕 sī	찢다	他把我的信撕成好几片了。 그는 나의 편지를 여러 조각으로 찢어버렸다.
抬 tái ⭐빈출문제	들어 올리다	他从来不抬头看黑板上的字。 그는 지금까지도 고개를 들어 칠판의 글자를 보지 않는다.
逃 táo	도망치다	现在我们没有地方可逃了。 지금 우리는 도망칠 곳이 없어졌다.
吐 tǔ	말하다, 털어놓다	他给我吐出了一大堆球星的名字。 그는 나에게 수많은 축구 스타의 이름을 쏟아냈다.
脱 tuō	벗다	请脱下外套休息一下吧。 외투를 벗고 좀 쉬세요.

동사	의미	예문
吓 xià ⭐	놀라다, 무서워하다	孩子们吓得浑身发抖。 아이들이 놀라서 온 몸을 떨었다.
歇 xiē ⭐	쉬다	我们在这儿歇会儿吧，我实在走不动了。 우리 여기서 잠깐 쉬고 가자, 나는 정말 걸을 수가 없어.
斜 xié	기울다	请把大葱斜着切。 대파를 기울여서 썰어주세요(어슷썰기 해주세요).
摇 yáo ⭐	흔들다	我家小狗，门铃一响就摇着尾巴去门口那儿。 우리 집의 강아지는 초인종이 울리자마자 꼬리를 흔들며 문쪽으로 간다.
咬 yǎo ⭐	깨물다	我被蚊子咬了，非常痒。 나는 모기에게 물려서 아주 가렵다.
晕 yūn	멀미하다	我晕船，但是忘了吃药。 나는 뱃멀미하는데 약 먹는 것을 잊어버렸다.
涨 zhǎng ⭐	오르다	最近汽油价格又涨了很多。 요즘 휘발유 가격이 또 많이 올랐다.
睁 zhēng	(눈을) 뜨다	他困得睁不开眼睛了。 그는 졸려서 눈을 뜰 수가 없었다.
煮 zhǔ	삶다	我要煮饺子吃，你也吃吗? 나는 만두를 삶아 먹으려고 하는데, 너도 먹을래?
抓 zhuā	잡다	他们抓住机会说出了对这件事情的看法。 그들은 기회를 잡아 이 일에 대한 견해를 말했다.
赚 zhuàn	(돈을) 벌다	他错过了赚一大笔钱的机会。 그는 엄청난 돈을 벌 기회를 놓쳤다.
撞 zhuàng	부딪치다	他不小心把车撞到树上了。 그는 실수로 차를 나무에 들이받았다.
租 zū ⭐	임대하다, 빌리다	我想要租一间写字楼。 나는 오피스텔을 하나 빌리고 싶다.

第1-11题 请选出正确答案。

빈칸에 알맞은 답을 선택하세요.

1-4.

　　钱穆上学时所在学校的老师考试时各有特点。钱穆在回忆时提到给他印象最深的老师是史学大师吕思勉，吕思勉曾是钱穆的历史老师和地理老师。有次考试，吕老师出了4道题，每道题25分，共100分。当钱穆拿到卷子后便开始____1____试题，看到第三题时，他非常兴奋，因为是他平时最感兴趣的问题，也是他研究最多的问题。于是他拿起笔决定先答这个问题。当他写完这个问题时，不料考试时间到了，_____2_____。可是，卷子发下来后，他竟然得了75分。

　　原来吕老师是非常____3____人才的老师。虽然吕老师发现钱穆只答了一道题，但认为钱穆答得非常出色，并且在这道题的后面写了长长的批语，不仅对钱穆的作答给予了高度肯定，还指出了钱穆的不足之处。最后，钱穆仅____4____这一道题就顺利通过了考试。

1 A 归纳　　　　B 浏览　　　　C 概括　　　　D 游览

2 A 他快速地答完了剩下的题　　　B 他准备得很充分
　　C 他反复修改了好几次　　　　　D 他很无奈地交了卷

3 A 强调　　　　B 信任　　　　C 赞美　　　　D 爱惜

4 A 砍　　　　　B 租　　　　　C 凭　　　　　D 绕

5-7.

有一个杂志以"世界上最有成就感的时刻是什么？"为题，开展了有奖征答活动。最后得奖的4个答案____5____是：一位老师得知自己的学生非常感激自己的教导时；一个孩子在海滩上用沙子____6____了一座城堡时；一位作家看到自己的小说成为畅销书时；一位急诊医生成功地挽救了病人的生命时。可见，成就感往往与自己所____7____的工作息息相关。

5 A 一律   B 分别   C 一旦   D 幸亏

6 A 堆   B 摘   C 砍   D 插

7 A 举行   B 从事   C 经营   D 运用

정답 및 해설 » 해설서 p. 67

8-11.

广东湛江有一个红树林国家级自然保护区，该红树林的面积___8___全国红树林总面积的32%，是中国最大的红树林生态系统。

红树林又被称为"海上森林"，这是因为红树是一___9___生长在热带海岸的植物。红树生长的土壤含有很高的盐分，为了生存，它们经历了漫长的进化，逐渐形成了与这种环境相适应的生存___10___。例如为了防止海浪冲击，在被海水淹没时红树就会将叶子和枝干上的呼吸孔完全封闭；另外，他们还能通过分泌液体逼退体内的盐分。

红树拥有如此顽强的生命力，因此在抗御台风、保持水土和保护生物多样性等方面___11___着越来越重要的作用。

8 A 占　　　　　B 数　　　　　C 装　　　　　D 抓

9 A 阵　　　　　B 类　　　　　C 支　　　　　D 组

10 A 形式　　　　B 方案　　　　C 方式　　　　D 行为

11 A 存在　　　　B 创造　　　　C 担任　　　　D 发挥

정답 및 해설 » 해설서 p. 69

5 문장형 문제는 접속사부터 확인!

공략비법 05 5급 주요 접속사 총정리

출제 형식

문장형 문제는 앞뒤 문맥을 파악해서 의미상 알맞은 문장을 고르는 문제이다. 문장형 문제의 빈출 유형은 바로 접속사 활용 문제이다. 평소 짝지어 쓰이는 접속사 어휘들과 그 의미를 잘 암기해 두었다면 문장형 문제 또한 수월하게 해결할 수 있다.

핵심 전략

1 접속사의 유무를 확인하라.

어휘가 아닌 문장으로 보기가 제시되었다면 우선 보기 문장 속에 **접속사가 있는지부터 확인**해야 한다. 보기에 접속사를 포함한 문장이 있을 경우, 빈칸 앞뒤 문장에서 짝지어 쓰이는 접속사를 찾아 연결하고 해석을 통해 확인을 거쳐야 한다.

유형맛보기

沉香树分布于广东、海南、广西等地，是国家二级保护植物。沉香树可以给人们 **1 B 提供**一种叫沉香的产品。沉香不仅是一种世界上少有的珍贵药材，也是稀有的高级香料，其经济**2 A 价值**极高。

沉香树高5至18米，树皮是暗灰色的，生长于低海拔的山地。沉香的形成非常特别，当地人会拿着刀子在沉香树上砍一些伤口，只有这样，**3 C 才能产生沉香**。为什么呢？因为沉香树为了保护受伤的部位，树脂会**4 D 自动**流出来并聚集在伤口周围，在气候变化、温度等条件下，少则十几年多则上百年，树脂会达到一定厚度，这时，人们会将其取下，便是沉香。

1. A 推荐　　　Ⓑ 提供　　　C 配合　　　D 组织

2. Ⓐ 价值　　　B 素质　　　C 秩序　　　D 利息

3. A 树不容易受冻　　　　B 可以免遭虫害
　　Ⓒ 才能产生沉香　　　　D 提高人们的环保意识

4. A 分别　　　B 密切　　　C 偶然　　　Ⓓ 自动

지문 어휘

沉香树 chénxiāngshù
명 침향수, 침향 나무

分布 fēnbù 동 분포하다 ★

广东 Guǎngdōng 지명 광둥(광동)

海南 Hǎinán 지명 하이난(해남)

广西 Guǎngxī 지명 광시(광서)

产品 chǎnpǐn 명 상품, 생산품 ★

少有 shǎoyǒu
형 보기 드물다, 희귀하다

珍贵 zhēnguì 형 진귀하다

药材 yàocái 명 약재

稀有 xīyǒu 형 희소하다, 드물다

高级 gāojí
형 (품질·수준이) 고급의, 높다 ★

香料 xiāngliào 명 향료

树皮 shùpí 명 나무 껍질

灰色 huīsè 명 회색

生长 shēngzhǎng
동 자라다, 성장하다 ★

침향수는 광둥, 하이난, 광시 등지에 분포해 있는 국가 2급 보호 식물이다. 침향수는 사람들에게 일종의 침향이라 불리는 상품을 **1 B 제공할** 수 있다. 침향은 세계적으로 보기 드문 진귀한 약재일 뿐만 아니라 희귀한 고급 향료로 그 경제적 **2 A 가치**가 매우 높다.

침향수의 높이는 5~18미터이며, 나무 껍질은 짙은 회색으로 낮은 해발의 산지에서 자란다. 침향의 형성은 매우 특별하다. 현지인들은 칼로 침향수를 베서 상처들을 내는데, 이렇게 해야만 **3 C 비로소** 침향이 생길 수 있다. 왜 그럴까? 침향수는 상처난 부위를 보호하기 위해 나무 진액이 **4 D 저절로** 흘러 나와 상처 주변에 모이기 때문이다. 기후 변화, 온도 등의 조건 하에서 짧게는 십몇 년 길게는 백 년 이상, 나무 진액이 일정한 두께에 이르면 이때, 사람들이 그것을 떼어낸다. 이것이 바로 침향이다.

1. A 추천하다　　　B 제공하다　　　C 협력하다　　　D 조직하다, 결정하다

2. A 가치　　　B 소질, 소양　　　C 질서, 순서　　　D 이자

3. A 나무가 쉽게 얼지 않는다　　　B 충해를 모면할 수 있다
　　 C 비로소 침향이 생긴다　　　D 사람들의 환경보호의식을 높인다

4. A 각각, 따로따로　　　B 밀접하다　　　C 이따금　　　D 저절로, 자연스레

정답 　1. B　　2. A　　3. C　　4. D

 해설

1. 주어는 沉香树(침향수)이고, 产品(상품)이 목적어이다. 보기 가운데 주어, 목적어와 가장 잘 어울리는 동사는 B 提供(제공하다)이다. A 推荐(추천하다)의 주어는 사람 혹은 사람이 속한 기관, 단체, 모임이어야 하고, D 组织(조직하다)는 活动(행사), 旅游(여행) 등과 호응해 쓰인다.

2. 빈칸 앞의 经济(경제)와 함께 호응해 쓰일 어휘는 A 价值(가치)이다. 经济(경제)만 보고 정답을 D 利息(이자)로 고르지 않도록 주의한다.

3. 접속사 只有(~해야만 ~이다)와 어울려 쓰이는 어휘는 부사 才로 [只有~ 才 ~(~해야만 비로소 ~이다)]의 형태로 함께 쓰인다. 보기 가운데 부사 才를 포함한 보기는 C뿐이다.

접속사		부사
要是(만약 ~라면)	~	那么(그러면) 혹은 就(바로)
既然(기왕 ~된 바에야)	~	就(바로)
只有(~해야만)	~	才(비로소)

4. 침향수가 상처난 부위를 보호하기 위해 나무 진액을 어떻게 하는지 유추해야 하는 문제로 문맥상 D 自动(저절로, 자연스레)이 정답이다. A 分别(각각, 따로따로)는 2개 이상의 대상이 서로 다르게 동작을 하는 상황을 설명하고, B 密切(밀접하다)는 关系(관계)와 함께 자주 쓰이며, C 偶然(이따금)은 시간상 드물게 발생하는 것을 설명한다.

海拔 hǎibá 명 해발

山地 shāndì 명 산지

形成 xíngchéng 동 형성되다 ★

刀子 dāozi 명 칼

砍 kǎn 동 베다 ★

伤口 shāngkǒu 명 상처

产生 chǎnshēng 동 생기다 ★

受伤 shòu shāng
동 부상을 당하다, 다치다 ★

部位 bùwèi 명 부위

树脂 shùzhī 명 나무 진액

聚集 jùjí 동 모으다

周围 zhōuwéi 명 주변, 주위

条件 tiáojiàn 명 조건

达到 dá dào 동 (추상적인 사물이나 어떤 정도에) 이르다. 도달하다 ★

厚度 hòudù 명 두께

将 jiāng 전 ~을/를

其 qí 대 그것, 그

取 qǔ 동 취하다

便 biàn 부 바로 ★

보기 어휘

推荐 tuījiàn 동 추천하다 ★

提供 tígōng 동 제공하다 ★

配合 pèihé 동 협력하다 ★

组织 zǔzhī 동 조직하다. 결성하다 ★

价值 jiàzhí 명 가치 ★

素质 sùzhì 명 소질, 소양

秩序 zhìxù 명 질서, 순서 ★

利息 lìxī 명 이자 ★

受冻 shòu dòng 동 얼다

虫害 chónghài 명 충해

免遭 miǎnzāo 동 모면하다, 받지 않다

分别 fēnbié 부 각각, 따로따로 ★

密切 mìqiè 형 밀접하다 ★

偶然 ǒurán 부 이따금 ★

自动 zìdòng 형 저절로, 자연스레 ★

阅读

실전

주요 접속사 **어휘** 내공 쌓기

라오쓰의 **킥!!**

5급 주요 접속사와 활용 표현을 알아보자.

점층 관계

不但~ 不仅(仅)~ 不只~ 不光~ 不单~	而且 / 并且 + 주어 (+ 还 / 也) 还 / 也 + ~	~뿐만 아니라, 게다가 ~ ~뿐만 아니라, 또 / ~도

1. 在这个学期中，我不但要完成学校的毕业论文，而且还要参加HSK六级考试。

   이번 학기 중에, 나는 학교의 졸업논문을 완성해야 할 뿐만 아니라, 게다가 HSK 6급 시험도 봐야 한다.

2. 这家公司不仅仅做农业出口贸易，还给农民提供农业技术培训的机会。

   이 회사는 농업 수출 무역을 할 뿐만 아니라, 또한 농민들에게 농업 기술 훈련의 기회를 제공해 준다.

3. 这家旅行社不光有去欧洲旅行的活动，还有去美洲的活动。

   이 여행사는 유럽 여행 이벤트가 있을 뿐만 아니라, 미주에 가는 이벤트도 있다.

 农业出口贸易 nóngyè chūkǒu màoyì 명 농업 수출 무역　　**提供** tígōng 동 제공하다
技术培训 jìshù péixùn 명 기술 훈련　　**旅行社** lǚxíngshè 명 여행사
欧洲 Ōuzhōu 지명 유럽 ☆　　**美洲** Měizhōu 지명 미주

不但 不仅(仅) 不只 不光 不单	反倒 / 反而 / 倒(부사)	~ 뿐만 아니라, 오히려 ~

1. 他不仅仅没有及时去处理，反倒关注于自己的事情。

그는 제때 처리하러 가지 못했을 뿐만 아니라, 오히려 자신의 일에만 관심을 기울였다.

2. 现在的青少年不但不努力学习，反而每天沉迷于电脑游戏。

현재의 청소년은 열심히 공부하지 않을 뿐만 아니라, 오히려 매일 컴퓨터 게임에 깊이 빠져있다.

어휘 处理 chǔlǐ 동 처리하다 ★   反倒 fǎndào 접 반대로   关注 guānzhù 동 주시하다

青少年 qīngshàonián 명 청소년 ★   反而 fǎn'ér 접 반대로 ★   沉迷于 chénmíyú 동 ~에 깊이 빠지다

인과 관계

因为~ 所以~	~ 때문에, 그래서 ~
由于~ 所以~ ~ 因而 (yīn'ér)~ ~ 因此 (yīncǐ)~	~ 때문에, 그래서 ~
之所以~ 是因为~	~인 것은, ~때문이다

> 미나 쌤의 꿀 Tip!
> 因为 뒤에는 因而, 因此가 올 수 없다.

> 미나 쌤의 꿀 Tip!
> [之所以~ 是因为~]는 원인과 결과의 위치가 서로 바뀐 구문이다. 是는 생략할 수 있으나, 之는 생략할 수 없다.

1. 因为这间屋子很长时间没有人住，所以桌子上落满了灰尘。

이 방은 아주 오랜 시간 동안 사람이 살지 않았기 때문에, 그래서 탁자 위에는 먼지가 가득하다.

2. 由于父母长期在外工作，因而他承担起了照顾妹妹的责任。

부모님께서 장기간 해외에서 일하기 때문에, 그래서 그가 여동생을 돌볼 책임을 지게 되었다.

3. 他之所以每天去做兼职，是因为想体验生活。

그가 매일 아르바이트를 하는 것은, 삶을 체험하고 싶기 때문이다.

2

既然 (jìrán)~ 那么 + 주어 + 就(便)~	이미 / 기왕 ~한 바에야,
就(便) + 주어~	그렇다면 ~

미나 쌤의 꿀 Tip!

既然 뒤에는 대개 이미 발생한 사건이 오고, 那么就나 就 뒤에는 아직 발생하지 않은 사건이 온다.

1. 既然为了健康开始健身，那么就要注意饮食结构。

   기왕 건강을 위해서 헬스를 시작했으니, 그렇다면 식습관에 신경써야 한다.

2. 既然这次考试没有及格，就从现在起开始好好学习吧。

   이미 이번 시험에 떨어졌으니, 그렇다면 지금부터 열심히 공부를 시작해 봐.

3

~ 从而 (cóng'ér)	따라서, 그리하여, 이로 인해
~ 于是 (yúshì)	

1. 他刻苦学习，从而克服了学业上的困难。

   그는 열심히 공부함으로써 학업상의 어려움을 극복하였다.

2. 为了完成梦想，于是他去美国留学了。

   꿈을 이루기 위해서 그는 미국으로 유학갔다.

如果 ~ (的话)		
要是 ~ (的话)		
假如 (jiǎrú)	那么~ (就 / 便 / 则 (zé))	만약 ~라면, 그러면 ~
假使 (jiǎshǐ)	就 / 便 / 则 (zé) ~	만약 ~라면, 바로 ~
万一 (wànyī)		

미나 쌤의 꿀 Tip!
가정에 따라서 결과가 변한다.

1. 要是想实现梦想的话，那么从现在开始就要一步一个脚印地去努力。

만약 꿈을 실현하고 싶다면, 그렇다면 지금부터 바로 한 걸음 한 걸음씩 노력해야 한다.

2. 假使这次行动失败，我们便要吸取经验，为以后着想。

만약에 이번 행동이 실패한다면, 우리는 바로 경험으로 받아들이고 나중을 위해 생각해야 한다.

3. 假如明天下雨，那么我们就取消原计划。

만약에 내일 비가 온다면, 그러면 우리 바로 원래 계획을 취소하자.

어휘 **实现** shíxiàn 통 실현하다 ☆   **一步** yíbù 명 한 걸음   **脚印** jiǎoyìn 명 발자국
行动 xíngdòng 명 행동 ☆   **失败** shībài 통 실패하다   **吸取** xīqǔ 통 받아들이다, 흡수하다 ☆
着想 zhuóxiǎng 통 생각하다, 염두에 두다   **取消** qǔxiāo 통 취소하다 ☆

即使 (jíshǐ)~		
即便 (jíbiàn)~		
就是 ~	(주어) + 也 / 都	설령 ~(이)라 해도
就算 (jiùsuàn)~		
哪怕 (nǎpà)~		

미나 쌤의 꿀 Tip!
어떤 가정에도 결과는 변하지 않음을 나타낸다.

1. 即使成绩落后，也不要自暴自弃。

설령 성적이 떨어지더라도, 자포자기 하지 말아라.

2. 哪怕方案失败了，都不要放弃，我还可以帮助你。

설령 계획을 실패하더라도, 포기하지 마, 내가 너를 도울 수 있어.

어휘 **成绩** chéngjì 명 성적   **落后** luò hòu 형 떨어지다, 뒤처지다 ☆   **自暴自弃** zìbàozìqì 성 자포자기
方案 fāng'àn 명 계획, 방안 ☆   **放弃** fàngqì 통 포기하다

只有~ 才~	~해야만, 비로소 ~하다
除非 (chúfēi)~ 否则 (fǒuzé)~	반드시 ~해야만, 그렇지 않으면~
只要~ 就~	~하기만 하면, 곧 ~

— 미나 쌤의 꿀 Tip!

只有~ 才~: 유일한 조건 강조
只要~ 就~: 결과 강조

1. 只有**认真努力做事，**才**能得到回报。**

열심히 노력하여 일을 해야만, 비로소 보답을 받을 수 있다.

2. 只要**汇率合适，我**就**马上换钱。**

환율이 적합하면, 나는 곧 바로 환전하겠습니다.

어휘 **回报** huíbào 동 보답하다   **汇率** huìlǜ 명 환율 ★   **合适** héshì 형 적당하다, 상황에 맞다   **换钱** huàn qián 동 환전하다

2

| 不管 (bùguǎn) 不论 (búlùn) + 의문 / 병렬 无论 (wúlùn) | 都 / 也 | ~을 막론하고, ~에 상관없이 |

1. 不管**你怎么说，我今天**都**会去俱乐部的。**
　　　　　의문형

네가 어떻게 말하든 상관없이, 나는 오늘 동아리에 갈 것이다.

— 미나 쌤의 꿀 Tip!

不管 뒤에는 의문형 혹은 병렬형의 문장이 온다.

2. 不论**被大公司录取有多么难，我**也**要去试试。**
　　　　多么 + 형용사

대기업에 채용되는 것이 얼마나 어렵든 간에 나는 한번 해 볼 것이다.

— 미나 쌤의 꿀 Tip!

의문형에는 정반의문문이나 선택의문문(还是)이 올 경우가 많고, 의문대명사를 활용한 의문문은 [多么+형용사] 형태로 자주 나온다.

3. 不管**是约会还是应聘，很多人**都**会精心打扮。**
　　　　선택의문문

데이트이든 면접이든 상관없이 많은 사람들이 정성껏 꾸밀 것이다.

어휘 **俱乐部** jùlèbù 명 동아리, 클럽 ★   **录取** lùqǔ 동 채용하다 ★   **约会** yuēhuì 명 데이트, 약속   **应聘** yìngpìn 동 (회사에) 지원하다   **精心** jīngxīn 형 정성을 들이다

虽然 (suīrán)~, 尽管 (jǐnguǎn)~,	但是 / 可是 然而 (rán'ér) + 却 (què)~ 不过 / 就是 / 只是	비록 ~지만, 그러나 ~

1. 这个项目虽然利润很高，但是风险很大。

   이 프로젝트는 비록 이윤은 아주 높지만, 그러나 위험이 크다.

2. 名胜古迹虽然值得去观赏，不过游客太多也会导致古迹受到破坏。

   명승고적은 비록 구경할 만한 가치가 있지만, 그러나 관광객이 너무 많아 고적이 훼손될 수도 있다.

3. 尽管你是一位能干的人才，可是不懂得团队合作的话，却会降低你们组的工作效率。

   비록 너는 유능한 인재이기는 하지만, 그러나 팀워크를 모른다면, 너희 팀의 업무 효율을 떨어뜨릴 수 있다.

어휘
项目 xiàngmù 명 프로젝트 ☆
名胜古迹 míngshèng gǔjì 명 명승고적 ☆
导致 dǎozhì 동 야기하다, 초래하다 ☆
人才 réncái 명 인재 ☆
合作 hézuò 동 합작하다, 협력하다 ☆
组 zǔ 명 팀, 조 ☆

利润 lìrùn 명 이윤 ☆
观赏 guānshǎng 동 감상하다
破坏 pòhuài 동 훼손시키다, 파괴하다 ☆
团队 tuánduì 명 단체
降低 jiàngdī 동 떨어지다, 내려가다
效率 xiàolǜ 명 효율, 능률 ☆

风险 fēngxiǎn 명 위험 ☆
游客 yóukè 명 여행객
能干 nénggàn 형 유능하다 ☆

阅读

개설

第1-11题 请选出正确答案。

빈칸에 알맞은 답을 선택하세요.

1-4.

　　大部分人都认为，随着年龄的增长，人们的记忆力就会下降，其实不然。国际语言学会＿＿＿**1**＿＿＿对9至18岁的青少年学习外语的情况和35岁以上的成年人学习外语的情况进行了比较，结果发现青少年的记忆能力＿＿＿**2**＿＿＿成年人的好。这是因为成年人的知识和经验比较丰富，这样比较容易在已有的知识和经验的基础上，建立＿＿＿**3**＿＿＿的联系。这种联系就是"联想"，联想是记忆的基础，人的知识与经验越丰富，＿＿＿＿＿＿＿＿**4**＿＿＿＿＿＿＿＿，记忆力就会提高。

1　A 至今　　　　B 深刻　　　　C 临时　　　　D 曾经

2　A 体现　　　　B 不如　　　　C 具备　　　　D 等于

3　A 平等　　　　B 高档　　　　C 广泛　　　　D 温柔

4　A 就越容易建立联想　　　　　B 越需要努力积累

　　　C 对待人生会很乐观　　　　　D 充分发挥想象力

정답 및 해설 ≫ 해설서 p. 70

5-8.

赵元任是中国现代语言学的先驱，被誉为"中国现代语言学之父"。_____5_____，还精通中国30多个地方的方言。

赵元任从小就有语言天赋。他五六岁时就跟保姆和家庭教师学会了保定话和常州话。后来又从亲戚那儿学会了常熟话、福州话。赵元任15岁时在南京江南高等学堂学习，在那里他又学会了南京话。

赵元任学习语言的速度非常快，有一个非常___6___的例子可以说明这一点。1920年，英国哲学家罗素到中国各地进行演讲，赵元任担任翻译。赵元任在陪同罗素去长沙的途中学会了湖南长沙话，等到了长沙，就已经能用当地话进行翻译了。

由于赵元任每到一个地方，都能用那儿的方言讲话，___7___每个地方的人都以为他是本地人。此外，他还___8___用方言表演过口技——"全国旅行"，即在一个节目中用各地方言介绍当地的名胜古迹和土货特产，就好像带着观众走遍了大半个中国。

5 A 他不但掌握了多门外语   B 与其说他是语言学家

     C 即使他懂得多个国家的语言   D 无论哪一种语言

6 A 繁荣   B 单调   C 经典   D 宝贵

7 A 因此   B 假如   C 宁可   D 哪怕

8 A 连忙   B 曾经   C 迟早   D 逐渐

정답 및 해설 ≫ 해설서 p. 72

9-11.

众所周知电子书给人们的生活带来了很多便利，但与此同时给出版社带来了巨大的危机和压力。传统出版商为了和电子书竞争，___9___ 提升纸质书的整体质量。在出版图书以前，每一项都得力求做到完美，比如选择内容要做到吸引人，价格定位要考虑周全，书本设计要精致，这就___10___图书制作的整体水平提高了，从而市面上出现了很多制作精美、权威性高、兼具收藏价值和学术价值的图书。

因此，一位非常有资历的业内人士指出，电子书的出现对于纸质书来说 _____11_____，也是向前发展的动力。

9　A 继续　　　　　B 过分　　　　　C 不断　　　　　D 一旦

10　A 促使　　　　　B 利用　　　　　C 确定　　　　　D 扩大

11　A 既是生存压力　　　　　B 虽然是有利的

　　C 既然有一定的困难　　　　　D 假使最终会被取代

정답 및 해설 ≫ 해설서 p. 74

阅读

2

제2부분

본문 내용과 일치하는 보기 고르기

6 맞는 말이라고 다 맞는 말이 아니다!

공략비법 06 　논설문 문제

7 거꾸로 보는 것이 더 빠르다!

공략비법 07 　설명문 문제

8 개방적 사고가 문제 풀이의 핵심이다!

공략비법 08 　동의 표현 문제

9 과감하게 버리자!

공략비법 09 　해석이 필요 없는 부분 완전 정복

阅读
2
제2부분
본문 내용과 일치하는 보기 고르기

문제 형식

독해 제2부분은 비교적 짧은 단문을 읽고 본문의 내용과 일치하는 항목을 보기 A, B, C, D에서 선택하는 유형으로 한 지문에 1 문제씩 총 10문제(61번~70번)가 출제된다.

출제 경향 1

★ **독해 제2부분에서의 승산은 대조 능력이다.**

보기와 단문 내용을 빠르고 정확하게 대조하여 일치하는 보기를 정답으로 선택하는지를 묻는 문제가 가장 많이 출제되며, 주제 분석과 구조 및 호응 파악 문제가 그 뒤를 잇는다.

출제 비율

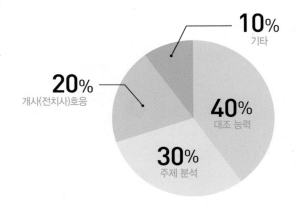

10% 기타
20% 개사(전치사)호응
40% 대조 능력
30% 주제 분석

출제 경향 2

★ **설명문이 가장 많이 출제된다.**

중국과 관련된 역사, 인물, 지역, 사회 등을 다룬 지문이 매회 4~5문제로 가장 많이 출제되며, 일반상식, 속담 또는 성어와 관련된 지문도 매회 1~2문제씩 꾸준히 출제된다.

출제 비율

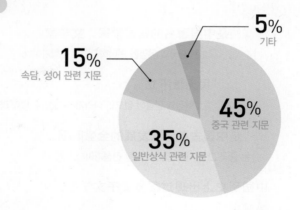

5%
기타

15%
속담, 성어 관련 지문

45%
중국 관련 지문

35%
일반상식 관련 지문

중국 관련 지문

도시 및 지역

· 南京云锦是中国传统的丝织工艺品。

난징위진은 중국 전통의 실크 공예품이다.

· 快1124次列车连接着处于中国最北端和最南端的两个省会城市—哈尔滨和海口。

1124호 쾌속 열차는 중국 최북단과 최남단에 위치한 두 개의 성도인 하얼빈과 하이커우를 연결하고 있다.

· 洱海因形似人耳，风浪大如海而得名，是云南省第二大淡水湖。

얼하이는 사람의 귀처럼 생겼고, 풍랑이 바다처럼 거세다고 하여 붙여진 이름이며, 윈난성에서 두 번째로 큰 담수호(민물 호수)이다.

· 平湖秋月景区是杭州西湖十景之一。

핑후츄웨(가을 달맞이) 관광지는 항저우 시후(서호)의 10대 경관 중 하나이다.

· 吉林市是中国唯一一个与省重名的城市。

지린시는 중국에서 유일하게 성과 이름이 같은 도시이다.

传统 chuántǒng 몡 전통 ⭐ | 丝织 sīzhī 몡 실크 | 连接 liánjiē 통 연결하다, 잇다

风浪 fēnglàng 몡 풍랑 | 得名 dé míng 통 이름을 얻다, 명칭을 얻다

重名 chóng míng 통 이름이 같다, 동명이다

- 周有光是中国著名的语言学家、文学家。

  저우유광(주유광)은 중국의 유명한 언어학자이자 문학가이다.

- 孔子说："民无信不立"。

  공자가 말하기를: '백성의 믿음이 없으면 나라가 존재할 수 없다'라고 했다.

- 唐代是中国古典诗歌发展的全盛时期。

  당대는 중국 고전 시가 발전의 가장 전성기이다.

- 中国历史上出现过很多父子文学家，宋代的苏洵与其儿子苏轼、苏辙就是其中的杰出代表。

  중국 역사상 부자(父子) 문학가가 많이 나왔는데, 송대의 쑤쉰(소순)과 그의 아들 쑤스(소식), 쑤저(소철)이 바로 그중 가장 뛰어난 대표이다.

- 在古代，汉语没有标点符号，文章读起来很吃力。

  고대에는 중국어에 문장 부호가 없어서 문장을 읽을 때 힘들었다.

- "留白"是中国传统艺术的重要表现手法之一。

  '류바이'는 중국 전통 예술의 중요한 표현 기법 중 하나이다.

- 中国主要有四大菜系，即川菜、鲁菜、淮菜和粤菜。

  중국의 주요 4대 요리가 있는데, 바로 쓰촨 요리, 산둥 요리, 상하이 요리, 광둥 요리이다.

- 二胡发出的乐音有着丰富的表现力。

  얼후(이호)가 내는 음악 소리는 풍부한 표현력이 있다.

- 在中国传统服饰中，荷包是必不可少的。

  중국 전통 의복과 장신구 가운데, 호주머니는 없어서는 안 될 물건이다.

全盛 quánshèng 형 매우 흥성하다 ㅣ 标点 biāodiǎn 명 문장 부호 ★

符号 fúhào 명 부호, 기호, 표기 ㅣ 吃力 chīlì 형 힘들다 ㅣ 手法 shǒufǎ 명 기법, 솜씨

发出 fāchū 동 소리를 내다 ㅣ 表现力 biǎoxiànlì 명 표현력 ㅣ 荷包 hébāo 명 호주머니, 쌈지

必不可少 bìbùkěshǎo 성 없어서는 안 되다, 결코 빠트릴 수 없다

자연

- 迎春花，因其开花最早。
  개나리꽃은 개화가 가장 이르다.

- 蜻蜓的眼睛又大又鼓，非常奇特。
  잠자리의 눈은 크고 불룩하며, 매우 특이하다.

- 蜂鸟，因拍打翅膀时发出嗡嗡声而得名。
  벌새는 날개를 퍼덕일 때, 윙윙거리는 소리가 난다고 하여 붙여진 이름이다.

- 清洁鱼，是一种生活在海洋里的鲜艳夺目的小鱼。
  닥터피쉬는 바다에 사는 화려하며 눈부신 작은 물고기이다.

- 蝴蝶的翅膀就像飞机的两翼。
  나비의 날개는 비행기의 양 날개와 같다.

迎春花 yíngchūnhuā 명 개나리 | 开花 kāi huā 동 꽃이 피다 | 蜻蜓 qīngtíng 명 잠자리
鼓 gǔ 형 불룩하다, 봉긋하다 | 奇特 qítè 형 독특하다, 이상하다 | 蜂鸟 fēngniǎo 명 벌새
拍打 pāidǎ 동 퍼덕이다 | 翅膀 chìbǎng 명 날개 ★ | 嗡嗡 wēngwēng 의성 윙윙
清洁鱼 qīngjiéyú 명 닥터피쉬 | 鲜艳 xiānyàn 형 화려하다 ★ | 夺目 duómù 형 눈부시다
蝴蝶 húdié 명 나비 ★ | 翼 yì 명 날개, 깃

사회

- 西红柿中含有94%左右的水分。
  토마토는 94% 정도의 수분을 함유하고 있다.

- 自行车发明至今，已有一百多年的历史。
  자전거의 발명은, 지금까지 100여 년의 역사를 가지고 있다.

- 股票逐渐成为人们投资的一种重要方式。
  주식은 점점 사람들에게 투자(재테크)의 중요한 방식이 되고 있다.

- 沙尘天气并非一无是处，它也有有益的一面。
  황사 날씨는 장점이 하나도 없는 게 아니다, 그것도 유익한 면이 있다.

- 滑冰运动有悠久的历史。
  스케이팅은 유구한 역사를 가지고 있다.

含 hán 동 함유하다 ㅣ 水分 shuǐfèn 명 수분 ㅣ 发明 fāmíng 동 발명하다 ★

股票 gǔpiào 명 주식 ★ ㅣ 逐渐 zhújiàn 부 점점, 점차 ★ ㅣ 投资 tóuzī 동 투자하다 ★

沙尘 shāchén 명 황사, 먼지 ㅣ 并非 bìngfēi 동 결코 ~하지 않다

一无是处 yìwúshìchù 성 장점이라고는 하나도 없다, 하나도 옳은 게 없다

有益 yǒuyì 동 유익하다, 도움이 되다 ㅣ 滑冰 huá bīng 명 스케이트 ㅣ 悠久 yōujiǔ 형 유구하다 ★

속담 및 격언

· 俗话说 "黄山四季皆胜景，唯有腊冬景更佳"。
속담에 '황산의 사계절은 모두 절경이나, 유독 섣달 겨울의 경치가 더욱 아름답다'라는 말이 있다.

· 有句话叫 "师傅领进门，修行靠个人"。
옛말에 '스승은 입문하도록 인도만 해 주고, 수행은 각자의 몫이다'라는 말이 있다.

· 俗话 "三分钟热度" 是指一个人看过喜欢的人或事物只能保持期有限的、短暂的热情。
속담 '3분간의 열정'은 개인이 좋아하는 사람이나 사물을 볼 때 지속 기간은 한계가 있고, 잠깐의 열정만 있을 뿐임을 의미한다.

· 中国有句古话叫 "学而不思则罔，思而不学则殆"。
중국에는 '배우기만 하고 생각하지 않으면 얻어지는 것이 없고, 생각만 하고 배우지 않으면 위태롭다'라는 옛말이 있다.

· 人们常说 "艺多不压身"，意思是人掌握的本领越多越好。
사람들은 흔히 '재주가 짐이 되는 법이 없다'라고 말하는데, 이는 사람이 장악할 수 있는 재능이 많으면 많을수록 좋다는 의미이다.

皆 jiē 부 모두, 전부 ㅣ 胜景 shèngjǐng 명 절경, 아름다운 풍경 ㅣ 腊 là 명 섣달, 음력 12월

保持期 bǎochíqī 명 지속 기간, 유지 기간 ㅣ 有限 yǒuxiàn 형 한계가 있다 ㅣ 短暂 duǎnzàn 형 (시간이) 짧다

掌握 zhǎngwò 동 장악하다, 숙달하다 ★ ㅣ 本领 běnlǐng 명 재능, 능력 ★

문제는 이렇게 풀어라!

Step 1 ★단문의 첫 문장부터 읽어라.

우선 단문의 첫 문장을 읽고 문장의 유형을 파악해야 한다. 설명문일 경우, 보기와 단문을 대조해가며 풀어야 하고 논설문일 경우, 단문의 주제를 묻는 문제로 단문의 처음과 끝에 정답이 있을 확률이 높다. **단문의 유형에 따라 문제 풀이 전략이 달라지므로 단문의 유형을 먼저 파악하자.**

Step 2 ★어려운 내용일수록 보기부터 읽자.

보기를 먼저 읽어 단문과 일치하는 표현이나 어휘가 있는지 대조해 나가는 것이 가장 좋은 방법이다. 도덕적이거나 합리적인 보기가 무조건 정답이라는 개인적인 주관을 넣어 문제를 풀지 않아야 한다. **단문에서 말하고자 하는 내용과 일치하는 내용을 찾는 문제임을 잊지 말자!**

Step 3 ★**유형에 따라 맞는 전략을 써라!**

단문에 맞는 유형으로 문제를 공략해야 한다.

★논설문 – 단문의 처음과 끝을 주목해 정답 찾기

★설명문 – 보기와 단문을 대조해 보기를 소거해 정답 찾기

이야기 – 주로 글의 교훈이나 주제를 물으므로 이야기의 끝 부분을 주목해 정답 찾기

전략 외에도 명심할 것은 우리가 모르는 어휘도 출제될 수 있다는 것이다. **모든 지문의 어휘를 해석하려 하지 말고, 고급 어휘는 스킵해가며 전체적인 내용을 파악하는 전략이 필요하다.**

DAY **10** 공략비법 06
공략비법 07

DAY **11** 공략비법 08
공략비법 09

DAY 20

출제 비율

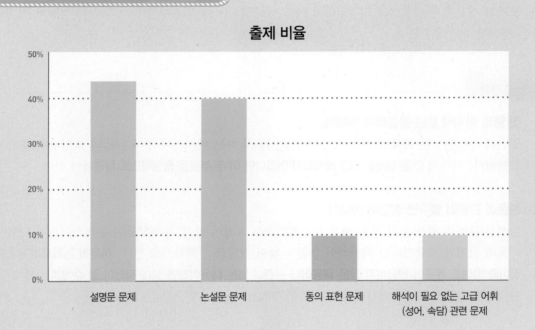

중요도 ★★ 난이도 ★★★★

독해 제2부분에서 가장 출제 비중이 높은 문제는 설명문 유형이다. 단문 내용과 보기를 정확하게 대조하여 빠르게 일치하는 보기를 찾는 유형으로 난이도가 높다.

6 맞는 말이라고 다 맞는 말이 아니다!

공략
비법 **06 논설문 문제**

출제 형식

독해 2부분에는 작가의 생각을 논리적으로 설명하는 논설문 문제가 출제되며, 글의 주제를 정확히 파악하고 있는지를 묻는 문제가 주를 이룬다. 논설문 문제의 경우, 단문의 내용과 관계없이 보기 또한 매우 논리적이라는 특징을 갖는다. 시간이 부족한 수험생의 경우, 가장 그럴싸한 보기를 선택하는 경우가 많다. 보기의 내용이 논리적이고 도덕적이라 해도 단문의 내용과 일치하지 않으면 절대 정답이 될 수 없다는 사실에 주의해야 한다.

핵심 전략

1 **첫 줄과 마지막 줄은 꼼꼼하게 읽어라.**

일반적으로 논설문 문제의 경우 작가가 전달하고자 하는 메시지나 주제는 글의 도입부나 후반부에 출현한다. 따라서 단문 전체를 읽고 해석하기 어렵다면 이 두 부분을 중점적으로 확인해야 한다.

2 **본문과 관련이 없다면 정답이 아니다.**

논설문 문제의 경우 보기 또한 매우 논리적이라는 특징이 있어, 수험생들이 논리적이거나 도덕적인 내용의 보기가 정답이라는 개인적인 주관을 넣어 정답을 선택하기도 한다. 아무리 논리적이거나 도덕적이라 하여도 본문에 언급하지 않은 내용이나 관련이 없는 내용이라면 절대 정답이 될 수 없다. 꼭 기억하자! 어떤 문제도 우리의 개인적인 생각을 묻지 않는다!

유형맛보기 1

　　生命在于运动，有规律的适量运动可以给健康带来极大的好处。运动可以增加心肺功能，从而加速血液循环。运动还有助于消除紧张和压力。在众多运动方式中，走路是最简单的运动之一。因为它不受场地和运动设备的限制，只要你准备一双鞋和一套运动服，每天走30分钟，就一整天都可以精力充沛。

A 锻炼方式不应该过于单一
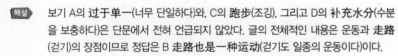
Ⓑ 走路也是一种运动
C 跑步是最佳的运动方式
D 运动后要及时补充水分

　　생명은 운동에 달려 있다. 규칙적이며 적당한 운동은 건강에 매우 큰 장점이 된다. 운동은 심폐 기능을 증가시켜 혈액순환을 가속화시킨다. 운동은 또한 긴장과 스트레스를 없애는 데에 도움이 된다. 많은 운동 방법 중에 걷기는 가장 간단한 운동 중 하나이다. 장소와 운동 시설의 제한을 받지 않기 때문에 신발 한 켤레와 운동복 한 벌을 준비해 매일 30분씩 걷는 것만으로도 온종일 에너지가 넘칠 것이다.

A 운동하는 방식이 너무 단일해서는 안 된다
B 걷기도 일종의 운동이다
C 뛰는 것은 가장 훌륭한 운동 방식이다
D 운동 후에는 즉시 수분을 보충해야 한다

정답　B

해설　보기 A의 **过于单一**(너무 단일하다)와, C의 **跑步**(조깅), 그리고 D의 **补充水分**(수분을 보충하다)은 단문에서 전혀 언급되지 않았다. 글의 전체적인 내용은 운동과 **走路**(걷기)의 장점이므로 정답은 B **走路也是一种运动**(걷기도 일종의 운동이다)이다.

지문 어휘

在于 zàiyú 〔동〕 ～에 있다

规律 guīlǜ 〔명〕 규칙 ⭐

适量 shìliàng 〔형〕 적당량이다

增加 zēngjiā 〔동〕 증가하다

心肺功能 xīnfèi gōngnéng
〔명〕 심폐 기능

从而 cóng'ér 〔접〕 따라서 ⭐

加速 jiāsù 〔동〕 가속하다

血液循环 xuèyè xúnhuán
〔명〕 혈액 순환

有助于 yǒuzhùyú
〔동〕 ～에 도움이 되다

消除 xiāochú 〔동〕 없애다

压力 yālì 〔명〕 스트레스, 압력

众多 zhòngduō 〔형〕 매우 많다

场地 chǎngdì 〔명〕 장소

设备 shèbèi 〔명〕 시설, 설비 ⭐

限制 xiànzhì 〔명〕 제한 〔동〕 제한하다 ⭐

精力 jīnglì 〔명〕 (사람의) 에너지 ⭐

充沛 chōngpèi
〔형〕 철철 넘치다, 왕성하다

보기 어휘

过于 guòyú 〔부〕 너무, 지나치게

单一 dānyī 〔형〕 단일하다

最佳 zuìjiā 〔형〕 가장 훌륭한

补充 bǔchōng 〔동〕 보충하다 ⭐

水分 shuǐfèn 〔명〕 수분

阅读

독해

　　大部分家长都很难做到在孩子经历挫折之后给予他们鼓励和信任。其实鼓励和信任是孩子们最需要从父母那里得到的东西，家长们往往都忽略了。孩子在竞争中失败是非常正常的一件事，只要父母看到孩子的努力，就应称赞孩子，这样他们便会更有信心，勇敢地面对新的挑战，争取下一次的成功。

A 家庭教育比学校教育更重要

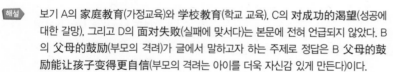

B 父母的鼓励能让孩子变得更自信

C 孩子对成功的渴望不强烈

D 应该让孩子学会独立去面对失败

대부분의 학부모들은 아이가 좌절을 겪은 후에 그들에게 격려와 신뢰를 주는 것을 매우 어려워한다. 사실 격려와 신뢰는 아이들이 부모로부터 받아야 할 가장 필요한 것이지만, 학부모들은 흔히 소홀히 한다. 아이들이 경쟁에서 실패하는 것은 매우 정상적인 일이다. 부모가 아이의 노력을 발견하면, 아이를 칭찬해야 한다. 그러면 그들은 더욱 자신감을 가지고 새로운 도전에 용감하게 맞서 다음 번의 성공을 쟁취할 것이다.

A 가정교육은 학교 교육보다 더 중요하다

B 부모의 격려는 아이를 더욱 자신감 있게 만든다

C 아이의 성공에 대한 갈망은 강하지 않다

D 아이가 독립적으로 실패에 맞서는 것을 배우게 해야 한다

지문 어휘

家长 jiāzhǎng 🅝 학부모, 가장

经历 jīnglì 🅓 겪다, 경험하다

挫折 cuòzhé 🅝 좌절

给予 jǐyǔ 🅓 주다, 부여하다

鼓励 gǔlì 🅓 격려하다

信任 xìnrèn 🅓 신뢰하다, 신임하다, 믿고 맡기다 ⭐

往往 wǎngwǎng 🅟 흔히, 종종

忽略 hūlüè 🅓 소홀히 하다, 등한시하다

竞争 jìngzhēng 🅓 경쟁하다

失败 shībài 🅓 실패하다

称赞 chēngzàn 🅓 칭찬하다 ⭐

信心 xìnxīn 🅝 자신감

勇敢 yǒnggǎn 🅗 용감하다

挑战 tiǎozhàn 🅝 도전 ⭐

争取 zhēngqǔ 🅓 쟁취하다 ⭐

보기 어휘

教育 jiàoyù 🅝 교육

渴望 kěwàng 🅓 갈망하다

强烈 qiángliè 🅗 강렬하다 ⭐

独立 dúlì 🅓 독립하다 ⭐

정답　　B

해설　　보기 A의 **家庭教育**(가정교육)와 **学校教育**(학교 교육), C의 **对成功的渴望**(성공에 대한 갈망), 그리고 D의 **面对失败**(실패에 맞서다)는 본문에 전혀 언급되지 않았다. B의 **父母的鼓励**(부모의 격려)가 글에서 말하고자 하는 주제로 정답은 B **父母的鼓励能让孩子变得更自信**(부모의 격려는 아이를 더욱 자신감 있게 만든다)이다.

第1-5题　请选出与试题内容一致的一项。

지문과 일치하는 내용의 보기를 선택하세요.

1　失败并不一定是坏事，它的积极意义在于让我们发现自己的不足之处，从而促使我们不断进步。虽然我们都不想失败，但是经验教训是极其有价值的。它会时刻提醒我们注意自己曾经不懂或需要学习的东西，能够锻炼我们的意志力和学习能力。而这些对于我们未来走向成功非常重要。

A 面对失败需要很大的勇气
B 失败是可以想办法避免的
C 失败是缺乏意志力导致的
D 失败能让人看到自身的不足

2　电子游戏作为当代人最主要的娱乐方式之一，也备受孩子们的欢迎。不过，家长们普遍怕孩子沉迷于游戏，因此总是不让孩子玩儿。其实爱玩儿本就是孩子的天性，与其要求孩子违背天性地远离游戏，不如以包容和开放的态度引导孩子适当地玩儿游戏。

A 孩子对世界充满好奇心
B 玩儿游戏不利于孩子成长
C 家长要正确引导孩子玩游戏
D 电子游戏是唯一的娱乐方式

3　　许多父母在孩子的成长过程中都会告诫孩子:"一个人在外面时千万不要和陌生人说话。"然而现代的教育理念认为,和陌生人适当接触对儿童的发展是有益的。因此作为父母,他们应该做的不是每时每刻都保护孩子不受陌生人伤害,而是要告诉孩子在什么情况下如何与陌生人交流。

A 孩子的压力主要来自于学校
B 孩子应学会和陌生人沟通
C 父母应该加强和孩子的沟通
D 父母不应该责备孩子

4　　经历是自己亲身见过,做过或遭遇过的事。无论你经历的事情是快乐的还是痛苦的,这些经历都会引发你对人生的感受和思考。它不仅仅会在你的脑海中留下回忆,也会成为你宝贵的财富。这一切只属于你,而且它比其他任何东西都更忠诚于你,你也不能转让给任何人。

A 经历会让人变得更自信
B 经历是人生的财富
C 经历相似的人有共同语言
D 要经常与身边的人分享自己的经历

5　　人们在网购时通常会参考其他买家的评价。即使某个商品的好评再多,只要有差评,大多数人就会选择放弃。正所谓"好事不出门,坏事传千里"。心理学称这种现象为"负面偏好"。即大脑对负面信息有更强烈、更持久的反应。因此我们更容易受到负面信息的影响。

A 在网上发表评论时要谨慎
B 人们更易被负面信息左右
C 人们的记忆力在慢慢减退
D 好评越多人们越不会购买

DAY 10

7 거꾸로 보는 것이 더 빠르다!

공략비법 07 설명문 문제

출제 형식

독해 2부분에서 가장 많이 출제되는 유형이 바로 설명문 문제이다. 설명문 문제의 경우 보기에 반복해 출현하는 어휘가 있으며, 그 어휘들이 바로 단문에서 설명하고자 하는 대상이라는 특징이 있다.

핵심 전략

1 보기를 먼저 확인하라.

많은 수험생들이 처음부터 글 전체를 해석해 문제를 풀려고 한다. 설명문에서 소개하는 대상은 일반적으로 범위가 넓거나 다소 전문적인 소재로 단문 전체를 완벽히 해석해 전체 내용을 파악하고 기억하는 것은 매우 힘든 일이다. 따라서 **보기를 먼저 읽고 보기의 내용과 본문을 대조하며 문제를 푸는 것이 가장 좋은 방법**이다.

2 보기에 반복해 출현하는 어휘부터 지워라.

설명문 문제의 가장 큰 특징은 보기에 반복해 출현하는 어휘가 있다는 것이다. 보기 문장이 길면 문제를 푸는 데 부담을 느낄 수 있으므로 아래의 예시와 같이 문제를 푸는 연습을 해야 한다.

> 예
>
> A 用~~心形图案~~代表心脏不科学
> B ~~心形图案~~常见于古代文学作品中
> C ~~心形图案~~最初表示果实
> D ~~心形图案~~在古代象征的是男女之间的爱情

보기에서 반복해 출현하는 어휘는 지우고 남은 문장을 해석한 후, 단문과 대조해 나가면 문제 푸는 시간을 단축할 수 있다.

软广告是企业为了提高销售量和企业知名度的一种广告形式。商家不直接介绍自己的产品，不直接表现出是广告，而在报纸上、网络上、电视节目和电影中插入引导性的新闻报道、有深度的文章、画面和短片等，具有隐藏性。

Ⓐ 软广告不直接介绍商品
B 软广告只出现在电视节目中
C 软广告的目的不是为了赚钱
D 软广告非常受消费者欢迎

간접광고는 기업의 판매량과 기업 인지도를 높이기 위한 일종의 광고 형식이다. 기업은 자신들의 상품을 직접적으로 소개하지 않고, 광고라고 직접적으로 표현하지 않는다. 오히려 신문, 인터넷, 텔레비전 프로그램과 영화 속에 유도성 있는 뉴스보도, 심도 깊은 글, 화면과 짧은 영상 등을 삽입하는 등의 은닉성을 가지고 있다.

A 간접광고는 직접적으로 상품을 소개하지 않는다
B 간접광고는 TV 프로그램에만 나온다
C 간접광고의 목적은 돈을 벌기 위한 것이 아니다
D 간접광고는 소비자들에게 매우 인기가 있다

지문 어휘

软广告 ruǎnguǎnggào 명 간접광고
企业 qǐyè 명 기업 ★
销售量 xiāoshòuliàng 명 판매량
知名度 zhīmíngdù 명 지명도
形式 xíngshì 명 형식 ★
网络 wǎngluò 명 인터넷 ★
节目 jiémù 명 프로그램
插入 chārù 동 끼워 넣다
引导性 yǐndǎoxìng 명 유도성
深度 shēndù 명 깊이, 정도
短片 duǎnpiàn 명 짧은 영상, 단편극
隐藏 yǐncáng 동 숨기다

보기 어휘

赚钱 zhuàn qián 동 돈을 벌다
消费者 xiāofèizhě 명 소비자

정답 ▶ A

해설 ▶ 단문의 첫 문장부터 생소한 어휘인 软广告가 등장한다. 软广告가 무슨 의미인지 정확히 알지 못한채 글 전체를 해석하려고 하면 시간만 허비할 수 있다. 따라서 보기에 반복해 출현하는 软广告를 지우고 나머지 문장과 단문을 대조해 풀어야 한다. 단문에서 직접적으로 자신의 상품을 소개하지 않는다고 했으므로 정답은 A 软广告不直接介绍商品(간접광고는 직접적으로 상품을 소개하지 않는다)이다.

미나 쌤의 꿀 Tip!

간접광고는 软广告라고 한다면, 직접광고는 硬广告(yìng guǎnggào)라고 합니다. 직접광고는 直接介绍商品(직접적으로 상품을 소개하다) 처럼 설명할 수 있음을 기억해 주세요.

"打工度假"是在欧美国家流行的现象。这些国家的年轻人往往在完成学业后，开始正式工作之前，大概利用一年的时间到遥远的国外旅行，以增长见识。在旅行的这段时间，他们会在当地找一些临时工来赚取旅行的费用。

A 打工度假会延迟毕业
B 打工度假能缓解上班族的压力
C 打工度假在欧美国家流行
D 打工度假是一种冒险行为

'워킹 홀리데이'는 유럽과 미국에서 유행하는 현상이다. 이 국가들의 젊은이들은 흔히 학업을 마친 후, 정식으로 일을 시작하기 전에 대략 1년의 시간을 가지고 먼 외국으로 여행하면서 견문을 넓힌다. 여행하는 동안 그들은 현지에서 아르바이트 자리를 찾아 여행 비용을 벌기도 한다.

A 워킹 홀리데이는 졸업을 연기할 수 있다
B 워킹 홀리데이는 샐러리맨들의 스트레스를 완화시킬 수 있다
C 워킹 홀리데이는 유럽과 미국에서 유행하고 있다
D 워킹 홀리데이는 일종의 모험적인 행동이다

정답 C

해설 보기 전체의 문장 맨 앞에 쓰인 打工度假(워킹 홀리데이)를 지우고 남은 부분만 읽어 본문과 대조하며 문제를 푼다. 단문 첫 문장에서 워킹 홀리데이가 미국과 유럽에서 유행하는 현상이라 언급했으므로 정답은 C 打工度假在欧美国家流行(워킹 홀리데이는 유럽과 미국에서 유행하고 있다)이다.

지문 어휘

打工度假 dǎgōng dùjià
명 워킹 홀리데이

欧美 Ōuměi 지명 유럽과 미국

现象 xiànxiàng 명 현상 ★

学业 xuéyè 명 학업

大概 dàgài 부 대략, 아마

遥远 yáoyuǎn
형 아득히 멀다, 까마득하다

增长 zēngzhǎng
동 늘리다, 향상시키다, 증가하다

见识 jiànshi 명 견문

当地 dāngdì 명 현지 ★

临时工 línshígōng
명 아르바이트 직원

赚取 zhuànqǔ 동 획득하다

费用 fèiyòng 명 비용

보기 어휘

延迟 yánchí 동 연기하다, 뒤로 미루다

缓解 huǎnjiě
동 완화되다, 개선되다 ★

上班族 shàngbānzú 명 샐러리맨

冒险 mào xiǎn
동 모험하다, 위험을 무릅쓰다 ★

行为 xíngwéi 명 행동, 행위 ★

阅读

第1-5题 请选出与试题内容一致的一项。

지문과 일치하는 내용의 보기를 선택하세요.

1 蜂鸟因飞行时两个翅膀拍打的声音非常像蜜蜂而得名，是世界上最小的鸟类。蜂鸟主要分布于南美洲。它善于在空中停飞，而且可以向后飞行。蜂鸟和其他鸟类一样，嗅觉不发达，主要靠视觉。

A 蜂鸟飞行时声音很大
B 蜂鸟的数量逐渐在增多
C 蜂鸟主要分布在南美洲
D 蜂鸟的飞行速度很快

2 "宜居带" 就是指一颗恒星周围的一定距离范围。在这一范围内，水能以液态形式存在，而液态水是生命生存不可缺少的资源。如果一颗行星落在这一范围内，那么它拥有生命的可能性就很大。

A 宜居带内行星之间常常互相碰撞
B 宜居带周围的温度变化不大
C 宜居带指两颗恒星之间的距离
D 宜居带存在生命的机会大

정답 및 해설 ≫ 해설서 p. 79~81

3　　长城站建成于1985年2月20日，是中国在南极建立的第一个科学考察站。长城站位于南极洲乔治王岛西部的菲尔德斯半岛上。自建站以来，经过多次扩建，现有25座建筑，建筑总面积达4200平方米。夏季可容纳60人左右考察，冬季可供20人左右越冬考察。

A 长城站是北极科考站
B 长城站建成于21世纪
C 长城站曾多次扩建
D 长城站冬季能容纳更多人

4　　承德避暑山庄位于河北省承德市，是中国现存规模最大的古代皇家园林，1994年被列入世界文化遗产。其修建期长达89年，历经清朝的康熙帝、雍正帝、乾隆帝三朝。康熙和乾隆每年大约有半年时间要在承德度过，处理国家大事。

A 承德避暑山庄始建于宋朝
B 承德避暑山庄属于皇家建筑
C 承德避暑山庄曾用于军事训练
D 承德避暑山庄还没对外开放

5　　三坊七巷是著名的风景名胜区，位于福州市中心，是福州的历史之源。三坊七巷是从北到南依次排列的三个坊和七个巷的简称，是中国现存保护较为完整的历史文化街区。三坊七巷里共有159座明清古建筑，因此有"中国明清建筑博物馆"的美誉。

A 三坊七巷保存了很多古代建筑
B 三坊七巷是从南到北依次排列的
C 三坊七巷是现代建筑
D 三坊七巷位于福州市北部

8 개방적 사고가 문제 풀이의 핵심이다!

공략비법 08 동의 표현 문제

출제 형식

독해 2부분에서는 대부분 보기와 단문을 대조하며 풀면 정답을 쉽게 찾을 수 있는 문제들이 출제되지만 동의 표현 문제의 경우는 다르다. 다양한 표현으로 같은 의미를 말하는 문제이므로 평소 동의어와 동의 표현을 잘 정리해 두었다면 문제없이 정답을 선택할 수 있다.

핵심 전략

1 같은 의미를 가진 다양한 표현들이 있다.

'이 빵이 가장 맛있다'를 '이 빵의 맛이 최고다' 혹은 '이 빵은 내 입맛에 딱 맞는다', '어떤 빵도 이 빵과 비교할 수 없다'와 같이 표현할 수 있는 것처럼 동의 표현 문제는 지문과 대조해 바로 정답을 찾기가 어렵다. 따라서 동의어나 동의 표현을 정리해 두는 습관이 필요하다. 이 유형의 문제는 주로 단문의 중반부와 후반부에 정답이 될 힌트가 숨어 있으므로 그 부분을 집중해 읽도록 하자!

유형맛보기 1

当人们感到无聊时，就会试图找点儿事做，以减轻无聊感，打发时间，比如打个电话、看个电影、看会儿书等。然而，科学家研究发现，无聊并不是一无是处。因为人在无聊时的思维最不受限制，可以无拘无束地想各种问题，而这种不受限制的思维活动为创造性思维提供了有利的条件。也就是说，无聊有时可以激发人们的创造力。

A 无聊时人的情绪波动较小
B 人在无聊时完全没有创造力
C 无聊时人的思维一般很敏感
Ⓓ 无聊时人的思维最自由

사람들은 무료함을 느낄 때 할 만한 일을 찾아 이로써 무료함을 줄이고 시간을 보낸다. 예를 들면 전화를 걸거나 영화를 보거나 책을 잠깐 보는 것 등이다. 하지만 과학자들의 연구에 따르면 무료함이 결코 하나도 옳은 게 없는 것은 아니다. 왜냐하면 사람들이 무료할 때의 사고가 가장 제한을 받지 않고, 아무런 구속 없이 각종 문제를 생각할 수 있기 때문이다. 게다가 이러한 제한없는 사고 활동은 창조적인 사고에 유리한 조건을 제공한다. 다시 말하자면 무료함은 때때로 사람들의 창조력을 크게 불러일으킬 수 있다는 것이다.

지문 어휘

无聊 wúliáo 형 무료하다, 심심하다
试图 shìtú 동 시도하다
减轻 jiǎnqīng 동 감소하다
一无是处 yìwúshìchù
성 하나도 옳은 게 없다
思维 sīwéi 명 사유, 생각
限制 xiànzhì 동 제한하다 ⭐
无拘无束 wújūwúshù
성 아무런 구속이 없다
创造性 chuàngzàoxìng 명 창조성
有利 yǒulì 형 유리하다 ⭐
激发 jīfā 동 불러일으키다
创造力 chuàngzàolì 명 창조력

보기 어휘

情绪 qíngxù 명 감정, 정서 ⭐
波动 bōdòng 명 파동

A 무료할 때에 사람의 감정 파동은 비교적 작다
B 사람이 무료할 때에는 전혀 창조력이 없다
C 무료할 때 사람의 생각은 보통 예민하다
D 무료할 때 사람의 생각이 가장 자유롭다

敏感 mǐngǎn 형 예민하다 ☆
自由 zìyóu 형 자유롭다 ☆

정답   D

해설   본문의 중간 부분에 **最不受限制**(가장 제한을 받지 않는다)와 보기 D의 **最自由**(가장 자유롭다)가 같은 의미이므로 정답은 D **无聊时人的思维最自由**(무료할 때 사람의 생각이 가장 자유롭다)이다.

✏️ **유형맛보기 2**

　　迎春花是中国常见的花卉之一。因其在百花之中开花最早，开花后随即迎来万物复苏的春天而得名。迎春花不仅味道清香，花色秀丽，而且不畏严寒，不择水土，能在不同的环境中生长，历来受人们喜爱。它与梅花、山茶花、水仙花统称为"雪中四友"。

Ⓐ 迎春花对土壤要求低
B 迎春花多在夜间开花
C 迎春花属于喜阳植物
D 迎春花害怕寒冷天气

지문 어휘

迎春花 yíngchūnhuā 명 개나리
花卉 huāhuì 명 꽃, 화훼
百花 bǎihuā 명 모든 꽃, 온갖 꽃
开花 kāi huā 동 꽃이 피다
随即 suíjí 부 바로, 즉시
复苏 fùsū 동 소생하다
清香 qīngxiāng 명 맑은 향기
秀丽 xiùlì 형 수려하다
严寒 yánhán 형 아주 춥다
历来 lìlái 부 예로부터
梅花 méihuā 명 매화
山茶花 shāncháhuā 명 동백꽃
水仙花 shuǐxiānhuā 명 수선화
统称 tǒngchēng
동 총칭하여 부르다, 총칭하다

　　개나리는 중국에서 흔히 볼 수 있는 꽃 중 하나이다. 모든 꽃 가운데 가장 먼저 피고, 꽃이 핀 후 바로 만물이 소생하는 봄을 맞이한다고 하여 이름이 붙여졌다. 개나리는 맑은 향기가 나고 꽃 색이 수려할 뿐만 아니라 게다가 추위를 타지 않고, 물과 흙을 가리지 않아 다양한 환경에서 자랄 수 있어, 예로부터 사람들의 사랑을 받았다. 개나리는 매화, 동백꽃, 수선화와 함께 '설중사우'라 부른다.

A 개나리는 토양에 대한 요구가 낮다
B 개나리는 대부분 밤에 꽃을 피운다
C 개나리는 양지 식물에 속한다
D 개나리는 추운 날씨를 싫어한다

보기 어휘

土壤 tǔrǎng 명 토양

정답   A

해설   본문의 중간 부분에 **不择水土**(물과 흙을 가리지 않는다)와 **对土壤要求低**(토양에 대한 요구가 낮다)는 같은 의미이므로 정답은 A **迎春花对土壤要求低**(개나리는 토양에 대한 요구가 낮다)이다.

第1-5题　请选出与试题内容一致的一项。

지문과 일치하는 내용의 보기를 선택하세요.

1　蜻蜓是世界上眼睛最大的昆虫。蜻蜓的眼睛大而鼓，占据着头的绝大部分。蜻蜓的视力极好，而且不必转头，眼睛就可以向上、向下、向前、向后看。科学家根据蜻蜓眼睛的这一特殊的结构，制造了复眼相机，这种相机一次可以拍出千百张照片。

A 蜻蜓视力非常好
B 蜻蜓的分布范围极广
C 蜻蜓主要以水草为食
D 蜻蜓的头部不可以转动

2　番茄别名叫西红柿。番茄不仅营养丰富，而且富含水分。番茄消暑解渴的效果与西瓜不相上下。番茄是女性最喜欢的蔬菜之一，因为维生素C的含量极高，相当于西瓜的十倍，且由于受到有机酸的保护，番茄在烹饪的过程中，其维生素C也不易遭到破坏，因此是很多女性补充维生素C的首选。

A 蔬菜中都富含有机酸
B 番茄的维生素C含量高于西瓜
C 西红柿炒熟以后维生素C的含量会降低
D 西瓜不宜长期存放

정답 및 해설 ≫ 해설서 p. 82~84

3　　　唐诗的发展分为四个阶段：初唐、盛唐、中唐、晚唐，是中国古典诗歌发展的全盛时期。这一时期出现了很多伟大的诗人，他们创作的作品都收录在了《全唐诗》中。唐诗题材广泛，反映了唐代社会生活的丰富内容。在创造方法上，有现实主义流派，也有浪漫主义流派，也有两者兼具的。

A 唐代是古典诗歌的繁荣时期
B 唐诗中表达诗人个人情感的作品较多
C 唐代的经济很发达
D《全唐诗》多为浪漫主义流派

4　　　很多人把眼镜当成耐用品，总是等到坏了才考虑换新的。专家提醒，其实镜片是快速消耗品。镜片长时间使用会氧化、发黄，清晰度和透光率会降低，不仅起不到良好的改善视力作用，反而会造成视觉疲劳，加重近视或老花眼。因此眼镜最好两年一换。

A 眼镜片越贵寿命越长
B 平时最好不要戴眼镜
C 金属镜架不容易变形
D 不宜长年戴同一副眼镜

5   滑冰运动有着悠久的历史，然而起初它不是一项运动，而是当时生活在寒冷地区的人们，在冬季冰冻的河上以滑冰作为交通运输的方式。后来，到了清朝逐步发展成了民间普及的文体娱乐活动，最后随着社会的进步，形成了现代的速度滑冰。

A 速度滑冰可以促进儿童生长
B 速度滑冰在西方国家更流行
C 滑冰最初是服务于生活的
D 滑冰是古代一项人人都喜爱的运动

DAY 11

9 과감하게 버리자!

공략비법 09 해석이 필요 없는 부분 완전 정복

출제 형식

단문 속에 간혹 사자성어, 속담, 격언, 명언 등이 출제되는데 대부분 뜻을 함축하고 있거나 어려운 어휘로 수험생들이 해석을 하는데 많은 어려움을 느낀다. 대부분의 사자성어, 속담, 격언, 명언 등은 글을 더욱 더 화려하게 만드는 장치일 뿐이며 문제를 해결하는 핵심어는 아니라는 사실을 잊지 말자.

핵심 전략

1 큰따옴표 ("　")를 해석하는 데 시간을 쏟지 마라.

독해 제2부분에서 사자성어, 속담, 격언, 명언 등은 대부분 큰따옴표(" ") 안에 들어 있다. 만일 본문 속에 큰따옴표 ("　")가 보이면, 그 부분을 해석하는 데 시간을 쏟지 말고 큰따옴표 앞뒤 문장을 통해 문맥을 대략적으로 파악하고 넘어가도록 하자. 군이 어려운 단어와 함축 의미를 알고자 시간을 쏟기보다는 정말 필요한 부분에서 시간을 쓰는 스킬이 필요하다.

2 함축된 뜻을 풀어주는 풀이 표현이 있다.

사자성어, 속담, 격언, 명언 등을 포함한 단문의 경우, 이를 풀어주는 '이 말의 의미는 이러하다'는 형태의 풀이 표현도 함께 출현한다. 풀이 표현들을 미리 알아 둔다면 함축된 의미를 군이 해석하지 않아도 글 전체를 쉽게 파악 할 수 있다.

풀이 표현 예시

- 意思就是~ : 의미는 바로 ~이다
- 意思是(说)~ , : 의미는 ~라고 할 수 있다
- 这句话告诉人们~ : 이 말은 사람들에게 ~임을 알린다
- 由此可以知道~ : 이로부터 알 수 있듯~
- 它的意思是说~, : 그것의 의미는 ~라고 말한다
- 这句话是指~ : 이 말은 ~임을 가리킨다
- 是指~, : 이는 ~을 가리킨다
- 比喻~ : ~에 비유한다

孔子曾经说过："我对于不明白的事，必定要问清楚。"一个有见识的人，他做学问必然喜欢虚心地向别人请教。多提问，多请教，可以使我们的知识更广博。其实，问和学是相辅相成的，如果只是喜欢学习，而不愿意时时向别人请教，还算不上真正爱学习的人。

A 学习的时候要有怀疑的态度
B 要养成独立思考的习惯
ⓒ 遇到问题应该谦虚地向人请教
D 学习新内容之前要预习

공자는 일찍이 '나는 모르는 일에 대해 반드시 분명하게 물어본다'라고 말 한적이 있다. 식견이 있는 사람은 학문을 하면 반드시 겸손하게 다른 사람에게 가르침을 청하는 것을 좋아할 것이다. 많이 물어보고, 많이 가르침을 청하는 것은 우리의 지식을 더 해박하게 할 수 있다. 사실, 묻는 것과 배우는 것은 서로 보완되는 것이며 단지 공부하는 것만 좋아하고, 시시각각 다른 사람에게 가르침을 청하는 것을 원하지 않는다면 진정으로 공부를 좋아하는 사람이라고 할 수 없다.

A 공부할 때는 의심하는 태도를 가져야 한다
B 독립적으로 생각하는 습관을 길러야 한다
C 문제에 맞닥뜨리면 겸손하게 다른 사람에게 가르침을 청해야 한다
D 새로운 내용을 배우기 전에 예습을 해야 한다

 정답   C

해설   공자의 격언으로 큰따옴표 (" ") 뒷부분에 격언을 풀이하는 내용이 제시되었다. 본문에서 학문을 하면 반드시 겸손하게 다른 사람에게 가르침을 청하는 것을 좋아할 것이라고 언급했으므로 해당 내용과 유사한 보기를 골라야 한다. 정답은 C 遇到问题应该谦虚地向人请教(문제에 맞닥뜨리면 겸손하게 다른 사람에게 가르침을 청해야 한다)이다.

지문 어휘

孔子 Kǒngzǐ 인명 공자
曾经 céngjīng 부 일찍이, 이전에 ⭐
必定 bìdìng 부 반드시, 꼭
清楚 qīngchu 형 분명하다
见识 jiànshi 명 식견, 견식
学问 xuéwèn 명 학문 ⭐
必然 bìrán 부 반드시, 꼭, 틀림없이 ⭐
虚心 xūxīn 형 겸손하다 ⭐
请教 qǐng jiào 동 가르침을 청하다
提问 tíwèn 명 질문 동 질문하다 ⭐
广博 guǎngbó 형 (학식 등이) 해박하다
其实 qíshí 형 사실
相辅相成 xiāngfǔ xiāngchéng
성 서로 보완하고 도와서 일을 완성하다
算不上 suàn bu shàng
동 ~라고 할 수 없다, ~로 간주할 수 없다

보기 어휘

怀疑 huáiyí 동 의심하다
独立 dúlì 동 독자적으로 하다 ⭐
谦虚 qiānxū 형 겸손하다 ⭐

中国有句古话是这样说的："学而不思则罔，思而不学则殆。"意思就是，如果只是一味地读书而不积极思考，就会因不能深刻理解书本的知识而不能有效地利用知识，会陷入迷茫。相反，如果只是空想，而不去认认真真地学习和钻研，就会一无所获。只有将学习和思考结合起来，才能学到有用的知识。

A 要养成良好的作息习惯
Ⓑ 学习和思考不能分开
C 遇到问题要及时解决
D 思考比学习更重要

중국에는 '배우기만 하고 생각하지 않으면 깨닫는 것이 없고, 사고만 하고 배우지 않으면 위태로워질 것이다'라는 옛말이 있다. 뜻은 만약 그저 단순히 책만 읽고 적극적으로 사고하지 않으면, 책의 지식을 깊이 이해하지 못해 지식을 효과적으로 활용하지 못하고, 막막함에 빠질 수 있다는 것이다. 반대로 만약 그저 공상만 하고 열심히 공부하고 연구하지 않으면 아무런 수확도 없다는 것이다. 공부와 사고를 함께 결합시켜야만 비로소 유용한 지식을 배울 수 있다.

A 양질의 일하고 휴식하는 습관을 길러야 한다
B 공부와 사고는 떼어놓을 수 없다
C 문제에 맞닥뜨리면 제때 해결해야 한다
D 사고하는 것이 공부하는 것보다 중요하다

 정답 B

 해설 큰따옴표(" ") 뒤의 풀이 표현에 주목한다. 意思就是~(의미는 바로 ~이다)를 통해 그 내용을 이해하기 쉽게 풀어주므로 훨씬 쉽게 단문의 내용을 이해할 수 있다. 단문 마지막 부분에서 공부와 사고를 함께 결합시켜야만 비로소 유용한 지식들을 배울 수 있다고 언급했으므로 정답은 B 学习和思考不能分开(공부와 사고는 떼어놓을 수 없다)이다. 结合(결합하다)와 不能分开(떼어낼 수 없다)는 유사한 표현이다.

지문 어휘

古话 gǔhuà 명 옛 격언
一味 yíwèi 부 단순히
积极 jījí 형 적극적이다
思考 sīkǎo 동 사고하다. 사유하다 ⭐
深刻理解 shēnkè lǐjiě 깊게 이해하다
知识 zhīshi 명 지식
有效 yǒuxiào 형 효과가 있다
陷入 xiànrù 동 빠지다
迷茫 mímáng 형 막막하다, 아득하다
相反 xiāngfǎn 접 반대로
空想 kōngxiǎng 동 공상하다
钻研 zuānyán 동 깊이 연구하다
一无所获 yìwúsuǒhuò
성 아무런 수확도 없다
结合 jiéhé 동 결합하다 ⭐

보기 어휘

良好 liánghǎo
형 좋다. 만족할 만하다 ⭐
作息 zuòxī 동 일하고 휴식하다
分开 fēnkāi 동 분리하다
及时 jíshí
부 제때. 시기 적절하게. 즉시
解决 jiějué 동 해결하다

第1-5题 请选出与试题内容一致的一项。

지문과 일치하는 내용의 보기를 선택하세요.

1 王之涣是盛唐时期的著名诗人。其代表作有很多,《登鹳雀楼》是其中之一。诗中的最后一句可以说是家喻户晓:"欲穷千里目,更上一层楼。"这句话告诉人们要想取得更大的成功,就要付出更多的努力。

A 取得成功之后不能骄傲
B 王之涣善于写田园诗
C 不要设定太高的目标
D 想成功要付出更多的努力

2 研究发现,就那些本来给人印象很完美的人来说,无意中犯点儿小错误反而能强化别人对他的好感。这就是"瑕不掩瑜效应"。同样,在消费中也是如此,当消费者对某产品已经形成了足够的正面印象之后,微量的负面信息会强化正面信息,并使消费者给出更为正面的评价。

A 少量负面信息会有正面影响
B 应借助媒体宣传产品的形象
C 再完美的人也会被他人批评
D 负面信息会让人忽略优点

정답 및 해설 ≫ 해설서 p. 85~87

3 　　中国有句俗话是这样说的：“黄山四季皆胜景，唯有腊冬景更佳”。由此可以知道四季都比较适合去黄山，但是冬季是去黄山游览的最佳时期。冬季到黄山，在山下可以泡泡温泉，在山上可以欣赏浪漫的雪景，此外从山下到山上的途中，可以看到黄山的三绝，即奇松、怪石和云海。

A 黄山夏季晴天较少，雨天较多
B 冬季是黄山旅游的最好时节
C 秋季黄山游客最多
D 黄山四季如春

4 　　“一方水土养一方人”是一句人们常说的俗语。由于每个地区的水土环境不同，因此人们的性格、生活方式、思想观念等就会不尽相同，比如中国的东北人和南方人的差异就很大。而生活在同一个环境中的人在很多方面都差不多，就像新疆人个个都能歌善舞。

A 人人都要保护环境
B 心情非常容易受天气影响
C 同一环境下的人有共同点
D 不同地区的经济状况差别很大

5 　　人们常说“技多不压身，艺多不养人。”意思是一个人的本领是把双刃剑，既能成就一个人，也能毁掉一个人。当然多学点儿本领就会多一份收获，但如果学得不精不透，这也学一点儿那也学一点儿的话，会导致一项本领都学不好，最后将一事无成。

A 学习本领的过程是非常艰苦的
B 学问越多的人本领就越多
C 学习本领应该求精求透
D 应该尝试多学本领

阅读

2

제3부분
지문 읽고 질문에 답하기

阅读

3

제3부분
지문 읽고 질문에 답하기

문제 형식

독해 제3부분은 긴 지문을 읽고 각각 문제에서 요구하는 정답을 보기 A, B, C, D에서 고르는 유형으로 총 20문제(71~90번)가 출제되며, 한 지문당 4개의 질문으로 이루어져 있다.

출제 경향 **1**

독해 제3부분은 주어진 시간 내에 긴 지문을 읽고 정답을 선택해야 하므로 가장 난이도가 높다. 길고 다소 내용이 어려운 지문이 출제되므로 **질문을 파악해 지문에서 핵심어를 찾아내는지 확인하는 유형이 가장 많이 출제**된다. 그 다음으로는 옳고 그름 판단 능력, 주제나 제목을 찾는 문제의 유형이 출제된다.

출제 비율

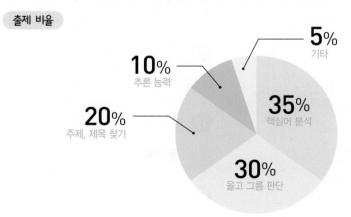

5%
기타

10%
추론 능력

20%
주제, 제목 찾기

35%
핵심어 분석

30%
옳고 그름 판단

독해 제3부분은 5개의 지문이 출제되며, **중국과 관련된 지문이 1~2문제씩 출제**된다. 특히, 최근 시험에서는 중국의 지역이나 도시 외에 **문학 작가, 예술인, 소설가 등 위인이나 유명인과 관련된 문제가 빠지지 않고 시험에 출제**된다. 스토리형의 교훈이나 유머러스한 이야기, 경제 동향 및 사회 트렌드와 관련된 지문도 종종 출제된다.

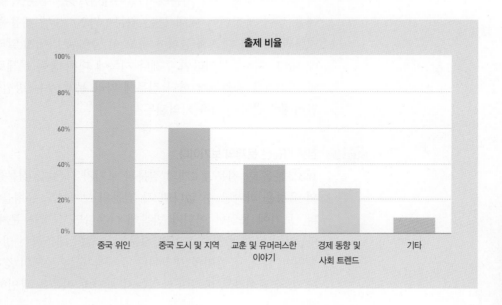

빈출 중국 위인

- 중국의 소설가 : 沈从文[선총원 (심종문)]
- 중국 명대(明代) 과학자 : 宋应[송잉 (송응)]
- 중국어 고대 유명한 시인 : 白居易[바이쥐이 (백거이)]
- 중국 송대(宋代) 시인 : 秦观[친관 (진관)]
- 중국 근대 유명한 상인 : 胡雪岩[후쉐옌 (호설암)]
- 중국의 유명한 문학가 : 范仲淹[판중옌 (범중엄)]
- 중국 청대(清代) 양저우 '扬州八怪'에 속하는 서예가 : 郑板桥[정반챠오 (정반교)],
  吕子敬[뤼쯔징 (여자경)]

문제는 이렇게 풀어라!

Step 1 반드시 질문을 먼저 읽고 출제 유형을 확인하라.

지문을 처음부터 읽고 시간 내에 모든 문제를 풀기는 어려우므로 반드시 질문을 먼저 읽어 지문에서 읽어내야 하는 부분을 찾아내야 한다. 예를 들어 특정인에 대해 묻는 질문이라면, 세부 내용을 묻는 문제로 지문과 보기를 대조해 풀어야 하고 이 글이 우리에게 알리고자 하는 것에 대해 묻는 질문이라면 주제나 제목에 대해 묻는 문제로 지문의 처음과 마지막을 공략해야 한다. 질문에 따라 문제 푸는 방법을 전략적으로 달리해야 한다는 점을 기억해두자.

Step 2 질문 다음은 문제의 보기이다.

제3부분은 한 지문당 4개의 질문과 보기가 나온다. 질문을 읽어도 문제의 유형을 파악할 수 없다면 각 질문의 보기로도 유형을 파악할 수 있다. 보기에 동일한 어휘가 반복해 나온다면 설명문 문제일 확률이 높다. 그런 문제의 경우 보기와 지문을 일일이 대조하는 방식으로 문제를 풀어야 하며, 글쓴이의 생각이나 주제를 묻는 문제의 경우에는 동의어나 동의 표현으로 바꾸어 쓰였는지 보기와 지문을 확인해 정답을 선택해야 한다.

Step 3 핵심어와 속독이 관건이다.

모든 지문을 꼼꼼히 읽고 완벽하게 파악해 문제를 푸는 것은 매우 어려운 일이다. 질문과 보기를 읽었다면 질문과 보기에서 문제의 핵심어를 찾아야 한다. 질문과 보기에서 찾은 핵심어를 지문에서 찾아내 핵심어를 중심으로 앞뒤 문장을 속독해 문제를 하나하나 해결해 나가는 것이 문제를 푸는 전략임을 잊지 말자!

HSK
20일
프로젝트

DAY 12 공략비법 10
 공략비법 11

- -

DAY 13 공략비법 12
 공략비법 13

DAY 20

출제 비율

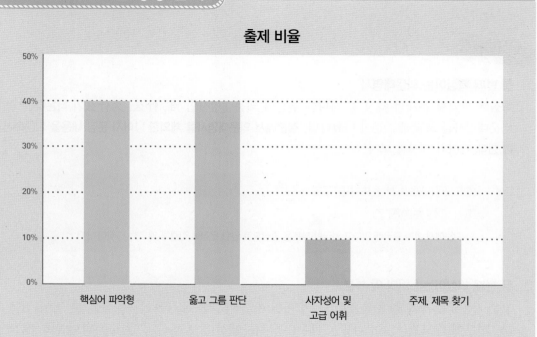

중요도 ★★★★☆   난이도 ★★★★★

독해에서 가장 난이도가 높은 유형으로 핵심어에 대한 빠른 파악과 옳고 그름 판단 능력이 가장 중요하다.

10 정답은 여기 있다!

^{공략}_{비법} 10 핵심어 파악형 문제

출제 형식

독해 제3부분에서 가장 많이 출제되는 유형으로 질문 속의 핵심어를 파악해 지문에 접근해야 한다. 핵심어 파악형 문제의 경우, 질문에 핵심어를 숨겨두거나 보기에 지문의 일부 내용을 발췌하기도 하므로 지문에서 핵심어를 찾기만 하면 문제 푸는 시간을 대폭 줄일 수 있다.

핵심 전략

1 첫 번째 핵심어는 의문대명사

핵심어 파악형 문제의 특징 중 하나는 질문에 의문대명사인 **谁, 什么, 为什么가 나온다**는 것이다. 의문대명사를 포함해 질문이 나왔다면, **질문에서 의문대명사를 제외한 나머지 문장 내용을 지문에서 찾아야 한다.** 아래의 예시를 보자!

> 예 [질문] 问: 他为什么去中国了?
>
> [핵심어] 他去中国了。
>
> ⋯ 지문에서 그가 중국에 갔다고 언급한 부분을 중심으로 앞뒤 문장에 집중해 왜 갔는지 찾아 낸다.

2 두 번째 핵심어는 [:]의 앞 부분

질문 가운데 문장의 끝에 물음표(？)가 아닌 쌍모점(:)으로 끝나는 문장을 본 적이 있을 것이다. 질문에 쌍모점(:)이 나왔을 때는, ① 지문에서 쌍모점 (:) 앞 부분과 동일하게 쓰인 어휘 또는 문장을 찾거나 ② 질문과 각각의 보기를 연결해 하나의 문장을 만들어, 지문의 내용과 일치하는 보기가 있는지 찾아야 한다. 아래의 예시를 보자!

> 예
>
> 于是，吴欣鸿选择了再次创业，他和他的小伙伴们创办了美图网，而且在2008年10月推出了美图秀秀软件。一经①推出便②受到了欢迎，用户突破了100万。
>
> **81.** 美图秀秀刚推出时:
>
> **A** 广告宣传力度大 　　　　**B** 价格偏低
> **C** 受到网友欢迎 　　　　　 **D** 资金方面有问题
>
> ⋯ ① 쌍모점 (:) 앞 부분과 동일하게 쓰인 어휘 推出를 지문 속에서 찾는다. ② 쌍모점 앞 부분과 각각의 보기를 연결해 하나의 문장으로 만들어 지문과 일치하는 보기나 문장을 찾는다.

유형맛보기

　　齐白石年轻的时候当过木匠，但是因为他很爱画画儿，所以一有空，他就照着《芥子园画谱》练习画画儿。在他画画儿的十几年当中，村民们看见他画的花鸟栩栩如生的样子，非常认同他的绘画水平，因此常常请他帮忙画鞋样。

　　随着时间的流逝，他的名气在村里被逐渐传开了，还引起了当地一位名士的注意，那位名士很喜欢齐白石的画，认为他有绘画的天赋，所以主动找到他，开始教他读书作画。读书学画让齐白石大开眼界，绘画水平也逐渐提高，**1** 于是他改行做了职业画匠。那一年，齐白石已经27岁了，从27岁到39岁，他先后拜了多位画家为师，并刻苦学习、增长了技艺水平，这些经历也为他之后的职业艺术生涯奠定了扎实的基础。

　　然而在他40岁这年，**2** 他决定利用8年的时间来周游四方，以增长见闻。8年后，他回到了故乡，又用了8年的时间来阅读大量的书籍，充实了自己，这时的他已经56岁了。

　　1919年春天，齐白石独自来到北京寻求发展，然而，**3** 由于他的画风模仿古人，以冷峻为主，因此并不受京城人士的喜爱，这时，57岁的他又一次拿出了惊人的勇气与决心，开始尝试新的画风。在刻苦练习了10年之后，齐白石在花鸟画上所形成的新风格已经逐渐成熟，带有他个人特色的"红花墨叶"派画风也开始在画坛大放异彩。从一个乡村木匠蜕变为一代绘画巨匠，**4** 齐白石用他的一生诠释了什么是"活到老，学到老"。

1 齐白石27岁那年：

A 准备创立画派　　　　　 Ⓑ 改行作画

C 教人画画　　　　　　　 D 进京寻求发展

2 齐白石决定出去周游，是为了：

A 探望友人　　　　　　　 Ⓑ 增长见闻

C 去外地做生意　　　　　 D 招收职员

3 根据第四段，齐白石的画儿最初为什么不受欢迎？

A 色彩单调　　　　　　　 B 价格昂贵

Ⓒ 画风冷峻　　　　　　　 D 极为抽象

4 根据上文，可以知道什么？

Ⓐ 齐白石一生都很勤奋　　 B 花鸟画始终不被看好

C 齐白石不愿结交名士　　 D 齐白石擅长人物画

지문 어휘

齐白石 Qíbáishí 인명 제백석

木匠 mùjiang 명 목수

芥子园画谱 jièzǐyuán huàpǔ
명 개자원 화보(중국 청나라 초 이어(李鱼)가 펴낸 화보)

当中 dāngzhōng
명 그 가운데, 그 속에

花鸟 huāniǎo 명 꽃과 새

栩栩如生 xǔxǔrúshēng
성 마치 살아있는 듯 하다

认同 rèntóng 동 인정하다

绘画 huì huà 동 그림을 그리다

流逝 liúshì 동 유수처럼 흘러가다

名气 míngqì 명 명성

逐渐 zhújiàn 부 점점, 점차 ☆

名士 míngshì 명 명사, 이름난 선비

天赋 tiānfù 명 천부적 재능

大开眼界 dàkāiyǎnjiè 식견을 넓히다

改行 gǎi háng 동 (직업·업종을) 바꾸다

职业 zhíyè 명 직업

画匠 huàjiàng 명 화공

先后 xiānhòu 부 계속

刻苦学习 kèkǔ xuéxí
성 고생을 참아 내며 공부하다

技艺 jìyì 명 기예

生涯 shēngyá 명 일생, 생애, 생활

奠定 diàndìng 동 다지다, 굳히다

扎实 zhāshi 형 견실하다

周游 zhōuyóu 동 두루 돌아다니다

见闻 jiànwén 명 견문

故乡 gùxiāng 명 고향

书籍 shūjí 명 서적

独自 dúzì 부 혼자서

模仿 mófǎng 동 모방하다 ★

古人 gǔrén 명 옛사람

冷峻 lěngjùn 형 냉혹하다, 차갑다

为主 wéizhǔ 동 ~을 위주로 하다

京城 jīngchéng 명 수도

人士 rénshì 명 인사

惊人 jīngrén 형 사람을 놀라게 하다

阅读 독해

제백석은 젊은 시절 목수로 일했지만 그는 그림 그리는 것을 굉장히 좋아해서 틈만 나면 〈개화원 화보〉를 따라 그림 그리는 연습을 했다. 그가 그림을 그린 십여 년 동안 마을 사람들은 그가 그린 꽃과 새가 마치 살아있는 듯한 것을 보고 그의 그림 실력을 인정해 자주 그에게 신발 견본을 그려 달라고 부탁했다.

시간이 흐를수록 그의 명성은 마을에서 점점 널리 퍼졌고 현지의 한 명사의 주목을 끌었다. 그 명사는 제백석의 그림을 매우 좋아했고 그가 그림 그리는 것에 천부적인 재능이 있다고 생각하여 자발적으로 그를 찾아가 독서와 그림을 가르쳤다. 독서와 그림 학습은 제백석으로 하여금 식견을 넓게 하였고, 그림 수준도 점점 향상되었다. **1** 그리하여 그는 직업을 바꿔 직업 화가가 되었다. 그해 제백석은 이미 27살이었다. 27세부터 39세까지 그는 계속해 여러 명의 화가를 스승으로 모시고, 각의 노력으로 공부하여 기예 수준을 향상시켰다. 이러한 경험들은 그의 이후의 직업 예술 일생에 견실한 기초를 다지게 하였다.

하지만 그가 40세가 되던 해, **2** 그는 견문을 넓히기 위해 8년의 시간을 들여 두루 둘러볼 결심을 했다. 8년 후 그는 고향으로 돌아왔고 또 8년의 시간을 들여 많은 책을 읽으며 자신을 보강했다. 이때 그는 이미 56세였다.

1919년 봄, 제백석은 홀로 베이징에 와서 발전을 모색했다. 하지만 **3** 그의 화풍은 옛사람들을 모방해 냉혹함이 주를 이루었기 때문에 베이징 인사들에게 전혀 사랑 받지 못했다. 이때 57세의 나이로 그는 또 한번 놀라게 할만한 용기와 결의를 보이며 새로운 화풍을 시도하기 시작했다. 10년 동안 열심히 노력한 후, 제백석의 화조화에 형성된 새로운 화풍은 이미 점점 성숙해졌고, 그의 개인적인 특색을 띤 '홍화먹엽'파 화풍 역시 미술계에서 크게 빛을 발하기 시작했다. 농촌의 한 목수에서 일대 회화의 거장으로 탈바꿈한 **4** 제백석은 그의 일생으로 '늙어 죽을 때까지 배움은 끝나지 않는다'가 무엇인지 설명했다.

1 제백석이 27살이던 그 해:
A 화파 창설을 준비했다　　　　　　B 업종을 바꿔 그림을 그렸다
C 사람들에게 그림을 가르쳤다　　　D 베이징으로 가서 성장을 도모했다

2 제백석이 밖에 나가 두루 둘러보기로 결심한 것은 무엇을 위해서인가?
A 친구에게 방문하려고　　　　　　B 견문을 넓히려고
C 외지에 가서 장사하려고　　　　　D 직원을 모집하기 위해서

3 네 번째 단락에 근거하여, 제백석의 그림은 왜 처음에는 인기가 없었나?
A 색채가 단조롭다　　　　　　　　B 가격이 비싸다
C 화풍이 차가웠다　　　　　　　　D 극히 추상적이다

4 위 글에 근거하여 알 수 있는 것은 무엇인가?
A 제백석은 평생 근면했다
B 화조화는 줄곧 인정받지 못했다
C 제백석은 인사들과 사귀는 것을 원하지 않았다
D 제백석은 인물화에 뛰어났다

 1. B　2. B　3. C　4. A

해설　**1.** 쌍모점 앞의 27세가 핵심어이다. 지문에서 27岁 부분을 찾아 그 문장을 중심으로 앞뒤 문장을 주의 깊게 읽어야 한다. 那一年, 齐白石已经27岁了(그해 제백석은 이미 27살이었다) 문장의 바로 앞 문장이 于是他改行做了职业画匠(그리하여 그는 직업을 바꿔 직업 화가가 되었다)으로 정답은 B 改行作画(업종을 바꿔 그림을 그렸다)이다.

勇气 yǒngqì 명 용기 ★
决心 juéxīn 명 결의, 결심
尝试 chángshì 동 시도해 보다
刻苦 kèkǔ 동 노고를 아끼지 않다 ★
花鸟画 huāniǎohuà 명 화조화
风格 fēnggé 명 풍격, 스타일 ★
成熟 chéngshú 형 성숙하다 ★
带有 dàiyǒu 동 지니고 있다
墨 mò 명 먹
派 pài 명 파, 파벌, 유파 ★
画坛 huàtán 명 미술계, 화단
大放异彩 dàfàngyìcǎi
성 뛰어나게 빛을 내다
乡村 xiāngcūn 명 농촌
一代 yídài 명 한 세대
巨匠 jùjiàng 명 거장
诠释 quánshì 동 설명하다, 해석하다

보기 어휘

创立 chuànglì 동 창설하다, 창립하다
画派 huàpài 명 화파
进京 jìn jīng
동 베이징에 가다, 상경하다
探望 tànwàng 동 방문하다
招收 zhāoshōu 동 모집하다
单调 dāndiào 형 단조롭다 ★
昂贵 ángguì 형 비싸다
抽象 chōuxiàng 형 추상적이다 ★
勤奋 qínfèn
형 근면하다, 부지런하다 ★
始终 shǐzhōng 부 줄곧, 한결같이 ★
不愿 búyuàn 동 원하지 않다
结交 jié jiāo 동 사귀다, 교제하다
擅长 shàncháng 동 뛰어나다
人物画 rénwùhuà 명 인물화

2. 쌍모점 앞의 周游(두루 돌아다니다)가 핵심어이다. 지문에서 쌍모점 앞 부분과 각각의 보기를 연결해 하나의 문장으로 만들어 지문과 일치하는 보기가 있는지 찾아본다. 他决定利用8年的时间来周游四方，以增长见闻(그는 견문을 넓히기 위해 8년의 시간을 들여 두루 둘러볼 결심을 했다)이라고 제시되었으므로 정답은 B 增长见闻(견문을 넓히려고)이다.

3. 질문의 의문대명사 为什么가 핵심어이다. 핵심어인 为什么를 제외하고 齐白石的画儿最初不受欢迎(제백석의 그림은 처음에 인기가 없었다)이라고 언급한 부분을 지문에서 찾아야 한다. 질문이 为什么(왜)일 때는 지문에서 由于(~때문에) 또는 因此(~로 인하여)로 시작하는 부분부터 찾는 것이 문제 풀이에 도움이 된다. 따라서 정답은 C 画风冷峻(화풍이 차가웠다)이다.

4. 지문의 전반적인 내용 모두 제백석이 평생 배움을 위해 노력하는 모습에 대해 설명하는 글이었으며, 마지막 부분에서는 그의 일생으로 '늙어 죽을 때까지 배움은 끝나지 않는다'가 무엇인지 설명했다고 이 글의 주제를 밝혔다. 따라서 정답은 A 齐白石一生都很勤奋(제백석은 평생 근면했다)이다.

第1-12题 请选出正确答案。

지문을 읽고 질문에 알맞은 보기를 선택하세요.

1-4.

《史记》里记载了一段孔子向师襄学琴的故事。师襄教了孔子一首曲子，十天过去了，师襄对孔子说："你可以继续学习新的内容了。"孔子却回答："不行，我现在只是熟悉了曲调，但还没有熟练地掌握弹奏方法。"

孔子又学习了一段时间后，师襄说："现在可以学习新内容了吧？"孔子说："不行，我虽然掌握了技巧，但还没领会到曲子的意境。"又过了一段时间。师襄说："你已经领会了曲子的意境，这回应该可以增加新的学习内容了吧？"孔子说："还是不行，我还没了解作曲子的人是一个怎样的人。"

时间一天天地过去，终于有一天，孔子对师襄说："我终于知道这首曲子的作曲人是谁了！他皮肤黝黑，又高又瘦，目视远方，有王者风范。不是周文王又能是谁？"师襄大吃一惊，马上对孔子行礼，说："我的老师在向我传授这首曲子时就是这么说的，这首曲子的名字叫作《文王操》。"

学习贵在坚持，孔子之所以能成为著名的思想家、教育家，就是因为他刻苦钻研的学习态度。我们在平时的学习中也需要全心投入、深刻理解，这样才能体会到学习的乐趣。假如只是停留在表面，那就很难有所收获。

1 学习曲子十天后，孔子：

  A 对曲调已经熟悉了   B 没有勇气继续学

  C 对学琴失去了兴趣   D 掌握了弹奏技巧

2 根据第二段，可以知道什么？

  A 孔子很佩服师襄   B 师襄对孔子很失望

  C 孔子依然没学新内容   D 师襄的教育方法很有效

3 师襄为什么向孔子行礼？

  A 想求助于孔子   B 发现孔子是作曲人

  C 感谢孔子的指教   D 孔子说对了作曲人

4 这篇文章主要想表达的是：

  A 学习要不断深入   B 要善于判断作者身份

  C 做事要认真负责   D 要多听取别人的意见

정답 및 해설 ≫ 해설서 p. 88

5-8.

汉姆看中了一个商铺，那个商铺周围有好几所学校，每天都有不少家长来接孩子放学，然后顺便在附近吃饭。汉姆觉得在这里开一家小餐厅，生意肯定会很红火。

汉姆的餐厅开业后，刚开始客流量确实很大，然而时间久了，汉姆发现很多家长来过一次就再也不来了。问题出在哪里呢？经过一番调查，他终于弄明白了：这附近有一个建筑工地，一些工人也会来这里用餐，他们往往很没礼貌，甚至说话带脏字，表现粗鲁无礼。家长们一定是怕孩子跟着学坏，所以就不愿意再来就餐了。

但是如何解决这个问题呢？总不能把那些不懂礼貌的人全都赶出去吧。汉姆思前想后，终于想到了一个好办法。他在店内最醒目的地方贴了一张纸。说来也奇怪，自从有了这张纸，餐馆里再也听不到有人说粗话了。相反，总会时不时听到"请""您"等敬语。同时，客人也越来越多了。

其实，这种变化完全得益于那张不起眼的纸。原来，它是餐馆制定的"礼貌区隔价目"。如果客人说"我要咖啡"，会收费7欧元；而说"请给我咖啡"，则可以打八折；若更加客气地说"你好，请给我咖啡"，甚至给旁边的人一个拥抱，那么就能打五折。在讲礼貌的同时，能得到优惠的折扣。顾客们何乐而不为呢！

5 为什么很多家长不愿意再去那家餐馆？

A 餐具不卫生　　　　　　　　B 服务员不亲切

C 担心孩子学脏话　　　　　　D 食物没有营养

6 汉姆是如何解决客人逐渐减少的问题的？

A 重新装修了餐馆　　　　　　B 更换了菜单

C 制定了优惠政策　　　　　　D 做了大量宣传

7 划线部分的"何乐而不为"是什么意思？

A 喜欢又能怎么样呢　　　　　B 如何才能快乐呢

C 为什么高兴还不去做呢　　　D 不做怎么能快乐呢

8 根据这段话可以知道：

A 餐厅每天营业到很晚　　　　B 餐厅的地理位置好

C 餐厅的老板没有创意　　　　D 不礼貌的人被赶出去了

9-12.

　　很多父母都有催促孩子的习惯，通常是从早到晚，从大事到小事。比如：有些孩子出门时，会模仿大人穿鞋的样子，自己也会尝试穿一下，但很多父母觉得孩子的动作太慢了，为了缩短时间，父母们一般会阻止自己的孩子做这样的新尝试。

　　有些父母说自己催促孩子是希望孩子能尽快适应外部的世界，但父母之所以选择催促孩子是因为自身过度担心和焦虑。如果经常催促孩子，对孩子的成长是很不利的，会使他们产生一种挫败感，很容易怀疑自己。催促孩子带来的结果主要有三个：孩子要么渐渐认同父母，变成和父母一样过度担心和焦虑的人；要么会产生依赖父母的心理，觉得所有的事情跟自己无关；要么会使孩子产生逆反心理，和父母反着来。

　　父母在教育孩子的过程中应该学会放慢自己的生活节奏，试着和孩子一起按照正常的节奏生活。这样会对孩子的成长更加有利的。

　　另外，专家还强调，应该给孩子自由玩耍的时间。很多父母觉得孩子们一个人和自己的玩具聊天，对着天空和云朵发呆，或者非常专注地看蚂蚁搬家是极其浪费时间的行为。其实不然，这些看似浪费时间的事情，可以让孩子获得更多乐趣。父母应该让孩子用自己喜欢的方式玩耍，这样不仅可以帮助他们把事物形象化、概念化，而且能够使他们更了解自己、了解他人。

9 孩子如果被过多地催促，会有哪种表现？

A 变得沉默　　　　　　　　B 有责任心

C 怀疑自己　　　　　　　　D 追求完美

10 第三段中，父母应该怎么做？

A 放慢自己的速度　　　　　B 经常带孩子去旅游

C 少抱怨现在的生活　　　　D 对孩子更加严厉

11 孩子通过自己喜爱的方式玩耍，可以：

A 掌握外国语言　　　　　　B 激发孩子的创造力

C 提高职业能力　　　　　　D 了解自我

12 最适合做上文标题的是：

A 谁偷看了孩子的日记　　　B 培养孩子的兴趣

C 父母要成为孩子的榜样　　D 别让孩子在催促中成长

정답 및 해설 ≫ 해설서 p. 93

DAY 12

11 간단한 메모는 시간을 줄인다!

공략비법 11 옳고 그름 판단, 정보 파악형 문제

출제 형식

정답을 찾기 힘든 유형으로 보기 간의 연관성이 없을 뿐 아니라 일일이 대조해 풀어야 하는 문제들이 출제된다. 유사한 표현으로 바꾸어 보기에 제시되므로 바로 정답을 찾기 어렵다. 옳고 그름 판단 문제와 정보 파악형 문제에서 출제되는 질문은 아래와 같다.

· 关于A，可以知道:	A에 관하여, 알 수 있는 것은:
· 关于A，下列哪项正确?	A에 관하여, 다음 중 옳은 것은?
· 根据上文，可以知道A:	윗글에 근거하여, A에 대해 알 수 있는 것은:
· 根据上文，下列哪项正确?	윗글에 근거하여, 다음 중 옳은 것은?

핵심 전략

1 ★ 한국어 메모를 하라.

옳고 그름을 판단하는 문제와 정보 파악형 문제 모두 눈으로 보기를 읽어 문제를 바로 해결하기란 쉽지 않다. 각 보기 간의 연관성이 적고 긴 지문을 눈으로 읽어 일일이 대조하기 어렵기 때문이다. 따라서 **보기 속의 키워드를 잡아 키워드만이라도 한국어로 메모해 지문과 대조하는 전략을 사용**해보자.

예		키워드 메모
A 非常年轻	⋯▶	젊다
B 不接受媒体采访	⋯▶	인터뷰
C 在学校教人太极拳	⋯▶	태극권
D 经常指导青年画家	⋯▶	화가 지도

泥人张彩塑创始于清代末年，是天津人张明山创造的。它是天津的一种民间文化，是天津的一绝，还是著名的汉族传统手工艺品之一。

张明山从八岁起就开始学捏泥人了。因家境贫寒，从小跟父亲以捏泥人为业，养家糊口。到了十二三岁，技艺已超过其父。张明山心灵手巧，富于想象，**1** 他经常在集市上观察形形色色的人，观察他们的一举一动。他有时还到戏院里看多种角色，一边看一边偷偷地捏，**2** 他捏出来的泥人个个都栩栩如生。张明山运用传统的泥塑艺术，先做出形状，然后涂多种颜色。一生创作了一万多个作品。他的作品不仅形似，而且神似，独具一格，深受老百姓的喜爱，亲切地被人们称为"泥人张"。

泥人张彩塑创作题材广泛，有的取材于民间故事，有的取材于多部著名的古典文学名著。总之，在很多领域都汲取了精华。**3** 泥人张彩塑能长期保存，是因为在用色用料方面是非常讲究的。

至今，泥人张已有180年的历史，经过几代人的传承，**4** 已经成为中国泥塑艺术的一个高峰。

1 关于张明山，可以知道：
　A 性格乐观　　　　　　B 当过作家
　C 善于观察　　　　　　D 会唱京剧

2 张明山捏的泥人有什么特点？
　A 非常小巧　　　　　　B 色彩单一
　C 特别形象　　　　　　D 表面粗糙

3 泥人张彩塑为什么能长期保存？
　A 底座很稳　　　　　　B 内部有钢丝加固
　C 烧制时间长　　　　　D 用料讲究

4 根据上文，下列哪项正确？
　A 泥人张彩塑技艺已经失传
　B 泥人张彩塑正面临困境
　C 泥人张彩塑艺术成就高
　D 泥人张彩塑的总店在北京

지문 어휘

泥人张 nírénzhāng 고유 니런장(중국 톈진 출신의 **张明山**(장밍산)이 창시한 점토 인형의 이름)

彩塑 cǎisù 명 채색 점토 인형

创造 chuàngzào 동 창조하다 ★

天津 Tiānjīn 지명 톈진(천진)

一绝 yìjué 형 유일무이하다, 제일이다

汉族 Hànzú 명 한족

传统 chuántǒng 명 전통 ★

工艺品 gōngyìpǐn 명 공예품

捏 niē 동 빚다

家境 jiājìng 명 가정 형편

贫寒 pínhán 형 변변치 못하다, 빈곤하다

泥人 nírén 명 점토 인형

养家糊口 yǎngjiāhúkǒu 성 집안 식구를 가까스로 부양하다

技艺 jìyì 명 기술, 기예

超过 chāoguò 동 초과하다

心灵手巧 xīnlíngshǒuqiǎo 성 총명하고 재능이 있다

集市 jíshì 명 (정기) 시장, 시골 장터

观察 guānchá 동 관찰하다 ★

一举一动 yìjǔyídòng 명 일거수일투족

戏院 xìyuàn 명 극장

角色 juésè 명 배역

偷偷 tōutōu 부 남몰래, 슬쩍

栩栩如生 xǔxǔrúshēng 성 생동감이 넘쳐흐르다

运用 yùnyòng 동 운용하다, 활용하다 ★

泥塑 nísù 명 점토 인형

形状 xíngzhuàng 명 형상 ★

形似 xíngsì 동 외형이 비슷하다, 모습이 닮다

神似 shénsì 형 (표정·외모 따위가) 아주 비슷하다, 대단히 닮았다

独具一格 dújùyìgé 성 독자적으로 하나의 품격을 갖추다

니런장 채색 점토 인형은 청나라 말기에 톈진 사람인 장밍산이 창조한 것이다. 그것은 톈진의 민간문화로, 유일무이하며 유명한 한족 전통 수공예 예술품 중 하나이다.

장밍산은 8살 때부터 점토 인형 빚는 것을 배우기 시작했다. 가정 형편이 변변치 못해, 어릴 때부터 아버지를 따라 점토 인형 빚는 것을 업으로 삼아 집안 식구들을 가까스로 부양했다. 12~13세가 되었을 때, 기술이 이미 그의 아버지를 뛰어 넘었다. 장밍산은 영리하고 손재주가 좋았으며 상상력도 풍부했다. **1** 그는 자주 시장에서 각양각색의 사람들을 관찰하고 그들의 일거수일투족을 관찰했다. 때로는 극장에 가서 여러 가지 배역을 보며 남몰래 점토 인형을 빚기도 했다. **2** 그가 빚어낸 점토 인형 하나하나가 생동감이 넘쳐흘렀다. 장밍산은 전통적인 점토 인형 예술을 활용하여, 먼저 형상을 만들어 낸 후에 여러 가지 색을 칠했다. 평생 1만 개가 넘는 작품을 만들어냈다. 그의 작품은 외형이 비슷할 뿐만 아니라 표정이 아주 비슷하고 독특해 서민들의 사랑을 듬뿍 받았으며, 사람들에 의해 '泥人张'이라는 애칭이 붙었다.

니런장 채색 점토 인형의 창작 소재는 광범위하여, 어떤 것은 만화에서, 어떤 것은 여러 편의 유명한 고전 문학 명작에서 소재를 취했다. 한마디로 많은 분야에서 정화를 흡수했다고 할 수 있다. **3** 니런장 채색 점토 인형은 색과 재료 사용을 대단히 중요시했기 때문에 장기간 보존할 수 있다.

지금까지 니런장 점토 인형은 이미 180년의 역사를 가지고 있으며, **4** 몇 대의 전수와 계승을 거쳐오면서 이미 중국 점토 예술의 정점에 올랐다.

1 장밍산에 관하여 알 수 있는 것은:
A 성격이 낙관적이다
B 작가였었다
C 관찰하는 것에 소질이 있다
D 경극을 할 줄 안다

2 장밍산의 점토 인형은 어떠한 특징을 가지고 있는가?
A 굉장히 작고 정교하다
B 색채가 단조롭다
C 매우 구체적이고 생동적이다
D 표면이 거칠다

3 니런장 채색 점토 인형은 왜 장기간 보존할 수 있는가?
A 밑받침이 튼튼하기 때문에
B 내부를 철사로 단단하게 했기 때문에
C 가마에서 오래 구웠기 때문에
D 재료 사용을 중요시 하였기 때문에

4 윗글에 근거하여, 다음 중 옳은 것은?
A 니런장 채색 점토 인형 기술을 후세에 계승할 사람이 없다
B 니런장 채색 점토 인형은 곤경에 처해있다
C 니런장 채색 점토 인형의 예술적 성과가 높다
D 니런장 채색 점토 인형의 본점은 베이징에 있다

정답   1. C   2. C   3. D   4. C

해설

1. 정보 파악 문제로 보기에 간단한 메모를 하는 것이 좋다. 두 번째 단락의 중반부에서 그는 자주 시장에서 각양각색의 사람들을 관찰하고, 그들의 일거수일투족을 관찰했다고 그대로 제시되었으므로 정답은 C 善于观察(관찰하는 것에 소질이 있다)이다.

2. 질문의 의문대명사 什么가 핵심어로 什么를 제외한 문장을 중심으로 지문에서 답을 찾는다. 그가 빚어낸 점토 인형 하나하나가 생동감이 넘쳐흘렀다고 했으므로 정답은 C 特别形象(매우 구체적이고 생동적이다)이다.

3. 질문의 의문대명사 为什么가 핵심어로, 为什么를 제외한 문장을 중심으로 지문에서 답을 찾는다. 니런장 채색 점토 인형은 색과 재료 사용을 대단히 중요시했기 때문에 장기간 보존할 수 있다고 했으므로 정답은 D 用料讲究(재료 사용을 중요시 하였기 때문에)이다.

深受 shēnshòu 통 깊이 받다
老百姓 lǎobǎixìng 명 백성 ★
亲切 qīnqiè 형 친절하다 ★
称为 chēngwéi 통 ~라고 부르다
民间故事 mínjiān gùshi
명 만화, 민간 고사
总之 zǒngzhī 접 한마디로 말하면 ★
领域 lǐngyù 명 분야, 영역 ★
保存 bǎocún 통 보존하다 ★
讲究 jiǎngjiu
통 중요시하다, ~에 신경 쓰다 ★
至今 zhìjīn 부 지금까지 ★
传承 chuánchéng 통 전승하다,
전수하고 계승하다
高峰 gāofēng 명 정점, 절정

보기 어휘

乐观 lèguān 형 낙관적이다 ★
善于 shànyú 통 ~에 소질이 있다,
~에 뛰어나다 ★
小巧 xiǎoqiǎo 형 작고 정교하다
色彩 sècǎi 명 색채, 성향
单一 dānyī 형 단조롭다, 단일하다
形象 xíngxiàng
형 구체적이고 생동적이다 ★
粗糙 cūcāo 형 (질감이) 거칠다 ★
底座 dǐzuò 명 밑받침
内部 nèibù 명 내부 ★
钢丝 gāngsī 명 철사
加固 jiāgù 통 더욱 견고하게 하다
烧制 shāozhì 통 가마에 넣어 굽다
成就 chéngjiù 명 성과, 성취 ★
总店 zǒngdiàn 명 본점

4. 옳고 그름 판단 문제로 간단한 메모를 하며 문제를 풀어야 한다. 보기 전체에서 泥人张彩塑를 제외한 문장 가운데 키워드를 잡아 키워드만이라도 한국어로 메모를 한다. 몇 대의 계승을 거쳐오면서 이미 중국 점토 예술의 정점에 올랐다고 하였으므로 예술적 성과가 높다는 것을 알 수 있다. 따라서 정답은 C 泥人张彩塑艺术成就高(니런장 채색 점토 인형의 예술적 성과가 높다)이다.

第1-12题 请选出正确答案。

지문을 읽고 질문에 알맞은 보기를 선택하세요.

1-4.

　　吴道子是唐代的著名画家，被人们尊称为画圣。他小时候就失去了双亲，生活贫困。为了维持生活他只好背井离乡，出外谋生。一天傍晚，吴道子路经一座雄伟壮观的寺院。他便走了进去。吴道子进入院内后看见一位年迈的老和尚在墙上聚精会神地画画。吴道子一下子看得入迷了。老和尚一回头，发现身后站着一个十来岁的男孩儿正在认真地看他画画儿，于是问道："孩子，你喜欢画画儿吗？"吴道子连忙用力地点了点头。后来吴道子把自己的身世告诉了这位老和尚。老和尚听完以后决定收留吴道子，并教他画画儿。

　　学画的第一天，老和尚带着吴道子来到了大殿，指着大殿的那面雪白的墙对吴道子说："我想在这儿画一幅《江海奔腾图》，画了很多次都不像真正的海浪。我现在把这个任务交给你，明天我带你去各地的江河湖畔周游三年，回来后你再画它。"

　　第二天一大早，吴道子收拾好行李就跟着老和尚出发了。无论他们走到哪里，老和尚都让吴道子练习画水。起初他非常认真，但时间一长，吴道子觉得有点儿不耐烦了，练习的时候越来越不认真了。老和尚看出了吴道子的心思，并对他说："吴道子呀，要想画出江河的气势，需要下苦功夫，要从一个水滴、一朵浪花开始画。"说罢，老和尚打开了随身携带的木箱，吴道子一看非常惊讶，因为箱子里是满满的画稿，画的全部都是一个水滴和一朵浪花或一层水波。

　　从此，吴道子醒悟了，每天早起晚归，废寝忘食地练习画水珠。无论是刮风天还是下雨天，从不间断。他还经常到河边、湖边、海边观察水浪的变化。三年后，吴道子画水的功夫突飞猛进，得到了老和尚的赞赏。后来，他终于画出了栩栩如生的《江海奔腾图》。

1 关于吴道子，可以知道什么？

A 是一名画家　　　　　　　　　B 生于明朝
C 喜欢研究房屋结构　　　　　　D 留下许多文学作品

2 第三段中，吴道子为什么感觉不耐烦了？

A 要干很多活儿　　　　　　　　B 整日都要观察
C 老和尚一直让他画水　　　　　D 没有伙伴一起玩儿

3 木箱里装的是什么？

A 一副围棋　　　B 珠宝　　　C 作画工具　　　D 画稿

4 根据上文，下列哪项正确？

A 吴道子完成了任务　　　　　　B 老和尚擅长画人物
C 老和尚收了很多徒弟　　　　　D 墙上的画消失了

정답 및 해설 ≫ 해설서 p. 96

5-8.

人们去看望亲人或朋友时，都习惯送给对方一束鲜花。但很多人常常忙到很晚才下班，以至于没有时间去买鲜花，两手空空地去赴约。两手空空去赴约真的是有些尴尬，为了避免这种尴尬，他们第一个想到的解决办法就是下班后给花店打电话请求帮助。而这时花店都早已关门，花店的老板都已在自己的床上进入了梦乡。有家花店的老板就经常接到这种深夜打来的电话，为此不能睡个安稳的觉，他感到非常无奈。

一天，这位花店的老板去百货商店逛了逛。逛着逛着突然感到口渴了，于是用自动售水机买了一瓶水。看着矿泉水瓶从售货机里出来，他灵机一动，我为何不能自己发明一台自动售花机呢？

从那天起，他便开始每天搜集和自动售水机相关的资料，一个人在家研制。终于功夫不负有心人，一年后就大功告成了。他在一般自动售水机的基础之上，将箱子的体积扩大了近一倍，同时将箱内的温度、湿度调整到了适合鲜花存放的度数。箱体的正面采用的材料和一般的自动售水机的材料一样，都是透明玻璃。原因很简单，因为可以透过玻璃看到箱内的鲜花。这位花店老板研制的自动售花机推向市场后，就立刻受到了广大顾客的欢迎。而且在对鲜花需求量较大的地方，比如医院、餐厅、公寓等地，出现了供不应求的现象。花店老板发现这一现象后，在这些地方增设了更多的自动售花机，并安排店员定期补充花卉，以免缺货。

花店老板的这种经营模式是一举两得的好方法，因为不仅使他获得了比实体店更高的利润，收获了自己想要的财富，而且终于可以拥有一个无人打扰的安宁的睡眠了。

5 什么事让花店老板感到无奈？

A 下班后接到买花的电话   B 鲜花的数量不多
C 顾客对花店很不满   D 朋友聚会太频繁

6 根据第二段，老板有什么想法？

A 进口国外的鲜花   B 买地种各种花
C 发明自动售花机   D 在售水机旁边卖花

7 关于自动售花机，可以知道：

A 仅底部是用木头做的   B 能自动浇水
C 体积比普通售货机大   D 容易出故障

8 根据上文，下列哪项正确？

A 花卉包装问题难解决   B 受到了很多顾客的欢迎
C 图书馆附近自动售花机最多   D 老板自学养花

정답 및 해설 ≫ 해설서 p. 98

9-12.

在某院校的智力比赛中，经过几轮激烈地竞争后，只剩下了4位选手。主持人手持话筒发话了："下面4位选手将开始轮流串讲一个故事，我们给出的故事引句是'今晚的月光很亮……'"

选手甲接过话筒，随口说出："下了夜班，我独自一个人走在回家的路上，忽然身后传来一声尖叫……"选手甲的话结束后，话筒传到选手乙手上，他接着说："我慌忙回头寻找声音的来源，发现马路对面有一个男子抱着一个包狂奔，而他身后的女子一边喊'抓小偷'一边追……"然后就轮到选手丙了，他接着说："我看到这个情景，毫不犹豫地追上去，经过搏斗后，我终于制服了那个小偷。"

故事讲到这儿，似乎结束了，接下来已无话可说，可话筒已经递到了最后一位选手丁的手里。大家都想该怎么串讲下去才能使故事的结尾新颖而巧妙呢？正在这时，这位选手灵机一动，突然想出了一个很好的结局，他接着说："写到这里，年轻的作者一把撕掉稿纸。他不由得自言自语：'如此俗套无聊的故事，怎么会有读者喜欢呢！'"大家听到了他的话，都感叹地鼓起了掌。最后选手丁理所当然地获得了本次大赛的冠军。

9 根据上文，主持人让4位选手做什么？

A 每个人唱一首歌曲　　　　　B 轮流串讲一个故事
C 讲自己的人生经历　　　　　D 回忆电视剧的剧情

10 关于先讲的3位选手，可以知道什么？

A 没接住前面选手的话　　　　B 都想放弃比赛资格
C 已经把故事讲得很完整　　　D 都对坏人有很多疑问

11 最后听到选手丁的话后，大家：

A 感叹地鼓起掌　　　　　　　B 嘲笑他的反应
C 都被感动哭了　　　　　　　D 不能接受事实

12 根据上文，下列哪项正确？

A 故事结局可有可无　　　　　B 年轻的作者很聪明
C 选手丁获得了冠军　　　　　D 选手甲让人非常佩服

정답 및 해설 ≫ 해설서 p. 101

12 독해 3부분에 빈칸문제가 있다!

공략
비법 12 사자성어 및 고급 어휘 의미파악 문제

출제 형식

밑줄 친 어휘나 사자성어의 의미를 묻는 문제가 출제된다. 질문 유형은 아래와 같다.

> · 画线部分 "A" 的意思是: 밑줄 친 부분 'A'의 의미는?

A는 사자성어나 관용어 혹은 고급 수준의 어휘로 그 자체의 의미를 정확히 파악해 정답을 찾는 것은 무리이다. 지문 속의 밑줄 부분이 빈칸이라 생각하고 보기를 대입하여 앞뒤 문맥에 자연스럽게 어울리는 하나를 정답으로 선택해야 한다.

핵심 전략

1 **앞뒤 문장을 다 읽어야 한다.**

어휘의 의미를 묻는 어휘 문제로 보이지만 실제로는 글의 흐름을 잘 파악했는지를 확인하는 추론 능력 문제이다. 평소 사자성어나 고급 어휘에 관심을 갖고 암기하고 있었다면 정답을 빠르게 찾을 수 있으나 수험생이 시험에 출제되는 모든 어휘를 다 알고 있을 가능성은 매우 희박하다. 따라서 **밑줄 친 부분의 앞뒤 문장을 읽은 후에 그 어휘가 의미하는 바를 보기에서 찾거나, 밑줄을 빈칸이라 생각하고 보기를 대입해 문맥과 가장 잘 어울리는 답을 고르는 연습**을 해야 한다.

유형맛보기

一家航空公司因为经济危机遇到了资金短缺的问题。如果得不到及时的解决，公司将面临倒闭。在航空公司领域遇到这种问题并不是什么新鲜事，按照以往同行业处理此事的经验来看，通过裁员来节省公司的支出是唯一有效的方法。

1 因为大家每天从早到晚都在忧心忡忡地等待着公司公布裁员的名单，所以公司里已失去了往日欢声笑语的气氛。一天，名单终于出炉了，公司的总裁召集了所有员工，并郑重地宣布："公司绝对不会随随便便裁掉你们当中的任何一个人，大家从今天起安心工作吧。"员工们听完以后先是感到非常吃惊，以为自己在做梦，不过马上就欢呼雀跃起来了。

지문 어휘

经济危机 jīngjì wēijī 명 경제 위기

资金 zījīn 명 자금 ☆

短缺 duǎnquē 동 부족하다, 모자라다

得不到 débudào 동 얻지 못하다

及时 jíshí 부 제때에, 즉시

面临 miànlín 동 직면하다 ☆

倒闭 dǎobì 동 파산하다, 도산하다

领域 lǐngyù 명 영역, 분야 ☆

遇到 yùdào 동 만나다

按照 ànzhào
전 ~에 따라, ~에 근거하여

总裁接着说: **2**"我们准备卖掉公司的一架飞机，卖掉后的钱足够公司应付一段时间。如果还不能解决问题的话，就再卖一架。直到公司摆脱困境为止。"员工们听完后感动不已，有的甚至流下了感动的泪水。

其实，在是否裁员的问题上，总裁和董事会成员发生过严重的分歧。**3** 董事会成员极力反对卖掉飞机，因为他们认为飞机是公司挣钱的"武器"，不可以轻易卖掉。虽然总裁觉得董事会成员说得有道理，但他觉得光有"武器"没有用，更重要的是要有会使用"武器"的人。**4** 如果公司无法让员工看到自己的发展前途，是不会安心留下来为公司效力的。最终，董事会同意了总裁的决定。

1 员工们为什么忧心忡忡？

  A 没达到预期目标   B 担心被辞退
  C 奖金要下调   D 怕被总裁责备

2 总裁想如何解决公司资金短缺的问题？

  A 增加更多航班   B 卖掉一架飞机
  C 减少宣传开支   D 辞退老员工

3 最后一段画线词语"分歧"最可能是：

  A 多次商量   B 效果很明显
  C 意见不一致   D 语气很过分

4 下列哪项属于总裁的观点？

  A 赞同董事会的决定   B 要多奖励优秀员工
  C 要让员工信任公司   D 应该加强团队合作

한 항공사가 경제 위기로 자금 부족 문제에 봉착했다. 만약 제때에 해결하지 못하면 회사는 곧 파산에 직면하게 된다. 항공사에서 이런 문제에 봉착하는 것은 그리 새로운 일은 아니다. 과거 동종업계에서 이런 일을 처리한 경험에 따르면, 감원을 통해 회사의 지출을 절약하는 것이 유일하게 효과적인 방법이었다.

1 모두 매일 아침부터 저녁까지 근심 걱정에 가득 차 회사의 감원 명단 발표를 기다리고 있었기 때문에 회사에서는 이미 예전의 웃고 즐기는 분위기가 사라졌다. 어느 날, 마침내 명단이 나왔고 회사의 회장은 모든 직원을 소집해 엄숙하게 발표했다. "회사는 당신들 중 어느 누구도 절대 함부로 해고하지 않을 테니 여러분은 오늘부터 안심하고 일해 주세요." 직원들은 듣고 나서 먼저 매우 놀라 꿈을 꾸고 있다고 느꼈으나 이내 환호성을 지르며 뛰기 시작했다.

회장은 이어서 말했다. **2** "우리는 회사의 비행기 한 대를 팔 계획입니다. 팔고 난 후의 돈은 회사가 한동안은 대처할 수 있을 만큼 충분합니다. 만약 문제를 해결하지 못한다면 한 대 더 팔겠습니다. 회사가 곤경에서 벗어날 때까지." 직원들은 다 들은 후에 매우 감동하였고, 어떤 직원은 심지어 감동의 눈물을 흘렸다.

以往 yǐwǎng 명 과거, 이전
处理 chǔlǐ 동 처리하다 ★
经验 jīngyàn 명 경험
裁员 cái yuán 동 감원하다
节省 jiéshěng 동 절약하다, 아끼다 ★
支出 zhīchū 동 지출하다
有效 yǒuxiào 형 효과가 있다, 유용하다
从早到晚 cóngzǎo dàowǎn
아침부터 저녁까지
忧心忡忡 yōuxīnchōngchōng
성 근심 걱정에 시달리다
公布 gōngbù 동 공포하다, 발표하다 ★
名单 míngdān 명 명단
往日 wǎngrì 명 예전, 이전
欢声笑语 huānshēng xiàoyǔ
명 즐거운 노래 소리와 웃음소리
气氛 qìfēn 명 분위기 ★
总裁 zǒngcái 명 총재, 사장 ★
召集 zhàojí 동 소집하다, 불러 모으다
员工 yuángōng 명 직원 ★
郑重 zhèngzhòng 형 엄숙하다,
정중하다, 점잖고 엄숙하다
宣布 xuānbù 동 발표하다, 선포하다 ★
绝对 juéduì 부 절대로 ★
裁 cái 동 해고하다, 줄이다
安心 ānxīn 형 안심하다
吃惊 chī jīng 동 놀라다
欢呼雀跃 huānhūquèyuè
성 환호하며 깡충깡충 뛰다
足够 zúgòu 형 충분하다
应付 yìngfu 동 대처하다, 대응하다 ★
摆脱 bǎituō 동 벗어나다
困境 kùnjìng 명 곤경, 궁지
感动 gǎndòng 동 감동하다
泪水 lèishuǐ 명 눈물
董事会 dǒngshìhuì 명 이사회
严重 yánzhòng 형 심각하다, 위급하다
分歧 fēnqí 형 (사상·의견 등이) 불일치하다, 차이가 있다
挣钱 zhèng qián 동 돈을 벌다
武器 wǔqì 명 무기
轻易 qīngyì 부 함부로, 마음대로 ★

阅读

실전

사실, 감원하느냐 마느냐에 대한 문제에 있어서, 회장과 이사회 구성원들은 심각한 <u>의견 차이</u>가 있었다. **3** 이사회 구성원들은 비행기를 파는 것에 극구 반대했다. 왜냐하면 그들은 비행기를 회사가 돈을 벌기 위한 '무기'로 생각해 함부로 팔 수 없었기 때문이다.

회장은 이사회 구성원들의 말이 일리가 있다고 생각했지만 그는 '무기'만 있는 것은 쓸모가 없으며, 더 중요한 것은 '무기'를 사용할 줄 아는 사람이 있어야 한다는 것이었다. **4** 만약 회사가 직원들에게 발전 가능성을 보여주지 못한다면, 안심하고 남아 회사를 위해 전력을 쏟아 줄 리 없을 것이다. 결국, 이사회는 회장의 결정에 동의했다.

1 직원들은 왜 근심 걱정에 가득 찼는가?
  A 미리 기대한 목표에 못 미쳐서   B 해고 당할 것을 걱정해서
  C 보너스를 하향 조정해야 해서   D 회장에게 질책을 당할까 두려워서

2 회장은 어떻게 회사의 자금 부족 문제를 해결하고자 했는가?
  A 항공편을 더 늘려서   B 비행기 한 대를 팔아서
  C 홍보 지출을 줄여서   D 오래된 직원을 해고해서

3 마지막 단락의 밑줄 친 어휘 '分歧'는 무슨 의미일 가능성이 가장 높은가:
  A 여러 차례 의논하다   B 효과가 뚜렷하다
  C 의견이 일치하지 않다   D 말투가 지나치다

4 다음 중 어떠한 것이 회장의 관점에 속하는가?
  A 이사회의 결정에 따른다   B 우수한 직원을 더욱 더 격려한다
  C 직원들이 회사를 신임하도록 해야 한다   D 팀워크를 더 강화해야 한다

정답   1. B   2. B   3. C   4. C

해설
  1. 의문대명사 为什么를 제외한 문장을 중심으로 지문에서 찾는다. 두 번째 단락 시작부분에서 매일 아침부터 저녁까지 근심 걱정에 가득 차 회사의 감원 명단 발표를 기다리고 있기 때문이라고 언급했으므로 정답은 B 担心被辞退(해고 당할 것을 걱정해서)이다. 질문에서 为什么로 물을 경우, 지문에서 因为나 由于로 시작하는 부분을 염두해서 읽도록 한다.

  2. 회장은 문제를 해결하기 위해 회사의 비행기 한 대를 팔 계획을 세웠다고 했으므로 정답은 B 卖掉一架飞机(비행기 한 대를 팔아서)이다.

  3. 밑줄 친 分歧는 '(사상·의견 등이) 불일치하다, 차이가 있다'라는 의미이다. 만약 단어의 의미를 모를 경우, 밑줄 친 부분을 빈칸이라 생각하고 밑줄 친 단어의 앞뒤 문장을 읽어 답을 찾아야 한다. 밑줄 앞 부분에는 비행기를 팔고 직원 감축을 하지 않겠다는 내용이 나오고 밑줄 뒷부분에는 이사회 구성원들은 비행기를 파는 것에 극구 반대했다고 했으므로 회장과 이사회 구성원들의 의견이 일치하지 않음을 알 수 있다. 따라서 정답은 C 意见不一致(의견이 일치하지 않다)이다.

  4. 지문의 뒷부분에서 회장은 만약 회사가 직원들에게 발전 가능성을 보여주지 못한다면 직원들이 회사를 위해 전력을 쏟아 줄 리가 없을 것이라고 했으므로 정답은 C 要让员工信任公司(직원들이 회사를 신임하도록 해야 한다)이다.

前途 qiántú 명 전도, 전망 ★
效力 xiàolì
  동 전력을 쏟다, 온 힘을 다하다

보기 어휘

预期 yùqī 동 미리 기대하다, 예기하다
辞退 cítuì 동 해고하다, 해직시키다
责备 zébèi 동 질책하다, 꾸짖다 ★
减少 jiǎnshǎo 동 감소하다
宣传 xuānchuán
  동 홍보하다, 선전하다 ★
开支 kāizhī 동 지불하다
明显 míngxiǎn
  형 뚜렷하다, 분명하다 ★
过分 guò fèn 동 지나치다 ★
奖励 jiǎnglì 동 장려하다
优秀 yōuxiù 형 우수하다, 뛰어나다
信任 xìnrèn
  동 신임하다, 믿고 맡기다 ★
加强 jiāqiáng 동 강화하다
团队 tuánduì 명 팀, 단체
合作 hézuò 동 협력하다 ★

第1-12题 请选出正确答案。

지문을 읽고 질문에 알맞은 보기를 선택하세요.

1-4.

　　山海关位于河北省秦皇岛市，汇集了中国古长城之精华，是明长城的一个重要关口。山海关的城楼上有一个举世闻名的巨匾，它大约6米长，1.5米宽，上面写有"天下第一关"。这是山海关自古就享有的美誉。关于这个牌匾，在民间流传着这样一个传说。

　　据说，在明朝万历年间，"天下第一关"牌匾中的"一"字已经脱落了很长一段时间都无人修补。于是皇帝向天下的有才之士昭告：如果有谁可以修复"一"字本来的面貌，就重金赏赐他。听到这个消息后，有才之士都从各地赶来了。经过严格地层层筛选，最后的结果出乎了大家的意料。因为被皇帝选中的不是声名赫赫的大书法家，也不是高高在上的官员，竟是一个在山海关附近的一家酒楼打工的店小二。

　　在题字那天，山海关的城楼下人山人海，都是前来观看的人。店小二并没有因此而受到影响，他从容不迫地抬头看了看山海关的牌匾，然后把已准备好的毛笔轻轻地推到了一旁，顺手从腰间拿出一块抹布，蘸了蘸墨水，手从左至右一挥，一个绝妙的"一"字出现在了人们眼前。他挥手的动作令人惊叹。

　　有人好奇地问道："你写'一'字如此好的秘诀是什么？"他傻傻地笑了笑，答道："其实没有什么秘诀。只是我所在的酒楼正好面对着山海关的城楼，当我弯下腰擦桌子的时候，我刚好可以看到"天下第一关"的"一"字，我为了打发时间，每天就模仿牌匾上的这个"一"字擦桌子。久而久之便<u>熟能生巧</u>了。

1 根据第二段，牌匾中的"一"字：

A 写歪了　　　　　B 变了颜色　　　　C 常被太阳晒　　　D 已经脱落了

2 店小二用什么题字？

A 钢笔　　　　　　B 抹布　　　　　　C 刷子　　　　　　D 毛笔

3 最后一段中的画线部分"熟能生巧"最可能是什么意思？

A 熟练了就能运用自如　　　　　B 做事要讲道理
C 成熟的人可以成功　　　　　　D 要做自己感兴趣的事

4 根据上文，下列哪项正确？

A 店小二拜师学艺　　　　　　　B 山海关已经不存在了
C 店小二顺利完成了题字任务　　D 皇帝给了店小二很多黄金　　정답 및 해설 ≫ 해설서 p. 104

5-8.

　　大家去百货商场购物的时候，是否注意到了这样一个奇怪的现象：化妆品和珠宝普遍在一楼销售，这是什么原因呢？原来这是有讲究的。

　　首先是考虑到人流量。服装的需求量总是商场里最大的，有时候甚至人满为患。如果一楼是服装卖场的话，很有可能会被堵得水泄不通，从外面看就会跟菜市场似的。

　　第二是因为无论是化妆品还是珠宝，都有着精美的包装和外形，这成为了吸引路人进入商场的秘密武器。而且充满嗅觉诱惑的香水和化妆品的味道，也会让人心情大好。一楼专柜的形象好了，相当于给商场做了一个很成功的"面子工程"，就会给人档次很高的印象。

　　第三是因为化妆品和珠宝属于需求弹性很大的商品，通俗点说就是属于可买可不买的东西。如果把化妆品和珠宝放在其他楼层，可能很多人就会嫌麻烦，不去逛。而放在一楼的话，只要进入商场就要路过，极有可能无意中看到一两件中意的商品，然后顺手买下。

5 在商场中，销量最多的商品是？

A 服装　　　　　　　　　　　B 食品

C 化妆品　　　　　　　　　　D 首饰

6 划线词语"面子工程"的意思是：

A 商场开展的打折活动　　　　B 商场正门的装修效果

C 提升商品知名度的宣传　　　D 提高商场档次的柜台设置

7 根据文中最后一段，化妆品和珠宝设在一楼有什么作用？

A 便于客户结账　　　　　　　B 柜台更容易出租

C 有利于疏散人流　　　　　　D 促进这类商品的销售

8 本文讨论的内容与什么有关？

A 节日促销的技巧　　　　　　B 平面广告的作用

C 商品的楼层分布　　　　　　D 珠宝销售额高的原因

정답 및 해설 ≫ 해설서 p. 107

9-12.

卡娜是一位年过半百的女士，她在英国苦心经营着以自己的名字命名的酒店。虽然酒店的生意还可以，但是卡娜一直为招不到称心如意的服务员而苦恼。为此，卡娜不得不亲自为客人打扫房间。但由于体力不支，有好几次摔倒在了房间里。

有个人给她提了一个建议："你可以要求入住的客人自己打扫房间，我想依您的年纪他们不会忍心拒绝的。"

正是这句话让卡娜产生了一个灵感：我可以让客人自己打扫房间，然后我给他们降低住宿费。卡娜觉得这是一个非常好的想法，但她的朋友觉得太不可思议了。因为降低房间的价格还不如招服务员。卡娜说她之所以这样做有两个理由，一是可以解决目前人员难招的问题；二是自己经营酒店的这种模式打开了全世界客人自己打扫房间的先河。至于利润她一点儿都不担心，因为她觉得从长期来看，客人少交房间的费用，会提高酒店的入住率，这样就可以弥补亏损的部分。

卡娜很快将这个想法付诸了实践。此后，在卡娜酒店可以看到这样的场景，客人办完手续后，会领到相关的打扫工具。在退房前，客人要按照酒店的规定把房间打扫干净。

自从卡娜改变经营模式后，酒店的入住率比原来提高了40%。在旅游旺季，还出现过供不应求的局面。

⑨ 卡娜为什么要亲自打扫房间？

A 想锻炼身体　　　　　　　　B 为了给客人留下好印象
C 想节约费用　　　　　　　　D 没招到满意的服务员

⑩ 根据第二段，有人建议卡娜怎么做？

A 定期去检查身体　　　　　　B 让客人交押金
C 让客人自己打扫房间　　　　D 招聘兼职人员

⑪ 第三段画线部分"不可思议"的意思最可能是：

A 没必要议论　　　　　　　　B 难以理解
C 不讲道理　　　　　　　　　D 思念家人

⑫ 降低住宿费后，卡娜的旅馆：

A 利润时增时降　　　　　　　B 扩建了
C 没有从前卫生了　　　　　　D 入住率提高了

정답 및 해설 ≫ 해설서 p. 109

13 주제와 제목은 계속 이야기하고 있다!

공략비법 13 주제, 제목 찾기 문제

출제 형식

독해 제3부분에서는 마지막 문제로 주제나 제목을 찾는 문제가 출제된다. 주제나 제목은 일반적으로 지문의 마지막 단락에 나오므로 마지막 단락부터 읽으면 빠르게 정답을 찾을 수 있다. 만약 시간이 부족하다면 아래와 같은 질문의 문제로 주제나 제목을 유추할 수도 있다.

· 上文主要谈的是:	윗글이 주로 이야기 하는 것은:
· 上文主要想告诉我们什么?	윗글은 주로 우리에게 무엇을 말하는가?
· 最适合做上文标题的是:	윗글의 제목으로 가장 적당한 것은:

핵심 전략

1 애매하면 점수를 매겨라.

주제나 제목 찾기 문제는 다른 유형의 문제에 비해 개인의 생각이나 판단이 가장 많이 투영되기도 한다. 하지만 HSK 문제는 개인의 생각을 묻는 문제가 아니라 지문의 글쓴이가 말하고자 하는 바를 찾아내야 하는 문제임을 잊지 말아야 한다. 혹여 전체 지문 파악이 어려워 보기 가운데 답이 헷갈릴 경우에는 아래와 같이 점수를 매겨 정답을 찾도록 한다.

예 시험에 〈토끼와 거북이〉의 지문에 주제를 묻는 질문이 나올 경우, 아래와 같이 푼다.

A. 정직함의 중요성	00점	
B. 우정이 가장 중요하다	30점	
C. 끈기가 관건이다	70점 ✓	
D. 낙천적인 삶의 태도	20점	정답 C

2 앞선 3문제로 주제나 제목을 유추하라.

일반적으로 주제나 제목을 묻는 문제는 4문제 가운데 마지막 문제로 출제되며, 지문의 마지막 단락에 정답이 숨어있다. 마지막 단락 전체를 읽고 파악할 정도로 시간의 여유가 있다면 좋겠지만 그렇지 못할 경우라면 앞선 3문제와 선택한 답으로 글의 주제나 제목을 유추하도록 하자. 모든 글은 이야기의 흐름에 따라 전개되므로 주제나 제목도 그 글의 전반적인 내용의 함축이라 볼 수 있다. 따라서 앞서 해결한 3문제와 선택한 답을 통해 주제나 제목을 유추해 정답을 찾아낼 수도 있다.

有位商人在外经商多年，很久没回故乡了。一年秋天，他回故乡看望年迈的父母。他意外地发现，故乡的玉米秸秆柔韧性很好，非常适合编织遮阳的帽子。于是他带了一些秸秆回去，找技术人员编织草帽，**1** 这种帽子很时尚，在市场上特受欢迎。

不久，商人带着技术人员回到了故乡，让技术人员教村民编织遮阳帽。**2** 大家不敢相信原本不值钱的秸秆突然成了宝贝。商人向村民承诺会以高价收购所有成品。这个好消息立刻在村里传开，从那时候开始到第二年春天，几乎全村的人都在忙着编帽子，他们发现编帽子比种玉米挣得多。然而，其中一户人家却没有加入到编织帽子的队伍中，他们每天从早到晚都忙着到山里干农活儿。邻居们劝他们别忙着干农活儿了，和大家一起编帽子，过了这个村就没有这个店儿了，不要错过这么好的挣钱机会。每次遇到劝他们的人时，他们总是笑着摇摇头拒绝。

转眼间，秋天又来了。村民们无法再继续编织遮阳帽了。因为全村的人都在编帽子，没有人去种玉米，很多地都荒了，而且去年存下来的秸秆也快用完了。

就在大家急得像热锅上的蚂蚁时，有个村民发现那户每天忙着到山里干农活儿的一家，**3** 不知从何时起已在远处的荒山上种满了玉米。村民们得知这个消息后都争着去买他们的秸秆。**4** 一夜之间，那户人家没费多大劲儿，就赚了很多钱。

目光短浅的人会只顾追求眼前的利益，而有智慧和远见的人会把目光放到将来。

1 关于那种帽子，可以知道什么？
A 质量不好　　B 价格贵
C 防晒作用不大　　D 样子时尚

2 村民得知秸秆可以赚钱后，有什么反应？
A 开始种玉米　　B 感到愤怒
C 难以相信　　D 不当一回事

3 关于那一家人，可以知道：
A 成为帽子工厂老板　　B 种了很多玉米
C 离开了村庄　　D 学会了编织帽子

4 最适合做上文标题的是：
A 遮阳帽的特点　　B 村民的苦恼
C 玉米的成分　　D 最后的赢家

지문 어휘

商人 shāngrén 명 상인
经商 jīngshāng 동 장사하다 ★
故乡 gùxiāng 명 고향
看望 kànwàng 동 방문하다 ★
年迈 niánmài 형 연로하다
玉米 yùmǐ 명 옥수수 ★
秸秆 jiēgǎn 명 대, 짚
柔韧性 róurènxìng 명 유연성
适合 shìhé 동 적합하다
编织 biānzhī 동 짜다, 엮다
遮阳 zhēyáng 동 햇빛을 가리다
草帽 cǎomào 명 밀짚모자
时尚 shíshàng 형 유행에 어울리는 ★
村民 cūnmín 명 마을 주민
相信 xiāngxìn 동 믿다
宝贝 bǎobèi 명 보물 ★
承诺 chéngnuò 동 대답하다, 승낙하다
成品 chéngpǐn 명 완성품, 완제품
传开 chuánkāi 동 널리 퍼지다
活儿 huór 명 일거리, 일감
邻居 línjū 명 이웃집
摇头 yáotóu 동 고개를 가로젓다
拒绝 jùjué 동 거절하다
转眼间 zhuǎnyǎnjiān 부 눈 깜짝할 사이, 별안간
继续 jìxù 동 계속하다
热锅上的蚂蚁 rè guō shàng de mǎyǐ 뜨거운 솥 속의 개미, 어찌할 바 모르고 허둥대다
远处 yuǎnchù 명 먼 곳
荒山 huāngshān 명 황폐한 산
得知 dézhī 동 알게 되다
消息 xiāoxi 명 소식, 뉴스
争 zhēng 동 다투다, 쟁탈하다
目光 mùguāng 명 시선, 눈빛, 눈길
追求 zhuīqiú 동 추구하다 ★
眼前 yǎnqián 명 눈 앞, 가까운 곳
利益 lìyì 명 이익, 이득 ★
智慧 zhìhuì 명 지혜 ★
远见 yuǎnjiàn 명 예견, 통찰력

어느 한 상인이 외지에서 여러 해 장사를 하느라, 오랫동안 고향에 가지 못했다. 어느 해 가을, 그는 연로한 부모님을 뵈러 고향에 갔다가 뜻밖에도 고향의 옥수숫대가 유연성이 좋아 햇빛 가리는 모자를 짜기에 굉장히 적합하다는 것을 알아챘다. 그래서 그는 대를 조금 챙겨 돌아가, 밀짚 모자를 짤 기술자를 찾았다. **1** 이 세련되어 보이는 모자는 시장에서 굉장한 인 기를 끌었다.

얼마 지나지 않아, 상인은 기술자를 데리고 고향으로 돌아가, 기술자가 마을 사람들에게 햇빛 가리는 모자를 짜는 법을 가르치도록 했다. **2** 사람들은 원래 가치가 없던 대(옥수숫대) 가 갑자기 보물이 됐다는 것을 감히 믿지 못했다. 상인은 마을 사람들에게 완성품 전부를 고 가에 매입할 것이라고 대답하였다. 이 좋은 소식은 바로 마을에 널리 퍼졌고, 그때부터 이듬 해 봄까지 거의 모든 마을사람이 모자 짜기에 바빴고, 그들은 모자를 짜는 것이 옥수수 심는 것 보다 훨씬 더 많은 돈을 번다는 것을 깨달았다. 그러나 그중 한 집은 도리어 모자 짜는 대 열에 끼지 않고 매일 아침부터 저녁까지 산에서 농사일을 하기에 바빴다. 이웃 사람들은 그 들에게 바쁘게 농사일을 하지 말고 사람들과 함께 모자를 짜라고 권하며, 이런 기회를 놓치 면 다시는 기회가 없으니 이렇게 좋은 돈벌이 기회를 놓치지 말라고 하였다. 매번 권하는 사 람들을 만날 때마다, 그들은 항상 웃으며 고개를 저어 거절했다.

눈 깜짝할 사이, 가을이 다시 왔다. 마을 사람들은 더 이상 햇빛 가리는 모자를 계속 짤 방법이 없었다. 온 마을 사람들이 모두 다 모자를 짜고 있었기 때문에, 아무도 옥수수를 심으 러 가지 않아 많은 땅이 다 황폐해졌으며, 게다가 작년에 모아둔 대(옥수숫대)도 거의 다 써 가고 있었다.

모두가 뜨거운 솥 속의 개미처럼 초조해하고 있을 때, 마을의 한 사람이 매일 분주히 산 에서 농사일을 하던 그 집이, **3** 언제부터인지는 몰라도 이미 저 멀리 있는 황폐한 산에다가 옥수수를 가득 심어뒀다는 것을 발견하였다. 마을 사람들은 이 소식을 알게 된 후, 모두 앞 다투어 그들의 대(옥수수대)를 사러 갔다. **4** 하룻밤 사이에 그 집은 별로 힘들이지 않고 많은 돈을 벌었다. 한 치 앞만 보는 사람은 단지 앞의 이익만 추구하나, 지혜와 선견지명이 있는 사람은 시선을 미래에 둘 것이다.

1 그 모자에 관하여, 알 수 있는 것은 무엇인가?
A 품질이 좋지 않다   B 가격이 비싸다
C 햇빛 차단 효과가 크지 않다   D 디자인이 세련되다

2 마을 사람들은 옥수숫대로 돈을 벌 수 있다는 것을 알게 된 후 어떤 반응이었는가?
A 옥수수를 심기 시작했다   B 분노를 느꼈다
C 믿기 어렵다   D 중요한 일로 여기지 않았다

3 그 집에 관하여, 알 수 있는 것은:
A 모자 공장 사장이 되었다   B 많은 옥수수를 심었다
C 마을을 떠났다   D 모자 짜는 것을 배웠다

4 본문의 제목으로 가장 적합한 것은:
A 햇빛 가리개 모자의 특징   B 마을사람들의 고민
C 옥수수의 성분   D 최후의 승리자

 정답   1. D   2. C   3. B   4. D

해설

1. 첫 번째 단락에서 기술자가 짠 밀짚모자는 디자인이 세련되어 보여 시장에서 굉장 한 인기를 끌었다고 했으므로 정답은 D 样子时尚(디자인이 세련되다)이다.

2. 두 번째 단락에서 가치가 없던 대(옥수숫대)가 갑자기 보물이 됐다는 것을 감히 믿 지 못했다고 했으므로 정답은 C 难以相信(믿기 어렵다)이다.

3. 네 번째 단락에서 저 멀리 있는 황폐한 산에 옥수수를 가득 심어뒀다고 했으므로 정답은 B 种了很多玉米(많은 옥수수를 심었다)이다.

4. 지문의 제목을 고르는 문제로 마지막 단락을 집중해 읽거나 앞선 3문제를 통해 제 목이나 주제를 유추할 수 있다. 마을 사람들의 권유에도 모자를 짜지 않고 힘들게 농사일을 한 가족은 가을이 오자 별로 힘들이지 않고 많은 돈을 벌었다는 내용과 가장 마지막 단락의 내용을 통해 정답은 D 最后的赢家(최후의 승리자)이다.

| A의 정답 가능성: 30점 | B의 정답 가능성: 50점 |
| C의 정답 가능성: 0점 | D의 정답 가능성: 70점 ✓ |

보기 어휘

防晒 fáng shài 햇빛을 막다
赚钱 zhuàn qián 동 돈을 벌다
反应 fǎnyìng 명 반응 ⭐
愤怒 fènnù 형 분노하다
难以 nányǐ 동 ~하기 어렵다
村庄 cūnzhuāng 명 마을, 촌락
苦恼 kǔnǎo 형 고민스럽다, 괴롭다
成分 chéngfèn 명 성분, 요소 ⭐
赢家 yíngjiā 명 승리자

실전 테스트

第1-12题 请选出正确答案。

지문을 읽고 질문에 알맞은 보기를 선택하세요.

1-4.

有位研究员常去家附近的咖啡店喝咖啡。渐渐地他和那儿的咖啡师成为了朋友。有一次，他和咖啡师聊天儿时，无意中得知用不同的杯子喝同一种咖啡可以喝出不同的味道。比如用白色不透明的瓷杯泡的咖啡比用蓝色马克杯泡的咖啡喝起来感觉更浓。研究员听完以后有点儿半信半疑，因为他是色彩心理学方面的专家，从色彩心理学的角度来看的话，蓝色会让咖啡的颜色看起来更深，喝起来感觉上可能会更苦。

研究员为了检验咖啡师的这一说法，在网上招募了18个志愿者来做实验。首先研究员把18个志愿者分成了3组，每组6个人。他准备了三个杯子，分别是白色瓷杯、透明玻璃杯和蓝色马克杯。他将拿铁倒在了这三个杯子中，而且每个杯子都倒了200毫升，然后让18个志愿者饮用，饮用完以后让他们对咖啡的味道、香气等进行评价。

最后结果显示，确实是白色不透明瓷杯中的咖啡喝起来会让人觉得更苦。

看到实验结果后，研究者心中还是有很多疑问。比如：杯子的形状会不会影响咖啡的味道呢？只有18个人参与实验会不会不太可信？为了排除这些疑问，研究员又做了一次实验。这次他选择了只是杯子的颜色不同（白、透明、蓝）而其他方面完全相同的杯子，并且将18个志愿者扩大到了36人。最后的实验结果和第一次的实验结果一样，与其他两种颜色相比，白色瓷杯中的咖啡会让人觉得更苦更浓。

这两次实验均表明，杯子的颜色确实会影响人们对咖啡味道的感知。

1. 根据第一段，研究者认为蓝色马克杯：

   A 不太烫手　　　　　　　　　　B 清洗很麻烦
   C 可能使咖啡喝起来更苦　　　　D 能增添咖啡香味

2. 根据第二段，研究者的实验目的是：

   A 检验咖啡师的说法　　　　　　B 扩大咖啡的销量
   C 做市场调查　　　　　　　　　D 检测咖啡对健康的影响

3. 关于两次实验，可以知道什么？

   A 是同时进行的　　　　　　　　B 参与人数一样
   C 结论相同　　　　　　　　　　D 都忽视了杯子的质地

4. 上文主要谈的是：

   A 怎么提高咖啡销量　　　　　　B 杯子颜色影响咖啡味道
   C 咖啡师的苦恼　　　　　　　　D 如何挑选咖啡

정답 및 해설 ≫ 해설서 p. 112

5-8.

飞机即将起飞时，有位乘客突然觉得胃不舒服，所以她请求空姐给她倒一杯水，她想吃药。空姐微笑着对这位乘客说："女士您好，我知道您现在很不舒服，我可以理解您，但现在飞机即将起飞，为了您的安全请稍等片刻，等飞机进入平稳飞行状态后，我会马上给您送过来。"

十多分钟后，飞机早已平稳。这时，空姐突然想起来刚才有位乘客需要一杯水。她用双手端着一杯白开水来到客舱，小心翼翼地将水送到那位乘客面前，微笑着说："女士，真的非常抱歉，由于我的疏忽，耽误您吃药了。"乘客非常生气地说："你看看，现在几点了？你们就是这样为乘客服务的？"

在接下来的五个小时的飞行中，空姐为了表示歉意，每次去客舱服务时，都会特意走到那位乘客面前，面带微笑询问她是否需要帮助。可是，那位乘客每次都装没听见，面无表情地闭着眼睛，不理会空姐。快到目的地时，那位乘客跟空姐要留言本。很显然，她要投诉这名空姐。此时，空姐可能会感到委屈，但她仍然微笑着说道："女士，我再次向您表达深深的歉意，请您接受我的道歉。无论您有什么意见，请一一写下来，我都会欣然接受！"那位乘客听完空姐的话以后，似乎想说什么，但没开口，她接过留言本后便拿起笔写了起来。

飞机安全着陆后，乘客们陆续下飞机了。空姐紧张地翻开了那位乘客写的留言本，她感到很吃惊。因为那位乘客写的不是投诉信，而是表扬信。信中写道："在整个飞行中，您的十三次微笑深深地打动了我，让我感受到了你的真诚，使我最终决定将投诉信改成表扬信。以后如果有机会，我还会乘坐你的这个班机。"

5 空姐本来答应什么时候给那位乘客送水？

A 乘客用餐时　　　　　　　　B 飞机平稳飞行后
C 飞机降落后　　　　　　　　D 半个小时后

6 在飞行途中，空姐是如何向那位乘客表达歉意的？

A 给她被子　　　　　　　　　B 不时询问她的需求
C 给她调整座位　　　　　　　D 送她当地的纪念品

7 根据第四段，空姐为什么感到惊讶？

A 乘客要求赔偿　　　　　　　B 乘客向她道歉了
C 乘客写的是表扬信　　　　　D 留言本找不到了

8 最适合做上文标题的是：

A 空姐的任务　　　　　　　　B 粗心的乘客
C 有趣的辩论　　　　　　　　D 真诚的微笑

정답 및 해설 ≫ 해설서 p. 114

9-12.

　　以前有很多乘客抱怨等待行李的时间太长了。机场的工作人员常常为此感到头疼。

　　为了解决这个问题，有些机场在搬运行李的部门增派了更多的人员，将乘客等待行李的时间缩短到了8分钟。工作人员原本以为乘客的抱怨会大大减少，但令他们感到意外的是，乘客抱怨的情况几乎没有得到改善。

　　机场不得不求助一位管理学方面的专家。管理学家来到机场经过几次调查后发现，乘客取行李的时间主要有两个部分：一是走到行李提取处的时间；二是等待取行李的时间。乘客走到行李提取处大约只需要1分钟，但等待行李需要7分钟。等待的时间确实是太长了。

　　管理学家根据调查的结果制定了一个解决方案：重新调整机舱出口到行李提取处的距离，也就是说把这段距离拉远一点儿。这样一来，乘客走到提取行李处的时间增加了，大概比之前多走5分钟，乘客等待行李的时间减少了，大约只需要2分钟就能拿到自己的行李。

　　部分机场实施这个方案后便取得了<u>立竿见影</u>的效果。乘客的抱怨和投诉比以前少很多。虽然乘客取行李的总时间还是和原来一样，新方案只是将乘客走到行李提取处的时间和等待行李的时间进行了调整。不过这个调整减少了乘客的心理时间，因为这样调整后乘客花在路上的时间多于等待的时间，对乘客来说走路会比站着等待过得快点儿，因此抱怨自然减少了。

9 乘客为什么经常抱怨?

A 取行李时要等很长时间　　　　B 航班经常延误

C 行李无故丢失　　　　　　　　D 机场服务不周到

10 关于管理学家所提出的方案，可以知道：

A 增加了乘客走路的时间　　　　B 被乘客否定了

C 简化了取行李的手续　　　　　D 需要招聘更多的行李员

11 文中画线部分的意思最有可能是：

A 机场很快运用了新方法　　　　B 自相矛盾的意思

C 立刻产生明显的成效　　　　　D 传播范围非常小

12 最适合做上文标题的是：

A 8分钟的分配　　　　　　　　B 乘客的疑问

C 机场的服务　　　　　　　　　D 管理学家的烦恼

정답 및 해설 ≫ 해설서 p. 117

书写

쓰기

HSK

제1부분
제시된 어휘로 문장 완성하기

제2부분
짧은 글쓰기

书写

3

HSK

제1부분
제시된 어휘로 문장 완성하기

书写

3

제1부분
제시된 어휘로 문장 완성하기

쓰기 제1부분은 4~5개의 제시된 어휘를 어순에 맞게 배치하여 하나의 문장을 완성하는 유형으로 총 8문제(91번~98번)가 출제된다. 중국어의 어순을 이해했는지 묻는 문제들이 출제된다.

★**중국어의 기본 문형을 완성하는 문제가 주로 출제된다.** 4급 시험에 비해 제시되는 어휘들의 난이도가 높지만 대부분이 기본 문형을 완성하는 문제이다.

출제 비율

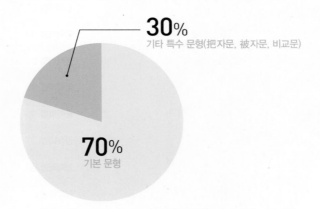

30%
기타 특수 문형(把자문, 被자문, 비교문)

70%
기본 문형

형용사 술어문

姥姥做的菜　很地道。 외할머니가 만드신 요리는 정통이다.
　(관형어)주어　　＋　(정도부사)형용사

姥姥 lǎolao 명 외할머니 ★ | 地道 dìdao 형 원산지의, 본고장의, 진짜의 ★

동사술어문

饭后散步　　　能促进　　　消化。 식사 후 산책은 소화를 촉진시킬 수 있다.
　주어　　　[조동사 + 동사(술어)]　목적어

促进 cùjìn 동 촉진시키다 ★ ｜ 消化 xiāohuà 동 소화하다 ★

특수한 문형(把자문, 被자문, 비교문)을 완성하는 문제가 매회 1문제는 꾸준히 출제된다.
把자문이 가장 많이 출제됐으며 뒤이어 被자문, 비교문, 겸어문 등이 출제되었다.

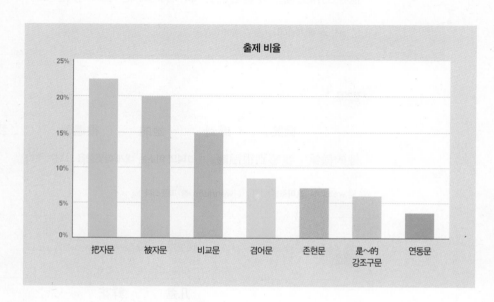

把자문

　　　你们　　　合影　　　发给　　　把　　　我会尽快

我会尽快把合影发给你们。 되도록 빨리 단체 사진을 너희들에게 보내줄게.

合影 héyǐng 명 단체 사진 동 함께 사진을 찍다 ★ ｜ 尽快 jǐnkuài 부 되도록(가능한 한, 최대한) 빨리 ★

眼前的　　　他　　　被　　　情景　　　吓坏了

他被眼前的情景吓坏了。　　그는 눈앞의 장면에 깜짝 놀랐다.

情景 qíngjǐng 명 장면, 광경 ☆ | 吓坏 xiàhuài 동 깜짝 놀라다

비교문

工作方面　　　比我　　　他在　　　更出色

他在工作方面比我更出色。　　그는 업무면에서는 나보다 더 특출나요.

出色 chūsè 형 특출나다, 대단히 뛰어나다 ☆

겸어문

微笑　　　感到　　　她的　　　很温暖　　　让我

她的微笑让我感到很温暖。　　그녀의 미소는 내게 따뜻함을 느끼게 했다.

微笑 wēixiào 명 미소 ☆ | 温暖 wēnnuǎn 형 따뜻하다 ☆

존현문

摆了　　　几盆　　　鲜花　　　地上

地上摆了几盆鲜花。　　땅에 몇 개의 꽃 화분을 놓았다.

摆 bǎi 동 놓다, 진열하다 ☆ | 盆 pén 양 화분을 세는 양사 ☆ | 鲜花 xiānhuā 명 생화

是～的 강조구문

下来的　　　是从　　　古代　　　这个技术　　　流传

这个技术是从古代流传下来的。　　이 기술은 고대부터 전해 내려온 것이다.

古代 gǔdài 명 고대 ☆ | 技术 jìshù 명 기술 | 流传 liúchuán 동 전해 내려오다, 유전되다 ☆

我打算	教练	找	游泳馆	去

我打算去**游泳馆**找**教练。**　저는 감독님을 찾으러 수영장에 가려고 해요.

教练 jiàoliàn 명 감독, 코치 ⭐ ┊ 游泳馆 yóuyǒngguǎn 명 수영장

문제 풀이 전략

문제는 이렇게 풀어라!

Step 1　먼저 술어를 찾는다.

Step 2　술어를 찾은 후, 주어나 목적어가 되는 어휘를 찾아서 배치한다.
[주어 + 술어 + 목적어] 순으로 배치하되, 술어가 형용사이거나 목적어를 갖지 않는 경우에는 우선 주어만 배치한다.

Step 3　남은 어휘들은 어순이나 의미에 맞게 배치하고, 마침표(。) 나 물음표(？) 와 같은 문장부호를 붙여 문장을 완성한다.

书写

쓰기

쓰기 제1부분 최신 경향 분석

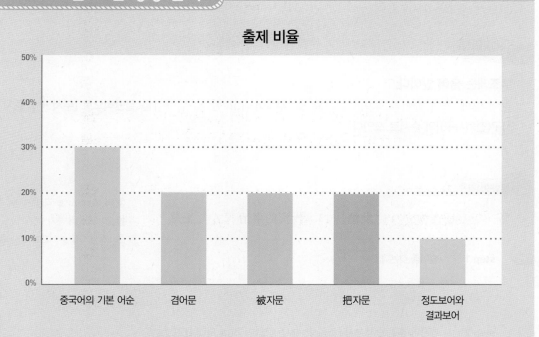

출제 비율

중요도 ★★★★ 난이도 ★★

제1부분에서는 중국어의 기본 어순 배열이 가장 많이 출제됐으며, 被자문, 把자문, 겸어문은 골고루 출제된다. 정도보어와 결과보어도 1문제 정도 출제된다.

1 어법의 기본기에 충실하라!

공략 비법 01 중국어의 기본 어순

📎 **출제 형식**

주로 중국어의 기본 어순인 [주어 + 술어 + 목적어]를 순서에 맞게 배열하는 문제들이 출제된다. 4급과 달리 5급은 제시된 어휘들의 난이도가 높아 어렵게 느껴진다. 하지만 문장의 뼈대인 기본 어순과 어휘의 뜻, 품사를 정확히 알고 있다면 어려움 없이 문제를 해결할 수 있다.

📎 **핵심 전략**

1 ★ 부조개는 술어 앞이다.

술어 앞에 쓰여 술어를 꾸며주는 성분을 '**부사어**'라고 한다. 부사어는 **일반적으로 [부사 + 조동사 + 개사구(전치사구)]의 순서로 쓰인다.**

✏️ **유형맛보기 1**

| 呢 | 还在为 | 发愁 | 投资的事情 | 王总 |

发愁 fā chóu 통 걱정하다 ⭐
投资 tóuzī 몡 투자 ⭐
总 zǒng 회장, 총수(**总经理**)의 줄임말

해설

step 1 술어를 찾는다.

| 술어 |
| 发愁 |

step 2 부사어 배열 순서[부사+조동사+개사구(전치사구)]에 따라 还在为[부사+부사+개사]와 投资的事情[관형어+명사]를 연결해 술어 앞에 놓는다.

| 부사어(부사+개사구) | 술어 |
| 还在为 ㅣ 投资的事情 | 发愁 |

step 3 동사 술어 发愁의 주어는 사람이여야하므로 王总을 주어 자리에 놓고, 어기조사 呢는 문장 제일 끝에 배치한다.

| 주어 | 부사어(부사+개사구) | 술어 | 어기조사 |
| 王总 | 还在为 ㅣ 投资的事情 | 发愁 | 呢 |

정답 王总还在为投资的事情发愁呢。

해석 왕 회장은 아직도 투자에 관한 일로 걱정하고 있다.

2 동사를 보조해 주는 보어와 동태조사

우리말로 '먹다'는 '먹었다'나 '먹고 있다', '먹어본 적이 있다'처럼 표현할 수 있으며, '배부르게 먹었다'나 '다 먹었다', '30분 동안 먹었다', '한 번 먹었다'와 같이 다채롭게 표현할 수도 있다. 중국어 또한 우리말처럼 표현할 수 있는데 그 역할을 도와주는 것이 바로 보어와 동태조사이다. 보어와 동태조사 모두 동사 뒤에 쓰여 了(~했다), 着(~하고 있다), 过(~한 적이 있다)를 나타내거나 정도(~得), 방향(~出去, ~下来, ~起来), 결과(~到, ~完), 가능(~得了, ~不起), 시량(~一个小时), 동량(~一遍, ~一次)을 표현할 수도 있다.

유형맛보기 2

| 演艺行业 | 他 | 两年 | 从事了 |

演艺 yǎnyì 명 연극 예술
行业 hángyè 명 업종, 직종 ★
从事 cóngshì 동 종사하다 ★

해설

step 1 술어를 찾는다.

술어
从事 l 了

step 2 两年은 시량보어로 술어 뒤에 놓여 술어를 보충해주는 역할을 한다.

술어	시량보어
从事 l 了	两年

step 3 술어 从事了(종사했다)는 사람이 주어여야하므로 他(그)를 주어 자리에 놓는다. 남은 어휘 演艺行业(연극 예술 분야)는 목적어 자리에 배치한다.

주어	술어	시량보어	목적어
他	从事 l 了	两年	演艺行业

정답 他从事了两年演艺行业。

해석 그는 2년 동안 연극 예술 분야에 종사했다.

중국어 기본 어순
내공 쌓기

라오쓰의 킥!

5급에서 자주 출제되는 부사와 개사를 알아보고 보어의 구조도 함께 정리해보자.

1 부사

毕竟 bìjìng 필경, 어쨌든 ⭐		怪不得 guàibude 어쩐지 ⭐ 빈출문제	
不必 búbì ~할 필요 없다		何必 hébì 구태여 ~할 필요가 있겠는가 ⭐	
不断 búduàn 끊임없이 ⭐		急忙 jímáng 급히 ⭐	
不见得 bújiànde 반드시 ~라고는 할 수 없다 ⭐ 빈출문제		简直 jiǎnzhí 그야말로 ⭐	
不免 bùmiǎn 면할 수 없다		尽量 jǐnliàng 가능한 한, 되도록 ⭐ 빈출문제	
曾经 céngjīng 이전에 ⭐		居然 jūrán 뜻밖에 ⭐	
从此 cóngcǐ 이로부터 ⭐		立即 lìjí 곧, 바로 ⭐ 빈출문제	
单独 dāndú 단독으로 ⭐		立刻 lìkè 곧, 바로 ⭐	
到底 dàodǐ 도대체		连忙 liánmáng 얼른, 서둘러 ⭐	
的确 díquè 확실히 ⭐		暂时 zànshí 짧은 시간, 잠깐	
顶 dǐng 매우, 상당히		临时 línshí 임시에, 갑자기 ⭐ 빈출문제	
反而 fǎn'ér 반대로, 도리어 ⭐ 빈출문제		陆续 lùxù 잇따라, 연이어 ⭐	
反复 fǎnfù 반복하여 ⭐		难怪 nánguài 어쩐지 ⭐	
反正 fǎnzhèng 어쨌든 ⭐		亲自 qīnzì 직접 ⭐	
仿佛 fǎngfú 마치 ~인 듯 싶다 ⭐		丝毫 sīháo 전혀, 털끝만큼도 ⭐	
非 fēi 반드시, 꼭 ⭐		似乎 sìhū 마치 ~인 것 같다, 마치 ~인 듯하다 ⭐	
分别 fēnbié 각각 ⭐		特意 tèyì 특별히 ⭐ 빈출문제	

纷纷 fēnfēn 연달아, 쉴새 없이 ★빈출문제	未必 wèibì 반드시 ~인 것은 아니다 ★빈출문제
赶紧 gǎnjǐn 급히, 얼른 ★	再三 zàisān 거듭, 재차 ★
尽快 jǐnkuài 되도록 빨리 ★	则 zé 바로 ~이다 ★
格外 géwài 유달리, 특히 ★빈출문제	逐步 zhúbù 차츰차츰, 점차, 점진적으로 ★빈출문제
根本 gēnběn 전혀, 근본적으로 ★	总算 zǒngsuàn 겨우, 마침내 ★빈출문제
相当 xiāngdāng 상당히, 무척 ★	更加 gèngjiā 더욱

2 개사(전치사)

개사(전치사)는 단독으로 사용할 수 없으며 반드시 명사 혹은 명사구와 함께 쓰여 개사구(전치사구)를 이룬다. 일반적으로 개사구는 주어와 술어 사이에 위치하며, 강조를 위해 주어 앞에 쓸 수 있다. 이 경우에는 반드시 쉼표를 찍어야 한다.

개사(전치사)	의미	예문
按(照) àn(zhào)	~에 따라	请按(照)顺序排列数字。 순서에 따라 숫자를 나열하세요.
把 bǎ ★빈출문제	~을/를	我把这本小说看完了。 나는 이 소설을 다 봤다.
被 bèi ★빈출문제	~에 의해서	钱包被人偷走了。 지갑은 누군가에게 도둑 맞았다.
比 bǐ	~보다	他比我大三岁。 그는 나보다 3살 많다.
朝 cháo	~을/를 향하여	他朝服务员挥了挥手。 그는 종업원을 향해 손을 흔들었다.
趁 chèn	~을/를 틈타	我想趁这次机会换个职业。 나는 이번 기회를 틈타 직업을 바꾸고 싶다.
连 lián ★빈출문제	~ 조차	我连周末也要来上班。 나는 주말에도 출근하러 와야 한다.
替 tì	~때문에 ~을/를 대신하여	朋友们都替他着急。 친구들은 모두 그 때문에 조급해하고 있다.
往 wǎng	~쪽으로 ~을/를 향해	先往右拐。 먼저 오른쪽으로 도세요.

书写

쓰기

为 wèi	~을/를 위하여	**我们应该为大家服务。** 우리는 모두를 위해 봉사해야 한다.
向 xiàng ⭐ 빈출문제	~에게	**你应该向他道歉。** 너는 그에게 사과해야 한다.
以 yǐ	~(으)로, ~로써	**学生们以身高排队。** 학생들이 키 순서로 줄을 선다.
由 yóu ⭐ 빈출문제	~가, ~로서	**这件事应该由王大夫来负责。** 이 일은 왕 닥터가 책임져야 한다.
自从 zìcóng	~한 이후 ~이래로	**自从吵架以后，连一句话也没说。** 말다툼한 이후, 한 마디도 하지 않았다.

3 보어의 구조

보어	구조	예문
정도보어 ⭐ 빈출문제	술어 + 得 + 정도부사 + 형용사	**看**得**很仔细** (자세히 보다) **看**得**很多** (많이 보다)
방향보어	술어 + 来 / 去 / 복합방향보어	**拿**来 (가지고 오다) **回**去 (돌아가다) **站**起来 (일어서다) **看**出来 (보고 알아 차리다)
결과보어	술어 + 동사 / 형용사	**看**完了 (다 봤다) **看**懂了 (보고 이해했다)
가능보어	동사 + 得 / 不 + 결과보어	**看**得懂 (보고 이해할 수 있다) **看**不懂 (보고 이해할 수 없다)
	동사 + 得 / 不 + 방향보어	**看**得出来 (알아차릴 수 있다) **看**不出来 (알아차릴 수 없다)
시량보어	술어 + 시량보어	**看**一个小时 (한 시간 동안 보다) **看**一会儿 (잠깐 보다)
동량보어	술어 + 동량보어	**看**一下 (한번 살펴보다) **看**一次 (한 번 보다) **看**一遍 (한 번 다 보다)

第1-5题　完成句子。

제시된 어휘로 어순에 맞게 문장을 완성하세요.

1 将于下个月　　召开　　中旬　　年终会

_____

2 完善　　学校正在　　教学设施　　逐步

_____

3 一份　　她　　购买了　　意外保险

_____

4 应该　　全面保护　　名胜古迹　　受到

_____

5 她们　　款式　　优缺点　　设计的　　都有

_____

书写

쓰기

1 어법의 기본기에 충실하라!

공략비법 02 다양한 술어문

> ### 출제 형식
>
> 문장에서 술어는 반드시 있어야 하는 필수 성분으로 어순 배열 문제에 있어서 술어를 먼저 찾는 것이 문제 풀이에 도움이 된다. 중국어에는 다양한 술어문이 존재한다. 술어 뒤 목적어를 갖는 동사 술어문 외에도 정도부사의 꾸밈을 받는 형용사 술어문과 문장의 술어가 [주어 + (부사어) + 술어] 형태인 주술 술어문이 있다.

> ### 핵심 전략

1 형용사 술어문은 정도부사가 주인공이다.

형용사 술어문의 가장 큰 특징 두 가지를 기억해두자. 첫 번째, **형용사 앞에 정도부사(很, 非常, 十分…)가 쓰이므로 보기에서 형용사 술어를 찾기 어렵다면 정도부사부터 찾는다**. 두 번째, **형용사 술어는 술어 뒤에 목적어를 가지지 않으므로 문장의 맨 마지막에 형용사 술어가 위치한다**.

유형맛보기 1

金属资源	岛屿上的	丰富	十分	该

金属 jīnshǔ 명 금속 ⭐
资源 zīyuán 명 자원 ⭐
岛屿 dǎoyǔ 명 섬 ⭐
丰富 fēngfù 형 풍부하다
该 gāi 대 이, 이것, 그, 그것

해설 **step 1** 술어를 찾는다.

술어
丰富

step 2 정도부사 十分은 부사어로 형용사 술어 앞에 놓는다.

부사어	술어
十分	丰富

step 3 该(이, 이것, 그, 그것)는 '这, 这个'의 의미를 갖는 대명사로 岛屿上的와 함께 연결해 관형어 자리에 놓는다. 남은 어휘 金属资源(금속자원)은 주어 자리에 놓는다.

관형어	주어	부사어	술어
该 l 岛屿上的	金属资源	十分	丰富

정답 该岛屿上的金属资源十分丰富。

해석 이 섬의 금속자원은 매우 풍부하다.

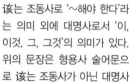

— 미나 쌤의 꿀 Tip!

该는 조동사로 '~해야 한다'는 의미 외에 대명사로서 '이, 이것, 그, 그것'의 의미가 있다. 위의 문장은 형용사 술어문으로 该는 조동사가 아닌 대명사로 쓰였으며 관형어 자리에 배치하면 된다.

2 주술 술어문은 술어 자리에 [주어 + (부사어) + 술어]가 올 수 있다.

술어 자리에 단 하나의 동사 술어나 형용사 술어만 쓰이는 것이 아니라 [주어 + (부사어) + 술어]가 쓰이기도 한다. 이와 같은 술어문을 주술 술어문이라 한다. 주술 술어문의 어순을 배열할 때에는 큰 개념을 문장 전체의 주어 자리에 놓고 작은 개념을 술어의 주어 자리에 배치한다.

예	现代	社会	竞争非常激烈。	현대 사회는 경쟁이 매우 치열하다.
	관형어	주어	술어(주어+(부사어)+술어)	

유형맛보기 2

规模很大	上届	开幕式	运动会的

规模 guīmó 명 규모 ⭐
届 jiè 양 회, 기, 차 (정기적인 행사나 회의를 세는 단위) ⭐
开幕式 kāimùshì 명 개막식 ⭐
运动会 yùndònghuì 명 운동회

해설 **step 1** 술어를 찾는다. 보기에 [주어+(부사어)+술어]의 형태로 쓰인 规模很大가 제시된 것으로 보아 주술 술어문임을 알 수 있다

술어[주어+(부사어)+술어]
规模 ┃ 很 ┃ 大

step 2 보기 가운데 주어 자리에 올 수 있는 것은 명사 开幕式(개막식)이다.

주어	술어
开幕式	规模 ┃ 很 ┃ 大

step 3 남은 어휘 가운데 上届(지난번)와 运动会的(운동회의)를 차례대로 연결해 주어 앞 관형어 자리에 배치한다. 届는 정기적으로 열리는 행사를 세는 양사임을 알아두자.

관형어	주어	술어
上届 ┃ 运动会的	开幕式	规模 ┃ 很 ┃ 大

정답 上届运动会的开幕式规模很大。

해석 지난번 운동회의 개막식은 규모가 매우 컸다.

书写

쓰기

다양한 술어문
내공 쌓기

익숙하지 않은 형용사 술어문과 주술 술어문을 정리해보자.

1 형용사 술어문

형용사 술어문이란 '예쁘다, 깨끗하다, 짧다, 크다'와 같은 형용사가 문장의 술어 자리에 쓰이는 문장을 말한다.

1 형용사 술어문은 일반적으로 정도부사의 꾸밈을 받는다.

厨房很干净。 주방이 깨끗하다.

计划非常详细。 계획이 아주 구체적이다.

他的动作相当熟练。 그의 동작은 상당히 노련하다.

她现在状态非常不错。 그녀의 현재 컨디션은 아주 좋다.

今天冷。 (어제는 안 춥더니) 오늘은 춥다.

这个贵。 (다른 것 보다) 이것이 비싸다.

— 미나 쌤의 꿀 Tip!
형용사 앞에 정도 부사가 없는 경우는 비교의 의미를 갖는다.

어휘 **厨房** chúfáng 명 주방, 부엌　　**干净** gānjìng 형 깨끗하다　　**动作** dòngzuò 명 동작
相当 xiāngdāng 부 상당히 ☆　　**熟练** shúliàn 형 노련하다, 능숙하다 ☆　　**状态** zhuàngtài 명 컨디션, 상태 ☆

2 형용사 술어문은 동사 是와 함께 쓰이지 않는다.

风景是很漂亮。 (X)

➡ 风景很漂亮。 (○) 풍경이 아름답다.

表面是非常光滑。 (X)

➡ 表面非常光滑。 (○) 표면이 굉장히 매끈하다.

어휘 **风景** fēngjǐng 명 풍경, 경치 ☆　　**表面** biǎomiàn 명 표면, 겉 ☆　　**光滑** guānghuá 형 매끈매끈하다 ☆

3 형용사 술어는 목적어를 가질 수 없다. 헷갈리지 말자!

大家都好我。(X)

➡ 大家都喜欢我。(O) 모두 나를 좋아한다.

我冷淡他了。(X)

➡ 态度很冷淡。(O) 태도가 매우 냉담하다.

어휘 冷淡 lěngdàn 형 냉담하다. 쌀쌀하다 ★

4 [형용사 + 了]는 변화의 의미를 나타내며, 과거의 상황을 표현할 때 정도부사는 어기조사 了와 함께 쓰이지 않는다.

天黑了。 날이 어두워졌다. (변화)

我胖了。 나는 살이 쪘다. (변화)

昨天很冷了。(X)

➡ 昨天很冷。(O) 어제 매우 추웠다. (과거의 상황)

以前价格非常便宜了。(X)

➡ 以前价格非常便宜。(O) 이전에 가격은 굉장히 쌌다. (과거의 상황)

② 주술 술어문

주술 술어문이란 술어 자리에 [주어 + (부사어) + 술어]가 쓰인 문장을 말한다.

1 큰 개념이 전체 문장의 주어, 작은 개념이 술어의 주어가 된다.

那家宾馆 + 服务态度 + 很不错。 그 호텔은 서비스 태도가 좋다.

주어 那家宾馆 그 호텔

술어 服务态度 + 很不错 서비스 태도 + 매우 좋다
　　　(술어의 주어)　　[(부사어)+술어]

这种药 + 治病效果 + 格外好。 이 종류의 약은 치료 효과가 유달리 좋다.

주어 这种药 이 종류의 약

술어 治病效果 + 格外好 치료 효과 + 유달리 좋다
　　　(술어의 주어)　　[(부사어)+술어]

2 구조조사 的의 유무에 따라 문장이 달라질 수 있다. ★

那家宾馆 + 服务态度很不错。[주술 술어문] 그 호텔은 + 서비스 태도가 매우 좋다
　주어　　　술어[주어+(부사어)+술어]

那家宾馆的服务态度 + 很不错。[형용사 술어문] 그 호텔의 서비스 태도는 + 매우 좋다
　관형어 + 주어　　　부사어 + 술어

这种药 + 治病效果格外好。[주술 술어문] 이 종류의 약은 + 치료 효과가 유달리 좋다
　주어　　　술어[주어+(부사어)+술어]

这种药的治病效果 + 格外好。[형용사 술어문] 이 종류의 약 치료 효과는 + 유달리 좋다
　관형어 + 주어　　　부사어 + 술어

> **어휘** 宾馆 bīnguǎn 몡 호텔　态度 tàidu 몡 태도　　治病 zhì bìng 됭 질병을 고치다, 병을 치료하다
> 　　效果 xiàoguǒ 몡 효과　格外 géwài 円 유달리, 각별히 ★

3 빈출 술어문

빈출 형용사 술어문 : 정도부사 + 형용사	
她的动作相当熟练。	그녀의 동작은 상당히 노련하다.
赛场上的气氛很热烈。	경기장의 분위기가 뜨겁다.
建筑风格非常独特。	건축 스타일이 매우 독특하다.

빈출 주술 술어문 : 주어 + 술어[주어+(부사어)+술어]	
那两家单位竞争很激烈。	그 두 회사는 경쟁이 치열하다.
本届艺术节的开幕式规模很大。	이번 예술제의 개막식은 규모가 크다.
这种玻璃隔音效果尤其好。	이 종류의 유리는 방음 효과가 특히 좋다.

> **어휘** 赛场 sàichǎng 몡 경기장　气氛 qìfēn 몡 분위기 ☆　　建筑 jiànzhù 몡 건축, 건축물 ☆
> 　　风格 fēnggé 몡 스타일, 풍격 ☆　独特 dútè 톙 독특하다, 특이하다 ☆　单位 dānwèi 몡 회사, 직장, 기관 ☆
> 　　激烈 jīliè 톙 치열하다, 격렬하다 ☆　艺术节 yìshùjié 몡 예술제　开幕式 kāimùshì 몡 개막식 ☆
> 　　规模 guīmó 몡 규모, 형태, 범위 ☆　玻璃 bōli 몡 유리 ☆　隔音 gé yīn 됭 방음하다

第1-5题　完成句子。

제시된 어휘로 어순에 맞게 문장을 완성하세요.

① 北极　　　恶劣　　　极其　　　气候条件

_____

② 舅舅　　　地道　　　做的麻婆豆腐　　　很

_____

③ 竞争　　　这三家报社　　　很　　　激烈

_____

④ 这些照片　　　拍摄角度　　　极其好　　　的

_____

⑤ 装修技术　　　熟练　　　非常　　　那位工人的

_____

1 어법의 기본기에 충실하라!

공략비법 03 是술어문과 관형어

是는 일반적으로 [A是B (A는 B이다)]의 형태로 자주 쓰이지만 5급 시험의 경우에는 목적어가 주어의 성질을 설명하는 서술형 문제로도 자주 출제된다. 또한 是술어문에서 관형어의 순서를 묻는 문제도 자주 출제됨을 알아두자.

핵심 전략

1 是술어문(성질)의 주어는 구체적인 것, 목적어는 추상적인 것

예 鸽子是和平的象征。 (비둘기는 평화의 상징이다.)

성질을 서술하는 是는 목적어(和平的象征)가 주어(鸽子)의 특징을 설명하는 것을 말한다. 是술어문(성질) 어순 배열 문제에서 주어와 목적어가 헷갈린다면 **주어 자리에는 구체적이고 확정적인 것, 목적어 자리에는 추상적이고 불확실한 것을 배치**한다.

유형맛보기 1

她的代表	是	作品	这部散文	之一

代表 dàibiǎo 명 대표 ⭐
作品 zuòpǐn 명 작품 ⭐
散文 sǎnwén 명 산문
之一 zhīyī 명 ~중 하나

해설 **step 1** 술어를 찾는다.

술어
是

step 2 보기 가운데 구체적이고 확정적인 这部散文(이 산문)을 주어 자리에 놓는다.

주어	술어
这部散文	是

step 3 확정적 대상인 这部散文이 주어가 되고 넓은 범위의 她的代表作品
之一가 목적어가 된다.

주어	술어	목적어
这部散文	是	她的代表 ∣ 作品 ∣ 之一

정답 这部散文是她的代表作品之一。

해석 이 산문은 그녀의 대표 작품 중 하나이다.

2 관형어에도 순서가 있다.

주어와 목적어 앞에 쓰여 주어와 목적어를 꾸미는 성분을 관형어라 하며, 관형어에는 지시대명사,
수사, 양사, 형용사, 구조조사 的 등이 있다. 한 문장에 2개 이상의 관형어가 나올 경우 어순에 맞게 배열
하는 것이 가장 중요하며 그 순서는 아래와 같다.

❶ 소유격 명사/인칭대명사(的) → ❷ 지시대명사 → ❸ 수사 → ❹ 양사 → ❺ 형용사(구)/동사(구) →
❻ 구조조사 的

✎ 유형맛보기 2

項 xiàng **양** 항목 ★
心理 xīnlǐ **명** 심리 ★
测试 cèshì **명** 테스트
针对 zhēnduì **동** 겨냥하다,
초점을 맞추다 ★

해설 **step 1** 술어를 찾는다. 보기에 [지시대명사+동사]의 형태로 쓰인 那是를 각각
주어와 술어 자리에 놓는다.

술어	
那 ∣ 是	

step 2 보기 가운데 [명사+명사] 형태의 心里测试(심리 테스트)를 목적어 자
리에 놓는다.

주어	술어	목적어
那	是	心理测试

step 3 보기의 남은 어휘들을 관형어 배열 어순에 따라 [수량사+동사구+구조
조사 的]의 순으로 만들어 목적어 앞 관형어 자리에 배치한다.

주어	술어	관형어	목적어
那	是	一项 ∣ 针对 ∣ 老年人的	心理测试

정답 那是一项针对老年人的心理测试。

해석 그것은 노인을 대상으로 하는 하나의 심리 테스트이다.

书写

쓰기

是술어문과 관형어
내공 쌓기

是술어문의 특징과 관형어의 개념 및 순서를 이해하도록 하자.

1 是술어문

是술어문은 '동등, 귀속, 성질'을 설명하는 문장으로 각 문형의 특징을 이해해 어순을 배열해야 한다. 5급 시험에 자주 출제되는 문형은 성질을 서술하는 문장이다.

1 동등: 주어와 목적어가 같은 대상으로 둘의 위치를 바꿀 수 있다.

这儿是明天开会的地方。 이곳은 내일 회의가 열리는 곳이다.
　└──── = ────┘

➡ 明天开会的地方是这儿。

这本书是他今天送我的礼物。 이 책은 그가 오늘 나에게 준 선물이다.
　└── = ──┘

➡ 他今天送我的礼物是这本书。

2 귀속(직업): 목적어에 주어의 소속이나 직업을 쓴다.

小王是一名优秀的工程师。 샤오왕은 한 명의 우수한 엔지니어이다.
　　　　　　　직업

3 성질: 목적어가 주어의 성질을 설명하는 문형으로 주어는 구체적이거나 확정적인 것을 쓴다.

중요! ★★★ 헷갈리지 말자!

春节是中国传统节日之一。 설날은 중국의 전통 명절 중 하나이다.
缺乏资金是现在主要的问题。 자금이 부족한 것은 현재 주요한 문제이다.

② 관형어(定语)

주어나 목적어 앞에 쓰여 꾸미는 말을 우리는 '관형어', 중국어로는 '정어(定语)'라고 한다. 관형어에는 지시대명사, 소유격 명사, 수사, 양사, 구조조사 的 등이 있으며 한 문장에 2개 이상 쓰일 때는 관형어 어순에 맞춰 배열해야 한다.

1 구조조사 的 + 명사

구조조사 的는 명사 앞에서 명사를 꾸미는 관형어를 연결하는 역할을 하며 的 앞에는 다양한 품사가 올 수 있다.

| 명사 / 대사 |
| 형용사(2음절 이상) |
| 동사 / 동사구 / 주술 구조 |
| 개사구(전치사구) |

+ 的 **+** 명사

명사	亚洲经济的发展越来越快。	아시아 경제의 발전은 점점 더 빨라지고 있다.
형용사	他给我留下了深刻的印象。	그는 나에게 깊은 인상을 남겼다.
주술	他写的文章很精彩。	그가 쓴 글은 멋지다.
개사구	对这个问题的看法都不同。	이 문제에 대한 견해는 모두 다르다.

2 관형어의 순서

관형어의 배열 순서는 아래와 같다.

❶ 소유격 명사/ 인칭대명사(的)	❷ 지시대명사	❸ 수사	❹ 양사	❺ 형용사(구)/ 동사(구)	❻ 구조조사 的	명사
她（的）	这	一	双	可爱	的	袜子
我（的）	那	一	本	有意思	的	书

第1-5题 完成句子。

제시된 어휘로 어순에 맞게 문장을 완성하세요.

1 学问　　　如何管理　　　一门　　　是　　　自己的时间

_____

2 最小的　　　那是　　　面积　　　岛屿　　　中国

_____

3 发明　　　十分古老的　　　造纸术　　　是　　　一项

_____

4 最大的　　　动物　　　海洋中　　　是　　　鲸鱼

_____

5 之一　　　他是　　　球星　　　我采访过的

_____

정답 및 해설 ≫ 해설서 p. 125

DAY 15

1 어법의 기본기에 충실하라!

공략비법 04 정도보어와 결과보어

📖 **출제 형식**

중국어에는 정도보어, 방향보어, 결과보어, 가능보어, 시량보어, 동량보어 등이 있으며, 이 중 5급 쓰기 영역에서 가장 많이 출제되는 보어는 정도보어와 결과보어이다. 매회 1문제씩은 꼭 출제된다. 정도보어 와 결과보어의 기본 어순에 대한 이해만 있으면 충분히 문제를 해결할 수 있다.

📋 **핵심 전략**

1 ⭐ **보기에 得와 정도부사가 있다면 정도보어 어순 배열 문제이다.**

정도보어란 술어 뒤에서 동작이나 상태의 정도가 어떠한지를 나타낼 때 쓰는 문형으로 [술어 + 得 + 정도부사 + 형용사]의 형태로 쓰인다. 따라서 보기에 得와 정도부사가 함께 제시되었을 경우, 정도보어 의 어순에 맞게 어휘를 배열하면 된다. **5급 시험에 자주 출제되는 정도부사로는 很(매우), 非常(매우, 대 단히), 相当(상당히), 十分(매우), 极其(지극히), 稍微(조금) 등이 있다.**

✏️ **유형맛보기 1**

| 那些 | 建得 | 很有特色 | 建筑 |

建 jiàn 통 짓다, 세우다
特色 tèsè 명 특색 ⭐
建筑 jiànzhù 명 건축물 ⭐

해설

step 1 술어를 찾는다. [술어+得] 형태의 建得를 술어 자리에 놓는다.

술어
建ㅣ得

step 2 보기에 得와 정도부사 很이 있는 것으로 보아 정도보어 어순인 [술어 +得+정도부사+형용사]에 맞게 배열해야 함을 알 수 있다. 보기에 很 有特色(매우 특색이 있다)를 술어 뒤의 정도보어 자리에 놓는다.

술어	정도보어(정도부사+형용사)
建ㅣ得	很ㅣ有特色

step 3 남은 어휘 가운데 명사 建筑(건축물)는 주어 자리에 놓고 [지시대명사 +양사] 형태의 那些는 주어 앞 관형어 자리에 배치한다.

관형어	주어	술어	정도보어(정도부사+형용사)
那些	建筑	建ㅣ得	很ㅣ有特色

정답 那些建筑建得很有特色。

해석 그 건축물들은 매우 특색 있게 지어졌다.

2 보기에 [동사 + 개사(전치사)]가 있다면 결과보어 어순 배열 문제이다.

결과보어란 술어 뒤에서 동작의 결과를 나타내는 문장성분으로 [술어 + 得 + 동사/형용사/개사구]의 형태로 쓰인다. 5급 시험에서는 [술어 + 得 + 개사구] 형태의 제시어가 가장 많이 출제된다. 개사구 형태로 쓰이는 결과보어 문제에서는 개사 뒤에 알맞은 명사를 쓰는 것 또한 매우 중요하다.

유형맛보기 2

| 作品 | 保存在 | 那幅 | 艺术博物馆 |

作品 zuòpǐn 명 작품 ⭐
保存 bǎocún 동 보존하다 ⭐
幅 fú 양 폭(종이, 그림, 옷감 따위를 세는 단위) ⭐
艺术博物馆 yìshù bówùguǎn 명 예술 박물관

해설

step 1 술어를 찾는다. 보기에 [동사+개사]의 형태로 쓰인 保存在를 술어 자리에 놓는다.

| 술어 |
| 保存 l 在 |

step 2 동사 뒤에 놓인 개사 在는 개사구 결과보어 형태로 在 뒤에 장소명사나 시간명사를 써야 한다. 보기 가운데 장소명사 艺术博物馆(예술 박물관)을 在와 연결해 술어 뒤에 배치한다.

| 술어 | 결과보어(개사구) |
| 保存 | 在 l 艺术博物馆 |

step 3 남은 어휘 가운데 명사 作品(작품)을 주어 자리에 놓고 [지시대명사+양사] 형태의 那幅는 주어 앞 관형어 자리에 배치한다.

| 관형어 | 주어 | 술어 | 결과보어(개사구) |
| 那幅 | 作品 | 保存 | 在 l 艺术博物馆 |

정답 那幅作品保存在艺术博物馆。

해석 그 작품은 예술 박물관에 보관되어 있다.

개사구(전치사구) 결과보어 형태

술어 + 在 + 장소 / 시간	待在宿舍里 dāi zài sùshè li 기숙사에 머무르다 放在这个柜子里 fàng zài zhè ge guìzi li 이 상자 안에 놓여있다
술어 + 于 + 장소 / 시간 / 원인	位于市中心 wèi yú shìzhōngxīn 시 중심에 위치해 있다 不利于发展农业 búlì yú fāzhǎn nóngyè 농업 발전에 불리하다
술어 + 给 + 대상	递给我 dì gěi wǒ 나에게 건네주다 发给你们 fā gěi nǐmen 당신들에게 보내주다
술어 + 到 + 장소 / 시간 / 범위	推到明天下午 tuī dào míngtiān xiàwǔ 내일 오후까지 미루다
술어 + 往 + 장소 / 방향	开往上海 kāi wǎng Shànghǎi 상하이를 향해 출발하다
술어 + 自 + 장소 / 방향	来自南方 lái zì nánfāng 남방에서 오다

정도보어와 결과보어
내공 쌓기

1 정도보어

1 구조조사 得를 쓰는 정도보어

형용사 정도보어

(1) 기본 형식

주어 + 술어 + 得 + 정도부사 + 형용사

写	得	很	仔细。 자세히 썼다.
做	得	非常	好吃。 맛있게 만들었다.

(2) 목적어가 있는 경우, [주어 + (술어) + 목적어 + 술어 + 得 + 정도보어]의 순으로 쓰나, 첫 번째 술어는 생략하고 그 사이에 구조조사 的를 넣기도 한다.

她写汉字写得很漂亮。

➡ 她(的)汉字写得很漂亮。 그녀는 한자를 예쁘게 썼다.

经理办签证办得不太顺利。

➡ 经理(的)签证办得不太顺利。 사장님의 비자 처리가 그다지 순조롭지 못하다.

(3) 부정부사(不, 没有)와 정도부사(很, 非常, 相当, 极其, 稍微) 등은 보어 앞에 위치한다.

进行得不顺利。 진행이 매끄럽지 못하다.

她表现得相当大方。 그녀는 대단히 대범한 모습을 보였다.

구 혹은 절 정도보어

(1) 기본 형식

주어 + 술어 + **得** + 구 혹은 절

> 那个孩子高兴得跳了起来。　　　그 아이는 너무 기뻐서 껑충 뛰어 올랐다.
>
> 弟弟激动得睡不着觉。　　　　　남동생은 들떠서 잠을 이루지 못한다.

(2) 구조조사 得를 쓰지 않는 정도보어

술어 뒤에 구조조사 得를 쓰지 않고 정도보어로 표현할 수 있다.

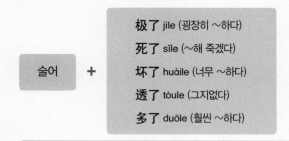

술어 + 　極了 jíle (굉장히 ~하다)
　　　　死了 sǐle (~해 죽겠다)
　　　　坏了 huàile (너무 ~하다)
　　　　透了 tòule (그지없다)
　　　　多了 duōle (훨씬 ~하다)

> 漂亮極了　굉장히 예쁘다
>
> 累死了　피곤해 죽겠다
>
> 忙坏了　너무 바쁘다
>
> 湿透了　습하기 그지없다(정말 습하다)
>
> 好多了　훨씬 좋아졌다

2 결과보어

1　의미: 술어 뒤에서 동작의 결과를 나타내는 문장성분이다.

2　기본 형식: 술어(동사) + 결과보어(동사/형용사)

> 看 + 完 / 清楚 / 懂 / 错

3 결과보어만으로는 과거 완료를 나타낼 수 없으므로 과거의 사실을 말할 때는 반드시 **了**와 함께 써야 한다.

> **看完了** (다 봤다)　　　　　　**看清楚了**(분명히 봤다)
>
> **看懂了** (보고 이해했다)　　　**看错了**(잘못 봤다)

4 개사구 결과보어 형태　별다섯개! ☆☆☆☆☆

구조	명사의 종류	예문
동사 + 在	장소	**那幅画**保存在国家博物馆。그 그림은 국가 박물관에 소장되어 있다.
	시간	**明天的会议**安排在上午。내일 회의는 오전으로 잡혔다.
동사 + 到	장소	**他要把电影**下载到优盘里。그는 영화를 USB에 다운받으려고 한다.
	시간	**我昨天**学习到晚上12点了。나는 어제 저녁 12시까지 공부했어.
	수량 정도	**我把那份文件**打到20页了。나는 그 문서를 20페이지까지 쳤다.
동사 + 给	대상	**我尽快把合影**发给你吧。내가 되도록 빨리 단체 사진을 너에게 보내줄게.

书写

쓰기

第1-5题 **完成句子。**

제시된 어휘로 어순에 맞게 문장을 완성하세요.

① 放到　　　里　　　生活用品　　　都　　　那个柜子

_____

② 相当　　　那位嘉宾　　　大方　　　表现得

_____

③ 呆在　　　卧室里　　　他这一整天　　　都

_____

④ 激动　　　大声叫喊　　　得　　　球迷们

_____

⑤ 这批　　　发　　　工厂　　　原料　　　往

_____

정답 및 해설 ≫ 해설서 p. 127

DAY 16

1 어법의 기본기에 충실하라!

공략비법 05 존현문

🏷️ **출제 형식**

존현문이란 '(장소/시간)에 (목적어)가 (술어)하다'라는 의미를 나타내는 문형으로 어떤 대상의 존재, 출현, 소실을 나타낸다. 존현문의 가장 큰 특징은 주어 자리에 장소나 시간이 오고 목적어 자리에 사람이나 사물이 온다는 것이다. 5급 쓰기 1부분에 자주 출제되는 문형으로 기본 어순에 대한 이해가 필요하다.

🏷️ **핵심 전략**

1 ⭐ **보기에 장소명사나 시간명사는 있지만 在가 없다면 존현문을 떠올려라.**

일반적으로 장소명사나 시간명사는 在나 从과 같은 전치사와 함께 쓰여 전치사구를 이룬다. 하지만 **존현문은 전치사 없이 장소명사나 시간명사 자체가 주어가 되는 문장**이다. 따라서 제시된 어휘에 장소명사나 시간명사는 있지만 전치사가 없다면 존현문의 어순인 **[주어(장소/시간) + 술어(존재/출현/소실 동사 + 着/了) + 목적어]에 맞춰 배열**한다.

✏️ **유형맛보기 1**

一道	出现了	彩虹	天空中

道 dào ⑬ 도로, 무지개 등을 세는 양사
出现 chūxiàn ⑧ 나타나다, 출현하다
彩虹 cǎihóng ⑬ 무지개 ⭐
天空 tiānkōng ⑬ 하늘 ⭐

해설

step 1 술어를 찾는다. [술어+了] 형태의 出现了를 술어 자리에 놓는다. 出现(나타나다)은 출현을 나타내는 동사이다.

술어
出现 ¦ 了

step 2 보기에 장소명사인 天空中은 있으나 장소명사와 함께 쓰일 전치사가 없으므로 존현문의 어순으로 문장을 배열한다. 장소명사 天空中을 주어 자리에 놓는다.

주어	술어
天空中	出现 ¦ 了

step 3 남은 어휘 가운데 명사 彩虹(무지개)은 목적어 자리에 놓고 [수사+양사] 형태의 一道는 목적어 앞 관형어 자리에 배치한다.

주어	술어	관형어	목적어
天空中	出现 ¦ 了	一道	彩虹

정답 天空中出现了一道彩虹。

해석 하늘에 무지개가 나타났다.

2 ★ **존현문에서 장소명사나 시간명사는 주어 자리에 온다.**

많은 수험생들이 존현문 작문 시, 한국어 해석대로 작문하는 실수를 한다. 반드시 **존현문의 기본 어순대로 작문해야 하며**, 장소명사나 시간명사를 주어 자리에 써야 함을 잊지 말자!

잘못된 작문의 예

[한국어 어순으로 배열한 틀린 예]

· 很多书 + 桌子上 + 放着。 (많은 책이 책상 위에 놓여있다.) (✕)

· 很多书 + 放着 + 桌子上。 (많은 책이 책상 위에 놓여있다.) (✕)

[존현문 어순에 맞게 배열한 문장]

➡ 桌子上 + 放着 + 很多书。 (책상 위에 많은 책이 놓여있다.) (○)

✎ 유형맛보기 2

| 道路 | 挤满了 | 上 | 车 |

道路 dàolù 명 도로
挤 jǐ 동 빽빽이 들어차다 ★

해설

step 1 술어를 찾는다. 挤(빽빽이 들어차다)는 존현문에 자주 쓰이는 동사로 존재를 나타낸다.

술어
挤满 ㅣ 了

step 2 보기에 존재를 나타내는 동사와 장소명사인 道路(도로)가 있는 것으로 보아 존현문의 어순대로 배열해야 한다. 장소명사 道路 뒤에 방위사 上을 연결해 주어 자리에 놓는다.

주어	술어
道路 ㅣ 上	挤满 ㅣ 了

step 3 车는 목적어로서 동사 뒤에 놓는다.

주어	술어	목적어
道路 ㅣ 上	挤满 ㅣ 了	车

정답 道路上挤满了车。

해석 도로 위에 차가 가득 찼다.

존현문
내공 쌓기

라오쓰의 킥!

존현문의 의미과 기본 형식에 대하여 함께 공부해 보자.

1 존현문의 의미

존현문이란 **어떤 장소나 시간에 불특정한 대상의 존재, 출현, 소실을 나타내는 문장**이다.

2 존현문의 기본 형식

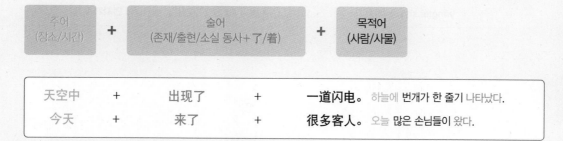

주어 (장소/시간)	+	술어 (존재/출현/소실 동사+了/着)	+	목적어 (사람/사물)

天空中	+	出现了	+	一道闪电。 하늘에 번개가 한 줄기 나타났다.
今天	+	来了	+	很多客人。 오늘 많은 손님들이 왔다.

참고

❶ 존재, 출현, 소실을 나타내는 동사 뒤에 동태조사 了/着나 결과보어, 방향보어를 함께 쓰는데 着는 주로 존재를 의미하는 동사 뒤에 쓰고 了는 출현이나 소실을 의미하는 동사 뒤에 쓴다.

❷ 有/没有자문을 사용한 존현문에서는 有/没有 그 의미 자체로도 존재나 소실을 나타낼 수 있으므로 동태조사나 보어 없이도 존현문을 만들 수 있다.

> 街上充满了节日的气氛。 거리에 명절 분위기가 가득했다.
>
> 名片上有他的联系方式。 명함에 그의 연락처가 있다.

书写 쓰기

1 빈출 장소 표현

장소명사	
隔壁 gébì 이웃, 이웃집	隔壁**住着一对老两口**。 이웃에 한 노부부가 살고 있다.
当地 dāngdì 현지	当地**流传着许多有趣的传说**。 현지에는 많은 재미있는 전설이 전해지고 있다.
墙角 qiángjiǎo 담 모퉁이	墙角**堆着很多箱子**。 담 모퉁이에 많은 상자가 쌓여있다.

장소/사물 + 방위사	
天空中 tiānkōng zhōng 하늘	天空中**出现了一道闪电**。 하늘에 번개가 한 줄기 나타났다.
抽屉里 chōuti li 서랍 속	抽屉里**没有一点儿灰尘**。 서랍 속에 먼지가 조금도 없다.
车厢里 chēxiāng li 객실 안	车厢里**挤满了人**。 객실 안에 사람으로 꽉 찼다.
屋子里 wūzi li 방 안	屋子里**挂满了湿衣服**。 방 안에 젖은 옷이 잔뜩 걸려 있다.
柜子里 guìzi li 옷장 안	柜子里**放满了他的衣服**。 옷장 안에 그의 옷이 가득 들어 있다.
阳台上 yángtái shang 베란다	阳台上**落满了厚厚的灰尘**。 베란다에 먼지가 두껍게 쌓였다.

完成句子。

제시된 어휘로 어순에 맞게 문장을 완성하세요.

1 电脑屏幕　　　输入错误　　　显示密码　　　上

_____

2 落了一层　　　灰尘　　　书桌上　　　厚厚的

_____

3 纸箱子　　　堆着　　　许多　　　墙角

_____

4 挂　　　阳台上　　　湿衣服　　　满了

_____

5 风俗习惯　　　那个地区　　　一些　　　传统的　　　还保留着

_____

书写
쓰기

정답 및 해설 ≫ 해설서 p. 130

1 어법의 기본기에 충실하라!

공략비법 06 把자문

출제 형식

HSK 5급 시험에서 把자문은 매회 1문제씩 출제되는 문형으로 把 대신 将이 출제되기도 한다. 특히 기타성분에 개사구(전치사구) 결과보어 형태인 在, 到, 给가 주로 출제된다.

핵심 전략

1 把(将)는 개사(전치사)이다.

把자문에서 가장 중요한 것은 把의 위치이다. 把를 사용해 목적어를 술어보다 앞에 쓸 수 있기 때문이다. 把는 '~을/를'이라는 의미가 있는 전치사로 把를 대신해 将(~을/를)을 쓸 수 있다. **把자문은 [주어 + 把 + 목적어(행위의 대상) + 술어 + 기타성분]의 순으로 쓰이며, 목적어 자리에는 주로 일반명사나 구조조사 的가 붙은 사물명사를 쓸 수 있다**는 특징이 있다.

유형맛보기 1

好了	他	安装	程序	把

安装 ānzhuāng 동 설치하다 ⭐
程序 chéngxù 명 프로그램 ⭐

해설

step 1 술어를 찾는다.

술어
安装

step 2 보기에 把가 있는 것으로 보아 把자문 어순인 [주어+把+목적어(행위의 대상)+술어+기타성분]대로 배열하면 된다. 보기의 把(~을/를)와 사물명사인 程序(프로그램)를 차례대로 술어 앞에 배치한다.

把	목적어	술어
把	程序	安装

step 3 남은 어휘 가운데 명사 他는 주어 자리에 놓고 好了는 결과보어로 술어 뒤 기타성분 자리에 배치한다.

주어	把	목적어	술어	기타성분(결과보어)
他	把	程序	安装	好了

정답 他把程序安装好了。

해석 그는 프로그램을 제대로 설치했다.

2 ⭐기타성분에 결과보어 在, 到, 给를 주목하라.

把자문의 특징 가운데 하나는 ⭐술어는 동사 혼자서는 쓰일 수 없고 반드시 기타성분과 함께 써야 한다는 것이다. **把자문의 기타성분으로는** 了, 着, 결과보어, 수량보어, 정도보어, 방향보어가 올 수 있으며 5급 시험에서는 결과보어가 빈출 문형이다. 그중 개사구(전치사구) 결과보어 형태(在, 到, 给)가 가장 많이 출제되었으므로 기본 형식 및 문형의 특징을 숙지해 시험에 임해야 한다.

| 幼儿园 | 弟弟 | 忘在了 | 把帽子 |

幼儿园 yòu'éryuán 명 유치원⭐

帽子 màozi 명 모자

해설 **step 1** 술어를 찾는다. [술어+결과보어] 형태인 忘在了를 술어 자리에 놓는다.

| 술어 |
| 忘ㅣ在了 |

step 2 보기에 把(~을/를)가 있는 것으로 보아 把자문 어순으로 배열한다. [把+목적어] 형태의 把帽子를 술어 앞 목적어 자리에 배치한다.

| 把+목적어 | 술어 |
| 把ㅣ帽子 | 忘ㅣ在了 |

step 3 개사구 결과보어 형태인 在了 뒤에 장소명사 幼儿园(유치원)을 배치하고 (본서 공략비법 04 258P 참고) 사람명사인 弟弟(남동생)는 주어 자리에 배치한다

| 주어 | 把+목적어 | 술어 | 기타성분(개사구 결과보어) |
| 弟弟 | 把ㅣ帽子 | 忘 | 在了ㅣ幼儿园 |

정답 弟弟把帽子忘在了幼儿园。

해석 남동생은 모자를 유치원에 두고 왔다.

书写

쓰기

把자문
내공 쌓기

라오쓰의 **킥!**

把자문의 기본 형식과 빈출 내용까지 함께 정리해 보자.

1 把자문 기본 어순

주어	+	把/将	+	목적어	+	술어	+	기타성분

| 他 | + | 把 | + | 电脑里的照片 | + | 删除 | + | 了。 | 그는 컴퓨터 안의 사진을 삭제했다. |
| 他 | + | 把 | + | 软件 | + | 安装 | + | 完了。 | 그는 소프트웨어를 다 설치했다. |

어휘 **删除** shānchú 동 삭제하다, 지우다 ☆   **软件** ruǎnjiàn 명 소프트웨어 ☆   **安装** ānzhuāng 동 설치하다 ☆

2 부사와 조동사의 위치

일반적으로 부사와 조동사는 개사(전치사)인 把 앞에 위치한다.

부사 　　他**竟然**把那张照片扔了。　　그는 뜻밖에 그 사진을 버렸다.

부정부사 　我**没有**把铅笔带来。　　　나는 연필을 가져오지 않았다.

조동사 　我**想**把这个蛋糕尝尝。　　나는 이 케이크를 먹고 싶다.

어휘 **竟然** jìngrán 부 뜻밖에도, 의외로　　**铅笔** qiānbǐ 명 연필

3 방식과 방향의 위치

방식과 방향을 나타낼 때는 술어 앞에 놓는다.

他把论文**仔细地**写了。그는 논문을 자세하게 썼다.

他把这件事**向老师**介绍了。그는 이 일을 선생님에게 소개했다.

어휘 **论文** lùnwén 명 논문 ☆　　**仔细** zǐxì 형 자세하다, 꼼꼼하다

4 **기타 성분** 별다섯개! ☆ ☆ ☆ ☆ ☆

★ 술어는 동사 혼자서는 쓰일 수 없으며 반드시 기타성분과 함께 써야 한다.

1 동태조사 了/着(过는 쓸 수 없다)

他把股票卖掉了。 그는 주식을 팔아버렸다. (동태조사 了)

他把门开着。 그는 문을 열어 두었다. (동태조사 着)

2 동사 + 보어(가능보어는 쓸 수 없다)

他把杯子洗得很干净。 그는 컵을 깨끗이 씻었다. (정도보어)

他把这本书看了好几遍。 그는 이 책을 아주 여러 번 봤다. (동량보어)

3 동사의 중첩

你把这件衣服试试。 너는 이 옷을 좀 입어봐.

你把这个句子背背。 너는 이 문장을 좀 외워봐.

4 목적어

你把这件事通知大家吧。 너는 이 일을 모두에게 통보해라.

你把它放这儿。 너는 그것을 여기에 두어라.

5 ★**빈출 유형** 별다섯개! ☆ ☆ ☆ ☆ ☆

결과보어 在, 到, 给가 있는 문장에서 두 번째 목적어를 처치하는 경우 把를 사용하며, 把자문 배열 문제에서
★ 개사구(전치사구) 결과보어 문형이 가장 많이 출제된다.

· 孩子把围巾忘在了学校。 아이가 목도리를 학교에 두고 왔다.

· 我把文件保存到公司电脑里了。 나는 문서를 회사 컴퓨터 안에 저장했다.

· 请把盐递给我。 소금을 저에게 건네주세요.

어휘 围巾 wéijīn 명 목도리, 스카프 ☆   文件 wénjiàn 명 문서, 파일 ☆   递 dì 동 건네다 ☆

第1-5题 **完成句子。**

제시된 어휘로 어순에 맞게 문장을 완성하세요.

1 阳台上　　　爸爸　　　毛巾　　　晒在了　　　把

_____

2 打翻了　　　把　　　他　　　水杯　　　不小心

_____

3 发给　　　相关文件　　　他已经　　　把　　　我了

_____

4 笑了　　　逗　　　把爷爷　　　妹妹

_____

5 下载到　　　将　　　硬盘里了　　　他　　　合同文件

_____

정답 및 해설 ≫ 해설서 p. 132

DAY 17

1 어법의 기본기에 충실하라!

공략비법 07 被자문

출제 형식

被자문은 전치사 被를 사용해 '~에 의해 ~되다(당하다)'라는 의미로 쓰이며 피동문이라고도 한다. 被자문도 把자문 만큼 출제 빈도수가 아주 높은 문형이므로 被자문의 기본 형식과 빈출 유형을 미리 익혀두자.

핵심 전략

1 被자문에서 목적어는 주로 사람이다.

被자문에서 가장 중요한 것은 被의 위치로 [被 + 목적어] 형태로 술어의 앞에 쓸 수 있다. 被자문의 어순 배열 문제에서 被는 대부분 단독으로 제시되므로 被가 있다면 被자문 어순을 바로 떠올려야 한다. 被자문은 [주어 + 被 + 목적어(행위의 주체) + 술어 + 기타성분]의 순으로 쓰이며, 목적어 자리에 주로 사람명사나 인칭대명사가 온다는 특징이 있다. 따라서 제시된 어휘에 사람이나 인칭대명사가 나올 경우, 被와 연결해 목적어 자리에 배치하고 남은 명사는 주어 자리에 배치하면 된다.

> 书 + 被 + 他 + 拿走了。(○)　책은 그에 의해 가져가졌다.
>
> 他 + 被 + 书 + 拿走了。(X)　그는 책에 의해 가져가졌다.

유형맛보기 1

> 王主任　　　被　　　删掉了　　　数据

主任 zhǔrèn 몡 팀장 ☆

删 shān 동 삭제하다

数据 shùjù 몡 데이터 ☆

해설

step 1　술어를 찾는다. 보기에 [동사＋결과보어]의 형태로 쓰인 删掉了를 술어 자리에 배치한다.

> 술어
> 删 | 掉了

step 2　보기에 被가 단독으로 제시된 것으로 보아 被자문 어순인 [주어＋被＋목적어(행위의 주체)＋술어＋기타성분]대로 배열하면 된다. 보기의 被(~에 의해)와 사람명사인 王主任(왕 팀장)을 차례대로 술어 앞에 배치한다.

> 被　목적어　술어
> 被　王主任　删 | 掉了

step 3　남은 어휘 명사 **数据**(데이터)는 주어 자리에 배치한다

주어	被	목적어	술어	기타성분(결과보어)
数据	被	王主任	删	掉了

정답　数据被王主任删掉了。

해석　데이터는 왕 팀장에 의해 삭제되었다.

2 ★不小心은 목적어(사람) 뒤에 놓는다.

被자문에서 부사어는 일반적으로 전치사인 被의 앞에 위치하나 예외도 존재한다. 바로 不小心으로 시험에 자주 출제되는 부사어 중 하나이다. 不小心은 '부주의하여'라는 의미로 부주의한 행위를 한 목적어(사람) 뒤에 놓인다는 특징이 있다.

유형맛보기 2

摔坏了	不小心	被弟弟	手机

摔 shuāi 통 (높은 곳에서 아래로) 떨어지다. 추락하다
不小心 bù xiǎoxīn 부주의하여

해설　**step 1**　술어를 찾는다. [술어+결과보어] 형태인 摔坏了를 술어 자리에 놓는다.

술어
摔 | 坏了

step 2　보기에 被(~에 의해)가 있는 것으로 보아 被자문 어순으로 배열한다. [被+목적어] 형태의 被弟弟를 술어 앞 목적어 자리에 배치한다.

被+목적어	술어
被 | 弟弟	摔 | 坏了

step 3　남은 어휘 가운데 부사어 不小心(부주의하여)은 목적어(사람) 뒤에 놓고 명사 手机(휴대폰)는 주어 자리에 놓는다.

주어	被	목적어	부사어	술어	기타성분(결과보어)
手机	被	弟弟	不小心	摔	坏了

정답　手机被弟弟不小心摔坏了。

해석　휴대폰은 남동생에 의해 부주의하여 떨어뜨려 고장났다.

라오쓰의 **킥!**

被자문은 기본 형식을 묻는 문제와 함께 예외 경우를 묻는 문제도 출제되므로 종합적으로 학습해야 한다.

① 被자문의 의미

피동문이라고도 하며, 주어(대상)가 목적어(행위의 주체)에게 어떤 일을 당했는지를 나타내는 문형이다.

② 被자문의 기본 형식

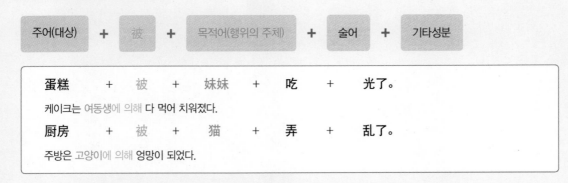

| 주어(대상) | + | 被 | + | 목적어(행위의 주체) | + | 술어 | + | 기타성분 |

蛋糕 + 被 + 妹妹 + 吃 + 光了。
케이크는 여동생에 의해 다 먹어 치워졌다.

厨房 + 被 + 猫 + 弄 + 乱了。
주방은 고양이에 의해 엉망이 되었다.

③ 부사어의 위치

1 被는 개사(전치사)이므로 부사와 조동사는 일반적으로 被 앞에 쓴다.

那瓶酒没被丈夫喝光。　　　그 술은 남편에 의해 다 마셔지지 않았다.

放在抽屉里不会被别人拿走。　서랍 안에 넣어 두면 다른 사람에 의해 가져가지 않을 것이다.

那些箱子已经被他搬到楼下去了。　그 상자들은 이미 그에 의해 아래층으로 옮겨졌다.

2 不小心은 부주의한 행위를 한 목적어(사람) 뒤에 놓는다. ★별다섯개! ☆ ☆ ☆ ☆ ☆

他的杯子被我不小心打碎了。　　그의 컵은 나에 의해 부주의하여 깨져버렸다.

合同被秘书不小心撕了。　　계약서는 비서에 의해 부주의하여 찢어졌다.

4 빈출 유형 ★별다섯개! ☆ ☆ ☆ ☆ ☆

1 被 뒤의 목적어(행위의 주체)가 누구인지 전혀 알 수 없거나 정확히 알고 있을 경우 생략할 수 있다.

他连续3年被评为优秀主持人。 그는 3년 연속 (누군가에 의해) 우수 진행자로 선발되었다.

他被冻得全身发抖。 그는 (무엇에 의해) 온몸이 부들부들 떨리도록 꽁꽁 얼었다.

2 被자문의 주어 자리에는 불특정한 대상을 쓸 수 없고, 서로 이미 알고 있는 것이거나 명확한 대상만 쓸 수 있다.

一个人的意见被总裁拒绝了。(✕) 한 사람의 의견은 총수에 의해 거절당했다.

他的意见被总裁拒绝了。(○) 그의 의견은 총수에 의해 거절당했다.

第1-5题 完成句子。

제시된 어휘로 어순에 맞게 문장을 완성하세요.

1 感动了　　　　主持人　　　　人生经历　　　　嘉宾的　　　　被

_____

2 被评为　　　　优秀演员　　　　5年　　　　她连续

_____

3 总裁　　　　这项设计　　　　被　　　　了　　　　否定

_____

4 姑姑　　　　眼前的　　　　吓坏了　　　　情景　　　　被

_____

5 不小心　　　　那封信　　　　被　　　　撕了　　　　马编辑

_____

书写

쓰기

1 어법의 기본기에 충실하라!

공략비법 08 비교문

출제 형식

5급에서는 전치사 比(~보다)로 비교문을 만드는 기본 형식을 포함해 没有, 不比, 不如 등의 표현으로 비교문의 어순 배열하는 문제들이 출제된다. 비교문은 자주 출제되는 특수문형 중 하나로 기본 형식과 다양한 표현 방법을 미리 익혀두어야 한다.

핵심 전략

1 더 구체적인 대상을 주어 자리에 놓는다.

比 비교문의 기본 형식 [주어 + 比 + 비교 대상 + 술어]에서 가장 중요한 것은 주어와 비교 대상의 위치를 명확히 구분하는 것이다. 비교문 어순 배열 시, 반드시 기억해 둘 것은 **주어 자리에는 더 구체적인 대상을 놓고 비교 대상 자리에는 간략하게 쓰여진 대상을 배치**하는 것이다.

유형맛보기 1

比北方	气候	潮湿	南方的

北方 běifāng 명 북방
气候 qìhòu 명 기후
潮湿 cháoshī 형 습하다 ★
南方 nánfāng 명 남방

해설 **step 1** 제시된 어휘 가운데 比가 있으므로 비교문의 어순대로 배열한다. 비교문의 술어 자리에 올 수 있는 어휘는 潮湿(습하다)이다.

술어
潮湿

step 2 보기에 比北方이 있으므로 술어 앞에 배치한다.

比+비교 대상	술어
比 I 北方	潮湿

step 3 남은 어휘 가운데 명사 气候(기후)를 주어 자리에 놓고 주어를 꾸며주는 南方的(남방의)는 주어 앞 관형어 자리에 놓는다. 위의 설명과 같이 주어 자리에는 더 구체적인 대상인 南方的气候(남방의 기후)를 쓰고 비교 대상 자리에는 간략하게 쓰여진 北方(북방)을 썼음을 알 수 있다.

관형어	주어	比	비교 대상	술어
南方的	气候	比	北方	潮湿

정답 南方的气候比北方潮湿。

해석 남방의 기후는 북방보다 습하다.

2 **술어 앞에 놓는 부사를 기억해 두자.**

전치사 比로 만드는 比 비교문에서 부사어는 일반적으로 전치사인 比 앞에 위치한다. 하지만 **更**(더), **还**(더), **稍微**(약간), **都**(모두), **再**(다시)와 같은 부사는 술어 앞에 위치해 비교의 정도를 나타낼 수 있다.

 유형맛보기 2

| 统计方面 | 黄会计在 | 比我 | 更 | 出色 |

统计 tǒngjì 명 통계
方面 fāngmiàn 명 방면
会计 kuàijì 명 회계사 ★
出色 chūsè 형 뛰어나다 ★

해설 **step 1** 제시된 어휘 가운데 比가 있으므로 비교문의 어순대로 배열한다. 비교문의 술어 자리에 올 수 있는 어휘는 出色(뛰어나다)이다.

술어
出色

step 2 보기에 [比+비교 대상] 형태로 쓰인 比我를 술어 앞에 먼저 배치한 후에 비교의 정도를 나타내는 부사 更을 [比+비교 대상] 뒤, 술어 앞 부사어 자리에 놓는다.

比+비교 대상	부사어	술어
比ㅣ我	更	出色

step 3 주어 자리에는 나의 비교 대상인 黄会计(황 회계사)를 놓아야 하고 전치사 在는 명사와 함께 전치사구를 이루므로 남은 명사 统计方面을 연결해 부사어(전치사구) 자리에 놓는다.

주어	부사어(전치사구)	比	비교 대상	부사어	술어
黄会计	在ㅣ统计方面	比	我	更	出色

정답 黄会计在统计方面比我更出色。

해석 황 회계사는 통계 방면에서 나보다 더 뛰어나다.

书写

쓰기

비교문
내공 쌓기

라오쓰의 킥!

다양한 비교문의 기본 형식과 특징을 학습해 보자.

1 비교문의 종류

의미	기본 형식	예문
A > B	A + 比 + B + 술어	**小麦的价格比土豆高。** 밀의 가격은 감자보다 높다.
A < B	A + 没有 + B + (这么 / 那么) + 술어	**小麦的价格没有土豆(那么)高。** 밀의 가격은 감자처럼 (그렇게) 높지 않다.
	A + 不如 + B + (술어)	**小麦的价格不如土豆(高)。** 밀의 가격은 감자만 못하다.
A ≒ B	A + 不比 + B + 술어 + (多少)	**小麦的价格不比土豆高。** 밀의 가격은 감자보다 비싸진 않다.
A = B	A + 跟 + B + (不)一样 + (술어)	**小麦的价格跟土豆一样(高)。** 밀의 가격과 감자(가격)는 같다(같이 높다).
의문	A + 有 + B + (这么 / 那么) + 술어 + 吗?	**小麦的价格有土豆(那么)高吗?** 밀의 가격이 감자만큼 (그렇게) 높니?

② 주어와 비교 대상

★ 더 구체적인 대상은 주어 자리에 간략하게 쓰여진 대상은 비교 대상 자리에 놓는다.

| 주어 | | 비교 대상 | |

新买的电脑 + 比 + **原来的** + **好用**。 새로 산 컴퓨터는 원래 것보다 편리하다.
他们队的成绩 + 比 + **想象的** + **好**。 그들 팀의 성적이 상상한 것보다 좋다.

③ 부사어의 위치

1 ★ 일반적으로 부사, 조동사, 개사구(전치사구)는 比 앞에 위치한다. 헷갈리지 말자!

这个软件 + 肯定 + **比那个好**。 이 소프트웨어는 틀림없이 그것보다 좋다.
明天 + 会 + **比今天更冷**。 내일이 오늘보다 더 추울 것이다.

어휘 **软件** ruǎnjiàn 명 소프트웨어 ★

2 ★ 술어 앞에 오는 예외 부사 **更, 还, 稍微, 都, 再**가 있다. 헷갈리지 말자!

小王在业务方面比我 + 更 + **出色**。 샤오왕은 업무 방면에서 나보다 더 뛰어나다.
北方的气候比南方 + 还 + **干燥**。 북방의 기후는 남방보다 더 건조하다.
这个题比那个 + 稍微 + **难一些**。 이 문제가 저것보다 조금 약간 어렵다.

어휘 **业务** yèwù 명 업무 ★   **气候** qìhòu 명 기후

④ 보어의 위치

★ 比 비교문의 술어 뒤에는 보어를 써서 비교의 정도나 차이를 표현할 수 있다.

약간의 차이	술어 + 一点儿 / 一些	**小麦比土豆贵**一点儿。 밀은 감자보다 약간 비싸다.
큰 차이	술어 + 得多 / 多了 / 很多	**小麦比土豆贵**得多。 밀은 감자보다 많이 비싸다.
구체적 수량	술어 + 구체적 수치	**小麦比土豆贵**几块钱。 밀은 감자보다 몇 위안 비싸다.

어휘 **小麦** xiǎomài 명 밀 ★   **土豆** tǔdòu 명 감자 ★

第1-5题　完成句子。

제시된 어휘로 어순에 맞게 문장을 완성하세요.

① 比以前　　这学期的　　明显　　难　　博士课程

_____

② 损失　　台风造成的　　严重　　想象的　　比

_____

③ 清淡一些　　比那道菜　　稍微　　这道菜

_____

④ 温暖　　微笑　　都　　母亲的　　比任何话

_____

⑤ 以前　　现在投资　　多　　没有　　股票的人

_____

정답 및 해설 ≫ 해설서 p. 137

DAY 18

1 어법의 기본기에 충실하라!

공략비법 09 겸어문

📑 출제 형식

겸어문은 술어1의 목적어가 술어2의 주어를 겸하는 문형으로 한 문장에 2개 이상의 동사를 가질 수 있다는 특징이 있다. 제시된 어휘에 동사가 2개 이상 보일 경우, 겸어문 기본 형식인 [주어1 + 술어1 + 겸어(술어1의 목적어이자 술어2의 주어) + 술어2 + 목적어2]를 떠올려 어순대로 배열하면 된다. 주로 让, 令이 출제된다.

📑 핵심 전략

1 ★ 사역동사 令이 보인다면 겸어문 어순을 떠올려라.

5급 겸어문 어순 배열 문제에서 **가장 많이 출제되는 사역동사는 令(~하게 하다)**이며 **사역동사는 주로 술어1 자리에 위치**한다. 제시된 어휘에 사역동사를 발견했다면 술어1 자리에 놓고 두 번째 술어를 찾아 술어2 자리에 배치하며 문제를 풀어나가야 한다.

✏️ 유형맛보기 1

> 他的　　遺憾　　令人　　做法

遺憾 yíhàn 혱 유감스럽다 ⭐
令 lìng 동 ~하게 하다
做法 zuòfǎ 몡 방법

해설

step 1　제시된 어휘 가운데 사역동사 令이 있으므로 겸어문 배열 문제임을 알 수 있다. 먼저 술어를 찾는다. 令人을 각각 술어1 자리와 겸어 자리에 배치한 후, 두 번째 술어인 遺憾(유감스럽다)을 술어2 자리에 배치한다.

술어1	겸어	술어2
令	人	遺憾

step 2　남은 어휘 가운데 명사 做法(방법)는 주어 자리에 놓고, 他的(그의)는 주어를 꾸며주는 관형어로 주어 앞에 배치한다.

관형어	주어	술어1	겸어	술어2
他的	做法	令	人	遺憾

정답　他的做法令人遺憾。

해석　그의 방법은 사람을 유감스럽게 한다.

2 겸어문에서 '술어2'로 자주 나오는 어휘를 암기하라.

겸어문에서 자주 출제되는 '술어2'의 어휘들을 미리 알고 있다면 문제 푸는 시간을 훨씬 절약할 수 있다. 빈출 어휘로는 **感到(느끼다), 深受(깊이 받다), 佩服(감탄하다), 遗憾(유감스럽다), 意外(뜻밖이다)** 등이 있다.

유형맛보기 2

| 他的行为 | 奇怪 | 姑姑 | 让 | 感到 |

行为 xíngwéi 명 행동, 행위 ⭐
奇怪 qíguài 형 이상하다
姑姑 gūgu 명 고모 ⭐
感到 gǎndào 동 느끼다, 여기다

[해설]

step 1 제시된 어휘 가운데 让이 있으므로 겸어문의 어순대로 배열한다. 사역 동사인 让을 술어1 자리에 놓고 겸어문 술어2 자리에 자주 출제되는 동사 感到를 배치한다.

술어1	술어2
让	感到

step 2 让의 목적어이자 感到의 주어가 될 만한 어휘는 姑姑(고모)로 겸어 자리에 배치한다. 感到는 '느끼다'의 의미로 感到 뒤에는 느끼는 감정이 나와야 하므로 형용사 奇怪(이상하다)를 술어2 뒤 목적어 자리에 놓는다.

술어1	겸어	술어2	목적어
让	姑姑	感到	奇怪

step 3 남은 어휘 他的行为(그의 행동)를 주어 자리에 놓는다. 他的(그의)는 관형어이다.

관형어	주어	술어1	겸어	술어2	목적어
他的	行为	让	姑姑	感到	奇怪

[정답] 他的行为让姑姑感到奇怪。

[해석] 그의 행동은 고모로 하여금 이상함을 느끼게 했다.

겸어문의 기본 형식과 사역동사의 종류를 알아보자.

1 겸어문의 기본 형식

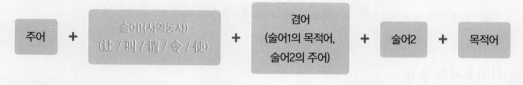

| 주어 | + | 술어1(사역동사)
(让 / 叫 / 请 / 令 / 使) | + | 겸어
(술어1의 목적어,
술어2의 주어) | + | 술어2 | + | 목적어 |

| 比赛结果 | + | | 让 | + | 大家 | + | 很激动。경기 결과는 모두를 감격시켰다. |
| 他要 | + | | 请 | + | 王总 | + | 吃饭。 |

그는 왕 회장에게 식사를 대접하려고 한다.

2 부사어의 위치

1 부사와 조동사는 술어1 앞에 놓인다. 별다섯개! ★★★★☆

她居然让我看她的书了。　　　그녀는 뜻밖에도 나에게 그녀의 책을 보라고 했다.

她的表现却让大家吃惊。　　　그녀의 행동은 오히려 모두를 놀라게 했다.

爸爸不让女儿出门。　　　아빠는 딸에게 외출을 못하게 했다.

你没请我喝过茶。　　　너는 나에게 차를 사 준 적이 없다.

这个计划能让大家感到满意吗？　이 계획이 모두를 만족시킬 수 있니?

어휘 居然 jūrán 부 뜻밖에, 놀랍게도, 의외로★　　表现 biǎoxiàn 명 표현 동 표현하다★

3 ★시간사와 빈도부사는 술어1, 술어2 앞에 모두 놓일 수 있으나 의미가 달라진다.

教练每天让我锻炼。	코치는 매일 나에게 운동하라고 한다. (코치가 직접 매일 운동을 시킴)
教练让我每天锻炼。	코치는 나를 매일 운동하게 한다. (매일 해야한다고 함)

4 ★형용사나 심리동사도 술어2에 쓰일 수 있다. 이 경우 정도부사는 ★술어2 앞에 위치한다.

这件事使他非常难过。	이 일은 그를 매우 괴롭게 했다.
这个决定令人十分遗憾。	이 결정은 사람을 굉장히 유감스럽게 했다.

> **어휘** **难过** nánguò 형 괴롭다, 고통스럽다   **遗憾** yíhàn 형 유감스럽다 ☆

5 ★**真**은 반드시 술어1 앞에 놓인다.   별다섯개! ★★★★★

真让人头疼！	정말 머리 아프게 하네!
真让人伤心！	정말 속상하게 하네!

> **어휘** **头疼** tóuténg 동 머리가 아프다   **伤心** shāng xīn 동 상심하다, 마음아파하다

③ 사역동사의 종류

종류	의미	예문
让 / 叫	명령, 희망, 인정 등의 의미 〜에게 〜하게 하다	他让我再填写一遍。 그는 나에게 다시 한 번 더 작성하게 했다.
请	부탁, 요구, 초청의 의미 〜에게 〜을/를 청하다	他请我再填写一遍。 그는 나에게 다시 한 번 더 작성해 달라고 부탁했다.
使	심리상태 변화 〜을/〜를 하게 하다	实验的结果使人感到很意外。 실험 결과는 사람을 의아하게 했다.
令	심리상태 변화 〜을/를 하게 하다	嘉宾的发言令人深受启发。 귀빈의 발언은 큰 깨달음을 얻게 했다.
有	2번째 술어는 성질이나 상태 설명 〜한 〜이/가 있다	我有一个朋友很诚实。 나에게는 성실한 친구가 있다.

> **어휘** **填** tián 동 기입하다, 써넣다, 채우다   **实验** shíyàn 명 실험 ☆   **意外** yìwài 형 의외의, 뜻밖의 ☆
> **嘉宾** jiābīn 명 귀빈, 내빈 ☆   **发言** fāyán 명 발언 ☆   **启发** qǐfā 명 깨달음, 깨우침 ☆
> **诚实** chéngshí 형 성실하다

第1-5题 完成句子。

제시된 어휘로 어순에 맞게 문장을 완성하세요.

① 结果　　　很意外　　　让人　　　调查的

_____

② 他的　　　深受启发　　　使我　　　演讲

_____

③ 那位嘉宾的　　　很佩服　　　使我　　　乐观精神

_____

④ 家人的鼓励　　　让　　　勇气　　　孩子　　　充满了

_____

⑤ 深受教训　　　姥姥的　　　让我　　　故事

_____

书写 쓰기

DAY 18

1 어법의 기본기에 충실하라!

공략비법 10 다양한 어휘 호응

🏷️ **출제 형식**

쓰기 1부분의 경우, 각 문형의 기본 형식과 특징을 잘 이해하고 있다면 큰 어려움 없이 모든 문제를 풀 수 있다. 하지만 호응되어 자주 쓰이는 [동사 + 목적어] 어휘들을 암기해 둔다면 문제 푸는 시간을 단축할 수 있으며 실수 없이 문제를 풀어낼 수 있으므로 미리 익혀두자.

🏷️ **핵심 전략**

1 ⭐ **[동사 + 목적어] 호응 어휘를 암기해 두자.**

5급 시험에 자주 출제되는 [동사 + 목적어] 어휘들을 정리해 미리 암기해 둔다면 쓰기 제1부분은 물론 제2부분까지도 도움이 된다. 내공 쌓기를 통해 각각의 어휘와 [동사 + 목적어] 호응을 정리해 두자.

✏️ **유형맛보기 1**

她	旅游行业	从事了	三年

行业 hángyè 명 업종, 직업 ⭐

从事 cóngshì 동 종사하다, 몸담다 ⭐

해설

step 1 술어를 찾는다. [동사+了] 형태로 쓰인 从事了(종사했다)를 술어 자리에 놓는다.

술어
从事 ┃ 了

step 2 종사한 기간을 나타내는 시량보어 三年(3년)을 술어 뒤 보어 자리에 배치한다.

술어	보어(시량보어)
从事 ┃ 了	三年

step 3 남은 어휘 가운데 行业(업종, 직종)는 从事(종사하다)와 호응해 쓰이는 어휘로 旅游行业(여행업)를 목적어 자리에 배치한다. 남은 어휘 她는 주어 자리에 놓으면 된다.

주어	술어	보어(시량보어)	목적어
她	从事 ┃ 了	三年	旅游行业

정답 她从事了三年旅游行业。

해석 그녀는 3년 동안 여행업에 종사했다.

다양한 어휘 호응
내공 쌓기

시험에 자주 출제 되는 [동사 + 목적어] 호응 어휘를 익혀두자.

동사	목적어	동 + 목 호응
安装 ānzhuāng 설치하다 빈출문제	程序 chéngxù 프로그램 ☆	安装程序 프로그램을 설치하다
办理 bànlǐ 처리하다 ☆	手续 shǒuxù 수속 ☆	办理手续 수속을 밟다
承担 chéngdān 담당하다 ☆	责任 zérèn 책임	承担责任 책임을 담당하다(책임을 지다)
充满 chōngmǎn 충만하다 빈출문제	勇气 yǒngqì 용기 ☆ 力量 lìliang 역량, 힘 ☆ 信心 xìnxīn 자신감	充满勇气 용기가 충만하다 充满力量 힘이 충만하다 ☆ 充满信心 자신감이 충만하다
创造 chuàngzào 창조하다 ☆	奇迹 qíjì 기적 ☆	创造奇迹 기적을 일으키다
促进 cùjìn 촉진시키다 빈출문제	消化 xiāohuà 소화 ☆	促进消化 소화를 촉진시키다
导致 dǎozhì 야기하다 빈출문제	失眠 shīmián 불면증 ☆	导致失眠 불면증을 초래하다
负责 fùzé 맡다	工作 gōngzuò 일	负责工作 업무를 맡다
改善 gǎishàn 개선하다 빈출문제	环境 huánjìng 환경	改善环境 환경을 개선하다
缓解 huǎnjiě 완화되다 빈출문제	压力 yālì 스트레스	缓解压力 스트레스를 완화하다
积累 jīlěi 쌓다	经验 jīngyàn 경험	积累经验 경험을 쌓다
接待 jiēdài 접대하다, 응대하다 ☆	嘉宾 jiābīn 귀빈 ☆	接待嘉宾 귀빈을 응대하다
具备 jùbèi 갖추다 ☆	条件 tiáojiàn 조건	具备条件 조건을 갖추다
拒绝 jùjué 거절하다	要求 yāoqiú 요구	拒绝要求 요구를 거절하다
克服 kèfú 극복하다 ☆	困难 kùnnan 어려움	克服困难 어려움을 극복하다
浪费 làngfèi 낭비하다	精力 jīnglì 에너지, 정신과 체력 ☆	浪费精力 에너지를 낭비하다 빈출문제
录取 lùqǔ 뽑다, 채용하다 빈출문제	职员 zhíyuán 직원	录取职员 직원을 뽑다

书写
쓰기

面对 miànduì 마주 보다, 직면하다 ★빈출문제	困难 kùnnan 어려움	面对困难 어려움에 직면하다
缺乏 quēfá 부족하다 ★빈출문제	经验 jīngyàn 경험	缺乏经验 경험이 부족하다 ★빈출문제
适应 shìyìng 적응하다	环境 huánjìng 환경	适应环境 환경에 적응하다
逃避 táobì 도피하다 ★	现实 xiànshí 현실 ★	逃避现实 현실에 도피하다
完善 wánshàn 완벽하게 하다 ★	设施 shèshī 시설 ★	完善设施 시설을 완벽하게 갖추다
违反 wéifǎn 위반하다 ★	规定 guīdìng 규정	违反规定 규정을 위반하다
享受 xiǎngshòu 누리다 ★	生活 shēnghuó 생활	享受生活 생활을 누리다
欣赏 xīnshǎng 감상하다, 좋아하다 ★빈출문제	风景 fēngjǐng 풍경 ★	欣赏风景 풍경을 감상하다 ★빈출문제
宣布 xuānbù 선포하다 ★	政策 zhèngcè 정책	宣布政策 정책을 선포하다
应付 yìngfu 대응하다 ★	问题 wèntí 문제	应付问题 문제에 대응하다
造成 zàochéng 초래하다 ★	后果 hòuguǒ (나쁜) 결과 ★	造成后果 (나쁜) 결과를 초래하다
掌握 zhǎngwò 숙달하다, 장악하다 ★	命运 mìngyùn 운명 ★	掌握命运 운명을 장악하다
追求 zhuīqiú 추구하다, 쫓다 ★	梦想 mèngxiǎng 꿈 ★	追求梦想 꿈을 쫓다
征求 zhēngqiú 구하다 ★빈출문제	意见 yìjiàn 의견	征求意见 의견을 구하다
遵守 zūnshǒu 준수하다 ★	规则 guīzé 규칙 ★	遵守规则 규칙을 준수하다
承受 chéngshòu 감내하다, 이겨내다 ★빈출문제	压力 yālì 스트레스	承受压力 스트레스를 이겨내다
赞同 zàntóng 찬성하다	看法 kànfǎ 견해	赞同看法 견해에 찬성하다

第1-5题 完成句子。

제시된 어휘로 어순에 맞게 문장을 완성하세요.

1 逐步　　　完善　　　医院正在　　　医疗设施

_____

2 规定　　　你们这样做　　　合同上的　　　会违反

_____

3 梦想　　　我们　　　追求　　　要不断

_____

4 能　　　消化　　　饭后散步　　　促进

_____

5 负责　　　经理亲自　　　接待工作　　　嘉宾

_____

书写
쓰기

정답 및 해설 ≫ 해설서 p. 142

书写

3

제2부분
짧은 글쓰기

书写

3

제2부분
짧은 글쓰기

쓰기 제2부분은 제시된 5개의 어휘를 모두 사용하여 글을 쓰는 99번 문제와 제시된 사진을 보고 상황에 맞게 작문을 하는 100번 문제, 총 2문제가 출제된다. 주어진 시간 안에 80자 내외로 원고지에 짧은 글을 작문해야 한다.

출제 경향 1

99번 문제는 제시된 5개 어휘를 모두 사용하여 작문하는 문제로 제시된 어휘들은 일반적으로 **우리가 쉽게 접하는 일상생활이나 비즈니스, 학교 생활과 관련된 주제로 글을 쓸 수 있는 어휘들이 출제**된다. 예를 들어, 家庭(가정), 网络(인터넷), 旅行(여행), 业余(여가) 어휘가 제시되었다면 일상생활을 주제로 작문하는 문제이며, 辞职(사직), 出差(출장), 竞争(경쟁)과 같은 어휘가 제시되었다면 비즈니스를 주제로 작문하는 문제임을 알 수 있다. 학교 생활과 관련해서는 寒假(겨울 방학), 毕业(졸업)와 같은 어휘가 자주 출제된다.

일상생활 관련 어휘의 예

일상생활에 관련된 어휘는 **가정, 여가, 여행, 인터넷, 독서** 등이 나온다.

离婚 lí hūn 이혼	**业余** yèyú 여가
家庭 jiātíng 가정	**旅行** lǚxíng 여행
网络 wǎngluò 인터넷	**阅读** yuèdú 독서
聚会 jùhuì 파티, 모임	**运气** yùnqi 운, 행운
购物 gòu wù 쇼핑	**交往** jiāowǎng 교제, 사교

비즈니스 관련 어휘의 예

비즈니스에 관한 주제 어휘는 업무, 구직, 이력서, 성과 등이 나온다.

辞职 cí zhí 사직하다		**总裁** zǒngcái 총재	
招聘 zhāopìn 채용하다		**顾客** gùkè 고객	
简历 jiǎnlì 이력서		**成就** chéngjiù 성과	
采访 cǎifǎng 인터뷰하다		**业务** yèwù 업무	
竞争 jìngzhēng 경쟁하다		**出差** chū chāi 출장가다	

학교 생활 관련 어휘의 예

학교 생활에 관한 주제 어휘는 졸업, 방학, 강연 등이 나온다.

毕业 bì yè 졸업하다		**论文** lùnwén 논문	
寒假 hánjià 겨울방학		**演讲** yǎnjiǎng 연설, 강연	
暑假 shǔjià 여름방학		**辅导** fǔdǎo 개인지도, 과외	
校园 xiàoyuán 캠퍼스		**兼职** jiānzhí 파트 타임	

99번 문제에 제시되는 **5개의 어휘 가운데 5급 단어는 2~3개 정도이며, 3급 이하의 어휘는 제시되지 않는다.**

• 주제 어휘는? **网络** wǎngluò 명 인터넷

网络	合理	缺少	消极	交流
5급 ★	5급 ★	4급	5급 ★	4급

100번 문제는 제시된 사진을 보고 그와 관련해 80자 내외의 짧은 글짓기를 하는 문제이다. 99번과 마찬가지로 **우리가 쉽게 접할 수 있는 상황의 사진들을 제시해 주는데 주로 가정, 인간 관계, 학업, 비즈니스와 관련된 사진들이 많이 출제된다.** 예를 들어 3명이서 회의 하는 모습이나 남녀가 캐리어를 끌고 이동하는 모습, 친구와 대화 나누는 모습, 여자가 강의를 하고 학생들이 앉아 있는 모습과 같이 **상황을 구체적으로 묘사할 수 있는** 사진들이 출제된다.

일상 생활 관련 빈출 사진

(1) 가정

옷을 정리하는 사진   가족들이 함께 사진을 보고 있는 사진   청소를 하는 사진

(2) 인간 관계

친구와 잡담하는 사진   친구들이 경기를 보는 사진   남자친구에게 선물을 받는 사진

비즈니스 관련 빈출 사진

(1) 면접 및 회의

면접관과 지원자가 나온 사진   회의를 하고 있는 사진   출장을 가고 있는 사진

(2) 직장 동료

직장 동료와 이야기하고 있는 사진   직원이 회사에서 시계를 보는 사진   여러 직원 앞에서 발표하는 사진

(1) 수업

한 학생이 공부하는 사진　　선생님이 한 학생을 가르치고 있는 사진　　교수가 강의하는 사진

(2) 성적 및 졸업

학생들이 성적표를 보는 사진　　한 학생이 트로피를 들고 기뻐하는 사진　　학생들이 졸업하는 사진

문제 풀이 전략

문제는 이렇게 풀어라!

99번 문제

Step 1 제시된 어휘의 품사와 의미를 파악한 후, 그중 중심이 되는 어휘를 찾아 주제 토픽으로 삼는다.

Step 2 단어마다 살을 붙여 주제 어휘에 맞게 호응 어휘나 문장을 만든다.

Step 3 완성한 문장들의 줄거리를 만들어 원고지에 작성한다. 99번과 100번 문제에 각각 15분씩 할애하는 것이 가장 바람직하다.

100번 문제

일기 형식

Step 1 사진을 보고 사진 속 시간, 인물, 장소, 사건(행동), 감정 등과 같은 정보를 캐치해 기본 어구나 문장을 만든다.

Step 2 어휘에 관형어나 부사어를 붙여 문장의 길이를 조절해야 하며, 사진에서 얻은 정보를 토대로 좀 더 긴 스토리를 구상해야 한다.

Step 3 원고지 작성법에 따라 작문해야 하며 15분 안에 80자 내외의 짧은 글을 완성할 수 있도록 주의한다.

논설문 형식

Step 1 ★**사진 관찰**하기

Step 2 사진을 설명하는 글의 도입부를 완성한 후, 서론, 본론, 결론에 맞춰 ★**스토리 구상**하기

Step 3 ★**서론–의문형**으로 작성하기

Step 4 **본론–나열 형태**로 이유나 근거 작성하기

Step 5 **결론–서론의 의문형 문장을 평서문으로 바꾸거나 제안으로 글 마무리** 하기

Step 6 **원고지 작성 방법에 따라 작문**한다. **15분 안에 완성할 수 있도록 주의**한다.

원고지 작성법

쓰기 2부분에 해당하는 99번과 100번 문제는 답안지 상의 원고지에 짧은 글을 작성하여 제출해야 한다. 80자 내외로 작성해야 하는데 75자에서 85자 정도의 글을 작성하는 것이 좋으며 원고지 작성법에 맞게 써야 감점을 피할 수 있다. 따라서 원고지 작성법과 중국어 문장 부호 종류를 미리 숙지해 두어야 한다.

1 원고지 작성법

√	√	现	代	社	会	的	竞	争	越	来	越	激	烈	，	而
且	人	们	的	精	神	压	力	也	变	大	了	。	如	果	不
及	时	缓	解	压	力	，	那	么	会	影	响	到	健	康	。
缓	解	压	力	有	各	种	方	法	，	其	中	保	持	乐	观
的	生	活	态	度	是	最	主	要	的	。	偶	尔	去	旅	游
或	者	找	个	安	静	的	地	方	休	息	也	是	好	的	选
择	。	找	个	适	合	自	己	的	方	法	缓	解	压	力	吧。
		12	**34**	5											

①	★ 처음 두 칸 비워 쓰기 매 단락을 시작할 때는 앞의 두 칸을 비우고 쓰며, 중국어는 한 칸에 한자씩 쓴다.
②	★ 문장 부호는 한 칸에 한 자씩 쓰기 쉼표(，), 마침표(。), 물음표(？), 모점(、)은 한 칸에 한 자씩 쓴다. 단, 문장 부호 두개가 연달아 올 경우, ┃：" …… ┃?" 한 칸에 문장 부호 두 개를 함께 쓴다.
③	★ 맨 마지막 칸이 문장 부호로 끝날 경우, 이전 행의 마지막 칸에 중국어와 문장 부호 함께 쓰기 문장 부호는 행이 시작되는 첫 칸에는 쓸 수 없다. 이전 행 마지막 칸에 중국어와 문장 부호를 함께 쓴다.
④	★ 숫자는 한 칸에 두 개씩 쓰기 숫자는 원고지 한 칸에 두 개씩 쓰고, 한 자리 숫자일 경우 한 칸에 쓴다.

② 중국어 문장 부호 사용법

마침표 (。)	句号 jùhào	평서문에 쓰여 문장을 마침의 의미를 나타낸다. 这是书。 이것은 책이다.
쉼표 (，)	逗号 dòuhào	한 문장을 중간에 끊어서 쓸 때 사용한다. 在工作上，他非常能干。 업무에 있어서, 그는 매우 능력이 있다.
모점 (、)	顿号 dùnhào	동등한 관계의 단어를 나열할 때 쓰인다. 他很喜欢葡萄、西瓜等水果。 그는 포도, 수박 등 과일을 좋아한다.
물음표 (？)	问号 wènhào	문장 끝에 쓰여 물음을 나타낸다. 你是中国人吗？ 당신은 중국사람이에요?
느낌표 (！)	叹号 tànhào	감탄이나, 놀람 등을 표현할 때 쓰인다. 真棒！ 정말 멋져요!
따옴표 ("") 쌍점(콜론) (：)	引号 yǐnhào 冒号 màohào	화자나 다른사람의 말을 직접 인용할 때 따옴표를 쓰며, 이 인용문을 제시할 때는 쌍점으로 나타낸다. 妈妈对我说："你应该努力学习。" 엄마가 나에게 '너 열심히 공부해야 한다'고 말씀하셨다.

DAY **20**

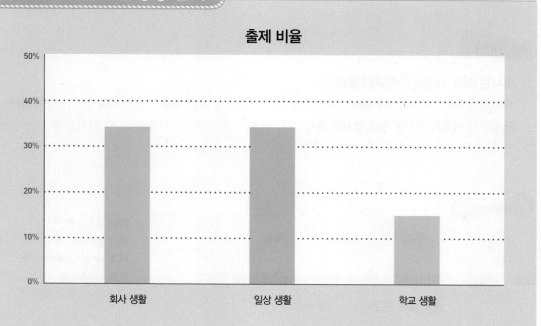

쓰기 제2부분 최신 경향 분석

출제 비율

중요도 ★★★★ 난이도 ★★★★★

쓰기는 응시자들이 가장 어려워하는 문제이다. 제시되는 어휘나 이미지들은 대개 일상생활이나 회사 생활과 관련된 어휘나 사진들이 가장 많이 출제된다. 평소 일기 쓰는 연습을 해두는 것이 도움된다.

2 제시된 어휘로 글쓰기

공략비법 11 주제를 먼저 찾아라!

출제 형식

제시된 어휘는 주로 일상생활, 회사 생활, 학교 생활 등과 밀접한 소재일 확률이 높다. 종종 서로 호응이 되는 어휘들이 제시되기도 하는데, 이 경우에는 먼저 호응 단어들을 연결하여 이를 중심으로 통일감 있는 글을 완성해야 한다.

핵심 전략

1 **제시된 어휘 가운데 주제부터 찾아라.**

제시된 5개 어휘의 **품사와 의미를 파악한 후**에, 그 가운데 **주제가 될 만한 어휘를 찾아야 한다.** 글의 주제가 될만한 어휘의 품사는 주로 **명사나 동사**이다. 주제 어휘를 찾은 후에는 그 외 어휘들에 각각 살을 붙여 호응 어휘나 문장으로 만들어야 한다.

유형맛보기 1

旅行	感受	风景	兴奋	纪念

旅行 lǚxíng 통 여행하다
感受 gǎnshòu 통 받다, 느끼다 ⭐
风景 fēngjǐng 명 풍경 ⭐
兴奋 xīngfèn 형 감격하다, 흥분하다
纪念 jìniàn 통 기념하다 ⭐

해설 **Step 1** 제시된 어휘가 공통으로 말하고자 하는 주제 어휘를 찾는다.

주제 어휘: 旅行 lǚxíng 여행하다

Step 2 단어마다 살을 붙여 주제 어휘에 맞게 호응 어휘나 문장을 만든다.

① **感受** gǎnshòu 받다, 느끼다
   感受到旅游的意义 여행의 의미를 느끼다
   感受到乐趣 즐거움을 느끼다

② **风景** fēngjǐng 풍경
   欣赏风景 풍경을 감상하다
   风景美丽 풍경이 아름답다

③ **纪念** jìniàn 기념하다
   为了纪念 기념하기 위해서
   纪念日 기념일

Step 3   완성된 구나 문장들을 줄거리로 만들어 원고지에 작성한다.

정답   我上个月跟家人一起去海南岛旅行了。那儿的风景非常美丽，而且很迷人，我们很兴奋、很放松，感受到了旅行的乐趣。为了留下纪念，我们在那儿拍了很多照片。我希望下次再去那儿旅行。

	我	上	个	月	跟	家	人	一	起	去	海	南	岛	旅
行	了	。	那	儿	的	风	景	非	常	美	丽	，	而	且	很
迷	人	，	我	们	很	兴	奋	、	很	放	松	，	感	受	到
了	旅	行	的	乐	趣	。	为	了	留	下	纪	念	，	我	们
在	那	儿	拍	了	很	多	照	片	。	我	希	望	下	次	再
去	那	儿	旅	行	。										

48

80

해석   나는 지난달에 가족들과 함께 하이난섬으로 여행을 갔다. 그곳의 풍경은 매우 아름답고 매혹적이어서, 우리는 감격했고, 느긋하게 여행의 즐거움을 느꼈다. 기념으로 남기기 위하여 우리는 그곳에서 많은 사진을 찍었다. 다음 번에 다시 그곳에 여행가기를 바란다.

어휘   **海南岛** Hǎinándǎo 교유 하이난섬 (해남도)   **美丽** měilì 형 아름답다   **迷人** mí rén 동 매력적이다, 사람을 흘리다
兴奋 xīngfèn 형 감격하다, 흥분하다   **放松** fàngsōng 동 느긋하게 하다   **乐趣** lèqù 명 즐거움, 재미
留下 liúxià 동 남기다   **照片** zhàopiàn 명 사진

2 제시된 어휘 가운데 호응이 되는 어휘를 찾아라.

종종 서로 호응이 되는 어휘들이 제시되기도 한다. 이 경우 **호응되는 어휘들을 연결해 주제에 맞게 하나의 이야기로 만들면 된다.** 스토리를 구상해 어휘들간의 연결 고리를 만들어 작문하는 것보다 시간을 줄일 수 있다는 장점이 있다.

유형맛보기 2

网络   合理   缺少   消极   交流

网络 wǎngluò 명 인터넷 ★
合理 hélǐ 형 합리적이다 ★
缺少 quēshǎo 동 부족하다
消极 xiāojí
형 소극적이다, 부정적이다 ★
交流 jiāoliú 명 교류 동 교류하다

해설   Step 1   제시된 어휘 가운데 호응을 이루는 어휘가 있는지 찾는다.

缺少交流 quēshǎo jiāoliú 교류가 부족하다

书写
쓰기

Step 2 단어마다 살을 붙여 주제 어휘에 맞게 호응 어휘나 문장을 만든다.

① **网络** wǎngluò 인터넷
随着网络的发展 인터넷의 발전에 따라
② **合理** hélǐ 합리적이다
合理安排上网时间 인터넷 하는 시간을 합리적으로 안배해야 한다
③ **消极** xiāojí 부정적이다, 소극적이다
这就是网络的消极影响 이것이 바로 인터넷의 부정적 영향이다

Step 3 완성된 구나 문장들을 줄거리로 만들어 원고지에 작성한다.

정답 随着网络的发展，我们的生活也方便了很多。但是同时人与人之间越来越缺少交流。这就是网络的消极影响。我们应该合理安排时间，多跟周围人交流。这样才能增进感情，让我们的生活更丰富一些。

		随	着	网	络	的	发	展	，	我	们	的	生	活	也
方	便	了	很	多	。	但	是	同	时	人	与	人	之	间	越
来	越	缺	少	交	流	。	这	就	是	网	络	的	消	极	影
响	。	我	们	应	该	合	理	安	排	时	间	，	多	跟	周
围	人	交	流	。	这	样	才	能	增	进	感	情	，	让	我
们	的	生	活	更	丰	富	一	些	。						

48
80

해석 인터넷의 발전에 따라 우리들의 생활 역시 많이 편리해졌다. 하지만 동시에 사람과 사람 사이에 교류가 점점 부족해지고 있다. 이것이 바로 인터넷의 부정적 영향이다. 우리는 합리적으로 시간을 안배하여 주위 사람들과 많이 교류해야 한다. 이렇게 해야 비로소 감정이 증진되고, 우리의 생활이 풍부해질 수 있다.

어휘 **随着** suízhe 전 ~에 따라　**同时** tóngshí 부 동시에　**周围** zhōuwéi 명 주위　**增进** zēngjìn 동 증진하다
感情 gǎnqíng 명 감정

작문에 유용하게 쓰이는 호응 어휘들과 예문을 함께 정리해보자.

○ **爱惜生命** àixī shēngmìng 생명을 소중히 여기다

我们要懂得爱惜生命。 우리는 생명을 소중히 여길줄 알아야 한다.

○ **把握机会** bǎwò jīhuì 기회를 잡다

我们应该把握机会**争取胜利。** 우리는 기회를 잡아 승리를 쟁취해야 한다.

○ **成立公司** chénglì gōngsī 회사를 설립하다

他2010年成立**了一家贸易**公司。 그는 2010년에 무역 회사를 설립했다.

○ **答应要求** dāying yāoqiú 요구를 받아들이다 ★

公司还没答应**职员的**要求。 회사는 아직 직원들의 요구를 받아들여 주지 않았다.

○ **发挥才能** fāhuī cáinéng 재능을 발휘하다

我们要鼓励孩子发挥**自己的**才能。 우리는 아이들이 자신의 재능을 발휘하도록 격려해야 한다.

○ **感受幸福** gǎnshòu xìngfú 행복을 느끼다

他从事这份工作以后，感受**到**幸福了。 그는 이 일에 종사한 후 행복을 느꼈다.

○ **缓解压力** huǎnjiě yālì 스트레스를 완화하다 ★

去国外旅游能缓解**工作上的**压力。 외국에 여행을 가면 업무상의 스트레스를 완화할 수 있다.

○ **接待顾客** jiēdài gùkè 고객을 응대하다

他总是以热情的态度接待顾客。 그는 늘 친절한 태도로 고객을 응대한다.

- 克服困难 kèfú kùnnan 어려움을 극복하다

  我们要以积极的态度克服困难。우리는 적극적인 태도로 어려움을 극복해야 한다.

- 批准方案 pī zhǔn fāng'àn 방안을 허가하다 ⭐ 빈출문제

  总裁批准了我们的方案。회장님께서 우리의 방안을 허가해 주었다.

- 缺乏资金 quēfá zījīn 자금이 부족하다

  我们遇到了缺乏资金的问题。우리는 자금 부족 문제와 맞닥뜨렸다.

- 实现梦想 shíxiàn mèngxiǎng 꿈을 실현하다

  为了实现梦想，他不断奋斗。꿈을 실현하기 위해 그는 끊임없이 분투한다.

- 推广产品 tuīguǎng chǎnpǐn 상품을 보급하다

  他主要负责推广公司的新产品。그는 주로 회사의 신상품 보급을 책임진다.

- 完善设施 wánshàn shèshī 시설을 완벽하게 갖추다 ⭐ 빈출문제

  这家医院在努力完善医院里的医疗设施。이 병원은 병원 안의 의료 시설을 완벽하게 갖추려고 노력하고 있다.

- 欣赏风景 xīnshǎng fēngjǐng 풍경을 감상하다

  我们常常去黄山欣赏风景。우리는 자주 황산에 가서 풍경을 감상한다.

- 预订机票 yùdìng jīpiào 비행기 표를 예약하다

  我们已经预订了去上海的机票。우리는 이미 상하이로 가는 비행기 표를 예약했다.

- 遵守规则 zūnshǒu guīzé 규칙을 준수하다

  我们一定要遵守交通规则。우리는 반드시 교통 규칙을 준수해야 한다.

第1-3题

请结合下列词语(要全部使用，顺序不分先后)，写一篇80字左右的短文。

아래의 제시된 어휘를 결합해서(모두 사용해야 하며, 순서는 앞뒤 구분 없음), 80자 내외의 작문을 완성하세요.

1 遍　　演讲　　热烈　　表现　　紧张

48

80

书写

쓰기

정답 및 해설 » 해설서 p. 145

2 辞职　　实际　　观念　　有利　　考虑

48

80

3 制定　　逐渐　　消费　　实际　　比例

48

80

정답 및 해설 ≫ 해설서 p. 146~147

DAY 19

2 제시된 어휘로 글쓰기

공략비법 12 어휘의 함정에 빠지지 마라!

출제 형식

우리가 익히 알고 있는 어휘 가운데 함정을 가지고 있는 어휘들이 존재한다. 함정이라 함은 어휘 사용에 있어 품사나 의미상 특별한 제약이 있는 어휘를 의미한다. 생김새가 비슷하나 품사와 쓰임이 다른 경우와 한국어 해석과는 달라 사용에 있어 제약이 뒤따르는 어휘들도 있다. 평소 어휘 암기 시, 품사와 예외 쓰임까지 함께 학습하는 습관이 필요하다.

핵심 전략

1 생김새가 비슷한 어휘들을 주의하라.

面对와 面临, 适合와 合适, 购物와 购买, 理解와 了解 등의 어휘들은 생김새는 비슷하지만 품사나 쓰임에 있어 차이가 있는 어휘들이다. 평소 생김새가 비슷한 어휘들의 품사와 쓰임까지 세심하게 학습해야 한다.

유형맛보기 1

成长	经验	错误	面对	虚心

成长 chéngzhǎng 동 성장하다 ★
经验 jīngyàn 명 경험
错误 cuòwù 명 잘못, 실수
面对 miànduì 동 맞서다 ★
虚心 xūxīn 형 겸손하다 ★

해설 **Step 1** 제시된 어휘가 공통을 말하고자 하는 주제 어휘를 찾는다.

주제 어휘: 成长 chéngzhǎng 성장하다

Step 2 단어마다 살을 붙여 주제 어휘에 맞게 호응 어휘나 문장을 만든다.

① **经验** jīngyàn 경험
　积累经验 경험을 쌓다

② **错误** cuòwù 잘못, 실수
　犯错误 잘못을 저지르다
　改正错误 잘못을 고치다

③ **面对** miànduì 맞서다
　面对困难 어려움에 맞서다
　面对问题 문제에 맞서다

미나 쌤의 꿀 Tip!

面对问题는 '적극적으로 문제에 맞서다'라는 의미이고 面临问题는 '문제에 처하다, 문제에 봉착하다'라는 의미이다.

Step 3 완성된 구나 문장들을 줄거리로 만들어 원고지에 작성한다.

정답 世界上并没有绝对完美的人。成长的过程中，人们会犯种种错误，有时候还会受到别人的批评。这时我们不能逃避，逃避不能解决问题。我们应该以虚心的态度，积极地面对问题。从中，我们还可以积累宝贵的经验。

		世	界	上	并	没	有	绝	对	完	美	的	人	。	成
长	的	过	程	中	，	人	们	会	犯	种	种	错	误	，	有
时	候	还	会	受	到	别	人	的	批	评	。	这	时	我	们
不	能	逃	避	，	逃	避	不	能	解	决	问	题	。	我	们
应	该	以	虚	心	的	态	度	，	积	极	地	面	对	问	题。
从	中	，	我	们	还	可	以	积	累	宝	贵	的	经	验	。

48

80

해석 세상에 결코 절대적으로 완벽한 사람은 없다. 성장하는 과정속에서 사람들은 각종 잘못을 저지르게 되고, 때로는 또한 다른 사람의 비판을 받기도 한다. 이때 우리는 도망쳐서는 안 된다. 도피는 문제를 해결할 수 없다. 우리는 겸손한 태도로 적극적으로 문제에 맞서야 한다. 그 속에서 우리는 소중한 경험도 쌓을 수 있다.

어휘 **绝对** juéduì 형 절대적인 ★　　**完美** wánměi 형 완벽하다 ★　　**犯** fàn 동 저지르다
逃避 táobì 동 도피하다 ★　　**积极** jījí 형 적극적이다　　**宝贵** bǎoguì 형 소중하다, 귀중하다 ★

2 한국어 해석과는 달리 쓰이는 어휘들도 있다.

临时는 형용사로는 사전적으로 '임시, 잠시'라는 의미이지만, 부사로는 '임박하여, 그때가 되어'라는 뜻으로 사용하는 어휘이다. 또한 不足가 '부족함'이라는 의미로 쓰이는 경우에는 한국어 해석을 기준으로 그에 맞춰 '补充不足(부족함을 보충하다)'라고 작문해서는 안 된다. '改变不足'는 '부족함을 고치다'라고 써야 한다. 내가 알고 있는 의미에 맞춰 작문하다 보면 실수할 가능성이 높으므로 평소 의미와 용법에 대해 꼼꼼히 암기해야 한다.

─ 미나 쌤의 꿀 Tip!
중국어의 不足는 '부족함, 단점'이라는 의미이므로 '고치다'라는 의미의 改变, 改正과 같은 동사와 호응을 이룬다.

✎ 유형맛보기 2

竞争	虚心	对手	改变	不足

竞争 jìngzhēng 명 경쟁 동 경쟁하다
虚心 xūxīn 형 겸손하다 ★
对手 duìshǒu 명 라이벌, 적수 ★
改变 gǎibiàn 동 고치다
不足 bùzú 명 결점 형 부족하다 ★

해설 **Step 1** 제시된 어휘 가운데 호응을 이루는 어휘가 있는지 찾는다.

改变不足 gǎibiàn bùzú 부족함을 고치다

Step 2 단어마다 살을 붙여 주제 어휘에 맞게 호응 어휘나 문장을 만든다.

① **竞争** jìngzhēng 경쟁, 경쟁하다
　竞争激烈 경쟁이 치열하다
　社会竞争 사회 경쟁
② **虚心** xūxīn 겸손하다
　态度很虚心 태도가 겸손하다
　虚心的态度 겸손한 태도
③ **对手** duìshǒu 라이벌, 맞수
　竞争对手 경쟁 맞수
　战胜对手 라이벌과 싸워 이기다

Step 3 완성된 구나 문장들을 줄거리로 만들어 원고지에 작성한다.

정답 现代社会竞争很激烈。如果想要战胜对手，你一定要做充分的准备。最重要的是要以虚心的态度改变自己的不足，知彼知己，百战不殆。只有充分了解自己的优点和缺点，才能战胜别人。

		现	代	社	会	竞	争	很	激	烈	。	如	果	想	要
战	胜	对	手	，	你	一	定	要	做	充	分	的	准	备	。
最	重	要	的	是	要	以	虚	心	的	态	度	改	变	自	己
的	不	足	，	知	彼	知	己	，	百	战	不	殆	。	只	有
充	分	了	解	自	己	的	优	点	和	缺	点	，	才	能	战
胜	别	人	。												

48
80

书写
쓰기

해석 현대 사회는 경쟁이 치열하다. 만약 라이벌을 이기려면 당신은 반드시 충분한 준비를 해야 한다. 가장 중요한 것은 겸손한 태도로 자신의 부족함을 고치는 것이다. 지피지기면 백전백승이다. 자신의 장점과 결점을 충분히 알아야만 비로소 다른 사람을 이길 수 있다.

어휘 **激烈** jīliè 형 치열하다 ★　**战胜** zhànshèng 동 이기다, 싸워 이기다　**充分** chōngfèn 형 충분하다 ★
知彼知己, 百战不殆 zhībǐzhījǐ, bǎizhànbúdài 성 지피지기면 백전 백승이다
优点 yōudiǎn 명 장점　**缺点** quēdiǎn 명 결점, 단점

중국어 작문
내공 쌓기(2)

라오쓰의 킥!!

비슷한 생김새나 비슷한 의미로 혼동할 수 있는 어휘들을 정리해보자.

1 舒适와 舒服

舒适 shūshì 형 편하다	(환경이) 쾌적함	宾馆的环境很舒适。 호텔의 환경이 쾌적하다.
舒服 shūfu 형 편안하다	(몸, 마음이) 편안함	我今天身体不舒服。 나는 오늘 몸이 불편해.

2 理解와 了解

理解 lǐjiě 동 알다, 이해하다	(사람의 마음을) 헤아림	别哭了，我能理解你。 울지마, 나는 너를 이해할 수 있어.
了解 liǎojiě 동 알다, 이해하다	(상황을) 앎	我没去过那儿，所以不太了解那儿的情况。 나는 거기에 가본 적이 없어서, 그곳의 상황을 잘 몰라.

3️⃣ 培养과 培训

培养 péiyǎng ⑧ 배양하다, 양성하다	인재나 능력을 기름	**你很有天赋，我想重点**培养**你。** 너는 천부적인 재능이 있어서, 나는 너를 중점적으로 키워 보고 싶다.
培训 péixùn ⑧ 양성하다	단기적으로 전문적인 기술이나 업무를 훈련함	**每位进入公司的新职员都需要先经过**培训**后 再入职。** 모든 신입 사원은 먼저 교육을 받은 후에 직무에 들어가야 한다.

4️⃣ 合适와 适合 ⭐

合适 héshì ⑱ 적당하다	형용사이므로 목적어를 갖지 못함	**这双鞋的大小很**合适**。** 이 신발의 사이즈는 적당하다.
适合 shìhé ⑧ 적합하다	동사이므로 목적어를 가질 수 있음	**你今天穿的衣服很**适合**你。** 네가 오늘 입은 옷은 너에게 잘 어울린다.

5️⃣ 购物와 购买

购物 gòuwù ⑧ 물품을 구입하다	이합동사이므로 목적어를 가질 수 없음	**我打算今天和妈妈一起去商场**购物**。** 나는 오늘 엄마와 함께 백화점에 쇼핑 갈 계획이다.
购买 gòumǎi ⑧ 사다	동사이므로 목적어를 가질 수 있음	**您好，您想**购买**什么？我给您推荐。** 안녕하세요, 무엇을 사고 싶으신가요? 제가 추천해 드리겠습니다.

6️⃣ 引起와 导致 ⭐

引起 yǐnqǐ ⑧ 끌다	긍정과 부정 관계 없이 결과가 생김	**这件事情**引起**了人们的广泛关注。** 이 일은 사람들의 넓은 관심을 불러 일으켰다.
导致 dǎozhì ⑧ 야기하다	부정적인 결과를 야기함	导致**了巨大的损失。** 거대한 손실을 야기하다.

7 暂时와 临时

暂时 zànshí 倁 잠깐	짧은 시간	他们决定暂时按专家的建议去做。 그들은 잠시 전문가의 건의대로 하기로 결정했다.
临时 línshí 倁 임시의, 단기적인 倁 갑자기, 정해진 시간에 이르러	정상적인 상황을 벗어난 갑작스러운 시간	刚才临时有事，来晚了，对不起。 방금 갑자기 일이 생겨서 늦었어, 미안.

8 面对와 面临

面对 miànduì 倁 맞서다	적극적인 태도	面对生活中的困难，我们应该勇敢去克服。 생활 속에 어려움을 맞서 우리는 용감하게 극복해야 한다.
面临 miànlín 倁 직면하다	어떤 상황에 마주하고 봉착하게 됨	这家公司最近面临资金困难。 이 회사는 최근 자금난에 직면해있다.

9 承担과 负责

承担 chéngdān 倁 책임지다	좋지 않은 결과를 책임짐	这次由我来承担全部责任。 이번에 내가 모든 책임을 지겠다.
负责 fùzé 倁 맡다	일이나 프로젝트를 맡음	您好，这次由我来负责这个项目。 안녕하세요, 이번에 제가 이 프로젝트를 맡게 되었습니다.

第1-3题

请结合下列词语(要全部使用，顺序不分先后)，写一篇80字左右的短文。
아래의 제시된 어휘를 결합해서(모두 사용해야 하며, 순서는 앞뒤 구분 없음), 80자 내외의 작문을 완성하세요.

1 本来   遗憾   临时   取消   理解

48

80

2 效率　　疲劳　　精力　　管理　　千万

48

80

3 适应　　坚强　　最初　　克服　　情况

48

80

정답 및 해설 ≫ 해설서 p. 149~150

DAY 20

3 제시된 사진보고 글쓰기

공략비법 13 막막하면 일기를 써라!

출제 형식

100번 문제는 제시된 사진을 보고 80자 내외로 짧은 글을 완성하는 문제로 가정, 우정, 사랑, 구직, 면접, 업무, 수업, 발표, 방학, 졸업 등의 내용이 출제된다. 사진을 보고 작문하는 경우, 제시된 어휘 없이 작문해야 하므로 많은 수험생들이 어렵다고 느끼기 쉽다. 사진에서 캐치할 수 있는 시간, 인물, 장소, 사건(행동), 감정을 가지고 육하원칙에 따라 일기를 쓰듯 가볍게 작문하는 것이 좋다.

핵심 전략

1 사진 속에서 5가지 정보를 캐내라!

사진을 보고 바로 작문하기 어렵다면 **사진을 통해 얻을 수 있는 정보를 나열해 일기 쓰듯 작문하는 연습**을 해야 한다. 제시되는 사진은 **상황을 구체적으로 묘사할 수 있는 사진들**이므로 **사진 속의 시간, 인물, 장소, 사건(행동), 느껴지는 감정 등을 캐치해 작문**하면 된다. 문장의 길이는 관형어나 부사어로 조절할 수 있으므로 위의 5가지에 대한 기본 어구나 문장만 잘 만들면 된다.

유형맛보기 1

해설 **Step 1** 사진 속에서 5가지 정보를 캐치해 기본 어구나 문장을 만든다.

① 시간 ➡ **上个星期** 지난 주
② 인물 ➡ **我们家人** 우리 가족
③ 장소 ➡ **汽车卖场** 자동차 매장
④ 사건(행동) ➡ **买一辆车** 자동차를 사려고
⑤ 감정 ➡ **兴奋, 激动, 高兴** 기쁘다 / **满意** 만족하다

어휘에 관형어나 부사어를 붙여 문장의 길이를 조절해야 하며 사진에서
얻은 정보를 토대로 좀 더 긴 스토리를 구상해야 한다.

① 上周我们去汽车卖场买车了。
지난주에 우리는 자동차 매장에 가서 차를 샀다.

| | | 上 | 周 | 我 | 们 | 去 | 汽 | 车 | 卖 | 场 | 买 | 车 | 了 | 。 | |

② 上个星期我们一家人去汽车卖场买了一辆汽车。
지난주에 우리 가족 모두 자동차 매장에 가서 자동차 한 대를 샀다.

| | | 上 | 个 | 星 | 期 | 我 | 们 | 一 | 家 | 人 | 去 | 汽 | 车 | 卖 | 场 |
| 买 | 了 | 一 | 辆 | 汽 | 车 | 。 | | | | | | | | | |

③ 因为爸爸的车已经开了十年，所以上个星期我们一家人一起去汽车卖场买了一辆新车。
아빠의 차는 이미 10년이나 탔다. 그래서 지난주에 우리 가족 모두 함께 자동차 매장에 가서 자동차 한 대를 샀다.

		因	为	爸	爸	的	车	已	经	开	了	十	年	，	所
以	上	个	星	期	我	们	一	家	人	一	起	去	汽	车	卖
场	买	了	一	辆	新	车	。								

원고지 작성법에 따라 작문해야 하며 15분 안에 80자 내외의 짧은 글을
완성하도록 주의한다.

정답 因为爸爸的车已经开了十年，常常出故障，所以上个星期我们一家人一起去汽车卖场买了一辆新车。我爸爸每天都开着新车去上班，他说新车不仅省油，而且驾驶更方便了，非常满意这辆新车。

		因	为	爸	爸	的	车	已	经	开	了	十	年	，	常
常	出	故	障	，	所	以	上	个	星	期	我	们	一	家	人
一	起	去	汽	车	卖	场	买	了	一	辆	新	车	。	我	爸
爸	每	天	都	开	着	新	车	去	上	班	，	他	说	新	车
不	仅	省	油	，	而	且	驾	驶	更	方	便	了	，	非	常

48

满	意	这	辆	新	车	。								

해석 아빠의 차는 이미 10년이나 탔고 자주 고장이 나서 지난주에 우리 가족 모두 함께 자동차 매장에 가서 한 대의 새 차를 샀다. 우리 아빠는 매일 새 차를 몰고 출근을 하신다. 아빠께서는 새 차가 기름을 아낄 뿐만 아니라, 운전하기도 훨씬 편해졌다며 이 새 차를 아주 마음에 들어 하신다.

어휘 **出故障** chū gùzhàng 고장 나다　**汽车** qìchē 몡 자동차　**卖场** màichǎng 몡 매장　**辆** liàng 양 대(차량을 세는 단위)
省油 shěng yóu 동 기름을 아끼다　**驾驶** jiàshǐ 동 (자동차·비행기 등을) 운전(조종, 운항)하다 ★

---

2 ★**마지막 문장은 사진에서 느껴진 감정으로 마무리 하자.**

사진에서 얻은 정보로 글을 구상하다 보면 글자 수가 턱없이 부족하다. 그때 **사진에서 느껴진 감정을 토대로 약간의 허구를 섞어 추가로 문장을 만들어야 한다.** 위의 유형맛보기 1에서도 새 차를 산 후 아버지가 느낀 내용(기름을 아낄 뿐만 아니라 운전하기가 훨씬 편하다는 내용)은 허구의 내용으로 사진에서 느껴지는 만족한다는 감정을 넣어 글을 완성한 것처럼 **사진과 내용에 맞는 감정과 허구성이 필요**하다.

✏ **유형맛보기 2**

해설 **Step 1** 사진 속에서 5가지 정보를 캐치해 기본 어구나 문장을 만든다.

① 시간　➡ **今天** 오늘

② 인물　➡ **小王** 샤오왕 / **我** 나 / **同事** 동료

③ 장소　➡ **公司** 회사 / **办公室** 사무실

④ 사건(행동)　➡ **负责一个项目** 프로젝트를 맡다

⑤ 감정　➡ **担心** 걱정하다 / **难过** 괴롭다
　　　　　 感到压力 스트레스를 느낀다

书写

쓰기

Step 2 어휘에 관형어나 부사어를 붙여 문장의 길이를 조절해야 하며 사진에서
얻은 정보를 토대로 좀 더 긴 스토리를 구상해야 한다.

① 公司让我负责一个项目。
　　회사는 나에게 프로젝트 하나를 맡겼다.

↓ | | | 公 | 司 | 让 | 我 | 负 | 责 | 一 | 个 | 项 | 目 | 。 | | | |

② 最近公司让我负责一个很重要的项目。
　　최근 회사는 나에게 하나의 중요한 프로젝트를 맡겼다.

		最	近	公	司	让	我	负	责	一	个	很	重	要	的
↓ | 项 | 目 | 。 | | | | | | | | | | | | | |

③ 最近我们公司要扩大经营范围，因此让我负责一个很重要的项目。
　　최근 우리 회사는 경영 범위를 확대하려고 한다. 그래서 나에게 하나의 중요한 프로젝트를 맡겼다.

		最	近	我	们	公	司	要	扩	大	经	营	范	围	，
因	此	让	我	负	责	一	个	很	重	要	的	项	目	。	

Step 3 마지막 문장은 사진에서 느껴진 감정으로 마무리한다. 원고지 작성법에
따라 작문해야 하며 15분 안에 80자 내외의 짧은 글을 완성하도록 주의
한다.

① 所以我最近觉得压力很大。 그래서 나는 최근 스트레스를 많이 받는다.

② 我感谢他的支持和鼓励。 나는 그의 지지와 격려에 감사한다.

③ 我对这样的结果非常满意。 나는 이러한 결과에 굉장히 만족한다.

정답 ▶ 最近我们公司要扩大经营范围，因此让我负责一个很重要的投资项目。我已经做出了好多个投资方案，但每次汇报时，总裁都不批准，让我重新制定更好的投资方案，但我实在没有办法了，所以我最近觉得压力很大。

		最	近	我	们	公	司	要	扩	大	经	营	范	围	，
因	此	让	我	负	责	一	个	很	重	要	的	投	资	项	目	。

我	已	经	做	出	了	好	多	个	投	资	方	案	，	但	每
次	汇	报	时	，	总	裁	都	不	批	准	，	让	我	重	新
制	定	更	好	的	投	资	方	案	，	但	我	实	在	没	有
办	法	了	，	所	以	我	最	近	觉	得	压	力	很	大	。

48

80

해석 최근 우리 회사는 경영 범위(or 사업 범위)를 확대하려고 해서 나에게 하나의 중요한 투자 프로젝트를 맡겼다. 나는 이미 여러 개의 투자 방안을 만들어 냈지만 보고할 때마다 회장님은 승인하지 않으셨고, 나에게 다시 더 좋은 투자 방안을 마련하라고 하셨지만, 나는 정말로 방법이 없어서 요즘 스트레스를 많이 받는다.

어휘
扩大 kuòdà 동 확대하다 ★
投资项目 tóuzī xiàngmù 명 투자 프로젝트 ★
总裁 zǒngcái 명 총재, 회장 ★
实在 shízài 부 정말로, 참으로

经营范围 jīngyíng fànwéi 명 경영 범위 ★
方案 fāng'àn 명 방안 ★
批准 pī zhǔn 동 비준하다 ★

负责 fùzé 동 맡다, 책임지다
汇报 huìbào 동 보고하다
制定 zhìdìng 동 제정하다 ★

중국어 작문
내공 쌓기(3)

1 가정 및 일상생활

洒 sǎ 쏟다 ★　　　　　　　　　　　　　　咨询 zīxún 상담하다, 자문하다 ★

浇水 jiāo shuǐ 물을 뿌리다, 물을 주다　　　搬家 bān jiā 이사하다

握手 wò shǒu 악수하다 ★　　　　　　　　表白 biǎobái 고백하다

理发 lǐ fà 커트하다　　　　　　　　　　　举行婚礼 jǔxíng hūnlǐ 결혼식을 거행하다 ★

排队 pái duì 줄 서다 ★(빈출문제)　　　　　参加婚礼 cānjiā hūnlǐ 결혼식에 참가하다

换轮胎 huàn lúntāi 타이어를 교체하다　　　度蜜月 dù mìyuè 신혼여행을 가다

签合同 qiān hétong 계약서에 서명하다 ★　挂号 guà hào 등록하다, 접수하다 ★

购物 gòu wù 쇼핑하다　　　　　　　　　　做手术 zuò shǒushù 수술하다 ★

逛街 guàng jiē 쇼핑하다　　　　　　　　受伤 shòu shāng 부상당하다 ★

装修 zhuāngxiū 인테리어 하다 ★　　　　　着凉 zháo liáng 감기에 걸리다 ★

打针 dǎ zhēn 주사를 놓다　　　　　　　　做贺卡 zuò hèkǎ 축하 카드를 만들다 ★(빈출문제)

办健身卡 bàn jiànshēnkǎ 헬스 카드를 신청하다 ★(빈출문제)　请假回家 qǐngjià huíjiā 휴가내서 집에 가다

种菜 zhòng cài 채소를 심다　　　　　　　爱阅读 ài yuèdú 독서를 좋아하다 ★(빈출문제)

2 스포츠, 레저, 취미 관련 어휘

晒太阳 shài tàiyáng 선탠하다 ★(빈출문제)　导游 dǎoyóu 가이드

钓鱼 diào yú 낚시하다　　　　　　　　　地图 dìtú 지도

射击 shèjī 사격하다 ★(빈출문제)　　　　　健身 jiànshēn 헬스하다 ★

划船 huá chuán 배를 젓다　　　　　　　出汗 chū hàn 땀이 나다

下象棋 xià xiàngqí 장기 두다 ★　　　　比赛 bǐsài 경기, 시합

下围棋 xià wéiqí 바둑을 두다　　　　　运动 yùndòng 운동하다

养花 yǎng huā 꽃을 가꾸다

养宠物 yǎng chǒngwù 애완 동물을 기르다 ⭐빈출문제

唱歌 chàng gē 노래 부르다

画画 huà huà 그림 그리다

弹钢琴 tán gāngqín 피아노를 치다 ⭐빈출문제

玩儿游戏 wánr yóuxì 게임하다 ⭐빈출문제

摄影 shèyǐng 사진을 찍다 ⭐

拍照片 pāi zhàopiàn 사진을 찍다

合影 héyǐng 함께 사진을 찍다 ⭐

照相机 zhàoxiàngjī 사진기

旅行 lǚxíng 여행하다

旅游 lǚyóu 여행하다 ⭐빈출문제

欣赏风景 xīnshǎng fēngjǐng 풍경을 감상하다 ⭐

打篮球 dǎ lánqiú 농구를 하다

跑步 pǎo bù 달리다

打乒乓球 dǎ pīngpāngqiú 탁구 치다

骑自行车 qí zìxíngchē 자전거를 타다

踢足球 tī zúqiú 축구를 하다 ⭐빈출문제

打羽毛球 dǎ yǔmáoqiú 배드민턴 치다

爬山 pá shān 등산하다

散步 sàn bù 산책하다

跳舞 tiào wǔ 춤을 추다

滑冰 huá bīng 스케이트 타다 ⭐빈출문제

滑雪 huá xuě 스키를 타다

游泳 yóu yǒng 수영을 하다

③ 다양한 감정의 표현

1 긍정과 부정의 감정

我感到非常 + 감정 : 나는 매우 ~라고 느끼다

满意 mǎnyì 만족하다

激动 jīdòng 감격하다

兴奋 xīngfèn 흥분하다 ⭐빈출문제

难过 nánguò 괴롭다

遗憾 yíhàn 유감이다 ⭐빈출문제

幸福 xìngfú 행복하다

愉快 yúkuài 유쾌하다

自豪 zìháo 자부심을 느끼다 ⭐빈출문제

难受 nánshòu 괴롭다

2 존중과 부끄러움

我还是很 + 감정 : 나는 그래도 매우 ~한다

重视 zhòngshì 중시하다

惭愧 cánkuì 부끄럽다 ⭐

3 안심, 걱정

我就开始 + 감정 了 : 나는 바로 ~하기 시작했다

放心 fàng xīn 마음을 놓다

着急 zháo jí 조급하다

担心 dān xīn 걱정하다

发愁 fā chóu 걱정하다 ⭐빈출문제

第1-3题

请结合这张图片写一篇80字左右的短文。

아래의 제시된 사진과 연관 지어 80자 내외의 작문을 완성하세요.

1

																			48
																			80

정답 및 해설 ≫ 해설서 p. 151

❷

																48
																80

쓰기

정답 및 해설 ≫ 해설서 p. 152

3

																48

																80

정답 및 해설 ≫ 해설서 p. 154

DAY 20

3 제시된 사진보고 글쓰기

^{공략}_{비법}14 틀만 알면 논설문도 没问题!

출제 형식

100번 문제는 일기 형식 이외에 논설문 형식으로도 작문할 수 있다. 대부분의 수험생들은 논설문 형식으로 작문하기 어려울 것이라 걱정하지만 논설문의 구성을 암기해서 활용한다면 수월하게 글을 완성할 수 있다.

핵심 전략

1 ★서론의 도입부는 그림 묘사부터 하라.

100번 문제는 '请结合这张图片写一篇80字左右的短文。(아래의 제시된 사진과 연관 지어 80자 내외의 작문을 완성하세요.)'이다. 따라서 ★글의 내용은 사진과 반드시 연관이 있어야 하며 이러한 조건을 만족시키기 위해서는 도입부에 반드시 사진을 간략히 묘사하는 내용을 넣어야 한다.

유형맛보기 1

해설 **Step 1** 글의 도입

사진에서 키워드를 뽑아 사진을 묘사하는 문장을 작성한다.

① 图片里的人在旅游。 사진 속의 사람은 여행을 하고 있다.

② 图片中有一个人在旅游。 사진에 여행을 하는 한 사람이 있다.

① 随着现代社会的发展，很多人去旅游。
현대 사회의 발전에 따라 많은 사람이 여행을 간다.

② 随着生活水平的提高，很多人选择去旅游。
생활 수준의 향상에 따라 많은 사람이 여행을 가는 것을 선택한다.

 유형맛보기 2

해설   Step 1   글의 도입

사진에서 키워드를 뽑아 사진을 묘사하는 문장을 작성한다.

① 图片里的人在开车。
사진 속의 사람은 운전을 하고 있다.

② 图片上有一个人在开车。
사진에 운전을 하는 한 사람이 있다.

Step 2   글의 도입에 살 붙이기

① 随着现代社会的发展，很多人都有车了。
현대 사회의 발전에 따라 많은 사람이 차를 소유하게 되었다.

② 随着生活水平的提高，很多人自己开车上班。
생활 수준의 향상에 따라 많은 사람이 스스로 운전해서 출근을 한다.

2 **서론, 본론, 결론의 구성을 활용하라.**

시험에 제시된 사진을 보고 사진을 설명하는 도입부를 완성하였다면 나머지 서론, 본론, 결론의 구성에 맞춰 내용을 작성해야 한다. 사진을 묘사한 후, **서론은 의문형으로 시작**한다. 의문형으로 작성하면 **본론** 부분에서 그 의문에 대한 답을 하거나 이유를 열거하는 내용으로 짜임새 있게 구성할 수 있기 때문이다. **결론**에서는 의문형으로 작성한 문장을 평서문으로 바꾸거나 제안하는 내용으로 바꿔 한 편의 짧은 글로 완성한다.

해설 　step 1~2에서는 글의 도입부를 완성한 후 서론, 본론, 결론에 맞춰 스토리를 구상한다.

Step 3　　서론

의문형으로 작성하기

① 那么，人们为什么去旅游呢？ 그러면 사람들은 왜 여행을 가는가?

② 那么，旅游有什么好处呢？ 그러면 여행은 무슨 장점이 있는가?

Step 4　　본론

나열 형태로 이유나 근거 작성하기

① 第一，可以了解别的国家的文化和生活。
첫째, 다른 국가들의 문화와 생활을 이해할 수 있다.

② 第二，可以缓解工作上或者生活上的压力。
둘째, 업무상 혹은 생활상의 스트레스를 풀 수 있다.

③ 最后，可以交到很多朋友。
마지막으로 많은 친구들을 사귈 수 있다.

Step 5　　결론

서론의 의문형 문장을 평서문으로 바꾸거나 제안으로 마무리하기

① 因此很多人去旅游。 그렇기 때문에 많은 사람이 여행을 간다.

② 我们也去旅游吧。 우리도 여행 가자.

书写

쓰기

图片里的人在旅游。随着生活水平的提高，很多人选择去旅游。那么，旅游有什么好处呢？第一，可以了解别的国家的文化和生活。第二，可以缓解工作上或者生活上的压力。第三，还可以交到很多朋友，因此很多人选择去旅游。

		图	片	里	的	人	在	旅	游	。	随	着	生	活	水
平	的	提	高	，	很	多	人	选	择	去	旅	游	。	那	么,
旅	游	有	什	么	好	处	呢	？	第	一	，	可	以	了	解
别	的	国	家	的	文	化	和	生	活	。	第	二	，	可	以
缓	解	工	作	或	者	生	活	上	的	压	力	。	第	三	，
还	可	以	交	到	很	多	朋	友	，	因	此	很	多	人	选
择	去	旅	游	。											

48

80

해석 사진 속의 사람이 여행을 하고 있다. 생활 수준의 향상에 따라 많은 사람들이 여행가는 것을 선택한다. 그렇다면 여행에는 어떤 장점이 있을까? 첫째, 다른 국가의 문화와 생활을 이해할 수 있다. 둘째, 업무상 혹은 생활상의 스트레스를 풀 수 있다. 셋째, 많은 친구를 사귈 수도 있다. 그렇기 때문에 많은 사람들이 여행가는 것을 선택한다.

어휘 图片 túpiàn 명 사진, 그림　　旅游 lǚyóu 동 여행하다　　随着 suízhe 전 ~에 따라
提高 tígāo 동 향상시키다, 높이다　　好处 hǎochu 명 장점　　缓解 huǎnjiě 동 풀다, 완화하다 ☆

✏️ **유형맛보기 2**

해설 step 1~2에서 글의 도입부를 완성한 후 서론, 본론, 결론에 맞춰 스토리를 구상한다.

Step 3　서론

★ **의문형으로 작성하기**

那么，开车时要注意什么？ 그러면 운전 시 무엇을 주의해야 하는가？

본론

★ **나열 형태로 이유나 근거 작성하기**

① 第一，一定要遵守交通规则。
첫째, 반드시 교통 규칙을 준수해야 한다.

② 第二，开车时不能打电话或者抽烟，这样很危险。
둘째, 운전 시 전화를 하거나 담배를 피워서는 안 된다. 이렇게 하는 것은 매우 위험하다.

③ 最后，不能超速或者酒后开车。
마지막으로 과속하거나 음주 운전을 해서는 안 된다.

Step 5 결론

★ **서론의 의문형 문장을 평서문으로 바꾸거나 제안으로 마무리하기**

开车时我们要注意这些。 운전 시 우리는 이런 것들을 주의해야 한다.

정답 图片里的人在开车。随着生活水平的提高，很多人自己开车上班。那么，开车时要注意什么？第一，一定要遵守交通规则。第二，开车时不能打电话或者抽烟，这样很危险。最后，不能超速或者酒后开车。开车时我们要注意这些。

		图	片	里	的	人	在	开	车	。	随	着	生	活	水
平	的	提	高	，	很	多	人	自	己	开	车	上	班	。	那
么	，	开	车	时	要	注	意	什	么	？	第	一	，	一	定
要	遵	守	交	通	规	则	。	第	二	，	开	车	时	不	能
打	电	话	或	者	抽	烟	，	这	样	很	危	险	。	最	后,
不	能	超	速	或	者	酒	后	开	车	。	开	车	时	我	们
要	注	意	这	些	。										

48

80

书写

쓰기

해석 사진 속의 사람이 운전을 하고 있다. 생활 수준의 향상에 따라 많은 사람이 스스로 운전을 해서 출근을 한다. 그렇다면 운전할 때 무엇을 주의해야 할까? 첫째, 반드시 교통 규칙을 준수해야 한다. 둘째, 운전 시 전화를 하거나 담배를 피워서는 안 된다, 이렇게 하는 것은 매우 위험하다. 마지막으로 과속하거나 음주 운전을 해서는 안 된다. 운전 시 우리는 이런 것들을 주의해야 한다.

어휘 遵守 zūnshǒu 동 준수하다 ☆　　规则 guīzé 명 규칙 ☆　　　　　　危险 wēixiǎn 형 위험하다
超速 chāo sù 동 과속하다　　酒后开车 jiǔhòu kāichē 음주 운전하다

중국어 작문
내공 쌓기(4)

논설문 형식은 구성을 잘 활용한다면 수월하게 글을 완성할 수 있다. 다음은 사진 작문 시험에 가장 많이 나오는 레저, 스포츠, 취미 그리고 주의 사항과 관련된 작문 틀이다. 글의 구성과 틀의 내용을 암기하여 쓰기 고득점을 노리자.

예시 1) 취미, 여가, 여행 관련 사진

취미와 관련한 애완동물 기르기, 악기 배우기, 여가와 관련한 독서, 휴식, 스포츠, 여행 등과 관련된 사진이 나오면 아래와 같이 작문의 틀에 맞춰 글을 쓰면 된다.

도입	사진 묘사	1. 图片里有(숫자)个人在(동작)。
	살 붙이기	2. 随着现代社会的发展，(동작)的人越来越多了。 随着生活水平的提高，很多人选择(동작)。
서론	의문형 문장	3. 那么，(동작)有什么好处呢？
본론	열거	4. 第一，(내용 삽입)， 第二，(내용 삽입)， 最后，(내용 삽입)，
결론	평서문으로 전환, 제안	5. 我们也开始(동작)吧。

도입	사진 묘사	**1.** **图片里有**一个人在跟猫一起玩儿。 사진 속의 한 사람이 고양이와 함께 놀고 있다.
	살 붙이기	**2.** **随着生活水平的提高，很多人**选择养宠物。 생활 수준의 향상에 따라 많은 사람들이 애완동물을 기르는 것을 선택한다.
서론	의문형 문장	**3.** **那么，**养宠物**有什么好处呢**？ 그렇다면 애완 동물을 기르는 것에 어떤 장점이 있을까?
본론	열거	**4.** **第一，**可以让人们的生活更健康， 첫째, 사람들의 생활을 더 건강하게 만들 수 있고, **第二，**可以减轻生活中产生的各种压力， 둘째, 생활속에서 생기는 각종 스트레스를 줄일 수 있으며, **最后，**有时还可以保护家庭，会使家庭有一种安全感。 마지막으로 때로는 가정을 지켜주기도 하여 가정에 안도감을 줄 수 있다.
결론	평서문으로 전환, 제안	**5.** 因此很多人都喜欢养宠物。 그러므로 많은 사람들이 애완동물 기르는 것을 좋아한다.

어휘 **养宠物** yǎng chǒngwù 동 애완동물(반려 동물)을 기르다 ☆　　**产生** chǎnshēng 동 생기다, 발생하다 ☆
　　　　家庭 jiātíng 명 가정 ☆　　**保护** bǎohù 동 지키다, 보호하다　　**安全感** ānquángǎn 명 안도감, 안전감

书写

쓰기

도입	사진 묘사	**1.** **图片里有**一个人在读书**。** 사진 속의 한 사람이 독서를 하고 있다.
	살 붙이기	**2.** **随着生活水平的提高，** 很多人都利用业余时间读书。 생활 수준의 향상에 따라 많은 사람들이 여가시간을 활용해 독서를 한다.
서론	의문형 문장	**3.** **那么，** 读书有什么好处呢？ 그렇다면 독서는 어떤 장점이 있을까?
본론	열거	**4.** **第一，** 可以丰富我们的知识， 첫째, 우리들의 지식을 풍부하게 해 주고, **第二，** 可以提高阅读能力和写作水平， 둘째, 읽기 능력과 쓰기 수준을 향상시켜 주며, **最后，** 让我们的生活更加丰富多彩。 마지막으로 우리의 생활을 더욱 풍부하고 다채롭게 만들어 준다.
결론	평서문으로 전환, 제안	**5.** **我们也开始**读书吧**。** 우리도 독서를 시작해 보자.

어휘 **业余时间** yèyú shíjiān 명 여가시간   **写作** xiězuò 통 글을 짓다, 창작하다 ★   **水平** shuǐpíng 명 수준
丰富多彩 fēngfùduōcǎi 성 풍부하고 다채롭다, 내용이 알차고 형식이 다양하다

도입	사진 묘사	**1.** **图片里有**一个人在爬山。 사진 속의 한 사람이 등산을 하고 있다.
	살 붙이기	**2.** **随着现代社会的发展，** 很多人利用业余时间去爬山。 현대 사회의 발전에 따라 많은 사람들이 여가시간을 활용해 등산을 간다.
서론	의문형 문장	**3.** **那么，** 爬山对身体有什么好处呢？ 그렇다면 등산은 몸에 어떤 장점이 있을까?
본론	열거	**4.** **第一，** 可以提高肺活量， 첫째, 폐활량을 향상시켜 주고, **第二，** 可以让人心情愉快，缓解工作压力， 둘째, 기분을 좋게 만들고 업무 스트레스를 완화하며, **最后，让我们的生活更加美好。** 마지막으로 우리의 생활을 더욱 아름답게 만들어 준다.
결론	평서문으로 전환, 제안	**5.** **我们也开始**去爬山吧。 우리도 등산을 시작해 보자.

어휘 **肺活量** fèihuóliàng 명 폐활량　**缓解** huǎnjiě 동 풀다. 완화하다 ☆　**美好** měihǎo 형 아름답다. 훌륭하다. 좋다

书写

쓰기

고객 접대, 운전, 여행, 이사, 헬스, 운동 등과 관련된 사진이 나오면 아래와 같이 작문의 틀에 맞춰 글을 쓰면 된다.

도입	사진 묘사	1. 图片里有(숫자)个人在(동작)。
서론	의문형 문장	2. 那么，(동작)的时候要注意什么呢？
본론	열거	3. 第一，(내용 삽입)， 第二，(내용 삽입)， 最后，(내용 삽입)，
결론	평서문으로 전환, 제안	4. (동작)时我们要注意这些。

도입	사진 묘사	1. 图片里有一个人在接待客人。 사진 속의 한 사람이 손님을 접대하고 있다.
서론	의문형 문장	2. 那么，接待客人的时候要注意什么呢？ 그렇다면 손님을 접대할 때 주의해야 할 것은 무엇일까?
본론	열거	3. 第一，首先应该了解对方的基本情况， 첫째, 우선 상대방의 기본 상황을 이해해야 하고, 第二，按照对方的个人喜好安排行程， 둘째, 상대방의 개인 기호에 맞는 스케줄을 준비하며, 最后，要尽量从始至终对客人热情、周到。 마지막으로 가능한 한 처음부터 끝까지 손님에게 친절하고 세심하게 대해야 한다.

결론	평서문으로 전환, 제안	**4.** 接待客人**时我们要注意这些。** 손님을 접대할 때 우리는 이런 것들을 주의하도록 해야 한다.

어휘 接待 jiēdài 동 접대하다 ☆ 행程 xíngchéng 명 여정, 노정, 스케줄 尽量 jǐnliàng 부 가능한 한, 되도록
从始至终 cóngshǐ zhìzhōng 처음부터 끝까지 周到 zhōudào 형 세심하다, 빈틈없다, 치밀하다 ☆

도입	사진 묘사	**1.** **图片里有一个人在**健身房**运动。** 사진 속의 한 사람이 헬스장에서 운동을 하고 있다.
서론	의문형 문장	**2.** **那么，**在健身房运动**的时候要注意什么呢？** 그렇다면 헬스장에서 운동할 때 주의해야 할 것은 무엇일까?
본론	열거	**3.** **第一，**在每次运动前要做好热身运动， 첫째, 매번 운동하기 전에 워밍업을 잘 해야 하고, **第二，**运动量不宜过大， 둘째, 운동량이 너무 지나친 것은 좋지 않으며, **最后，**运动后不能立即休息，要有一个放松阶段。 마지막으로 운동 후 바로 쉬면 안 되고, 긴장을 푸는 단계가 필요하다.
결론	평서문으로 전환, 제안	**4.** 在健身房运动**时我们要注意这些。** 헬스장에서 운동할 때 우리는 이런 것들을 주의하도록 해야 한다.

어휘 健身房 jiànshēnfáng 명 헬스장 热身 rè shēn 동 워밍업하다, 준비 운동을 하다, 몸을 풀다 不宜 bùyí 동 적당하지 않다
过大 guòdà 형 너무 지나치다 立即 lìjí 부 바로, 곧, 즉시, 금방 ☆ 阶段 jiēduàn 명 단계 ☆

도입	사진 묘사	**1.** **图片里有**两个人**在**搬家。 사진 속의 두 사람이 이사를 하고 있다.
서론	의문형 문장	**2.** **那么，**搬家**的时候要注意什么呢？** 그렇다면 이사할 때 주의해야 할 것은 무엇일까?
본론	열거	**3.** **第一，**安排好搬家时间，提前通知搬家公司， 첫째, 이사 시간을 잡아 미리 이삿짐센터에 통지하고, **第二，**搬家的时候要注意易碎物品， 둘째, 이사할 때 깨지기 쉬운 물품에 주의해야 하며, **最后，**有宝贵的东西要随身带着。 마지막으로 귀중품은 몸에 지니고 다녀야 한다.
결론	평서문으로 전환, 제안	**4.** 搬家**时我们要注意这些。** 이사할 때 우리는 이런 것들을 주의하도록 해야 한다.

어휘 搬家公司 bānjiā gōngsī 몡 이삿짐센터 　　易碎 yìsuì 혱 깨지기 쉽다 　　物品 wùpǐn 몡 물품
宝贵 bǎoguì 혱 귀중한, 소중한 ☆ 　　随身 suíshēn 동 몸에 지니다, 휴대하다 ☆

순서의 다양한 표현 방법

순서를 나타내는 표현들은 아래와 같이 다양하게 사용할 수 있으며, 一来 ⋯ 二是 ⋯ 最后 등으로 순서를 섞어서
활용할 수도 있다.

	첫째		둘째		셋째
1.	一来	➡	二来	➡	三来
2.	一是	➡	二是	➡	三是
3.	第一	➡	第二	➡	第三
4.	首先	➡	其次	➡	最后

실전 테스트

第1-3题

请结合这张图片写一篇80字左右的短文。

아래의 제시된 사진과 연관 지어 80자 내외의 작문을 완성하세요.

①

																	48
																	80

정답 및 해설 ≫ 해설서 p. 155

48

80

정답 및 해설 ≫ 해설서 p. 156

③

48

80

정답 및 해설 ≫ 해설서 p. 158

실전 모의고사

1, 2회분

실제 시험을 보는 것처럼 시간에 맞춰 실전 모의고사를 풀어보세요.

잠깐! 테스트 전 확인사항

1. 휴대 전화의 전원을 끄셨나요?
2. 답안지, 연필, 지우개가 준비되셨나요?
3. 시계가 준비되셨나요?(제한시간 약125분)

1회 해설서는 p. 162, 2회 해설서는 p. 230에 수록되어 있습니다.

HSK（五级）答题卡

HSK (5급) 답안지 작성법

汉语水平考试　　HSK（五级）　　答题卡

수험생 정보를 써 넣으세요. 请填写考生信息
고시장 정보를 써 넣으세요. 请填写考点信息

按照考试证件上的姓名填写：수험표상의 영문 성명을 써 넣으세요.

姓名	KIM MI NA

如果有中文姓名，请填写：중문 성명이 있다면, 써 넣으세요.

中文姓名	金美娜

수험번호를 쓰고 마킹하세요.

考生序号	O	■ [1] [2] [3] [4] [5] [6] [7] [8] [9]
	O	■ [1] [2] [3] [4] [5] [6] [7] [8] [9]
	O	■ [1] [2] [3] [4] [5] [6] [7] [8] [9]
	3	[0] [1] [2] ■ [4] [5] [6] [7] [8] [9]
	1	[0] ■ [2] [3] [4] [5] [6] [7] [8] [9]

考点代码

8	[0] [1] [2] [3] [4] [5] [6] [7] ■ [9]
1	[0] ■ [2] [3] [4] [5] [6] [7] [8] [9]
5	[0] [1] [2] [3] [4] ■ [6] [7] [8] [9]
O	■ [1] [2] [3] [4] [5] [6] [7] [8] [9]
4	[0] [1] [2] [3] ■ [5] [6] [7] [8] [9]
O	■ [1] [2] [3] [4] [5] [6] [7] [8] [9]
O	■ [1] [2] [3] [4] [5] [6] [7] [8] [9]

국적 번호를 쓰고 마킹하세요.

国籍	5	[0] [1] [2] [3] [4] ■ [6] [7] [8] [9]
	2	[0] [1] ■ [3] [4] [5] [6] [7] [8] [9]
	3	[0] [1] [2] ■ [4] [5] [6] [7] [8] [9]

본인 연령을 쓰고 마킹하세요.

年龄	3	[0] [1] [2] ■ [4] [5] [6] [7] [8] [9]
	5	[0] [1] [2] [3] [4] ■ [6] [7] [8] [9]

본인 성별에 마킹하세요.

性别	男 [1]	女 ■

注意	请用2B铅笔这样写： ■ 2B 연필을 사용하여 마킹하세요.

답안 표기 방향에 주의해서 마킹하세요.

一 听力 듣기

제1부분

1. [A][B][C][D]　　6. [A][B][C][D]
2. [A][B][C][D]　　7. [A][B][C][D]
3. [A][B][C][D]　　8. [A][B][C][D]
4. [A][B][C][D]　　9. [A][B][C][D]
5. [A][B][C][D]　　10. [A][B][C][D]

제2부분

11. [A][B][C][D]　16. [A][B][C][D]　21. [A][B][C][D]
12. [A][B][C][D]　17. [A][B][C][D]　22. [A][B][C][D]
13. [A][B][C][D]　18. [A][B][C][D]　23. [A][B][C][D]
14. [A][B][C][D]　19. [A][B][C][D]　24. [A][B][C][D]
15. [A][B][C][D]　20. [A][B][C][D]　25. [A][B][C][D]

26. [A][B][C][D]　31. [A][B][C][D]　36. [A][B][C][D]　41. [A][B][C][D]
27. [A][B][C][D]　32. [A][B][C][D]　37. [A][B][C][D]　42. [A][B][C][D]
28. [A][B][C][D]　33. [A][B][C][D]　38. [A][B][C][D]　43. [A][B][C][D]
29. [A][B][C][D]　34. [A][B][C][D]　39. [A][B][C][D]　44. [A][B][C][D]
30. [A][B][C][D]　35. [A][B][C][D]　40. [A][B][C][D]　45. [A][B][C][D]

二 阅读 독해

제1부분

46. [A][B][C][D]　51. [A][B][C][D]
47. [A][B][C][D]　52. [A][B][C][D]
48. [A][B][C][D]　53. [A][B][C][D]
49. [A][B][C][D]　54. [A][B][C][D]
50. [A][B][C][D]　55. [A][B][C][D]

제2부분

56. [A][B][C][D]　61. [A][B][C][D]　66. [A][B][C][D]
57. [A][B][C][D]　62. [A][B][C][D]　67. [A][B][C][D]
58. [A][B][C][D]　63. [A][B][C][D]　68. [A][B][C][D]
59. [A][B][C][D]　64. [A][B][C][D]　69. [A][B][C][D]
60. [A][B][C][D]　65. [A][B][C][D]　70. [A][B][C][D]

제3부분

71. [A][B][C][D]　76. [A][B][C][D]　81. [A][B][C][D]　86. [A][B][C][D]
72. [A][B][C][D]　77. [A][B][C][D]　82. [A][B][C][D]　87. [A][B][C][D]
73. [A][B][C][D]　78. [A][B][C][D]　83. [A][B][C][D]　88. [A][B][C][D]
74. [A][B][C][D]　79. [A][B][C][D]　84. [A][B][C][D]　89. [A][B][C][D]
75. [A][B][C][D]　80. [A][B][C][D]　85. [A][B][C][D]　90. [A][B][C][D]

三 书写 쓰기

91. 他把程序安装好了。 ——

92. _____

93. _____

94. _____

请不要写到框线以外! 테두리 선 밖으로 넘어가지 마세요.

95. _____ —

96. _____ —

97. _____ —

98. _____ —

99.

48

80

100.

48

80

请不要写到框线以外! 테두리 선 밖으로 넘어가지 마세요.

汉 语 水 平 考 试

HSK（五级）模拟试题

第一套

注　　　　意

一、　HSK（五级）分三部分：

　　　1. 听力（45题，约30分钟）

　　　2. 阅读（45题，45分钟）

　　　3. 书写（10题，40分钟）

二、　听力结束后，有5分钟填写答题卡。

三、　全部考试约125分钟（含考生填写个人信息时间5分钟）。

一、听 力

第一部分

第1-20题：请选出正确答案。

1.　A 被跨国公司录取了
　　B 在当志愿者
　　C 每天去练太极拳
　　D 要照顾外孙女

2.　A 做过模特
　　B 会功夫
　　C 很有魅力
　　D 非常害羞

3.　A 营业执照没下来
　　B 缺服务员
　　C 设备太旧了
　　D 收据不见了

4.　A 失恋了
　　B 失业了
　　C 没被录取
　　D 跳槽了

5.　A 交申请书
　　B 印名片
　　C 考驾驶执照
　　D 咨询专家

6.　A 人事部
　　B 宣传部
　　C 会计部
　　D 销售部

7.　A 体育成绩突出
　　B 很喜欢摄影
　　C 获得了第一名
　　D 是美术社团团长

8.　A 即将上市
　　B 是非卖品
　　C 有香味儿
　　D 款式太老

9.　A 感谢
　　B 遗憾
　　C 愤怒
　　D 犹豫

10.　A 不想拍婚纱照
　　B 打算去欧洲旅游
　　C 想环游世界
　　D 计划旅行结婚

11.　A 即将度蜜月
　　B 被炒鱿鱼了
　　C 公司倒闭了
　　D 想自己开公司

12.　A 要少看动画片
　　B 要尊重孩子的意见
　　C 要珍惜现在
　　D 让孩子少吃零食

13. A 时间紧
    B 胳膊疼
    C 没得到通知
    D 见客户

14. A 本月上旬签合同
    B 投资方提了新要求
    C 谈判不顺利
    D 航班取消了

15. A 包装礼物
    B 做贺卡
    C 选生活用品
    D 看杂志

16. A 青少年的心理问题
    B 互联网的坏处
    C 网络与现实的矛盾
    D 青少年是否应该远离网络

17. A 名胜古迹较少
    B 自然风景优美
    C 气候不好
    D 粮食产量不稳定

18. A 女的眼睛受伤了
    B 钥匙丢了
    C 女的摔了一跤
    D 楼道里很黑

19. A 变宽了
    B 路况差
    C 老样子
    D 被拆了

20. A 男的迟到了
    B 女的没去看比赛
    C 两个队分数相差大
    D 比赛日期提前了

第二部分

第21-45题：请选出正确答案。

21. A 宣传部部长
    B 学生会会长
    C 负责人
    D 部门经理

22. A 昨晚失眠了
    B 着凉了
    C 胃不舒服
    D 肌肉拉伤了

23. A 经常咳嗽
    B 打算坚持锻炼
    C 动作灵活
    D 想换教练

24. A 开了家饰品店
    B 不会划船
    C 十分谦虚
    D 喜欢做手工

25. A 干得更快
    B 避免掉色
    C 容易结冰
    D 会染其他衣

26. A 太专业了
    B 非常合理
    C 很新鲜
    D 引人注目

27. A 专门卖女款鞋
    B 搞打折促销活动
    C 增加鞋的产量
    D 做电视广告

28. A 男的爱吃甜的
    B 女的来自山西
    C 面有点儿咸
    D 女的是厨师

29. A 向儿子道歉
    B 别太敏感
    C 控制情绪
    D 缓解压力

30. A 道歉
    B 付款
    C 取钱
    D 面试

31. A 害怕
    B 委屈
    C 激动
    D 担心

32. A 东西方的文化差异逐渐变大
    B 东方的历史文化悠久
    C 东方人更注重对方的眼睛
    D 西方人讲究个人礼仪

33. A 他昨天去看画展了
    B 老人擅长画画
    C 他不喜欢艺术
    D 他想学画画

34. A 消失了
    B 脸变大了
    C 闭上眼睛了
    D 表情变了

35. A 骄傲使人落后
    B 活到老，学到老
    C 要换角度看问题
    D 不能不懂装懂

36. A 迷路了
    B 行程太满了
    C 地震了
    D 轮胎坏了

37. A 勇敢坚强
    B 骄傲自满
    C 缺乏耐心
    D 乐于助人

38. A 不要轻易相信别人
    B 随身携带地图
    C 要尊重他人的好意
    D 独立思考问题

39. A 办入学手续
    B 看守行李
    C 搬运包裹
    D 订盒饭

40. A 说话幽默
    B 表情严肃
    C 非常守信用
    D 是宿舍管理员

41. A 那位奶奶是校长
    B 王欣非常软弱
    C 王欣的父母去世了
    D 天气寒冷

42. A 睡眠不足
    B 长期失眠
    C 治疗疾病
    D 还清贷款

43. A 迅速变瘦
    B 注意力下降
    C 视觉受损
    D 动作缓慢

44. A 受到同行的启发
    B 为吸引顾客
    C 为提高面包的价格
    D 能使苹果存放更久

45. A 对员工要求高
    B 善于发现商机
    C 创业失败过很多次
    D 喜欢与人竞争

二、阅 读

第一部分

第46-60题：请选出正确答案。

46-48.

你有没有想过这样一个问题，挣钱和赚钱的区别是什么？大部分人可能会说这两个词的意思完全一样。其实不然。一位经济学家较为详细地 __46__ 了这两个词。"挣"字左边是提手旁，右边是争字，意思是只有靠自己的双手，付出劳动，才能 __47__ 到一点儿报酬。然而"赚"字的左边是"贝"字，在古代表示钱，右边是一只手拿着两棵禾苗，代表粮食。整个字的意思是用钱买了粮食后再卖出去，然后得到钱。用这种方式得到的钱，才是真正 __48__ 上的钱的增加。

46. A 解释　　　　　B 承受　　　　　C 耽误　　　　　D 浏览

47. A 到达　　　　　B 采取　　　　　C 争取　　　　　D 分析

48. A 意义　　　　　B 规矩　　　　　C 风格　　　　　D 范围

49-52.

19世纪中叶的欧洲，那时的医院还没有消毒的概念，医生们为了避免把自己穿的衣服弄脏，于是每天穿灰袍子，而且 __49__ 都不洗。当时有很多病人因为细菌感染而失去了生命，后来人们才知道病人死亡的真正原因是衣服造成的。

于是医院的医生就需要一种东西来代替灰袍子。这个东西除了能保护医生工作中所穿的衣服外，还要 __50__ 一些其他的特点。比如容易发现上面的血渍、污渍，方便清洗，可以高温消毒等。 __51__ 。因为白色和其他颜色易形成鲜明的对比，如果上面有污渍就可以马上看出来。而且经过 __52__ 的高温消毒、清洗也不用担心会掉色的问题，因此成了医生的工作服。

49. A 从来　　　　　B 往后　　　　　C 目前　　　　　D 如今

50. A 对比　　　　　B 分配　　　　　C 具备　　　　　D 概括

51. A 深色的衣服更耐脏　　　　　　　B 这可难倒了科学家们

　　　C 做完实验应该立即洗手　　　　　D 而白大褂就是一个不错的选择

52. A 尤其　　　　　B 巨大　　　　　C 反复　　　　　D 总共

53-56.

　　随着经济的发展，人们的生活节奏越来越快了，因此在如今的社会每天能按时吃饭的人已不多见。不按时吃饭对胃的伤害是最大的，长此以往，是很容易得胃病的。在民间有"喝粥养胃"的说法。 53 真的如此吗？其实喝粥养胃确实是有一定的科学道理，因为粥属于流质食物，而且 54 煮得很烂，不需要胃对其进行消化， 55 。对于有胃病的人来说，喝粥是不错的选择，因为可以大大降低胃的负担。如果从"给胃减负"的角度来看的话，喝粥是有一定的养胃作用的。但是专家也明确指出，由于每个的体质不一样，所以喝粥养胃并非适用于所有人。真正养胃是需要时间进行 56 调理的，比如要注意饮食搭配，注意作息时间等。

53.　A 功能　　　　　B 事实　　　　　C 秘诀　　　　　D 设施

54.　A 临时　　　　　B 主动　　　　　C 通常　　　　　D 依然

55.　A 味道很独特　　　　　　　　　　B 刚出锅的粥不能马上喝

　　　C 医生推荐多喝米粥　　　　　　　D 就可以直接让人体吸收

56.　A 应付　　　　　B 承担　　　　　C 遵守　　　　　D 综合

57-60.

　　用"正"字计数是中国人常用的方法，而且非常受中国人的欢迎。因为"正"字不复杂，只有横和竖，很容易判断下一笔是哪笔。另外"正"字一共有5画，两个正字就是10画，以此类推，这样计数又简单又容易。那么， 57 ？据说正字计数法，最开始的时候是在戏园登记来看戏的人数时用的。在清朝的旧上海，还没有凭票进戏园看戏的制度，只是由服务员在门口接待客人， 58 5位以后便带着他们进去，然后再给他们安排座位。当客人坐到自己的座位后，有一位专门记账的人会在黑板上写一个"正"字，并在后面写上该服务员的名字，随后会由他来负责收费。后来，正字计数法在老百姓的生活中 59 流行起来了。直到科技发达的今天，很多中国人还 60 正字计数的传统习惯。

57.　A 为何要学会计算的呢　　　　　B 到底是谁最先用这个方法的呢

　　　B 如何正确运用正字计数法呢　　 D 正字计数法有哪些缺点呢

58.　A 挥　　　　　B 占　　　　　C 挡　　　　　D 满

59.　A 固定　　　　　B 悠久　　　　　C 密切　　　　　D 广泛

60.　A 保证　　　　　B 阻止　　　　　C 保留　　　　　D 促进

第二部分

第61-70题：请选出与试题内容一致的一项。

61. 清洁鱼是一种生活在大海里的色彩鲜艳的小鱼。这种鱼也被称为"鱼大夫"，因为它们专门为生病的大鱼清洁。当大鱼受到细菌或寄生虫侵袭时，会来找清洁鱼求医。大鱼会张开大口让清洁鱼进入它的嘴里，清洁鱼不用任何药物和器械，只靠嘴尖去清洁，而那些被清除的污物是它们得以生存的食物。

   A 鱼类的生存环境被破坏
   B 深海鱼很容易生病
   C 清洁鱼主要以小鱼为食
   D 清洁鱼用嘴尖"工作"

62. 周有光是中国著名的经济学家和语言学家。他早年专门研究的是经济学，但50岁左右时，转行从事了语言文字研究。虽然他是"半路出家"，但在语言学领域发表了30多部专著，300多篇论文，在国内外产生了广泛影响。周有光参与制定了汉语拼音方案，而且是主要制定者，被誉为"汉语拼音之父"。

   A 周有光是地理学专家
   B 周有光是汉语拼音方案设计者之一
   C 周有光一生都在研究经济学
   D 周有光编写过很多经济教材

63. 一说到沙尘暴，大部分人马上会想到它的很多坏处，比如会导致人们得眼病、呼吸道感染等疾病。其实沙尘暴也有益处，沙尘可以吸收汽车尾气中的有害物质，可以过滤空气。而且沙尘在降落过程中还可以和空气中的酸性物质中和，从而减少酸雨的危害。

   A 沙尘暴有一定的好处
   B 中国北方地区沙尘天气较常见
   C 沙尘天气大多发生在秋天
   D 一般沙尘暴和酸雨一起出现

64. "留白" 是中国传统艺术的重要表现手法，被广泛应用于中国绘画等领域。国画中常用一些空白来表现画面中需要的水、云雾、风等。比如南宋马远的《寒江独钓图》，这幅画中只有一个小舟，一个渔翁在垂钓，画中没有一丝水，而是运用留白这个表现手法，给了人们很多想象，可以说是达到了 "此处无声胜有声" 的艺术效果。

A 留白是一种艺术表现手法
B 留白艺术最近才开始流行起来
C 留白艺术只应用于绘画领域
D《寒江独钓图》没运用留白

65. 孔子说："民无信不立"。在现如今的经济环境中，企业诚信具有经济学价值。企业诚信不仅可以给企业带来可观的经济效益，而且在一定程度上甚至比物质资源和人力资源更重要，是企业无形资产中的重要组成部分，也是企业竞争的关键。企业在市场经济的一切活动中一定要遵纪守法，以信取人。

A 资金是企业竞争的关键
B 诚信对企业的发展极其重要
C 大部分企业都需要进行改革
D 诚信中国道德文化的核心

66. 趵突泉位于济南市，是济南的象征与标志。趵突泉水既是济南七十二名泉之首，也是最早出现在古代文献中的名泉，因此被誉为 "天下第一泉"。趵突泉的泉水一年四季都在18摄氏度左右，而且泉水十分清澈，味道微甜，是十分理想的饮用水。

A 趵突泉的水质不好
B 一年四季都是济南的旅游旺季
C 趵突泉的水温比较稳定
D 冬天趵突泉会结冰

67. 其实蔬菜和水果有本质的区别。蔬菜中含有丰富的维生素C、钙、铁等微量元素，这些都是人体维持生命的主要营养来源。而大多数的水果中虽然富含维生素C，但是其他元素明显低于蔬菜。另外，蔬菜的含糖量比水果低很多，多吃也不会造成糖分摄入量过多的问题，而水果吃太多的话，很容易发胖。

A 多吃水果有利于减肥
B 蔬菜的水分含量低于水果
C 蔬菜含糖量低于水果
D 水果中富含钙和铁

68. 蝴蝶的翅膀就像飞机的两翼，让蝴蝶利用气流向前飞行。蝴蝶翅膀上有各种各样的色彩鲜艳的图案，令人赞叹不已。但是这些图案不仅是蝴蝶的一件美丽的外衣，更是蝴蝶保护自己的武器。有时蝴蝶遇到危险的情况时，就会把翅膀合在一起，起到了隐蔽作用。另外，蝴蝶常常用翅膀上的图案向同伴传递信号。

A 蝴蝶的翅膀有很多功能
B 蝴蝶喜欢远距离飞行
C 蝴蝶与同伴无法沟通
D 根据翅膀的图案可以判断蝴蝶的种类

69. 中国主要有八大菜系，分别是川菜、鲁菜、粤菜、淮菜、浙菜、闽菜、湘菜和徽菜。每个菜系都具有鲜明的地方风味特色。在这些菜系中最有名的是大家熟悉的川菜。川菜取材广泛，以善用麻辣而著称，代表菜有麻婆豆腐、鱼香肉丝。如今川菜馆已遍布世界各地，受到了很多人的欢迎。

A 川菜的口味过于清淡
B 中国菜的特点是又麻又辣
C 只有重庆和成都两地有川菜
D 麻婆豆腐是川菜

70. 二胡至今已有一千多年的历史。二胡在中国民乐中的地位基本等同于小提琴在西洋乐中的地位。二胡发出的声音有着丰富的表现力，可以发出马鸣的声音，也可以发出人哭泣时哽咽的声音。二胡制作简单，价格便宜，容易学，深受中国人的喜爱。

A 普通老百姓买不起二胡
B 在中国非常受欢迎
C 小提琴比二胡更有表现力
D 在中国学二胡的孩子越来越多了

第三部分

第71-90题：请选出正确答案。

71-74.
　　韦孝宽是不仅是南北朝时期杰出军事家、战略家，而且还是中国历史上在路边植树的第一人。

　　在古代，人们用土台作为计算道路里程的标记，每隔一华里便会设置一个土台。

　　有一年，韦孝宽因立了功，被任命到陕西雍州任职。在任职期间他发现，道路上的土台虽然易于辨识，但是因为风吹日晒、雨水冲刷等因素，很容易损坏崩塌，需要定期维护。这不但增加了国家的开支，也加重了老百姓劳役。

　　韦孝宽经过多次调研，他发现可以用树木取代土台，作为道路里程的标记。因为这样不仅不需要维护，还可以为路上的行人遮风挡雨。于是，韦孝宽下令将道上的土台都拆了，一律改种槐树。朝廷闻知此事后，觉得这一举措利国利民，便向全国推广了韦孝宽的做法，每隔一里种一棵，每隔十里种三棵。

　　千百年来，在陕西韦孝宽种植槐树的事迹被人们广为传颂。陕西人将种植槐树当做一种传统继承了下来。现在槐树已经被定为西安市的市树，是西安市的象征。

71. 古代路上设土台，是为了：
    A 防治洪水　　　　　　　　　　B 供行人休息
    C 侦查敌情　　　　　　　　　　D 计算里程

72. 根据第四段在路旁种槐树有什么好处？
    A 可以净化空气　　　　　　　　B 可以绿化城市
    C 减少财政支出　　　　　　　　D 可以储存大量地表水

73. 关于韦孝宽，可以知道什么？
    A 爱护老百姓　　　　　　　　　B 设置了土台
    C 研究过多种花草　　　　　　　D 关注雍州的农业发展

74. 根据上文，下列哪项正确？
    A 槐树是西安市的象征　　　　　B 韦孝宽在很多地方做过官
    C 陕西森林面积小　　　　　　　D 如今种植槐树成为了全国的传统

75-78.

明代著名科学家宋应星编写了一部影响巨大的科学著作——《天工开物》。这本书科学地总结了农业、手工业、冶铁业等多方面的生产和实践。他从小便爱阅读各种科学书籍。

宋应星从小就热爱科学，喜欢读各种科学书籍。在他15岁那年，一次偶然的机会他得知宋代沈括写的《梦溪笔谈》是一部科学价值很高的著作。于是四处打听这本书。

一天，他因没找到《梦溪笔谈》那本书而闷闷不乐，在路上他不小心撞到了一个行人，那个行人手里拿着的小吃被撞掉了。宋应星边道歉边帮忙捡起掉在地上的小吃。突然，他看到小吃店包装纸上写着"梦溪笔谈"四个字。宋应星连忙问那个人是在哪儿买的，问清楚后，便立刻去追那个卖小吃的老人。跑了很长一段路终于追上了。宋应星把想要买这本书的原委都告诉了老人。老人见他爱书心切，就把残缺不全的《梦溪笔谈》给他了，并告诉他书的另一部分在一个纸浆店里。宋应星向老人表达谢意后，又一口气跑到了纸浆店。不巧店是《梦溪笔谈》的后半部分已和其他书一起被拆散泡在水池里准备重新打成纸浆。正在他急得团团转的时候，纸浆店的老板来了。宋应星赶紧拉着老板，拿着身上所有的钱对老板说要买下这水池里的所有废纸。老板听后感到不解，说道："这一池废纸不值这么多钱。"说罢，宋应星又把自己对这本书的渴望跟老板说了一遍，老板被感动了，二话没说便让工人把《梦溪笔谈》的后半部分捞上来了，而且没收一分钱。宋应星捧着滴着水的书回到家后，又小心翼翼地把书晾干，然后把两个部分装订在了一起。他终于得到了<u>梦寐以求</u>的书。

宋应星从《梦溪笔谈》中学到了自然科学、工艺技术等方面的知识。这为他编著《天工开物》打下了坚实的基础。

75. 宋应星为什么去追卖小吃的人？
    A 想表达谢意　　　　　　　　　　B 想找《梦溪笔谈》
    C 想赔偿那个路人　　　　　　　　D 想问纸浆店的地址

76. 第三段中画线部分"梦寐以求"的意思最可能是：
    A 共同的梦想　　　　　　　　　　B 提出要求
    C 十全十美　　　　　　　　　　　D 迫切地希望

77. 关于宋应星，可以知道：
    A 学过印刷　　　　　　　　　　　B 创作了《梦溪笔谈》
    C 从小就爱好写作　　　　　　　　D 喜欢读科学书籍

78. 根据上文，下列哪项正确？
    A 宋应星是一位收藏家　　　　　　B 宋应星和沈括是一个时代的人
    C 纸浆店店主被宋应星打动了　　　D《天工开物》残缺不全

79-82.

美图秀秀是由美图网研发推出的一款免费图片处理软件。不用学习就可以使用，在1分钟之内就可以做出像在影楼里照的照片一样的效果，还能一键分享到新浪微博、人人网和朋友圈。

美图秀秀的创始人是80后吴欣鸿。他上高中期间休学了2年，去中国美术学院学了油画。高中毕业后，周围的人都以为他会考和美术相关的专业继续深造。但他说和画画相比，更喜欢创业，于是就走上了创业之路。2001年他创办了服务网站，2003年创办了一个交友网站，最后都以失败而告终。然而，他始终没有放弃自己的创业梦想。

一天，他拍了一张照片，想把这张照片上传到网上。为了让照片看起来更美观，他在网上搜了一下修图的软件。那时的修图软件对大部分人来说非常难掌握，而且通过调查后发现人们对这张修图软件的需求很大。他灵机一动，为何不开发一款容易处理的修图软件呢？这一想法令他兴奋不已。

于是，吴欣鸿选择了再次创业，他和他的小伙伴们创办了美图网，而且在2008年10月推出了美图秀秀软件。一经推出便受到了欢迎，用户突破了100万。后来经过不断地调试和升级，美图秀秀的功能越来越多，使用方法也越来越简单方便，用户人群从最初的90后，开始向80后、70后扩展了。

截至2015年1月，美图秀秀的用户已超过4亿。这一次，吴欣鸿终于成功了。

79. 根据第二段，吴欣鸿：
A 考上了美国美术学院　　　　B 开了一家服装店
C 工作一直很稳定　　　　　　D 创业失败过

80. 第三段画线词语"想法"指的是：
A 帮朋友修修图　　　　　　　B 开发图片处理软件
C 掌握图片处理技能　　　　　D 建一个人物图片库

81. 美图秀秀刚推出时：
A 广告宣传力度大　　　　　　B 价格偏低
C 受到网友欢迎　　　　　　　D 资金方面有问题

82. 根据上文，下列哪项正确？
A 美图网日均访问量过亿　　　B 吴欣鸿出版了很多书
C 吴欣鸿自己创办了美图网　　D 美图秀秀简单易学

83-86.

一说到范仲淹人们就会马上想到那句"先天下之忧而忧，后天下之乐而乐"，因为在人们心中他是以文学家的形象为人们所知的。但其实，他不仅有文学才华，而且还有经济头脑。

范仲淹在浙江杭州当官时，当地发生了饥荒，谷价飞涨，令百姓的生活痛苦不堪。通常情况下，政府应该运用行政手段抑制物价飞涨的现象。然而，范仲淹的举措令众人不解，他不但没有压低粮食的价格，反而下令将粮食的价格提高一些。

后来事实证明众人的担心是多余的，事情的发展出乎了人们的意料。杭州粮食的价格上涨的消息立即传开了，许多外地的粮商得知此消息后见有利可图，便不分昼夜地将大米运往杭州。由于将粮食运往杭州的粮食过多，没多久杭州的粮食市场就饱和了，粮食的价格自然就降下来了。范仲淹的所作所为使百姓平安地度过了饥荒。

范仲淹使用的这个经济理念是"完全竞争"，即商品的价格完全受市场的调节，量少了价格随之走低，相反量多了价格随之走高。在那个时代，范仲淹就懂得用这种经济理念来救灾，不能不说是一位有经济头脑的大家。

83. 物价飞涨时，官府一般会怎么做？
    A 向邻村借粮   B 增加税收
    C 控制粮价   D 发放粮食

84. 根据第三段，下列哪项正确？
    A 杭州的百姓经常吃不饱   B 范仲淹的提议未被批准
    C 其他地区捐了很多粮食给灾民   D 杭州的粮价最后降价了

85. 关于"完全竞争"，可以知道：
    A 最早由范仲淹实行   B 打破市场规则
    C 物价受市场调节   D 不利于公平竞争

86. 关于范仲淹可以知道什么？
    A 化解了粮食危机   B 大半辈子都在杭州做官
    C 因写悲剧而闻名于世   D 善于听取手下官员的建议

87-90.

世界上最热的地方在哪里？很多人都会不假思索地说是赤道。其实不然，虽然赤道地区阳光照射很强烈，但是白天的最高气温很少有超过35摄氏度的时候。而查看一下世界气象记录的话便可以知道，在非洲、亚洲和澳洲等地的沙漠地区，白天的气温比赤道高很多。比如非洲的撒哈拉沙漠白天最高气温可达50多度。

这是为什么呢？原来气温的高低不仅仅和纬度有关，还和湿度、海拔、洋流等有关系。赤道地区的附近有三大海洋，分别是太平洋、大西洋和印度洋。海洋的热容量大，能把太阳的热量传向海底深处，而且海水蒸发时要消耗大量的热量，另外海水升温的速度比陆地慢得多。因此，白天赤道地区的温度不会急速上升。

在沙漠地区情况就完全不同了。那里的水资源和植物就像"稀有动物"一样，少得可怜。所以沙地因水资源短缺，水分蒸发的量几乎是零。还有沙地的热容量小，不容易向地表下层散热，白天的时候，当沙子的表面被晒得很热很烫时，地表下层的沙子还是冷冰冰的。再加上沙地升温的速度很快，当太阳升起时，沙漠的温度就直线往上升。到了中午，沙地就像一个大火盆，有时最高气温可达到50度以上。

除此之外，赤道地区的降雨量比较多，而沙漠地区很难见到下雨天，大多数情况下都是晴天，而且骄阳似火的太阳从早晨到傍晚都挂在空中。综上所述，世界上白天最热的地方不在赤道，而是在沙漠地区。

87. 关于赤道地区，可以知道：
   A 最高温度可达40度   B 四季气候变化分明
   C 昼夜温差不大   D 气温升高慢

88. 沙漠地区有什么特点？
   A 日照时间最短   B 沙子热容量大
   C 白天地表温度很高   D 水分蒸发极慢

89. 根据上文，下列哪项正确？
   A 沙漠地区湿度很大   B 赤道地区降雨较多
   C 沙漠地区阴天较少   D 沙漠地区植物种类很丰富

90. 上文主要谈什么？
   A 赤道地区的气候特点 B 赤道地区常降雨的原因
   C 沙漠比赤道更热的原因 D 沙漠地区的气候

三、书 写

第一部分

第91-98题：完成句子。

例如：发表　　这篇论文　　什么时候　　是　　的

这篇论文是什么时候发表的?

91.　包含　　　的范围内　　　在文学研究　　　古典小说

92.　去公司实习　　　小王想等　　　结束后　　　所有课程

93.　童话　　　一点儿　　　带有　　　这个广告里　　　色彩

94.　数据　　　那份报告　　　的　　　不太准确

95.　会计算这个　　　谁　　　体积　　　图形　　　的

96.　的　　　十分明显　　　进步　　　这学期儿子

97.　恢复　　　得　　　外公手术后　　　极其快

98.　控制　　　学会如何　　　情绪　　　自己的　　　我们要

第二部分

第99-100题：写短文。

99. 请结合下列词语（要全部使用，顺序不分先后），写一篇80字左右的短文。

作家　　　　宣传　　　　排队　　　　握手　　　　激动

100. 请结合这张图片写一篇80字左右的短文。

HSK（五级）答题卡

汉语水平考试　　　　HSK（五级）　　　　答题卡

请填写考生信息　　　　　　　　　　　　请填写考点信息

按照考试证件上的姓名填写：

| 姓名 | |

如果有中文姓名，请填写：

| 中文姓名 | |

考生序号

| [0] [1] [2] [3] [4] [5] [6] [7] [8] [9] |
| [0] [1] [2] [3] [4] [5] [6] [7] [8] [9] |
| [0] [1] [2] [3] [4] [5] [6] [7] [8] [9] |
| [0] [1] [2] [3] [4] [5] [6] [7] [8] [9] |
| [0] [1] [2] [3] [4] [5] [6] [7] [8] [9] |

考点代码

| [0] [1] [2] [3] [4] [5] [6] [7] [8] [9] |
| [0] [1] [2] [3] [4] [5] [6] [7] [8] [9] |
| [0] [1] [2] [3] [4] [5] [6] [7] [8] [9] |
| [0] [1] [2] [3] [4] [5] [6] [7] [8] [9] |
| [0] [1] [2] [3] [4] [5] [6] [7] [8] [9] |
| [0] [1] [2] [3] [4] [5] [6] [7] [8] [9] |
| [0] [1] [2] [3] [4] [5] [6] [7] [8] [9] |

国籍

| [0] [1] [2] [3] [4] [5] [6] [7] [8] [9] |
| [0] [1] [2] [3] [4] [5] [6] [7] [8] [9] |
| [0] [1] [2] [3] [4] [5] [6] [7] [8] [9] |

年龄

| [0] [1] [2] [3] [4] [5] [6] [7] [8] [9] |
| [0] [1] [2] [3] [4] [5] [6] [7] [8] [9] |

性别　　　　男 [1]　　　　女 [2]

注意　　请用2B铅笔这样写：▬

一 听力

1. [A][B][C][D]　6. [A][B][C][D]　11. [A][B][C][D]　16. [A][B][C][D]　21. [A][B][C][D]
2. [A][B][C][D]　7. [A][B][C][D]　12. [A][B][C][D]　17. [A][B][C][D]　22. [A][B][C][D]
3. [A][B][C][D]　8. [A][B][C][D]　13. [A][B][C][D]　18. [A][B][C][D]　23. [A][B][C][D]
4. [A][B][C][D]　9. [A][B][C][D]　14. [A][B][C][D]　19. [A][B][C][D]　24. [A][B][C][D]
5. [A][B][C][D]　10. [A][B][C][D]　15. [A][B][C][D]　20. [A][B][C][D]　25. [A][B][C][D]

26. [A][B][C][D]　31. [A][B][C][D]　36. [A][B][C][D]　41. [A][B][C][D]
27. [A][B][C][D]　32. [A][B][C][D]　37. [A][B][C][D]　42. [A][B][C][D]
28. [A][B][C][D]　33. [A][B][C][D]　38. [A][B][C][D]　43. [A][B][C][D]
29. [A][B][C][D]　34. [A][B][C][D]　39. [A][B][C][D]　44. [A][B][C][D]
30. [A][B][C][D]　35. [A][B][C][D]　40. [A][B][C][D]　45. [A][B][C][D]

二 阅读

46. [A][B][C][D]　51. [A][B][C][D]　56. [A][B][C][D]　61. [A][B][C][D]　66. [A][B][C][D]
47. [A][B][C][D]　52. [A][B][C][D]　57. [A][B][C][D]　62. [A][B][C][D]　67. [A][B][C][D]
48. [A][B][C][D]　53. [A][B][C][D]　58. [A][B][C][D]　63. [A][B][C][D]　68. [A][B][C][D]
49. [A][B][C][D]　54. [A][B][C][D]　59. [A][B][C][D]　64. [A][B][C][D]　69. [A][B][C][D]
50. [A][B][C][D]　55. [A][B][C][D]　60. [A][B][C][D]　65. [A][B][C][D]　70. [A][B][C][D]

71. [A][B][C][D]　76. [A][B][C][D]　81. [A][B][C][D]　86. [A][B][C][D]
72. [A][B][C][D]　77. [A][B][C][D]　82. [A][B][C][D]　87. [A][B][C][D]
73. [A][B][C][D]　78. [A][B][C][D]　83. [A][B][C][D]　88. [A][B][C][D]
74. [A][B][C][D]　79. [A][B][C][D]　84. [A][B][C][D]　89. [A][B][C][D]
75. [A][B][C][D]　80. [A][B][C][D]　85. [A][B][C][D]　90. [A][B][C][D]

三 书写

91. _____

92. _____

93. _____

94. _____

95. _____

96. _____

97. _____

98. _____

99.

48

80

100.

48

80

请不要写到框线以外!

汉 语 水 平 考 试
HSK（五级）模拟试题
第二套

注　　意

一、 HSK（五级）分三部分：

　　1. 听力（45题，约30分钟）

　　2. 阅读（45题，45分钟）

　　3. 书写（10题，40分钟）

二、 听力结束后，有5分钟填写答题卡。

三、 全部考试约125分钟（含考生填写个人信息时间5分钟）。

一、听 力

第一部分

第1-20题：请选出正确答案。

1. A 曾参加过介绍会
   B 担任主持人
   C 要做会议记录
   D 是一名球星

2. A 房东不让养
   B 没时间照顾
   C 对狗毛过敏
   D 缺乏耐心

3. A 停车场
   B 公寓
   C 办公室
   D 加油站

4. A 工厂经济效益差
   B 工厂规模比较小
   C 工厂是合开的
   D 很羡慕儿子

5. A 旅游签证
   B 签证延期
   C 手续费用
   D 学位证明

6. A 违规停车
   B 没带驾驶证
   C 忘系安全带了
   D 闯红灯了

7. A 教材质量
   B 光盘的价格
   C 新版教材
   D 开业典礼

8. A 修相机
   B 洗照片
   C 开收据
   D 装修厨房

9. A 他们是校友
   B 打过工
   C 一起做过兼职
   D 是老乡

10. A 今年年末
    B 四月中旬
    C 国庆节
    D 元旦

11. A 手术很失败
    B 去看望家人了
    C 已经出院了
    D 刚住院

12. A 要咨询专家
    B 号码删了
    C 改天再约
    D 没拿名片

13. A 安装新软件
    B 换浏览器
    C 重装系统
    D 买一个新鼠标

14. A 父子
    B 老朋友
    C 邻居
    D 师生

15. A 很有创意
    B 下载量高
    C 过时了
    D 种类丰富

16. A 非常优秀
    B 教授经验丰富
    C 管理严格
    D 得过国家奖学金

17. A 充电器坏了
    B 设计不时尚
    C 颜色太艳
    D 买错型号了

18. A 空气干燥
    B 交通不便
    C 人们热情
    D 物价较高

19. A 气氛热烈
    B 无聊极了
    C 发言的人少
    D 令人失望

20. A 看看具体位置
    B 打电话咨询
    C 先看网友的评价
    D 办会员卡

第二部分

第21-45题：请选出正确答案。

21. A 开花店
    B 留在父母身边
    C 考博士
    D 开饭店

22. A 音量低
    B 屏幕窄
    C 字号大
    D 防水

23. A 池塘
    B 警察局
    C 果园
    D 菜市场

24. A 电影导演
    B 新闻主编
    C 指挥家
    D 相声演员

25. A 安装软件
    B 程序编写
    C 办会员卡
    D 租房子

26. A 照顾宠物
    B 搬家
    C 照看花
    D 照看孩子

27. A 非常复杂
    B 不详细
    C 有错误
    D 没有中文说明

28. A 女的打算学美术专业
    B 女的想去留学
    C 男的想辞职
    D 女的想推荐一个人

29. A 在广州开
    B 演出时间待定
    C 在人民广场举办
    D 女的没时间去看

30. A 房子还没装修
    B 男的跟银行贷款了
    C 没买家具
    D 房租涨了

31. A 无法顺利毕业
    B 没人支持他画画
    C 不知道如何选择
    D 不想当舞蹈演员

32. A 要分清主次
    B 梦想可有可无
    C 要学会放弃
    D 椅子不可以随便坐

33. A 拳击
    B 射击
    C 跆拳道
    D 打羽毛球

34. A 朋友现在已经辞职了
    B 朋友现在是著名教练
    C 心理状态很重要
    D 失误是可以避免的

35. A 万事开头难
    B 要善于听取他人意见
    C 给自己减压
    D 骄傲自满

36. A 是自己学的
    B 请了一个教练
    C 跟父亲学的
    D 在学校学的

37. A 怕摔倒
    B 不会停
    C 不会拐弯
    D 担心速度太快

38. A 遇事要沉着冷静
    B 知足常乐
    C 方向比速度更重要
    D 学会停止，才会加速

39. A 让人生气
    B 让人激动
    C 让人害羞
    D 让人后悔

40. A 说话的速度
    B 谈话的技巧
    C 说话的态度
    D 谈话的内容

41. A 巧妙说话的好处
    B 怎样处理人际关系
    C 说话不要太绕
    D 说话要注意眼神

42. A 呼吸困难
    B 皮肤过敏
    C 不停地流鼻涕
    D 如触电般难受

43. A 能吸尘
    B 有药用价值
    C 可以发光
    D 会放电

44. A 堆满泥沙
    B 很曲折
    C 到处是树叶
    D 很宽阔

45. A 原地等待
    B 尽量快速下山
    C 找安全的地方避雨
    D 继续往上走

二、阅读

第一部分

第46-60题：请选出正确答案。

46-48.

我们去游泳时，总会看到一些初学者在游泳圈的帮助下学游泳，看上去游泳圈和救生圈差不多,殊不知游泳圈和救生圈是有很大区别的。救生圈是正规的救生设备，具备很多附属 __46__ ，而且必须按照国家标准制造，要求格外严格。

游泳圈虽然和救生圈的外形差不多，但如果出现险情时对游泳者是起不到救护作用的。因为游泳圈是水上玩具，是按照玩具的标准制造的。因此游泳圈易破损、漏气，而且塑料 __47__ 遇水很滑，人们是很难抓住的，它只能在水上 __48__ 运动中，起到辅助的作用。

46. A 规则　　　　B 措施　　　　C 素质　　　　D 功能

47. A 零件　　　　B 面积　　　　C 空间　　　　D 表面

48. A 培训　　　　B 休闲　　　　C 接待　　　　D 联合

49-52.

侯宝林是中国著名的相声表演艺术家。他只上过三年小学，但非常 __49__ 好学。有一次，他为了买到自己日思夜想的明代笑话书《谑浪》，他不知疲倦地跑遍了北京大大小小的旧书摊，__50__ 。过了几天，有个人告诉他北京图书馆里藏有此书，他便决定去图书馆抄书。那时是冬天，他每天都 __51__ 着狂风，冒着大雪，一连18天都跑到图书馆去抄书，最后抄完了一部10万字的书。后来，他凭着这"不达目的不罢休"的毅力，__52__ 一番事业，成为了相声艺术界的一代宗师。

49. A 犹豫　　　　B 匆忙　　　　C 大方　　　　D 勤奋

50. A 得到了家人的支持　　　　　　B 复印了好几页

　　C 但还是弄不到　　　　　　　　D 终于买到了一本

51. A 甩　　　　　B 伸　　　　　C 摸　　　　　D 顶

52. A 成就　　　　B 鼓舞　　　　C 诊断　　　　D 贡献

53-56.

　　研究人员做了一个实验，__53__ 消费者是比较喜欢在6种口味的冰淇淋中挑一种呢，还是比较喜欢在24种口味的冰淇淋中挑一种。实验结果 __54__，大部分消费者喜欢有更多的选择，即在24种口味的冰淇淋中选择。可是，当他们进入店里真正购买的时候，和有24种冰淇淋可选的人相比，只有6种冰淇淋可选的人们 __55__ 买得数量更多。

　　研究者把冰淇淋换成了果酱，又重现做了一次实验，__56__。看来，有时选择太多的时候，不见得是一件好事，会使我们浪费更多的时间去犹豫。

53. A 责备　　　　　B 询问　　　　　C 承担　　　　　D 充满

54. A 从事　　　　　B 表明　　　　　C 概括　　　　　D 承认

55. A 如何　　　　　B 总算　　　　　C 始终　　　　　D 反而

56. A 结果仍是如此　　　　　　　　　B 更难以解释

　　　C 根本无法估计　　　　　　　　D 调查失去了方向

57-60.

　　胃作为人体的消化器官，它在处理食物时，可以自动地把它们划分为人体需要的营养物及人体不需要的废料，然后根据体内不同器官的需求再 __57__ 输送过去，以便器官正常"工作"。其实，读书和胃处理食物的原理是有相同之处的。读书需要用脑思考后，才可以 __58__ 书本上的知识。如果不思考，新知识就不能和以前的旧知识"碰头"，只能 __59__ 在那儿，不能成为我们进步的"营养物"。__60__，可以把新旧知识融合在一起，把需要的知识变为自己的学问，把不需要的当作垃圾处理掉。

57. A 分别　　　　　B 只好　　　　　C 亲自　　　　　D 照常

58. A 强调　　　　　B 欣赏　　　　　C 吸收　　　　　D 应付

59. A 欠　　　　　　B 堆　　　　　　C 浇　　　　　　D 披

60. A 读书并加以思考　　　　　　　　B 旅游能开阔眼界

　　　C 读书能让人受益匪浅　　　　　D 获得信息的途径有很多

第二部分

第61-70题：请选出与试题内容一致的一项。

61. 处在叛逆期的青少年，他们反对父母把自己当"孩子"，而且迫切希望摆脱父母的看管。他们拒绝接受父母提出的所有意见，常常跟父母反着来，甚至离家出走。其实这不一定完全是坏事，如果从心理发展的角度来看的话，这是青少年获得独立思考的必经阶段。

   A 父母应该多称赞孩子
   B 叛逆期的孩子喜欢父母的看管
   C 孩子应该理解父母
   D 叛逆期是每个人的必经地阶段

62. 海绵城市是指城市在面临雨水带来的自然灾害等问题时，能像海绵一样"吸水"的城市。那城市是如何能"吸水"的呢？原来这类城市中有很多地块是用吸水材料建成的。如果遇到暴雨的天气时，这些地块就可以发挥它的作用，吸水大量雨水，解决城市积水的问题。另外，被吸收的雨水还可以再次利用，比如清洗道路、浇树等等。

   A 城市的道路越来越少了
   B 海绵城市能吸收和利用雨水
   C 海绵城市的年均降雨量比较大
   D 大城市积水问题已经全部解决了

63. 海象顾名思义，即海中的大象。海象生活在北极，其身体庞大，皮肤一般是灰色或者黄色。但奇妙的是，当它们在冰冷的海水中浸泡一段时间后，为了减少能量消耗，血管会收缩，皮肤就会变成灰白色。当它们上岸后，血管会扩张，皮肤会呈现出棕红色。

   A 海象在水中皮肤呈红色
   B 在南极可以看到海象
   C 海象的肤色多变
   D 海象一般上岸找食物

64. 故宫博物院结合时代流行的元素，推出了一系列创意产品。这些产品不仅具有艺术感，而且还非常时尚。比如朝珠耳机、折扇等。这些产品一经推出，来到故宫文化产品专卖店内，购买产品的人逐渐增多，深受人们的喜爱。

A 参观故宫的游客逐渐增多
B 故宫纪念品都是限量产品
C 故宫纪念品很有创意
D 故宫的门票涨了

65. 随着人们生活和工作方式的改变，用眼的时间越来越多。比如长时间看电脑、看手机、玩儿电子游戏等等，这样很容易得干眼症。于是很多人将眼药水变成了日常必备的药品。其实，最好不要常规使用眼药水，原则上能不用就不用。另外，眼药水开封后，有效期一般为一个月，千万不要超过这个期限。

A 不要长期滴眼药水
B 眼药水打开之后，没有有效期
C 眼药水最好在晚上使用
D 眼药水需要低温储存

66. 自行车又叫脚踏车或单车，已经有一百多年的历史。在过去，自行车更多地是作为环保的交通工具用来代步出行。随着人们生活水平的提高，现代人的生活方式发生了很大的变化，自行车的功能也随之改变了。目前，越来越多的人将自行车作为锻炼身体的健身器材，逐渐从代步工具向运动型转变。

A 自行车是锻炼身体的唯一方式
B 如今自行车的种类多种多样
C 自行车已经不是代步工具了
D 骑自行车是年轻人锻炼身体的首选

67. 古代汉语中是没有标点符号的，而是通过语感、语气助词等进行断句，因此读文章的时候比较吃力，常常会引起大大小小的误解。到了汉朝，才发明了"句读"符号。"读"表示的是表达句中的意思未完或者停顿；"句"表示一句话的意思表达完整了。后来，宋朝时开始使用了标点符号，用"，"表示"读"，用"。"表示"句"。

A 标点符号的产生早于文字
C 古代的文章结构很复杂
B 没有标点符号不影响阅读
D "句"表示的是句中语意完整

68. "夫人外交"指的当然就是夫人在对外交往中的活动和作用，由夫人出面完成某种外交任务。这里的夫人首先指国家领导人和高级外交官的妇人，即有资格正式作为国家政治代表的夫人。实践证明，"夫人外交"大有可为，因为女性可以展现温和友好的形象，这样可以更好地开展外交活动。

A 外交活动以互送礼物为主

B 女性外交官比男性外交官多了

C 夫人外交会带来负面影响

D 女性在外交活动中扮演重要角色

69. 在我们的一生中会遇到很多不同类型的朋友，他们会被冠以不同的称呼。例如，只见过一次面，了解不深的朋友叫"一面之交"；关系好到亲密无间的朋友叫"胶漆之交"，年龄不相当而成为朋友，叫"忘年之交"，可以同生共死的朋友叫"生死之交"等等。

A 困难中产生的友谊叫胶漆之交

B 一面之交的朋友是只见过一次面的朋友

C 多认识朋友有助于人际交往

D 忘年之交的朋友是指年龄差不多

70. 兰新高速铁路是中国首条西北的高原和荒漠地区修建的高速铁路。全长1776公里，东起兰州，途径西宁，西至乌鲁木齐，是世界上一次性建设里程最长的快速铁路。这条高速铁路的时速达200公里／小时以上，大大缩短了从新疆到内地的行车时间。

A 兰新高速铁路主要用于货运

B 中国西北地区铁路交通发达

C 兰新高速铁路还未通车

D 兰新高速铁路经过高原地区

第三部分

第71-90题：请选出正确答案。

71-74.

　　随着经济的发展，人们的生活水平提高了，压力也日益增大，"二手压力"也悄然诞生了。那什么是"二手压力"呢？我们先举个例子：当你的同事向你喋喋不休地抱怨自己的不满时，你有时会感到精神烦躁，甚至会认为他遭遇的那些不顺心的事情也发生在自己的身上。如果在你的身上有以上这些问题的话，那么你在倾听的过程被他们的压力所"传染"了，这就是所谓的"二手压力"。

　　研究表明，压力就像感冒一样是可以传染的。"二手压力"可以在工作环境中迅速蔓延。英国有位心理学家说，人类都像"海绵"，能吸收周围人散发出带有的感染性的情绪。当我们吸收了他人的压力时，我们不仅会形成和他人一样的消极的思维模式，还会下意识地模仿他们在压力下使用的肢体语言。如果他们在向我们倾诉的过程中，耸起肩膀，皱着眉头，那么我们也会自动地模仿他们的那些面部表情、姿势和声音等。另外，由于女性更容易与他人产生共鸣，因此女性很容易受到"二手压力"。

　　为什么他人的压力会传染给我们呢？原因主要有两个。第一，我们吸收周围人的压力是为了跟他们打成一片；第二，缘于做事目标不明确。我们不能忽视"二手压力"的问题，因为"二手压力"的危害很大，它会影响我们的身心健康。

71. 第二段中为什么说"人类都像海绵"？
    A 抵抗性弱
    B 适应能力很强
    C 模仿能力强
    D 会吸收别人的情绪

72. 根据第二段，下列哪项正确？
    A 消极思维模式与年龄相关
    B 女性喜欢模仿
    C 女性更容易受他人影响
    D 人的思维模式很容易被改变

73. 第三段中画线词语"打成一片"是什么意思？
    A 吵架
    B 斗争
    C 搞好关系
    D 辩论

74. 最适合做上文标题的是：
    A 会传染的消极情绪
    B 海绵效应
    C 倾诉的方法
    D 你能读懂他人的表情吗

75-78.

科学家对自然界中4000多种花进行了统计，结果发现唯独没有黑色的花。这是为什么呢？

花儿可以呈现五颜六色的主要原因是花朵内有花青素。花青素分布在细胞的液泡内，它在不同的环境下，会形成不同的颜色。当它在酸性溶液中时，它呈现的是红色，酸性越强，颜色就越红；当它在碱性的溶液中时，它呈现的颜色是蓝黑色，如果碱性越强，会变成黑色；在中性的溶液中时，就是紫色；如果细胞液里没有色素，呈现白色。

此外，影响花色还有另外一个重要的原因——阳光的照射。太阳光有多种色光，而且阳光的波长和热能都不同。科学家们经过长期观察和研究发现，在相同的条件下，白色花能反射太阳光中所有的光波，吸收的热能最少；黄色花和红色花可以分别反射太阳光中较多的黄色光波和红色光波，升温的速度比较慢，从而可以保护自己，避免被烧伤。然而，黑色的花可以吸收太阳光中全部的光能，吸收的热能最多，升温很快，所以花的组织很容易受到伤害。

有人说我看过黑色的花。至于那些他们所谓的"黑色的花"实际上只是接近黑色的深紫色或者是深红色的。比如在云南、广东、海南等地生长着一种珍稀的花，叫"老虎须"，它是一种极为罕见的"黑花"，它的花瓣基部有数十条紫得发黑的细丝，虽然非常接近黑色，但不是真正的黑色。

75. 下列哪项属于花色形成的决定性因素？
    A 湿度　　　　　　　　　　B 温度
    C 花青素　　　　　　　　　D 降水量

76. 花儿是如何避免自身被烧伤的？
    A 跟光照没有关系　　　　　B 花儿有自我防卫功能
    C 可以吸收阳光的大部分光波　D 能反射阳光中较强的光波

77. 根据上文，下列哪项正确？
    A 老虎须不是真正的黑色　　B 黑色花儿的种类很丰富
    C 花儿的细胞液多呈阳性　　D 喜阴植物花色更深

78. 上文最可能来自哪种出版物？
    A《旅游杂志》　　　　　　　B《娱乐新闻周刊》
    C《历史与文化》　　　　　　D《植物与自然》

79-82.

　　1928年，诗人徐志摩推荐沈从文去上海的中国公学去教书。当时担任中国公学校长的是胡适。胡适大胆地接纳了只有小学学历，性格又腼腆的沈从文，并让他教授大学一年级的文学选修课。

　　当时，沈从文虽然已经在文坛有点儿名气，但他从未当过老师。对于这份工作，他心里充满了期待和不安。为了能顺利地上完第一堂课，在课前他做足了准备。当他走进教室时，教室里早已坐满了学生。他看着下面<u>黑压压的一片</u>，心里顿时紧张起来，脑子里变得一片空白。上课前他自以为准备好了，很有信心，所以就没带教案和教材。可是五分钟过去了，他一个字也没说；之后他竟然呆呆地站了十分钟，面色尴尬极了，双手不停地搓来搓去。这时，教室里鸦雀无声，同学们都好奇地等着他开口。或许是学生们那充满求知欲地眼神给了他提醒，他终于开口讲课了。但原来准备的1小时的内容，只用了不到15分钟的时间就匆匆讲完了。

　　可剩下的时间怎么办呢？他无助地看了看学生们，然后拿起粉笔在黑板上写了这样一句话："我第一次上课，见你们人多，怕了。"

　　看着沈从文无奈的表情，学生们哈哈大笑起来。听完这堂课的学生对沈从文的看法不一。有的人觉得他很诚实，表示理解并鼓励了他；有的人觉得他没有资格当老师，还向校长告状了。校长胡适只是笑了笑说道："上课讲不出话来，学生都没有轰他走，这就是成功。"

　　有了这次经历后，沈从文每天都告诫自己在课堂上不要紧张。渐渐地，他在课堂上变得越来越从容了。

79. 第二段中画线部分"黑压压的一片"，是指：
　　A 教室里光线不好　　　　　　　　B 听课的人很多
　　C 房间里很乱　　　　　　　　　　D 学生们积极踊跃发言

80. 沈从文没拿教案，是因为他觉得：
　　A 听课的学生不多　　　　　　　　B 自己准备得很充分
　　C 这样可以减轻讲课时的压力　　　D 教材会限制自己的讲课范围

81. 看见沈从文写的那句话，学生们：
　　A 在课堂上公然埋怨他　　　　　　B 立刻离开了教室
　　C 得到了很大的启发　　　　　　　D 表示理解并鼓励了他

82. 上文主要谈的是：
　　A 中国教育的发展历史　　　　　　B 紧张时如何调整自己
　　C 沈从文完美的讲课过程　　　　　D 沈从文如何从作家转变为老师

83-86.

　　耳朵让我们生活在一个有声的世界中，但在日常生活中各种各样的噪音和不健康的生活习惯却影响了我们的听力。如今，在地铁和公共汽车里，经常可以看见戴耳机听音乐、看视频的人。由于这些环境比较嘈杂，为了听清楚耳机里的声音，人们会不知不觉地把音量调大，直到听清楚为止。但是，很多人都不知道这样的"举动"是造成听力逐渐下降的一个重要原因。

　　我们的内耳有2万个感觉神经细胞，正因为有了它们，我们才能听到各种声音。但是它们又是非常脆弱的，经不起噪声长时间带来的伤害。使用耳机会产生近距离高分贝的噪音，这会造成内耳的细胞受损甚至死亡，久而久之，就会使人们失去听觉。国外有研究表明，长时间戴耳机，可导致耳聋提前30年到来。

　　那么，我们应该如何科学使用耳机，而不伤害我们脆弱的耳朵呢？首先，戴耳机要遵循三个"60原则"。即听音乐或看视频时的音量不要超过最大音量的60%，连续听的时间不要超过60分钟，外界的声音不要超过60分贝。这三个原则已经成为国际上公认的保护听力的方法。

　　其次，请选择头戴式的耳机。现在市场上卖的耳机主要有三种，分别是头戴式、耳挂式和入耳式。如果是在长期的噪声环境下使用的话，头戴式对耳朵的损伤是最小的，入耳式则是最大的。再次，最好不要在嘈杂的环境下用耳机听音乐。特别是在地铁里，因为地铁本身就是一个封闭式的环境，再戴上耳机紧紧地压在耳朵上，其对内耳的伤害是极大的。

　　最后，如果你是经常用耳机听音乐的人，那在生活中要多留意自己听力的情况。当出现耳鸣、头晕、听力下降等症状时，就应立即去医院检查一下。

83. 第一段中画线词语"举动"指的是什么？
　　A 听音乐　　　　　　　　　　B 看视频
　　C 放大音量　　　　　　　　　D 在嘈杂的环境中

84. 根据三个"60原则"，可以知道：
　　A 6条原则　　　　　　　　　 B 能有效地保护听力
　　C 室外音量可以超过60分贝　　 D 能检测耳机是否好用

85. 根据上文，下列哪项正确？
　　A 经常清洁耳机　　　　　　　 B 地铁里禁止播放音乐
　　C 耳挂式耳机更好　　　　　　 D 头戴式耳机对耳朵损伤最小

86. 本文主要说明什么？
　　A 如何科学地使用耳机　　　　 B 音乐市场状况的改变
　　C 音乐在生活中无处不在　　　 D 乘坐地铁的社会问题

87-90.

郭亮洞是河南省辉县的一条建在悬崖上的公路，始建于1972年，1977年完工。郭亮洞有"挂壁公路"的美称，因为远远望去如同挂在山壁上。如果你开车行驶在这条公路上，会感到惊心动魄！

郭亮洞所在的村是郭亮村，这个村三面环山，一面是悬崖。由于这种特殊的地理环境，想在这儿修建公路难度是非常大的，因此在修建郭亮洞之前，这里没有一条通往山外的公路，这里的村民世世代代过着与世隔绝的生活。

为了摆脱这种生活困境，村里的领导向村民提议修路。这个提议得到了全村人的响应。村民们自发地卖掉了山羊、山药等值钱的东西，集资购买了修路时需要的材料和一些工具。历时五年，村民们没有用任何机械，大石头用手搬，小石头用筐抬，人人手指流血，全凭人力在悬崖上凿了一条高五米、宽四米、全长1300米的石洞公路。这不得不说是中国建筑史上的奇迹。

此外，为了保证人们的行车安全，洞里每隔一段距离都会有一个侧窗，这样阳光自然会照进来，不仅起到了照明的作用，人们还可以透过侧窗欣赏洞外的美景。

挂壁公路解决了村民们交通不便的难题，同时也把大山里的美景展现在了山外人的眼前。这里已成为了旅游景点，吸引了很多人来这里观光，也吸引了多美术专业的学生到这里写生。

87. 关于光亮洞下列哪项正确？
   A 全长一万多米　　　　　　　　B 建在悬崖上
   C 仅允许私家车通过　　　　　　D 只对村民开放

88. 根据第三段，为什么说挂壁公路上"中国建筑史上的奇迹"？
   A 使用了大量资金　　　　　　　B 采用了著名建筑师的设计方案
   C 半年之内完工了　　　　　　　D 修建过程很艰苦

89. 根据上文，挂壁公路的侧窗主要有什么作用？
   A 使空气保持清新　　　　　　　B 引进自然光
   C 保证手机信号　　　　　　　　D 可以和路人聊天儿

90. 下列哪项适合做上文标题？
   A 公共资源的合理使用建议　　　B 公路是城市发展的必要条件
   C 旅游业促进经济的发展　　　　D 深山中的美----挂壁公路

三、书写

第一部分

第91-98题：完成句子。

例如：发表　　这篇论文　　什么时候　　是　　的

　　这篇论文是什么时候发表的？

91.　　洒在　　　　饮料　　　　把　　　　文件上　　　　别

92.　　大奇迹　　　　是　　　　这在　　　　个　　　　科学领域

93.　　讲座　　　　允许拍摄　　　　的　　　　吗　　　　那位专家

94.　　批下来了　　　　营业执照　　　　饭馆的　　　　已经

95.　　被总裁　　　　这次会议　　　　了　　　　取消　　　　临时

96.　　有点儿　　　　说话的　　　　张主任　　　　语气　　　　不耐烦

97.　　终于获得了　　　　女儿　　　　模特儿　　　　冠军　　　　比赛的

98.　　资格考试　　　　她　　　　一年时间　　　　决心用　　　　通过会计

第二部分

第99-100题：写短文。

99. 请结合下列词语（要全部使用，顺序不分先后），写一篇80字左右的短文。

毕业   面对   目标   稳定   适合

100. 请结合这张图片写一篇80字左右的短文。

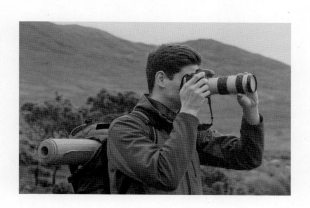

HSK（五级）答题卡

汉语水平考试　　　　HSK（五级）　　　　答题卡

一 听力

1. [A][B][C][D]　　6. [A][B][C][D]　　11. [A][B][C][D]　　16. [A][B][C][D]　　21. [A][B][C][D]
2. [A][B][C][D]　　7. [A][B][C][D]　　12. [A][B][C][D]　　17. [A][B][C][D]　　22. [A][B][C][D]
3. [A][B][C][D]　　8. [A][B][C][D]　　13. [A][B][C][D]　　18. [A][B][C][D]　　23. [A][B][C][D]
4. [A][B][C][D]　　9. [A][B][C][D]　　14. [A][B][C][D]　　19. [A][B][C][D]　　24. [A][B][C][D]
5. [A][B][C][D]　　10. [A][B][C][D]　　15. [A][B][C][D]　　20. [A][B][C][D]　　25. [A][B][C][D]

26. [A][B][C][D]　　31. [A][B][C][D]　　36. [A][B][C][D]　　41. [A][B][C][D]
27. [A][B][C][D]　　32. [A][B][C][D]　　37. [A][B][C][D]　　42. [A][B][C][D]
28. [A][B][C][D]　　33. [A][B][C][D]　　38. [A][B][C][D]　　43. [A][B][C][D]
29. [A][B][C][D]　　34. [A][B][C][D]　　39. [A][B][C][D]　　44. [A][B][C][D]
30. [A][B][C][D]　　35. [A][B][C][D]　　40. [A][B][C][D]　　45. [A][B][C][D]

二 阅读

46. [A][B][C][D]　　51. [A][B][C][D]　　56. [A][B][C][D]　　61. [A][B][C][D]　　66. [A][B][C][D]
47. [A][B][C][D]　　52. [A][B][C][D]　　57. [A][B][C][D]　　62. [A][B][C][D]　　67. [A][B][C][D]
48. [A][B][C][D]　　53. [A][B][C][D]　　58. [A][B][C][D]　　63. [A][B][C][D]　　68. [A][B][C][D]
49. [A][B][C][D]　　54. [A][B][C][D]　　59. [A][B][C][D]　　64. [A][B][C][D]　　69. [A][B][C][D]
50. [A][B][C][D]　　55. [A][B][C][D]　　60. [A][B][C][D]　　65. [A][B][C][D]　　70. [A][B][C][D]

71. [A][B][C][D]　　76. [A][B][C][D]　　81. [A][B][C][D]　　86. [A][B][C][D]
72. [A][B][C][D]　　77. [A][B][C][D]　　82. [A][B][C][D]　　87. [A][B][C][D]
73. [A][B][C][D]　　78. [A][B][C][D]　　83. [A][B][C][D]　　88. [A][B][C][D]
74. [A][B][C][D]　　79. [A][B][C][D]　　84. [A][B][C][D]　　89. [A][B][C][D]
75. [A][B][C][D]　　80. [A][B][C][D]　　85. [A][B][C][D]　　90. [A][B][C][D]

三 书写

91. _____

92. _____

93. _____

94. _____

95. _____

96. _____

97. _____

98. _____

99.

48

80

100.

48

80

파고다
HSK

어휘 노트

5급
종합서

PAGODA Books

최신 개정판

파고다
HSK
어휘 노트

5 급
종합서

PAGODA Books

第一

HSK
5급

시험에 자주 출제되는 어휘

五
级

HSK 5급 독해 문제에 반드시 나오는 어휘

1 **이합 동사** | '동사 + 목적어' 성분의 구조로 된 동사로 상황에 따라 분리가 가능함

报名	bào míng	신청하다 报名参加比赛。경기 참가 신청을 하다. 我在那个比赛报过名。저는 그 대회에 신청한 적이 있어요.
毕业	bì yè	졸업하다 去年已经大学毕业了。작년에 이미 대학을 졸업했다. 大学毕不了业，怎么办？대학을 졸업 못 했는데, 어떡하죠?
打针	dǎ zhēn	주사를 놓다(맞다) 害怕打针。주사 맞는 것을 무서워하다. 护士给病人打了一针。간호사는 환자에게 주사를 한 대 놓았다.
堵车	dǔ chē	길이 막히다 堵车堵得厉害。차가 심하게 막히다. 今天高速堵了半个小时的车。오늘 고속도로에서 차가 30분이나 막혔다.
鼓掌	gǔ zhǎng	박수치다 鼓掌表示欢迎。박수로 환영을 표하다. 我们为他鼓鼓掌！우리 그를 위해 박수를 쳐주자!
结婚	jié hūn	결혼하다 跟她结婚。그녀와 결혼하다. 她结过两次婚。그녀는 두 번 결혼한 적이 있다.
理发	lǐ fà	이발하다 该理发了。이발할 때가 되다. 昨天我理了发。어제 나는 이발을 했다.
聊天	liáo tiān	이야기를 나누다 和朋友聊天。친구와 이야기를 나누다. 和朋友聊了一会儿天。친구와 잠깐 수다를 떨었다.
散步	sàn bù	산책하다 去公园散步。공원에 산책하러 가다. 今天我散了散步。오늘 나는 산책을 했다.
上网	shàng wǎng	인터넷을 하다 上网聊天。인터넷으로 채팅을 하다. 我的电脑突然上不了网了。 내 컴퓨터가 갑자기 인터넷을 할 수 없게 되었다.
生气	shēng qì	화내다 跟朋友生气。친구에게 화를 내다. 他生我的气了。그는 나에게 화를 냈다.

给	gěi	(~에게 ~을/를) 주다 我给了他一张机票。 나는 그에게 비행기 표 한 장을 주었다.
送	sòng	(~에게 ~을/를) 증정하다, 선물하다 我送了他一条裤子。 나는 그에게 바지 한 벌을 선물했다.
还	huán	(~에게 ~을/를) 돌려주다 我还了他他的衣服。 나는 그에게 그의 옷을 돌려주었다.
交	jiāo	(~에게 ~을/를) 건네주다 我交给了他我的成绩单。 나는 그에게 나의 성적표를 건네주었다.
借	jiè	(~에게 ~을/를) 빌려주다 我借了他100块钱。 나는 그에게 100위안을 빌려주었다.
叫	jiào	(~을/를 ~라고) 부르다 我叫他笨蛋。 나는 그를 바보라고 부른다.
找	zhǎo	(~에게 ~을/를) 거슬러주다 我找了他30块钱。 나는 그에게 30위안을 거슬러줬다.
问	wèn	(~에게 ~을/를) 묻다 我问了他今天的安排。 나는 그에게 오늘의 계획을 물었다.
教	jiāo	(~에게 ~을/를) 가르치다 我教了他中国历史。 나는 그에게 중국 역사를 가르쳐주었다.
告诉	gàosu	(~에게 ~을/를) 알리다 我告诉了他手机号码。 나는 그에게 휴대 전화 번호를 알려주었다.
通知	tōngzhī	(~에게 ~을/를) 통지하다 我通知了他明天有人来参观。 나는 그에게 내일 누군가 견학하러 온다고 통지했다.
答应	dāying	(~에게 ~을/를) 수락하다 我答应了他一起参加比赛。 나는 그에게 함께 경기에 참가하는 것을 수락했다.

존재	有	yǒu	통 있다 附近有一家饭店。 주변에 호텔 한 곳이 있다.
	放	fàng	통 놓다 书上放着一支圆珠笔。 책 위에 볼펜 한 자루가 놓여있다.
	挂	guà	통 걸다 门上挂着一件衣服。 문에 옷이 한 벌 걸려있다.
	堆	duī	통 쌓다 墙角堆着几个箱子。 담 모퉁이에 몇 개의 상자가 쌓여있다.
	坐	zuò	통 앉다 前边坐着一位老人。 앞쪽에 노인이 한 분 앉아있다.
	站	zhàn	통 서다 大厅里站着几个人。 홀에 몇 사람이 서 있다.
	躺	tǎng	통 눕다 床上躺着一个人。 침대에 한 사람이 누워있다.
	住	zhù	통 살다 隔壁住着一对夫妻。 옆집에 한 쌍의 부부가 살고 있다.
출현	来	lái	통 오다 今天来了三个新同学。 오늘 세 명의 새로운 친구들이 왔다.
	发生	fāshēng	통 발생하다 一辆客车发生了事故。 한 대의 버스가 사고가 났다.
	出现	chūxiàn	통 출현하다 最近出现了很多问题。 최근 많은 문제가 발생했다.
소실	死	sǐ	통 죽다 昨晚死了很多人。 어젯밤 많은 사람이 죽었다.
	丢	diū	통 잃어버리다 今天丢了一只小狗。 오늘 강아지 한 마리를 잃어버렸다.

	原来	yuánlái	알고 보니, 원래	好像	hǎoxiàng	마치 ~와 같다
어기 부사	怪不得	guàibude	어쩐지	恐怕	kǒngpà	아마도
	其实	qíshí	사실	大概	dàgài	아마, 대충
	反正	fǎnzhèng	어쨌든	大约	dàyuē	대략, 얼추
	万一	wànyī	만일	毕竟	bìjìng	드디어, 어쨌든
	也许	yěxǔ	아마	难道	nándào	정녕, 설마
	只好	zhǐhǎo	부득이	到底	dàodǐ	도대체
	不得不	bùdébù	어쩔 수 없이	却	què	오히려
	好不容易	hǎoburóngyi	간신히	故意	gùyì	일부러
	突然	tūrán	갑자기	顺便	shùnbiàn	~하는 김에
	忽然	hūrán	갑자기, 별안간	尽量	jǐnliàng	가능한, 되도록
	竟然	jìngrán	뜻밖에	何必	hébì	구태여 ~할 필요가 있는가
	居然	jūrán	뜻밖에도	最好	zuìhǎo	가장 좋기로는
	至少	zhìshǎo	적어도	甚至	shènzhì	심지어
	起码	qǐmǎ	적어도	差点儿	chàdiǎnr	하마터면
시간 부사	已经	yǐjing	이미, 벌써	还	hái	여전히, 아직도
	刚刚	gānggāng	막	正在	zhèngzài	지금 ~하고 있다
	才	cái	비로소	就	jiù	이미, 벌써
	马上	mǎshàng	곧, 즉시, 바로	往往	wǎngwǎng	흔히
	正好	zhènghǎo	마침	偶尔	ǒu'ěr	이따금
	总是	zǒngshì	늘	终于	zhōngyú	결국
	永远	yǒngyuǎn	영원히	随时	suíshí	수시로
	按时	ànshí	제때에	早晚	zǎowǎn	조만간
	曾经	céngjīng	이전에	从来	cónglái	이제껏, 여태껏

	又	yòu	또, 다시, 거듭	也	yě	역시
빈도 부사	还	hái	다시	重新	chóngxīn	다시, 재차
	不断	búduàn	끊임없이	动不动	dòngbudòng	걸핏하면
	常常	chángcháng	자주	往往	wǎngwǎng	흔히, 보통
범위 부사	只	zhǐ	단지	全	quán	모두, 완전히
	单	dān	단지	都	dōu	모두, 다, 전부
	就	jiù	겨우	一起	yìqǐ	같이, 함께
	净	jìng	모두	光	guāng	오로지
	仅仅	jǐnjǐn	간신히	凡是	fánshì	무릇, 대체로
상태 부사	逐渐	zhújiàn	점점	渐渐	jiànjiàn	점점
	仍然	réngrán	변함없이			
정도 부사	很	hěn	매우, 대단히	太	tài	지나치게, 몹시
	最	zuì	가장, 제일, 아주	非常	fēicháng	매우, 아주
	挺	tǐng	매우, 상당히	真	zhēn	확실히, 참으로
	有点儿	yǒudiǎnr	조금, 약간	十分	shífēn	매우
	尤其	yóuqí	특히	稍微	shāowēi	조금
	比较	bǐjiào	비교적	特别	tèbié	유달리
	几乎	jīhū	거의			
부정 부사	不	bù	부정을 나타냄	没有	méiyǒu	~않다
	别	bié	~하지 마라	不用	búyòng	~할 필요가 없다
	未必	wèibì	반드시 ~은 아니다			
비교 부사	更	gèng	더욱, 더, 훨씬	还	hái	더, 더욱

毕竟	bìjìng	어쨌든, 결국 他有不少缺点，但毕竟还是个好人。 그는 단점이 많이 있지만 어쨌든 좋은 사람이다.
不必	búbì	~할 필요 없다 你不必为这件事操心。 너는 이 일 때문에 신경 쓸 필요 없다.
不断	búduàn	끊임없이 随着中国经济的不断发展，人们的生活水平也提高了。 중국 경제의 끊임없는 발전에 따라, 사람들의 생활 수준 또한 높아졌다.
不见得	bújiànde	반드시 ~라고는 할 수 없다 尽管每天运动，不见得他很健康。 비록 매일 운동을 하지만 반드시 그가 건강하다고 할 수는 없다.
不免	bùmiǎn	면할 수 없다 每个学生面对考试都不免有些紧张。 모든 학생들은 시험을 앞두고 약간의 긴장을 면할 수 없다.
曾经	céngjīng	이전에, 일찍이 他曾经对我说过这件事。 그는 일찍이 나에게 이 일을 말한 적이 있다.
从此	cóngcǐ	지금부터, 이로부터, 이후로 从此快快乐乐地享受幸福的生活了。 이후로 유쾌하게 행복한 삶을 누렸다.
单独	dāndú	혼자서, 단독으로 他单独住在校外的一套房子里。 그는 혼자서 교외의 한 집에 산다.
到底	dàodǐ	도대체 你到底有什么问题? 너는 도대체 무슨 문제가 있는거니?
的确	díquè	실로, 확실히 电脑技术发展的速度的确很快。 컴퓨터 기술 발전의 속도는 실로 매우 빠르다.

顶	dǐng	매우, 상당히 这个节目顶受大家的欢迎。 이 프로그램은 상당히 모두의 환영을 받고 있다.
反而	fǎn'ér	오히려, 반대로, 도리어 得了奖学金后，他不仅没有骄傲，反而更加勤奋了。 장학금을 받은 후, 그는 교만해지지 않고 오히려 더욱 열심히 했다.
反复	fǎnfù	반복하여 这几句话，你已经反复说了好几遍了。 이 몇 마디의 말을 너는 이미 여러 번 반복하여 말했다.
反正	fǎnzhèng	어쨌든 慢慢来，反正我们有的是时间。 천천히 해. 어쨌든 우리에게 시간은 넉넉하게 있으니.
仿佛	fǎngfú	마치 ~인 듯 싶다, 마치 ~인 것 같다 跟你在一起，我仿佛又回到了年轻的时候。 당신과 함께 있으면, 나는 마치 젊은 시절로 돌아간 것 같다.
非	fēi	반드시, 꼭 难道非你去处理那件事不成？ 정녕 네가 그 일을 꼭 처리하러 가야 한다는 거니?
分别	fēnbié	각각 中国队和加拿大队分别获得了两分。 중국팀과 캐나다팀은 각각 2점씩을 획득했다.
纷纷	fēnfēn	연달아, 쉴 새 없이 大家纷纷提出了意见。 모두 연달아 의견을 제안했다.
赶紧	gǎnjǐn	얼른, 서둘러 要下雨了，赶紧把衣服收进来。 곧 비가 올 테니 얼른 옷을 거두어 들여라.
格外	géwài	유달리, 각별히, 특히 秋天的西山，风景格外美丽。 가을의 서산은 풍경이 유달리 아름답다.
根本	gēnběn	전혀, 근본적으로 他根本就不懂我的意思。 그는 전혀 내 의미(생각)를 이해하지 못한다.

更加	gèngjiā	더욱 问题更加复杂了。 문제가 더욱 복잡해졌다.
怪不得	guàibude	어쩐지 天气预报说今晚有雨，怪不得这么闷热。 일기예보에서 오늘 저녁에 비가 온다고 했는데, 어쩐지 이렇게 후텁지근 하더라니.
何必	hébì	구태여 ~할 필요가 있겠는가 为这么点儿事何必烦恼呢? 이만한 일로 고민할 필요가 있어?
急忙	jímáng	급히 他急急忙忙地跑到保险公司了。 그는 급히 보험회사로 뛰어갔다.
简直	jiǎnzhí	그야말로 她怕得简直连一句话也说不出来。 그녀는 그야말로 한 마디 말도 못 할 만큼 두려웠다.
尽量	jǐnliàng	가능한 한, 되도록 尽量发挥出自己的才能吧。 가능한 한 자신의 재능을 발휘해라.
居然	jūrán	뜻밖에 我真没想到他居然会做出这件事来。 나는 그가 뜻밖에도 이런 일을 해낼 줄은 생각지도 못했다.
立即	lìjí	바로, 곧 我们收到货款后立即发货。 우리는 물건 값을 받은 후 바로 배송할 것이다.
立刻	lìkè	바로, 곧 听到这个话以后，立刻变脸了。 이 말을 들은 후 바로 얼굴이 바뀌었다.
连忙	liánmáng	서두르다, 얼른 他知道自己做错了事，就连忙向她道歉了。 그는 자신이 잘못을 한 것을 알고 서둘러 그녀에게 사과했다.
临时	línshí	잠시, 일시적으로, 임시로 我的同屋临时有事出去了。 나의 룸메이트는 잠시 일이 생겨서 나갔다.

陆续	lùxù	잇따라, 연이어 参加晚会的嘉宾陆续到了。 저녁 모임에 참석하는 귀빈들이 잇따라 도착했다.
难怪	nánguài	어쩐지 他妈妈是中国人，难怪他汉语说得那么流利。 그의 어머니는 중국인이다. 어쩐지 그의 중국어가 그렇게 유창하더라니.
亲自	qīnzì	직접 实在没有办法，只能亲自去一趟。 사실상 방법이 없어서 직접 한 번 다녀오는 수 밖에 없다.
丝毫	sīháo	전혀, 털끝만큼도 他丝毫没有放弃的意思。 그는 전혀 포기하려는 생각이 없다.
似乎	sìhū	마치 ~인 것 같다 他似乎睡着了。 그는 마치 잠이 든 것 같다.
特意	tèyì	특별히 这是我特意为你准备的礼物。 이것은 내가 특별히 너를 위해 준비한 선물이다.
未必	wèibì	반드시 ~인 것은 아니다 他说的未必是可靠的。 그가 말한 것이 반드시 믿을만한 것은 아니다.
再三	zàisān	거듭, 여러 번 病人出院的时候，再三向医生道谢。 환자는 퇴원할 때, 의사에게 거듭 사의를 표했다.
则	zé	오히려 他实际上则是害了那个孩子。 그는 사실상 오히려 그 아이를 해한 것이다.
逐步	zhúbù	점진적으로, 차츰차츰 为了解决交通问题，市政府决定逐步建设地铁。 교통 문제를 해결하기 위해, 시 정부는 점진적으로 지하철을 건설하기로 결정했다.
总算	zǒngsuàn	마침내, 결국 他从前的梦想总算实现了。 그가 예전에 (꾸었던) 소원이 마침내 이루어졌다.

可	kě	정말, 대체 我可不知道是怎么回事。 나는 정말 어떻게 된 일인지 모르겠다.
并	bìng	절대, 결코 我并不是这个意思，你别往心里去。 나는 절대 이런 뜻이 아니니, 너는 맘에 두지 말아라.
毫	háo	조금도, 전혀 他毫不犹豫地答应了。 그는 조금도 망설임 없이 승낙했다.
从来	cónglái	이제껏 我从来没去过那儿，但却有很熟悉的感觉。 나는 이제껏 거기에 가본 적이 없는데 오히려 익숙한 느낌이 든다.
本来	běnlái	원래, 본래 这本来是他的想法。 이건 원래 그의 생각이다.
根本	gēnběn	전혀, 아예 他根本就不懂我的意思。 그는 전혀 나의 의미(생각)를 이해하지 못한다.
几乎	jīhū	거의 你等我一下，我几乎都完成了。 나를 조금만 기다려줘, 나는 거의 다 끝냈어.
永远	yǒngyuǎn	영원히 别担心，我们永远都会支持你。 걱정마, 우리는 영원히 너를 지지할거야.
简直	jiǎnzhí	그야말로, 정말로 简直是判若两人。 그야말로 딴사람이 된 듯 하다.

万万	wànwàn	절대 **万万**不可低估对手。 절대 상대를 얕잡아보지 말아라.
千万	qiānwàn	절대 你**千万**不要乱发脾气。 너는 절대 함부로 화를 내서는 안 된다.
绝对	juéduì	절대, 반드시 这条消息**绝对**真确可信。 이 소식은 절대적으로 정확하고 믿을 만하다.
未必	wèibì	꼭 ~인 것은 아니다 这**未必**是他的责任。 이것이 꼭 그의 책임인 것만은 아니다.
一点儿也	yìdiǎnr yě	조금도 他**一点儿也**不灰心，坚持下去了。 그는 조금도 낙심하지 않고 꾸준히 해 나아갔다.
一次也	yícì yě	한번도 我**一次也**没去过欧洲。 나는 한번도 유럽에 가 본 적이 없다.

在	zài	(장소, 시간) ~에서, ~때에 我在网上订了一双鞋。 나는 인터넷에서 신발 한 켤레를 주문했다.
从	cóng	(장소, 시간) ~부터 她从去年开始学芭蕾舞了。 그녀는 작년부터 발레를 배우기 시작했다.
到	dào	(장소, 시간) 까지, ~로 从六点到八点在家看电视。 6시에서 8시까지 집에서 텔레비전을 본다.
往	wǎng	(장소의 방향) ~로, ~에 飞往上海的航班几点起飞? 상하이로 가는 항공편은 몇 시에 이륙하니?
离	lí	(장소, 시간) ~로부터 学校离这里多远? 학교는 여기로부터 얼마나 멀어?
跟	gēn	(대상) ~에게, ~와 我以前跟他学过武术。 나는 이전에 그에게 무술을 배운 적이 있다.
替	tì	(대상) ~대신하여 王先生替他翻译。 미스터 왕이 그를 대신해서 번역한다.
向	xiàng	(대상) ~에게, ~을/를 향하여 王总向大家表示满意了。 왕 회장은 모두에게 만족을 표했다.
给	gěi	(대상) ~에게 ~해주다 我去给你换一个麦克风吧。 내가 가서 너에게 마이크를 바꾸어 줄게.
对	duì	(대상) ~에 대하여, ~에게 我对那个地方很熟悉。 나는 그곳에 대해 잘 안다.
以	yǐ	(대상) ~을/를, ~로서 学生们以身高进行排队。 학생들이 키 순서대로 줄을 선다.

关于	guānyú	(대상) ~에 관하여 关于这个问题，我们已经讨论了。 이 문제에 관하여 우리는 이미 토론을 했다.
把	bǎ	(대상) ~을/를 我把电脑里的文件都删除了。 나는 컴퓨터 안의 문서를 모두 삭제했다.
比	bǐ	(비교) ~보다 反正比没有工作好多了。 어쨌든 일이 없는 것보다는 훨씬 낫다.
被	bèi	(피동) ~에 의해서 钱包被小偷偷走了。 지갑을 도둑에게 도둑맞았다.
按(照)	àn(zhào)	(근거) ~에 따라 按(照)规定，就放一天假。 규정에 따라 하루 쉰다.
根据	gēnjù	(근거) ~에 근거하여, ~에 따라 根据这段话，我们可以知道什么？ 이 글에 근거하여 우리는 무엇을 알 수 있는가?
由	yóu	(주체) ~가, ~로서 由你来负责这个新事业吧。 네가 이 새로운 사업을 담당해라.
为	wèi	(목적, 원인) ~을/를 위하여 为成功而努力。 성공을 위해서 노력한다.
朝	cháo	~을/를 향하여 他朝服务员挥了挥手。 그는 종업원을 향해 손을 흔들었다.
趁	chèn	~을/를 틈타, (시간, 기회 등을) 이용하여 我想趁这次机会换个职业。 나는 이번 기회에 직업을 바꾸려고 한다.
连	lián	~조차 我连周末也要来上班。 나는 주말조차 출근하러 와야 한다.
自从	zìcóng	~한 후, ~에서, ~부터 自从吵架以后，连一句话也不说了。 말다툼 한 이후로 한 마디도 안 했다.

A＞B	A+**比** B+술어	这本书 + **比**那本 + 有意思。 이 책은 저 책보다 재미있다.
A＜B	A+**没有** B+(**这么/那么**)+술어 A+**不如** B+(술어)	这本书 + **没有**那本 + (那么) + 有意思。 이 책은 저 책보다 (그다지) 재미있지 않다. 这本书 + **不如** + 那本 + (有意思)。 이 책은 저 책보다 못하다. (재미가)
A≒B	A+**不比** B+술어	这本书 + **不比**那本 + 有意思。 이 책은 저 책보다 재미있지는 않다.
A=B	A+**跟** B+(**不**)**一样**+(술어)	这本书 + **跟**那本 + 一样 + (有意思)。 이 책은 저 책만큼 재미있다.
有 의문문	A+**有** B+(**这么/那么**)+술어?	这本书 + **有**那本 + (那么) + 有意思吗? 이 책은 저 책만큼 (그렇게) 재미있니?

약간의 차이	술어 + **一点儿 / 一些**	他比我高一点儿。 그는 나보다 (키가) 조금 크다.
큰 차이	술어 + **得多 / 多了 / 很多**	他比我高多了。 그는 나보다 (키가) 많이 크다.
구체적 수치	술어 + 구체적 수치	他比我高10厘米。 그는 나보다 (키가) 10cm 크다.

请	qǐng	청하다, 부탁하다 (부탁, 요구, 초청) 我想请他装修房子。 나는 그에게 집 인테리어를 부탁하고 싶다.
让	ràng	~하게 하다, ~하도록 시키다 (명령, 허가, 희망) 爸爸不让我换频道。 아빠는 내가 채널을 못 바꾸게 한다.
叫	jiào	~시키다, ~하게 하다 (지시, 명령) 他叫我参加今晚的聚会。 그는 나에게 오늘 저녁 모임에 참석하게 했다.
使	shǐ	(~에게) ~시키다, (~에게) ~하게 하다 (심리변화) * 명령이나 요구에는 쓰지 못함 这件事使我感到悲伤。 이 일은 나로 하여금 슬픔을 느끼게 한다.
令	lìng	~하게 하다, ~을 시키다 (심리상태, 상급자가 하급자에게 명령) 他的表现令大家佩服。 그의 표현은 모두로 하여금 탄복하게 한다.
有	yǒu	두번째 동사는 겸어의 성질을 나타내는 것이어야 함 我有一个哥哥上大学。 나는 대학에 다니는 오빠가 한 명 있다.

得不得了	debùdéliǎo	정도가 매우 심함 忙得不得了。 지나치게 바쁘다.
得要命 (=要死)	deyàomìng (=yàosǐ)	죽을 정도로 ~하다 累得要命。 피곤해 죽겠다.
得不行	debùxíng	견딜 수 없다 (정도가 심함) 吵得不行。 시끄러워 견딜 수가 없다.
得厉害	delìhai	대단하다, 심하다 刮得厉害。 바람이 심하게 분다.
得多	deduō	비교문에서 사용 比我买得多。 나보다 많이 샀다.
得很	dehěn	형용사나 심리 동사 뒤에 쓰임 胖得很。 매우 뚱뚱하다.

完	wán	다 소모함, 완성, 완결	用完，说完
好	hǎo	다 하다(동작의 완성), 잘하다	写好，考好
光	guāng	조금도 남아 있지 않음	花光，吃光，喝光
着	zhe	목적이 달성 되었음	找着，睡着
住	zhù	정지, 안정	停住，站住，记住
走	zǒu	이탈	拿走，买走，偷走
掉	diào	~해 버리다	脱掉，洗掉，忘掉，丢掉

– 전치사성 결과보어

在	zài	+ 장소	放在桌子上 책상에 놓다 躺在床上 침대에 눕다
		+ 시간	安排在上午 오전에 안배하다
到	dào	+ 장소	搬到办公室 사무실로 이전하다 送到2楼 2층으로 보내다
		+ 시간	学习到3点 3시까지 공부하다 玩儿到11点 11시까지 놀다
		+ 수량	吃到100个 100개를 먹다 打到20张 20장을 출력하다
给	gěi	+ 대상	还给他 그에게 돌려주다 送给朋友 친구에게 주다
成	chéng	+ 변화 후 결과물	翻译成中文 중문으로 번역하다

次	cì	양 차, 번 (반복하는 동작의 횟수를 셀 때 쓰임)	+ 짝 꿍 동 사	去，找，看
回	huí	양 회, 번, 차례 (동작, 행위에 쓰임)		看，送
趟	tàng	양 차례, 번 (왕복 한차례나 한바탕)		去，来，跑，玩
遍	biàn	양 번, 차례, 회 (처음부터 끝까지 과정)		看，听，说，翻译
一下	yíxià	양 시험 삼아 해 보다, 좀 ~하다 (짧고 가벼운 느낌)		打，等，查
顿	dùn	양 끼니, 차례 (식사나 질책 등을 셀 때 쓰임)		吃，打，骂
场	chǎng	양 회, 번, 차례 (문예, 오락활동이나 일기현상을 셀 때 쓰임)		下(雪，雨)，打
阵	zhèn	양 짧은 시간 내의 상황을 셀 때 쓰임		下，刮

~不得 ~bùdé(e)	顾不得	gùbudé	~까지 돌볼 여유가 없다 我顾不得这么小的事。 이런 작은 일까지 신경 쓸 여유가 없다.
	怪不得	guàibude	어쩐지 她生病了，怪不得她脸色不好。 그녀가 병이 났구나. 어쩐지 안색이 안 좋아 보이더니만.
	哭笑不得	kūxiàobùdé	울지도 웃지도 못한다 每次想起那件事都会使我哭笑不得。 매번 그 일을 생각하면 나를 웃을 수도 울 수도 없게 만든다.
	舍不得	shěbude	아쉬워하다, 아까워하다 大家都舍不得离开中国。 다들 중국을 떠나는 것을 아쉬워한다.
~得来 / 不来 ~delái / bulái	合得来	hédelái	손발이 척척 맞는다 我们俩特别合得来，终于一起开始了一 项事业。 우리 두 사람은 손발이 척척 맞아서, 결국 같이 사업을 시작했다.
~得住 / 不住 ~dezhù / buzhù	留不住	liúbuzhù	머물도록 잡지 못하다 我劝他已经好几次了，但他不听话，我 留不住他了。 그에게 몇 번을 권했지만 듣지 않아서 잡을 수 없었어.
	靠得住	kàodezhù	신뢰할 수 있다 他总是骗人，怎么能靠得住呀！ 그는 늘 거짓말하는데, 어떻게 신뢰할 수 있겠어!
	禁不住	jīnbuzhù	참지 못하다 我听到那个消息，禁不住哭起来了。 그 소식을 듣자마자 나는 울음을 참을 수 없었다.

	怪不着	guàibuzháo	탓할 수 없다 毕竟是跟大人学习的嘛，怪不着孩子。 어쨌든 어른한테 배운거잖아, 아이를 탓할 수 없어.
~得着 / 不着 ~dezháo / buzháo	数不着	shǔbuzháo	손에 꼽을 수 없다, 셀 수 없다 你天天迟到，已经数不着了。 너는 매일 지각해서 손에 꼽을 수가 없어.
	犯不着	fànbuzháo	~할 필요가 없다, ~할 가치가 없다 这个问题很简单，犯不着问老师。 이 문제는 너무 쉬워서 선생님께 여쭤 볼 필요가 없어.
~得开 / 不开 ~dekāi / bukāi	想得开 (=看得开, 放得开)	xiǎngdekāi (=kàndekāi, fàngdekāi)	마음을 넓게 가지다 如果你要跟他和好，你先要想得开。 네가 만약 그와 화해하려면, 먼저 마음을 넓게 가져야 해.
	养不起	yǎngbuqǐ	모실 수 없다, 기를 수 없다 我现在经济情况不好，所以养不起父母。 나는 지금 경제 사정이 좋지 않아, 부모님을 모실 수 없다.
~得起 / 不起 ~deqǐ / buqǐ	买不起	mǎibuqǐ	살 수 없다 我哪儿有钱，买不起那么贵的房子。 내가 돈이 어딨어, 이렇게 비싼 집은 살 수 없어.
	看不起	kànbuqǐ	깔보다 他总看不起别人，真讨厌。 그는 항상 남을 깔봐, 진짜 싫다.
	说不上	shuōbushàng	분명하게 말할 수 없다 今天他来不来，我说不上。 그가 올지 안 올지 확실히 말할 수 없다.
~得上 / 不上 ~deshàng / bushàng	犯不上 (=犯不着)	fànbushàng (=fànbuzháo)	~할 필요가 없다, ~할 가치가 없다 犯不上查词典。사전을 찾을 필요가 없다.
	看不上	kànbushàng	맘에 들지 않다, 깔보다 他肯定看不上这么便宜的东西。 그는 분명 이렇게 저렴한 물건을 맘에 들어 하지 않을 거야.

– 어기조사 了

都 ~了 dōu~le	他都能跟中国人聊天了。 그는 중국인과 이야기까지 할 수 있을 정도이다.
太 ~了 tài~le	那儿的风景太美了。 그곳의 풍경은 정말 아름답다.
别 ~了 bié~le	你别哭了，我再给你买一个。 그만 울어, 내가 다시 하나 사줄게.
该 ~了 gāi~le	我该回家了。/ 该你喝了。 나는 집에 가야만 해. / 네가 마셔야만 해.
就要 / 快要 / 要~了 jiùyào / kuàiyào / yào~le	就要放假了，你打算去哪儿玩儿? 곧 방학이야. 너는 어디로 놀러갈 생각이니?

– 是~的 강조구문

① 시간	他是春节来的。 그는 설날에 왔다.
② 장소	他是从美国来的。 그는 미국에서 왔다.
③ 목적	他是为什么买咖啡的? 그는 왜 커피를 산 거야?
④ 방식	他是怎么来的? 그는 어떻게 온 거야?
⑤ 대상	他是跟朋友一起去的。 그는 친구와 같이 갔다.

第二

HSK 5급

시험에 반드시 나오는 접속사

五級

HSK 5급 시험에 반드시 나오는 접속사

병렬 관계	**一边~一边** yìbiān~yìbiān	~하면서, ~한다 (동작 동사만 위치) 他喜欢一边看比赛，一边喝啤酒。 그는 경기를 보면서 맥주 마시는 것을 좋아한다.
	既(又)~又(也) jì(yòu)~yòu(yě)	~면서, ~이기도 하다 (동사, 형용사 모두 가능) 这些东西既便宜又好看。 이 물건들은 값이 싸면서 예쁘기도 하다.
	一来(一是)~二来(二是) yìlái(yīshì)~èrlái(èrshì)	첫째는 ~하고, 둘째는 ~한다 一来没有时间，二来人太多，所以我不想去那儿。 첫째는 시간이 없고, 둘째는 사람이 너무 많아서 나는 그곳에 갈 생각이 없다.
	一方面~另(一方面) yìfāngmiàn~ lìng(yìfāngmiàn)	한편으로는 ~하고, 다른 한편으로는 ~하다 去国外旅游，一方面可以学到很多东西，另一方面可以积累经验。 해외여행은 한편으로 많은 것을 배울 수 있고, 다른 한편으로는 경험을 쌓을 수 있다.
	一会儿~一会儿 yíhuìr~yíhuìr	이랬다 저랬다 한다 (순간에 일어나는 두 가지 일) 这个电视坏了，声音一会儿大，一会儿小。 이 텔레비전은 고장이 나서, 소리가 커졌다 작아졌다 해.
	有时~有时 yǒushí~yǒushí	때로는~, 때로는~ (여러 날에 걸쳐서 일어나는 일) 他的比赛成绩有时好，有时坏。 그의 경기성적은 때로는 좋고 때로는 좋지 않다.
선후 연속 관계	**首先~然后(再)** shǒuxiān~ránhòu(zài)	먼저 ~하고, 그 후에 ~하다 我们首先听听大家的意见，然后决定解决方法吧。 우리 먼저 모두의 의견을 들어본 후에 해결방법을 정하자.
	先~接着 xiān~jiēzhe	먼저 ~한 후, 이어서 ~하다 先让他说完，你再接着讲下去吧。 먼저 그의 말을 마치게 한 후, 네가 다시 이어서 이야기해라.

선후 연속 관계	**先~再** xiān~zài	먼저 ~하고, 그 후에 ~하다 先打好基础，再深深地研究吧。 먼저 기초를 잘 잡고, 그 후에 깊이 연구해라.
	一~就(便) yī~jiù(biàn)	(순서) ~하자마자, 곧 ~한다 她一听车的声音就赶紧从屋里跑出去了。 그녀는 차 소리를 듣자마자 서둘러 집 밖으로 뛰어나갔다. (조건, 결과) ~하기만 하면, 바로 ~한다 我一看到他那个样子，就禁不住笑。 나는 그의 그러한 모습을 보기만 하면 웃음을 참을 수 없다.
점층 관계	**不但 / 不仅(仅) / 不只 / 不光** búdàn / bùjǐn(jǐn) / bùzhǐ / bùguāng, **而且 / 并且~还 / 也** érqiě / bìngqiě~hái / yě	~일 뿐만 아니라, 게다가 这本书不但很有趣，而且还有很多教育意义。 이 책은 재미있을 뿐만 아니라, 많은 교육적 의미를 담고 있다. 不但质量不错，并且价格也很合算。 품질이 좋을 뿐만 아니라, 가격 역시 합리적이다.
	不但 / 不仅 / 不只 / 不光 búdàn / bùjǐn / bùzhǐ / bùguāng **+ 不 / 没,** + bù / méi, **反而 / 反倒 / 倒** fǎn'ér / fǎndào / dào	~하지 않을 뿐 아니라, 오히려 ~ 你那么说不但对他们没有帮助，反而更会让人 生气。 네가 그렇게 말하는 것은 그들에게 아무런 도움이 되지 않을 뿐 아니라, 오히려 사람들을 더욱 화나게 만들 수도 있다. 雪不仅没停，反倒越下越大了。 눈이 그치지 않을 뿐 아니라 오히려 점점 더 많이 내린다.
	连~都 / 也, lián~dōu / yě, **更不用说 更不要说 更别说~(了)** gèngbúyòngshuō gèngbúyàoshuō gèngbiéshuō~(le)	~조차도 그런데, ~는 더 말할 것도 없다 我连一件衣服都买不起，更不用说那么贵的房 子。 나는 옷 한 벌조차 살 수가 없는데, 그렇게 비싼 집은 더 말할 것도 없다.
	连~都 / 也, 何况~呢? lián~dōu / yě, hékuàng~ne?	~조차도 그런데, 하물며 ~는 어떻겠느냐? 连中国老师都不认识这个字，何况我呢? 중국인 선생님조차도 이 글자를 알지 못하는데 하물며 나는 어떻겠느냐?

점층 관계	**甚至** shènzhì	심지어 他甚至连画画的基本技法都没学过。 그는 심지어 그림 그리는 기본 기술조차 배운 적이 없다. 他甚至我的名字都记不住。 그는 심지어 나의 이름조차 기억하지 못한다.
인과 관계	**因为~. 所以** yīnwèi~, suǒyǐ **由于~. 所以 / 因而 / 因此** yóuyú~, suǒyǐ / yīn'ér / yīncǐ	~때문에, 그래서 因为今天发工资，所以我特别高兴。 오늘은 월급날이기 때문에, 나는 매우 신이 난다. 由于大家一直支持我，因而得到了好结果。 모두가 계속 나를 지지해 주었기 때문에 좋은 결과를 내었다.
	(之所以) ~ (是)因为 (zhīsuǒyǐ) ~ (shì)yīnwèi	~인 것은, ~때문이다 他之所以昨天没参加会议，是因为生病了。 그가 어제 회의에 참가하지 못한 것은, 병이 났기 때문이다.
	既然~. 那么 + 주어 + 就 jìrán~, nàme + 주어 + jiù	이미(기왕), ~한 바, ~하겠다 既然丢了，那么我们就别再想了。 이미 잃어버렸으니 우리 다시 생각하지 말자.
	于是 yúshì	따라서, 그리하여 孩子今天没带钥匙，于是妈妈急忙回家了。 아이가 오늘 열쇠를 가져오지 않아서, 엄마가 집으로 급하게 갔다.
가정 관계	**如果 / 要是 / 假如 /** rúguǒ / yàoshi / jiǎrú / **假使 / 万一,** jiǎshǐ / wànyī, **就** jiù	만약 ~라면, 곧~ 如果你明天没时间，我就帮你去接客人吧。 만약 네가 내일 시간이 없으면, 내가 너를 도와 손님을 맞겠다. 假如我是你，我就抓住这么好的机会。 만약 내가 너라면, 나는 이 좋은 기회를 잡을 거야. 万一他知道了，我们就该怎么办呢? 만약 그가 알게 되었다면, 우리 어떡하지?

가정 관계	即使 / 即便 / 就是 / jíshǐ / jíbiàn / jiùshì / 就算 / 哪怕, jiùsuàn / nǎpà, 也 / 都 yě / dōu	설령 ~일지라도 即使他向我道歉，我也不会原谅他的。 설령 그가 나에게 사과해도, 나는 그를 용서하지 않을 것이다. 就算大家都反对，我都要坚持做。 설령 모두가 반대해도, 나는 계속해서 할 것이다. 哪怕你不去，我也要去。 설령 네가 가지 않아도, 나는 가야만 한다.
	要不然 / 要不 / 不然 yàobùrán / yàobù / bùrán	(반드시 해야 할 일) 그렇지 않으면 你最好提前提醒他，要不然他会忘记这件事。 너는 미리 그를 일깨워 주어야 해. 그렇지 않으면 그는 이 일을 잊어버릴 것이다.
	否则 fǒuzé	(해서는 안 되는 일) 그렇지 않으면 你把钱包放这儿，否则会被人偷。 여기에 지갑을 둬라. 그렇지 않으면 도둑맞을 것이다.
조건 관계	只有~，才 zhǐyǒu~, cái	~해야만, 비로소 ~하다 (유일한 조건) 只有赢了这一场比赛，才能进入决赛。 이 경기를 이겨야만, 비로소 결승전에 진출할 수 있다.
	只要~，就 zhǐyào~, jiù	~하기만 하면, 곧 ~할 수 있다 (결과 강조) 只要你需要，我就可以把这本词典借给你。 네가 원하기만 하면, 내가 이 사전을 너에게 빌려줄 수 있다.
	不管 / 不论 / 无论, bùguǎn / búlùn / wúlùn, 都 / 也 dōu / yě	~을/를 막론하고, 상관없이 不管贵不贵，都很重要。 비싸든 비싸지 않든 모두 중요하다. 不论今天去还是明天去，反正我要去。 오늘 가든 내일 가든 어쨌든 나는 가야만 한다. 无论发生什么事情，你都不要吃惊。 어떤 일이 발생하든지, 놀라지 말아라. 不管多热，也来看足球比赛了。 얼마나 덥든지 간에 축구경기를 보러왔다. 不管男女老小，都要去看。 남녀노소를 막론하고, 모두 보러 가려고 한다.

목적 관계	**为了** wèile	~을/를 위하여 (항상 앞 절에 나온다) 为了提高汉语水平，我交了很多中国朋友。 중국어 실력을 향상시키기 위하여, 나는 많은 중국인 친구를 사귀었다.
	是为了 shìwèile	~을/를 위하여 (항상 뒤에 나온다) 他活着完全是为了钱。 그는 완전히 돈을 위해 산다.
선택 관계	**不是**A, **就是**B búshì A, jiùshì B	A가 아니면 B이다 这件事不是他说的，就是你说的。 이번 일은 그가 말한 것이 아니면, 네가 말한 것이다.
	不是A, **而是**B búshì A, érshì B	A가 아니고 B이다 你别误会了，那不是我想的办法，而是他想的 办法。 너 오해하지마, 그건 내가 생각한 방법이 아니고 그가 생각한 방법이야.
	(或者)A, **或者**B (huòzhě) A, huòzhě B	A든지, 혹은 B든지 (평서문) (或者)同意，或者不同意，你应该早决定。 동의하든지, 동의하지 않든지, 너는 반드시 빨리 결정해야 한다.
	A**还是**B A háishi B	A 아니면 B? (의문문) 买这个好还是买那个好? 이것을 사는 게 좋을까 아니면 저것을 사는 게 좋을까?
역접 관계	**虽然**~, **但是 / 可是**~ suīrán~, dànshì / kěshì~	비록 ~지만, 그러나 虽然有点儿旧了，但是我舍不得扔了。 비록 약간 낡았지만, 버리기에는 아쉽다. 虽然我已经拒绝了，可是他却一直劝我一起报名。 비록 나는 이미 거절했지만, 그는 계속해서 나에게 함께 등록하자고 권하였다.
	尽管, jǐnguǎn, **不过 / 就是 / 只是 /** **然而 / 却** búguò / jiùshì / zhǐshì / rán'ér / què	尽管我们不同意，然而他还是坚持自己的看 法。 비록 우리는 동의하지 않지만, 그는 아직도 자신의 견해를 고집한다.

第三

HSK
5급

시험 바로 전에 보는 필살 어휘 세트

五級

HSK 5급 시험 바로 전에 보는 필살 어휘 세트

1 양사

条	tiáo	가늘고 긴 것들 조, 항, 조목 (항목으로 나누어진 것들) 마리, 개 (동물, 식물 관련)	裤子(바지)　河(강)　路(길) 新闻(뉴스)　办法(방법) 鱼(물고기)
只	zhī	쪽, 짝 마리 개, 척	袜子(양말)　眼睛(눈)　耳朵(귀) 鸟(새)　猴子(원숭이) 小船(배)　手表(손목시계)
匹	pǐ	필 (비단, 말, 낙타)	马(말)　骆驼(낙타)
棵	kē	그루, 포기 (나무, 식물)	树(나무)　白菜(배추)
颗	kē	알 (둥글고 작은 알맹이)	心(마음)　星(별)
份	fèn	벌, 세트 부, 통, 권 (신문, 잡지 등)	盒饭(도시락) 材料(자료)　资料(자료)　报告(보고서)
项	xiàng	가지, 항목, 조항	任务(임무)　事业(사업)　工作(업무)
家	jiā	집, 점포, 공장 등	商店(상점)　公司(회사)　企业(기업)
所	suǒ	채, 동 (집, 건물) 개, 하나 (학교, 병원)	房子(집) 大学(대학)　孤儿院(고아원)
间	jiān	칸 (방)	客厅(객실)　教室(교실)　卧室(침실)
座	zuò	좌, 동, 채 (부피가 크거나 고정된 물체)	工厂(공장)　山(산) 城市(도시)　桥(다리)
对	duì	짝, 쌍 (짝을 이룬 것)	情人(애인)　恋人(연인)　鸳鸯(원앙)
双	shuāng	쌍, 짝, 켤레	筷子(젓가락)　鞋(신발)　袜子(양말)
副	fù	조, 벌, 쌍 얼굴 표정	筷子(젓가락)　手套(장갑) 眼镜(안경)　笑脸(웃는 얼굴)

幅	fú	폭 (옷감, 종이, 그림 등)	画(그림) 作品(작품) 地图(지도)
批	pī	무더기, 더미	设备(시설) 货(물품)
群	qún	무리, 떼	狼(이리) 人(사람)
件	jiàn	건, 개 (의복, 일, 사건, 사물 등)	衣服(의복) 物品(물품) 行李(짐) 事(일)
门	mén	과목, 가지 (학문, 기술 등)	课(수업) 艺术(예술) 学问(학문)
段	duàn	단락, 토막 (사물의 한 부분) 한동안, 기간, 시기	时间(시간) 文章(문장) 距离(거리)

摆	bǎi	(손을) 흔들다, 진열하다 警察一个劲儿摆手，不让孩子们进来。 경찰은 끊임없이 손을 흔들며 아이들을 들어 오지 못하게 했다.
踩	cǎi	(발로) 밟다 在公交车上，我被人踩了一脚。 버스에서 나는 발을 밟혔다.
插	chā	끼워 넣다 我把收据插在文件夹里了。 나는 영수증을 서류함에 끼워 넣었다.
拆	chāi	뜯다, 헐다, 해체하다 他们在拆那些旧房子，打算在这里盖新公寓。 그들은 그 낡은 집을 헐고 있다. 여기에 새 아파트를 지을 계획이다.
抄	chāo	베끼다, 표절하다 这篇论文不是自己写出来的，而是抄出来的。 이 논문은 자신이 쓴 것이 아니라 표절한 것이다.
称	chēng	(이름을) 부르다 人们把这种楼称为写字楼。 사람들은 이런 건물을 오피스텔이라고 부른다.
冲	chōng	헹구다, (물에) 풀다 你快给孩子冲奶粉吧。 빨리 아이에게 분유를 타 주어라.
闯	chuǎng	돌진하다 他被突然闯进来的警察抓住了。 그는 갑자기 들이닥친 경찰에게 잡혔다.
吹	chuī	불다, (바람을) 쐬다 这边太闷了，我们出去吹风吧。 여기는 너무 갑갑해, 우리 나가서 바람 좀 쐬자.

催	cuī	재촉하다 今天房东来催了好几次房租。 오늘 집주인이 여러 번 와서 집세를 독촉했다.
滴	dī	(물방울이) 똑똑 떨어지다 屋檐下滴答滴答着雨水呢。 처마 아래 빗물이 똑똑 떨어지고 있다.
递	dì	건네다 请把合同递给王总吧。 계약서를 왕 사장에게 건네주세요.
钓	diào	낚시하다 他终于钓到了一条大鱼。 그는 결국 큰 물고기 한 마리를 낚았다.
冻	dòng	얼다 先把这些饺子冻上，过年时再吃吧。 먼저 이 만두를 얼려라. 설에 다시 먹자.
逗	dòu	놀리다 别逗狗了，它会咬你啊！ 강아지를 놀리지마. 너를 물 수도 있어!
堆	duī	쌓이다 仓库里堆满了过季的服装。 창고 안에 철 지난 옷들이 가득 쌓여있다.
蹲	dūn	쪼그리고 앉다 妈妈蹲下安慰孩子呢。 엄마는 쪼그리고 앉아 아이를 위로해 주고 있다.
躲	duǒ	숨다, 도피하다 她躲在房里偷偷哭泣了。 그녀는 방 안에 숨어 남몰래 울었다.
翻	fān	뒤집다 她埋怨地把手掌翻过来给我看了。 그녀는 원망스럽게 손바닥을 뒤집어 나에게 보여줬다.

扶	fú	부축하다 小朋友们扶着那位残疾人过马路了。 어린 친구들이 그 장애인을 부축하면서 길을 건넜다.
盖	gài	덮다, 가리다, 짓다 他在森林里用木头盖上了一套房子。 그는 숲 속에서 나무로 집 한 채를 지었다.
滚	gǔn	구르다 他从山坡上滚下来了。 그는 산비탈에서 굴러 내려왔다.
喊	hǎn	소리지르다, 부르다 他在大声喊着朋友的名字。 그는 큰 소리로 친구의 이름을 부르고 있다.
挥	huī	흔들다, 휘두르다 他转过身来向我挥手了。 그는 몸을 돌려 나에게 손을 흔들었다.
嫁	jià	시집 가다 把女儿嫁出去又高兴又舍不得。 딸을 시집 보내려니 기쁘기도 하고 섭섭하기도 하다.

浇	jiāo	물을 주다, (물을) 뿌리다 阳台上的花盆不用再浇水了。 베란다 위의 꽃 화분은 더 이상 물을 줄 필요가 없다.
救	jiù	구조하다 幸亏他及时来救我了，否则我差点儿淹死了。 다행히도 그가 즉시 나를 구하러 왔기에 망정이지 그렇지 않았으면 하마터면 물에 빠져 죽을 뻔했다.
捐	juān	기부하다, 헌납하다 我向孤儿院捐了1万元。 나는 고아원에 1만 위안을 기부했다.
卷	juǎn	말다, 감다 巨浪卷来，像要吞掉一切似的。 거대한 파도가 모든 것을 삼킬 듯이 휘감겨 왔다.
砍	kǎn	(도끼로) 찍다, 베다, (값을) 깎다 砍价也不能砍到让人感到讨厌。 돈을 깎아도 싫어할 정도로 깎아서는 안 된다.
拦	lán	가로막다, 저지하다 你要是真的要走的话，我也不会再拦你的。 네가 만약 정말 떠나려고 한다면, 나도 더 이상 너를 막지는 않겠다.
漏	lòu	새다 下水道漏水了，你赶快跟房东联系吧。 하수도 물이 새니 너는 서둘러 집주인에게 연락해라.
骂	mà	욕하다 孩子今天被妈妈骂了一顿。 아이는 오늘 엄마에게 한바탕 욕을 얻어먹었다.
摸	mō	만지다, 쓰다듬다 妈妈摸了摸孩子的脸，热得发烫。 엄마가 아이의 얼굴을 만져 보니 열이 심하게 났다.
拍	pāi	두들겨 치다, 촬영하다 老师拍了拍我的肩膀说：“加油!” 선생님이 나의 어깨를 두드리며 말씀하셨다: 파이팅!

派	pài	파견하다, 보내다 公司要派我去中国处理那件事。 회사는 나를 중국으로 파견 보내 그 일을 처리하게 한다.
飘	piāo	(바람에) 나부끼다 天空上纷纷飘着雪花。 하늘에서 눈발이 나부끼고 있다.
牵	qiān	끌다, 잡아당기다 他牵着我的手要我跟他一起去。 그는 나의 손을 잡아 끌며 자기와 함께 가기를 원했다.
欠	qiàn	빚지다 我上次交货款时还欠了多少钱? 내가 지난 번에 물건 값을 낼 때 얼마나 빚졌지?
抢	qiǎng	빼앗다, 앞다투어 ~하다 大家都抢着购买那家的东西。 모두 앞다투어 그 집의 물건을 구매하고 있다.
瞧	qiáo	보다 不信你走着瞧。 믿지 못하겠으면 두고 봐라.
娶	qǔ	장가가다 此地小伙子们都想娶这个姑娘。 이곳 젊은이들은 모두 이 아가씨에게 장가가고 싶어한다.
绕	rào	돌다, 휘감다 月亮绕着地球转。 달은 지구를 에워싸고 돌고 있다.
洒	sǎ	쏟다 他不小心把咖啡洒在笔记本电脑上了。 그는 부주의하여 커피를 노트북 위에 쏟았다.
杀	shā	죽이다 为招待客人，奶奶杀母鸡做菜了。 손님을 접대하기 위해 할머니는 암탉을 잡아 요리했다.

晒	shài	(햇볕이) 내리쬐다 他喜欢躺在沙滩上晒太阳。 그는 모래 사장에 누워 선탠하는 것을 좋아한다.
伸	shēn	내뻗다 他伸手拿过酒瓶去了。 그는 손을 뻗어 술병을 집어갔다.
升	shēng	오르다 紧张情绪会使血压升高。 긴장감은 혈압을 상승하게 한다.
输	shū	패배하다, 운반하다 韩国队完全输给了对方队。 한국팀은 상대팀에게 여지없이 패배하였다.
摔	shuāi	넘어지다 他摔了一跤，把肌肉扭伤了。 그는 넘어져서 근육을 삐었다.
甩	shuǎi	(연인관계에서) 차다, 내동댕이치다 他竟然被那个女孩子甩了。 그는 뜻밖에도 그 여자아이에게 차였다.
撕	sī	찢다 他把我的信撕成好几片了。 그는 내 편지를 여러 조각으로 찢어버렸다.
抬	tái	들다, 들어 올리다 抬起头来看看我。 고개를 들고 나를 봐라.
逃	táo	도망치다 现在我们没有地方可逃了。 지금 우리는 도망갈 수 있는 곳이 없다.

吐	tǔ / tù	말하다 / 토하다 不许随地吐痰。 아무 곳에나 가래침을 뱉어서는 안된다.
脱	tuō	벗다 请脱下外套休息休息吧。 외투를 벗고 좀 쉬어라.
吓	xià	놀라다 孩子吓得浑身发抖。 아이는 온몸을 부들부들 떨 정도로 놀랐다.
歇	xiē	쉬다 我们在这儿歇会儿吧，我实在走不动了。 우리 여기에서 잠시 쉬자, 나는 정말 꼼짝도 못하겠다.
斜	xié	기울다 请把大葱斜着切。 대파를 어슷하게 썰어주세요.
摇	yáo	흔들다 我家小狗，门铃一响就摇着尾巴去门口那儿。 우리 집 개는 초인종이 울리기만 하면 꼬리를 흔들며 문 쪽으로 간다.
咬	yǎo	물다, 깨물다 我被蚊子咬了，非常痒。 모기에게 물려서 굉장히 간지럽다.
晕	yùn	멀미하다 我晕船，但是忘了吃药。 나는 뱃멀미가 있는데 약 먹는 것을 잊어버렸다.
涨	zhǎng	(가격이) 오르다 最近汽油价格又涨了很多。 최근 휘발유 가격이 또 많이 올랐다.
睁	zhēng	(눈을) 뜨다 他困得睁不开眼睛了。 그는 눈을 뜰 수 없을 정도로 졸리다.

煮	zhǔ	삶다 我要煮饺子吃，你也吃吗？ 나는 만두를 삶아 먹을 건데, 너도 먹을래?
抓	zhuā	잡다 他们抓住机会说出对这件事情的看法了。 그들은 기회를 잡아 이 일에 대한 견해를 말할 것이다.
赚	zhuàn	(돈을) 벌다 他错过了赚一大笔钱的机会。 그는 큰 돈을 벌 기회를 놓쳤다.
撞	zhuàng	부딪히다 他不小心把车撞到树上了。 그는 부주의하여 차를 나무에 부딪혔다.
租	zū	임대하다, 빌리다 我想要租一间写字楼。 나는 오피스텔 하나를 임대하려고 한다.

头	tóu	머리	头发(머리카락) 头顶(정수리) 头晕(현기증이 나다)
眼睛	yǎnjing	눈	闭上眼睛(눈을 감다)
嘴	zuǐ	입	闭嘴(입을 다물다) 嘴真甜(말을 달콤하게 하다)
鼻子	bízi	코	鼻子堵了(코가 막히다) 鼻子很痒(코가 매우 간지럽다)
耳朵	ěrduo	귀	竖起耳朵(귀를 쫑긋하다)
肌肉	jīròu	근육	拉伤肌肉(근육이 찢어지다) 扭伤肌肉(근육을 접질리다)
胃	wèi	위	胃酸(위산) 胃不舒服(위가 아프다)
腰	yāo	허리	腰酸(허리가 시큰거리다)
背	bèi	등	背痛(허리통증)
肚子	dùzi	배	拉肚子(설사하다)
脖子	bózi	목	伸长脖子(목을 쭉 펴다) 嗓子(목구멍)
胸	xiōng	가슴	胸有成竹(이미 모든 준비가 되어 있다)
肩膀	jiānbǎng	어깨	按摩肩膀(어깨를 마사지하다) 耸耸肩膀(어깨를 으쓱거리다)
胳膊	gēbo	팔	弯胳膊(팔을 굽히다)
脚	jiǎo	발	脚步(걸음걸이) 脚印(발자국)
皮肤	pífū	피부	皮肤过敏(피부가 알레르기 반응을 보이다)
脸	liǎn	얼굴	丢脸(창피를 당하다) 脸色(안색)

眉头	méitóu	미간	眉头紧锁(미간을 잔뜩 찌푸리다) 愁眉苦脸(수심이 가득한 얼굴)
眉毛	méimao	눈썹	眉毛浓(눈썹이 짙다)
双眼皮	shuāngyǎnpí	쌍꺼풀	双眼皮手术(쌍꺼풀 수술) 单眼皮(홑꺼풀)
血	xiě/xuè	피	出血(피가 나다) 血型(혈액형)
肉	ròu	살	长肉了(살이 쪘다)
手腕	shǒuwàn	팔목	拧着手腕(팔목을 비틀다)
指甲	zhǐjia	손톱	美甲(손톱을 가꾸다)
手指	shǒuzhǐ	손가락	手指上戴着戒指 (손가락에 반지를 끼고 있다)
腿	tuǐ	다리	大腿(허벅지) 小腿(종아리) 火腿(햄)
心脏	xīnzàng	심장	心脏病(심장병)
肝	gān	간	肝炎(간염)
肺	fèi	폐	肺癌(폐암)

个人	gèrén	개인	同龄人	tónglíngrén	동갑
双方	shuāngfāng	쌍방	解说员	jiěshuōyuán	해설자
对手	duìshǒu	상대, 라이벌	嘉宾	jiābīn	귀빈
对方	duìfāng	상대방	志愿者	zhìyuànzhě	지원자
求职者	qiúzhízhě	구직자	画家	huàjiā	화가
企业家	qǐyèjiā	기업가	秘书	mìshū	비서
农夫	nóngfū	농부	设计师	shèjìshī	설계사, 디자이너
邻居	línjū	이웃	摄影师	shèyǐngshī	사진작가
亲戚	qīnqi	친척	竞争者	jìngzhēngzhě	경쟁자
亲友	qīnyǒu	친척과 친구	工程师	gōngchéngshī	엔지니어
同乡	tóngxiāng	동향인, 고향 사람	队员	duìyuán	팀원
老乡	lǎoxiāng	동향인, 고향 사람	明星	míngxīng	유명인
滑雪者	huáxuězhě	스키어	球星	qiúxīng	(구기종목의) 유명선수
发明家	fāmíngjiā	발명가	夫妻	fūqī	부부
懒人	lǎnrén	게으른 사람	失眠者	shīmiánzhě	불면증 환자
胆小鬼	dǎnxiǎoguǐ	겁쟁이	乞丐	qǐgài	거지
团长	tuánzhǎng	단장	富翁	fùwēng	부자
芭蕾舞演员	bāléiwǔ yǎnyuán	발레 무용수	诗人	shīrén	시인

主任	zhǔrèn	주임	仓管人员	cāngguǎn rényuán	창고 관리자
华裔	huáyì	화교의 자녀	书法家	shūfǎjiā	서예가
房东	fángdōng	집주인	魔术师	móshùshī	마술사
编辑	biānjí	편집자	会计	kuàijì	회계사
主持人	zhǔchírén	사회자	小偷	xiǎotōu	도둑
少数民族	shǎoshù mínzú	소수민족	人才	réncái	인재
教练	jiàoliàn	코치, 감독	心理学家	xīnlǐxuéjiā	심리학자
收藏家	shōucángjiā	수집가	师傅	shīfu	남자를 부르는 호칭, 사부
下属	xiàshǔ	부하	舅舅	jiùjiu	외숙, 외삼촌
上司	shàngsi	상급자	姥姥	lǎolao	외할머니
车夫	chēfū	마부, 인력거꾼	媳妇	xífù	부인
领导	lǐngdǎo	지도자, 리더	负责人	fùzérén	책임자
总裁	zǒngcái	총재	师哥	shīgē	남자(동문) 선배
受奖者	shòujiǎngzhě	수상자	哲学家	zhéxuéjiā	철학가
冠军	guànjūn	챔피언	士兵	shìbīng	병사
大臣	dàchén	대신, 신하	用户	yònghù	사용자
小伙子	xiǎohuǒzi	젊은이	网友	wǎngyǒu	네티즌
染布匠	rǎnbùjiàng	천 염색공	船夫	chuánfū	사공
熟人	shúrén	잘 아는 사람	清洁工	qīngjiégōng	환경미화원

显示器	xiǎnshìqì	모니터	病毒	bìngdú	바이러스	
鼠标	shǔbiāo	마우스	杀毒软件	shādú ruǎnjiàn	백신 프로그램	
键盘	jiànpán	키보드	软件	ruǎnjiàn	소프트웨어	
桌面	zhuōmiàn	(컴퓨터) 바탕화면	程序	chéngxù	프로그램	
硬盘	yìngpán	하드 디스크	系统	xìtǒng	시스템	
移动硬盘	yídòng yìngpán	외장하드	复制	fùzhì	복제하다	
数据	shùjù	데이터	文件夹	wénjiànjiā	폴더	
优盘 (u盘)	yōupán(Upán)	USB	点击	diǎnjī	클릭하다	
下载	xiàzài	다운로드하다	删除	shānchú	삭제하다	
安装	ānzhuāng	설치하다	视频	shìpín	동영상	
升级	shēngjí	업그레이드 하다	网站	wǎngzhàn	웹 사이트	
最新版	zuìxīnbǎn	최신버전	网址	wǎngzhǐ	사이트 주소	
输入	shūrù	입력하다	网页	wǎngyè	홈페이지	
浏览	liúlǎn	훑어보다				

晴天	qíngtiān	맑은 날	阴天	yīntiān	흐린 날	
晴转阴	qíngzhuǎnyīn	맑았다가 흐려지다	阴转晴	yīnzhuǎnqíng	흐려졌다가 개다	
打雷	dǎléi	천둥이 치다	闪电	shǎndiàn	번개가 치다	
雾很大	wùhěndà	안개가 짙다	台风	táifēng	태풍	

猫	māo	고양이	狐狸	húli	여우
狼	láng	이리	青蛙	qīngwā	청개구리
猎狗	lièɡǒu	사냥개	蚊子	wénzi	모기
老虎	lǎohǔ	호랑이	老鹰	lǎoyīng	솔개
狮子	shīzi	사자	兔子	tùzi	토끼
猴子	hóuzi	원숭이	乌鸦	wūyā	까마귀
驴	lú	당나귀	蚂蚁	mǎyǐ	개미
骆驼	luòtuo	낙타	螃蟹	pángxiè	게
鹿	lù	사슴	海豚	hǎitún	돌고래
老鼠	lǎoshǔ	쥐	螳螂	tángláng	사마귀
羚羊	língyáng	영양	虫子	chóngzi	벌레
孔雀	kǒngquè	공작	大雁	dàyàn	기러기
蛇	shé	뱀	鸟	niǎo	새
熊	xióng	곰	鸽子	gēzi	비둘기
熊猫	xióngmāo	판다	百兽之王	bǎishòuzhīwáng	백수의 왕
母鸡	mǔjī	암탉	黑猩猩	hēixīngxing	침팬지
大猩猩	dàxīngxing	고릴라	宠物	chǒngwù	애완 동물

春秋战国	Chūnqiū zhànguó	춘추전국 시대
楚国	Chǔguó	초나라
魏国	Wèiguó	위나라
唐代(唐朝)	Tángdài(Tángcháo)	당대
宋代(宋朝)	Sòngdài(Sòngcháo)	송대
元代(元朝)	Yuándài(Yuáncháo)	원대
明代(明朝)	Míngdài(Míngcháo)	명대
清代(清朝)	Qīngdài(Qīngcháo)	청대
中华民国	Zhōnghuá mínguó	중화민국
中华人民共和国	Zhōnghuárénmín gònghéguó	중화 인민 공화국 (중국)
改革开放	Gǎigé kāifàng	개혁개방

– 행정구역 단위

省	shěng	성	自治区	zìzhìqū	자치구
市	shì	시	县	xiàn	현
乡	xiāng	향	镇	zhèn	진
村	cūn	촌			

– 주요 동사 호응 표현

安装程序	ānzhuāng chéngxù	프로그램을 설치하다
拜访亲友	bàifǎng qīnyǒu	친척과 친구를 방문하다
办理手续	bànlǐ shǒuxù	수속을 처리하다
保持联系	bǎochí liánxì	연락을 유지하다
把握机会	bǎwò jīhuì	기회를 잡다
表达看法	biǎodá kànfǎ	견해를 표현하다
表明态度	biǎomíng tàidu	태도를 밝히다
表示感谢	biǎoshì gǎnxiè	감사를 표시하다
表示同意	biǎoshì tóngyì	동의를 표시하다
采取措施	cǎiqǔ cuòshī	조치를 취하다
产生怀疑	chǎnshēng huáiyí	의심이 생기다
承担责任	chéngdān zérèn	책임을 지다
承认错误	chéngrèn cuòwù	잘못을 시인하다
承受压力	chéngshòu yālì	스트레스를 견디다
充满自信	chōngmǎn zìxìn	자신감이 충만하다
传播消息	chuánbō xiāoxi	소식을 전파하다
创造奇迹	chuàngzào qíjì	기적을 창조하다
处理问题	chǔlǐ wèntí	문제를 처리하다
出席会议	chūxí huìyì	회의에 참석하다

促进发展	cùjìn fāzhǎn	발전을 촉진하다
达到目的	dádào mùdì	목적을 달성하다
担任主任	dānrèn zhǔrèn	책임자를 맡다
导致冲突	dǎozhì chōngtū	충돌을 야기하다
打听消息	dǎtīng xiāoxi	소식을 물어보다
打破规则	dǎpò guīzé	규칙을 깨뜨리다
答应合作	dāying hézuò	협력에 동의하다
发表文章	fābiǎo wénzhāng	글을 발표하다
发挥力量	fāhuī lìliang	역량을 발휘하다
访问城市	fǎngwèn chéngshì	도시를 방문하다
服从命令	fúcóng mìnglìng	명령에 복종하다
符合要求	fúhé yāoqiú	요구에 부합하다
改革制度	gǎigé zhìdù	제도를 개혁하다
改进技术	gǎijìn jìshù	기술을 개선하다
改善环境	gǎishàn huánjìng	환경을 개선하다
改正错误	gǎizhèng cuòwù	잘못을 고치다
公布结果	gōngbù jiéguǒ	결과를 공포하다
贡献力量	gòngxiàn lìliang	역량을 다하다
管理时间	guǎnlǐ shíjiān	시간을 관리하다
缓解压力	huǎnjiě yālì	스트레스를 완화시키다
恢复健康	huīfù jiànkāng	건강을 회복하다

获得信息	huòdé xìnxī	정보를 얻다
坚持锻炼	jiānchí duànliàn	단련을 꾸준히 하다
降低价格	jiàngdī jiàgé	가격을 인하하다
健康长寿	jiànkāng chángshòu	건강하게 장수하다
交换礼物	jiāohuàn lǐwù	선물을 교환하다
接待客人	jiēdài kèrén	손님을 접대하다
解释误会	jiěshì wùhuì	오해를 해명하다
积累经验	jīlěi jīngyàn	경험을 쌓다
进行研究	jìnxíng yánjiū	연구를 진행하다
集中精神	jízhōng jīngshén	정신을 집중하다
具备条件	jùbèi tiáojiàn	조건을 갖추다
拒绝邀请	jùjué yāoqǐng	요청을 거절하다
拒绝要求	jùjué yāoqiú	요구를 거절하다
开发能源	kāifā néngyuán	에너지를 개발하다
克服困难	kèfú kùnnan	어려움을 극복하다
克服缺点	kèfú quēdiǎn	단점을 극복하다
控制情绪	kòngzhì qíngxù	감정을 통제하다
浪费精力	làngfèi jīnglì	에너지를 낭비하다
利用资源	lìyòng zīyuán	자원을 이용하다
录取职员	lùqǔ zhíyuán	직원을 채용하다
满足要求	mǎnzú yāoqiú	요구를 충족시키다

面对困难	miànduì kùnnan	어려움에 맞서다
面临危机	miànlín wēijī	위기에 직면하다
判断形势	pànduàn xíngshì	형세를 판단하다
赔偿损失	péicháng sǔnshī	손실을 배상하다
评价历史	píngjià lìshǐ	역사를 평가하다
破坏环境	pòhuài huánjìng	환경을 훼손하다
破坏气氛	pòhuài qìfēn	분위기를 깨다
缺乏经验	quēfá jīngyàn	경험이 부족하다
缺乏力量	quēfá lìliang	역량이 부족하다
取消安排	qǔxiāo ānpái	스케줄을 취소하다
实现理想	shíxiàn lǐxiǎng	이상을 실현하다
实现愿望	shíxiàn yuànwàng	소원이 성취되다
实行政策	shíxíng zhèngcè	정책을 실행하다
适应气候	shìyìng qìhòu	기후에 적응하다
逃避现实	táobì xiànshí	현실을 도피하다
讨论计划	tǎolùn jìhuà	계획을 논하다
提倡方式	tíchàng fāngshì	방식을 주장하다
提出计划	tíchū jìhuà	계획을 제시하다
提供服务	tígōng fúwù	서비스를 제공하다
听取意见	tīngqǔ yìjiàn	의견을 경청하다
体现精神	tǐxiàn jīngshén	정신을 구현하다

突出特点	tūchū tèdiǎn	특징을 부각시키다
推广方法	tuīguǎng fāngfǎ	방법을 널리 보급하다
忘记时间	wàngjì shíjiān	시간을 잊다
完善制度	wánshàn zhìdù	제도를 완벽하게 하다
违反规定	wéifǎn guīdìng	규정을 위반하다
危害安全	wēihài ānquán	안전에 해를 끼치다
维护利益	wéihù lìyì	이익을 보호하다
享受生活	xiǎngshòu shēnghuó	삶을 누리다
限制发展	xiànzhì fāzhǎn	발전을 제한하다
消除疲劳	xiāochú píláo	피로를 없애다
形成习惯	xíngchéng xíguàn	습관이 되다
欣赏风景	xīnshǎng fēngjǐng	경치를 감상하다
吸收营养	xīshōu yíngyǎng	영양을 흡수하다
宣布政策	xuānbù zhèngcè	정책을 선포하다
应付问题	yìngfù wèntí	문제에 대응하다
迎接客人	yíngjiē kèrén	손님을 맞이하다
引起混乱	yǐnqǐ hùnluàn	혼란을 야기하다
预防疾病	yùfáng jíbìng	질병을 예방하다
运用方法	yùnyòng fāngfǎ	방법을 운용하다
造成问题	zàochéng wèntí	문제를 일으키다
掌握技术	zhǎngwò jìshù	기술에 정통하다

掌握情绪	zhǎngwò qíngxù	감정을 제어하다
展开活动	zhǎnkāi huódòng	활동을 전개하다
召开会议	zhàokāi huìyì	회의를 열다
诊断疾病	zhěnduàn jíbìng	질병을 진단하다
整理材料	zhěnglǐ cáiliào	자료를 정리하다
征求意见	zhēngqiú yìjiàn	의견을 널리 구하다
制定目标	zhìdìng mùbiāo	목표를 세우다
执行计划	zhíxíng jìhuà	계획을 집행하다
转变态度	zhuǎnbiàn tàidu	태도를 바꾸다
维修手机	wéixiū shǒujī	휴대폰을 수리하다
遵守规则	zūnshǒu guīzé	규칙을 준수하다

- 주요 명사 호응 표현

环境保护	huánjìng bǎohù	환경 보호
家常便饭	jiācháng biànfàn	평상시 집에서 먹는 밥, 흔히 있는 일
教育方法	jiàoyù fāngfǎ	교육 방법
基本原则	jīběn yuánzé	기본 원칙
经济发展	jīngjì fāzhǎn	경제 발전
技术程度	jìshù chéngdù	기술 수준
生活规律	shēnghuó guīlǜ	생활 규칙
文化程度	wénhuà chéngdù	문화 수준
自然现象	zìrán xiànxiàng	자연 현상

百里挑一	bǎilǐtiāoyī	백에서 하나를 고르다, 매우 출중하다
半斤八两	bànjīnbāliǎng	피차일반이다, 도토리 키재기이다
半途而废	bàntú'érfèi	중도에서 포기하다
笨手笨脚	bènshǒubènjiǎo	동작이 느리고 더디다
必不可少	bìbùkěshǎo	필수적이다, 없어서는 안 된다
不知不觉	bùzhībùjué	자기도 모르는 사이에
成千上万	chéngqiānshàngwàn	수천 수만의, 대단히 많다
粗心大意	cūxīndàyì	부주의하다, 세심하지 못하다
大吃一惊	dàchīyìjīng	몹시 놀라다
大同小异	dàtóngxiǎoyì	대동소이하다, 별 차이 없다
东奔西走	dōngbēnxīzǒu	동분서주하다, 바쁘게 돌아다니다
独一无二	dúyīwú'èr	유일무이하다
丰富多彩	fēngfùduōcǎi	풍부하고 다채롭다
供不应求	gōngbùyìngqiú	공급이 수요를 따르지 못하다
恍然大悟	huǎngrándàwù	문득 크게 깨닫다
画蛇添足	huàshétiānzú	뱀을 그리는데 발을 더하다, 쓸데 없는 일을 하여 도리어 일을 그르치다
胡说八道	húshuōbādào	허튼 소리를 하다
胡思乱想	húsīluànxiǎng	터무니없는 생각을 하다
鸡毛蒜皮	jīmáosuànpí	닭 털과 마늘 껍질, 사소한 일
井井有条	jǐngjǐngyǒutiáo	논리 정연하다

九死一生	jiǔsǐyìshēng	구사일생하다
可想而知	kěxiǎng'érzhī	미루어 알 수 있다
口是心非	kǒushìxīnfēi	겉과 속이 다르다
乐于助人	lèyúzhùrén	다른 사람을 기꺼이 돕다
理所当然	lǐsuǒdāngrán	도리로 보아 당연하다
乱七八糟	luànqībāzāo	엉망진창이다
满不在乎	mǎnbúzàihu	전혀 개의치 않다
满脸通红	mǎnliǎntōnghóng	얼굴이 온통 새빨갛다
没精打采	méijīngdǎcǎi	기운이 없다, 의기소침하다
没完没了	méiwánméiliǎo	(말이나 일이) 끝이 없다
门当户对	méndānghùduì	남녀 두 집안이 엇비슷하다
闷闷不乐	mènmènbúlè	마음이 답답하고 울적하다
名副其实	míngfùqíshí	명실상부하다
名列前茅	mínglièqiánmáo	석차가 상위권이다
莫名其妙	mòmíngqímiào	영문을 모르다
千方百计	qiānfāngbǎijì	온갖 방법을 생각하다
千篇一律	qiānpiānyílǜ	천편일률적이다
七上八下	qīshàngbāxià	안절부절 못하다
齐心协力	qíxīnxiélì	한마음 한뜻으로 협력하다
全心全意	quánxīnquányì	마음과 뜻을 다하다
日新月异	rìxīnyuèyì	나날이 새로워지다

入乡随俗	rùxiāngsuísú	로마에 가면 로마법을 따라야 한다
十全十美	shíquánshíměi	완전무결하다
实事求是	shíshìqiúshì	실사구시(사실을 토대로 진리를 탐구하다)
十之八九	shízhībājiǔ	십중팔구, 거의 대부분
手忙脚乱	shǒumángjiǎoluàn	허둥지둥하다
数一数二	shǔyīshǔ'èr	일 이등을 다투다, 뛰어나다
四面八方	sìmiànbāfāng	사방팔방
似是而非	sìshì'érfēi	옳은 것 같지만 옳지 않다
四通八达	sìtōngbādá	교통이 매우 편리하다
酸甜苦辣	suāntiánkǔlà	세상의 온갖 고초
随时随地	suíshísuídì	언제 어디서나
所作所为	suǒzuòsuǒwéi	모든 행위(행동), 행동거지
想方设法	xiǎngfāngshèfǎ	온갖 방법을 생각하다
完美无缺	wánměiwúquē	완전무결하다
犹豫不决	yóuyùbùjué	우물쭈물 결단을 내리지 못하다

DAY20

第四

HSK
5급

HSK 5급 필수 어휘 1300

五
级

1	哎	āi	캅 놀람, 불만을 나타냄	17	包括	bāokuò	동 포함하다, 포괄하다
2	唉	āi	캅 탄식하는 소리	18	薄	báo	형 엷다, 얇다
3	爱护	àihù	동 소중히 하다	19	宝贝	bǎobèi	명 보물, 귀염둥이
4	爱惜	àixī	동 아끼다, 사랑하다	20	宝贵	bǎoguì	형 진귀한, 귀중한
5	爱心	àixīn	명 사랑하는 마음	21	保持	bǎochí	동 유지하다
6	安慰	ānwèi	동 위로하다 형 위로가 되다	22	保存	bǎocún	동 보존하다
7	安装	ānzhuāng	동 (프로그램을) 설치하다	23	保留	bǎoliú	동 보존하다, 남겨두다
8	岸	àn	명 물가, 해안	24	保险	bǎoxiǎn	명 보험
9	暗	àn	형 어둡다	25	报到	bàodào	동 도착을 보고하다
10	熬夜	áoyè	동 밤새우다	26	报道	bàodào	명 (뉴스 등의) 보도 동 보도하다
11	把握	bǎwò	동 파악하다, 장악하다 명 확신, 자신	27	报告	bàogào	명 보고(서) 동 보고하다
12	摆	bǎi	동 놓다, 흔들다	28	报社	bàoshè	명 신문사
13	办理	bànlǐ	동 처리하다	29	抱怨	bàoyuàn	동 원망하다
14	傍晚	bàngwǎn	명 저녁 무렵	30	背	bēi / bèi	동 (등에) 업다 / 외우다
15	包裹	bāoguǒ	명 소포	31	悲观	bēiguān	형 비관적이다
16	包含	bāohán	동 포함하다	32	背景	bèijǐng	명 배경

33	被子	bèizi	명 이불	50	表面	biǎomiàn	명 표면
34	本科	běnkē	명 (대학교의) 학부	51	表明	biǎomíng	통 분명히 밝히다
35	本领	běnlǐng	명 능력, 기량	52	表情	biǎoqíng	명 표정
36	本质	běnzhì	명 본질	53	表现	biǎoxiàn	명 태도, 자세 통 표현하다
37	比例	bǐlì	명 비례, 비중	54	病毒	bìngdú	명 바이러스, 병균
38	彼此	bǐcǐ	대 피차, 상호	55	冰淇淋	bīngqílín	명 아이스크림
39	必然	bìrán	부 분명히, 반드시	56	玻璃	bōli	명 유리
40	必要	bìyào	형 필요하다, 없어서는 안 되다	57	播放	bōfàng	통 방송하다
41	毕竟	bìjìng	부 결국, 어쨌든	58	脖子	bózi	명 목
42	避免	bìmiǎn	통 피하다	59	博物馆	bówùguǎn	명 박물관
43	编辑	biānjí	통 편집하다	60	补充	bǔchōng	통 보충하다
44	鞭炮	biānpào	명 폭죽	61	不安	bù'ān	형 불안하다
45	便	biàn	부 곧, 바로	62	不得了	bùdéliǎo	형 매우 심하다
46	辩论	biànlùn	통 변론하다	63	不断	búduàn	부 계속해서, 끊임없이
47	标点	biāodiǎn	명 구두점	64	不见得	bújiànde	부 꼭 ~인 것은 아니다
48	标志	biāozhì	명 상징, 표지	65	不耐烦	búnàifán	형 성가시다, 귀찮다
49	表达	biǎodá	통 나타내다				

1	不然	bùrán	접 그렇지 않으면	17	操心	cāoxīn	동 애태우다, 신경을 쓰다
2	不如	bùrú	동 ~만 못하다	18	册	cè	명 책 양 권
3	不要紧	búyàojǐn	형 심하지 않다, 괜찮다	19	测验	cèyàn	동 시험하다, 테스트하다
4	不足	bùzú	형 부족하다	20	曾经	céngjīng	부 일찍이
5	布	bù	명 천, 옷감	21	叉子	chāzi	명 포크
6	步骤	bùzhòu	명 절차, 순서	22	差距	chājù	명 격차, 차이
7	部门	bùmén	명 부서	23	插	chā	동 끼우다, 삽입하다
8	财产	cáichǎn	명 재산	24	拆	chāi	동 뜯다, 헐다
9	采访	cǎifǎng	동 취재하다, 탐방하다	25	产品	chǎnpǐn	명 생산품, 제품
10	采取	cǎiqǔ	명 채택하다, 취하다	26	产生	chǎnshēng	동 생기다, 발생하다
11	彩虹	cǎihóng	명 무지개	27	长途	chángtú	형 장거리의 명 장거리
12	踩	cǎi	동 (발로) 밟다	28	常识	chángshí	명 상식
13	参考	cānkǎo	동 참고하다	29	抄	chāo	동 베끼다, 표절하다
14	参与	cānyù	동 참여하다	30	超级	chāojí	형 슈퍼, 최상급의
15	惭愧	cánkuì	형 부끄럽다, 창피하다	31	朝	cháo	전 ~쪽으로, ~를
16	操场	cāochǎng	명 운동장	32	潮湿	cháoshī	형 습하다

33	吵	chǎo	형 시끄럽다	50	成语	chéngyǔ	명 성어
34	吵架	chǎojià	동 말다툼하다, 싸우다	51	成长	chéngzhǎng	동 성장하다, 자라다
35	炒	chǎo	동 볶다	52	诚恳	chéngkěn	형 진실하다
36	车库	chēkù	명 차고	53	承担	chéngdān	동 맡다, 담당하다
37	车厢	chēxiāng	명 (열차, 지하철) 객실	54	承认	chéngrèn	동 승인하다
38	彻底	chèdǐ	형 철저하다	55	承受	chéngshòu	동 견뎌내다, 감당하다
39	沉默	chénmò	동 침묵하다	56	程度	chéngdù	명 정도, 수준
40	趁	chèn	전 ~한 틈을 타서	57	程序	chéngxù	명 순서, 프로그램
41	称	chēng	동 ~라 부르다, 칭하다	58	吃亏	chīkuī	동 손해를 보다
42	称呼	chēnghu	동 ~라 부르다	59	池塘	chítáng	명 연못
43	称赞	chēngzàn	동 칭찬하다	60	迟早	chízǎo	부 조만간
44	成分	chéngfèn	명 성분	61	持续	chíxù	동 지속하다
45	成果	chéngguǒ	명 성과	62	尺子	chǐzi	명 자
46	成就	chéngjiù	명 성취, 완성	63	翅膀	chìbǎng	명 날개
47	成立	chénglì	동 창립하다, 설립하다	64	冲	chōng	동 헹구다, (물에) 풀다, 충돌하다
48	成人	chéngrén	명 성인	65	充电器	chōngdiànqì	명 충전기
49	成熟	chéngshú	형 익다, 성숙하다				

1	充分	chōngfèn	형 충분하다	17	处理	chǔlǐ	동 처리하다
2	充满	chōngmǎn	동 가득 차다, 충만하다	18	传播	chuánbō	동 전파하다
3	重复	chóngfù	동 반복하다, 중복하다	19	传染	chuánrǎn	동 전염하다
4	宠物	chǒngwù	명 애완 동물	20	传说	chuánshuō	명 전설
5	抽屉	chōuti	명 서랍	21	传统	chuántǒng	명 전통
6	抽象	chōuxiàng	형 추상적이다	22	窗帘	chuānglián	명 커튼
7	丑	chǒu	형 추하다, 밉다	23	闯	chuǎng	동 돌진하다
8	臭	chòu	형 (냄새가) 지독하다, 역겹다	24	创造	chuàngzào	동 창조하다
9	出版	chūbǎn	동 출판하다, 출간하다	25	吹	chuī	동 입으로 힘껏 불다
10	出口	chūkǒu	동 수출하다	26	词汇	cíhuì	명 어휘
11	出色	chūsè	형 특별히 좋다, 뛰어나다	27	辞职	cízhí	동 사직하다
12	出示	chūshì	동 내보이다, 제시하다	28	此外	cǐwài	명 이외에, 이 밖에
13	出席	chūxí	동 회의에 참가하다, 참석하다	29	次要	cìyào	형 부차적인, 다음으로 중요한
14	初级	chūjí	형 초급의	30	刺激	cìjī	동 자극하다 명 자극, 충격
15	除非	chúfēi	접 오직 ~하여야 (비로소), ~한 다면 몰라도	31	匆忙	cōngmáng	형 매우 바쁘다
16	除夕	chúxī	명 섣달 그믐날	32	从此	cóngcǐ	부 지금부터

33	从而	cóng'ér	접 따라서	50	大厦	dàshà	명 빌딩
34	从前	cóngqián	명 이전	51	大象	dàxiàng	명 코끼리
35	从事	cóngshì	통 종사하다	52	大型	dàxíng	형 대형의
36	粗糙	cūcāo	형 거칠다, 조잡하다, 어설프다	53	呆	dāi	형 멍하다, 어리둥절하다
37	促进	cùjìn	통 촉진시키다	54	代表	dàibiǎo	명 대표
38	促使	cùshǐ	통 ~하도록 (재촉)하다	55	代替	dàitì	통 대체하다, 대신하다
39	醋	cù	명 식초	56	贷款	dàikuǎn	통 대출하다
40	催	cuī	통 재촉하다	57	待遇	dàiyù	명 대우
41	存在	cúnzài	통 존재하다	58	担任	dānrèn	통 맡다
42	措施	cuòshī	명 조치	59	单纯	dānchún	형 단순하다
43	答应	dāying	통 승낙하다, 응답하다	60	单调	dāndiào	형 단조롭다
44	达到	dádào	통 달성하다	61	单独	dāndú	부 단독으로
45	打工	dǎgōng	통 아르바이트하다	62	单位	dānwèi	명 직장, 회사, 부서
46	打交道	dǎjiāodao	왕래하다, 교제하다	63	单元	dānyuán	명 (교재 등의) 단원
47	打喷嚏	dǎ pēntì	통 재채기하다	64	耽误	dānwu	통 그르치다, 시간을 허비하다
48	打听	dǎting	통 물어보다	65	胆小鬼	dǎnxiǎoguǐ	명 겁쟁이
49	大方	dàfang	형 대범하다				

1	淡	dàn	형 엷다, 싱겁다	17	敌人	dírén	명 적
2	当地	dāngdì	형 현지	18	地道	dìdao	형 정통의, 본고장의
3	当心	dāngxīn	동 조심하다	19	地理	dìlǐ	명 지리
4	挡	dǎng	동 가리다, 막다	20	地区	dìqū	명 지역, 지구
5	导演	dǎoyǎn	명 연출, 감독	21	地毯	dìtǎn	명 양탄자, 카펫
6	导致	dǎozhì	동 야기하다, 초래하다	22	地位	dìwèi	명 자리, 지위
7	岛屿	dǎoyǔ	명 섬	23	地震	dìzhèn	명 지진
8	倒霉	dǎoméi	형 재수없다	24	递	dì	동 넘겨주다
9	到达	dàodá	동 도달하다	25	点心	diǎnxin	명 간식
10	道德	dàodé	명 도덕	26	电池	diànchí	명 전지, 건전지
11	道理	dàolǐ	명 도리, 이치, 일리	27	电台	diàntái	명 방송국
12	登记	dēngjì	동 등기하다, 등록하다	28	钓	diào	동 낚다
13	等待	děngdài	동 기다리다	29	顶	dǐng	명 꼭대기 동 (머리에) 받치다
14	等于	děngyú	동 ~와 같다	30	动画片	dònghuàpiàn	명 만화영화
15	滴	dī	동 똑똑 떨어지다	31	冻	dòng	동 얼다
16	的确	díquè	부 확실히	32	洞	dòng	명 구멍

33	豆腐	dòufu	명 두부	50	多余	duōyú	형 여분의, 나머지의
34	逗	dòu	동 놀리다 형 재미있다	51	朵	duǒ	양 (꽃, 구름) 송이
35	独立	dúlì	동 독립하다, 홀로 서다	52	躲藏	duǒcáng	동 숨다
36	独特	dútè	형 독특하다	53	恶劣	èliè	형 아주 나쁘다
37	度过	dùguò	동 (시간을) 보내다	54	耳环	ěrhuán	명 귀고리
38	断	duàn	동 자르다, 단절하다	55	发表	fābiǎo	동 발표하다, (글을) 게재하다
39	堆	duī	명 무더기 동 쌓이다	56	发愁	fāchóu	동 걱정하다
40	对比	duìbǐ	동 대비하다	57	发达	fādá	동 발전시키다, 발달하다
41	对待	duìdài	동 다루다, 대하다	58	发抖	fādǒu	동 떨다
42	对方	duìfāng	명 상대방	59	发挥	fāhuī	동 발휘하다
43	对手	duìshǒu	명 상대, 적수	60	发明	fāmíng	동 발명하다
44	对象	duìxiàng	명 대상	61	发票	fāpiào	명 영수증
45	兑换	duìhuàn	동 환전하다	62	发言	fāyán	명 발언 동 의견을 발표하다
46	吨	dūn	양 톤(ton)	63	罚款	fákuǎn	동 벌금을 부과하다
47	蹲	dūn	동 웅크리고 앉다	64	法院	fǎyuàn	명 법원
48	顿	dùn	동 잠시 쉬다 양 끼니, 차례	65	翻	fān	동 뒤집다
49	多亏	duōkuī	부 덕분에, 다행히 동 덕택이다				

1	繁荣	fánróng	형 번영하다	17	分布	fēnbù	동 분포하다
2	反而	fǎn'ér	부 접 반대로, 역으로	18	分配	fēnpèi	동 분배하다
3	反复	fǎnfù	부 거듭, 반복하여	19	分手	fēnshǒu	동 헤어지다
4	反应	fǎnyìng	명 반응	20	分析	fēnxī	동 분석하다
5	反映	fǎnyìng	동 반영하다, 보고하다	21	纷纷	fēnfēn	부 쉴 새 없이, 계속
6	反正	fǎnzhèng	부 어쨌든, 아무튼	22	奋斗	fèndòu	동 분투하다
7	范围	fànwéi	명 범위	23	风格	fēnggé	명 풍격, 스타일
8	方	fāng	명 사각형	24	风景	fēngjǐng	명 풍경
9	方案	fāng'àn	명 방안	25	风俗	fēngsú	명 풍속
10	方式	fāngshì	명 방식	26	风险	fēngxiǎn	명 위험
11	妨碍	fáng'ài	동 방해하다, 지장을 주다	27	疯狂	fēngkuáng	형 미치다, 발광하다
12	仿佛	fǎngfú	부 마치 ~인 것 같다	28	讽刺	fěngcì	동 풍자하다
13	非	fēi	동 ~가 아니다	29	否定	fǒudìng	동 부정하다
14	肥皂	féizào	명 비누	30	否认	fǒurèn	동 부인하다
15	废话	fèihuà	명 쓸데없는 말	31	扶	fú	동 지탱하다, 부축하다
16	分别	fēnbié	동 구분하다 부 각각, 따로따로	32	服装	fúzhuāng	명 복장

33	幅	fú	명 너비, 넓이 양 (옷감, 그림) 폭	50	感想	gǎnxiǎng	명 감상, 느낌, 소감
34	辅导	fǔdǎo	동 도우며 지도하다	51	干活儿	gànhuór	동 (육체적인) 일을 하다
35	妇女	fùnǚ	명 부녀자, 성인 여성	52	钢铁	gāngtiě	명 강철
36	复制	fùzhì	동 복제하다	53	高档	gāodàng	형 고급의
37	改革	gǎigé	동 개혁하다	54	高级	gāojí	형 상급의, 고급의
38	改进	gǎijìn	동 개선하다	55	搞	gǎo	동 하다
39	改善	gǎishàn	동 개선하다	56	告别	gàobié	동 고별하다, 떠나다
40	改正	gǎizhèng	동 개정하다	57	格外	géwài	부 별도로, 각별히, 유난히
41	盖	gài	동 덮다, (건물을) 짓다	58	隔壁	gébì	명 이웃집
42	概括	gàikuò	동 요약하다, 간추리다	59	个别	gèbié	부 개개의, 단독의 형 극소수의
43	概念	gàiniàn	명 개념	60	个人	gèrén	명 개인, 나
44	干脆	gāncuì	형 명쾌하다 부 차라리	61	个性	gèxìng	명 개성
45	干燥	gānzào	형 건조하다	62	各自	gèzì	대 각자, 제각기
46	赶紧	gǎnjǐn	부 서둘러, 어서	63	根	gēn	명 뿌리
47	赶快	gǎnkuài	부 황급히, 속히, 어서	64	根本	gēnběn	명 근본 부 전혀, 아예
48	感激	gǎnjī	동 감격하다	65	工厂	gōngchǎng	명 공장
49	感受	gǎnshòu	동 느끼다 명 느낌, 인상				

1	工程师	gōngchéngshī	명 엔지니어, 기사	17	姑娘	gūniang	명 아가씨
2	工具	gōngjù	명 공구, 수단	18	古代	gǔdài	명 고대
3	工人	gōngrén	명 노동자	19	古典	gǔdiǎn	명 고전
4	工业	gōngyè	명 공업	20	股票	gǔpiào	명 주식, 증권
5	公布	gōngbù	동 공포하다	21	骨头	gǔtou	명 뼈
6	公开	gōngkāi	동 공개하다	22	鼓舞	gǔwǔ	동 격려하다
7	公平	gōngpíng	형 공평하다	23	鼓掌	gǔzhǎng	동 손뼉을 치다
8	公寓	gōngyù	명 아파트, 기숙사	24	固定	gùdìng	형 고정되다 동 고정시키다
9	公元	gōngyuán	명 서기	25	挂号	guàhào	동 등록하다, 접수하다
10	公主	gōngzhǔ	명 공주	26	乖	guāi	형 말을 잘 듣다, 착하다
11	功能	gōngnéng	명 기능	27	拐弯	guǎiwān	동 커브를 돌다, 방향을 틀다 명 모퉁이
12	恭喜	gōngxǐ	동 축하하다	28	怪不得	guàibude	부 어쩐지, 과연
13	贡献	gòngxiàn	동 바치다, 공헌하다	29	关闭	guānbì	동 닫다
14	沟通	gōutōng	동 소통하다	30	观察	guānchá	동 관찰하다
15	构成	gòuchéng	동 구성하다	31	观点	guāndiǎn	명 관점
16	姑姑	gūgu	명 고모	32	观念	guānniàn	명 관념, 사고

33	官	guān	몡 관료, 공무원	50	锅	guō	몡 솥
34	管子	guǎnzi	몡 호스, 파이프	51	国庆节	Guóqìngjié	몡 국경절
35	冠军	guànjūn	몡 챔피언, 우승(자)	52	国王	guówáng	몡 국왕
36	光滑	guānghuá	톙 매끌매끌하다	53	果然	guǒrán	묘 과연, 아니나 다를까
37	光临	guānglín	동 왕림하다	54	果实	guǒshí	몡 과실, 성과
38	光明	guāngmíng	몡 광명, 빛	55	过分	guòfèn	동 지나치다
39	光盘	guāngpán	몡 CD	56	过敏	guòmǐn	동 알레르기 반응이 있다 톙 과민하다
40	广场	guǎngchǎng	몡 광장	57	过期	guòqī	동 기한을 넘기다
41	广大	guǎngdà	톙 광대하다, 크다	58	哈	hā	갭 아하! 오! 의 하하
42	广泛	guǎngfàn	톙 광범하다	59	海关	hǎiguān	몡 세관
43	归纳	guīnà	동 귀납하다, 종합하다	60	海鲜	hǎixiān	몡 해산물
44	规矩	guīju	몡 표준, 규정	61	喊	hǎn	동 외치다, 부르다
45	规律	guīlǜ	몡 규율	62	行业	hángyè	몡 업종, 직종
46	规模	guīmó	몡 규모	63	豪华	háohuá	톙 호화스럽다
47	规则	guīzé	몡 규칙	64	好客	hàokè	톙 손님 접대를 좋아하다
48	柜台	guìtái	몡 계산대, 카운터	65	好奇	hàoqí	톙 호기심을 갖다
49	滚	gǔn	동 구르다, 굴리다				

1	合法	héfǎ	형 합법적이다	17	胡说	húshuō	동 헛소리하다
2	合理	hélǐ	형 도리에 맞다, 합리적이다	18	胡同	hútòng	명 골목
3	合同	hétong	명 계약서	19	壶	hú	명 주전자, 병
4	合影	héyǐng	동 함께 사진을 찍다 명 단체 사진	20	蝴蝶	húdié	명 나비
5	合作	hézuò	동 합작하다, 협력하다	21	糊涂	hútu	형 어리석다, 혼란하다
6	何必	hébì	부 구태여 ~할 필요가 있는가?	22	花生	huāshēng	명 땅콩
7	何况	hékuàng	부 하물며 ~은/는 어떠하겠는가?	23	划	huá	동 배를 젓다
8	和平	hépíng	명 평화	24	华裔	huáyì	명 화교의 자녀
9	核心	héxīn	명 핵심	25	滑	huá	형 미끄럽다
10	恨	hèn	동 원망하다, 증오하다	26	化学	huàxué	명 화학
11	猴子	hóuzi	명 원숭이	27	话题	huàtí	명 화제
12	后背	hòubèi	명 등	28	怀念	huáiniàn	동 회상하다
13	后果	hòuguǒ	명 결과	29	怀孕	huáiyùn	동 임신하다
14	呼吸	hūxī	동 호흡하다	30	缓解	huǎnjiě	동 완화되다
15	忽然	hūrán	부 갑자기	31	幻想	huànxiǎng	명 공상, 환상
16	忽视	hūshì	동 소홀히 하다	32	慌张	huāngzhāng	형 당황하다

33	黄金	huángjīn	명 황금	50	及格	jígé	동 합격하다
34	灰	huī	명 재, 먼지	51	极其	jíqí	부 아주
35	灰尘	huīchén	명 먼지	52	急忙	jímáng	부 급히, 황급히
36	灰心	huīxīn	동 낙담하다	53	急诊	jízhěn	명 응급 진료
37	挥	huī	동 휘두르다	54	集合	jíhé	동 집합하다
38	恢复	huīfù	동 회복하다	55	集体	jítǐ	명 집단
39	汇率	huìlǜ	명 환율	56	集中	jízhōng	동 집중하다
40	婚礼	hūnlǐ	명 결혼식	57	计算	jìsuàn	동 계산하다
41	婚姻	hūnyīn	명 혼사, 혼인	58	记录	jìlù	동 기록하다
42	活跃	huóyuè	형 활동적이다, 활기차다	59	记忆	jìyì	동 기억하다
43	火柴	huǒchái	명 성냥	60	纪录	jìlù	명 기록
44	伙伴	huǒbàn	명 동반자, 파트너	61	纪律	jìlǜ	명 기율
45	或许	huòxǔ	부 아마	62	纪念	jìniàn	동 기념하다
46	机器	jīqì	명 기계	63	系领带	jìlǐngdài	넥타이를 매다
47	肌肉	jīròu	명 근육	64	寂寞	jìmò	형 외롭다, 고요하다
48	基本	jīběn	형 기본의, 주요한 부 대체로, 기본적으로	65	夹子	jiāzi	명 집게, 클립
49	激烈	jīliè	형 격렬하다				

1	家庭	jiātíng	명 가정	17	兼职	jiānzhí	동 겸직하다 아르바이트하다
2	家务	jiāwù	명 가사, 집안일	18	捡	jiǎn	동 줍다
3	家乡	jiāxiāng	명 고향	19	剪刀	jiǎndāo	명 가위
4	嘉宾	jiābīn	명 귀빈	20	简历	jiǎnlì	명 약력, 이력
5	甲	jiǎ	명 순서나 등급의 첫째, 갑	21	简直	jiǎnzhí	부 그야말로, 정말로
6	假如	jiǎrú	접 만약	22	建立	jiànlì	동 창설하다, 세우다
7	假设	jiǎshè	동 가정하다	23	建设	jiànshè	동 건설하다
8	假装	jiǎzhuāng	동 ~인 체하다	24	建筑	jiànzhù	동 건축하다 명 건축물
9	价值	jiàzhí	명 가치	25	健身	jiànshēn	동 신체를 건강하게 하다
10	驾驶	jiàshǐ	동 운전하다	26	键盘	jiànpán	명 건반, 키보드
11	嫁	jià	동 시집 가다, 출가하다	27	讲究	jiǎngjiu	동 중요시하다
12	坚决	jiānjué	형 단호하다	28	讲座	jiǎngzuò	명 강좌
13	坚强	jiānqiáng	형 굳세다	29	酱油	jiàngyóu	명 간장
14	肩膀	jiānbǎng	명 어깨	30	交换	jiāohuàn	동 교환하다
15	艰巨	jiānjù	형 어렵고 힘들다	31	交际	jiāojì	동 교제하다, 사귀다
16	艰苦	jiānkǔ	형 어렵고 고달프다	32	交往	jiāowǎng	동 왕래하다

33	浇	jiāo	통 관개하다, (물을) 뿌리다	50	戒	jiè	통 (나쁜 습관을) 끊다, 떼다
34	胶水	jiāoshuǐ	명 풀	51	戒指	jièzhi	명 반지
35	角度	jiǎodù	명 각도	52	届	jiè	명 (정기적 회의 등의) 회, 기, 차
36	狡猾	jiǎohuá	형 교활하다	53	借口	jièkǒu	통 구실로 삼다, 핑계를 대다 명 핑계, 구실
37	教材	jiàocái	명 교재	54	金属	jīnshǔ	명 금속
38	教练	jiàoliàn	명 코치, 감독	55	尽快	jǐnkuài	부 되도록 빨리
39	教训	jiàoxùn	통 훈계하다 명 교훈	56	尽量	jǐnliàng	부 가능한 한, 양껏
40	阶段	jiēduàn	명 단계	57	紧急	jǐnjí	형 긴급하다
41	结实	jiēshi	형 견고하다, 질기다	58	谨慎	jǐnshèn	형 신중하다
42	接触	jiēchù	통 닿다, 접촉하다	59	尽力	jìnlì	통 온 힘을 다하다
43	接待	jiēdài	통 접대하다	60	进步	jìnbù	통 진보하다 명 진보, 발전
44	接近	jiējìn	통 접근하다	61	进口	jìnkǒu	통 수입하다 명 입구
45	节省	jiéshěng	통 (돈을) 아끼다	62	近代	jìndài	명 근대
46	结构	jiégòu	명 구성	63	经典	jīngdiǎn	명 경전
47	结合	jiéhé	통 결합하다	64	经商	jīngshāng	통 장사하다
48	结论	jiélùn	명 결론	65	经营	jīngyíng	통 운영하다, 경영하다
49	结账	jiézhàng	통 계산하다				

1	精力	jīnglì	명 정신과 체력, 에너지	17	角色	juésè	명 배역
2	精神	jīngshen	명 기력 형 활기차다	18	绝对	juéduì	형 절대적인 부 절대로, 반드시
3	酒吧	jiǔbā	명 술집	19	军事	jūnshì	명 군사
4	救	jiù	동 구하다	20	均匀	jūnyún	형 균등하다
5	救护车	jiùhùchē	명 구급차	21	卡车	kǎchē	명 트럭
6	舅舅	jiùjiu	명 외삼촌, 외숙	22	开发	kāifā	동 개발하다
7	居然	jūrán	부 뜻밖에	23	开放	kāifàng	동 개방하다, (꽃이) 피다
8	橘子	júzi	명 귤	24	开幕式	kāimùshì	명 개막식
9	巨大	jùdà	형 아주 크다	25	开水	kāishuǐ	명 끓는 물
10	具备	jùbèi	동 갖추다	26	砍	kǎn	동 (도끼 등으로) 찍다, 삭감하다
11	具体	jùtǐ	형 구체적이다	27	看不起	kànbuqǐ	깔보다, 업신여기다
12	俱乐部	jùlèbù	명 클럽, 동호회	28	看望	kànwàng	동 방문하다
13	据说	jùshuō	동 말하는 바에 의하면	29	靠	kào	동 기대다, 의지하다
14	捐	juān	동 헌납하다	30	颗	kē	양 알
15	决赛	juésài	명 결승	31	可见	kějiàn	동 ~을/를 알 수 있다
16	决心	juéxīn	동 결심하다	32	可靠	kěkào	형 확실하다, 믿을 만하다

33	可怕	kěpà	형 두렵다, 무섭다	50	拦	lán	통 가로막다
34	克	kè	양 그램(g)	51	烂	làn	형 썩다
35	克服	kèfú	통 극복하다	52	朗读	lǎngdú	통 낭독하다
36	刻苦	kèkǔ	통 몹시 애를 쓰다	53	劳动	láodòng	명 노동 통 노동하다
37	客观	kèguān	형 객관적이다	54	劳驾	láojià	통 죄송합니다
38	课程	kèchéng	명 교육 과정	55	老百姓	lǎobǎixìng	명 백성
39	空间	kōngjiān	명 공간	56	老板	lǎobǎn	명 주인, 사장
40	空闲	kòngxián	명 여가, 짬	57	老婆	lǎopo	명 아내
41	控制	kòngzhì	통 통제하다, 억제하다	58	老实	lǎoshi	형 성실하다
42	口味	kǒuwèi	명 맛, 입맛	59	老鼠	lǎoshǔ	명 쥐
43	夸	kuā	통 과대하다, 칭찬하다	60	姥姥	lǎolao	명 외할머니
44	夸张	kuāzhāng	통 과장하다	61	乐观	lèguān	형 낙관적이다
45	会计	kuàijì	명 회계, 회계원	62	雷	léi	명 천둥
46	宽	kuān	형 넓다	63	类型	lèixíng	명 유형
47	昆虫	kūnchóng	명 곤충	64	冷淡	lěngdàn	형 쌀쌀하다
48	扩大	kuòdà	통 확대하다	65	厘米	límǐ	양 센티미터(cm)
49	辣椒	làjiāo	명 고추				

1	离婚	líhūn	동 이혼하다	17	粮食	liángshi	명 양식
2	梨	lí	명 배	18	亮	liàng	형 밝다
3	理论	lǐlùn	명 이론	19	了不起	liǎobuqǐ	형 대단하다
4	理由	lǐyóu	명 이유	20	列车	lièchē	명 열차
5	力量	lìliang	명 힘, 능력	21	临时	línshí	형 잠시의 부 그 때가 되어 잠시
6	立即	lìjí	부 곧, 즉시	22	灵活	línghuó	형 민첩하다, 융통성이 있다
7	立刻	lìkè	부 곧, 즉시	23	铃	líng	명 방울
8	利润	lìrùn	명 이윤	24	零件	língjiàn	명 부속품
9	利息	lìxī	명 이자	25	零食	língshí	명 간식
10	利益	lìyì	명 이익	26	领导	lǐngdǎo	동 지도하다 명 지도자
11	利用	lìyòng	동 이용하다	27	领域	lǐngyù	명 영역, 분야
12	连忙	liánmáng	부 얼른, 서둘러	28	浏览	liúlǎn	동 대충 훑어보다
13	连续	liánxù	동 연속하다, 계속하다	29	流传	liúchuán	동 세상에 널리 퍼지다
14	联合	liánhé	동 연합하다	30	流泪	liúlèi	동 눈물을 흘리다
15	恋爱	liàn'ài	동 연애하다	31	龙	lóng	명 용
16	良好	liánghǎo	형 좋다	32	漏	lòu	동 새다

33	陆地	lùdì	명 육지, 땅	50	媒体	méitǐ	명 대중 매체
34	陆续	lùxù	부 끊임없이	51	煤炭	méitàn	명 석탄
35	录取	lùqǔ	동 채용하다	52	美术	měishù	명 미술
36	录音	lùyīn	동 녹음하다	53	魅力	mèilì	명 매력
37	轮流	lúnliú	동 차례로 ~하다	54	梦想	mèngxiǎng	명 몽상, 꿈
38	论文	lùnwén	명 논문	55	秘密	mìmì	명 비밀
39	逻辑	luójí	명 논리, 객관적 법칙	56	秘书	mìshū	명 비서
40	落后	luòhòu	동 뒤쳐지다, 낙오되다	57	密切	mìqiè	형 밀접하다 동 밀접하게 하다
41	骂	mà	동 욕하다, 질책하다	58	蜜蜂	mìfēng	명 꿀벌
42	麦克风	màikèfēng	명 마이크	59	面对	miànduì	동 마주 보다, 직면하다
43	馒头	mántou	명 만두	60	面积	miànjī	명 면적
44	满足	mǎnzú	동 만족하다, 만족시키다	61	面临	miànlín	동 직면하다
45	毛病	máobìng	명 고장, 문제, 나쁜 버릇	62	苗条	miáotiao	형 늘씬하다, 날씬하다
46	矛盾	máodùn	명 모순, 갈등	63	描写	miáoxiě	동 묘사하다
47	冒险	màoxiǎn	동 모험하다, 위험을 무릅쓰다	64	敏感	mǐngǎn	형 민감하다
48	贸易	màoyì	명 무역	65	名牌	míngpái	명 유명 상표, 브랜드
49	眉毛	méimao	명 눈썹				

1	名片	míngpiàn	명 명함	17	目录	mùlù	명 목록, 목차
2	名胜古迹	míngshèng gǔjì	명 명승고적	18	目前	mùqián	명 지금
3	明确	míngquè	동 명확하게 하다 형 명확하다	19	哪怕	nǎpà	접 설령 ~라 해도
4	明显	míngxiǎn	형 뚜렷하다	20	难怪	nánguài	부 어쩐지
5	明星	míngxīng	명 스타	21	难免	nánmiǎn	형 면하기 어렵다
6	命令	mìnglìng	동 명령하다 명 명령	22	脑袋	nǎodai	명 머리, 두뇌
7	命运	mìngyùn	명 운명, 장래	23	内部	nèibù	명 내부
8	摸	mō	동 짚어 보다, 더듬다	24	内科	nèikē	명 내과
9	模仿	mófǎng	동 모방하다	25	嫩	nèn	형 연하다, 부드럽다
10	模糊	móhu	형 모호하다	26	能干	nénggàn	형 유능하다, 재능있다
11	模特	mótè	명 모델	27	能源	néngyuán	명 에너지원
12	摩托车	mótuōchē	명 오토바이	28	嗯	èng	감 응, 그래
13	陌生	mòshēng	형 생소하다	29	年代	niándài	명 시대, 한 세대
14	某	mǒu	대 아무, 어느, 모	30	年纪	niánjì	명 나이
15	木头	mùtou	명 나무	31	念	niàn	동 그리워하다, 생각하다
16	目标	mùbiāo	명 목적물, 목표	32	宁可	nìngkě	부 차라리 ~할 지 언정

33	牛仔裤	niúzǎikù	명 청바지	50	碰	pèng	동 부딪치다, 만나다
34	农村	nóngcūn	명 농촌	51	批	pī	양 무리, 떼, 더미
35	农民	nóngmín	명 농민	52	批准	pīzhǔn	동 비준하다, 허가하다
36	农业	nóngyè	명 농업	53	披	pī	동 걸치다, 덮다 나누다, 쪼개다
37	浓	nóng	형 진하다	54	疲劳	píláo	형 피곤하다
38	女士	nǚshì	명 여사	55	匹	pǐ	양 (말, 비단, 천) 필
39	欧洲	Ōuzhōu	명 유럽	56	片	piàn	양 (약, 빵, 마음) 편, 조각
40	偶然	ǒurán	부 우연히 형 우연하다	57	片面	piànmiàn	형 일방적이다, 단편적이다
41	拍	pāi	동 치다	58	飘	piāo	동 나부끼다
42	派	pài	명 파, 파벌	59	拼音	pīnyīn	명 병음
43	盼望	pànwàng	동 간절히 바라다	60	频道	píndào	명 채널
44	培训	péixùn	동 양성하다	61	平	píng	형 평평하다
45	培养	péiyǎng	동 양성하다	62	平安	píng'ān	형 평안하다
46	赔偿	péicháng	동 배상하다	63	平常	píngcháng	명 평상시, 평소 형 보통이다, 일반적이다
47	佩服	pèifú	동 탄복하다	64	平等	píngděng	형 평등하다
48	配合	pèihé	동 협동하다, 협력하다	65	平方	píngfāng	명 제곱, 평방미터
49	盆	pén	명 대야, 화분				

1	平衡	pínghéng	형 균형이 맞다	17	谦虚	qiānxū	형 겸손하다
2	平静	píngjìng	형 조용하다	18	签	qiān	동 서명하다
3	平均	píngjūn	동 균등하게 하다 형 평균의	19	前途	qiántú	명 전도, 앞길
4	评价	píngjià	동 평가하다	20	浅	qiǎn	형 얕다
5	凭	píng	동 기대다, 의지하다	21	欠	qiàn	동 빚지다
6	迫切	pòqiè	형 절박하다	22	枪	qiāng	명 창, 총
7	破产	pòchǎn	동 망하다, 파산하다	23	强调	qiángdiào	동 강조하다
8	破坏	pòhuài	동 파괴하다	24	强烈	qiángliè	형 강렬하다
9	期待	qīdài	동 기대하다	25	墙	qiáng	명 담장, 벽
10	期间	qījiān	명 기간	26	抢	qiǎng	동 빼앗다, 앞다투어 ~하다
11	其余	qíyú	대 나머지, 남은 것	27	悄悄	qiāoqiāo	부 은밀히, 몰래
12	奇迹	qíjì	명 기적	28	瞧	qiáo	동 보다
13	企业	qǐyè	명 기업	29	巧妙	qiǎomiào	형 교묘하다
14	启发	qǐfā	동 일깨우다, 영감을 주다	30	切	qiē	동 (칼로) 자르다
15	气氛	qìfēn	명 분위기	31	亲爱	qīn'ài	형 친애하다
16	汽油	qìyóu	명 휘발유	32	亲切	qīnqiè	형 친절하다

33	亲自	qīnzì	🔵무 직접	50	圈	quān	🟢명 환, 고리, 범위
34	勤奋	qínfèn	🟢형 부지런하다, 열심이다	51	权力	quánlì	🟢명 권력, 권한
35	青	qīng	🟢형 푸르다	52	权利	quánlì	🟢명 권리
36	青春	qīngchūn	🟢명 청춘	53	全面	quánmiàn	🟢형 전면적인
37	青少年	qīngshào nián	🟢명 청소년	54	劝	quàn	🔵동 격려하다, 권하다
38	轻视	qīngshì	🔵동 경시하다	55	缺乏	quēfá	🔵동 결핍되다
39	轻易	qīngyì	🟢형 수월하다 🔵부 함부로	56	确定	quèdìng	🔵동 확정하다
40	清淡	qīngdàn	🟢형 담백하다	57	确认	quèrèn	🔵동 명확히 인정하 다, 확인하다
41	情景	qíngjǐng	🟢명 광경, 정경	58	群	qún	🟢명 무리, 군중, 무리
42	情绪	qíngxù	🟢명 정서, 기분	59	燃烧	ránshāo	🔵동 연소하다, 타다
43	请求	qǐngqiú	🔵동 요청하다, 요구하다	60	绕	rào	🔵동 휘감다, 우회하다
44	庆祝	qìngzhù	🔵동 경축하다	61	热爱	rè'ài	🔵동 열렬하게 사랑하다
45	球迷	qiúmí	🟢명 (구기 종목의) 팬	62	热烈	rèliè	🟢형 열렬하다
46	趋势	qūshì	🟢명 추세	63	热心	rèxīn	🔵동 열심이다, 적극적이다
47	取消	qǔxiāo	🔵동 취소하다	64	人才	réncái	🟢명 인재
48	娶	qǔ	🔵동 아내를 얻다, 장가들다	65	人口	rénkǒu	🟢명 인구
49	去世	qùshì	🔵동 세상을 뜨다				

1	人类	rénlèi	몡 인류	17	软件	ruǎnjiàn	몡 소프트웨어
2	人民币	rénmínbì	몡 인민폐	18	弱	ruò	혱 허약하다
3	人生	rénshēng	몡 인생	19	洒	sǎ	동 뿌리다, 쏟다, 흩뜨리다
4	人事	rénshì	몡 인사	20	嗓子	sǎngzi	몡 목구멍, 목
5	人物	rénwù	몡 인물	21	色彩	sècǎi	몡 색채
6	人员	rényuán	몡 인원, 요원	22	杀	shā	동 죽이다
7	忍不住	rěnbuzhù	견딜 수 없다	23	沙漠	shāmò	몡 사막
8	日常	rìcháng	혱 일상의	24	沙滩	shātān	몡 모래사장
9	日程	rìchéng	몡 일정	25	傻	shǎ	혱 어리석다
10	日历	rìlì	몡 일력	26	晒	shài	동 햇볕을 쬐다, 햇볕에 말리다
11	日期	rìqī	몡 날짜	27	删除	shānchú	동 빼다, 삭제하다
12	日用品	rìyòngpǐn	몡 일용품	28	闪电	shǎndiàn	몡 번개 동 번개가 번쩍이다
13	日子	rìzi	몡 날, 기간	29	扇子	shànzi	몡 부채
14	如何	rúhé	때 어떻게, 왜, 어떠한가	30	善良	shànliáng	혱 선량하다
15	如今	rújīn	몡 지금, 오늘날	31	善于	shànyú	동 ~를 잘하다, ~에 능숙하다
16	软	ruǎn	혱 부드럽다, 연약하다	32	伤害	shānghài	동 상하게 하다, 해치다

33	商品	shāngpǐn	몡 상품	50	升	shēng	동 올라가다
34	商务	shāngwù	몡 비즈니스, 상업상의 용무	51	生产	shēngchǎn	동 생산하다
35	商业	shāngyè	몡 상업	52	生动	shēngdòng	혱 생동감이 있다
36	上当	shàngdàng	동 사기를 당하다	53	生长	shēngzhǎng	동 성장하다
37	蛇	shé	몡 뱀	54	声调	shēngdiào	몡 성조
38	舍不得	shěbude	동 (헤어지기) 아쉽다, 미련이 남다, 섭섭하다	55	绳子	shéngzi	몡 끈
39	设备	shèbèi	몡 설비	56	省略	shěnglüè	동 생략하다
40	设计	shèjì	동 설계하다, 디자인하다 몡 설계, 디자인	57	胜利	shènglì	동 승리하다
41	设施	shèshī	몡 시설	58	失眠	shīmián	동 잠을 이루지 못하다
42	射击	shèjī	동 사격하다 몡 사격	59	失去	shīqù	동 잃다
43	摄影	shèyǐng	동 사진을 찍다	60	失业	shīyè	동 직업을 잃다, 실업하다
44	伸	shēn	동 펴다, 뻗다	61	诗	shī	몡 시
45	身材	shēncái	몡 몸매	62	狮子	shīzi	몡 사자
46	身份	shēnfen	몡 신분	63	湿润	shīrùn	혱 축축하다
47	深刻	shēnkè	혱 깊다	64	石头	shítou	몡 돌
48	神话	shénhuà	몡 신화	65	时差	shíchā	몡 시차
49	神秘	shénmì	혱 신비하다				

1	时代	shídài	명 시대, 시기	17	似的	shìde	조 ~와 같다
2	时刻	shíkè	부 늘, 언제나	18	事实	shìshí	명 사실
3	时髦	shímáo	형 유행이다	19	事物	shìwù	명 사물
4	时期	shíqī	명 시기	20	事先	shìxiān	명 사전에, 미리
5	时尚	shíshàng	명 시대적 유행	21	试卷	shìjuàn	명 시험지, 답안지
6	实话	shíhuà	명 실화, 솔직한 말	22	收获	shōuhuò	동 수확하다
7	实践	shíjiàn	동 실천하다 명 실천	23	收据	shōujù	명 영수증
8	实习	shíxí	동 실습하다	24	手工	shǒugōng	동 손으로 만들다
9	实现	shíxiàn	동 실현하다	25	手术	shǒushù	명 수술 동 수술하다
10	实验	shíyàn	명 실험 동 실험하다, 테스트하다	26	手套	shǒutào	명 장갑
11	实用	shíyòng	형 실용적이다	27	手续	shǒuxù	명 수속, 절차
12	食物	shíwù	명 음식물	28	手指	shǒuzhǐ	명 손가락
13	使劲儿	shǐjìnr	동 힘을 쓰다	29	首	shǒu	명 시작, 처음
14	始终	shǐzhōng	부 한결같이, 줄곧	30	寿命	shòumìng	명 수명 양 수(시, 노래 등을 세는 단위)
15	士兵	shìbīng	명 병사	31	受伤	shòushāng	동 부상당하다
16	市场	shìchǎng	명 시장	32	书架	shūjià	명 책장, 책꽂이

33	梳子	shūzi	몡 빗	50	丝毫	sīháo	뷔 추호도, 조금도
34	舒适	shūshì	혱 편하다	51	私人	sīrén	몡 개인
35	输入	shūrù	동 입력하다	52	思考	sīkǎo	동 사고하다
36	蔬菜	shūcài	몡 채소	53	思想	sīxiǎng	몡 사상, 생각
37	熟练	shúliàn	혱 능숙하다	54	撕	sī	동 찢다
38	属于	shǔyú	동 ~에 속하다	55	似乎	sìhu	뷔 마치
39	鼠标	shǔbiāo	몡 마우스	56	搜索	sōusuǒ	동 검색하다
40	数	shǔ	동 세다 몡 수	57	宿舍	sùshè	몡 기숙사
41	数据	shùjù	몡 데이터	58	随身	suíshēn	동 휴대하다
42	数码	shùmǎ	몡 숫자, 디지털	59	随时	suíshí	뷔 언제나, 수시로
43	摔倒	shuāidǎo	동 쓰러지다, 넘어지다	60	随手	suíshǒu	동 ~하는 김에, 겸해서
44	甩	shuǎi	동 휘두르다, 내던지다	61	碎	suì	동 부서지다, 깨지다
45	双方	shuāngfāng	몡 쌍방	62	损失	sǔnshī	동 손실되다
46	税	shuì	몡 세금	63	缩短	suōduǎn	동 단축하다, 줄이다
47	说不定	shuōbudìng	뷔 아마, 짐작컨대	64	所	suǒ	조 ~하는 바
48	说服	shuōfú	동 설득하다, 납득시키다	65	锁	suǒ	몡 자물쇠
49	丝绸	sīchóu	몡 비단				

1	台阶	táijiē	명 층계	17	提倡	tíchàng	통 제창하다
2	太极拳	tàijíquán	명 태극권	18	提纲	tígāng	명 요점, 개요
3	太太	tàitai	명 처, 부인	19	提问	tíwèn	통 질문하다
4	谈判	tánpàn	통 담판하다, 협상하다	20	题目	tímù	명 제목, 문제
5	坦率	tǎnshuài	형 솔직하다	21	体会	tǐhuì	통 체득하다
6	烫	tàng	통 데다, 데우다	22	体贴	tǐtiē	통 자상하게 돌보다
7	逃	táo	통 도망치다, 피하다	23	体现	tǐxiàn	통 구현하다
8	逃避	táobì	통 도피하다	24	体验	tǐyàn	통 체험하다
9	桃	táo	명 복숭아	25	天空	tiānkōng	명 하늘
10	淘气	táoqì	형 장난이 심하다	26	天真	tiānzhēn	형 천진하다
11	讨价还价	tǎojià huánjià	통 값을 흥정하다	27	调皮	tiáopí	형 장난스럽다
12	套	tào	양 조, 벌, 세트	28	调整	tiáozhěng	통 조정하다
13	特色	tèsè	명 특색, 특징	29	挑战	tiǎozhàn	통 도전하다
14	特殊	tèshū	형 특수하다	30	通常	tōngcháng	형 일반적이다, 보통이다
15	特征	tèzhēng	명 특징	31	统一	tǒngyī	통 통일하다 형 일치된, 통일된
16	疼爱	téng'ài	통 매우 귀여워하다	32	痛苦	tòngkǔ	형 고통스럽다

33	痛快	tòngkuài	형 통쾌하다	50	歪	wāi	형 비뚤다
34	偷	tōu	동 훔치다	51	外公	wàigōng	명 외할아버지
35	投入	tóurù	동 투입하다	52	外交	wàijiāo	명 외교
36	投资	tóuzī	동 투자하다	53	完美	wánměi	형 완벽하다
37	透明	tòumíng	형 투명하다	54	完善	wánshàn	동 완벽하게 하다
38	突出	tūchū	형 돋보이다 동 부각하다	55	完整	wánzhěng	형 완전히 갖추어져 있다
39	土地	tǔdì	명 토지, 영토	56	玩具	wánjù	명 장난감
40	土豆	tǔdòu	명 감자	57	万一	wànyī	부 만일
41	吐	tǔ / tù	동 말하다 / 토하다	58	王子	wángzǐ	명 왕자
42	兔子	tùzi	명 토끼	59	网络	wǎngluò	명 인터넷
43	团	tuán	명 집단, 단체	60	往返	wǎngfǎn	동 왕복하다
44	推辞	tuīcí	동 거절하다	61	危害	wēihài	동 해를 끼치다
45	推广	tuīguǎng	동 널리 보급하다	62	威胁	wēixié	동 위협하다
46	推荐	tuījiàn	동 추천하다	63	微笑	wēixiào	동 미소 짓다 명 미소
47	退	tuì	동 물러나다	64	违反	wéifǎn	동 위반하다
48	退步	tuìbù	동 퇴보하다	65	围巾	wéijīn	명 목도리
49	退休	tuìxiū	동 퇴직하다				

1	围绕	wéirào	동 주위를 돌다	17	文明	wénmíng	명 문명 형 교양 있다
2	唯一	wéiyī	형 유일한	18	文学	wénxué	명 문학
3	维修	wéixiū	동 수리하다	19	文字	wénzì	명 문자
4	伟大	wěidà	형 위대하다	20	闻	wén	동 듣다, (냄새) 맡다
5	尾巴	wěiba	명 꼬리	21	吻	wěn	동 키스하다
6	委屈	wěiqu	형 억울하다 동 억울하게 하다	22	稳定	wěndìng	형 안정되다 동 안정시키다
7	未必	wèibì	부 반드시 ~한 것은 아니다	23	问候	wènhòu	동 안부를 묻다
8	未来	wèilái	명 미래	24	卧室	wòshì	명 침실
9	位于	wèiyú	동 ~에 위치하다	25	握手	wòshǒu	동 악수하다
10	位置	wèizhi	명 위치	26	屋子	wūzi	명 방
11	胃	wèi	명 위	27	无奈	wúnài	동 어찌 해 볼 방법이 없다
12	胃口	wèikǒu	명 식욕	28	无数	wúshù	형 무수하다, 매우 많다
13	温暖	wēnnuǎn	형 따뜻하다	29	无所谓	wúsuǒwèi	상관 없다, 개의치 않다
14	温柔	wēnróu	형 부드럽고 상냥 하다	30	武术	wǔshù	명 무술
15	文件	wénjiàn	명 공문, 서류	31	勿	wù	부 ~하지 말아라
16	文具	wénjù	명 문구	32	物理	wùlǐ	명 물리

33	物质	wùzhì	명 물질	50	现代	xiàndài	명 현대
34	雾	wù	명 안개	51	现实	xiànshí	명 현실
35	吸取	xīqǔ	통 흡수하다, 받아들이다	52	现象	xiànxiàng	명 현상
36	吸收	xīshōu	통 흡수하다	53	限制	xiànzhì	통 제한하다
37	戏剧	xìjù	명 극, 연극	54	相处	xiāngchǔ	통 함께 살다
38	系	xì	명 과, 계	55	相当	xiāngdāng	부 상당히, 꽤
39	系统	xìtǒng	명 계통, 체계, 시스템	56	相对	xiāngduì	형 상대적이다
40	细节	xìjié	명 자세한 사정, 세부사항	57	相关	xiāngguān	통 상관이 있다
41	瞎	xiā	통 눈이 멀다	58	相似	xiāngsì	형 닮다
42	下载	xiàzài	통 다운로드하다	59	香肠	xiāngcháng	명 소시지
43	吓	xià	통 놀라게 하다, 두렵게 하다	60	享受	xiǎngshòu	통 누리다
44	夏令营	xiàlìngyíng	명 여름 캠프	61	想念	xiǎngniàn	통 그리워하다
45	鲜艳	xiānyàn	형 화려하다	62	想象	xiǎngxiàng	통 상상하다
46	显得	xiǎnde	통 ~처럼 보인다	63	项	xiàng	양 항목, 조항
47	显然	xiǎnrán	형 명백하다	64	项链	xiàngliàn	명 목걸이
48	显示	xiǎnshì	통 분명하게 표현하다	65	项目	xiàngmù	명 항목, 과제, 프로젝트
49	县	xiàn	명 현(행정 구획)				

1	象棋	xiàngqí	명 장기	17	心脏	xīnzàng	명 심장
2	象征	xiàngzhēng	동 상징하다	18	欣赏	xīnshǎng	동 감상하다, 좋게 여기다
3	消费	xiāofèi	동 소비하다	19	信号	xìnhào	명 신호
4	消化	xiāohuà	동 소화하다	20	信任	xìnrèn	동 신임하다
5	消极	xiāojí	형 소극적이다, 부정적이다	21	行动	xíngdòng	명 행동 동 움직이다
6	消失	xiāoshī	동 소실되다, 사라지다	22	行人	xíngrén	명 행인
7	销售	xiāoshòu	동 팔다, 판매하다 명 판매, 매출	23	行为	xíngwéi	명 행위, 행동
8	小麦	xiǎomài	명 밀	24	形成	xíngchéng	동 형성되다
9	小气	xiǎoqi	형 인색하다	25	形容	xíngróng	동 형용하다, 묘사하다
10	孝顺	xiàoshùn	형 효성스럽다	26	形式	xíngshì	명 형식
11	效率	xiàolǜ	명 능률, 효율	27	形势	xíngshì	명 지세, 정세
12	歇	xiē	동 휴식하다	28	形象	xíngxiàng	명 인상, 이미지
13	斜	xié	형 기울다, 삐뚤다	29	形状	xíngzhuàng	명 형상, 생김새
14	写作	xiězuò	동 글을 짓다	30	幸亏	xìngkuī	부 다행히, 운 좋게
15	血	xiě/xuè	명 피	31	幸运	xìngyùn	형 운이 좋다 명 행운
16	心理	xīnlǐ	명 심리	32	性质	xìngzhì	명 성질

33	兄弟	xiōngdì	명 형제	50	延长	yáncháng	동 연장하다
34	胸	xiōng	명 가슴	51	严肃	yánsù	형 엄숙하다
35	休闲	xiūxián	동 한가롭게 보내다	52	演讲	yǎnjiǎng	동 연설하다 명 강연
36	修改	xiūgǎi	동 고치다	53	宴会	yànhuì	명 연회
37	虚心	xūxīn	형 겸손하다	54	阳台	yángtái	명 베란다
38	叙述	xùshù	동 서술하다	55	痒	yǎng	형 가렵다
39	宣布	xuānbù	동 선포하다	56	样式	yàngshì	명 형식
40	宣传	xuānchuán	동 선전하다	57	腰	yāo	명 허리
41	学历	xuélì	명 학력	58	摇	yáo	동 흔들다
42	学术	xuéshù	명 학술	59	咬	yǎo	동 물다
43	学问	xuéwen	명 학식, 학문	60	要不	yàobù	접 그렇지 않으면
44	寻找	xúnzhǎo	동 찾다	61	业务	yèwù	명 업무
45	询问	xúnwèn	동 알아보다	62	业余	yèyú	형 업무 외, 여가의
46	训练	xùnliàn	● 훈련하다	63	夜	yè	명 밤
47	迅速	xùnsù	형 신속하다	64	一辈子	yíbèizi	명 한평생, 일생
48	押金	yājīn	명 보증금	65	一旦	yídàn	부 일단, 만약
49	牙齿	yáchǐ	명 이, 치아				

1	一律	yílǜ	🟣 일률적으로, 예외 없이	17	因而	yīn'ér	🟢 그러므로
2	一再	yízài	🟣 수차례, 거듭	18	因素	yīnsù	🟠 요소, 원인
3	一致	yízhì	🔵 일치하다	19	银	yín	🟠 은
4	依然	yīrán	🟣 여전히	20	印刷	yìnshuā	🟡 인쇄하다
5	移动	yídòng	🟡 이동하다	21	英俊	yīngjùn	🔵 재능이 출중하다
6	移民	yímín	🟡 이민하다	22	英雄	yīngxióng	🟠 영웅
7	遗憾	yíhàn	🔵 유감스럽다	23	迎接	yíngjiē	🟡 영접하다, 맞이하다
8	疑问	yíwèn	🟠 의문, 의혹	24	营养	yíngyǎng	🟠 영양
9	乙	yǐ	🟠 을, 두 번째	25	营业	yíngyè	🟡 영업하다
10	以及	yǐjí	🟢 및, 아울러	26	影子	yǐngzi	🟠 그림자
11	以来	yǐlái	🟠 이래, 동안	27	应付	yìngfu	🟡 대응하다
12	亿	yì	🟠 억	28	应用	yìngyòng	🟡 응용하다
13	义务	yìwù	🟠 의무	29	硬	yìng	🔵 단단하다
14	议论	yìlùn	🟡 의논하다	30	硬件	yìngjiàn	🟠 하드웨어
15	意外	yìwài	🔵 의외의	31	拥抱	yōngbào	🟡 포옹하다
16	意义	yìyì	🟠 의의	32	拥挤	yōngjǐ	🔵 붐비다

33	勇气	yǒngqì	몡 용기	50	预订	yùdìng	동 예매하다
34	用功	yònggōng	혱 열심이다	51	预防	yùfáng	동 예방하다
35	用途	yòngtú	몡 용도	52	元旦	Yuándàn	몡 설날 (양력 1월 1일)
36	优惠	yōuhuì	혱 특혜의	53	员工	yuángōng	몡 직원
37	优美	yōuměi	혱 우아하고 아름답다	54	原料	yuánliào	몡 원료
38	优势	yōushì	몡 우세	55	原则	yuánzé	몡 원칙
39	悠久	yōujiǔ	혱 유구하다	56	圆	yuán	혱 둥글다
40	犹豫	yóuyù	혱 머뭇거리다	57	愿望	yuànwàng	몡 희망
41	油炸	yóuzhá	동 기름에 튀기다	58	乐器	yuèqì	몡 악기
42	游览	yóulǎn	동 유람하다	59	晕	yūn	혱 어지럽다
43	有利	yǒulì	혱 유리하다	60	运气	yùnqi	몡 운
44	幼儿园	yòu'éryuán	몡 유치원	61	运输	yùnshū	동 운송하다
45	娱乐	yúlè	몡 예능, 엔터테인먼트	62	运用	yùnyòng	동 응용하다, 활용하다
46	与其	yǔqí	졥 ~하기보다는	63	灾害	zāihài	몡 재해
47	语气	yǔqì	몡 어투, 어기	64	再三	zàisān	뷔 거듭, 여러 번
48	玉米	yùmǐ	몡 옥수수	65	在乎	zàihu	동 신경 쓰다, 마음에 두다
49	预报	yùbào	동 미리 알리다				

1	在于	zàiyú	동 ~에 있다	17	掌握	zhǎngwò	동 정통하다, 장악하다
2	赞成	zànchéng	동 찬성하다	18	账户	zhànghù	명 계좌
3	赞美	zànměi	동 찬미하다	19	招待	zhāodài	동 접대하다
4	糟糕	zāogāo	형 엉망이 되다	20	着火	zháohuǒ	동 불이 나다
5	造成	zàochéng	동 조성하다, 만들다	21	着凉	zháoliáng	동 감기에 걸리다
6	则	zé	접 오히려	22	召开	zhàokāi	동 개최하다
7	责备	zébèi	동 탓하다, 책망하다	23	照常	zhàocháng	동 평소와 같다 부 평소대로
8	摘	zhāi	동 따다	24	哲学	zhéxué	명 철학
9	窄	zhǎi	형 협소하다, 좁다	25	针对	zhēnduì	동 겨누다, 초점을 맞추다
10	粘贴	zhāntiē	동 붙이다	26	珍惜	zhēnxī	동 진귀하게 여기다
11	展开	zhǎnkāi	동 펴다, 전개하다	27	真实	zhēnshí	형 진실하다
12	展览	zhǎnlǎn	동 전람하다	28	诊断	zhěnduàn	동 진단하다
13	占	zhàn	동 점유하다	29	阵	zhèn	양 바탕, 차례
14	战争	zhànzhēng	명 전쟁	30	振动	zhèndòng	동 진동하다
15	长辈	zhǎngbèi	명 손윗 사람	31	争论	zhēnglùn	동 변론하다
16	涨	zhǎng	동 오르다	32	争取	zhēngqǔ	동 쟁취하다

33	征求	zhēngqiú	동 널리 묻다	50	至今	zhìjīn	부 지금까지
34	睁	zhēng	동 (눈을) 뜨다	51	至于	zhìyú	전 ~으로 말하자면
35	整个	zhěnggè	명 온, 모든 것	52	志愿者	zhìyuànzhě	명 지원자
36	整齐	zhěngqí	형 가지런하다	53	制定	zhìdìng	동 제정하다
37	整体	zhěngtǐ	명 전부, 일체	54	制度	zhìdù	명 규칙, 제도
38	正	zhèng	부 딱, 마침, 바로	55	制造	zhìzào	동 제조하다
39	证件	zhèngjiàn	명 증명서	56	制作	zhìzuò	동 제작하다
40	证据	zhèngjù	명 증거	57	治疗	zhìliáo	동 치료하다
41	政府	zhèngfǔ	명 정부	58	秩序	zhìxù	명 질서
42	政治	zhèngzhì	명 정치	59	智慧	zhìhuì	명 지혜
43	挣	zhèng	동 (돈을) 벌다	60	中介	zhōngjiè	동 중개하다
44	支	zhī	양 자루, 개피	61	中心	zhōngxīn	명 한가운데, 중심
45	支票	zhīpiào	명 수표	62	中旬	zhōngxún	명 중순
46	执照	zhízhào	명 면허증	63	种类	zhǒnglèi	명 종류
47	直	zhí	형 곧다	64	重大	zhòngdà	형 중대하다
48	指导	zhǐdǎo	동 지도하다	65	重量	zhòngliàng	명 중량
49	指挥	zhǐhuī	동 지휘하다				

1	周到	zhōudào	형 세심하다, 빈틈없다	17	抓	zhuā	동 꽉 쥐다
2	猪	zhū	명 돼지	18	抓紧	zhuājǐn	동 꽉 쥐다, 단단히 잡다
3	竹子	zhúzi	명 대나무	19	专家	zhuānjiā	명 전문가
4	逐步	zhúbù	부 점차	20	专心	zhuānxīn	형 몰두하다
5	逐渐	zhújiàn	부 점점	21	转变	zhuǎnbiàn	동 바꾸다, 바뀌다
6	主持	zhǔchí	동 주관하다, 사회를 보다	22	转告	zhuǎngào	동 말을 전하다
7	主动	zhǔdòng	형 자발적인	23	装	zhuāng	동 설치하다, 싸다, 싣다
8	主观	zhǔguān	형 주관적이다	24	装饰	zhuāngshì	동 장식하다
9	主人	zhǔrén	명 주인	25	装修	zhuāngxiū	동 인테리어를 하다
10	主任	zhǔrèn	명 주임, 책임자	26	状况	zhuàngkuàng	명 상황
11	主题	zhǔtí	명 주제	27	状态	zhuàngtài	명 상태
12	主席	zhǔxí	명 의장, 주석	28	撞	zhuàng	동 부딪치다
13	主张	zhǔzhāng	● 주장하다	29	追	zhuī	동 뒤쫓다, 추구하다
14	煮	zhǔ	동 삶다	30	追求	zhuīqiú	동 추구하다
15	注册	zhùcè	동 등록하다	31	咨询	zīxún	동 자문하다
16	祝福	zhùfú	동 축복하다	32	姿势	zīshì	명 자세

33	资格	zīgé	명 자격	50	总理	zǒnglǐ	명 총리, 사장
34	资金	zījīn	명 자금	51	总算	zǒngsuàn	부 겨우, 마침내
35	资料	zīliào	명 자료	52	总统	zǒngtǒng	명 대통령
36	资源	zīyuán	명 자원	53	总之	zǒngzhī	접 요컨대, 총괄하면
37	紫	zǐ	형 자색의	54	阻止	zǔzhǐ	동 저지하다
38	自从	zìcóng	전 ~에서	55	组	zǔ	명 조
39	自动	zìdòng	형 자동의	56	组成	zǔchéng	동 짜다, 구성하다
40	自豪	zìháo	형 스스로 긍지를 느끼다	57	组合	zǔhé	동 조합하다
41	自觉	zìjué	동 자각하다	58	组织	zǔzhī	동 조직하다
42	自私	zìsī	형 이기적이다	59	最初	zuìchū	명 최초
43	自由	zìyóu	형 자유롭다 / 명 자유	60	醉	zuì	동 취하다
44	自愿	zìyuàn	동 자원하다	61	尊敬	zūnjìng	동 존경하다
45	字母	zìmǔ	명 자모, 알파벳	62	遵守	zūnshǒu	동 준수하다
46	字幕	zìmù	명 자막	63	作品	zuòpǐn	명 창작품, 작품
47	综合	zōnghé	동 종합하다	64	作为	zuòwéi	전 ~의 신분(자격)으로서 / 동 ~로 여기다
48	总裁	zǒngcái	명 총재, 총수	65	作文	zuòwén	명 작문
49	总共	zǒnggòng	부 모두				

파고다
HSK
5급 종합서 최신 개정판

어휘 노트

최신 개정판

김미나 | 저

파고다
HSK

해설서

5급
종합서

PAGODA Books

최신 개정판

파고다
HSK

해설서

5급
종합서

PAGODA Books

HSK 5급

실전 테스트

공략비법 01 컴퓨터와 기기 관련 문제

1.

女：奇怪，从昨晚开始怎么也打不开网页了。

男：好像这个浏览器有问题，你换个浏览器试试。

问：男的建议女的怎么做？

2.

女：你的电脑怎么反应这么慢，是不是中病毒了？

男：没有，因为我正在下载一个软件。

问：电脑的速度为什么慢？

3.

女：你把会议材料复制到优盘里了吗？

男：正在复制呢，文件有点儿大，可能要再等几分钟吧。

问：男的是什么意思？

4.

男：你的那本工具书是在哪儿买的？我也想买一本。

女：不用买纸质书，网上能下载。

男：太好了，那你能把网址告诉我吗？

女：没问题，一会儿发到你的手机上吧。

问：女的是什么意思？

5.

男：您的电脑还需要什么硬件吗？

女：再帮我配个无线鼠标吧！

男：好的，需要我帮您开发票吗？

女：是的，谢谢你。

问：女的还需要什么硬件？

공략비법 02 직업과 인물 문제

1.

女：你以前听过赵教授的讲座吗？

男：当然听过，我对赵教授的历史研究方面很感兴趣。希望今年九月能读她的研究生。

问：男的对谁的研究感兴趣？

2.

男：听说你明年开始在大学学服装设计？

女：对。我从小就想成为一名服装设计师，所以我选择了设计专业。

问：女的想当什么？

3.

女：你知道今天下午的演讲嘉宾是谁吗？

男：听说是这届奥运会的羽毛球冠军，海报上有关于他的介绍。

问：今天的演讲嘉宾是谁？

4.

男：你再联系一下总经理秘书，确定一下总经理能否出席明晚的宴会？

女：我已经确认过，他说明天会准时出席的。

问：男的让女的联系谁？

5.

女：下期的嘉宾是一位国际著名音乐家，你好好儿准备一下。

男：我正在写采访稿，听说他是个华裔，不过我没听他说过中文。

女：他中文好像不太流利，你尽量用英文和他沟通吧。

男：好的，很久不说英文了，还真有点儿紧张。

问：男的最可能从事什么职业？

1.

女：你竟然还保留着九年前在颐和园游玩儿的门票。

男：是啊，因为那是我第一次去北京旅游，颐和园给我留下了深刻的印象。

问：关于男的可以知道什么？

2.

男：你不是说带我去公园打太极拳吗？赶紧走吧！

女：等一会儿再去，刚吃完饭就运动，对胃不好。

问：女的是什么意思？

3.

女：王主任，您身体恢复得怎么样？

男：还不错，手术挺顺利的，但还要住院观察一段时间。

女：同事们让我转告您安心治疗，这是大家给您买的营养品。

男：让大家担心了，帮我谢谢大家。

问：关于男的，下列哪项正确？

4.

男：听说你下周日去海南旅行？

女：原计划是这样的，但是公司临时有点儿事，下周日不能去了。

男：那机票退了吗？

女：他们说这是打折机票，只能改签不能退。

问：女的为什么改变了旅游计划？

5.

女：你怎么看起来无精打采的？

男：我昨天吃海鲜过敏了，一直拉肚子。

女：那你赶快跟上司请假去医院吧。

男：我已经吃了药，一会儿就会好吧。

问：男的怎么了？

1.

女：老郑，你以前学过射击吗？你射得太精准了！

男：我父亲是射击教练，从小跟父亲学的。

问：关于男的可以知道什么？

2.

男：李洋，你爱人的摄影技术真好，他是专业摄影师吗？

女：不是，摄影只是他的业余爱好，他每星期都去野外拍照。

问：关于李洋的爱人可以知道什么？

3.

男：你看天气预报了吗？下周下暴雪，我们的航班恐怕会被取消。

女：真的吗？看来我们旅行的计划要推迟了。

问：下周天气怎么样？

4.

男：姐姐你看，出彩虹了，今天的彩虹格外漂亮！

女：那是因为空气中的雨滴大，雨滴越大彩虹的颜色就越亮。

男：你是怎么知道的？

女：我是在科学杂志上看到的。

问：他们在谈论什么？

5.

女：你拿到驾驶执照了吗？

男：没有，路考没通过。

女：那你尽快重新考，笔试成绩的有效期是三年。

男：好的，我争取下次通过。

问：男的怎么了？

공략비법 05 **일상생활 문제**

1.

女：我们把楼下的房间租出去怎么样？要不然太浪费空间了。

男：好主意。那我在网上发个房屋出租广告吧。

问：他们打算做什么？

2.

男：这条围巾是丝绸做的，你摸摸，手感很不错。

女：质量倒是挺好，但是颜色太暗了。

问：女的觉得围巾怎么样？

3.

女：下水道漏水了，你赶紧给房东打电话吧。

男：我已经告诉房东了，他说今晚找人来修。

问：男的和房东谈了什么事儿？

4.

男：现在已经放暑假了，怎么不见你家小雪出来玩儿呢？

女：她上周去参加夏令营了，这个月底才能回来。

男：天气这么热，孩子能受得了吗？

女：我家小雪平时不够独立，没吃过苦，所以才让她去参加了夏令营。

问：女的觉得小雪怎么样？

5.

女：周末去旅行的时候，我穿这条花裙子怎么样？

男：有点儿薄，你还是穿厚一点儿的吧。

女：厚裙子颜色都很单调，穿得鲜艳一点儿拍照才好看。

男：衣服单调的话，你可以配个项链装饰一下呀！

问：男的觉得女的穿那条裙子怎么样？

공략비법 06 **학교와 회사 생활 문제**

1.

女: 这批产品一个月内能生产出来吗?

男: 恐怕不行,我们工厂人手不够。

问: 男的是什么意思?

2.

女: 你最近怎么一天到晚待在录音室里,就连吃个饭也这么匆忙?

男: 我在给一部电影制作主题曲,时间很紧。

问: 男的最近为什么老在录音室里?

3.

女: 王志在这次校园摄影大赛中获得了第一名,将在体育馆展出。

男: 是吗?他真了不起,我们一会儿一起去看看吧。

问: 关于王志可以知道什么?

4.

男: 小马,那个化学实验进行得顺利吗?

女: 进行得比较顺利。现在在分析数据,我们很快就能得出最终结论。

男: 那你什么时候能交实验报告呢?

女: 这周五之前。

问: 实验进行到哪一步了?

5.

女: 今天给你们安排的那个任务怎么样了?

男: 我们已经围绕这个项目制定了一个详细的计划,但资金方面遇到了困难。

女: 资金问题我向总裁汇报,你们抓紧时间咨询专家吧。

男: 好的,您放心吧,我们会全力以赴的。

问: 女的让男的抓紧时间做什么?

공략비법 07 **다양한 장소와 상황 문제**

1.

女: 你好,有巧克力口味儿的蛋糕吗?

男: 有,请稍等。这是我们店的样品图,您看完以后可以任意挑选。

问: 男的让女的做什么?

2.

男: 你的第一份兼职怎么样?累吗?

女: 还行,就是在柜台前结账。放心,老板对我挺好的。

问: 女的最可能在哪儿工作?

3.

女: 蔬菜不能煮太熟,否则营养成分会流失的。

男: 知道了妈妈,可以出锅了,我现在把火关了吧。

问: 他们现在最可能在哪儿?

4.

男: 到下一个服务区换我开车吧。

女: 没关系,我一点儿都不累。

男: 你已经连续开了三个小时,疲劳驾驶很危险。

女: 好吧,那咱俩轮流开吧。

问: 他们现在最可能在什么地方?

5.

女：先生，您的行李超重了，您是拿出来一部分东西，还是补交运费？

男：我拿出来一部分放在手提包里吧。

女：可以，这是您的护照和登机牌，请收好。

男：好的，谢谢。

问：男的最可能在做什么？

공략비법 08 **각종 감정 관련 표현 총 집합**

1.

女：出版社通知我明天开始正式上班。

男：恭喜恭喜。没想到这么快就找到了理想的工作。

问：男的是什么意思？

2.

男：小郑，实在对不起。今天早上我儿子打球时，不小心打碎了你家的窗户。

女：没关系，孩子嘛，他又不是故意的，而且玻璃也没几个钱。

问：男的是什么态度？

3.

女：我通过面试了！

男：太厉害了，那家公司很难进的，恭喜你！

问：男的是什么态度？

4.

男：你听说了吗？这周日咱们单位去郊外秋游。

女：太棒了！我已经期待很长时间了。希望那天不下雨。

男：别担心，天气预报说这个周末是晴天。

女：太好了，那我要准备什么呢？

问：女的现在心情怎么样？

5.

女：这是我从云南带回来的手工艺品，送给你。

男：谢谢，你去云南旅行了吗？

女：不是，我去那边见一个客户。

男：真羡慕你能经常到处出差。

问：关于女的，可以知道什么？

공략비법 09 **중국인의 생활 문화 관련 문제**

1.

女：这些剪纸作品真漂亮，都是手工剪的吗？

男：是的，剪纸是中国的一种传统手工艺术。

问：他们在谈论什么？

2.

男：这次我去西安旅游了，西安不愧是中国的历史文化宝库。

女：对，有人说："一百年看上海，一千年看北京，两千年看西安。"

问：关于西安可以知道什么？

3.

女：你也下载了这款打车软件。

男：对，无论我在什么地方，都能打到出租车，非常方便。

问：这款打车软件有什么特点？

4.

男：我上周去苏州旅游了。我给你带了丝巾。

女：太漂亮了！这上面绣的牡丹花是纯手工的吧？

男：对，是纯手工的。你知道它代表什么吗？

女：我当然知道。它是中国的国花，代表富贵。

问：关于那条丝巾哪个正确？

5.

男：你去过云南吗？

女：我倒是很想去，可惜一直没时间。

男：那国庆节我们去吧，那边风景特别好，还可以骑大象。

女：太好了，我还没骑过大象呢，肯定很刺激。

问：他们国庆节打算做什么？

공략비법 10 **뜻은 하나인데 표현은 다양하게**

1.

女：这次的投资项目很重要，你们到底有没有信心？

男：您放心吧，我们保证准时完成。

问：男的是什么态度？

2.

女：老板，我刚才买了一条围巾，但是选错了颜色，能换吗？

男：只要没戴过，不影响再次销售就没问题。

问：根据对话，下列哪种情况可以换围巾？

3.

女：陈师傅，您都退休了怎么还来参加演出呢？累不累？

男：当了四十年的演员，我舍不得离开这个话剧舞台。

问：关于陈师傅可以知道什么？

4.

女：报上来的销售方案怎么样？

男：第一组的还不错，其余的都不太合适。

女：是吗？我觉得第二组的也可以。

男：第二个需要大量投资，实施起来太难了。

问：男的觉得第二组的方案怎么样？

5.

女：你看起来心情很不好。

男：是啊，我想读建筑专业，但是我爸妈不同意。

女：我觉得你应该参考父母的意见，但是主要还得你自己拿主意。

男：对，可我父母很严厉，很难和他们沟通。

问：男的为什么心情不好？

1-3.

　　有家广告公司招聘设计师，因为待遇丰厚，所以吸引了几百名求职者前来应聘。经过三轮面试后，只剩下了五个人。面试官对这五个人说："三天后，总裁将亲自面试你们，回去后好好准备吧。"三天后，那五个人如约而至。但最后的面试结果让人出乎意料。一个综合条件很一般的年轻人被录取了。有个考官问总裁："您为什么录用这个并不出色的人呢？"总裁回答："虽然他的穿着朴素，不懂太多的面试技巧，但他在未被正式聘用之前，做了几个十分有创意的广告设计，还对目前的广告市场做了详细的调查与分析。像他这么勤奋的人，不用他，用谁呢？"

1. 那家公司的招聘为什么吸引了很多人？

2. 最后一轮面试的考官是谁？

3. 关于那个年轻人可以知道什么？

4-6.

　　有一位富豪拥有丰厚的财产，一次，他不小心把一枚一元硬币掉到了车底下，于是他赶紧蹲下身子去捡。但是硬币滚得太远，怎么够也够不到。旁边的保安看到后，连忙拿来工具帮他拾起了硬币。富豪拿到硬币后，为了感谢保安，竟然给了他一百元。有人不理解富豪的做法，富豪解释说："如果我不捡这一元钱，那它便会在市场上消失，保安帮我捡了这一元钱才避免了浪费，他的行为值得奖励。一元钱虽然很少，但只有做到一分钱也不浪费，才能不断地积累财富。"

4. 关于那位富豪，可以知道什么？

5. 富豪是如何感谢那位保安的？

6. 富豪怎么看待财富？

1-3.

　　如何才能做一个精彩的演讲呢？首先，要通过呼吸让精神更集中，可以尝试做三到四次有意识的深呼吸练习。其次，应使用通俗易懂的语言，因为简洁会令人印象深刻。再次，学会利用停顿，给听众一点儿时间去思考你接下来会讲什么，这样能创造出很强的戏剧效果。最后，幽默的运用也很重要。掌握了以上技巧，就是你展现个人魅力的时候了！

1. 深呼吸练习有什么作用？

2. 演讲时，如何创造戏剧效果？

3. 这段话主要谈的是什么？

4-6.

　　许多人以为海底的世界是寂静无声的，其实不然。科学家为了揭开这个秘密，在海底安放了一个水下听音器。结果惊奇地发现，许多海洋动物都能发出各种各样的声音。有的像青蛙呱呱叫；有的发出蜜蜂嗡嗡叫的声音；有的叫喊声像飞机飞过一样；还有的像人在打呼噜。另外，虽然阳光不能照射到海底，但在一片漆黑的海底世界里，可以看到闪闪发亮的光，就像星星一样。这是因为有的海洋动物有发光器官，这个和萤火虫的发光原理是一样的。当然这些光不是为了照明用的，而是为了捕食。

4. 关于海底的动物，可以知道什么？

5. 说话人觉得，有的海洋动物发出的光像什么？

6. 根据这段话，下列哪项正确？

공략비법 13 **논설문과 설명문 유형 문제**

1-2.

　　在天气很热的时候人们经常会开玩笑地说："心静自然凉。"那么如果心里平静，身体真的就会凉快吗？其实这种说法不是玩笑，而是有一定的科学根据的。研究表明，人的心情对血流速度有直接影响，而血流速度又会影响体温。当人情绪激动时，血流速度加快，会产生更多的热量；而情绪稳定时，血流速度减慢，热量减少，人自然就会感觉凉快。此外，"心静自然凉"还有更深层次的意思，就是指在遇到困难时要以平常心去面对。

1. 根据这段话，人体血流速度会受什么影响？

2. "心静自然凉"告诉我们什么道理？

3-5.

　　高山反应是人们登上海拔较高的高原地区后，由于受到气压降低，氧气减少的影响而发生的病理反应。一般健康的人在海拔4000米以上的地区会出现头痛、头晕、恶心、呼吸困难、食欲下降、心跳加快等症状。当人们刚进入高原时，一般需要2到3个月的时间适应当地的低氧环境。在高原地区要注意的问题比较多，比如：多食蔬菜和水果；不可急速行走，更不要跑步。如果出现了高原反应，吸氧和降低高度是有效的急救措施。

3. 下列哪项属于高原反应形成的原因？

4. 出现高原反应后，身体会有什么症状？

5. 如果出现了高原反应，急救方法是什么？

실전 테스트 정답

一、听力　듣기 실전 테스트

공략비법 01　**컴퓨터와 기기 관련 문제**

1. B　　2. C　　3. B　　4. C　　5. A

공략비법 02　**직업과 인물 문제**

1. C　　2. D　　3. A　　4. C　　5. A

공략비법 03　**여행, 건강, 운동 문제**

1. C　　2. D　　3. D　　4. D　　5. C

공략비법 04　**날씨, 취미, 자격증 문제**

1. B　　2. A　　3. D　　4. A　　5. D

공략비법 05　**일상생활 문제**

1. B　　2. C　　3. D　　4. A　　5. D

공략비법 06　**학교와 회사 생활 문제**

1. C　　2. D　　3. A　　4. C　　5. A

공략비법 07　**다양한 장소와 상황 문제**

1. C　　2. D　　3. C　　4. A　　5. C

공략비법 08　**각종 감정 관련 표현 총 집합**

1. B　　2. A　　3. A　　4. D　　5. D

공략비법 09　**중국인의 생활 문화 관련 문제**

1. C　　2. C　　3. B　　4. A　　5. D

공략비법 10　**뜻은 하나인데 표현은 다양하게**

1. A　　2. A　　3. D　　4. D　　5. A

공략비법 11　**스토리형 문제**

1. A　　2. B　　3. C　　4. B　　5. C
6. C

공략비법 12　**열거형 문제**

1. A　　2. B　　3. B　　4. A　　5. D
6. C

공략비법 13　**논설문과 설명문 유형 문제**

1. A　　2. C　　3. B　　4. A　　5. B

二、阅读　독해 실전 테스트

공략비법 01 **품사 파악형 문제**

1. B 2. A 3. C 4. B 5. A 6. B 7. C 8. D 9. A 10. A

공략비법 02 **빈출 호응 어휘 모음**

1. C 2. D 3. A 4. D 5. C 6. A 7. D 8. C 9. A 10. D
11. C

공략비법 03 **의미가 유사한 어휘 모음**

1. D 2. C 3. C 4. D 5. A 6. A 7. A 8. A 9. D 10. B

공략비법 04 **단음절 동사**

1. B 2. D 3. D 4. C 5. B 6. A 7. B 8. A 9. B 10. C
11. D

공략비법 05 **5급 주요 접속사 총정리**

1. D 2. B 3. C 4. A 5. A 6. C 7. A 8. B 9. C 10. A
11. A

공략비법 06 **논설문 문제**

1. D 2. C 3. B 4. B 5. B

공략비법 07 **설명문 문제**

1. C 2. D 3. C 4. B 5. A

공략비법 08 **동의 표현 문제**

1. A 2. B 3. A 4. D 5. C

공략비법 09 **해석이 필요없는 부분 완전 정복**

1. D   2. A   3. B   4. C   5. C

공략비법 10 **핵심어 파악형 문제**

1. A   2. C   3. D   4. A   5. C   6. C   7. C   8. B   9. C   10. A
11. D   12. D

공략비법 11 **옳고 그름 판단, 정보 파악형 문제**

1. A   2. C   3. D   4. A   5. A   6. C   7. C   8. B   9. B   10. C
11. A   12. C

공략비법 12 **사자성어 및 고급 어휘 의미파악 문제**

1. D   2. B   3. A   4. C   5. A   6. D   7. D   8. C   9. D   10. C
11. B   12. D

공략비법 13 **주제, 제목 찾기 문제**

1. C   2. A   3. C   4. B   5. B   6. B   7. C   8. D   9. A   10. A
11. C   12. A

三、书写 쓰기 실전 테스트

공략비법 01 **중국어의 기본 어순**

1. 年终会将于下个月中旬召开。

2. 学校正在逐步完善教学设施。

3. 她购买了一份意外保险。

4. 名胜古迹应该受到全面保护。

5. 她们设计的款式都有优缺点。

공략비법 02 **다양한 술어문**

1. 北极气候条件极其恶劣。

2. 舅舅做的麻婆豆腐很地道。

3. 这三家报社竞争很激烈。

4. 这些照片的拍摄角度极其好。

5. 那位工人的装修技术非常熟练。

공략비법 03 **是술어문과 관형어**

1. 如何管理自己的时间是一门学问。

2. 那是中国面积最小的岛屿。

3. 造纸术是一项十分古老的发明。

4. 鲸鱼是海洋中最大的动物。

5. 他是我采访过的球星之一。

공략비법 04 **정도보어와 결과보어**

1. 生活用品都放到那个柜子里。

2. 那位嘉宾表现得相当大方。

3. 他这一整天都呆在卧室里。

4. 球迷们激动得大声叫喊。

5. 这批原料发往工厂。

공략비법 05 **존현문**

1. 电脑屏幕上显示密码输入错误。

2. 书桌上落了一层厚厚的灰尘。

3. 墙角堆着许多纸箱子。

4. 阳台上挂满了湿衣服。

5. 那个地区还保留着一些传统的风俗习惯。

공략비법 06 **把자문**

1. 爸爸把毛巾晒在了阳台上。

2. 他不小心把水杯打翻了。

3. 他已经把相关文件发给我了。

4. 妹妹把爷爷逗笑了。

5. 他将合同文件下载到硬盘里了。

공략비법 07 **被자문**

1. 主持人被嘉宾的人生经历感动了。

2. 她连续5年被评为优秀演员。

3. 这项设计被总裁否定了。

4. 姑姑被眼前的情景吓坏了。

5. 那封信被马编辑不小心撕了。

공략비법 08 **비교문**

1. 这学期的博士课程明显比以前难。

2. 台风造成的损失比想象的严重。

3. 这道菜比那道菜稍微清淡一些。

4. 母亲的微笑比任何话都温暖。

5. 现在投资股票的人没有以前多。

1. 调查的结果让人很意外。

2. 他的演讲使我深受启发。

3. 那位嘉宾的乐观精神使我很佩服。

4. 家人的鼓励让孩子充满了勇气。

5. 姥姥的故事让我深受教训。

공략비법 10 **다양한 어휘 호응**

1. 医院正在逐步完善医疗设施。

2. 你们这样做会违反合同上的规定。

3. 我们要不断追求梦想。

4. 饭后散步能促进消化。

5. 经理亲自负责嘉宾接待工作。

공략비법 11 **주제를 먼저 찾아라!**

1. 我弟弟今天参加了全国大学生演讲比赛。为了获得冠军，每天都读好几遍演讲稿。比赛刚开始他还有点儿紧张，但是后来表现得最突出，最后获得了第一名。大家都为他的精彩表现热烈鼓掌。

2. 人们为什么会考虑辞职呢？最主要的原因是公司的实际情况和自己的想法观念不同。因此我们投简历之前应该考虑到这份工作是否有利于自己将来的发展，这样我们才能在工作当中努力并体现自我价值。

3. 如果想要享受幸福的老年生活，年轻时要制定好实际的计划。收到工资以后，不能把钱都花光，要逐渐减少消费比例，把一定的钱存到银行里。如果年轻时没有做好金钱上的准备，那不能保障我们的老年生活了。

공략비법 12 **어휘의 함정에 빠지지 마라!**

1. 我本来打算跟朋友一起去中国旅游，上个月就已经把机票订好了。但是今天朋友突然对我说，公司里临时有点事，我们的旅游计划不得不被取消了。我感到很遗憾，朋友希望我能理解他，他一直在安慰我。

2. 如果想提高工作效率，那应该怎么做呢？首先，应该管理好自己的时间和精力。千万不能把时间和精力浪费在没有价值的地方。另外，要坚持锻炼，要是总觉得很疲劳的话，那么就不能集中工作，工作效率也会大大降低。

3. 每个人都会遇到困难，这时我们应怎么做？最初我们不能灰心，应该让自己适应当前的情况，方法总比问题多，如果正确地判断问题，坚强地面对，积极地努力，那所有的困难都会克服的。

공략비법 13   막막하면 일기를 써라!

1. 今天我跟同事们一起去中国出差，所以早上五点起床后就去机场了。但坐上去机场的地铁时才发现我竟然没带护照，我不得不急急忙忙地回家拿护照。幸运的是我及时到达了机场，没有错过飞机，但我的同事都很为我担心，我感到非常抱歉。

2. 我的同事就要结婚了。但是我发现没有可穿的衣服，就给朋友打电话约好周末一起去商场买衣服。她告诉我最近很多商店都在打五折。我本来只想买一条连衣裙，但是既然打折打得这么厉害，就多买几件吧。一想到能买很多衣服，我就觉得很兴奋。

3. 我最喜欢去滑冰场滑冰。昨天正好是周末，我跟朋友们一起去滑冰场滑了一下午，因为感觉有点儿热，所以把大衣脱下来玩儿了很长时间，结果感冒了。因为感冒很严重，所以今天没去上课，在家休息了。虽然后来被妈妈批评了，但是我还想去玩儿。

공략비법 14   틀만 알면 논설문도 没问题!

1. 图片里有三个人在商量一件事。那么跟别人商量某件事的时候要注意什么呢？第一，要耐心听别人的意见。第二，要明确说出自己的看法。最后如果要说反对的想法，那么应该以礼貌的态度说出来。商量时我们要注意这些。

2. 图片里有一个人在滑雪。随着现代社会的发展滑雪的人越来越多了。那么，滑雪有什么好处呢？第一，可以缓解生活上或者工作上的压力。第二，滑雪也是很好的冬季运动，可以锻炼身体。最后，可以欣赏冬天美丽的风景。我们也开始学习滑雪吧。

3. 图片里有一个人在跟小狗玩儿。随着生活水平的提高养宠物的人越来越多了。那么，养宠物有什么好处呢？第一，和宠物一起玩儿可以放松心情。第二，可以排解孤独。最后，可以培养责任心。我们也开始养宠物吧。

공략비법 01 컴퓨터와 기기 관련 문제

본서 p. 35 🎧 01_5

1

女: 奇怪，从昨晚开始怎么也打不开网页了。
男: 好像这个浏览器有问题，你换个浏览器试试。

问: 男的建议女的怎么做?
    A 下载翻译程序   B 换别的浏览器
    C 安装杀毒软件   D 刷新页面

여: 이상하네. 어제 저녁부터 왜 웹 페이지가 열리지 않는 거지?
남: 아마도 이 브라우저에 문제가 있는 것 같아, 브라우저를 바꿔서 한번 해봐.

질문: 남자는 여자에게 어떻게 하라고 건의했는가?
    A 번역 프로그램을 다운 받아라   B 다른 브라우저로 바꿔라
    C 백신 프로그램을 설치해라   D 새로 고침을 해라

지문 어휘

网页 wǎngyè 명 웹 페이지
浏览器 liúlǎnqì 명 브라우저

보기 어휘

下载 xiàzài 동 다운로드하다 ☆
程序 chéngxù 명 프로그램 ☆
安装 ānzhuāng 동 설치하다 ☆
杀毒软件 shādú ruǎnjiàn
명 백신 프로그램
刷新页面 shuāxīn yèmiàn
새로 고침하다

정답 B

해설 남자가 여자에게 어떻게 하라고 건의했는지 묻는 문제로 남자는 브라우저에 문제가
있는 것 같다며 다른 브라우저로 바꿔서 해보라고 했으므로 정답은 B이다.

2

女: 你的电脑怎么反应这么慢，是不是中病毒了?
男: 没有，因为我正在下载一个软件。

问: 电脑的速度为什么慢?
    A 系统太旧了   B 中了病毒
    C 正在下载软件   D 安装了杀毒软件

여: 네 컴퓨터는 왜 이렇게 반응이 느려? 바이러스에 감염된 거 아니야?
남: 아니야, 내가 소프트웨어 하나를 다운로드하고 있기 때문이야.

질문: 컴퓨터의 속도는 왜 느린가?
    A 시스템이 오래되었다   B 바이러스에 감염되었다
    C 소프트웨어를 다운로드하고 있다   D 백신 프로그램을 설치했다

지문 어휘

反应 fǎnyìng 명 반응 ☆
中 zhòng 동 걸려들다, 당하다
病毒 bìngdú 명 바이러스 ☆
正在 zhèngzài 부 ~하고 있다
下载 xiàzài 동 다운로드하다 ☆
软件 ruǎnjiàn 명 (컴퓨터의)
소프트웨어

보기 어휘

系统 xìtǒng 명 시스템 ☆
安装 ānzhuāng 동 설치하다 ☆
杀毒软件 shādú ruǎnjiàn
명 백신 프로그램

정답 C

해설 컴퓨터의 속도가 느린 이유에 대해 묻는 문제로 바이러스에 감염된 것 아니냐는 여자
의 말에 남자가 소프트웨어를 다운로드하고 있기 때문이라고 대답하였다. 따라서 정
답은 C이다.

女：你把会议材料复制到优盘里了吗？

男：正在复制呢，文件有点儿大，可能要再等几分钟吧。

问：男的是什么意思？

A 要删除材料　　　　B 文件内容比较多

C 现在不能升级　　　D 要复制到桌面上

여：너는 회의 자료를 USB로 복사했니?

남：지금 복사하고 있어. 문서가 조금 커서 몇 분 더 기다려야 할 것 같아.

질문：남자의 말은 무슨 의미인가?

A 자료를 삭제해야 한다　　　B 문서 내용이 비교적 많다

C 지금은 업그레이드 할 수 없다　　D 바탕화면에 복사해야 한다

정답　B

해설　남자가 한 말의 의미를 묻는 문제로 남자는 문서가 조금 커서 몇 분 더 기다려야 한다고 했다. 따라서 정답은 B이다.

男：你的那本工具书是在哪儿买的？我也想买一本。

女：不用买纸质书，网上能下载。

男：太好了，那你能把网址告诉我吗？

女：没问题，一会儿发到你的手机上吧。

问：女的是什么意思？

A 下载不了　　　　B 工具书很便宜

C 不需要买纸质书　　D 电子书要付钱

남：너의 그 참고서는 어디서 산 것이니? 나도 한 권 사고 싶어서.

여：종이 책으로 살 필요 없어. 인터넷에서 다운로드할 수 있어.

남：정말 잘됐다. 그러면 나에게 사이트 주소를 알려 줄 수 있니?

여：문제 없지. 조금 이따가 네 휴대폰으로 보내줄게.

질문：여자의 말은 무슨 의미인가?

A 다운로드할 수 없다　　　B 참고서는 싸다

C 종이책을 살 필요 없다　　D 전자책은 돈을 지불해야 한다

정답　C

해설　여자가 한 말의 의미를 묻는 문제로 남자의 질문에 여자는 종이책으로 살 필요 없다고 했으므로 정답은 C이다. 대화의 不用과 보기의 不需要는 모두 '필요 없다'는 의미이다.

⑤

男：您的电脑还需要什么硬件吗？
女：再帮我配个无线鼠标吧！
男：好的，需要我帮您开发票吗？
女：是的，谢谢你。

问：女的还需要什么硬件？

　A 鼠标　　　　　　　　B 键盘
　C 麦克风　　　　　　　D 显示器

남: 당신의 컴퓨터에 더 필요한 하드웨어가 있으신가요?
여: 저를 도와 무선 마우스를 더 맞춰주세요!
남: 네, 제가 당신을 도와 영수증을 발행해 드릴까요?
여: 네, 감사합니다.

질문: 여자는 어떤 하드웨어가 더 필요한가?

　A 마우스　　　　　　　　B 키보드
　C 마이크　　　　　　　　D 모니터

A

해설 여자에게 더 필요한 하드웨어가 무엇인지 묻는 문제로 필요한 게 있냐는 남자의 말에 여자가 저를 도와 무선 마우스를 더 맞춰 달라고(맞는 마우스를 찾아달라고) 대답한다. 따라서 정답은 A이다.

지문 어휘

硬件 yìngjiàn 명 기기 설비, 자재, 하드웨어
配 pèi 동 (부족한 것을) 맞추어 넣다, 갖추어 놓다
无线鼠标 wúxiàn shǔbiāo 명 무선 마우스
发票 fāpiào 명 영수증

보기 어휘

麦克风 màikèfēng 명 마이크

공략비법 02 직업과 인물 문제

본서 p. 40 🎧 02_5

①

女：你以前听过赵教授的讲座吗？
男：当然听过，我对赵教授的历史研究方面很感兴趣。希望今年九月能读她的研究生。

问：男的对谁的研究感兴趣？

　A 张教练　　　B 舅舅　　　C 赵教授　　　D 朱会计

여: 너는 이전에 조 교수님의 강의 들어봤니?
남: 당연히 들어봤지. 나는 조 교수님의 역사 연구 방면에 관심이 있어. 올해 9월에 교수님의 연구생으로 들어가고 싶어.

질문: 남자는 누구의 연구에 관심이 있는가?

　A 장 코치　　　B 외삼촌　　　C 조 교수　　　D 주 회계사

지문 어휘

教授 jiàoshòu 명 교수
讲座 jiǎngzuò 명 강의 ⭐
历史 lìshǐ 명 역사
研究生 yánjiūshēng 명 연구생, 대학원생
兴趣 xìngqù 명 흥미

보기 어휘

教练 jiàoliàn 명 코치, 감독 ⭐
舅舅 jiùjiu 명 외삼촌 ⭐
会计 kuàijì 명 회계사 ⭐

정답　C

해설　남자가 누구의 연구에 관심이 있는지 묻고 있다. 남자는 조 교수님의 역사 연구 방면에 관심이 있다고 했으므로 정답은 C이다.

2

男： 听说你明年开始在大学学服装设计?

女： 对。我从小就想成为一名服装设计师，所以我选择了设计专业。

问： 女的想当什么?

　A 魔术师　　B 书法家　　C 摄影师　　D 设计师

남： 듣자 하니 너는 내년에 대학에서 의상 디자인 공부를 시작한다며?

여： 응. 나는 어릴 때부터 의상 디자이너가 되고 싶었어, 그래서 디자인 전공을 선택했지.

질문： 여자는 어떤 사람이 되고 싶은가?

　A 마술사　　B 서예가　　C 촬영 기사　　D 디자이너

지문 어휘

服装 fúzhuāng 명 의상, 복장 ⭐
设计 shèjì 명 디자인, 설계 ⭐
成为 chéngwéi 동 ~이 되다
专业 zhuānyè 명 전공

보기 어휘

魔术师 móshùshī 명 마술사
书法家 shūfǎjiā 명 서예가
摄影师 shèyǐngshī 명 촬영 기사

정답　D

해설　여자가 어떤 사람이 되고 싶어 하는지 묻는 문제이다. 여자는 어릴 때부터 의상 디자이너가 되고 싶었다고 했으므로 정답은 D이다.

3

女： 你知道今天下午的演讲嘉宾是谁吗?

男： 听说是这届奥运会的羽毛球冠军，海报上有关于他的介绍。

问： 今天的演讲嘉宾是谁?

　A 奥运会冠军　　　　　　B 仓管人员
　C 心理学家　　　　　　　D 杂志编辑

여： 너는 오늘 오후의 강연 귀빈이 누구인지 알고 있니?

남： 듣자 하니 이번 올림픽 배드민턴 챔피언이래. 포스터에 그 사람에 대한 소개가 있어.

질문： 오늘 강연 귀빈은 누구인가?

　A 올림픽 챔피언　　　　　B 창고 관리 직원
　C 심리학자　　　　　　　D 잡지사 에디터

지문 어휘

演讲 yǎnjiǎng 동 강연하다, 연설하다 ⭐
嘉宾 jiābīn 명 귀빈 ⭐
届 jiè 양 회, 차례 ⭐
奥运会 Àoyùnhuì 명 올림픽
冠军 guànjūn 명 챔피언 ⭐
海报 hǎibào 명 포스터

보기 어휘

编辑 biānjí 명 에디터, 편집자 ⭐

정답　A

해설　오늘 강연 귀빈이 누구인지에 대해 묻고 있다. 여자가 오늘 강연 귀빈이 누구인지 물어보자, 남자는 오늘 강연 귀빈은 올림픽 배드민턴 챔피언이라고 답했다. 따라서 정답은 A이다.

4

男：你再联系一下总经理秘书，确定一下总经理能否出席明晚的宴会？

女：我已经确认过，他说明天会准时出席的。

问：男的让女的联系谁？

A 作家　　　　　　　　B 司机
C 秘书　　　　　　　　D 教授

지문 어휘

总经理 zǒngjīnglǐ 몡 사장 ★
确定 quèdìng 통 확정하다, 확실히 정하다, 확정을 짓다 ★
出席 chū xí 통 참석하다, 출석하다 ★
宴会 yànhuì 몡 연회 ★
确认 quèrèn 통 확인하다 ★
准时 zhǔnshí 쩡 정시에, 제때에

남：네가 사장님 비서에게 다시 연락해서 사장님이 내일 저녁 연회에 참석할 수 있는지 확정할 수 있겠니?

여：제가 이미 확인했어요, 그는 내일 저녁에 시간 맞춰 참석할 거라고 말했어요.

질문：남자는 여자에게 누구한테 연락하라고 했는가?

A 작가　　　　　　　　B 기사
C 비서　　　　　　　　D 교수

정답　C

해설　남자가 여자에게 누구와 연락을 하라고 했는지 묻는 문제로 대화 도입 부분에서 남자가 사장님 비서에게 다시 연락하라고 언급했다. 따라서 정답은 C이다.

5

女：下期的嘉宾是一位国际著名音乐家，你好好儿准备一下。

男：我正在写采访稿，听说他是个华裔，不过我没听他说过中文。

女：他中文好像不太流利，你尽量用英文和他沟通吧。

男：好的，很久不说英文了，还真有点儿紧张。

问：男的最可能从事什么职业？

A 记者　　　　　　　　B 摄影师
C 翻译　　　　　　　　D 工程师

지문 어휘

下期 xiàqī 몡 (간행물의) 다음 호, 차기 호
嘉宾 jiābīn 몡 게스트, 귀한 손님 ★
稿 gǎo 몡 원고
华裔 huáyì 몡 화교의 자녀 ★
尽量 jǐnliàng 뷔 가능한 한 ★
沟通 gōutōng 통 소통하다 ★

여：다음 호 게스트는 유명 글로벌 음악가입니다. 잘 준비해 주세요.

남：제가 인터뷰 원고를 쓰고 있습니다. 그가 화교라고 들었지만 저는 그가 중국어를 했다는 것을 듣지 못했습니다.

여：그의 중국어는 그다지 유창하지 않은 것 같습니다. 당신은 가능한 한 영어로 그와 소통하세요.

남：네, 영어를 안 한지 오래되어서, 조금 긴장되네요.

질문：남자는 어떤 직업에 종사할 가능성이 가장 큰가?

A 기자　　　　　　　　B 촬영 기사
C 번역가　　　　　　　D 엔지니어

정답　A

해설　남자의 직업을 묻는 문제로 여자가 다음 호 게스트에 대해 설명하자 남자가 인터뷰 원고를 쓰고 있다고 답했다. 대화 속에 등장한 下期(다음 호), 嘉宾(게스트), 采访(인터뷰), 稿(원고)를 통해 남자의 직업은 기자임을 알 수 있다. 따라서 정답은 A이다.

1

女: 你竟然还保留着九年前在颐和园游玩儿的门票。
男: 是啊，因为那是我第一次去北京旅游，颐和园给我留下了深刻的印象。

问: 关于男的可以知道什么?

A 爱收集硬币　　　　B 在北京上学
C 对颐和园印象深刻　D 常去国外旅游

여: 너 9년 전에 이화원에서 놀았던 입장권을 뜻밖에도 아직 간직하고 있구나.
남: 응. 그때 처음으로 베이징에 여행 간 거라, 이화원에 대한 인상이 굉장히 깊었어.

질문: 남자에 관하여 알 수 있는 것은 무엇인가?

A 동전 수집을 좋아하다　　B 베이징에서 대학을 다니고 있다
C 이화원에 대한 인상이 깊다　D 자주 해외 여행을 간다

지문 어휘

竟然 jìngrán 🌑 뜻밖에도
门票 ménpiào 🌑 입장권
旅游 lǚyóu 🌑 여행하다
深刻 shēnkè 🌑 (인상이) 깊다, 강렬하다 ⭐
印象 yìnxiàng 🌑 인상

보기 어휘

收集 shōují 🌑 수집하다
硬币 yìngbì 🌑 동전
国外 guówài 🌑 해외, 국외

정답 ▶ C

해설 ▶ 남자에 관하여 알 수 있는 것을 묻는 문제로 9년 전 이화원에 대한 인상이 굉장히 깊었다고 대답했으므로 정답은 C이다.

2

男: 你不是说带我去公园打太极拳吗? 赶紧走吧!
女: 等一会儿再去，刚吃完饭就运动，对胃不好。

问: 女的是什么意思?

A 不想减肥　　　　B 没吃饱
C 最近胃不好　　　D 稍后再去健身

남: 네가 나를 데리고 공원에 가서 태극권을 하겠다고 하지 않았어? 얼른 가자!
여: 조금 있다가 가자, 밥을 방금 먹고 운동을 하면 위에 좋지 않아.

질문: 여자의 말은 무슨 의미인가?

A 다이어트를 하고 싶지 않다　　B 배부르지 않다
C 최근에 위가 좋지 않다　　　　D 잠시 후에 운동하러 가다

지문 어휘

赶紧 gǎnjǐn 🌑 얼른, 서둘러 ⭐

보기 어휘

稍后 shāohòu 🌑 잠시 후, 조금 뒤

정답 ▶ D

해설 ▶ 여자의 말의 의미를 묻는 문제로 태극권하러 공원에 얼른 가자고 재촉하는 남자의 말에 여자는 밥을 방금 먹고 운동을 하면 위에 좋지 않으니 조금 있다가 가자고 말했다. 따라서 정답은 D이다.

3

女：王主任，您身体恢复得怎么样？
男：还不错，手术挺顺利的，但还要住院观察一段时间。
女：同事们让我转告您安心治疗，这是大家给您买的营养品。
男：让大家担心了，帮我谢谢大家。

问：关于男的，下列哪项正确？

A 不需要住院　　　　　　B 是卖营养品的
C 马上要做手术　　　　　D 身体恢复得很好

지문 어휘

住院 zhùyuàn 동 입원하다
观察 guānchá
동 자세히 살피다, 관찰하다 ★
转告 zhuǎngào 동 (말을 제삼
자에게) 전달하다, 대신 전하다 ★
安心 ān xīn 동 안심하다
治疗 zhìliáo 동 치료하다

여：왕 주임님, 회복은 좀 어떠세요?
남：괜찮아요, 수술이 잘 되었어요. 하지만 아직 한동안은 입원해서 자세히 살펴봐야 해요.
여：동료들이 저에게 당신께 안심하고 치료받으라고 전해달라고 했어요. 이건 모두가 당신을
　　주려고 산 영양 식품이에요.
남：모두에게 걱정을 끼쳤네요, 저를 도와주셔서 모두에게 감사해요.

질문：남자에 관하여 다음 중 옳은 것은?

A 입원할 필요는 없다　　　　B 영양 식품을 판매한다
C 곧 수술해야 한다　　　　　D 몸이 잘 회복되었다

정답　D

해설　남자에 관하여 옳은 것을 찾는 문제로 회복은 어떠냐는 여자의 말에 말의 남자가 수
　　　술이 잘 되어 괜찮다고 답했으므로 정답은 D이다.

4

男：听说你下周日去海南旅行？
女：原计划是这样的，但是公司临时有点儿事，下周日不能
　　去了。
男：那机票退了吗？
女：他们说这是打折机票，只能改签不能退。

问：女的为什么改变了旅游计划？

A 机票卖光了　　　　　　B 要参加开业典礼
C 有台风　　　　　　　　D 公司临时有事儿

지문 어휘

临时 línshí 부 갑자기 ★
机票 jīpiào 명 비행기 표
打折 dǎ zhé 동 할인하다
改签 gǎi qiān 동 표를 변경하다
退 tuì 동 환불하다 ★
计划 jìhuà 동 계획하다

보기 어휘

开业 kāi yè 동 개업하다
典礼 diǎnlǐ 명 식, 행사
台风 táifēng 명 태풍

남：듣자 하니 너는 다음 주 일요일에 하이난으로 여행 간다며?
여：원래 계획은 그랬는데 회사에 갑자기 일이 생겨서 다음 주 일요일에는 갈 수 없게 됐어.
남：그럼 비행기 표는 환불했니?
여：할인한 배행기 표라 변경만 할 수 있고 환불은 안 된대.

질문：여자는 왜 여행 계획을 변경했는가?

A 비행기 표가 매진됐다　　　　B 개업식에 참가하려고 한다
C 태풍이 분다　　　　　　　　D 회사에 갑자기 일이 생겼다

정답　D

해설　여자는 여행 계획을 왜 변경했는지 묻는 문제이다. 회사에 갑자기 일이 생겨서 여행을
　　　갈 수 없다고 했으므로 정답은 D이다.

5

女: 你怎么看起来无精打采的?

男: 我昨天吃海鲜过敏了，一直拉肚子。

女: 那你赶快跟上司请假去医院吧。

男: 我已经吃了药，一会儿就会好吧。

问: 男的怎么了?

    A 胳膊扭伤了   B 鼻子很痒

    C 过敏了   D 出血了

여: 왜 이렇게 기운이 없어 보여?

남: 어제 해산물 먹고 알레르기 반응이 나타나서, 계속 설사해.

여: 그럼 얼른 상사에게 휴가 신청하고 병원에 가봐.

남: 이미 약 먹었으니까 조금 있으면 괜찮아질 거야.

질문: 남자는 어떠한가?

    A 팔을 접질렸다   B 코가 가렵다

    C 알레르기 반응을 보이다   D 피가 났다

지문 어휘

无精打采 wújīng dǎcǎi
성 기운이 없다

海鲜 hǎixiān 명 해산물 ☆

过敏 guòmǐn
동 알레르기 반응을 보이다 ☆

拉肚子 lā dùzi 동 설사하다

赶快 gǎnkuài 부 얼른, 서둘러 ☆

请假 qǐng jià 동 (휴가·조퇴 등을) 신청하다

보기 어휘

胳膊 gēbo 명 팔

扭伤 niǔshāng 동 접질리다

鼻子 bízi 명 코

痒 yǎng 형 가렵다 ☆

出血 chū xiě 동 피가 나다

정답   C

해설   남자의 상태에 대해 묻고 있다. 남자는 어제 해산물을 먹고 알레르기 반응이 나타나서, 계속 설사를 한다고 했으므로 정답은 C이다.

공략비법 04 날씨, 취미, 자격증 문제

본서 p. 49 🎧 04_5

女: 老郑，你以前学过射击吗? 你射得太精准了!

男: 我父亲是射击教练，从小跟父亲学的。

问: 关于男的可以知道什么?

    A 很佩服父亲   B 学过射击

    C 喜欢钓鱼   D 研究古典文学

여: 라오정, 예전에 사격 배운 적이 있어요? 정말 정확하네요!

남: 저의 아버지께서 사격 코치셨어요. 어릴 때부터 아버지에게 배운 거예요.

질문: 남자에 관하여 알 수 있는 것은 무엇인가?

    A 아버지에게 감탄했다   B 사격을 배운 적이 있다

    C 낚시를 좋아한다   D 고전 문학을 연구한다

지문 어휘

射击 shèjī 동 사격하다 ☆

精准 jīngzhǔn 형 아주 정확하다

跟~学 gēn~xué ~에게 배우다

보기 어휘

佩服 pèifú 동 감탄하다, 탄복하다 ☆

钓鱼 diào yú 동 낚시하다

古典 gǔdiǎn 명 고전 ☆

文学 wénxué 명 문학 ☆

정답   B

해설   남자에 관하여 알 수 있는 것을 묻는 문제로 남자는 어릴 때부터 아버지에게 사격을 배운 적이 있다고 했으므로 정답은 B이다.

2

男: 李洋，你爱人的摄影技术真好，他是专业摄影师吗?

女: 不是，摄影只是他的业余爱好，他每星期都去野外拍照。

问: 关于李洋的爱人可以知道什么?

    A 爱好摄影　　　　　　B 经营一家照相馆

    C 在投简历　　　　　　D 公司业务太忙

지문 어휘

技术 jìshù 명 기술

专业摄影师
zhuānyè shèyǐngshī
명 프로 촬영 기사

业余 yèyú 형 여가의 ⭐

野外 yěwài 명 야외

拍照 pāi zhào 동 사진을 찍다

보기 어휘

爱好 àihào 동 좋아하다

经营 jīngyíng 동 운영하다, 경영하다 ⭐

投简历 tóu jiǎnlì 동 이력서를 내다 ⭐

남: 리양, 네 남편의 촬영 기술이 정말 대단하다. 프로 촬영 기사야?

여: 아니, 촬영은 우리 남편의 취미 생활일 뿐이야. 그는 매주 야외에 가서 사진 촬영을 해.

질문: 리양의 배우자에 관하여 알 수 있는 것은 무엇인가?

    A 촬영을 좋아한다　　　　　　B 사진관을 운영하고 있다

    C 이력서를 내고 있다　　　　　　D 회사 업무가 굉장히 바쁘다

정답 ▶ A

해설 ▶ 리양의 배우자에 관하여 알 수 있는 것을 묻는 문제로 리양의 남편은 프로 촬영 기사는 아니지만 취미 생활로 매주 야외에 가서 사진 촬영을 한다고 했다. 따라서 정답은 A이다.

3

男: 你看天气预报了吗? 下周下暴雪，我们的航班恐怕会被取消。

女: 真的吗? 看来我们旅行的计划要推迟了。

问: 下周天气怎么样?

    A 非常干燥　　　　　　B 连续下雨

    C 会有大雾　　　　　　D 会下暴雪

지문 어휘

暴雪 bàoxuě 명 폭설

恐怕 kǒngpà 부 아마도

取消 qǔxiāo 동 취소하다 ⭐

推迟 tuīchí 동 미루다, 연기하다

보기 어휘

干燥 gānzào 형 건조하다 ⭐

连续 liánxù 동 연속하다 ⭐

大雾 dàwù 명 넓고 짙게 긴 안개

남: 너는 일기예보 봤니? 다음 주에 폭설이 내린대. 우리의 항공편이 아마도 취소될 것 같아.

여: 진짜? 보아하니 우리의 여행 계획은 미뤄야 할 것 같네.

질문: 다음 주의 날씨는 어떠한가?

    A 매우 건조하다　　　　　　B 연속해 비가 온다

    C 짙은 안개가 낄 수 있다　　　　　　D 폭설이 내릴 수 있다

정답 ▶ D

해설 ▶ 다음 주의 날씨를 묻는 문제로 대화 도입 부분에서 남자가 다음 주에 폭설이 내린다고 언급하였으므로 정답은 D임을 알 수 있다.

4

男：姐姐你看，出彩虹了，今天的彩虹格外漂亮！
女：那是因为空气中的雨滴大，雨滴越大彩虹的颜色就越亮。
男：你是怎么知道的？
女：我是在科学杂志上看到的。

问：他们在谈论什么？

　　A 彩虹颜色　　B 科学节目　　C 月亮形状　　D 昼夜温差

지문 어휘

彩虹 cǎihóng 뗑 무지개 ★
格外 géwài 뛴 유난히, 각별히 ★
雨滴 yǔdī 뗑 물방울, 빗방울
亮 liàng 뛩 밝다 ★
科学 kēxué 뗑 과학
杂志 zázhì 뗑 잡지
谈论 tánlùn 뚱 이야기하다

보기 어휘

节目 jiémù 뗑 프로그램
形状 xíngzhuàng 뗑 형상 ★
昼夜温差 zhòuyè wēnchā
일교차

남: 누나 봐봐. 무지개가 떴어. 오늘 무지개는 유달리 예쁘네!
여: 그건 공기 중의 물방울이 크기 때문이야. 물방울이 클수록 무지개 색이 더욱 밝지.
남: 누나는 어떻게 알았어?
여: 과학 잡지에서 본 거야.

질문: 그들은 무엇에 대해 이야기를 나누고 있는가?

　　A 무지개 색깔　　B 과학 프로그램　　C 달의 형상　　D 일교차

정답 A

해설 두 사람이 무엇에 대해 이야기하고 있는지 묻는 문제로 남자가 무지개가 유달리 예쁘다고 하자 여자는 공기 중 물방울이 크기 때문에 무지개의 색이 더욱 밝다고 했다. 따라서 정답은 A이다.

5

女：你拿到驾驶执照了吗？
男：没有，路考没通过。
女：那你尽快重新考，笔试成绩的有效期是三年。
男：好的，我争取下次通过。

问：男的怎么了？

　　A 笔试考试不及格　　　　B 没收到面试通知
　　C 还没拿到教师资格证　　D 要重新参加路考

지문 어휘

驾驶执照 jiàshǐzhízhào
뗑 운전면허증
路考 lùkǎo 뗑 도로 주행 시험
尽快 jǐnkuài 뛴 최대한 빨리 ★
有效期 yǒuxiàoqī 뗑 유효 기간
争取 zhēngqǔ 뚱 손에 넣다,
쟁취하다 ★

보기 어휘

教师资格证 jiàoshī
zīgézhèng 뗑 교사 자격증

여: 너 운전 면허증 받았어?
남: 아니. 도로 시험을 통과하지 못했어.
여: 그럼 너는 최대한 빨리 다시 시험을 봐. 필기시험 성적의 유효기간은 3년이야.
남: 좋아. 다음 번에 통과할게.

질문: 남자는 어떠한가?

　　A 필기시험에 불합격했다　　　　B 면접 통지를 받지 못했다
　　C 아직 교사 자격증을 받지 못했다　　D 다시 도로 시험에 참가해야 한다

정답 D

해설 남자가 어떠한지 묻는 문제이다. 도로 시험에 통과하지 못했다는 남자의 말에 여자가 최대한 빨리 다시 시험을 보라고 알려주는 것으로 보아 정답은 D임을 알 수 있다.

①
女：我们把楼下的房间租出去怎么样？要不然太浪费空间了。
男：好主意。那我在网上发个房屋出租广告吧。

问：他们打算做什么？

　　A 卖房子　　　　　　　B 出租空房间
　　C 去房屋中介　　　　　D 想找房东

여：우리 아래층의 방을 세 놓는 것이 어때? 안 그러면 공간만 낭비하는 것 같아.
남：좋은 생각이야. 그러면 내가 인터넷에 임대 광고를 내도록 할게.

질문：그들은 무엇을 할 계획인가?

　　A 집을 팔려고 한다　　　　　　B 빈 방을 세 놓으려 한다
　　C 부동산 중개소에 가려고 한다　D 집주인을 찾고 싶어 한다

정답 　B

해설 　두 사람의 계획에 대해서 묻고 있다. 도입 부분에서 여자가 아래 빈 방을 세 놓는 것이 어떠냐고 의견을 제시하자 남자가 동의했으므로 정답은 B이다.

지문 어휘

楼下 lóuxià 명 아래층
浪费 làngfèi 통 낭비하다
空间 kōngjiān 명 공간 ⭐
主意 zhǔyi 명 의견, 방법
房屋 fángwū 명 집
广告 guǎnggào 명 광고

보기 어휘

出租 chūzū 통 세를 놓다, 세주다
中介 zhōngjiè 명 중개(인) ⭐
房东 fángdōng 명 집주인

②
男：这条围巾是丝绸做的，你摸摸，手感很不错。
女：质量倒是挺好，但是颜色太暗了。

问：女的觉得围巾怎么样？

　　A 种类太少　　　　　　B 手感粗糙
　　C 质量很好　　　　　　D 颜色太鲜艳

남：이 목도리는 실크로 만들었어요. 만져보세요. 촉감이 아주 좋아요.
여：품질은 오히려 아주 좋은데, 색이 너무 어두워요.

질문：여자는 목도리가 어떻다고 생각하는가?

　　A 종류가 매우 적다　　　　　B 촉감이 거칠다
　　C 품질이 아주 좋다　　　　　D 색이 아주 화려하다

정답 　C

해설 　여자는 목도리를 어떻게 생각하는지에 대해 묻는 문제로 목도리 촉감이 좋다는 남자의 말에 여자는 품질은 오히려 좋은데 색이 너무 어둡다고 대답한다. 따라서 정답은 C이다.

지문 어휘

围巾 wéijīn 명 목도리, 스카프, 머플러 ⭐
丝绸 sīchóu 명 실크, 비단 ⭐
摸 mō 통 어루만지다, 쓰다듬다 ⭐
手感 shǒugǎn 명 (옷감의) 촉감, 감촉
倒 dào 부 오히려(생각한 것과 반대되는 것을 나타냄)
暗 àn 형 (색깔이) 어둡다, 검다

보기 어휘

粗糙 cūcāo 형 (질감 따위가) 거칠다 ⭐
鲜艳 xiānyàn 형 화려하다 ⭐

3

女：下水道漏水了，你赶紧给房东打电话吧。
男：我已经告诉房东了，他说今晚找人来修。

问：男的和房东谈了什么事儿?

A 交房租   B 延期合同
C 安装网络   D 下水道漏水了

여: 하수도가 누수 됐어. 빨리 집주인에게 전화해봐.
남: 집주인에게 이미 알렸어. 오늘 저녁에 사람을 불러 수리하러 온대.

질문: 남자는 집주인과 어떤 일에 대해 이야기를 나누었는가?

A 집세 내는 것   B 계약 연장
C 인터넷 설치   D 하수도가 누수 되었다

지문 어휘

下水道 xiàshuǐdào 명 하수도
漏水 lòu shuǐ 통 누수 되다,
물이 새다

보기 어휘

房租 fángzū 명 집세
延期 yán qī 통 연장하다
安装 ānzhuāng 통 설치하다 ★
网络 wǎngluò 명 인터넷 ★

정답 D

해설 남자와 집주인이 어떤 일에 대해 이야기를 나누었는지 묻는 문제이다. 여자가 하수도가 누수 됐으니 집주인에게 알리라고 했고 남자는 집주인에게 이미 알렸다고 했으므로 정답은 D이다.

4

男：现在已经放暑假了，怎么不见你家小雪出来玩儿呢?
女：她上周去参加夏令营了，这个月底才能回来。
男：天气这么热，孩子能受得了吗?
女：我家小雪平时不够独立，没吃过苦，所以才让她去参加了夏令营。

问：女的觉得小雪怎么样?

A 不够独立   B 很顽皮
C 特别自私   D 不懂事

남: 벌써 여름 방학인데. 어째서 너희 집 샤오쉐가 나와 노는 게 안 보이는 거지?
여: 샤오쉐는 지난 주에 여름 캠프에 갔어요. 이번 달 말이 되어야 돌아 올 거예요.
남: 날씨가 이렇게 더운데 아이가 견딜 수 있을까?
여: 우리 집 샤오쉐는 평소에 독립심이 부족해요. 고생을 해 본 적도 없고. 그래서 아이를 여름 캠프에 참가하도록 했어요.

질문: 여자는 샤오쉐가 어떻다고 생각하는가?

A 독립심이 부족하다   B 장난이 심하다
C 굉장히 이기적이다   D 철이 없다

지문 어휘

暑假 shǔjià 명 여름 방학
夏令营 xiàlìngyíng
명 여름 캠프 ★
月底 yuèdǐ 명 월말
独立 dúlì 통 독립하다 ★
吃苦 chīkǔ 통 고생하다

보기 어휘

顽皮 wánpí 형 장난이 심하다
自私 zìsī 형 이기적이다 ★
不懂事 bùdǒngshì 철이 없다

정답 A

해설 샤오쉐에 대한 여자의 생각을 묻는 문제로 여자는 샤오쉐가 평소에 독립심이 부족하다고 했으므로 정답은 A이다.

5

女：周末去旅行的时候，我穿这条花裙子怎么样？
男：有点儿薄，你还是穿厚一点儿的吧。
女：厚裙子颜色都很单调，穿得鲜艳一点儿拍照才好看。
男：衣服单调的话，你可以配个项链装饰一下呀！

问：男的觉得女的穿那条裙子怎么样？

A 色彩单一　　　　　　　B 太休闲了
C 不时髦　　　　　　　　D 比较薄

지문 어휘

薄 báo 형 얇다
单调 dāndiào 형 단조롭다 ⭐
鲜艳 xiānyàn 형 화려하다 ⭐
拍照 pāi zhào 동 사진을 찍다
配 pèi 동 맞추다, 조합하다
项链 xiàngliàn 명 목걸이 ⭐
装饰 zhuāngshì 동 꾸미다,
장식하다 ⭐

보기 어휘

色彩 sècǎi 명 색상, 색깔
单一 dānyī 형 단일하다
时髦 shímáo 형 유행하다,
최신식이다 ⭐

여：주말에 여행 갈 때, 내가 이 꽃무늬 치마 입고 거 어때?
남：좀 얇아, 그래도 좀 두꺼운 것으로 입어.
여：두꺼운 치마는 색이 모두 단조로워, 좀 화려한 것을 입고 사진 찍어야 보기에 좋아.
남：옷이 단조로우면, 목걸이를 맞춰서 꾸미면 되지!

질문：남자는 여자가 그 치마를 입는 것이 어떻다고 생각하는가?

A 색이 단일하다　　　　　　　B 너무 캐주얼하다
C 유행하는 것이 아니다　　　　D 비교적 얇다

정답 D

해설 남자는 여자가 그 치마를 입는 것에 대해 어떻게 생각하는지를 묻는 문제이다. 여자가 꽃무늬 치마를 입고 가는 것에 대한 생각을 묻자 남자는 좀 얇다고 답하므로 정답은 D임을 알 수 있다.

공략비법 06 학교와 회사 생활 문제

본서 p. 62 🎧 06_6

1

女：这批产品一个月内能生产出来吗？
男：恐怕不行，我们工厂人手不够。

问：男的是什么意思？

A 产品销售不了　　　　　　B 接待了新客户
C 无法完成任务　　　　　　D 工厂经费有限

지문 어휘

批 pī 양 무더기 ⭐
恐怕 kǒngpà 부 아마(도)
人手 rénshǒu 명 일손,
일하는 사람
够 gòu 동 (필요한 수량이나 기준
을) 충족시키다

보기 어휘

销售 xiāoshòu 동 팔다, 판매하다
不了 buliǎo 동 동사 뒤에 놓여
할 수 없거나 불가능함을 나타냄
接待 jiēdài 동 접대하다 ⭐
客户 kèhù 명 고객, 거래처
任务 rènwù 명 임무
经费 jīngfèi 명 경비
有限 yǒuxiàn 형 한도가 있다,
유한하다

여：이 상품을 한 달 내에 생산할 수 있나요?
남：아마 안될 것 같아요. 우리 공장은 일손이 부족해요.

질문：남자의 말은 무슨 의미인가?

A 상품을 팔 수 없다　　　　　　B 새로운 고객을 접대했다
C 임무를 완성할 방법이 없다　　　D 공장의 경비는 한정되어 있다

정답　C

해설　남자의 말이 무슨 의미인지 묻는 문제로 상품을 한 달 내에 생산할 수 있냐는 여자의 말에 남자는 일손이 부족해 아마 안될 것 같다고 말한다. 일손이 부족해 안된다는 남자의 말은 즉, 임무를 완성할 방법이 없다는 뜻임을 알 수 있다.

2

女：你最近怎么一天到晚待在录音室里，就连吃个饭也这么匆忙？

男：我在给一部电影制作主题曲，时间很紧。

问：男的最近为什么老在录音室里？

A 安装设备　　　　　　　B 写报告
C 做实验　　　　　　　　D 制作歌曲

지문 어휘

一天到晚 yìtiāndàowǎn
성 아침부터 저녁까지, 하루종일

匆忙 cōngmáng 형 다급하다, 바쁘다 ☆

制作 zhìzuò 동 제작하다, 만들다 ☆

主题曲 zhǔtíqǔ 명 주제곡

老 lǎo 부 줄곧, 늘

보기 어휘

安装 ānzhuāng 동 설치하다 ☆

设备 shèbèi 명 설비, 시설, 장치

实验 shíyàn 명 실험 ☆

歌曲 gēqǔ 명 노래

여：너는 최근 어째서 아침부터 저녁까지 녹음실에 있니? 밥 한 끼 먹는 것조차 이렇게 다급한 거야?

남：나는 영화 주제곡을 하나 제작해서 줘야 하는데, 시간이 매우 빠듯해.

질문：남자는 최근 왜 줄곧 녹음실에 있는가?

A 설비를 설치하려고　　　　　B 보고서를 쓰려고
C 실험을 하려고　　　　　　　D 곡을 제작하려고

정답　D

해설　남자가 줄곧 녹음실에 있는 이유에 대해 묻는 문제이다. 아침부터 밤까지 왜 녹음실에 있냐는 여자의 말에 남자는 영화 주제곡을 제작해서 줘야 한다고 대답한다. 따라서 정답은 D이다.

3

女：王志在这次校园摄影大赛中获得了第一名，将在体育馆展出。

男：是吗？他真了不起，我们一会儿一起去看看吧。

问：关于王志可以知道什么？

A 获得了第一名　　　　　　B 是学生会主席
C 参加了摄影社团　　　　　D 爱看体育节目

지문 어휘

校园 xiàoyuán 명 캠퍼스

摄影大赛 shèyǐng dàsài
명 사진 공모전

将 jiāng 부 머지않아

展出 zhǎnchū 동 전시하다

了不起 liǎobuqǐ 형 대단하다 ☆

보기 어휘

社团 shètuán 명 동아리, 서클

节目 jiémù 명 프로그램

여：왕즈가 이번 캠퍼스 사진 공모전에서 1등을 했대. 머지않아 체육관에 전시될 거래.

남：그래? 정말 대단하다. 우리 잠시 후에 같이 가서 좀 보자.

질문：왕즈에 관하여 알 수 있는 것은 무엇인가?

A 1등을 차지했다　　　　　　B 학생회 회장이다
C 사진 동아리에 들어갔다　　　D 스포츠 프로그램을 즐겨본다

정답　A

해설　왕즈에 관하여 알 수 있는 것을 묻는 문제로 녹음 시작 부분에서 왕즈가 사진 공모전에서 1등을 차지했다고 언급했으므로 정답은 A이다.

4

男： 小马，那个化学实验进行得顺利吗？

女： 进行得比较顺利。现在在分析数据，我们很快就能得出最终结论。

男： 那你什么时候能交实验报告呢？

女： 这周五之前。

问： 实验进行到哪一步了？

A 刚获得经理的批准　　　　　B 实验报告完成了

C 在分析数据　　　　　　　　D 正在搜集相关资料

남: 샤오마, 그 화학 실험은 순조롭게 진행되었나?

여: 비교적 순조로웠습니다. 지금은 데이터 분석 중이고, 곧 최종 결론을 도출할 수 있을 것입니다.

남: 그럼 언제쯤 실험 보고서를 제출할 수 있지?

여: 이번 주 금요일 전까지 가능합니다.

질문: 실험은 어느 단계까지 진행되었나?

A 방금 사장의 허가를 받았다　　　B 실험 보고서는 완성되었다

C 데이터 분석 중이다　　　　　　D 관련 자료를 수집하고 있다

정답　C

해설　실험이 어느 단계까지 진행됐는지 묻는 문제이다. 현재 데이터 분석 중이고, 곧 최종 결론을 도출할 수 있다고 했으므로 정답은 C이다.

지문 어휘

化学 huàxué 명 화학 ⭐

实验 shíyàn 명 실험 ⭐

进行 jìnxíng 동 (어떤 활동을) 진행하다

分析 fēnxī 동 분석하다 ⭐

最终 zuìzhōng 형 최후의

结论 jiélùn 명 결론 ⭐

보기 어휘

批准 pī zhǔn 명 허가, 비준 동 허가하다 ⭐

数据 shùjù 명 데이터 ⭐

搜集 sōují 동 수집하다

5

女： 今天给你们安排的那个任务怎么样了？

男： 我们已经围绕这个项目制定了一个详细的计划，但资金方面遇到了困难。

女： 资金问题我向总裁汇报，你们抓紧时间咨询专家吧。

男： 好的，您放心吧，我们会全力以赴的。

问： 女的让男的抓紧时间做什么？

A 咨询专家意见　　　　　　　B 购买商业保险

C 跟总裁商量　　　　　　　　D 提高员工待遇

여: 오늘 자네들에게 맡긴 그 임무는 어떻게 되었나?

남: 저희는 이미 이 프로젝트에 관한 자세한 계획서를 만들었습니다. 하지만 자금 방면에서 어려움이 있습니다.

여: 자금 문제는 내가 총수님께 보고드릴 테니, 자네들은 서둘러서 전문가에게 자문을 구하도록 해.

남: 알겠습니다, 안심하세요, 저희들이 최선을 다하겠습니다.

질문: 여자는 남자에게 무엇을 서둘러 하라고 시켰나?

A 전문가의 자문을 구하라　　　B 상업 보험에 가입해라

C 총수님과 상의해라　　　　　D 직원 대우를 높여라

지문 어휘

任务 rènwu 명 임무

围绕 wéirào 동 (문제나 일을) 둘러싸다 ⭐

项目 xiàngmù 명 항목 ⭐

计划 jìhuà 명 계획

资金 zījīn 명 자금 ⭐

总裁 zǒngcái 명 총수, 총재 ⭐

抓紧 zhuājǐn 동 서둘러 하다 ⭐

咨询 zīxún 동 자문하다 ⭐

专家 zhuānjiā 명 전문가 ⭐

全力以赴 quánlìyǐfù 성 전력 투구하다, 최선을 다하다

보기 어휘

意见 yìjiàn 명 의견, 견해

保险 bǎoxiǎn 명 보험 ⭐

待遇 dàiyù 명 대우 ⭐

정답 ▶ A

해설 ▶ 여자가 남자에게 무엇을 서둘러 하라고 시켰는지 묻고 있다. 여자가 지금 문제는 자신이 총수님과 상의를 할 테니 남자에게 서둘러 전문가에게 자문을 구하라고 했으므로 정답은 A이다.

공략비법 07 다양한 장소와 상황 문제

본서 p. 68 🎧 07_5

1

女：你好，有巧克力口味儿的蛋糕吗？
男：有，请稍等。这是我们店的样品图，您看完以后可以任意挑选。

问：男的让女的做什么？
　A 免费品尝　　　　　　　B 交押金
　C 看样品图后挑选　　　　D 提前预定

지문 어휘

口味(儿) kǒuwèi(r) 몡 맛 ⭐
蛋糕 dàngāo 몡 케이크
样品 yàngpǐn 몡 샘플
任意 rènyì 뿐 마음대로
挑选 tiāoxuǎn 동 고르다

보기 어휘

押金 yājīn 몡 보증금 ⭐
提前 tíqián 동 앞당기다
预定 yùdìng 동 예약하다 ⭐

여: 안녕하세요, 초콜릿맛 케이크 있나요？
남: 있습니다. 잠시만요. 여기 샘플 사진 있습니다. 보시고 마음대로 고르시면 됩니다.

질문: 남자는 여자에게 어떻게 하라고 하는가？
　A 무료로 시식하다　　　　B 보증금을 내라
　C 샘플 사진을 본 후 골라라　D 미리 예약해라

정답 ▶ C

해설 ▶ 남자가 여자에게 어떻게 하라고 했는지 묻고 있다. 남자는 여자에게 케이크 샘플 사진을 보여주고 고르라고 했으므로 정답은 C이다.

2

男：你的第一份兼职怎么样？累吗？
女：还行，就是在柜台前结账。放心，老板对我挺好的。

问：女的最可能在哪儿工作？
　A 法院　　　　　　　B 电台
　C 政府　　　　　　　D 餐厅

지문 어휘

兼职 jiān zhí 몡 아르바이트, 겸직 ⭐
柜台 guìtái 몡 카운터, 계산대 ⭐
结账 jié zhàng 동 계산하다, 결산하다 ⭐

남: 당신의 첫 번째 아르바이트는 어땠나요？ 힘들었나요？
여: 괜찮았어요. 카운터에서 계산했어요. 걱정하지 마세요. 사장님이 저에게 매우 잘해주세요.

질문: 여자는 어디에서 일했을 가능성이 가장 큰가？
　A 법원　　　　　　　B 방송국
　C 정부　　　　　　　D 식당

D

여자가 일한 장소를 묻는 문제로 첫 번째 아르바이트가 어땠냐는 남자의 말에 여자는
카운터에서 계산했다고 답했다. 따라서 정답은 D임을 알 수 있다.

3

女: 蔬菜不能煮太熟, 否则营养成分会流失的。
男: 知道了妈妈, 可以出锅了, 我现在把火关了吧。

问: 他们现在最可能在哪儿?
　　A 阳台　　　　B 楼顶　　　C 厨房　　　D 超市

여: 채소는 너무 삶아서 푹 익히면 안돼. 그렇지 않으면 영양 성분이 유실될 거야.
남: 알았어요, 엄마. 솥에서 꺼내도 될 것 같아요. 지금 불 끌게요.

질문: 그들은 현재 어디에 있을 가능성이 가장 큰가?
　　A 베란다　　　B 옥상　　　C 주방　　　D 슈퍼마켓

C

현재 그들이 어디에 있을 가능성이 가장 큰지 묻고 있다. 채소와 익히는 시간에 대해
대화를 나누고 있으므로 정답은 C임을 알 수 있다.

지문 어휘

蔬菜 shūcài 몡 채소 ⭐
煮 zhǔ 동 삶다 ⭐
熟 shú 혱 익다 ⭐
否则 fǒuzé 젭 그렇지 않으면
营养成分 yíngyǎng chéngfèn
몡 영양 성분 ⭐
流失 liúshī 동 유실되다
锅 guō 몡 솥 ⭐

보기 어휘

阳台 yángtái 몡 베란다 ⭐
楼顶 lóudǐng 몡 옥상, 꼭대기 층
厨房 chúfáng 몡 주방

4

男: 到下一个服务区换我开车吧。
女: 没关系, 我一点儿都不累。
男: 你已经连续开了三个小时, 疲劳驾驶很危险。
女: 好吧, 那咱俩轮流开吧。

问: 他们现在最可能在什么地方?
　　A 高速公路上　　　　　　B 照相馆
　　C 中介　　　　　　　　　D 博物馆

남: 다음 휴게소에서 바꿔서 내가 운전할게.
여: 괜찮아, 조금도 안 피곤해.
남: 너는 벌써 3시간 내내 운전했어, 졸음 운전은 위험하다고.
여: 알았어, 그러면 우리 돌아가면서 운전하자.

질문: 그들은 현재 어디에 있을 가능성이 가장 큰가?
　　A 고속도로 위　　　　　　B 사진관
　　C 중개소　　　　　　　　D 박물관

A

대화에 나오는 服务区(휴게소), 疲劳驾驶(졸음 운전) 등의 어휘를 통해 현재 도로에
서 운전 중임을 알 수 있다. 따라서 정답은 A이다.

지문 어휘

服务区 fúwùqū 몡 휴게소
开车 kāi chē 동 차를 몰다
连续 liánxù 동 연속하다 ⭐
疲劳 píláo 혱 피곤하다,
지치다 ⭐
驾驶 jiàshǐ 동 운전하다 ⭐
危险 wēixiǎn 혱 위험하다
轮流 lúnliú 동 번갈아가며 하다 ⭐

보기 어휘

中介 zhōngjiè 몡 중개소 ⭐
博物馆 bówùguǎn
몡 박물관 ⭐

5

女: 先生，您的行李超重了，您是拿出来一部分东西，还是补
交运费？

男: 我拿出来一部分放在手提包里吧。

女: 可以，这是您的护照和登机牌，请收好。

男: 好的，谢谢。

问: 男的最可能在做什么？

　　A 购买机票　　　　　　　B 邮寄包裹
　　C 办理登机手续　　　　　D 接受海关安检

여: 선생님, 당신의 짐이 무게를 초과했습니다. 일부 물건을 꺼내시겠습니까 아니면 운송비를
추가로 내시겠습니까?

남: 일부를 꺼내서 손가방에 넣겠습니다.

여: 네, 여기 선생님의 여권과 티켓입니다. 잘 받으세요.

남: 네, 감사합니다.

질문: 남자는 무엇을 하고 있을 가능성이 가장 큰가?

　　A 비행기 표를 사다　　　　　B 소포를 보내다
　　C 탑승 수속을 하고 있다　　　D 세관 검사를 받고 있다

지문 어휘

超重 chāo zhòng
图 중량을 초과하다

补交 bǔjiāo 图 추가로 내다

运费 yùnfèi 图 운송비

手提包 shǒutíbāo 图 손가방,
핸드백

登机牌 dēngjīpái 图 탑승권

보기 어휘

购买 gòumǎi 图 사다, 구매하다

邮寄 yóujì 图 보내다, 부치다

办理 bànlǐ 图 처리하다 ★

登机 dēngjī
图 비행기에 탑승하다

手续 shǒuxù 图 수속, 절차 ★

海关 hǎiguān 图 세관

安检 ānjiǎn 图 안전 검사·보안
검사의 약칭

정답 C

해설 남자가 무엇을 하고 있을 가능성이 큰지 묻는 문제이다. 대화 내용 가운데 여자가 짐
이 무게를 초과해 일부 물건을 꺼낼지 운송비를 추가로 낼 지 묻거나 탑승권과 여권
을 돌려주며 잘 챙기라고 언급하는 것으로 보아 남자는 현재 탑승 수속을 하고 있음
을 알 수 있다. 따라서 정답은 C이다.

**공략
비법 08 각종 감정 관련 표현 총 집합**　　　　　본서 p. 73 08_5

1

女: 出版社通知我明天开始正式上班。

男: 恭喜恭喜。没想到这么快就找到了理想的工作。

问: 男的是什么意思？

　　A 感到惭愧　　　　　　B 祝贺女的
　　C 可怜女的　　　　　　D 鼓励女的

여: 출판사에서 나에게 내일부터 정식으로 출근하라고 통지했어요.

남: 축하해. 이렇게 빨리 이상적인 직장을 찾을 줄 몰랐네.

질문: 남자의 말은 무슨 의미인가?

　　A 부끄러움을 느낀다　　　B 여자를 축하한다
　　C 여자를 동정한다　　　　D 여자를 격려한다

지문 어휘

出版社 chūbǎnshè 图 출판사

通知 tōngzhī 图 통지하다

正式 zhèngshì 图 정식의

恭喜 gōngxǐ 图 축하하다 ★

理想 lǐxiǎng 图 이상적이다

보기 어휘

惭愧 cánkuì 图 부끄럽다 ★

祝贺 zhùhè 图 축하하다

可怜 kělián 图 동정을 받다,
연민을 자아내다

鼓励 gǔlì 图 격려하다

정답 B

해설 남자의 말의 의미를 묻는 문제이다. 대화에서 나오는 恭喜와 祝贺는 모두 '축하하다'
라는 의미의 동사로 남자는 여자가 좋은 직장을 빨리 찾은 것을 축하해 주고 있다. 따
라서 정답은 B이다.

2

男：小郑，实在对不起。今天早上我儿子打球时，不小心打碎
　　了你家的窗户。

女：没关系，孩子嘛，他又不是故意的，而且玻璃也没几个
　　钱。

问：男的是什么态度？

　　A 抱歉　　　　　　　　B 激动
　　C 怀疑　　　　　　　　D 责备

남: 샤오정, 정말로 미안해요. 오늘 아침에 우리 아들이 공놀이를 하다가 부주의하여 당신 집
　　창문을 깼어요.

여: 괜찮아요, 아이잖아요, 일부러 그런 것도 아니고, 게다가 유리도 얼마 안 해요.

질문: 남자는 어떤 태도인가?

　　A 미안하게 생각하다　　　　　　B 감격하다
　　C 의심하다　　　　　　　　　　D 책망하다

지문 어휘

实在 shízài 🔘 정말로, 창으로
窗户 chuānghu 🔘 창문
故意 gùyì 🔘 고의로, 일부러
玻璃 bōli 🔘 유리⭐

보기 어휘

抱歉 bào qiàn 🔘 미안하게 생
각하다
激动 jīdòng 🔘 감격하다
怀疑 huáiyí 🔘 의심하다
责备 zébèi 🔘 책망하다⭐

정답 A

해설 남자의 태도에 대해 묻는 문제로 여자에게 아이가 유리를 깨서 정말로 미안하다고 사
과하고 있다. 따라서 정답은 A이다.

3

女：我通过面试了！

男：太厉害了，那家公司很难进的，恭喜你！

问：男的是什么态度？

　　A 很佩服　　　　　　　B 无所谓
　　C 不赞成　　　　　　　D 舍不得

여: 나 면접에 합격했어!

남: 대단하다, 그 회사는 들어가기 힘든데, 축하해!

질문: 남자는 어떤 태도인가?

　　A 감탄하다　　　　　　　B 개의치 않다
　　C 찬성하지 않다　　　　　D 아쉽다

지문 어휘

恭喜 gōngxǐ 🔘 축하하다⭐

보기 어휘

佩服 pèifú 🔘 감탄하다⭐
赞成 zànchéng 🔘 찬성하다⭐

정답 A

해설 남자의 태도에 대해 묻는 문제이다. 면접에 합격했다는 여자의 말에 남자는 대단하다
며 축하를 해주는 것으로 보아 정답은 A임을 알 수 있다.

男: 你听说了吗? 这周日咱们单位去郊外秋游。
女: 太棒了! 我已经期待很长时间了。希望那天不下雨。
男: 别担心, 天气预报说这个周末是晴天。
女: 太好了, 那我要准备什么呢?

问: 女的现在心情怎么样?

A 自豪　　　　　　　　B 寂寞
C 冷淡　　　　　　　　D 兴奋

지문 어휘

单位 dānwèi 圆 회사, 부서 ★
郊外 jiāowài 圆 교외
秋游 qiūyóu 동 가을 야유회를 가다
期待 qīdài 동 기대하다 ★
担心 dān xīn 동 염려하다
晴天 qíngtiān 圆 맑은 날(씨)

보기 어휘

自豪 zìháo
형 자부심을 느끼다 ★
寂寞 jìmò 형 외롭다 ★
冷淡 lěngdàn 형 냉담하다 ★
兴奋 xīngfèn 형 흥분하다

남: 너 들었어? 이번 주 일요일에 우리 부서에서 교외로 가을 야유회를 간대.
여: 너무 좋다! 나는 벌써 오랫동안 기대하고 있었어. 그날 비가 안 왔으면 좋겠다.
남: 걱정 마, 일기예보에서 그러는데 이번 주말은 맑대.
여: 잘됐다. 그럼 나는 뭘 준비해야 하지?

질문: 여자는 현재 기분이 어떤가?

A 자부심을 느끼다　　　　　B 외롭다
C 냉담하다　　　　　　　　　D 흥분하다

정답 D

해설 여자의 현재 기분이 어떤지를 묻고 있다. 교외로 야유회를 간다는 소식을 듣고 여자는 오랫동안 기대하고 있었다며 굉장히 들뜬 모습이다. 따라서 정답은 D이다.

女: 这是我从云南带回来的手工艺品, 送给你。
男: 谢谢, 你去云南旅行了吗?
女: 不是, 我去那边见一个客户。
男: 真羡慕你能经常到处出差。

问: 关于女的, 可以知道什么?

A 经常出去旅游　　　　　B 很羡慕男的
C 喜欢参观展览　　　　　D 去云南出差了

지문 어휘

云南 Yúnnán 지명 윈난(운남)
客户 kèhù 圆 고객, 거래처
羡慕 xiànmù 동 부러워하다
到处 dàochù 圆 곳곳, 여기저기

보기 어휘

展览 zhǎnlǎn 圆 전람회

여: 이건 내가 윈난에서 가지고 온 수공예품이야, 너에게 줄게.
남: 고마워. 너는 윈난에 여행 갔던 거야?
여: 아니, 나는 그곳에 가서 고객 한 명을 만났어.
남: 너는 자주 곳곳에 출장도 가고, 정말 부러워.

질문: 여자에 관하여, 알 수 있는 것은 무엇인가?

A 자주 여행을 간다　　　　　B 남자가 부럽다
C 전람회에 참가하는 것을 좋아한다　　　D 윈난에 출장 갔다

정답 D

해설 여자에 관하여 알 수 있는 것을 묻는 문제이다. 윈난에 여행 갔던거냐고 묻는 남자의 말에 여자는 그곳에 가서 고객을 만난 거라고 대답하는 것으로 보아 정답은 D임을 알 수 있다.

1

女: 这些剪纸作品真漂亮，都是手工剪的吗?
男: 是的，剪纸是中国的一种传统手工艺术。

问: 他们在谈论什么?

　　A 扇子　　　B 梳子　　　C 剪纸　　　D 窗帘

여: 이런 젠즈 작품들이 너무 예쁘네요. 모두 손으로 자른 거죠?
남: 네. 젠즈 공예는 중국의 전통적인 수공예 중 하나예요.

질문: 그들은 무엇에 대해 이야기하고 있는가?

A 부채　　　B 빗　　　C 젠즈　　　D 커튼

정답 C

해설 그들이 무엇에 대해 이야기하고 있는지를 묻는 문제이다. 젠즈 작품들이 너무 예쁘다는 여자의 말에 남자는 젠즈 공예는 중국 전통적인 수공예 중 하나라 대답한다. 따라서 정답은 C이다. 평소 剪纸에 대해 알지 못했다면 해결하기 어려운 문제이다. 剪纸는 종이를 인물이나 사물의 모양으로 그리고 가위로 오리는 것으로 전지 공예 혹은 종이 공예라 부른다는 것을 알아두자!

지문 어휘

剪纸 jiǎnzhǐ 〔고유〕 젠즈(전지 공예 혹은 종이 공예라 부름)
手工 shǒugōng 〔명〕 수작업, 수공 ⭐
传统 chuántǒng 〔형〕 전통적인
艺术 yìshù 〔명〕 예술

2

男: 这次我去西安旅游了，西安不愧是中国的历史文化宝库。
女: 对，有人说:"一百年看上海，一千年看北京，两千年看西安。"

问: 关于西安可以知道什么?

　　A 房价低　　　　　　B 生活节奏快
　　C 历史名城　　　　　D 少数民族多

남: 이번에 나 시안으로 여행 갔는데, 시안은 역시 명실상부한 중국의 역사 문화 보물창고더라.
여: 맞아. 누군가 말했잖아. '백 년의 중국은 상하이를 보고, 천 년의 중국은 베이징을 보고, 2천 년의 중국은 시안을 보라'라고.

질문: 시안에 관하여 알 수 있는 것은 무엇인가?

A 집 가격이 낮다　　　　B 생활 리듬이 빠르다
C 유서 깊은 도시이다　　　D 소수 민족이 많다

정답 C

해설 시안에 관하여 알 수 있는 것을 묻는 문제로 남자가 시안은 역시 명실상부한 중국의 역사 문화 보물창고라고 얘기를 하자 여자가 2천 년의 중국은 시안을 보라는 명언을 얘기했다. 따라서 정답은 C이다.

지문 어휘

西安 Xī'ān 〔지명〕 시안(서안)
不愧 búkuì 〔동〕 ~에 부끄럽지 않다
宝库 bǎokù 〔명〕 보물 창고, 보고

보기 어휘

房价 fángjià 〔명〕 집 가격
节奏 jiézòu 〔명〕 리듬, 박자
历史 lìshǐ 〔명〕 역사
名城 míngchéng 〔명〕 유서 깊은 도시, 이름난 도시

3

女：你也下载了这款打车软件。

男：对，无论我在什么地方，都能打到出租车，非常方便。

问：这款打车软件有什么特点？

　　A 支付安全　　　　　　B 随叫随到

　　C 省钱　　　　　　　　D 有优惠活动

여：너도 이 택시 애플리케이션 다운받았네.

남：응, 내가 어디에 있든지 택시를 부를 수 있어서 정말 편해.

질문：이 택시 애플리케이션은 어떤 특징이 있는가?

　　A 돈 지불이 안전하다　　　B 부르자마자 달려온다

　　C 돈을 절약하다　　　　　D 할인 행사가 있다

软件 ruǎnjiàn 몧 애플리케이션, 소프트웨어 ⭐

无论 wúlùn 졥 ～을 막론하고

보기 어휘

支付 zhīfù 툉 지불하다

随叫随到 suíjiào suídào 부르자마자 달려오다

省钱 shěng qián 툉 돈을 절약하다, 돈을 아끼다

优惠活动 yōuhuì huódòng 몧 할인 행사

정답　B

해설　택시 애플리케이션의 특징에 대해 묻는 문제로 남자가 어디에 있든지 택시를 부를 수 있어서 정말 편하다고 했다. 따라서 정답은 B이다.

4

男：我上周去苏州旅游了。我给你带了丝巾。

女：太漂亮了！这上面绣的牡丹花是纯手工的吧？

男：对，是纯手工的。你知道它代表什么吗？

女：我当然知道。它是中国的国花，代表富贵。

问：关于那条丝巾哪个正确？

　　A 纯手工制作的　　　　　B 两面都有古诗

　　C 是画家设计的　　　　　D 颜色鲜艳

남：나는 지난 주에 쑤저우로 여행 갔었어. 너를 위해 실크 스카프를 가져왔어.

여：정말 예쁘다! 이 위에 수 놓아진 모란은 100% 핸드 메이드지?

남：응, 100% 핸드 메이드야. 너는 이 모란이 무엇을 상징하는지 알아?

여：당연히 알지. 모란은 중국의 국화이고 부귀를 상징하지.

질문：그 실크 스카프에 관하여 다음 중 옳은 것은?

　　A 100% 핸드 메이드이다　　　B 양쪽 면 모두 옛 시가 있다

　　C 화가가 디자인 한 것이다　　D 색이 화려하다

지문 어휘

苏州 Sūzhōu 고유 쑤저우(소주)

丝巾 sījīn 몧 실크 스카프

绣 xiù 툉 수 놓다

牡丹 mǔdan 몧 모란

纯手工 chún shǒugōng 몧 100% 핸드 메이드

代表 dàibiǎo 툉 상징하다, 나타내다 ⭐

国花 guóhuā 몧 국화

富贵 fùguì 혱 부귀하다

보기 어휘

古诗 gǔshī 몧 옛 시

设计 shèjì 툉 디자인하다 ⭐

鲜艳 xiānyàn 혱 화려하다 ⭐

정답　A

해설　실크 스카프에 관해 묻는 문제이다. 여자가 실크 스카프에 수 놓아진 모란에 대해 묻자 남자는 100% 핸드 메이드라고 했으므로 정답은 A이다.

5

男：你去过云南吗？

女：我倒是很想去，可惜一直没时间。

男：那国庆节我们去吧，那边风景特别好，还可以骑大象。

女：太好了，我还没骑过大象呢，肯定很刺激。

问：他们国庆节打算做什么？

    A 去草原骑马   B 去沙漠探险
    C 去野外摄影   D 去云南玩儿

남: 너는 윈난에 가본 적이 있니?

여: 나는 너무 가보고 싶었는데, 애석하게도 계속 시간이 없었어.

남: 그럼 국경절에 우리 가자, 그곳의 풍경은 매우 좋고, 코끼리를 탈 수도 있어.

여: 아주 좋아, 나는 아직 코끼리를 타 본 적 없어, 아마 매우 흥분될 거 같아.

질문: 그들은 국경절에 무엇을 할 계획인가?

    A 초원에 가서 말을 탄다   B 사막에 가서 탐험한다
    C 야외 촬영을 하러 간다   D 윈난에 가서 논다

지문 어휘

可惜 kěxī 〔형〕 애석하다, 안타깝다
风景 fēngjǐng 〔명〕 풍경, 경치 ⭐
大象 dàxiàng 〔명〕 코끼리
刺激 cìjī 〔동〕 흥분시키다 ⭐

보기 어휘

草原 cǎoyuán 〔명〕 초원
沙漠 shāmò 〔명〕 사막 ⭐
探险 tànxiǎn 〔동〕 탐험하다
野外 yěwài 〔명〕 야외

정답   D

해설   그들이 국경절에 무엇을 할 계획인지 묻는 문제로 윈난에 가본 적 있냐는 남자의 질문에 여자는 시간이 없어 아직 못 가봤다고 대답한다. 그러자 남자는 국경절에 가자고 직접 제안을 한다. 두 사람의 대화를 통해 국경절에 윈난에 가서 놀 것임을 알 수 있다. 따라서 정답은 D이다.

공략비법 **10** 뜻은 하나인데 표현은 다양하게

 본서 p. 85

1

女：这次的投资项目很重要，你们到底有没有信心？

男：您放心吧，我们保证准时完成。

问：男的是什么态度？

    A 有把握   B 谦虚   C 支持   D 抱怨

여: 이번 투자 프로젝트는 매우 중요합니다. 당신들은 자신이 있나요?

남: 안심하세요, 저희는 기한 내에 완성할 자신이 있습니다.

질문: 남자는 어떤 태도인가?

    A 자신이 있다   B 겸손하다   C 지지한다   D 원망한다

지문 어휘

投资项目 tóuzī xiàngmù
〔명〕 투자 프로젝트 ⭐
重要 zhòngyào 〔형〕 중요하다
到底 dàodǐ 〔부〕 도대체
信心 xìnxīn 〔명〕 자신감
保证 bǎozhèng 〔동〕 보장하다
准时 zhǔnshí 〔부〕 정시에

보기 어휘

把握 bǎwò 〔명〕 자신, 가망, 믿음 ⭐
谦虚 qiānxū 〔형〕 겸손하다 ⭐
支持 zhīchí 〔동〕 지지하다, 견디다, 지탱하다
抱怨 bàoyuàn 〔동〕 원망하다 ⭐

정답   A

해설   남자의 태도에 대해 묻는 문제이다. 자신이 있냐는 여자의 질문에 남자는 안심하라고 대답했으므로 정답은 A임을 알 수 있다.

2

女： 老板，我刚才买了一条围巾，但是选错了颜色，能换吗？
男： 只要没戴过，不影响再次销售就没问题。

问： 根据对话，下列哪种情况可以换围巾？

    A 没使用过   B 不超过十天
    C 没剪掉价格牌   D 消费满100元

여： 사장님, 제가 방금 목도리를 샀는데, 색을 잘못 골랐어요. 바꿔도 되나요?
남： 착용한 적이 없고, 재판매에 영향을 끼치지 않으면 문제없어요.

질문： 대화에 근거하여, 다음 중 어느 경우에 목도리를 바꿀 수 있는가?

    A 사용한 적이 없다   B 10일을 넘기지 않는다
    C 가격표를 자르지 않았다   D 100위안을 꽉 채워 소비한다

지문 어휘
围巾 wéijīn 명 목도리, 스카프, 머플러 ⭐
戴 dài 동 착용하다, 두르다, 쓰다
销售 xiāoshòu 동 판매하다, 팔다

보기 어휘
超过 chāoguò 동 넘다, 초과하다
价格牌 jiàgépái 명 가격표
消费 xiāofèi 동 소비하다, 돈을 쓰다 ⭐
满 mǎn 형 꽉 차다

정답 ▶ A

해설 ▶ 대화에 근거하여 어느 경우에 목도리를 바꿀 수 있는 지를 묻는 문제이다. 색을 잘못 골라 목도리를 바꾸고 싶다는 여자의 말에 남자는 착용한 적이 없고 재판매에 영향을 끼치지 않으면 물건을 교환할 수 있다고 대답한다. 따라서 정답은 A이다.

3

女： 陈师傅，您都退休了怎么还来参加演出呢？累不累？
男： 当了四十年的演员，我舍不得离开这个话剧舞台。

问： 关于陈师傅可以知道什么？

    A 是导演   B 热爱民族舞
    C 未退休   D 仍在坚持表演

여： 천 선생님, 선생님께서는 이미 은퇴하셨는데 어째서 아직도 공연을 하시는 건가요? 힘들지 않으신가요?
남： 40년 동안 연기자 생활을 해서, 이 연극 무대를 떠나기가 아쉽다네.

질문： 천 선생에 관하여 알 수 있는 것은 무엇인가?

    A 감독이다   B 민족 춤을 좋아한다
    C 아직 은퇴하지 않았다   D 여전히 꾸준히 공연을 하고 있다

지문 어휘
演出 yǎnchū 명 공연
演员 yǎnyuán 명 배우
舍不得 shěbude 동 아쉽다, 미련이 남다 ⭐
话剧 huàjù 명 연극

보기 어휘
导演 dǎoyǎn 명 감독, 연출자 ⭐
热爱 rè'ài 동 뜨겁게 사랑하다 ⭐
退休 tuìxiū 동 은퇴하다 ⭐
表演 biǎoyǎn 동 공연하다

정답 ▶ D

해설 ▶ 천 선생에 관하여 알 수 있는 것을 묻는 문제이다. 대화의 **参加演出**와 보기의 **坚持表演**는 모두 '공연을 하고 있다'라는 의미이며, 천 선생이 연극 무대를 떠나기 아쉽다고 했으므로 정답이 D임을 알 수 있다.

4

女: 报上来的销售方案怎么样?
男: 第一组的还不错，其余的都不太合适。
女: 是吗? 我觉得第二组的也可以。
男: 第二个需要大量投资，实施起来太难了。

问: 男的觉得第二组的方案怎么样?
　　A 不够专业　　　　　　B 缺乏代表性
　　C 用过很多次　　　　　D 投入太大

여: 보고해 온 판매 방안이 어때요?
남: 1조는 괜찮았어요, 나머지는 다 그다지 적합하지 않아요.
여: 그래요? 저는 2조도 괜찮았어요.
남: 2조는 대량의 투자금이 필요해요, 실행하기 너무 어려워요.

질문: 남자는 2조의 방안이 어떠하다고 생각하는가?
　　A 전문적이지 못하다　　　　B 대표성이 결여되어 있다
　　C 여러 번 써 보았다　　　　D 투자금이 매우 크다

지문 어휘

方案 fāng'àn 명 (구체적인) 방안, 계획 ⭐
其余 qíyú 때 나머지 ⭐
大量 dàliàng 형 대량의
投资 tóuzī 명 투자금, 투자 ⭐
实施 shíshī 동 실행하다

보기 어휘

专业 zhuānyè 명 전문 업무, 전문 분야
缺乏 quēfá 동 결여되다, 결핍되다 ⭐
投入 tóurù 명 투자금 ⭐

정답　D

해설　남자는 2조의 방안을 어떻게 생각하는지 묻는 문제이다. 2조도 괜찮았다는 여자의 말에 남자는 대량의 투자금이 필요하다고 답하였으므로 정답은 D이다. 대화의 投资와 보기의 投入 모두 '투자금, 투자'의 뜻을 가지고 있다.

5

女: 你看起来心情很不好。
男: 是啊，我想读建筑专业，但是我爸妈不同意。
女: 我觉得你应该参考父母的意见，但是主要还得你自己拿主意。
男: 对，可我父母很严厉，很难和他们沟通。

问: 男的为什么心情不好?
　　A 父母不支持他　　　　B 被人误会了
　　C 与妻子有矛盾　　　　D 跟同事吵架了

여: 너는 기분이 아주 안 좋아 보여.
남: 응, 나는 건축을 전공하고 싶은데, 우리 부모님이 동의하지 않아서.
여: 나는 네가 부모님의 의견을 참고해야 한다고 생각하지만, 대부분 너 스스로 결정을 내려야 할 것 같아.
남: 맞아, 하지만 우리 부모님은 엄격하셔서 부모님과 소통하는 게 힘들어.

질문: 남자는 왜 기분이 좋지 않은가?
　　A 부모님이 그를 지지해 주지 않는다　　B 다른 사람에게 오해를 받았다
　　C 아내와 갈등이 있다　　　　D 동료와 싸웠다

지문 어휘

建筑 jiànzhù 명 건축 ⭐
专业 zhuānyè 명 전공
参考 cānkǎo 동 참고하다 ⭐
拿主意 ná zhǔyi (방법·대책·마음을) 결정하다, 정하다
严厉 yánlì 형 엄격하다
沟通 gōutōng 동 소통하다, 의견을 나누다 ⭐

보기 어휘

误会 wùhuì 동 오해하다
矛盾 máodùn 명 갈등, 대립, 불화 ⭐

정답　A

해설　남자의 기분이 좋지 않은 이유에 대해 묻고 있다. 그가 건축 전공을 선택하는 것을 부모님이 동의하지 않는다고 언급한 것으로 보아 不支持他(그를 지지해 주지 않는다)와 동의 표현임을 알 수 있다. 따라서 정답은 A이다.

1-3.

　　有家广告公司招聘设计师，**1** 因为待遇丰厚，所以吸引了
几百名求职者前来应聘。经过三轮面试后，只剩下了五个人。
面试官对这五个人说：**2** "三天后，总裁将亲自面试你们，回
去后好好准备吧。"三天后，那五个人如约而至。但最后的面
试结果让人出乎意料。**3** 一个综合条件很一般的年轻人被录取
了。有个考官问总裁："您为什么录用这个并不出色的人呢？"
总裁回答："虽然他的穿着朴素，不懂太多的面试技巧，但他
在未被正式聘用之前，做了几个十分有创意的广告设计，还
对目前的广告市场做了详细的调查与分析。**3** 像他这么勤奋的
人，不用他，用谁呢？

　　어떤 광고 회사에서 디자이너를 모집했다. **1** 회사 대우가 후하여 몇 백 명의 구직자들이 입
사 지원을 했다. 세 차례의 면접을 거친 후에 다섯 명만 남았다. 면접관은 이 다섯 사람에게 말
했다. **2** "3일 후 회장님께서 직접 여러분들과 만나 면접 시험을 보실 겁니다. 돌아가셔서 잘 준
비해 주시기 바랍니다." 3일 후, 그 다섯 명의 사람들이 약속대로 도착했다. 그런데 마지막 면
접 결과는 모두의 예상을 벗어났다. **3** 종합적인 조건이 그저 평범한 한 젊은이가 채용이 된 것
이다. 한 면접관이 회장에게 물었다. "회장님 무엇때문에 전혀 뛰어나지 않은 사람을 채용하신
건가요?" 회장은 대답했다. "비록 그는 복장이 수수하고, 면접 보는 기술도 잘 몰랐지만, 그는
아직 정식으로 채용되기 전에, 매우 창의적인 광고 디자인 몇 개를 만들어 왔다네. 또한 현재
광고 시장에 대해 자세한 조사와 분석을 하였네. **3** 그 젊은이처럼 부지런한 사람을 채용하지
않는다면 누구를 채용한단 말인가?

지문 어휘

招聘 zhāo pìn 동 모집하다

待遇 dàiyù 명 대우 ⭐

丰厚 fēnghòu 형 후하다, 두텁다

面试 miànshì 동 면접시험을
보다

亲自 qīnzì 부 직접 ⭐

如约 rúyuē 부 약속대로

出乎意料 chūhūyìliào
성 예상을 벗어나다

综合 zōnghé 동 종합하다 ⭐

考官 kǎoguān 명 시험관

录用 lùyòng 동 채용하다

出色 chūsè 형 특별히 뛰어
나다 ⭐

朴素 pǔsù 형 수수하다, 소박하다

技巧 jìqiǎo 명 기술, 기교

聘用 pìnyòng 동 (초빙하여)
임용하다

创意 chuàngyì 창의, 독창적
인 견해

广告 guǎnggào 명 광고

设计 shèjì 동 디자인하다 ⭐

目前 mùqián 명 현재 ⭐

详细 xiángxì 형 상세하다

调查 diàochá 동 조사하다

分析 fēnxī 동 분석하다 ⭐

勤奋 qínfèn 형 부지런하다,
근면하다 ⭐

1

问: 那家公司的招聘为什么吸引了很多人？

A 待遇丰厚　　　　　　　B 外语要求低

C 公司名气大　　　　　　D 有发展空间

질문: 그 회사의 채용은 왜 많은 사람의 관심을 끌었나?

A 대우가 후하다　　　　　B 외국어 조건이 낮다

C 회사가 명성이 높다　　　D 발전 가능성이 있다

보기 어휘

名气 míngqì 명 명성

空间 kōngjiān 명 공간,
가능성 ⭐

정답 A

해설 　그 회사의 채용에 왜 많은 사람이 몰렸는지 묻는 문제이다. 녹음의 시작 부분에서 대
우가 후하여 많은 사람들의 관심을 끌었다고 했으므로 정답은 A이다.

2

问：最后一轮面试的考官是谁？

　　A 秘书　　　　B 总裁　　　　C 主任　　　　D 部门经理

질문: 마지막 면접의 면접관은 누구였나?

　　A 비서　　　　B 회장　　　　C 주임　　　　D 부서 팀장

秘书 mìshū 몡 비서 ★
总裁 zǒngcái 몡 (기업의) 회장, 총수, 총재 ★
部门 bùmén 몡 부서 ★

정답　B

해설　마지막 면접의 면접관으로 누가 들어왔는지 묻고 있다. 세 차례의 면접 후 면접관이 3일 후에 회장이 직접 면접을 본다고 언급했으므로 정답은 B이다.

3

问：关于那个年轻人可以知道什么？

　　A 十分幽默　　　　　　　B 态度大方

　　C 被录取了　　　　　　　D 非常谦虚

질문: 그 젊은이에 관하여 알 수 있는 것은 무엇인가?

　　A 굉장히 유머러스하다　　　　B 태도가 시원시원하다

　　C 채용되었다　　　　　　　　D 매우 겸손하다

보기 어휘

幽默 yōumò 혱 유머러스하다
大方 dàfang 혱 시원시원하다, 대범하다 ★
录取 lùqǔ 됭 채용하다, 합격시키다, 뽑다 ★
谦虚 qiānxū 혱 겸손하다 ★

정답　C

해설　그 젊은이에 관하여 알 수 있는 것을 묻는 문제이다. 녹음의 중간 부분에서 조건이 평범한 젊은이가 채용됐다고 하였고, 마지막 부분에서는 그 젊은이처럼 부지런한 사람을 채용하지 않는다면 누굴 채용하겠냐고 반문한 것으로 보아 정답은 C임을 알 수 있다.

4-6.

　　有一位富豪拥有丰厚的财产，一次，**4** 他不小心把一枚一元硬币掉到了车底下，于是他赶紧蹲下身子去捡。但是硬币滚得太远，怎么够也够不到。旁边的保安看到后，连忙拿来工具帮他拾起了硬币。富豪拿到硬币后，**5** 为了感谢保安，竟然给了他一百元。有人不理解富豪的做法，富豪解释说："如果我不捡这一元钱，那它便会在市场上消失，保安帮我捡了这一元钱才避免了浪费，他的行为值得奖励。一元钱虽然很少，**6** 但只有做到一分钱也不浪费，才能不断地积累财富。"

지문 어휘

富豪 fùháo 몡 부자, 부호
拥有 yōngyǒu 됭 가지다, 소유하다
丰厚 fēnghòu 혱 많다, 후하다
财产 cáichǎn 몡 재산, 자산 ★
枚 méi 얭 개(주로 비교적 작은 조각으로 된 사물에 쓰임)
硬币 yìngbì 몡 동전
赶紧 gǎnjǐn 뮈 재빨리, 얼른, 급히 ★
蹲下 dūnxià 쪼그리고 앉다, 웅크리고 앉다
捡 jiǎn 됭 줍다 ★
滚 gǔn 됭 구르다 ★
保安 bǎo'ān 몡 보안 요원, 경비원

많은 재산을 가진 부자가 한번은 **4** 실수로 1위안 동전 한 개를 차 밑에 떨어뜨렸다. 그는 재빨리 몸을 웅크리고 앉아 주우려고 했다. 하지만 동전이 너무 멀리 굴러가서 어떻게 잡으려고 해도 잡히지 않았다. 옆에 있던 보안 요원이 본 후, 얼른 도구를 가져와 동전을 주워주었다. 부자는 동전을 받은 후, **5** 보안 요원에게 감사하며 100위안을 주었다. 어떤 사람은 부자의 방식을 이해할 수 없겠지만, 부자는 이렇게 설명했다. "만약 내가 이 1위안을 줍지 못했다면, 그 것은 시장에서 사라졌을 것이다. 보안 요원이 나를 도와 1위안을 주워서 낭비를 면할 수 있었으니 그의 행동은 칭찬받을 가치가 있다. 비록 1위안은 매우 적으나, **6** 한 푼도 낭비하지 않아야만 재산을 계속해서 쌓아나갈 수 있다."

连忙 liánmáng (부) 얼른, 급히 ⭐
解释 jiěshì (동) 설명하다
消失 xiāoshī (동) 사라지다, 없어지다 ⭐
避免 bìmiǎn (동) 모면하다, 피하다
奖励 jiǎnglì (명) 칭찬, 장려
积累 jīlěi (동) 쌓다, 축적하다
财富 cáifù (명) 재산, 부

问: 关于那位富豪，可以知道什么?
A 不想自己捡钱　　　　B 掉了一枚硬币
C 丢了一百元钱　　　　D 曾经做过保安

보기 어휘

丢 diū (동) 잃다, 분실하다

질문: 그 부자에 관하여, 알 수 있는 것은 무엇인가?
A 스스로 돈을 주울 생각이 없다　　B 동전 한 개를 떨어뜨렸다
C 100위안을 잃어버렸다　　D 이전에 보안 요원이었다

정답　B

해설　녹음 시작 부분에서 실수로 1위안 동전 한 개를 차 밑에 떨어뜨렸다고 언급했으므로 정답은 B임을 알 수 있다.

问: 富豪是如何感谢那位保安的?
A 拥抱了他　　　　B 给他升了职
C 给了他钱　　　　D 表扬了他

보기 어휘

拥抱 yōngbào (동) 포옹하다 ⭐
升职 shēng zhí (동) 승진하다
表扬 biǎoyáng (동) 칭찬하다, 표창하다

질문: 부자는 어떻게 그 보안 요원에게 감사해했는가?
A 그를 안아주었다　　B 그를 승진시켜 주었다
C 그에게 돈을 주었다　　D 그를 칭찬했다

정답　C

해설　질문의 感谢(감사하다) 부분을 집중해 들어야 한다. 녹음 중간 부분에서 보안 요원에게 감사해하며 100위안을 주었다고 했으므로 정답은 C이다.

问: 富豪怎么看待财富?
A 没必要攒钱　　　　B 小钱无所谓
C 不能浪费钱　　　　D 要留给子孙

보기 어휘

看待 kàndài (동) 대하다
必要 bìyào (형) 필요하다 ⭐
攒 zǎn (동) 모으다
无所谓 wúsuǒwèi 개의치 않다, 아무렇지 않다
浪费 làngfèi (동) 낭비하다
子孙 zǐsūn (명) 자손, 후손

질문: 부자는 재산을 어떻게 대하는가?
A 돈을 모을 필요가 없다　　B 적은 돈은 개의치 않다
C 돈을 낭비하지 않는다　　D 자손에게 남겨준다

해설 ▶ 녹음의 마지막 부분에서 비록 1위안은 매우 적으나, 한 푼도 낭비하지 않아야만 재산을 계속해서 쌓아나갈 수 있다고 언급했다. 부자가 재산을 어떻게 대하는지 묻는 문제였으므로 정답은 C이다.

공략 비법 12 열거형 문제

본서 p. 102 🎧 12_2

지문 어휘

精彩 jīngcǎi 형 멋지다, 뛰어나다
演讲 yǎnjiǎng 명 강연, 연설 ⭐
呼吸 hūxī 명 호흡, 숨 ⭐
精神 jīngshen 명 정신, 기운 ⭐
集中 jízhōng 통 집중시키다, 한데 모으다 ⭐
尝试 chángshì 통 시도해보다
深呼吸 shēnhūxī 통 심호흡하다, 깊은 숨을 내쉬다
通俗易懂 tōngsúyìdǒng 통속적이어서 알기 쉽다
简洁 jiǎnjié 형 (말·문장 등이) 간결하다
令 lìng 통 ~로 하여금 ~하게 하다
停顿 tíngdùn 통 (말을) 잠시 쉬다
创造 chuàngzào 통 창조하다, 이룩하다
幽默 yōumò 형 유머러스하다
掌握 zhǎngwò 통 마스터하다
技巧 jìqiǎo 명 기술, 기교
展现 zhǎnxiàn 통 드러내다, 나타내다
魅力 mèilì 명 매력 ⭐

1-3.

3 如何才能做一个精彩的演讲呢？**1** 首先，要通过呼吸让精神更集中，可以尝试做三到四次有意识的深呼吸练习。其次，应使用通俗易懂的语言，因为简洁会令人印象深刻。再次，**2** 学会利用停顿，给听众一点儿时间去思考你接下来会讲什么，这样能创造出很强的戏剧效果。最后，幽默的运用也很重要。掌握了以上技巧，就是你展现个人魅力的时候了！

- -

3 어떻게 하면 멋진 강연을 할 수 있을까? **1** 우선, 호흡을 통해 정신을 더 집중시켜야 하고, 서너 번 의식적인 심호흡 연습을 시도해 볼 수 있다. 그다음으로 통속적이고 이해하기 쉬운 언어를 사용해야 한다. 간결해야 사람에게 깊은 인상을 남길 수 있기 때문이다. 두 번째, **2** 잠깐 쉬는 것을 이용할 줄 알아야 한다. 청중에게 약간의 시간을 주어 당신이 다음에 무엇을 강연할 것인지에 대해 생각하게 하는 것은 아주 강한 극적 효과를 만들어 낼 수 있다. 마지막으로, 유머를 사용하는 것도 중요하다. 위의 스킬을 마스터했다면, 바로 당신이 개인적인 매력을 드러낼 때이다!

보기 어휘

精力 jīnglì 명 정력 ⭐
观众 guānzhòng 명 관중, 관객
发笑 fāxiào 통 웃다, 웃음이 나오다
活跃 huóyuè 형 (분위기가) 활기차다, 활기를 띠다

1

问：深呼吸练习有什么作用？

A 能集中精力　　　　　B 令观众发笑
C 令人印象深刻　　　　D 让气氛更活跃

질문: 심호흡 연습은 어떤 작용을 하는가?

A 정력을 집중할 수 있다　　　　B 관중의 웃음을 유발할 수 있다
C 사람에게 깊은 인상을 남긴다　　D 분위기를 더 활기차게 하다

해설 ▶ 심호흡 연습의 작용에 대해 묻는 문제이다. 녹음에서 호흡을 언급한 부분부터 집중해 들어야 한다. 녹음의 초반부에서 호흡을 통해 정신을 집중시켜야 한다고 언급한 것으로 보아 정답은 A이다.

问: 演讲时，如何创造戏剧效果？

A 着装夸张	**B** 使用停顿
C 转换主题	**D** 语言简洁

보기 어휘

着装 zhuózhuāng 명 옷차림, 복장

夸张 kuāzhāng 동 과장하다 ☆

转换 zhuǎnhuàn 동 전환하다, 바꾸다

질문: 강연할 때, 어떻게 극적 효과를 만드는가?

A 옷차림을 과장되게 한다	B 잠시 쉬는 것을 이용한다
C 주제를 전환한다	D 언어를 간결하게 한다

정답 ▶ B

해설 ▶ 강연할 때, 어떻게 극적 효과를 만드는지에 대해 묻는 문제이다. 설명문의 경우, 열거나 예시를 의미하는 어휘들에 주목해 녹음을 들어야 한다. 녹음 중반부에 두 번째 방법에 대해 설명하는데 잠깐 쉬는 것을 이용하라고 언급하였다. 따라서 정답은 B이다.

问: 这段话主要谈的是什么？

A 演讲的意义	**B** 如何做演讲
C 怎样放松精神	**D** 幽默的重要性

질문: 이 글이 주로 이야기 하고 있는 것은?

A 연설의 의의	B 어떻게 연설해야 하는가
C 어떻게 정신을 편하게 할 것인가	D 유머의 중요성

정답 ▶ B

해설 ▶ 녹음의 시작 부분에서 어떻게 하면 멋진 강연을 할 수 있을까?라고 직접적으로 언급하였으며 녹음의 내용이 모두 멋진 강연을 하는 방법을 설명하는 방식이다. 따라서 정답은 B임을 알 수 있다.

4-6.

　　许多人以为海底的世界是寂静无声的，其实不然。科学家为了揭开这个秘密，在海底安放了一个水下听音器。结果惊奇地发现，**4** 许多海洋动物都能发出各种各样的声音。有的像青蛙呱呱叫；有的发出蜜蜂嗡嗡叫的声音；有的叫喊声像飞机飞过一样；还有的像人在打呼噜。另外，**6** 虽然阳光不能照射到海底，**5** 但在一片漆黑的海底世界里，可以看到闪闪发亮的光，就像星星一样。这是因为有的海洋动物有发光器官，这个和萤火虫的发光原理是一样的。当然这些光不是为了照明用的，而是为了捕食。

지문 어휘

海底 hǎidǐ 명 해저

寂静 jìjìng 형 조용하다

不然 bùrán 동 그렇지 않다 ☆

揭开 jiēkāi 동 폭로하다

安放 ānfàng 동 (물건을 일정한 위치에) 설치하다, 두다

水下听音器 shuǐxià tīngyīnqì 명 수중 청음기

惊奇 jīngqí 형 경이롭다, 놀랍다

青蛙 qīngwā 명 청개구리

呱呱 guāguā 개굴개굴

蜜蜂 mìfēng 명 꿀벌 ☆

嗡嗡 wēngwēng 윙윙, 웽웽

실전 테스트 **47**

많은 사람이 해저 세계는 적막하고 어떤 소리도 없는 곳이라고 생각하지만 사실은 그렇지 않다. 과학자들이 이 비밀을 폭로하기 위해 바닷속에 수중 청음기를 설치했다. 결과는 경이롭게 밝혀졌다. **4** 많은 해양 동물은 모두 다양한 소리를 내고 있었다. 어떤 것은 청개구리처럼 개굴개굴 울었고, 어떤 것은 꿀벌의 윙윙거리는 소리를 냈다. 어떤 것의 소리는 마치 비행기가 지나가는 것과 같았고 또 어떤 것은 마치 사람처럼 코를 골았다. 이밖에도, **6** 비록 햇빛이 해저까지 비추지는 못하지만 **5** 칠흑처럼 어두운 해저 세계에서도 흡사 별과 같이 반짝반짝 빛나는 빛을 볼 수 있다. 이것은 일부 해양 동물이 빛을 내는 기관을 가지고 있기 때문인데, 이것은 반딧불이 빛을 내는 원리와 같았다. 물론 이러한 빛은 밝히기 위해 이용하는 것이 아니라 먹이를 잡기 위한 것이었다.

打呼噜 dǎ hūlu 〈동〉 코를 골다
照射 zhàoshè 〈동〉 비치다
漆黑 qīhēi 〈형〉 칠흑같이 어둡다
闪闪发亮 shǎnshǎnfāliàng
반짝반짝 빛을 내다
星星 xīngxing 〈명〉 별
发光 fā guāng 〈동〉 빛을 내다
器官 qìguān 〈명〉 기관
萤火虫 yínghuǒchóng
〈명〉 반딧불
捕食 bǔ shí 〈동〉 먹이를 잡다

4

问: 关于海底的动物，可以知道什么?
A 会发出各种声音　　　　B 睡眠时间长
C 颜色单调　　　　　　　D 有自我保护意识

보기 어휘

单调 dāndiào 〈형〉 단조롭다 ★
意识 yìshí 〈명〉 의식

질문: 해저 동물들에 관하여, 알 수 있는 것은 무엇인가?
A 각종 소리를 낼 수 있다　　B 수면 시간이 길다
C 색이 단조롭다　　　　　　D 자기보호 의식이 있다

정답　A

해설　해저 동물들에 관하여 무엇을 알 수 있는지 묻고 있다. 과학자들이 바다 속에 수중 청음기를 설치하고 많은 해양 동물이 모두 다양한 소리를 내고 있다는 것을 밝혔으므로 정답은 A이다.

5

问: 说话人觉得，有的海洋动物发出的光像什么?
A 月光　　　B 手电筒　　　C 太阳光　　　D 星星

보기 어휘

手电筒 shǒudiàntǒng
〈명〉 손전등

질문: 화자는 일부 해양 동물이 내는 빛은 무엇과 같다고 생각하는가?
A 달빛　　　B 손전등　　　C 햇빛　　　D 별

정답　D

해설　일부 해양 동물이 내는 빛이 무엇과 같다고 생각하는지를 묻는 문제이다. 어두운 해저 세계에서도 흡사 별과 같이 반짝반짝 빛나는 빛을 볼 수 있다고 했으므로 정답은 D이다.

6

问: 根据这段话，下列哪项正确?
A 海底植物比海底动物少　　B 海底有丰富的资源
C 阳光无法照射到海底　　　D 海洋面积比陆地面积大

보기 어휘

资源 zīyuán 〈명〉 자원 ★
陆地 lùdì 〈명〉 육지, 땅 ★

질문: 이 글에 근거하여 다음 중 옳은 것은?
A 해저 식물이 해저 동물보다 적다　　B 해저 세계에는 풍부한 자원이 있다
C 햇빛은 해저 세계까지 비출 수 없다　　D 바다 면적이 육지 면적보다 크다

정답 ▶ C

해설 ▶ 이 글에 근거해 옳은 것을 찾는 문제이다. 녹음의 후반부에서 햇빛이 해저까지 비추지는 못한다고 언급했으므로 정답은 C이다.

공략비법 13 논설문과 설명문 유형 문제

본서 p. 105 🎧 13_2

1-2.

在天气很热的时候人们经常会开玩笑地说："心静自然凉。"那么如果心里平静，身体真的就会凉快吗？其实这种说法不是玩笑，而是有一定的科学根据的。**1** 研究表明，人的心情对血流速度有直接影响，而血流速度又会影响体温。当人情绪激动时，血流速度加快，会产生更多的热量；而情绪稳定时，血流速度减慢，热量减少，人自然就会感觉凉快。此外，"心静自然凉"还有更深层次的意思，**2** 就是指在遇到困难时要以平常心去面对。

날씨가 더울 때 사람들은 자주 우스갯소리로 '마음이 평온하면 자연스럽게 서늘해진다.'라고 말한다. 그럼 만약에 마음이 평온하면 정말 몸이 시원해질까? 사실 이런 견해는 농담이 아니라 어느 정도 과학적인 근거가 있는 것이다. **1** 연구에서 사람의 기분은 혈류 속도에 직접적인 영향을 미치고, 혈류 속도 또한 체온에 영향을 미친다는 것을 밝혔다. 사람의 감정이 격해질 때, 혈류 속도가 빨라져 더 많은 열량이 발생하며, 감정이 안정될 때, 혈류 속도가 느려지고 열량이 감소되면 사람은 자연스럽게 시원함을 느끼게 된다. 그 외에도 '마음이 평온하면 자연스럽게 서늘해진다'라는 말은 더 깊은 의미가 있다. **2** 바로 어려움을 만났을 때 평정심을 가지고 직면해야 한다는 것이다.

지문 어휘

静 jìng 혱 (마음이) 평온하다, 평안하다

自然 zìrán 倁 자연스럽게, 자연히

凉 liáng 혱 서늘하다, 쌀쌀하다

平静 píngjìng 혱 평온하다, 안정되다 ⭐

说法 shuōfǎ 몡 견해, 의견

一定 yídìng 혱 어느 정도의, 상당한

血流 xuèliú 몡 혈류

情绪 qíngxù 몡 감정, 마음, 기분 ⭐

热量 rèliàng 몡 열량

稳定 wěndìng 혱 안정되다, 안정적이다

减慢 jiǎnmàn 동 (속도가) 느려지다, 줄다

平常心 píngchángxīn 몡 평정심, 평상심

面对 miànduì 동 직면하다, 마주하다 ⭐

---

①

问：根据这段话，人体血流速度会受什么影响？

　　A 心情　　　B 气候　　　C 性格　　　D 睡眠

질문: 이 글에 근거하여, 인체 혈류 속도는 어떤 영향을 받는가?

　　A 기분　　　　B 기후　　　　C 성격　　　　D 수면

보기 어휘

心情 xīnqíng 몡 기분, 마음, 심정

정답 ▶ A

해설 ▶ 녹음의 중반부에서 연구에서 사람의 기분은 혈류 속도에 직접적인 영향을 미치고, 혈류 속도 또한 체온에 영향을 미친다는 것을 밝혔다고 언급했으므로 정답은 A임을 알 수 있다.

2

问：“心静自然凉”告诉我们什么道理？

    A 要珍惜生命　　　　　**B** 目标要明确
    C 遇事要冷静　　　　　**D** 要保持乐观

질문: "心静自然凉"는 우리에게 어떤 이치를 알려주는가?

    A 생명을 소중히 여겨야 하다　　**B** 목표를 명확히 해야 하다
    C 일이 발생해도 냉정해야 한다　　**D** 낙관을 유지해야 한다

보기 어휘	
道理 dàolǐ 📕 이치, 도리	
珍惜 zhēnxī 🔴 소중히 여기다, 아끼다 ⭐	
明确 míngquè 🔴 명확하게 하다, 확실하게 하다 ⭐	
冷静 lěngjìng 🔶 냉정하다, 침착하다	
保持 bǎochí 🔴 계속 유지하다, 지키다 ⭐	
乐观 lèguān 🔶 낙관적이다 ⭐	

정답　C

해설　녹음의 마지막 부분에서 **心静自然凉**(마음이 평온하면 자연스럽게 서늘해진다)의 더 깊은 의미에 대해 설명하는데, 바로 어려움을 만났을 때 평정심을 가지고 직면해야 한다는 것이라고 언급했다. 따라서 정답은 C임을 알 수 있다.

3-5.

　　3 高山反应是人们登上海拔较高的高原地区后，由于受到气压降低，氧气减少的影响而发生的病理反应。**4** 一般健康的人在海拔4000米以上的地区会出现头痛、头晕、恶心、呼吸困难、食欲下降、心跳加快等症状。当人们刚进入高原时，一般需要2到3个月的时间适应当地的低氧环境。在高原地区要注意的问题比较多，比如：多食蔬菜和水果；不可急速行走，更不要跑步。**5** 如果出现了高原反应，吸氧和降低高度是有效的急救措施。

　　3 고산병이란 사람들이 비교적 높은 고원 지대에 오른 후 기압이 떨어지고 산소가 부족한 것에 영향을 받아 발생하는 병리적 반응이다. **4** 일반적으로 건강한 사람은 해발 4000미터 이상의 지역에서 두통, 어지럼증, 오심, 호흡 곤란, 식욕 감퇴, 심박수 증가 등의 증상이 생긴다. 사람들은 고원 지대에 들어 갔을 때 보통 2~3개월 동안 현지 산소 결핍 환경에 적응하는 기간이 필요하다. 고원 지대에서는 주의해야 할 문제가 비교적 많다. 예를 들어 채소와 과일을 많이 섭취해야 하고, 빠르게 걸어서는 안되며, 뛰는 것은 더더욱 피해야 한다. **5** 만일 고산병이 생기면 산소를 마시고 고도를 낮추는 것이 효과적인 응급 조치이다.

지문 어휘	
高山反应 gāoshān fǎnyìng 📕 고산병	
登上 dēngshàng 🔴 올라서다	
海拔 hǎibá 📕 해발	
高原地区 gāoyuán dìqū 📕 고원 지대, 고원 지역	
气压 qìyā 📕 기압	
降低 jiàngdī 🔴 내려가다	
氧气 yǎngqì 📕 산소	
减少 jiǎnshǎo 🔴 감소하다	
病理反应 bìnglǐ fǎnyìng 📕 병리 반응	
地区 dìqū 📕 지역 ⭐	
头痛 tóutòng 🔴 머리가 아프다	
头晕 tóuyūn 🔴 머리가 어지럽다	
恶心 ěxīn 🔴 속이 메스껍다	
呼吸困难 hūxī kùnnan 호흡이 곤란하다	
食欲下降 shíyù xià jiàng 식욕이 떨어지다	
心跳加快 xīntiào jiākuài 심장 박동이 빨라지다	
症状 zhèngzhuàng 📕 증상	
低氧 dīyǎng 🔶 산소가 부족한, 저산소의	
蔬菜 shūcài 📕 채소 ⭐	
急速 jísù 📘 빠르게	
行走 xíngzǒu 🔴 걷다	
急救措施 jíjiù cuòshī 📕 응급 조치	

3

问: 下列哪项属于高原反应形成的原因?
　　A 氧气增多　　　　　B 气压降低
　　C 气候恶劣　　　　　D 身体瘦小

보기 어휘
恶劣 èliè 형 열악하다 ★
瘦小 shòuxiǎo 형 작고 여위다

질문: 아래 어느 것이 고산병 형성의 원인에 속하는가?
　　A 산소가 증가한다　　　　B 기압이 떨어진다
　　C 기후가 악화된다　　　　D 몸이 여위고 작아진다

정답　B

해설　고산병 형성의 원인에 속하는 것이 무엇인지 묻고 있다. 고산병이란 사람들이 비교적 높은 고원 지대에 오른 후 기압이 떨어지고 산소가 부족해서 생기는 증상이라고 했으므로 정답은 B이다.

4

问: 出现高原反应后，身体会有什么症状?
　　A 心跳加快　　　　　B 呼吸顺畅
　　C 膝盖疼　　　　　　D 脱发

보기 어휘
顺畅 shùnchàng 형 순조롭다
膝盖 xīgài 명 무릎
脱发 tuōfà 동 머리카락이 빠지다

질문: 고산병이 생긴 후, 몸에는 어떤 반응이 생기는가?
　　A 심장 박동이 빨라진다　　　B 호흡이 원활하다
　　C 무릎이 아프다　　　　　　D 머리카락이 빠진다

정답　A

해설　고산병 생긴 후, 몸에는 어떤 반응이 생기는지 묻고 있다. 두통, 어지럼증, 오심, 호흡 곤란, 식욕 감퇴, 심박수 증가 등이 고산병의 주요 증상이므로 정답은 A이다.

5

问: 如果出现了高原反应，急救方法是什么?
　　A 快步行走　　　　　B 吸氧
　　C 增加高度　　　　　D 听音乐

보기 어휘
吸氧 xīyǎng 동 산소를 들이마시다

질문: 만일 고산병이 생기면 응급구조 방법은 무엇인가?
　　A 빠른 걸음으로 걷는다　　　B 산소를 마신다
　　C 고도를 높인다　　　　　　D 음악을 듣는다

정답　B

해설　고산병이 나타났을 때 응급구조 방법이 무엇인지 묻고 있다. 녹음의 마지막 부분에 고산병이 생기면 산소를 마시고 고도를 낮추는 것이 효과적인 응급 조치라고 했으므로 정답은 B이다.

독해 실전 테스트

공략비법 01 품사 파악형 문제

본서 p. 119

1-4.

　　有位业余摄影师拿着自己拍摄的照片去拜访《国家地理》杂志的主编，主编看后很欣赏他，不仅在杂志上使用了这张照片，而且还让他当自己的助理。这位摄影师很 **1 B 感激** 主编。

　　但是过了一段时间，两个人在挑选图片的标准上意见逐渐不一样了。有一次，主编要去国外出差，他把编辑杂志的工作交给了这位摄影师。摄影师在没有告知主编的情况下，**2 A 删** 掉了三张已选好的图片。

　　大家都觉得这位摄影师肯定会被炒鱿鱼，因为他自作主张。这位摄影师认识到了自己的错误，**3 C 主动** 向主编道歉。但没想到主编却说："我看了你编的这期杂志，很多读者来信说非常喜欢这期杂志的内容。"

　　从那之后，主编在工作上经常征求这位摄影师的 **4 B 意见**，杂志的销售量也越来越高了。

　　한 아마추어 사진작가가 자신이 찍은 사진을 가지고 《국가 지리》 잡지의 편집장을 방문했다. 편집장은 보고 난 후 그를 매우 마음에 들어 하여, 잡지에 그 사진을 사용했을 뿐만 아니라, 그를 자신의 조수로 삼았다. 이 사진작가는 편집장에게 굉장히 **1 B 감사했다**.

　　하지만 얼마의 시간이 흐른 후, 두 사람은 사진을 고르는 기준에서 의견이 조금씩 달라지기 시작하였다. 한번은 편집장이 외국으로 출장을 가야 해서 잡지 편집 업무를 사진작가에게 맡겼다. 사진작가는 편집장에게 알리지도 않고, 이미 선택된 3장의 사진을 **2 A 삭제**해 버렸다.

　　사람들은 모두 이 사진작가가 분명히 해고될 것이라 생각했다. 왜냐하면 그는 제멋대로 결정했기 때문이다. 이 사진작가는 자신의 잘못을 알고 **3 C 자발적으로** 편집장에게 사과를 하였다. 하지만 오히려 생각지도 못하게 편집장은 말했다. "자네가 편집한 그 잡지를 보았네. 많은 독자가 그때 잡지의 내용이 굉장히 좋았다고 편지를 썼더군."

　　그때 이후, 편집장은 업무에 있어 자주 그 사진작가의 **4 B 의견**을 물었고, 잡지의 매출량 역시 점점 더 늘었다.

지문 어휘

业余摄影师 yèyú shèyǐngshī 몡 아마추어 사진작가

拍摄 pāishè 동 촬영하다

拜访 bàifǎng 동 방문하다

主编 zhǔbiān 몡 편집장

欣赏 xīnshǎng 동 좋아하다 ⭐

助理 zhùlǐ 몡 조수, 보조

编辑 biānjí 동 편집하다 ⭐

告知 gàozhī 동 알리다

肯定 kěndìng 부 확실히, 분명히

炒鱿鱼 chǎo yóuyú 해고하다

自作主张 zìzuò zhǔzhāng 성 제멋대로 결정하다

道歉 dàoqiàn 동 사과하다

读者 dúzhě 몡 독자

之后 zhīhòu 몡 그 후, 그다음

征求 zhēngqiú 동 자문을 구하다, 묻다 ⭐

销售量 xiāoshòuliàng 몡 매출량

1

A 强调	B 感激	C 珍惜	D 讽刺
A 강조하다	B 감사하다	C 귀중히 여기다	D 풍자하다

보기 어휘

强调 qiángdiào 통 강조하다 ★
感激 gǎnjī 통 감사하다, 감격하다 ★
珍惜 zhēnxī 통 귀중히 여기다 ★
讽刺 fěngcì 통 풍자하다 ★

정답 > B

해설 > 빈칸 앞의 부사 很을 통해 빈칸이 술어라는 것을 알 수 있다. 사진작가가 편집장에게 감사하는 상황이므로 정답은 B 感激(감사하다)이다. A 强调(강조하다)는 重点(핵심, 포인트)과 호응해 쓰이며, C 珍惜(소중히 여기다)는 生命(생명), 时间(시간)과 호응한다. D 讽刺(비꼬다)는 사람 목적어와 호응한다.

2

A 删	B 剪	C 拆	D 滴
A 삭제하다	B 자르다	C 뜯다	D 떨어지다

보기 어휘

删 shān 통 삭제하다
剪 jiǎn 통 자르다
拆 chāi 통 뜯다, 해체하다 ★
滴 dī 통 떨어지다 ★

정답 > A

해설 > 결과보어 掉와 동태조사 了를 통해 빈칸이 동사라는 것을 알 수 있다. 목적어는 잡지 속에 들어가기로 선택된 图片(사진)이기 때문에 A 删(삭제하다)이 정답이 된다. B 剪(자르다)과 C 拆(뜯다)는 손으로 직접 자르고 뜯는 동작이며, D 滴(떨어지다)는 물방울이 위에서 떨어지는 상황을 가리킨다.

3

A 谨慎	B 虚心	C 主动	D 热心
A 신중하다	B 겸손하다	C 자발적인	D 친절하다

보기 어휘

谨慎 jǐnshèn 형 신중하다, 조심스럽다 ★
虚心 xūxīn 형 겸손하다 ★
主动 zhǔdòng 형 자발적인, 주동적인 ★
热心 rèxīn 형 친절하다 ★

정답 > C

해설 > 사진작가가 자신의 잘못을 알고 어떻게 사과를 하는지 사과의 방식을 찾는 문제이다. 그렇기 때문에 '(누가 시키지 않아도 먼저 알아서) 자발적으로'라는 의미의 C 主动(자발적인)이 정답이다. A 谨慎(신중하다)은 함부로 경거망동하지 않고 신중하게 말하거나 행동할 때 쓰이고, B 虚心(겸손하다)은 '(어떤 능력이나 실력을 갖춘 사람이 교만하지 않고) 겸손하다'라는 의미에 쓰이므로 정답이 될 수 없다.

4

A 目标	B 意见	D 矛盾	D 情绪
A 목표	B 의견	D 모순	D 정서

보기 어휘

目标 mùbiāo 명 목표 ★
意见 yìjiàn 명 의견, 견해
矛盾 máodùn 명 모순 ★
情绪 qíngxù 명 정서, 기분 ★

정답 > B

해설 > 빈칸 앞의 구조조사 的를 통해 정답이 명사라는 것을 알 수 있다. 빈칸과 어울리는 동사는 征求(의견, 생각 등을 구하다)이므로 정답은 B 意见(의견)이다.

5-7.

大部分人都以为睡前饮酒会有助于睡眠。一位科学家做了相关的研究，研究却 **5** A 表明，睡觉之前喝酒尽管能 **6** B 缩短人们入睡时间，让人们很快入睡，但是也会使人们进入浅睡眠状态。一旦浅睡眠的时间延长，中间醒来的次数就会增加，人们的睡眠就会断断续续。而且到了凌晨的时候，酒精的作用渐渐 **7** C 消失后，还容易引起失眠多梦等问题，这会降低人们的睡眠质量，从而影响人们的工作和生活。

대부분의 사람들이 자기 전에 술을 마시는 것은 수면에 도움이 될 것이라고 여긴다. 한 과학자가 이와 관련한 연구를 했는데, 연구에서 오히려 잠자기 전에 술을 마시면 비록 사람들이 잠에 드는 시간을 6 B 단축시켜 사람들을 빨리 잠에 들게 하지만, 깊은 잠을 잘 수는 없게 한다고 5 A 분명히 밝혔다. 일단 얕은 수면의 시간이 길어지면 중간에 깨는 횟수가 증가하여 사람들의 수면이 끊어졌다 이어졌다 하게 된다. 게다가 새벽녘이 되어 알코올의 작용이 점점 7 C 사라진 후에는 불면증이나 많은 꿈을 꾸는 등의 문제를 쉽게 야기시킨다. 이런 것들은 사람들의 수면의 질을 떨어뜨려서 업무나 생활에도 영향을 미칠 수 있다.

지문 어휘

以为 yǐwéi 통 여기다
饮酒 yǐnjiǔ 통 술을 마시다, 음주하다
有助于 yǒuzhùyú ~에 도움이 된다
睡眠 shuìmián 명 수면
相关 xiāngguān 통 관련이 있다 ★
尽管 jǐnguǎn 접 비록 ~이지만
入睡 rùshuì 통 잠들다
浅 qiǎn 형 얕다 ★
一旦 yídàn 접 일단 ~한다면 ★
延长 yáncháng 통 연장하다 ★
醒来 xǐnglái 통 잠이 깨다
次数 cìshù 명 횟수
断断续续 duànduànxùxù 형 끊어졌다 이어졌다 한다
凌晨 língchén 명 새벽녘
酒精 jiǔjīng 명 알코올
失眠 shīmián 통 잠을 이루지 못하다 ★
降低 jiàngdī 통 내려가다
质量 zhìliàng 명 질

5

A 表明	B 明显	C 突出	D 录取
A 분명하게 밝히다	B 뚜렷하다	C 뛰어나다	D 채용하다

정답 A

해설 빈칸 앞의 부사 却를 통해 동사가 정답이라는 것을 알 수 있다. 보기 가운데 研究(연구)와 어울리는 동사는 A 表明(분명히 밝히다)이다. B 明显은 '(모호하지 않고) 뚜렷하다'라는 의미로 效果(효과)와 서로 어울리며, C 突出(부각시키다)는 重点(핵심, 포인트)과 호응한다. 마지막으로 D 录取는 职员(직원)이나 学生(학생)을 선발하고 뽑는 것을 나타낼 때 사용한다.

보기 어휘

表明 biǎomíng 통 분명하게 밝히다 ★
明显 míngxiǎn 형 뚜렷하다, 분명하다 ★
突出 tūchū 형 뛰어나다, 우수하다 통 부각시키다 ★
录取 lùqǔ 통 채용하다 ★

6

A 阻止	B 缩短	C 促进	D 实现
A 저지하다	B 단축하다	C 촉진하다	D 실현하다

정답 B

해설 빈칸 앞에 조동사 能이 있으므로 빈칸에는 동사가 들어가야 함을 알 수 있다. 时间(시간)과 호응하는 동사는 B 缩短(단축하다)이다. A 阻止(가로막다)는 发言(발언)과 어울리며, C 促进(촉진하다)은 发展(발전), 消化(소화)와 어울리며, D 实现(실현하다)은 梦想(꿈)과 호응을 이룬다.

보기 어휘

阻止 zǔzhǐ 통 저지하다, 가로막다 ★
缩短 suōduǎn 통 단축하다 ★
促进 cùjìn 통 촉진하다 ★
实现 shíxiàn 통 실현하다 ★

7

A 破坏	B 诊断	C 消失	D 消灭
A 파괴하다	B 진단하다	C 사라지다	D 박멸하다

정답 ▶ C

해설 ▶ 부사 渐渐(점점) 뒤의 빈칸 자리이므로 정답은 동사이다. 주어가 作用(작용)이므로 C 消失(사라지다)가 가장 알맞다. A 破坏(파괴하다)는 环境(환경)이나 气氛(분위기)과 호응하고, B 诊断(진단하다)은 疾病(질병)과 자주 함께 쓰인다. 마지막으로 D 消灭(박멸하다)는 敌人(원수)이나 害虫(해충) 등과 어울려 쓰인다.

지문 어휘

- **地瓜** dìguā 명 디과, 고구마
- **番薯** fānshǔ 판수, 고구마
- **美洲** Měizhōu 지명 미주, 아메리카주
- **传入** chuánrù 동 전해지다, 전해 들어오다
- **成活** chénghuó 동 살아남다, 활착하다
- **荒年** huāngnián 명 흉년
- **救灾** jiù zāi 동 재해를 없애다, 이재민을 구제하다
- **古籍** gǔjí 명 고서, 고적
- **记载** jìzǎi 명 기록, 기재
- **大力** dàlì 부 강력하게
- **种植** zhòngzhí 명 재배하다, 심다
- **移栽** yízāi 동 옮겨 심다
- **逐渐** zhújiàn 부 점차, 점점, 서서히 ⭐
- **次于** cìyú 동 (품질·등급 따위가) ~의 다음이다
- **稻米** dàomǐ 명 볍씨, 쌀
- **麦子** màizi 명 밀
- **蛋白质** dànbáizhì 명 단백질
- **维生素** wéishēngsù 명 비타민
- **心脑血管** xīnnǎo xuèguǎn 명 심뇌혈관

8-10.

地瓜又称番薯，原产于美洲中部，明朝后期传入中国云南、广东、福建等地。番薯产量高、易成活，是荒年救灾的好作物。据古籍记载，清朝时期政府大力 **8 D 提倡** 种植番薯，因此番薯开始向内地移栽，逐渐成为了中国仅次于稻米、麦子和玉米的粮食作物。番薯具有丰富的 **9 A 营养**，例如蛋白质、维生素等。**10 A 不仅** 如此，番薯还对心脑血管有保护作用，所以又被称为"长寿食品"。

디과(고구마)는 판수(고구마)라고도 부르며, 원산지는 미주 중부로 명나라 후기에 중국 원난, 광둥, 푸젠 등지로 전해졌다. 고구마는 생산량이 높고 쉽게 살아남아 흉년에 재해를 구제할 수 있는 좋은 작물이다. 고서 기록에 의하면, 청나라 때 정부가 고구마 재배를 강력히 **8 D 제창하여** 고구마를 내지로 옮겨 심기 시작했고, 점차 중국에서 볍씨와 밀, 옥수수에 버금가는 식량작물이 되었다. 고구마는 풍부한 **9 A 영양**을 가지고 있다. 예를 들면 단백질, 비타민 등이다. **10 A 이 뿐만 아니라** 고구마는 심뇌혈관 보호 작용을 하기 때문에 '장수식품'으로도 불린다.

8

A 参观	B 代替	C 调整	D 提倡
A 참관하다	B 대체하다	C 조정하다	D 제창하다

보기 어휘

- **参观** cānguān 동 참관하다
- **代替** dàitì 동 대체하다, 대신하다 ⭐
- **调整** tiáozhěng 동 조정하다, 조절하다 ⭐
- **提倡** tíchàng 동 제창하다 ⭐

보기 어휘

- **破坏** pòhuài 동 파괴하다, 손상시키다 ⭐
- **诊断** zhěnduàn 동 진단하다 ⭐
- **消失** xiāoshī 동 사라지다 ⭐
- **消灭** xiāomiè 동 박멸하다

정답 D

해설 부사 大力(강력하게) 뒤의 빈칸 자리이므로 빈칸에 동사가 들어갈 확률이 높다. 문맥상 정부가 고구마 심기를 강력하게 주장한다는 의미가 가장 자연스러우므로 정답은 D 提倡(제창하다)이다. A 参观(참관하다)는 博物馆(박물관)이나 工厂(공장)과 같은 장소와 어울린다.

9

A 营养	B 细节	C 形式	D 用途
A 영양	B 사소한 부분	C 형식	D 용도

정답 A

해설 빈칸 앞의 구조조사 的를 통해 빈칸에 명사가 들어갈 확률이 높음을 알 수 있다. 빈칸 앞에는 丰富的(풍부한)가 있고 뒤에는 蛋白质(단백질), 维生素(비타민)와 같은 영양성분의 명칭이 나열되어 있으므로 정답은 A 营养(영양)이다.

보기 어휘
营养 yíngyǎng 명 영양, 양분 ☆
细节 xìjié 명 사소한 부분, 세목 ☆
形式 xíngshì 명 형식 ☆
用途 yòngtú 명 용도 ☆

10

A 不仅	B 除非	C 即使	D 何况
A ~할 뿐만 아니라	B ~을 제외하고	C 설사 ~일지라도	D 하물며

정답 A

해설 빈칸 뒤의 如此와 잘 어울리며 문맥상 어색하지 않은 접속사를 찾아야 한다. 보기 가운데 如此와 어울려 쓰이는 접속사는 不仅으로 不仅如此(이 뿐만 아니라)의 형태로 쓰이기도 한다. 即使는 也와 어울려 [即使~ 也~]의 형태로 쓰이며, 何况은 呢와 어울려 [何况~呢?]의 형태로 자주 쓰인다.

보기 어휘
不仅 bùjǐn 접 ~할(일) 뿐만 아니라
除非 chúfēi 전 ~을 제외하고 ☆
即使 jíshǐ 접 설사 ~일지라도 (하더라도)
何况 hékuàng 접 하물며 ☆

공략비법 02 빈출 호응 어휘 모음

본서 p. 134

1-3.

　　北京烤鸭是具有世界声誉的北京菜式，但很多人都不知这个有名的北京菜却是从江苏的南京传过来的。南京位于被人们称为"鱼米之乡"的江南大地，**1 C** 当地养的鸭子以肉又肥又厚，味道鲜美而闻名，这种鸭子烤完以后味道更是 **2 D** 独特，不仅深受江南人的喜爱，连皇帝都爱吃。后来，明朝的第三位皇帝明成祖将都城从南京迁到了北京，因此烤鸭这道菜也被带到了北京，并受到了北京人的欢迎。到了清朝年间，这道菜的 **3 A** 名声就更响了，使得"北京烤鸭"代替了"南京烤鸭"。

지문 어휘
烤鸭 kǎoyā 명 오리 구이
具有 jùyǒu 동 갖추고 있다
声誉 shēngyù 명 명성
江苏 Jiāngsū 지명 장쑤성(강조성)
南京 Nánjīng 지명 난징(남경)
位于 wèiyú 동 ~에 위치하다 ☆
鱼米之乡 yúmǐzhīxiāng 성 토지가 비옥하고 자원이 풍성한 지역, 물고기와 쌀이 많이 생산되는 고장
江南 Jiāngnán 지명 장난[장강(长江) 하류의 남쪽지역]
闻名 wénmíng 형 유명하다

베이징 오리 구이는 세계적인 명성을 가지고 있는 베이징 요리이다. 하지만 많은 사람이 이 유명한 베이징 요리가 장쑤성의 난징에서 전해져 온 것임을 알지 못한다. 난징은 사람들에게 '물고기와 쌀의 고장'이라 불리는 장난 대지에 위치하고 있다. **1** C 현지에서 기르는 오리는 기름지고 살이 두툼하며 맛이 일품이라 굉장히 유명하다. 이 종류의 오리는 굽고 난 뒤 맛이 더 **2** D 독특하여 장난 사람들의 사랑을 받았을 뿐 아니라 황제께서도 즐겨 드셨다. 후에 명나라 제3대 황제 명성조(明成祖)가 수도를 난징에서 베이징으로 옮겼고 이리하여 오리 구이라는 이 요리 역시 베이징으로 가져오게 되었으며 베이징 사람들의 사랑을 받았다. 청나라 때가 되어 이 음식의 **3** A 명성은 더욱 널리 퍼지게 되었고 '베이징 오리 구이'가 '난징 오리 구이'를 대신하게 되었다.

深受 shēnshòu 통 깊이 받다
明朝 Míngcháo 고유 명나라 시대
皇帝 huángdì 명 황제
明成祖 Míngchéngzǔ 고유 명성조
都城 dūchéng 명 수도
迁 qiān 통 (관직이나 수도를) 옮기다
清朝 Qīngcháo 고유 청나라 시대
响 xiǎng 통 울리다
使得 shǐde 통 ~로 하여금 ~하게 하다
代替 dàitì 통 대체하다 ★

1

A 故乡	B 农业	C 当地	D 日程
A 고향	B 농업	C 현지	D 일정

보기 어휘

故乡 gùxiāng 명 고향
农业 nóngyè 명 농업 ★
当地 dāngdì 명 현지 ★
日程 rìchéng 명 일정 ★

정답 C

해설 빈칸 앞에 장난 대지를 소개하고 있고, 빈칸의 술어는 养(기르다)이므로 이와 어울려 쓰이는 명사는 C 当地(현지)이다.

2

A 成熟	B 巧妙	C 魅力	D 独特
A 성숙하다	B 정밀하다	C 매력	D 독특하다

보기 어휘

成熟 chéngshú 형 성숙하다 ★
巧妙 qiǎomiào 형 정밀하다, 교묘하다 ★
魅力 mèilì 명 매력 ★
独特 dútè 형 독특하다 ★

정답 D

해설 味道(맛)와 호응을 이루는 술어는 D 独特(독특하다)이다. B 巧妙(정밀하다, 교묘하다)는 方法(방법), 设计(설계) 등과 호응을 이루며, C 魅力(매력)는 명사로 정답이 될 수 없으며, '매력이 있다'는 有魅力이다.

3

A 名声	B 财产	C 本质	D 利润
A 명성	B 재산	C 본질	D 이윤

보기 어휘

名声 míngshēng 명 명성
财产 cáichǎn 명 재산 ★
本质 běnzhì 명 본질, 본성 ★
利润 lìrùn 명 이윤 ★

정답 A

해설 响(울리다)과 서로 호응을 이루는 주어를 찾는 문제이므로 A 名声(명성)이 정답이다.

4-7.

　　一项研究表明，孩子心理是否健康与家庭是否和睦有很大关联。如果父母总当着孩子的面吵架，**4** D 会影响孩子的脑部发育，甚至可能导致其患上精神疾病。

　　该项目的研究人员对上百名17至19岁参试者的大脑进行了检查。 同时让参试者的父母 **5** C 回忆 了试者从出生至11岁期间所经历的家庭问题，如父母之间的争吵、父母对孩子的语言或身体暴力等。结果发现，经历过严重家庭问题的参试者，其小脑部 **6** A 相对 较小。研究人员表示，小脑与学习、压力调节等关系 **7** D 密切 。小脑较小可能会导致成年后患精神疾病的几率大大增加。

한 연구가 밝히길 아이의 심리가 건강한지 여부는 가정이 화목한지 여부와 매우 관련이 있다고 한다. 만약 부모가 항상 아이의 면전에서 싸운다면 **4** D 아이의 뇌 발육에 영향을 줄 수 있으며, 심지어 정신 질환을 야기할 수 있다.

이 프로젝트의 연구원은 100명의 17세에서 19세까지의 시험 참가자들의 뇌 검사를 진행했다. 동시에 시험 참가자의 부모로 하여금 시험 참가자가 출생부터 11세까지의 기간 동안 겪은 가정 문제, 예로 부모 사이의 말다툼, 부모의 아이에 대한 언어 또는 신체적 폭력 등을 **5** C 회상하게 했다. 그 결과, 심각한 가정 문제를 경험한 시험 참가자들은 소뇌가 **6** A 상대적으로 비교적 작은 것으로 나타났다. 연구원들은 소뇌가 학습, 스트레스 조절 등과 관계가 **7** D 밀접하다고 말한다. 소뇌가 작으면 성인이 된 후에 정신 질환에 걸릴 확률이 크게 높아진다.

4

A 离婚的可能性大大增加　　B 孩子往往不会抱怨
C 避免承受这种刺激　　D 会影响孩子的脑部发育

A 이혼할 가능성이 크게 증가하다　　B 아이들은 자주 불평하지 않는다
C 이러한 자극을 감당하는 것을 피하다　　D 아이의 뇌 발육에 영향을 줄 수 있다

정답 D

해설 빈칸의 뒤 절이 심지어 정신 질환을 야기할 수 있다는 내용이므로 정신 질환과 관계된 내용을 골라야 한다. 뇌 발육과 정신 질환은 연관성이 높은 어휘이므로 정답은 D이다.

5

A 赞美　　　B 怀念　　　C 回忆　　　D 欣赏

A 칭찬하다　　B 그리워하다　　C 회상하다　　D 감상하다

정답	C

해설 빈칸의 뒤 절이 출생부터 11세까지의 기간 동안 겪은 가정 문제에 대해 언급하는 내용이므로 문맥상 과거의 일에 대해 회상하게 했다는 내용이 가장 적절하다. B와 C 모두 '회상하다'라는 뜻을 가지고 있으나 B 怀念(그리워하다)은 주로 오래되거나 다시 볼 수 없는 사람이나 환경과 함께 어울려 쓰이므로 부모의 말다툼이나 언어, 신체적 폭력과는 어울려 쓰일 수 없다.

6

A 相对	B 相当	C 毕竟	D 难怪
A 상대적으로	B 상당히	C 끝내	D 어쩐지

보기 어휘

相对 xiāngduì 图 상대적으로 ☆
相当 xiāngdāng 图 상당히, 대단히 ☆
毕竟 bìjìng 图 끝내, 필경, 결국 ☆
难怪 nánguài 图 어쩐지, 과연 ☆

정답	A

해설 빈칸에는 빈칸 뒤의 较小(비교적 작다)를 꾸며줄 부사가 들어가야 한다. 문맥상 심각한 가정 문제를 경험한 시험 참가자들의 소뇌가 상대적으로 비교적 작다는 문장이 자연스럽기 때문에 정답은 A 相对(상대적으로)이다. 相对는 비교하는 문장에서 比较나 较 앞에 쓰여 비교의 정도를 강조할 수 있다. B 相当(상당히)은 非常이나 十分과 비슷한 뜻으로 쓰인다.

7

A 热烈	B 强烈	C 迫切	D 密切
A 열렬하다	B 강렬하다	C 절실하다	D 밀접하다

보기 어휘

热烈 rèliè 图 열렬하다, 열광적이다 ☆
强烈 qiángliè 图 강렬하다, 격렬하다 ☆
迫切 pòqiè 图 절실하다, 촉박하다 ☆
密切 mìqiè 图 밀접하다, 긴밀하다 ☆

정답	D

해설 빈칸 앞에 关系(관계)와 호응해 쓰이는 어휘가 정답이다. 보기 가운데 关系와 어울려 쓰이는 어휘는 D 密切(밀접하다)이다. A 热烈(열렬하다)는 주로 태도나 분위기와 어울려 쓰이며 B 强烈는 反对(반대하다)와 호응해 쓰인다.

8-11.

　　城市的出现是人类走向成熟和文明的标志，也是人类群居生活的高级形式。文化的多种多样的表现形式可以使城市富有魅力，也是城市能够 **8 C 吸引** 优秀人才和优秀企业的原因所在。在如今的知识经济时代，高素质劳动力是促进城市全面发展的重要动力，而这也使劳动力对城市文化 **9 A 气氛** 有着更高的要求。

　　专家指出丰富而 **10 D 充满** 活力的文化是推动城市经济发展的重要资源，是影响未来城市发展的关键 **11 C 因素** 之一，因而很多国际化的城市都很注重城市文化的建设。

지문 어휘

人类 rénlèi 图 인류 ☆
文明 wénmíng 图 문명 ☆
标志 biāozhì 图 상징, 징표 ☆
群居 qúnjū 图 함께 지내다
优秀 yōuxiù 图 우수하다
如今 rújīn 图 지금 ☆
促进 cùjìn 촉진시키다 ☆
动力 dònglì 图 동력
专家 zhuānjiā 图 전문가 ☆
活力 huólì 图 활력
推动 tuīdòng 图 촉진하다
资源 zīyuán 图 자원 ☆
国际化 guójìhuà 图 국제화하다

도시의 출현은 인류가 성숙과 문명으로 향했다는 상징이며 또한 인류의 집단 거주 생활의 고급 형식이다. 문화의 다양한 표현 형식은 도시를 더욱 매력적으로 만들 수 있으며, 또한 도시가 우수한 인재와 우수한 기업을 8 C 끌어 들일 수 있는 원인이 되기도 한다. 오늘날의 지식 경제 시대에 고급 인력은 도시의 전반적인 발전을 촉진하는 중요한 원동력이며 또한 이러한 상황은 노동력으로 하여금 도시 문화적 9 A 분위기에 대해 더 높은 요구를 갖게 한다.

전문가들은 풍부하고 활력이 10 D 가득한 문화는 도시 경제 발전을 촉진하는 중요한 자원이며, 미래의 도시 발전에 영향을 미치는 중요한 11 C 요소 가운데 하나라고 한다. 그런 까닭에 많은 국제 도시들이 모두 도시 문화의 건설을 아주 중요히 여긴다.

注重 zhùzhòng 통 중시하다
建设 jiànshè 통 건설하다, 창립하다 ★

A 录取   **B 组织**   **C 吸引**   **D 征求**

A 채용하다   B 조직하다   C 끌어당기다   D 구하다

보기 어휘

录取 lùqǔ 통 채용하다 ★
组织 zǔzhī 통 조직하다, 구성하다 ★
吸引 xīyǐn 통 끌어당기다, 끌다 ★
征求 zhēngqiú 통 구하다 ★

정답 C

해설 목적어가 **优秀人才和优秀企业**(우수한 인재와 우수한 기업)이므로 C **吸引**(끌어당기다)이 정답이다. A **录取**(채용하다)는 '직원이나 학생을 선발하다'라는 의미이므로 정답이 될 수 없다.

9

A 气氛   **B 经历**   **C 用途**   **D 措施**

A 분위기   B 경험   C 용도   D 조치

보기 어휘

气氛 qìfēn 명 분위기 ★
经历 jīnglì 명 경험, 경력
用途 yòngtú 명 용도 ★
措施 cuòshī 명 조치 ★

정답 A

해설 빈칸 앞의 **城市文化**(도시 문화)와 어울릴 수 있는 명사는 A **气氛**(분위기)이다. A **气氛**은 공간적인 분위기를 말하는 것에 쓰이고, 개인적인 기분이나 감정을 말할 때는 **心情**(심정)을 사용한다.

10

A 流传   **B 分布**   **C 开发**   **D 充满**

A 대대로 전해 내려오다   B 분포하다   C 개발하다   D 가득하다

보기 어휘

流传 liúchuán 통 대대로 전해 내려오다 ★
分布 fēnbù 통 분포하다 ★
开发 kāifā 통 개발하다 ★
充满 chōngmǎn 통 가득하다, 가득 차다 ★

정답 D

해설 **活力**(활력)와 어울리는 동사는 D **充满**(가득하다)이다. A **流传**(대대로 전해 내려오다)은 **后世**(후대)나 **传说**(전설)와 어울려 쓰이고, B **分布**(분포하다)는 일정 지역에 두루 퍼져있다는 의미를 나타낼 때 사용한다. C **开发**(개발하다)는 **资源**(자원) 등과 어울려 쓰인다.

A 能源	B 权利	C 因素	D 思考
A 에너지	B 권리	C 요소	D 사고

보기 어휘

能源 néngyuán 몡 에너지 ★
权利 quánlì 몡 권리 ★
因素 yīnsù 요소, 원인 ★
思考 sīkǎo 몡 사고, 생각 ★

정답 **C**

해설 문화가 미래 도시 발전에 영향을 미치는 중요한 무엇 가운데 하나인가를 묻는 것이므로 정답은 C 因素(요소)이다. A 能源(에너지)은 원자력, 수력 발전 등을 나타내는 어휘이다.

공략 비법 03 의미가 유사한 어휘 모음

본서 p. 143

1-3.

我从小的时候就喜欢画画。记得，我上小学三年级的时候，画了一幅年轻人上坡的画儿。我很得意地把画给老师看了一下。老师看了看，对我说道："这个人的身体画得太直了。人向上爬的时候身体应该向前倾斜一点儿，**1 D 否则**人很容易向后仰。"

听完老师的话后，我重新画了一幅年轻人下坡的画。老师还是没露出满意的表情，说："年轻人的身体向前倾斜得太厉害了，这样很容易滑下去，要站直。"受到老师的批评后，我有点儿 **2 C 不耐烦**地说："向上走也是走路，向下走也是走路，为什么有这么多规矩？"

老师说："做任何事情都要讲究方法，不然人很容易从坡上滚下来。"这和为人处世是一样的道理：上坡时就如同我们的人生得意时，要谦虚，不能骄傲自满，身体应该向前倾斜；下坡时就如同我们的人生失意时，要勇敢地 **3 C 面对**困难。

나는 어릴 때부터 그림 그리는 것을 좋아했다. 기억하기로 내가 초등학교 3학년 때 한 젊은이가 비탈을 올라가는 그림 한 폭을 그렸다. 나는 아주 득의양양하게 선생님께 그림을 보여드렸다. 선생님께서 보시고는 나에게 말씀하셨다. "이 사람 몸이 너무 꼿꼿하구나. 사람이 위로 올라갈 때에는 몸이 앞으로 좀 기울어져야 해. **1 D 그렇지 않으면** 사람이 뒤로 젖혀지기 쉬워."

선생님의 말씀을 들은 후에 나는 젊은이가 비탈을 내려가는 그림을 다시 그렸다. 선생님께서는 여전히 만족스럽지 못한 표정을 지으시며 말씀하셨다. "젊은이의 몸이 앞으로 너무 심하게 기울어져 있구나. 이러면 미끄러지기 쉬우니 꼿꼿하게 서야 해." 선생님의 꾸중을 들은 후 나는 약간 **2 C 참을 수 없다는 듯이** 말했다. "위로 올라 가는 것도 걷는 것이고 아래로 내려가는 것도 걷는 것인데 왜 이렇게 많은 규칙이 있죠?"

지문 어휘

幅 fú 양 폭(그림·지도 등을 세는 단위) ★
坡 pō 몡 비탈
得意 déyì 혱 득의양양하다, 우쭐대다
倾斜 qīngxié 혱 기울다
仰 yǎng 동 젖히다, 고개를 들다
露出 lùchū 동 드러내다
表情 biǎoqíng 몡 표정 ★
批评 pīpíng 동 비판하다
规矩 guīju 몡 규칙, 법칙 ★
讲究 jiǎngjiu 동 중요시하다 ★
为人处世 wéirénchǔshì 셍 남과 잘 어울리며 처세하다
道理 dàolǐ 몡 도리, 이치 ★
得意 déyì 혱 득의하다
谦虚 qiānxū 혱 겸손하다 ★
骄傲自满 jiāo'ào zìmǎn 셍 교만하고 스스로 흡족하게 여기다
失意 shīyì 혱 뜻을 이루지 못하다
勇敢 yǒnggǎn 혱 용감하다

실전 테스트 **61**

선생님께서 말씀하셨다. "어떤 일을 하던지 방법을 중시해야 한다. 그렇지 않으면 사람은 비탈에서 굴러 떨어지기 쉬울 거야." 이는 사람의 처세와 같은 이치이다. 비탈을 오를 때는 우리의 인생에서 득의양양할 때와 같다. 겸손해야 하고 교만하고 자만해서는 안되며 몸을 앞으로 기울여야 한다. 산 비탈을 내려올 때는 우리의 인생에서 실의했을 때와 같다. 용감하게 어려움에 <u>3 C 맞서야 한다</u>.

1

A 尽管   **B** 可见
C 假如   **D** 否则

A 비록 ~라 할지라도   B ~라는 것을 알 수 있다
C 만약 ~라면   D 그렇지 않으면

정답 D

해설 빈칸의 앞 절 내용은 '몸이 앞으로 기울어져야 한다'이고, 뒤 절은 '뒤로 젖혀지기 쉽다'는 상반된 내용이므로 전환의 의미가 있는 D 否则(그렇지 않으면)가 정답이다.

2

A 怪不得   **B** 了不起   **C** 不耐烦   **D** 不得了

A 어쩐지   B 대단하다   C 못 참다   D (정도가) 심하다

정답 C

해설 아이의 말 속에서 불만의 어투를 느낄 수 있으므로 불만족스러운 느낌의 형용사 C 不耐烦(못참다)이 정답이다.

3

A 面临   **B** 珍惜   **C** 面对   **D** 争取

A 직면하다   B 진귀하게 여기다   C 맞서다   D 쟁취하다

정답 C

해설 빈칸 뒤의 구조조사 地를 통해 빈칸에는 동사가 들어가야 함을 알 수 있다. 의미상 困难(어려움)과 어울리는 동사는 C 面对(맞서다)이다. A 面临(직면하다)은 어려운 상황에 처하게 되는 것을 의미하고, D 争取(쟁취하다)는 胜利(승리)와 어울려 쓰인다.

4-7.

　　很多人都喜欢睡前开着灯看电视或者开着灯看书。他们看着看着就睡着了，睡着后便忘记了关灯。开着灯睡觉不但浪费 **4** D 能源，而且会降低人们的睡眠质量。在黑暗的环境下睡觉是人们在进化过程中自然 **5** A 形成 的生活规律。**6** A 如果破坏这个规律 晚上开着灯睡觉或者白天在强烈的阳光底下睡觉，都会使人产生一种"光压力"，"光压力"会改变人体的生物系统，会改变人的体温，也会改变人们的心跳和血压。最终会 **7** A 导致 各种疾病。

　　많은 사람들이 자기 전에 등을 켜고 텔레비전을 보거나 혹은 등을 켜고 책을 보는 것을 좋아한다. 그들은 보다 보면 잠이 들고, 잠이 든 후에는 등을 끄는 것을 잊어버린다. 등을 켜고 자는 것은 **4** D 에너지 낭비일 뿐 아니라, 게다가 사람들의 수면의 질을 떨어뜨릴 수 있다. 어두운 환경에서 잠을 자는 것은 인간이 진화하는 과정에서 자연스럽게 **5** A 형성된 생활 규칙이다. **6** A 만일 이러한 규칙을 깨고 저녁에 등을 켜고 자거나 낮에 강렬한 햇빛 아래에서 잠을 잔다면 사람은 '빛 스트레스'가 생길 수 있다. '빛 스트레스'는 인체의 생체 시스템을 변화시키고, 사람의 체온을 변화시키며, 사람들의 심장 박동과 혈압을 변화시킨다. 결국에는 각종 질병을 **7** A 초래하게 된다.

지문 어휘

或者 huòzhě 젭 혹은
浪费 làngfèi 동 낭비하다
降低 jiàngdī 동 내려가다
质量 zhìliàng 명 질, 품질
黑暗 hēi'àn 형 어둡다
进化过程 jìnhuà guòchéng 명 진화 과정
规律 guīlǜ 명 규율 ⭐
强烈 qiángliè 형 강렬하다 ⭐
阳光 yángguāng 명 햇빛
产生 chǎnshēng 동 생기다 ⭐
改变 gǎibiàn 동 변하다
系统 xìtǒng 명 시스템 ⭐
体温 tǐwēn 명 체온
心跳 xīntiào 명 심장이 뛰다
血压 xuèyā 명 혈압
疾病 jíbìng 명 병

4

A 精力	B 成分	C 资金	D 能源
A 정신과 체력	B 성분	C 자금	D 에너지

보기 어휘

精力 jīnglì 명 정신과 체력, 에너지 ⭐
成分 chéngfèn 명 성분 ⭐
资金 zījīn 명 자금 ⭐
能源 néngyuán 명 에너지, 에너지원 ⭐

정답 D

해설 등을 켜고 자는 것은 에너지를 낭비하는 것이므로 정답은 D 能源(에너지)이다. A 精力(정신과 체력)는 사람이 가지고 있는 에너지를 가리킨다.

5

A 形成	B 开发	C 制造	D 成立
A 형성되다	B 개발하다	C 제조하다	D 창립하다

보기 어휘

形成 xíngchéng 동 형성되다 ⭐
开发 kāifā 동 개발하다 ⭐
制造 zhìzào 동 제조하다 ⭐
成立 chénglì 동 창립하다, 세우다 ⭐

정답 A

해설 生活规律(생활 규칙)와 호응하는 동사를 찾는 문제로서 A 形成(형성되다)은 规律(규칙) 혹은 习惯(습관)과 자주 호응한다. B 开发(개발하다)는 资源(자원)이나 智能(지능)을 개발한다는 의미로 쓰이고, C 制造(제조하다)는 产品(상품)과 호응하며, D 成立(창립하다, 세우다)는 公司(회사)나 国家(국가)를 세울 때 쓰이는 동사이다.

6

A 如果破坏这个规律　　　　B 为了治疗失眠
C 自从电灯发明以来　　　　D 针对失眠人群

A 만일 이 규칙을 깨고　　　　B 불면증을 치료하기 위해
C 전등이 발명된 이래로　　　　D 불면증 환자들을 겨냥하여

정답 A

해설 빈칸 뒤의 내용이 바로 규칙을 깨는 것이므로 '만일 이러한 규칙을 깨고'라는 의미의 A가 정답이 된다.

7

A 导致　　　　B 传染　　　　C 配合　　　　D 实现

A 초래하다　　　B 전염시키다　　　C 협력하다　　　D 실현하다

정답 A

해설 A 导致(초래하다)는 부정적인 결과를 일으킨다는 의미의 동사로 疾病(질병), 冲突(충돌) 등과 함께 사용한다. 传染(전염하다)은 疾病(질병)을 다른 데로 옮긴다는 의미를 나타낼 때 사용한다. 본문의 내용은 등을 켜고 잠을 자는 것이 질병을 일으킬 수 있다는 내용이 와야 하므로 정답은 导致(초래하다)이다.

8-10.

人们常说，第一印象非常重要，有个好的开始就成功了一半。其实，结尾的重要性同样不可忽视。比如，一个顾客在网上买了一件东西，拿到包裹后发现那家店还送了一个小礼物，那么顾客对那家店的好感度会 **8 A 立即**得到提升。相反，有些店家会打出"一经售出，概不退换"之类的标语。这会让消费者很反感，甚至产生 **9 D 放弃**购物的念头。此外，有些店在遇到有顾客退换货的情况时态度十分 **10 B 恶劣**，这样只会导致生意越来越差。因此，做生意既要善始，也要善终。

사람들은 흔히 첫인상이 매우 중요하며 좋은 시작은 성공의 반이라 말한다. 사실, 결말의 중요성도 무시할 수 없다. 예를 들어, 한 고객이 인터넷에서 물건을 하나 샀는데, 소포를 받아보니 그 가게에서 작은 선물을 하나 더 보냈다면 고객은 그 가게에 대한 호감도가 **8 A 곧바로** 향상되었을 것이다. 반면에, '한번 판 물건은 일체 반품할 수 없다'는 슬로건을 내건 가게들도 있을 것이다. 이것은 소비자로 하여금 반감을 갖게 하며 심지어는 쇼핑을 **9 D 포기할** 생각까지 하게 된다. 이 밖에 어떤 가게는 고객이 교환 · 환불하는 상황일 때 태도가 **10 B 아주 나쁜데** 이러면 장사만 더 나빠질 뿐이다. 따라서 장사는 시작도 끝도 좋아야 한다.

8

A 立即	B 连忙	C 赶快	D 急忙
A 곧바로	B 얼른	C 얼른	D 급히

A

해설 문맥상 작은 선물 하나를 받은 후 그 가게에 대한 호감도가 짧은 순간 안에 향상됨을 뜻하는 어휘를 찾아야 하므로 정답은 A 立即(곧바로)이다. 立即는 马上, 立刻와 같은 뜻으로 짧은 순간이나 시간 내에 어떤 행동이 이루어 질 때 붙여 쓰는 부사이다. B 连忙은 일이 이미 생겨 바빠진 상태에 쓰는 부사로 주로 과거 사실에 대해 사용하며 D 急忙은 마음이 조급해 서두르는 상태에 쓰는 부사이다.

보기 어휘
立即 lìjí 부 곧바로, 곧, 즉시 ★
连忙 liánmáng 부 얼른, 급히, 재빨리 ★
赶快 gǎnkuài 부 얼른, 급히, 서둘러 ★
急忙 jímáng 부 급히, 황급히, 서둘러 ★

9

A 消失	B 限制	C 改正	D 放弃
A 소실되다	B 제한하다	C 고치다	D 포기하다

정답 D

해설 문맥상 슬로건이 소비자로 하여금 반감을 갖게 하고 심지어 쇼핑할 생각도 포기하게 만든다는 내용이 가장 자연스러우므로 정답은 D 放弃(포기하다)이다. A 消失(소실되다)는 자취나 모습을 감춤을 나타내며 D 放弃(포기하다)는 권리나 주장, 의견 등을 버리거나 포기함을 나타낸다. C 改正(개정하다)은 잘못이나 착오를 개정하거나 고침을 나타낸다.

보기 어휘
消失 xiāoshī 동 소실되다, 없어지다 ★
限制 xiànzhì 동 제한하다, 한정하다
改正 gǎizhèng 동 고치다, 개정하다 ★
放弃 fàngqì 동 포기하다, 버리다

10

A 狡猾	B 恶劣	C 巧妙	D 勤奋
A 교활하다	B 아주 나쁘다	C 교묘하다	D 근면하다

정답 B

해설 빈칸 뒤 절이 '이러면 장사만 더 나빠질 뿐이다'라는 내용이므로 교환·환불시 가게의 태도가 나쁘다는 형용사가 들어가야 한다. 따라서 정답은 B 恶劣(아주 나쁘다)이다. 态度와 恶劣는 호응하여 쓰인다.

보기 어휘
狡猾 jiǎohuá 형 교활하다, 간사하고 꾀가 많다 ★
恶劣 èliè 형 아주 나쁘다, 열악하다 ★
巧妙 qiǎomiào 형 (기술이나 방법이) 교묘하다, 정교하다 ★
勤奋 qínfèn 형 근면하다, 부지런하다 ★

공략 비법 04 단음절 동사

1-4.

　　钱穆上学时所在学校的老师考试时各有特点。钱穆在回忆时提到给他印象最深的老师是史学大师吕思勉，吕思勉曾是钱穆的历史老师和地理老师。有次考试，吕老师出了4道题，每道题25分，共100分。当钱穆拿到卷子后便开始 **1 B 浏览** 试题，看到第三题时，他非常兴奋，因为是他平时最感兴趣的问题，也是他研究最多的问题。于是他拿起笔决定先答这个问题。当他写完这个问题时，不料考试时间到了，<u>**2 D 他很无奈地交了卷**</u>。可是，卷子发下来后，他竟然得了75分。

　　原来吕老师是非常 **3 D 爱惜** 人才的老师。虽然吕老师发现钱穆只答了一道题，但认为钱穆答得非常出色，并且在这道题的后面写了长长的批语，不仅对钱穆的作答给予了高度肯定，还指出了钱穆的不足之处。最后，钱穆仅 **4 C 凭** 这一道题就顺利通过了考试。

첸무의 학창시절 학교 선생님들은 시험 때마다 저마다의 특징이 있었다. 첸무는 과거를 회상하며 자신에게 가장 깊은 인상을 준 선생님은 역사학의 대가인 뤼쓰몐이라고 언급했다. 뤼쓰몐은 이전에 첸무의 역사 선생님이자 지리 선생님이었다. 한번은 시험에서 뤼 선생님이 모두 4문제를 내셨고 한 문제당 25점씩, 총 100점이었다. 첸무가 시험지를 받아 시험 문제를 <u>1 B 대강 훑어 보다</u> 3번 문제를 보았을 때, 그는 매우 흥분했다. 왜냐하면 그가 평소 매우 흥미를 가진 문제이자 가장 많이 연구한 문제였기 때문이다. 그래서 그는 펜을 들고 먼저 이 문제부터 답하기로 결정했다. 그리고 그가 이 문제를 다 풀었을 때 뜻밖에도 시험 시간이 끝나 버렸고 <u>2 D 그는 할 수 없이 시험지를 제출했다</u>. 하지만 시험지를 받아보니 그는 뜻밖에도 75점을 받았다.

알고 보니 뤼 선생님은 인재를 매우 <u>3 D 아끼는</u> 분이셨다. 뤼 선생님은 비록 첸무가 단 한 문제만 답한 것을 알았지만 첸무의 답이 굉장히 뛰어나다고 생각하여 이 문제 뒷면에 매우 긴 평가의 글도 써주셨다. 첸무의 답을 높이 평가했을 뿐 아니라 또한 첸무의 부족한 부분도 지적해 주셨다. 결국 첸무는 이 한 문제 <u>4 C 덕분에</u> 순조롭게 시험에 통과할 수 있었다.

1

A 归纳	B 浏览	C 概括	D 游览
A 귀납하다	B 대강 훑어보다	C 요약하다	D 유람하다

정답 B

해설 시험지를 받아 시험 문제를 B 浏览(대강 훑어보다)했다는 의미가 들어가는 것이 가장 자연스럽다. D 游览(유람하다)과 글자가 비슷하므로 주의하여야 한다.

본서 p. 153

지문 어휘

钱穆 Qiánmù 고유 첸무(중국 국학의 대사부)
特点 tèdiǎn 명 특징
回忆 huíyì 동 회상하다
提到 tídào 동 언급하다
史学 shǐxué 명 역사학
大师 dàshī 명 대가
吕思勉 Lǚsīmiǎn 고유 뤼쓰몐(중국의 역사학자)
卷子 juànzi 명 시험지
试题 shìtí 명 시험 문제
兴奋 xīngfèn 형 흥분하다
不料 búliào 부 뜻밖에
竟然 jìngrán 부 뜻밖에도
人才 réncái 명 인재 ★
出色 chūsè 형 뛰어나다 ★
批语 pīyǔ 명 문장에 대한 평가
作答 zuòdá 동 대답하다
高度 gāodù 형 정도가 매우 높다
给予 jǐyǔ 동 부여하다
肯定 kěndìng 명 인정
不足之处 bùzúzhīchù 부족한 부분

보기 어휘

归纳 guīnà 동 귀납하다, 종합하다 ★
浏览 liúlǎn 동 대강 훑어보다 ★
概括 gàikuò 동 요약하다 ★
游览 yóulǎn 동 유람하다 ★

2

A 他快速地答完了剩下的题	B 他准备得很充分
C 他反复修改了好几次	D 他很无奈地交了卷

A 그는 빠르게 남은 문제를 다 풀었다	B 그는 충분히 준비했다
C 그는 반복해서 여러 번 수정했다	D 그는 할 수 없이 시험지를 제출했다

보기 어휘

快速 kuàisù 〔동〕 신속하다
充分 chōngfèn 〔형〕 충분하다 ★
反复 fǎnfù 〔동〕 거듭하다 ★
无奈 wúnài 〔동〕 방법이 없다 ★

정답 D

해설 3번 문제만 풀었는데 시험 시간이 끝나 시험지를 제출해야 했으므로 정답은 D 他很无奈地交了卷(그는 할 수 없이 시험지를 제출했다)이다.

3

A 强调	B 信任	C 赞美	D 爱惜
A 강조하다	B 신임하다	C 찬미하다	D 아끼다

보기 어휘

强调 qiángdiào 〔동〕 강조하다 ★
信任 xìnrèn 〔동〕 신임하다 ★
赞美 zànměi 〔동〕 찬미하다 ★
爱惜 àixī 〔동〕 아끼다 ★

정답 D

해설 人才(인재)와 호응하는 동사는 D 爱惜(아끼다)이다. A 强调(강조하다)는 重点(중점)과 호응을 이루고, B 信任(신임하다)은 믿고 맡긴다는 의미로 职员(직원) 등과 어울려 쓰이며, C 赞美(찬미하다)는 칭찬한다는 의미를 가지고 있다.

4

A 砍	B 租	C 凭	D 绕
A 찍다	B 빌리다	C 기대다	D 휘감다

보기 어휘

砍 kǎn 〔동〕 찍다 ★
租 zū 〔동〕 빌리다
凭 píng 〔동〕 기대다 〔전〕 ~에 근거해서, ~에 따라서 ★
绕 rào 〔동〕 휘감다 ★

정답 C

해설 천무가 한 문제를 풀고 75점을 받았으므로 '기대다, 의지하다'라는 의미의 C 凭이 정답이다. A 砍(베다, 깎다)은 木头(나무)나 价格(가격)와 서로 호응하고, B 租(빌리다)는 房子(집)와 어울려 쓰이며, D 绕(휘감다, 에워싸다)는 道(길)나 太阳(태양) 등과 서로 호응한다.

5-7.

　　有一个杂志以"世界上最有成就感的时刻是什么？"为题，开展了有奖征答活动。最后得奖的4个答案 **5** B 分别 是：一位老师得知自己的学生非常感激自己的教导时；一个孩子在海滩上用沙子 **6** A 堆 了一座城堡时；一位作家看到自己的小说成为畅销书时；一位急诊医生成功地挽救了病人的生命时。可见，成就感往往与自己所 **7** B 从事 的工作息息相关。

지문 어휘

开展 kāizhǎn 〔동〕 전개하다, 열다
得知 dézhī 〔동〕 알게 되다, 알다
感激 gǎnjī 〔동〕 진정으로 감사하다, 감격하다 ★
海滩 hǎitān 〔명〕 해변의 모래사장
城堡 chéngbǎo 〔명〕 성, 성루
畅销书 chàngxiāoshū 〔명〕 베스트셀러 (best seller)
急诊 jízhěn 〔형〕 응급의, 급히 진료가 필요한 ★

한 잡지에서 '세상에서 가장 성취감을 주는 순간은 무엇인가'라는 주제로 응모 행사를 열었다.

최후에 상을 받은 4가지 답은 **5** B 각각 : 한 선생님은 자신의 학생이 자신의 가르침에 매우 감사해한다는 것을 알았을 때; 한 아이는 해변의 모래사장에서 모래로 성을 **6** A 쌓았을 때; 한 작가는 자신의 소설이 베스트셀러가 된 것을 보았을 때; 한 응급 의사는 환자의 생명을 성공적으로 구했을 때이다. 성취감은 흔히 자신이 **7** B 하는 일과 서로 깊은 관련이 있음을 알 수 있다.

挽救 wǎnjiù 〔동〕 (사람이나 사물을 위험에서) 구하다, 구제하다

可见 kějiàn 〔접〕 알 수 있다(앞의 문장을 이어받아 뒷부분의 결론이나 판단이 앞 문장에서 도출되었음을 나타냄)⭐

息息相关 xīxīxiāngguān 〔성〕 서로 깊은 관련이 있다, 관계가 아주 밀접하다

5⃝

A 一律	B 分别	C 一旦	D 幸亏
A 일률적으로	B 각각	C 일단 ~한다면	D 다행히

정답 B

해설 빈칸 뒤에 동사 是가 있는 것으로 보아 빈칸에는 부사가 들어가야 함을 알 수 있다. 4가지의 답이 각자 다르므로 정답은 B 分别(각각)이다.

보기 어휘

一律 yílù 〔부〕 일률적으로, 전부⭐

分别 fēnbié 〔부〕 각각, 따로따로⭐

一旦 yídàn 〔부〕 일단~한다면⭐

幸亏 xìngkuī 〔부〕 다행히, 운 좋게⭐

6⃝

A 堆	B 摘	C 砍	D 插
A 쌓다	B 따다	C 베다	D 삽입하다

정답 A

해설 빈칸 바로 뒤의 了를 통해 빈칸에는 동사가 들어가야 함을 알 수 있다. 빈칸 앞의 沙子(모래)와 빈칸 뒤의 城堡(성)를 통해 모래로 성을 쌓았음을 알 수 있다. 따라서 A 堆(쌓다)가 정답이다. B 摘(따다)는 식물의 꽃이나 과일과 함께 쓰이거나 착용하고 있거나 걸려 있는 물건을 떼거나 벗을 때 함께 쓰인다. C 砍(베다)는 나무나 가격과 함께 어울려 쓰인다.

보기 어휘

堆 duī 〔동〕 쌓다, 쌓이다⭐

摘 zhāi 〔동〕 따다, 뜯다, 떼다⭐

砍 kǎn 〔동〕 베다, 찍다, 줄이다⭐

插 chā 〔동〕 삽입하다, 꽂다, 끼우다⭐

7⃝

A 举行	B 从事	C 经营	D 运用
개최하다	B 일을 하다	C 경영하다	D 활용하다

정답 B

해설 빈칸 뒤에 工作(일)과 어울리는 동사를 찾아야 한다. B 从事(일을 하다)는 뒤에 직업이나 일과 어울려 쓰이는 동사이므로 정답은 B이다. A 举行(개최하다)은 운동회나 결혼식, 졸업식 등과 어울려 쓰이며 C 经营(경영하다)은 식당이나 기업, 사업체와 어울려 쓰이거나 물건 등과 어울려 '판매하다'라는 뜻으로 쓰인다. D 运用(활용하다)은 수단이나 기계, 기술과 어울려 쓰인다.

보기 어휘

举行 jǔxíng 〔동〕 개최하다, 거행하다

从事 cóngshì 〔동〕 일을 하다, 종사하다⭐

经营 jīngyíng 〔동〕 경영하다, 운영하다, 판매하다⭐

运用 yùnyòng 〔동〕 활용하다, 운용하다⭐

8-11.

广东湛江有一个红树林国家级自然保护区，该红树林的面积 **8 A 占** 全国红树林总面积的32%，是中国最大的红树林生态系统。

红树林又被称为"海上森林"，这是因为红树是一 **9 B 类** 生长在热带海岸的植物。红树生长的土壤含有很高的盐分，为了生存，它们经历了漫长的进化，逐渐形成了与这种环境相适应的生存 **10 C 方式**。例如为了防止海浪冲击，在被海水淹没时红树就会将叶子和枝干上的呼吸孔完全封闭；另外，他们还能通过分泌液体逼退体内的盐分。

红树拥有如此顽强的生命力，因此在抗御台风、保持水土和保护生物多样性等方面 **11 D 发挥** 着越来越重要的作用。

광둥 잔강에는 맹그로브 숲 국가급 자연 보호 구역이 있는데 이 맹그로브 숲의 면적은 전국 맹그로브 숲 총면적의 32%를 **8 A 차지하는** 중국 최대의 맹그로브 숲 생태계이다.

맹그로브 숲은 '해상숲'이라고도 불리는데, 이것은 맹그로브가 열대 해안에서 자라는 식물 **9 B 류** 이기 때문이다. 맹그로브가 자라는 토양은 매우 높은 염분을 함유하고 있는데, 그들은 살아 남기 위해 긴 진화를 거쳐, 점차 이러한 환경에 상응하는 생존 **10 C 방식** 을 형성하고 있다. 예를 들면 파도가 부딪치는 것을 막기 위해 바닷물에 잠길 때 맹그로브는 잎과 줄기 위의 숨구멍을 완전히 봉쇄한다. 이 외에도 그들은 액체 분비를 통해 체내의 염분을 밀어낼 수 있다.

맹그로브는 이렇게 강한 생명력을 가지고 있기 때문에 태풍에 맞서고, 수토를 지키고 생물 다양성 보호 등 방면에서 점점 더 중요한 역할을 **11 D 하고** 있다.

8

A 占	B 数	C 装	D 抓
A 차지하다	B 세다	C 장식하다	D 잡다

정답 A

해설 빈칸 뒤의 목적어가 32%이므로 정답은 A 占(차지하다)

9

A 阵	B 类	C 支	D 组
A 진지	B 류	C 갈래	D 조

지문 어휘

广东 Guǎngdōng 지명 광둥(광동)

湛江 Zhàn Jiāng 지명 잔강(담강)

红树林 hóngshùlín
명 맹그로브 숲, 홍수림

该 gāi 대 이, 이것, 그, 그것

面积 miànjī 명 면적 ★

生长 shēngzhǎng 동 자라다,
생장하다 ★

海岸 hǎi'àn 명 해안

土壤 tǔrǎng 명 토양

漫长 màncháng 형 (시간이)
길다, 유구하다

进化 jìnhuà 동 진화하다

防止 fángzhǐ 동 방지하다

海浪 hǎilàng 명 파도

冲击 chōngjī 동 (물결 따위가)
세차게 부딪치다

淹没 yānmò 동 물에 잠기다

枝干 zhīgàn 명 가지, 줄기

呼吸 hūxī 명 숨, 호흡
동 호흡하다 ★

孔 kǒng 명 구멍

封闭 fēngbì 동 봉쇄하다

分泌 fēnmì 동 분비하다

液体 yètǐ 명 액체

逼退 bītuì 동 밀어내다

顽强 wánqiáng 형 완강하다

抗御 kàngyù 동 맞서 막다

保持 bǎochí 동 지키다,
계속 유지하다 ★

保护 bǎohù 동 보호하다

보기 어휘

占 zhàn 동 차지하다,
점유하다 ★

数 shù 동 세다 ★

装 zhuāng 동 장식하다,
꾸미다 ★

抓 zhuā 동 잡다 ★

보기 어휘

阵 zhèn 명 진지, 진영 ★

类 lèi 명 류, 같은 종류 ★

支 zhī 명 갈래, 가지 ★

组 zǔ 명 조, 팀, 그룹 ★

정답 B

해설 빈칸 앞의 수사 一와 어울리는 명사를 찾아야 하는 문제로 열대 해안의 식물 종류라
는 내용이 문맥상 가장 자연스럽다. 따라서 정답은 B 类(류)이다.

10

A 形式	B 方案	C 方式	D 行为
A 형식	B 방안	C 방식	D 행위

보기 어휘

形式 xíngshì 명 형식, 모양,
형태 ⭐
方案 fāng'àn 명 방안, 계획,
구상 ⭐
方式 fāngshì 명 방식, 방법,
수단 ⭐
行为 xíngwéi 명 행위, 행동 ⭐

정답 C

해설 빈칸 앞의 生存과 어울리는 명사를 찾아야 하는 문제이다. 보기 가운데 C 方式(방
식)은 일을 처리하거나 문제를 해결하는 방법과 형식을 나타내는 어휘로 生存方式
(생존 방식), 做事方式(일하는 방식), 生活方式(생활 방식)처럼 쓰일 수 있다.
A 形式(형식)는 사물의 모양이나 구조를 나타내는 말로 表演的形式(공연의 형식),
改变形式(형식을 바꾸다)처럼 쓰일 수 있다.

11

A 存在	B 创造	C 担任	D 发挥
A 존재하다	B 창조하다	C 맡다	D 발휘하다

보기 어휘

存在 cúnzài 동 존재하다,
있다 ⭐
创造 chuàngzào 동 창조하다,
이룩하다
担任 dānrèn 동 맡다,
담당하다 ⭐
发挥 fāhuī 동 발휘하다 ⭐

정답 D

해설 빈칸 뒤의 作用과 어울려 쓰이는 어휘는 동사 发挥(발휘하다)로 정답은 D이다. 发
挥는 내면의 성질이나 능력을 표현함을 나타내는 어휘로 发挥作用(역할을 하다),
发挥能力(능력을 발휘하다), 发挥实力(실력을 발휘하다)처럼 쓰일 수 있다.
B 创造(창조하다)는 주로 사물이나 기회, 신기록 등과 어울려 쓰이며 C 担任(맡다)은
뒤에 직무나 직책 또는 업무와 어울려 쓰인다.

공략비법 **05** 5급 주요 접속사 총정리

본서 p. 164

1-4.

大部分人都认为，随着年龄的增长，人们的记忆力就会下
降，其实不然。国际语言学会 **1** D 曾经 对9至18岁的青少年学习
外语的情况和35岁以上的成年人学习外语的情况进行了比较，
结果发现青少年的记忆能力 **2** B 不如 成年人的好。这是因为成
年人的知识和经验比较丰富，这样比较容易在已有的知识和经
验的基础上，建立 **3** C 广泛 的联系。这种联系就是"联想"，联
想是记忆的基础，人的知识与经验越丰富，**4** A 就越容易建立
联想，记忆力就会提高。

지문 어휘

随着 suízhe 전 ~에 따르면
年龄 niánlíng 명 연령
增长 zēngzhǎng 동 증가하다
记忆力 jìyìlì 명 기억력
下降 xiàjiàng 동 떨어지다,
하강하다
国际语言学会
Guójì yǔyán xuéhuì
고유 국제 언어 학회
外语 wàiyǔ 명 외국어
情况 qíngkuàng 명 상황
记忆 jìyì 명 동 기억(하다) ⭐

대부분의 사람들은 연령의 증가에 따라 사람들의 기억력이 떨어진다고 생각하지만 사실은 그렇지 않다. 국제 언어 학회는 **1** D 일찍이 9세에서 18세 사이의 청소년이 외국어를 배우는 상황과 35세 이상의 성인들이 외국어를 배우는 상황에 대해 비교를 진행했다. 결과는 청소년의 기억력이 성인들 **2** B 만 못하다는 것을 발견했다. 이는 성인들의 지식과 경험이 비교적 풍부하여 이미 가지고 있는 지식과 경험에 기초해 **3** C 광범위한 연계를 구축하기 쉽기 때문이다. 이러한 연계가 바로 '연상'으로 연상은 기억의 기초이며, 사람의 지식과 경험이 풍부할수록 **4** A 연상을 만들기 쉬워지며, 기억력이 향상된다.

知识 zhīshi 몡 지식
经验 jīngyàn 몡 경험
基础 jīchǔ 몡 기초, 토대
建立 jiànlì 통 만들다, 세우다 ★
联系 liánxì 몡 연계, 관련
联想 liánxiǎng 통 연상하다

1

A 至今	**B** 深刻	**C** 临时	**D** 曾经
A 지금까지	B 깊다	C 임시에	D 일찍이

보기 어휘

至今 zhìjīn 뿐 지금까지 ★
深刻 shēnkè 혱 (인상이) 깊다 ★
临时 línshí 뿐 임시에, 갑자기 ★
曾经 céngjīng 뿐 일찍이 ★

정답 D

해설 빈칸이 포함된 문장의 말미에서 비교를 진행했다고 하였으므로 '일찍이'라는 의미의 D 曾经이 정답이다. C 临时(임시에, 갑자기)는 갑자기 발생하는 비정상적인 상황에 쓰인다.

2

A 体现	**B** 不如	**C** 具备	**D** 等于
A 구현하다	B ~만 못하다	C 갖추다	D ~와 같다

보기 어휘

体现 tǐxiàn 통 구현하다 ★
不如 bùrú 통 ~만 못하다 ★
具备 jùbèi 통 갖추다 ★
等于 děngyú 통 ~와 같다 ★

정답 B

해설 청소년과 성인의 기억력을 비교하는 문장이므로 정답은 不如 (~만 못하다)이다. 뒤의 내용을 통해 확실히 성인의 기억력이 좋다는 것을 알 수 있다.

3

A 平等	**B** 高档	**C** 广泛	**D** 温柔
A 평등하다	B 고급의	C 광범위하다	D 온유하다

보기 어휘

平等 píngděng 혱 평등하다 ★
高档 gāodàng 혱 고급의 ★
广泛 guǎngfàn 혱 광범위하다 ★
温柔 wēnróu 혱 온유하다 ★

정답 C

해설 联系(연계)를 꾸며주는 말을 찾는 문제로서 广泛(광범위하다)이 가장 자연스럽다.

4

A 就越容易建立联想	**B** 越需要努力积累
C 对待人生会很乐观	**D** 充分发挥想象力

A 연상을 만들기 쉬워진다	B 더욱 열심히 쌓아갈 필요가 있다
C 인생을 대하는 것이 낙관적이다	D 충분히 상상력을 발휘한다

보기 어휘

积累 jīlěi 통 쌓이다
对待 duìdài 통 대하다 ★
乐观 lèguān 혱 낙관적이다 ★
想象力 xiǎngxiànglì 몡 상상력

5-8.

赵元任是中国现代语言学的先驱，被誉为"中国现代语言学之父"。**5 A 他不但掌握了多门外语**，还精通中国30多个地方的方言。

赵元任从小就有语言天赋。他五六岁时就跟保姆和家庭教师学会了保定话和常州话。后来又从亲戚那儿学会了常熟话、福州话。赵元任15岁时在南京江南高等学堂学习，在那里他又学会了南京话。

赵元任学习语言的速度非常快，有一个非常 **6 C 经典**的例子可以说明这一点。1920年，英国哲学家罗素到中国各地进行演讲，赵元任担任翻译。赵元任在陪同罗素去长沙的 途中学会了湖南长沙话，等到了长沙，就已经能用当地话进行翻译了。

由于赵元任每到一个地方，都能用那儿的方言讲话，**7 A 因此**每个地方的人都以为他是本地人。此外，他还 **8 D 曾经**用方言表演过口技——"全国旅行"，即在一个节目中用各地方言介绍当地的名胜古迹和土货特产，就好像带着观众走遍了大半个中国。

자오위안런은 중국 현대 언어학의 선구자로 '중국 현대 언어학의 아버지'로 불린다. **5 A 그는 여러 외국어를 마스터했을 뿐만 아니라** 중국 30여 개의 방언도 정통하다.

자오위안런은 어려서부터 언어에 천부적인 재능이 있었다. 그는 대여섯 살 때 보모와 가정 교사에게 바오딩화와 창저우화를 배웠다. 나중에는 친척에게서 창수화, 푸저우화를 배웠다. 자오위안런은 15세 때 난징 쟝난 고등 학당에서 공부했는데 그곳에서 난징화를 배웠다.

자오위안런은 언어를 배우는 속도가 매우 빠른데, 이를 설명할 수 있는 아주 **6 C 전형적인** 예가 있다. 1920년 영국 철학자 러셀이 중국 각지로 강연을 다녔고 자오위안런은 통역을 맡았다. 자오위안런은 러셀과 함께 창사로 가는 도중에 후난창사화를 배웠고, 창사에서는 이미 현지화로 번역할 수 있었다.

자오위안런은 가는 곳마다 그곳의 방언으로 말하기 때문에 **7 A 이로 인하여** 모든 곳의 사람들이 그가 현지인인줄 알았다. 이 밖에 그는 **8 B 일찍이** 방언을 사용해 '전국여행'이라는 성대모사 공연을 한 적이 있는데, 각지 방언으로 현지의 명승고적과 지역 특산품을 소개하는 프로그램으로 시청자를 데리고 중국의 대부분을 두루 돌아다니는 것 같았다.

지문 어휘

先驱 xiānqū 명 선구자

誉为 yùwéi ~라고 불리다

精通 jīngtōng 동 정통하다, 통달하다

方言 fāngyán 명 방언, 사투리

天赋 tiānfù 명 천부적 재능, 타고난 자질

保姆 bǎomǔ 명 보모, 가정부

保定话 Bǎodìnghuà 고유 바오딩화(일종의 지방 방언)

常州话 Chángzhōuhuà 고유 창저우화(일종의 지방 방언)

亲戚 qīnqi 명 친척

常熟话 Chángshúhuà 고유 창수화(일종의 지방 방언)

福州话 Fúzhōuhuà 고유 푸저우화(일종의 지방 방언)

南京话 Nánjīnghuà 고유 난징화(일종의 지방 방언)

哲学家 zhéxuéjiā 명 철학자

罗素 Luósù 고유 러셀(영국의 철학자·수학자·사회학자로 1950년에 노벨문학상을 받았음)

担任 dānrèn 동 맡다, 담당하다 ★

陪同 péitóng 동 함께 다니다, 동행하다, 모시고 다니다

长沙 Chángshā 지명 창사(장사)

途中 túzhōng 명 도중

湖南长沙话 Húnán Chángshāhuà 고유 후난창사화(일종의 지방 방언)

本地人 běndìrén 명 현지인

口技 kǒujì 명 성대모사

土货特产 tǔhuò tèchǎn 명 지역 특산품

观众 guānzhòng 명 시청자, 관중, 관객

走遍 zǒu biàn 동 두루 돌아다니다

大半 dàbàn 명 대부분

5

A 他不但掌握了多门外语

B 与其说他是语言学家

C 即使他懂得多个国家的语言

D 无论哪一种语言

A 그는 여러 외국어를 마스터했을 뿐만 아니라

B 그는 언어학자라기보다는

C 설사 그가 여러 나라의 언어를 안다 하더라도

D 어느 언어든 막론하고

보기 어휘

掌握 zhǎngwò ⑧ 마스터하다, 숙달하다 ⭐

门 mén ⑱ 과목, 종류, 가지(기술이나 과목을 세는 단위)

与其 yǔqí ⑳ ~하기 보다는 ⭐

即使 jíshǐ ⑳ 설사 ~하더라도 ⭐

懂得 dǒngdé ⑧ 알다

无论 wúlùn ⑳ ~을 막론하고

정답 A

해설 빈칸 바로 뒤의 还와 어울려 쓰는 어휘를 찾는 문제로 정답은 A 不但(~뿐만 아니라)이다. [不但~, 还~(~뿐만 아니라, ~도)] 구문으로 자주 쓰인다.

6

A 繁荣	B 单调	C 经典	D 宝贵
A 번영하다	B 단조롭다	C 전형적이다	D 귀중하다

보기 어휘

繁荣 fánróng ⑲ 번영하다, 번창하다 ⭐

单调 dāndiào ⑲ 단조롭다 ⭐

经典 jīngdiǎn ⑲ 전형적이거나 비교적 큰 영향력이 있는 ⭐

宝贵 bǎoguì ⑲ 귀중하다 ⭐

정답 C

해설 빈칸 뒤의 例子와 어울려 쓰일 만한 형용사를 찾는 문제이다. 보기 가운데 例子와 가장 잘 어울리는 어휘는 C 经典(전형적이거나 비교적 큰 영향력이 있는)이다. 经典은 뒤에 영화나 책, 음악과 어울려 쓰이기도 한다.

7

A 因此	B 假如	C 宁可	D 哪怕
A 이로 인하여	B 만약	C 차라리 ~할지언정	D 설사 ~라 해도

보기 어휘

因此 yīncǐ ⑳ 이로 인하여, 그래서

假如 jiǎrú ⑳ 만약, 가령 ⭐

宁可 nìngkě ⑳ 차라리 ~할지언정, ~할 바에야 ⭐

哪怕 nǎpà ⑳ 설사 ~라 해도, 설령 ~라 해도 ⭐

정답 A

해설 빈칸 앞 절에 접속사가 由于(~때문에)이므로 由于와 호응하여 쓰이는 접속사를 찾아야 한다. [由于~, 因此~(~때문에, 그래서~)]의 구문으로 쓰여 인과관계를 나타내므로 정답은 A 因此(이로 인하여)이다.

8

A 连忙	B 曾经	C 迟早	D 逐渐
A 재빨리	B 일찍이	C 조만간	D 점차

보기 어휘

连忙 liánmáng ⑼ 재빨리, 얼른, 급히 ⭐

曾经 céngjīng ⑼ 일찍이 ⭐

迟早 chízǎo ⑼ 조만간, 앞으로 곧 ⭐

逐渐 zhújiàn ⑼ 점차, 점점, 서서히 ⭐

정답 B

해설 빈칸 뒤의 表演过와 가장 잘 어울리는 부사를 찾아야 한다. B 曾经(일찍이)은 동태조사 过와 어울려 쓰이는 부사로 정답은 B이다.

9-11.

众所周知电子书给人们的生活带来了很多便利，但与此同时给出版社带来了巨大的危机和压力。传统出版商为了和电子书竞争，**9 C 不断**提升纸质书的整体质量。在出版图书以前，每一项都得力求做到完美，比如选择内容要做到吸引人，价格定位要考虑周全，书本设计要精致，这就 **10 A 促使**图书制作的整体水平提高了，从而市面上出现了很多制作精美、权威性高、兼具收藏价值和学术价值的图书。

因此，一位非常有资历的业内人士指出，电子书的出现对于纸质书来说 **11 A 既是生存压力**，也是向前发展的动力。

모든 사람이 다 알다시피 전자책은 사람들의 생활에 많은 편리함을 가져다 주었다. 하지만 이와 동시에 출판사에 거대한 위기와 중압감을 가져다 주었다. 전통적인 출판회사들은 전자책과 경쟁하기 위해 **9 C 끊임없이** 종이 책의 전체적인 질을 높이고 있다. 도서를 출판하기 전에 항목마다 온갖 노력을 다해 완벽하게 해야 한다. 예를 들어 사람들의 관심을 끌 수 있는 내용을 선택해야 하고, 가격 책정도 주도면밀하게 고려해야 하며, 책 디자인 역시 정교해야 한다. 이러한 것들은 도서 제작의 전반적인 수준을 향상 **10 A 되도록** 하였고, 그리하여 시장에 제작이 정교하고, 권위성이 높은 소장 가치와 학술적 가치를 겸비한 도서들이 많이 출현하게 되었다.

이로 인해 경력이 있는 업계의 한 인사는 전자책의 출현은 종이 책에 있어서 **11 A 생존 중압감이자**, 또한 앞을 향해 발전하게 하는 원동력이라고 지적했다.

지문 어휘

众所周知 zhòngsuǒzhōuzhī
성 모든 사람이 다 알고 있다

电子书 diànzǐshū 명 전자책

便利 biànlì 형 편리하다

与此同时 yǔcǐtóngshí
이와 동시에, 아울러

出版社 chūbǎnshè 명 출판사

巨大 jùdà 형 거대하다 ★

危机 wēijī 명 위기

传统 chuántǒng 형 전통적인 ★

竞争 jìngzhēng 동 경쟁하다

提升 tíshēng 동 높이다, 끌어올리다

出版 chūbǎn 동 출판하다 ★

力求 lìqiú 동 온갖 노력을 다하다

完美 wánměi 형 완벽하다, 완전무결하다 ★

考虑 kǎolǜ 형 고려하다

周全 zhōuquán 형 주도면밀하다

精致 jīngzhì 형 정교하다

制作 zhìzuò 동 제작하다 ★

市面 shìmiàn 명 시장

精美 jīngměi 형 정교하다

权威性 quánwēixìng 명 권위성

兼具 jiānjù 동 겸비하다

收藏价值 shōucáng jiàzhí
명 소장 가치

学术价值 xuéshù jiàzhí
명 학술적 가치

资历 zīlì 명 경력

业内人士 yènèi rénshì
명 업계 인사

指出 zhǐchū 동 지적하다, 가리키다

动力 dònglì 명 원동력

⑨

A 继续	B 过分	C 不断	D 一旦
A 계속하다	B 지나치다	C 끊임없이	D 일단 ~한다면

보기 어휘

继续 jìxù 동 계속하다

过分 guòfèn 형 지나치다 ★

不断 búduàn 부 끊임없이 ★

一旦 yídàn 부 일단 ~한다면 ★

정답 C

해설 동사 '높이다'를 수식할 가장 알맞은 부사는 不断(끊임없이)이다. 继续(계속하다)는 과거의 동작을 미래에도 계속 한다는 의미이며 C 一旦(일단 ~한다면)은 어떠한 가설의 상황에 쓰인다.

10

A 促使	B 利用	C 确定	D 扩大
A ~하도록 하다	B 이용하다	C 확정하다	D 확대하다

보기 어휘

促使 cùshǐ 동 ~하도록 하다, 재촉시키다 ★
利用 lìyòng 동 이용하다 ★
确定 quèdìng 동 확정하다 ★
扩大 kuòdà 동 확대하다 ★

> **정답** A

> **해설** 빈칸 앞의 就(바로)를 통해 빈칸에 동사가 들어가야 함을 알 수 있다. 앞에서 언급한 조치들이 도서 제작의 전반적인 수준을 향상시켰다는 내용이므로 '~하도록 하다'라는 의미의 A 促使가 정답이 된다. C 确定(확정하다)은 확실히 결정했다는 의미이다.

11

A 既是生存压力	B 虽然是有利的
C 既然有一定的困难	D 假使最终会被取代
A 생존 중압감이자	B 비록 유리한 것이지만
C 기왕 일정한 어려움이 있는 이상	D 만일 최종적으로 대체된다면

보기 어휘

既 jì 접 ~일 뿐 아니라
生存 shēngcún 명 생존
有利 yǒulì 형 유리하다 ★
既然 jìrán 접 기왕 ~한 이상
假使 jiǎshǐ 접 만일 ~라면
最终 zuìzhōng 명 최종, 맨 마지막
取代 qǔdài 동 대체하다

> **정답** A

> **해설** 빈칸 뒤의 부사 也와 호응이 되는 접속사는 既(~일 뿐 아니라)로 병렬의 상황을 만든다. 虽然(비록 ~이지만)은 但是(그러나)와, 既然(기왕 ~한 이상)은 就(바로)와 假使(만일 ~라면)는 那么(그러면) 혹은 就(바로)와 어울려 쓰인다.

공략비법 06 논설문 문제

본서 p. 181

1

　　失败并不一定是坏事，它的积极意义在于让我们发现自己的不足之处，从而促使我们不断进步。虽然我们都不想失败，但是经验教训是极其有价值的。它会时刻提醒我们注意自己曾经不懂或需要学习的东西，能够锻炼我们的意志力和学习能力。而这些对于我们未来走向成功非常重要。

A 面对失败需要很大的勇气
B 失败是可以想办法避免的
C 失败是缺乏意志力导致的
D 失败能让人看到自身的不足

지문 어휘

积极 jījí 형 긍정적인, 진취적인
不足之处 bùzúzhīchù 부족한 부분, 결점
促使 cùshǐ 동 ~하도록 하다, 재촉시키다 ★
不断 búduàn 부 끊임없이 ★
教训 jiàoxùn 명 교훈 ★
极其 jíqí 부 매우, 지극히 ★
时刻 shíkè 부 항상, 시시각각
意志力 yìzhìlì 명 의지력
走向 zǒuxiàng 동 ~로 나아가다

실패가 반드시 나쁜 것은 아니다. 그것의 긍정적인 의미는 우리로 하여금 자신의 부족한 부분을 깨닫게 함으로써 우리가 끊임없이 진보할 수 있도록 하는 데 있다. 비록 우리들은 실패하고 싶지 않지만, 경험적 교훈은 매우 가치 있는 것이다. 그것은 우리에게 자신이 이전에 이해하지 못했거나 배울 필요가 있던 것들에 대해 항상 주의를 상기시켜 우리의 의지력과 학습 능력을 단련시켜 줄 것이다. 이것들은 우리가 미래에 성공으로 나아가는데 있어 매우 중요하다.

A 실패에 직면하려면 큰 용기가 필요하다
B 실패는 방법을 생각해 피할 수 있다
C 실패는 의지력 부족으로 야기된 것이다
D 실패는 사람으로 하여금 자신의 부족함을 볼 수 있게 한다

정답 D

해설 보기 A의 勇气(용기), B의 可以想办法避免的(방법을 생각해 피할 수 있다), C의 缺乏意志力(의지력 부족)에 대한 내용은 단문에서 언급하지 않는다. 단문의 시작 부분에서 실패의 긍정적인 의미는 우리로 하여금 자신의 부족한 부분을 깨닫게 한다고 언급하였으므로 정답은 D이다. 논설문 문제의 경우 단문의 시작 부분과 마지막 부분에 정답이 있을 확률이 높으므로 주의 깊게 읽는다.

2

电子游戏作为当代人最主要的娱乐方式之一，也备受孩子们的欢迎。不过，家长们普遍怕孩子沉迷于游戏，因此总是不让孩子玩儿。其实爱玩儿本就是孩子的天性，与其要求孩子违背天性地远离游戏，不如以包容和开放的态度引导孩子适当地玩儿游戏。

A 孩子对世界充满好奇心
B 玩儿游戏不利于孩子成长
C 家长要正确引导孩子玩游戏
D 电子游戏是唯一的娱乐方式

컴퓨터 게임은 현 세대 사람들의 가장 주요한 오락 방식의 하나로 아이들에게도 인기를 얻고 있다. 하지만 학부모들은 보편적으로 아이들이 게임에 깊이 빠질까봐 줄곧 아이들로 하여금 놀지 못하게 한다. 사실 노는 것을 좋아하는 것은 본래 아이의 천성이며, 아이에게 천성을 어기고 게임을 멀리하라고 요구하느니 차라리 포용과 개방적 태도로 아이가 적당히 게임을 하도록 유도하는 것이 낫다.

A 아이는 세상에 호기심이 충만하다
B 게임하며 노는 것은 아이의 성장에 이롭지 않다
C 학부모는 아이가 게임을 할 수 있도록 올바르게 유도해야 한다
D 컴퓨터 게임은 유일한 오락 방식이다

정답 C

해설 보기 A의 好奇心(호기심), B의 成长(성장), D의 唯一的娱乐方式(유일한 오락 방식)에 대한 내용은 단문에서 언급하지 않는다. 단문의 마지막 부분에서 아이에게 게임을 멀리하라고 요구하느니 차라리 포용과 개방적 태도로 아이가 적당히 게임을 하도록 유도하는 것이 낫다고 언급했으므로 정답은 C이다.

보기 어휘

面对 miànduì 동 직면하다, 마주하다 ★

避免 bìmiǎn 동 (주로 좋지 않은 상황을) 피하다, 모면하다 ★

缺乏 quēfá 동 부족하다, 결핍되다 ★

导致 dǎozhì 동 (어떤 사태를) 야기하다, 초래하다 ★

지문 어휘

作为 zuòwéi 동 ~로 하다, ~로 삼다 ★

当代人 dāngdàirén 현 세대 사람

娱乐 yúlè 명 오락, 레크리에이션 ★

备受 bèishòu 동 실컷 받다

普遍 pǔbiàn 형 보편적인, 일반적인 ★

沉迷于 chénmíyú ~에 깊이 빠지다

天性 tiānxìng 명 천성

与其 yǔqí 접 ~하느니 차라리, ~하기보다는 ★

违背 wéibèi 동 어기다, 위배하다

不如 bùrú 접 ~하는 편이 낫다

包容 bāoróng 동 포용하다

引导 yǐndǎo 동 유도하다, 권유하다

适当 shìdàng 형 적당하다, 적절하다

보기 어휘

充满 chōngmǎn 동 충만하다, 가득하다

好奇心 hàoqíxīn 명 호기심

不利于 búlìyú ~에 이롭지 않다

正确 zhèngquè 형 올바르다, 정확하다

唯一 wéiyī 형 유일한, 하나밖에 없는 ★

3

许多父母在孩子的成长过程中都会告诫孩子："一个人在外面时千万不要和陌生人说话。"然而现代的教育理念认为，和陌生人适当接触对儿童的发展是有益的。因此作为父母，他们应该做的不是每时每刻都保护孩子不受陌生人伤害，而是要告诉孩子在什么情况下如何与陌生人交流。

A 孩子的压力主要来自于学校
B 孩子应学会和陌生人沟通
C 父母应该加强和孩子的沟通
D 父母不应该责备孩子

많은 부모들이 아이들의 성장 과정에서 아이들에게 '혼자 밖에 있을 때 절대 낯선 사람과 말을 하지 말라'고 훈계한다. 하지만 현대의 교육이념은 낯선 사람과 적절히 접촉하는 것이 아동의 발전에 유익한 것이라 여긴다. 따라서 부모로서 그들이 해야 할 일은 항상 아이들이 낯선 사람에게서 해를 받지 않도록 보호하는 것이 아니라, 아이들에게 어떤 상황에서 낯선 사람과 어떻게 교류해야 하는지 알려주는 것이다.

A 아이의 스트레스는 주로 학교에서 온다
B 아이들은 낯선 사람과 소통하는 것을 배워야 한다
C 부모는 아이와의 소통을 강화해야 한다
D 부모는 아이를 꾸짖어서는 안 된다

지문 어휘

告诫 gàojiè 동 훈계하다
陌生人 mòshēngrén
명 낯선 사람
理念 lǐniàn 명 이념
适当 shìdàng 형 적절하다
接触 jiēchù 동 접촉하다, 닿다 ★
儿童 értóng 명 아동
有益 yǒuyì 형 유익하다
每时每刻 měishíměikè
성 항상, 늘
伤害 shānghài
동 해를 끼치다 ★

보기 어휘

来自于 láizìyú 전 ~에서 오다
加强 jiāqiáng 동 강화하다
沟通 gōutōng 명 교류 ★
责备 zébèi 동 꾸짖다 ★

 정답 B

해설 단문 마지막 부분에 아이들에게 어떤 상황에서 낯선 사람과 어떻게 소통해야 하는지 알려 줘야 한다고 했으므로 정답은 B이다.

4

经历是自己亲身见过，做过或遭遇过的事。无论你经历的事情是快乐的还是痛苦的，这些经历都会引发你对人生的感受和思考。它不仅仅会在你的脑海中留下回忆，也会成为你宝贵的财富。这一切只属于你，而且它比其他任何东西都更忠诚于你，你也不能转让给任何人。

A 经历会让人变得更自信
B 经历是人生的财富
C 经历相似的人有共同语言
D 要经常与身边的人分享自己的经历

지문 어휘

亲身 qīnshēn 부 직접, 친히
遭遇 zāoyù 동 (순조롭지 않은 일을) 부닥치다, 만나다
痛苦 tòngkǔ 형 고통스럽다 ★
引发 yǐnfā 동 유발하다, 일으키다
感受 gǎnshòu 명 인상, 체득, 감명 ★
思考 sīkǎo 동 사고하다, 생각하다 ★
脑海 nǎohǎi 명 머리, 뇌리
回忆 huíyì 명 추억, 회상

경험은 자신이 직접 보거나 했거나 혹은 부닥쳤던 일이다. 당신이 겪은 일이 즐겁든 고통스러웠든 간에 이러한 경험들은 모두 당신의 인생에 대한 인상과 사고하는 것을 유발한다. 그것은 단지 당신의 머리 속에 추억만을 남기는 것이 아니라 당신의 소중한 자산이 될 것이다. 이 모든 것은 당신만의 것이며 그것은 다른 어떤 것보다도 당신에게 더 충성스러우며 당신 역시 그것을 누군가에게 양도할 수 없다.

A 경험은 더욱 자신감 넘치는 사람으로 만들 수 있다
B 경험은 인생의 자산이다
C 경험이 비슷한 사람은 공통된 관점이 있다
D 자주 주변 사람들과 자신의 경험을 함께 나눠야 한다

정답 B

해설 단문 중간에 경험은 당신의 귀중한 재산이 될 수도 있다고 했으므로 정답은 B이다.

5

　　人们在网购时通常会参考其他买家的评价。即使某个商品的好评再多，只要有差评，大多数人就会选择放弃。正所谓"好事不出门，坏事传千里"。心理学称这种现象为"负面偏好"。即大脑对负面信息有更强烈、更持久的反应。因此我们更容易受到负面信息的影响。

A 在网上发表评论时要谨慎
B 人们更易被负面信息左右
C 人们的记忆力在慢慢减退
D 好评越多人们越不会购买

사람들은 인터넷 쇼핑을 할 때 보통 다른 구매자의 평가를 참고한다. 설사 어떤 상품의 호평이 더 많아도 혹평이 있기만 하면 대부분의 사람들은 포기를 선택할 것이다. 이른바 '좋은 일은 밖으로 나가지 않고 나쁜 일은 천 리 밖으로 전해진다'는 것이다. 심리학은 이런 현상을 '부정적 선호'라 칭한다. 즉, 뇌는 부정적인 정보에 대해 더 강력하고 지속적인 반응을 보인다. 이 때문에 우리는 부정적인 정보에 더 쉽게 영향을 받는다.

A 인터넷에서 논평을 할 때는 신중해야 한다
B 사람들은 부정적인 정보에 더 쉽게 좌우된다
C 사람들의 기억력이 서서히 감퇴하고 있다
D 호평이 높을수록 사람들은 구매하지 않는다

정답 B

해설 단문 마지막 부분에 뇌는 부정적인 정보에 대해 더 강력하고 지속적인 반응을 보이며 이 때문에 부정적인 정보에 더 쉽게 영향을 받는다고 언급했으므로 정답은 B이다.

宝贵 bǎoguì 형 소중하다, 귀중하다 ★
财富 cáifù 명 자산, 부
属于 shǔyú 동 ~의 소유이다, ~에 속하다
忠诚 zhōngchéng 형 충성스럽다
转让 zhuǎnràng 동 양도하다, 넘겨주다

보기 어휘

相似 xiāngsì 형 비슷하다 ★
分享 fēnxiǎng 동 함께 나누다

지문 어휘

网购 wǎnggòu 동 인터넷 쇼핑을 하다
参考 cānkǎo 동 참고하다, 참조하다 ★
买家 mǎijiā 명 구매자
评价 píngjià 명 평가 ★
好评 hǎopíng 명 호평
差评 chàpíng 명 혹평, 비추천 후기 ★
传 chuán 동 전해지다, 널리 퍼지다 ★
负面 fùmiàn 명 부정적인 면, 나쁜 면
强烈 qiángliè 형 강렬하다, 정도가 높다 ★
持久 chíjiǔ 형 오래 지속하다
反应 fǎnyìng 명 반응 ★

보기 어휘

发表 fābiǎo 동 표명하다, 밝히다, 게재하다 ★
评论 pínglùn 명 논평, 평론
谨慎 jǐnshèn 형 신중하다, 조심하다, 주의하다 ★
减退 jiǎntuì 동 (정도가) 감퇴하다, 줄다, 약화되다

공략 비법 07 설명문 문제

1

蜂鸟因飞行时两个翅膀拍打的声音非常像蜜蜂而得名，是世界上最小的鸟类。蜂鸟主要分布于南美洲。它善于在空中停飞，而且可以向后飞行。蜂鸟和其他鸟类一样，嗅觉不发达，主要靠视觉。

A 蜂鸟飞行时声音很大　　B 蜂鸟的数量逐渐在增多
C 蜂鸟主要分布在南美洲　D 蜂鸟的飞行速度很快

벌새는 날아다닐 때 두 날개가 퍼덕이는 소리가 꿀벌을 닮았다고 하여 붙여진 이름으로, 세계에서 가장 작은 조류이다. 벌새는 주로 남아메리카에 분포하고 있으며, 공중에서 비행을 멈추는데 능숙하며 뒤로 날 수도 있다. 벌새는 다른 새들과 마찬가지로 후각이 발달되지 않아서, 주로 시각에 의지한다.

A 벌새가 날아다닐 때의 소리가 아주 크다　B 벌새의 수는 점점 늘어나고 있다
C 벌새는 주로 남아메리카에 분포한다　　　D 벌새의 비행 속도는 아주 빠르다

정답　C

해설　分布于는 '~에 분포하고 있다'라는 의미이므로 C 分布在와 같은 의미이다. 단문 중간 부분에 남아메리카에 분포하고 있다고 했으므로 정답은 C이다.

2

"宜居带"就是指一颗恒星周围的一定距离范围。在这一范围内，水能以液态形式存在，而液态水是生命生存不可缺少的资源。如果一颗行星落在这一范围内，那么它拥有生命的可能性就很大。

A 宜居带内行星之间常常互相碰撞
B 宜居带周围的温度变化不大
C 宜居带指两颗恒星之间的距离
D 宜居带存在生命的机会大

'서식 가능 지역'이란 한 항성 주위의 일정한 거리 범위를 말한다. 이 범위 내에서 물은 액상 형태로 존재할 수 있고, 또한 액상의 물은 생명이 생존하기 위해 없어서는 안 될 자원이다. 만일 한 행성이 이 범위 안에 떨어진다면, 행성이 생명을 가질 가능성은 크다.

A 서식 가능 지역 내의 행성들은 종종 서로 충돌한다
B 서식 가능 지역 주변의 온도 변화는 크지 않다
C 서식 가능 지역이란 두 항성간의 거리를 말한다
D 서식 가능 지역에는 생명이 존재할 기회가 크다

정답　D

해설　단문 마지막 부분에 '생명을 가질 가능성은 크다'라고 했으므로 '생명이 존재할 기회가 크다'라고 한 D가 정답이다.

지문 어휘

蜂鸟 fēngniǎo 몡 벌새
飞行 fēixíng 통 날다, 비행하다
翅膀 chìbǎng 몡 날개 ★
拍打 pāida 통 (날개를) 퍼덕이다
蜜蜂 mìfēng 몡 꿀벌 ★
鸟类 niǎolèi 몡 조류
分布 fēnbù 통 분포하다 ★
善于 shànyú ~에 능숙하다, ~을 잘하다 ★
停飞 tíngfēi 비행을 멈추다, 비행을 정지하다
嗅觉 xiùjué 몡 후각
发达 fādá 통 발달하다 ★
靠 kào 통 기대다, 의지하다 ★
视觉 shìjué 몡 시각

보기 어휘

逐渐 zhújiàn 뮈 점점 ★
增多 zēngduō 통 늘어나다, 많아지다

지문 어휘

宜居带 yíjūdài 몡 서식 가능 지역
恒星 héngxīng 몡 항성, 붙박이별
周围 zhōuwéi 몡 주위
范围 fànwéi 몡 범위 ★
液态 yètài 몡 액상
资源 zīyuán 몡 자원 ★
行星 xíngxīng 몡 행성
拥有 yōngyǒu 통 가지다, 보유하다
可能性 kěnéngxìng 몡 가능성

보기 어휘

互相 hùxiāng 뮈 서로
碰撞 pèngzhuàng 통 충돌하다

③

　　长城站建成于1985年2月20日，是中国在南极建立的第一个科学考察站。长城站位于南极洲乔治王岛西部的菲尔德斯半岛上。自建站以来，经过多次扩建，现有25座建筑，建筑总面积达4200平方米。那里夏季可容纳60人左右考察，冬季可供20人左右越冬考察。

A 长城站是北极科考站
B 长城站建成于21世纪
C 长城站曾多次扩建
D 长城站冬季能容纳更多人

　　장성기지는 1985년 2월 20일에 완공하였으며, 중국이 남극에 건립한 첫 번째 과학탐험기지이다. 장성기지는 남극주 킹조지 섬 서부의 필데스 반도에 위치해 있다. 건립 이후 여러 차례 증축을 거쳐 현재 25개의 건물로 총 면적이 4200㎡에 이른다. 그곳은 여름에 60명 정도의 시찰을 수용할 수 있고 겨울에는 20명 정도가 월동하며 시찰을 할 수 있다.

A 장성기지는 북극 과학 탐험 기지이다
B 장성기지는 21세기에 건설되었다
C 장성기지는 일찍이 여러 차례 증축하였다
D 장성기지는 겨울에 더 많은 사람을 수용할 수 있다

| 정답 | C |

| 해설 | 보기의 전체 문장 맨 앞에 쓰인 **长城站**(장성기지)은 지우고 각 보기의 남은 부분을 단문과 대조하여 문제를 풀어야 한다. 단문 중간 부분에 건립 이후 여러 차례 증축을 거쳤다고 했으므로 일찍이 여러 차례 증축하였다는 C가 정답이다. |

④

　　承德避暑山庄位于河北省承德市，是中国现存规模最大的古代皇家园林，1994年被列入世界文化遗产。其修建期长达89年，历经清朝的康熙帝、雍正帝、乾隆帝三朝。康熙和乾隆每年大约有半年时间要在承德度过，处理国家大事。

A 承德避暑山庄始建于宋朝
B 承德避暑山庄属于皇家建筑
C 承德避暑山庄曾用于军事训练
D 承德避暑山庄还没对外开放

　　청더 피서 산장은 허베이성 청더시에 위치한 중국에서 현존하는 가장 큰 규모의 고대 황실 원림이며, 1994년에 세계문화유산에 등재되었다. 그것의 건축 기간은 89년에 걸쳐 청나라의 강희제, 옹정제, 건륭제 세 왕조를 거쳤다. 강희와 건륭은 매년 대략 반년의 시간을 승덕에서 보내며 국가의 큰 일을 처리했다.

A 청더 피서 산장은 송나라부터 지어지기 시작했다
B 청더 피서 산장은 황실 건축물에 속한다
C 청더 피서 산장은 일찍이 군사 훈련에 사용되었다
D 청더 피서 산장은 아직 대외에 개방되지 않았다

정답 B

해설 보기의 전체 문장 맨 앞에 쓰인 **承德避暑山庄**(청더 피서 산장)을 지우고 각 보기의 남은 부분을 단문과 대조해 문제를 풀어야 한다. 단문 중간 부분에서 승덕 피서 산장은 **皇家园林**(황실 원림)이라고 했으므로 정답은 B이다.

실전 테스트

독해

世界文化遗产
shìjiè wénhuà yíchǎn
명 세계문화유산
修建 xiūjiàn 통 건축하다, 짓다
历经 lìjīng 통 여러 번 거치다
清朝 Qīngcháo 고유 청나라
康熙帝 Kāngxīdì 인명 강희제
雍正帝 Yōngzhèngdì
인명 옹정제
乾隆帝 Qiánlóngdì 인명 건륭제

보기 어휘

宋朝 Sòngcháo 고유 송나라
属于 shǔyú 통 ~에 속하다
建筑 jiànzhù 명 건축물 ⭐
曾 céng 부 일찍이
军事 jūnshì 명 군사 ⭐
训练 xùnliàn 통 훈련하다 ⭐
开放 kāifàng 통 개방하다 ⭐

⑤

　　三坊七巷是著名的风景名胜区，位于福州市中心，是福州的历史之源。三坊七巷是从北到南依次排列的三个坊和七个巷的简称，是中国现存保护较为完整的历史文化街区。三坊七巷里共有159座明清古建筑，因此有"中国明清建筑博物馆"的美誉。

A 三坊七巷保存了很多古代建筑
B 三坊七巷是从南到北依次排列的
C 三坊七巷是现代建筑
D 三坊七巷位于福州市北部

삼방칠항은 저명한 풍경 명승지로, 푸저우시 중심에 위치해 있으며 푸저우의 역사적 근원이다. 삼방칠항은 북에서 남으로 차례대로 배열된 3개의 거리와 7개의 골목의 약칭으로 중국에 현존하는 비교적 보호가 잘 된 역사 문화 거리 구역이다. 삼방칠항에는 총 159개의 명나라·청나라의 고대 건축물들이 있으며, 이 때문에 '중국 명청 건축 박물관'이라는 명성이 있다.

A 삼방칠항은 매우 많은 고대 건축물을 보존하고 있다
B 삼방칠항은 남에서 북까지 차례대로 배열된 것이다
C 삼방칠항은 현대 건축물이다
D 삼방칠항은 푸저우시 북부에 위치하고 있다

지문 어휘

三坊七巷 Sānfāng qīxiàng
고유 삼방칠항
坊 fāng 명 거리, 골목
巷 xiàng 명 골목
著名 zhùmíng 형 저명하다
风景 fēngjǐng 명 풍경 ⭐
名胜区 míngshèngqū
명 명승지
福州市 Fúzhōushì
지명 푸저우시(복주시)
源 yuán 명 근원, 기원
依次 yīcì 부 차례대로, 순서대로
排列 páiliè 통 배열하다, 정렬하다
简称 jiǎnchēng 명 약칭
较为 jiàowéi 부 비교적
完整 wánzhěng 형 완벽하다 ⭐
街区 jiēqū 명 구역
古建筑 gǔjiànzhù
명 고대 건축물
美誉 měiyù 명 명성

정답 A

해설 단문 후반부에 삼방칠항에는 총 159개의 명나라·청나라의 고대 건축물들이 있다고 했으므로 정답은 A이다.

蜻蜓是世界上眼睛最大的昆虫。蜻蜓的眼睛大而鼓，占据着头的绝大部分。蜻蜓的视力极好，而且不必转头，眼睛就可以向上、向下、向前、向后看。科学家根据蜻蜓眼睛的这一特殊的结构，制造了复眼相机，这种相机一次可以拍出千百张照片。

A 蜻蜓视力非常好　　　　　　B 蜻蜓的分布范围极广
C 蜻蜓主要以水草为食　　　　D 蜻蜓的头部不可以转动

잠자리는 세계에서 눈이 가장 큰 곤충이다. 잠자리의 눈은 크고 불룩하며, 머리의 대부분을 차지하고 있다. 잠자리의 시력은 매우 좋으며, 머리를 돌릴 필요 없이 눈이 바로 위, 아래, 앞, 뒤를 볼 수 있다. 과학자들은 잠자리 눈의 이런 특수한 구조에 근거하여, 초광각 카메라를 만들었으며, 이 카메라는 한 번에 천장이 넘는 사진을 찍을 수 있다.

A 잠자리는 시력이 매우 좋다　　　　B 잠자리의 분포 범위는 매우 넓다
C 잠자리는 주로 수초를 먹이로 한다　　D 잠자리의 머리는 회전할 수 없다

정답 A

해설 단문 속의 极好와 A의 非常好는 모두 '매우 좋다'라는 의미이다. 따라서 정답은 A이다.

지문 어휘

蜻蜓 qīngtíng 명 잠자리
昆虫 kūnchóng 명 곤충 ☆
鼓 gǔ 형 불룩하다, 봉긋하다
占据 zhànjù 동 차지하다
绝大 juédà 형 대부분의, 절대다수의
视力 shìlì 명 시력
科学家 kēxuéjiā 명 과학자
特殊 tèshū 형 특수하다 ☆
结构 jiégòu 명 구조, 구성 ☆
复眼 fùyǎn 명 겹눈
相机 xiàngjī 명 사진기
照片 zhàopiàn 명 사진

보기 어휘

分布 fēnbù 동 분포하다 ☆
范围 fànwéi 명 범위 ☆
水草 shuǐcǎo 명 수초
头部 tóubù 명 머리 부위
转动 zhuàndòng 동 회전하다

番茄别名叫西红柿。番茄不仅营养丰富，而且富含水分。番茄消暑解渴的效果与西瓜不相上下。番茄是女性最喜欢的蔬菜之一，因为维生素C的含量极高，相当于西瓜的十倍，且由于受到有机酸的保护，番茄在烹饪的过程中，其维生素C也不易遭到破坏，因此是很多女性补充维生素C的首选。

A 蔬菜中都富含有机酸
B 番茄的维生素C含量高于西瓜
C 西红柿炒熟以后维生素C的含量会降低
D 西瓜不宜长期存放

판체(토마토)의 다른 이름은 시홍스(토마토)이다. 토마토는 영양이 풍부할 뿐만 아니라 수분을 대량으로 함유하고 있다. 토마토는 더위를 식히고 갈증을 해소하는 효과가 수박과 비슷하다. 토마토는 여성들이 가장 좋아하는 채소 중 하나이다. 비타민 C의 함량이 매우 높은데, 수박의 10배에 맞먹는다. 또한 유기산의 보호를 받아 토마토를 요리하는 과정에서 비타민 C가 쉽게 파괴되지 않기 때문에 많은 여성들이 비타민 C를 보충하는데 있어 우선하여 선택한다.

A 채소에는 유기산이 대량으로 함유되어있다
B 토마토의 비타민C 함량은 수박보다 높다
C 토마토를 볶은 후 비타민C의 함량이 낮아진다
D 수박을 장기간 보관하는 것은 좋지 않다

지문 어휘

番茄 fānqié 명 토마토
别名 biémíng 명 다른 이름, 별명
西红柿 xīhóngshì 명 토마토
富含 fùhán 동 대량으로 함유하다
不相上下 bùxiāngshàngxià 성 비슷하다, 막상막하이다
蔬菜 shūcài 명 채소 ☆
维生素 wéishēngsù 명 비타민
含量 hánliàng 명 함량
相当于 xiāngdāngyú 동 ~에 맞먹다
有机酸 yǒujīsuān 명 유기산
保护 bǎohù 동 보호하다
烹饪 pēngrèn 동 요리하다
遭到 zāodào 동 당하다, 겪다
破坏 pòhuài 동 파괴하다 ☆

보기 어휘

炒 chǎo 동 볶다 ☆
降低 jiàngdī 동 낮아지다, 내려가다
存放 cúnfàng 동 보관하다, 맡기다

해설   단문 중간 부분에 '비타민의 함량이 수박의 10배에 맞먹는다'고 하였으므로 '토마토의
        비타민 C 함량은 수박보다 높다'라고 한 B가 정답이다.

3

唐诗的发展分为四个阶段：初唐、盛唐、中唐、晚唐，
是中国古典诗歌发展的全盛时期。这一时期出现了很多伟大的
诗人，他们创作的作品都收录在了《全唐诗》中。唐诗题材广
泛，反映了唐代社会生活的丰富内容。在创造方法上，有现实
主义流派，也有浪漫主义流派，也有两者兼具的。

A 唐代是古典诗歌的繁荣时期
B 唐诗中表达诗人个人情感的作品较多
C 唐代的经济很发达
D《全唐诗》多为浪漫主义流派

당나라 시의 발전은 4단계로 나뉘는데 초당, 성당, 중당, 만당으로 중국 고전 시가 발전의 전
성기이다. 이 시기에는 아주 위대한 시인들이 많이 나타났다. 그들이 창작한 작품은 모두《전당
시》에 수록되었다. 당나라 시는 소재가 광범위하고, 당(唐)대의 사회생활의 풍부한 내용을 반영
하였다. 창작 방법에는 현실주의 유파, 낭만주의 유파도 있었으며, 두 가지를 모두 포함하는 것
도 있었다.

A 당(唐)대는 고전 시가의 번영 시기였다
B 당나라 시에는 시인의 개인적인 감정을 표현한 작품이 비교적 많다
C 당(唐)대의 경제는 매우 발달했다
D《전당시》는 낭만주의 유파가 많다

정답   A

해설   단문 시작 부분에 당(唐)대가 중국 고전 시가 발전의 전성기라고 했으므로 보기 A의
        '당(唐)대는 고전 시가의 번영 시기였다'라고 하는 내용과 일치한다.

4

很多人把眼镜当成耐用品，总是等到坏了才考虑换新的。
专家提醒，其实镜片是快速消耗品。镜片长时间使用会氧化、
发黄，清晰度和透光率会降低，不仅起不到良好的改善视力作
用，反而会造成视觉疲劳，加重近视或老花眼。因此眼镜最好
两年一换。

A 眼镜片越贵寿命越长
B 平时最好不要戴眼镜
C 金属镜架不容易变形
D 不宜长年戴同一副眼镜

지문 어휘

唐诗 Tángshī 고유 당나라 시
分为 fēnwéi 통 나누다
阶段 jiēduàn 명 단계 ★
全盛时期 quánshèng shíqī
명 전성기
伟大 wěidà 형 위대하다 ★
诗人 shīrén 명 시인
创作 chuàngzuò 통 창작하다
作品 zuòpǐn 명 창작품 ★
收录 shōulù 통 수록하다
唐代 Tángdài 고유 당대
现实主义 xiànshí zhǔyì
명 현실주의
流派 liúpài 명 유파
浪漫主义 làngmànzhǔyì
명 낭만주의
兼具 jiānjù 통 겸비하다

보기 어휘

繁荣 fánróng 형 번영하다 ★
表达 biǎodá 통 표현하다 ★
情感 qínggǎn 명 감정
发达 fādá 형 발달하다 ★

지문 어휘

当成 dàngchéng 통 ~으로 생
각하다, ~로 여기다
耐用品 nàiyòngpǐn 명 내구재
其实 qíshí 부 사실, 실제
镜片 jìngpiàn 명 렌즈
快速 kuàisù 형 빠르다, 급속하다
消耗品 xiāohàopǐn 명 소모품,
소모재
氧化 yǎnghuà 통 산화하다
发黄 fā huáng 통 노랗게 변하
다, 노래지다
清晰度 qīngxīdù 명 (사진·화면
의) 선명도, 해상도
透光率 tòuguānglǜ 명 투과율
降低 jiàngdī 통 떨어지다

많은 사람들이 안경을 내구재로 생각하고, 항상 고장 나기 전까지 기다렸다가 새것으로 바꿀 생각을 한다. 전문가들은 사실 렌즈가 빠른 소모품이라고 상기시켰다. 렌즈를 장시간 사용하면 산화, 노랗게 변함, 선명도와 투과율이 떨어져 양호한 시력 개선 역할을 하지 못할 뿐 아니라 오히려 시각 피로를 초래하여 근시나 노안을 가중시킬 수 있다. 따라서 안경은 2년에 한 번 바꾸는 것이 가장 좋다.

A 안경 렌즈가 비쌀수록 수명이 길어진다
B 평소에 안경을 쓰지 않는 것이 좋다
C 금속 안경테는 쉽게 변형되지 않는다
D 여러 해 동안 같은 안경을 쓰는 것은 부적합하다

정답 D

해설 단문의 마지막 부분에서 最好(~하는 것이 가장 좋다)를 사용해 안경을 2년에 한 번 바꾸는 것이 좋다고 언급하는데 보기 D의 不宜는 '부적합하다, 적합하지 않다'의 뜻으로 여러 해 동안 같은 안경을 쓰는 것은 부적합하다고 언급한다. 따라서 동의 표현을 사용한 D가 정답이다.

起不到 qǐbudào 작용하지 못하다
改善 gǎishàn 통 개선하다 ★
视力 shìlì 명 시력 ★
反而 fǎn'ér 접 오히려, 도리어 ★
造成 zàochéng 통 초래하다, 야기하다 ★
视觉 shìjué 명 시각
疲劳 píláo 형 피로하다, 피곤하다 ★
加重 jiāzhòng 통 가중하다, 심해지다
近视 jìnshì 명 근시
老花眼 lǎohuāyǎn 명 노안

보기 어휘

寿命 shòumìng 명 수명, 목숨 ★
金属 jīnshǔ 명 금속 ★
镜架 jìngjià 명 안경테
变形 biàn xíng 통 변형되다
不宜 bùyí 통 부적합하다, 적합하지 않다
副 fù 명 쌍, 짝, 벌(안경, 장갑 등을 세는 단위)

5

滑冰运动有着悠久的历史，然而起初它不是一项运动，而是当时生活在寒冷地区的人们，在冬季冰冻的河上以滑冰作为交通运输的方式。后来，到了清朝逐步发展成了民间普及的文体娱乐活动，最后随着社会的进步，形成了现代的速度滑冰。

A 速度滑冰可以促进儿童生长
B 速度滑冰在西方国家更流行
C 滑冰最初是服务于生活的
D 滑冰是古代一项人人都喜爱的运动

스케이팅은 유구한 역사를 가지고 있다. 하지만 처음에 스케이팅은 스포츠가 아니라, 당시 한랭 지역에서 사는 사람들이 겨울철 얼어붙은 강에서 스케이팅을 교통 운송의 방식으로 삼은 것이었다. 이후에 청나라 때에 이르러 점점 민간에 널리 퍼진 레크레이션 오락 활동으로 발전했고, 결국 사회의 발전에 따라 오늘날의 스피드 스케이팅이 되었다.

A 스피드 스케이팅은 아이의 성장을 촉진시킬 수 있다
B 스피드 스케이팅은 서방 국가에서 더 유행하고 있다
C 스케이팅은 처음에는 생활의 편의를 위한 것이었다
D 스케이팅은 고대에 모든 사람들이 다 좋아하는 운동이었다

정답 C

해설 당시 한랭 지역에서 사는 사람들은 겨울철 얼어붙은 강에서 스케이팅을 교통 운송의 방식으로 삼았다고 했으므로 보기 C의 '스케이팅은 처음에는 생활의 편의를 위한 것이었다'는 내용과 일치한다.

지문 어휘

滑冰 huábīng 명 스케이팅
悠久 yōujiǔ 형 유구하다 ★
起初 qǐchū 명 처음
寒冷地区 hánlěngdìqū 명 한랭지역
冰冻 bīngdòng 통 얼다
以~ 作为~ yǐ~ zuòwéi~ ~을 ~로 삼다
运输 yùnshū 통 운송하다, 운수하다 ★
清朝 Qīngcháo 고유 청나라
逐步 zhúbù 부 점점, 점차 ★
普及 pǔjí 형 보편화된, 대중화된
文体娱乐活动 wéntǐ yúlè huódòng 레크레이션 오락 활동
进步 jìnbù 명 발전, 진보 ★
速度滑冰 sùdù huábīng 명 스피드 스케이팅

보기 어휘

促进 cùjìn 통 촉진시키다 ★
喜爱 xǐ'ài 통 좋아하다

王之涣是盛唐时期的著名诗人。其代表作有很多,《登鹳雀楼》是其中之一。诗中的最后一句可以说是家喻户晓:"欲穷千里目，更上一层楼。"这句话告诉人们要想取得更大的成功，就要付出更多的努力。

A 取得成功之后不能骄傲
B 王之涣善于写田园诗
C 不要设定太高的目标
D 想成功要付出更多的努力

왕지환은 성당(盛唐)시기의 유명한 시인이다. 그 대표작은 아주 많은데 《등관작루》가 그 중 하나이다. 시구 중의 마지막 구절인 '천 리 너머를 바라보려고, 누각을 한층 더 오른다'는 모든 사람이 다 안다고 말할 수 있다. 이 말은 우리에게 더 큰 성공을 거두고자 한다면 더 많은 노력을 들여야 한다는 것을 알려준다.

A 성공을 얻은 후에 교만해서는 안 된다
B 왕지환은 전원시를 잘 쓴다
C 너무 높은 목표를 설정하지 마라
D 성공하려면 더 많은 노력을 해야 한다

정답 D

해설 단문 마지막 부분에 '这句话告诉~(이 말은 ~알려준다)'를 통해 시구에 대한 설명을 한다. 더 큰 성공을 거두고자 한다면 더 많은 노력을 들여야 한다고 했으므로 정답은 D이다.

지문 어휘

王之涣 Wángzhīhuàn
고유 왕지환(중국 당나라 시인)
盛唐时期 Shèngtángshíqī
고유 성당(盛唐)시기(당나라 현종 때)
著名 zhùmíng 형 유명하다
诗人 shīrén 명 시인
代表作 dàibiǎozuò 명 대표작
登鹳雀楼 Dēngguànquèlóu
명 등관작루
其中 qízhōng 명 그 중
之一 zhīyī 명 ~중 하나
家喻户晓 jiāyùhùxiǎo
성 모든 사람이 다 안다
欲穷千里目，更上一层楼
yùqióngqiānlǐmù,
gèngshàngyìcénglóu
천 리 너머를 바라보려고, 누각을
한 층 더 오른다
取得 qǔdé 동 취득하다, 얻다
付出 fùchū 동 들이다

보기 어휘

骄傲 jiāo'ào 형 교만하다
田园诗 tiányuánshī 명 전원시
设定 shèdìng 동 설정하다
目标 mùbiāo 명 목표 ⭐

研究发现，就那些本来给人印象很完美的人来说，无意中犯点儿小错误反而能强化别人对他的好感。这就是"瑕不掩瑜效应"。同样，在消费中也是如此，当消费者对某产品已经形成了足够的正面印象之后，微量的负面信息会强化正面信息，并使消费者给出更为正面的评价。

A 少量负面信息会有正面影响
B 应借助媒体宣传产品的形象
C 再完美的人也会被他人批评
D 负面信息会让人忽略优点

연구는 원래 완벽한 인상을 주는 사람들은 무의식 중에 작은 실수를 저지르는 것이 오히려 다른 사람에게 그에 대한 호감을 강화할 수 있다고 밝혔다. 이것이 바로 '옥의 티 효과'이다. 마찬가지로 소비에서도 이와 같다. 소비자가 이미 어떤 상품에 대해 긍정적인 인상을 충분히 형성했을 때, 미세한 양의 부정적인 정보는 긍정적인 정보를 강화하여 소비자로 하여금 더욱 긍정적인 평가를 이끌어냈다.

지문 어휘

无意中 wúyìzhōng 명 무의식 중에, 무심코
瑕不掩瑜 xiábùyǎnyú
성 옥의 티, 옥에 티가 그 광택을 가릴 수 없다
效应 xiàoyìng 명 효과, 효응
同样 tóngyàng 접 (앞에서 말한 이치나 상황과) 마찬가지로, 같이
如此 rúcǐ 대 이와 같다, 이러하다
足够 zúgòu 형 충분하다
正面 zhèngmiàn 명 긍정적인 면
微量 wēiliàng 명 미세한 양, 미량, 적은 분량
负面 fùmiàn 명 부정적인 면
更为 gèngwéi 부 더욱
评价 píngjià 명 평가 ⭐

A 소량의 부정적인 정보는 긍정적인 영향을 미칠 수 있다
B 매체를 빌려 제품의 이미지를 홍보해야 한다
C 아무리 완벽한 사람이라도 다른 사람에게 비판을 받을 수 있다
D 부정적인 정보는 장점을 등한시하게 만든다

정답 A

해설 단문의 마지막 부분에서 '옥의 티 효과'에 대해 설명한다. 미세한 양의 부정적인 정보는 긍정적인 정보를 강화하여 소비자로 하여금 더욱 긍정적인 평가를 이끌어 낸다고 했으므로 정답은 A이다.

보기 어휘

少量 shǎoliàng 형 소량의, 적은 양의
借助 jièzhù 동 (다른 물건이나 사람의) 힘을 빌리다
媒体 méitǐ 명 매체, 매스 미디어
宣传 xuānchuán 동 홍보하다, 선전하다 ★
忽略 hūlüè 동 등한시하다, 무시하다

3

中国有句俗话是这样说的："黄山四季皆胜景，唯有腊冬景更佳"。由此可以知道四季都比较适合去黄山，但是冬季是去黄山游览的最佳时期。冬季到黄山，在山下可以泡泡温泉，在山上可以欣赏浪漫的雪景，此外从山下到山上的途中，可以看到黄山的"三绝"，即奇松、怪石和云海。

A 黄山夏季晴天较少，雨天较多
B 冬季是黄山旅游的最好时节
C 秋季黄山游客最多
D 黄山四季如春

중국 속담에 '황산은 사계절이 모두 아름답지만, 유독 음력 12월 겨울 경치가 더 아름답다'라는 말이 있다. 이로부터 사계절 모두 황산에 가기에 적합하지만, 겨울은 황산으로 유람하러 가기에 가장 좋은 시기라는 것을 알 수 있다. 겨울에 황산에 가면 산 아래에서는 온천 물에 몸을 좀 담글 수도 있고, 산 위에서는 낭만적인 설경을 감상 할 수 있다. 이 밖에 산 아래에서 산 위로 가는 도중에 황산의 '삼절'을 볼 수 있는데 바로 기이한 소나무와 괴석 그리고 운해이다.

A 황산의 여름은 맑은 날씨가 비교적 적고, 비 오는 날씨가 비교적 많다
B 겨울은 황산을 유람하기에 가장 좋은 시기이다
C 가을에 황산 여행객이 가장 많다
D 황산의 사계절이 모두 봄 같다

정답 B

해설 속담 뒤 부분에 바로 속담의 뜻을 설명한다. 겨울은 황산으로 유람하러 가기에 가장 좋은 시기라는 것을 알 수 있다고 했으므로 정답은 B이다.

지문 어휘

俗话 súhuà 명 속담
黄山 Huáng Shān 고유 황산
四季 sìjì 명 계절
胜景 shèngjǐng 명 아름다운 풍경
唯 wéi 부 오직
腊 là 명 음력 12월
佳 jiā 형 좋다
由此 yóucǐ 접 이로 인하여
适合 shìhé 동 적합하다 ★
游览 yóulǎn 동 유람하다 ★
最佳 zuìjiā 형 가장 좋은
泡 pào 동 담그다
温泉 wēnquán 명 온천
欣赏 xīnshǎng 동 감상하다 ★
浪漫 làngmàn 형 낭만적이다
雪景 xuějǐng 명 설경
此外 cǐwài 명 이 밖에 ★
途中 túzhōng 명 도중
即 jí 부 즉
奇松 qísōng 명 기이한 소나무
怪石 guàishí 명 괴석
云海 yúnhǎi 명 운해

보기 어휘

晴天 qíngtiān 명 맑은 날씨
时节 shíjié 명 시기, 때, 계절

4

"一方水土养一方人"是一句人们常说的俗语。由于每个地区的水土环境不同，因此人们的性格、生活方式、思想观念等就会不尽相同，比如中国的东北人和南方人的差异就很大。而生活在同一个环境中的人在很多方面都差不多，就像新疆人个个都能歌善舞。

지문 어휘

方 fāng 명 지역, 곳 ★
水土 shuǐtǔ 명 풍토
养 yǎng 동 기르다
俗语 súyǔ 명 속담
由于 yóuyú 접 ~이기 때문에
地区 dìqū 명 지역 ★

A 人人都要保护环境
B 心情非常容易受天气影响
C 同一环境下的人有共同点
D 不同地区的经济状况差别很大

'한 지역의 풍토는 한 사람을 기른다'는 사람들이 자주 말하는 속담이다. 지역마다 풍토 환경이 다르기 때문에 사람들의 성격과 생활방식, 사상관념 등이 다를 수 밖에 없다. 예를 들어 중국의 동북사람과 남방사람의 차이는 크다. 반면에 같은 환경에서 생활하는 사람은 여러 가지 면에서 비슷하다. 바로 신장 사람들이 모두 노래도 잘 하고 춤도 잘 추는 것과 같다.

A 사람들은 모두 환경을 보호해야 한다
B 기분은 날씨의 영향을 받기가 매우 쉽다
C 같은 환경에서의 인간은 공통점이 있다
D 서로 다른 지역의 경제 상황은 차이가 크다

정답 C

해설 단문 마지막 부분에서 '같은 환경에서 생활하는 사람은 여러 가지 면에서 비슷하다'라고 했으므로 보기 C의 같은 환경에서의 인간은 공통점이 있다는 내용과 일치한다.

生活方式 shēnghuó fāngshì
명 생활방식
思想观念 sīxiǎng guānniàn
명 사고관념
不尽 bújìn 부 모두 ~한 것은 아니다
差异 chāyì 명 차이
新疆 Xīnjiāng 지명 신장 자치구
能歌善舞 nénggēshànwǔ
성 노래도 잘 하고 춤도 잘 춘다

보기 어휘

共同点 gòngtóngdiǎn
명 공통점
状况 zhuàngkuàng 명 상황 ★
差别 chābié 명 차이

5

人们常说"技多不压身，艺多不养人。"意思是一个人的本领是把双刃剑，既能成就一个人，也能毁掉一个人。当然多学点儿本领就会多一份收获，但如果学得不精不透，这也学一点儿那也学一点儿的话，会导致一项本领都学不好，最后将一事无成。

A 学习本领的过程是非常艰苦的
B 学问越多的人本领就越多
C 学习本领应该求精求透
D 应该尝试多学本领

사람들은 흔히 '기능이 많다고 짐이 되지 않고, 예능이 많다고 사람을 기르지 않는다.'고 말한다. 한 사람의 재주는 양날의 검으로 한 사람을 완성시킬 수도 있고, 한 사람을 못 쓰게 만들 수도 있다는 것이다. 물론 재주를 더 배우면 얻는 것이 하나 더 있지만, 만일 완벽하게 익히지 않고, 이것도 조금 배우고 저것도 조금 배운다고 한다면, 한 가지 재주도 제대로 배우지 못하고 결국 아무것도 이루지 못할 것이다.

A 재주를 배우는 과정은 매우 어렵고 고달프다
B 학문을 많이 배운 사람일수록 재주도 많다
C 재주를 배울 때는 완벽을 추구해야 한다
D 다양한 재주를 배우도록 시도해야 한다

정답 C

해설 단문 마지막 부분에 재주를 완벽하게 익히지 않으면 결국 아무런 성취가 없다고 했으므로 보기 C의 재주를 배울 때는 완벽을 추구해야 한다는 내용과 일치한다.

지문 어휘

本领 běnlǐng 명 재주, 능력
双刃剑 shuāngrènjiàn
명 양날 검, 유리한 점과 불리한 점의 양면성을 가진 것
成就 chéngjiù 동 완성하다, 이루다
毁掉 huǐdiào 동 못 쓰게 만들다
收获 shōuhuò 명 성과, 수확
精 jīng 형 완벽하다, 훌륭하다
透 tòu 형 분명하다, 완전하다
一事无成 yíshìwúchéng
성 한 가지 일도 이루지 못하다

보기 어휘

艰苦 jiānkǔ 형 어렵고 고달프다
尝试 chángshì 명 시도하다

지문 어휘

记载 jìzǎi 통 기재하다, 기록하다
孔子 kǒngzǐ 고유 공자
师襄 Shī Xiāng 고유 사양, 스시앙(공자의 스승으로 거문고를 가르침)
琴 qín 명 거문고
曲子 qǔzi 명 곡, 노래
熟悉 shúxī 통 익히 알다, 잘 알다
曲调 qǔdiào 명 가락, 선율, 곡조
掌握 zhǎngwò 통 숙달하다, 마스터하다 ☆
弹奏 tánzòu 통 (악기를) 연주하다
技巧 jìqiǎo 명 기교, 기예
领会 lǐnghuì 통 깨닫다, 터득하다, 이해하다
意境 yìjìng 명 정취, 정서, 무드
作曲子 zuò qǔzi 작곡하다
黝黑 yǒuhēi 형 거무스레하다, 가무잡잡하다
风范 fēngfàn 명 기품, 품격
周文王 Zhōu Wén Wáng 고유 주문왕
大吃一惊 dàchīyìjīng 성 깜짝 놀라다, 몹시 놀라다
行礼 xíng lǐ 통 절하다, 인사하다
传授 chuánshòu 통 전수하다, 가르치다
刻苦 kèkǔ 형 심혈을 기울이다, 각고의 ☆
钻研 zuānyán 통 깊이 연구하다, 몰두하다
全心 quánxīn 명 전심
投入 tóurù 형 몰입하다, 전력을 다하다
体会 tǐhuì 통 몸소 느끼다, 체득하다 ☆
假如 jiǎrú 접 만약, 만일, 가령 ☆

1-4.

　　《史记》里记载了一段孔子向师襄学琴的故事。师襄教了孔子一首曲子，1 十天过去了，师襄对孔子说：“你可以继续学习新的内容了。”孔子却回答：“不行，1 我现在只是熟悉了曲调，但还没有熟练地掌握弹奏方法。”

　　孔子又学习了一段时间后，师襄说：“2 现在可以学习新内容了吧？”孔子说：“不行，我虽然掌握了技巧，但还没领会到曲子的意境。”又过了一段时间。师襄说：“你已经领会了曲子的意境，2 这回应该可以增加新的学习内容了吧？”孔子说：“还是不行，我还没了解作曲子的人是一个怎样的人。”

　　时间一天天地过去，终于有一天，3 孔子对师襄说：“我终于知道这首曲子的作曲人是谁了！他皮肤黝黑，又高又瘦，目视远方，有王者风范。不是周文王又能是谁？”师襄大吃一惊，马上对孔子行礼，说：“我的老师在向我传授这首曲子时就是这么说的，这首曲子的名字叫作《文王操》。”

　　学习贵在坚持，孔子之所以能成为著名的思想家、教育家，就是因为他刻苦钻研的学习态度。4 我们在平时的学习中也需要全心投入、深刻理解，这样才能体会到学习的乐趣。假如只是停留在表面，那就很难有所收获。

〈사기〉에는 공자가 사양에게 거문고를 배웠다는 이야기가 기록되어 있다. 사양이 공자에게 한 곡을 가르친지 1 열흘이 지나자 사양은 공자에게: '당신은 계속해서 새로운 내용을 배울 수 있습니다.'라고 말했다. 공자는 도리어: '안됩니다. 1 저는 이제 가락만 익혔을 뿐 아직 연주 방법을 숙달하지 못했습니다.'라고 대답했다.

공자가 또 얼마 동안 배운 후에, 사양은: '2 이제 새로운 내용을 배울 수 있겠지요?'라고 말했다. 공자는: '안됩니다. 기교는 숙달했지만, 곡의 정취는 아직 깨닫지 못했습니다.'라고 말했다. 또 얼마 동안 시간이 지났고, 사양은: '당신이 이미 곡의 정취를 깨달았으니. 2 이번에는 새로운 학습 내용을 늘리는 것이 마땅하지 않겠습니까?'라고 말했다. 공자는: '아직 안됩니다. 저는 작곡자가 어떠한 사람인지 아직 알지 못합니다.'라고 말했다.

시간이 하루하루 지나가 마침내 어느날, 3 공자는 사양에게: '저는 마침내 이 곡의 작곡자가 누구인지 알게 되었습니다! 그는 피부가 거무스름하고 키가 크고 말랐으며, 멀리 내다보니 왕의 기품이 있습니다. 주문왕이 아니면 누구겠습니까?'라고 말했다. 사양은 깜짝 놀라 바로 공자에게 절을 하며: '저의 선생님께서 이 곡을 제게 전수할 때 이 곡의 이름을 〈문왕조〉라고 부르라 하셨습니다.'라고 말했다.

학습은 꾸준히 하는 것이 중요한데 공자가 유명한 사상가, 교육가가 된 것은 바로 심혈을 기울여 깊이 연구하는 학습 태도 때문이다. 4 우리가 평소에 학습할 때 전심으로 몰입해 깊이 이해해야 비로소 학습의 즐거움을 느낄 수 있다. 만약 단지 표면적인 것에 그친다면 그것을 얻기 어렵다.

1

学习曲子十天后，孔子：

A 对曲调已经熟悉了
B 没有勇气继续学
C 对学琴失去了兴趣
D 掌握了弹奏技巧

곡을 배운지 열흘 후에, 공자는:

A 이미 가락을 익혔다
B 계속 배울 용기가 없다
C 거문고 배우는 것에 대해 흥미를 잃어버렸다
D 연주 기교를 숙달했다

勇气 yǒngqì 몡 용기 ★
失去 shīqù 동 잃어버리다,
잃다 ★

정답   A

해설   쌍모점 앞의 **十天后**(열흘 후에)가 핵심어이다. 지문에서 **十天**(열흘)을 찾아 그 문장을 중심으로 앞뒤 문장을 주의 깊게 읽어야 한다. 첫 번째 단락의 마지막 부분에서 我现在只是熟悉了曲调，但还没有熟练地掌握弹奏方法(저는 이제 가락만 익혔을 뿐 아직 연주 방법을 숙달하지 못했습니다)라고 했으므로 정답은 A이다.

2

根据第二段，可以知道什么?

A 孔子很佩服师襄
B 师襄对孔子很失望
C 孔子依然没学新内容
D 师襄的教育方法很有效

두 번째 단락에 따라, 알 수 있는 것은 무엇인가?

A 공자는 사양에게 감명받았다
B 사양은 공자에 대해 매우 실망하였다
C 공자는 여전히 새로운 내용을 배우지 못했다
D 사양의 교육 방법은 매우 효과적이다

보기 어휘

佩服 pèifú 동 감명받다,
감탄하다 ★
依然 yīrán 뮈 여전히,
예전처럼 ★

정답   C

해설   두 번째 단락의 세부내용을 묻는 질문으로 보기와 지문의 단락을 대조해가며 읽는다. 사양은 계속하여 새로운 내용을 배울 것을 권유했지만 공자는 곡의 정취를 깨닫지 못했다는 이유와 작곡자가 누구인지 몰라 새로운 내용을 배우는 것은 안된다고 하였다. 따라서 정답은 C이다.

3

师襄为什么向孔子行礼?

A 想求助于孔子　　　　　　B 发现孔子是作曲人
C 感谢孔子的指教　　　　　　D 孔子说对了作曲人

사양은 공자에게 왜 절을 했는가?

A 공자에게 도움을 청하고 싶어서　　B 공자가 작곡자임을 알아차려서
C 공자의 가르침에 감사해서　　　　　D 공자가 작곡자를 맞춰서

보기 어휘

求助 qiúzhù 图 도움을 청하다, 원조를 청하다
指教 zhǐjiào 图 가르치다, 지도하다

정답　D

해설　질문의 의문대명사 为什么가 핵심어이다. 핵심어인 为什么를 제외하고 师襄向孔子行礼(사양은 공자에게 절하다)라고 언급한 부분을 지문에서 찾아야 한다. 세 번째 단락에서 공자가 마침내 작곡자가 어떤 사람인지 묘사하는 것을 보고 공자에게 바로 절을 했다고 언급했으므로 정답은 D이다.

4

这篇文章主要想表达的是:

A 学习要不断深入　　　　　　B 要善于判断作者身份
C 做事要认真负责　　　　　　D 要多听取别人的意见

이 글이 주로 나타내고자 하는 것은?

A 학습은 끊임없이 깊이 파고들어야 한다　　B 저자의 신분을 잘 판단해야 한다
C 일을 할 때는 성실하게 책임져야 한다　　　D 다른 사람의 의견을 많이 경청해야 한다

보기 어휘

深入 shēnrù 图 깊이 파고들다, 깊이 들어가다
善于 shànyú 图 ~를 잘하다, ~에 소질이 있다 ★
身份 shēnfèn 명 신분, 지위 ★
听取 tīngqǔ 图 경청하다, 귀담아듣다

정답　A

해설　이 글이 주로 나타내고자 하는 것을 찾는 문제로 지문의 마지막 단락을 주의 깊게 살펴야 한다. 마지막 단락의 중간 부분에 我们在平时的学习中也需要全心投入、深刻理解(우리가 평소에 학습할 때 전심으로 몰입해 깊이 이해해야 한다)라고 언급했으므로 정답은 A이다.

5-8.

　　　汉姆看中了一个商铺，**8** 那个商铺周围有好几所学校，每天都有不少家长来接孩子放学，然后顺便在附近吃饭。汉姆觉得在这里开一家小餐厅，生意肯定会很红火。

　　　汉姆的餐厅开业后，刚开始客流量确实很大，然而时间久了，汉姆发现很多家长来过一次就再也不来了。问题出在哪里呢? 经过一番调查，他终于弄明白了: 这附近有一个建筑工地，一些工人也会来这里用餐，他们往往很没礼貌，甚至说话带脏字，表现粗鲁无礼。**5** 家长们一定是怕孩子跟着学坏，所以就不愿意再来就餐了。

지문 어휘

汉姆 Hàn Mǔ 고유 햄(Hamm)
看中 kàn zhòng 图 마음에 들다
商铺 shāngpù 명 상점
放学 fàng xué 图 수업을 마치다
顺便 shùnbiàn 튀 ~하는 김에
红火 hónghuo 형 (장사·사업이) 잘 되다, 번창하다
客流量 kèliúliàng 명 손님의 유동량
确实 quèshí 튀 확실히

但是如何解决这个问题呢？总不能把那些不懂礼貌的人全都赶出去吧。汉姆思前想后，终于想到了一个好办法。他在店内最醒目的地方贴了一张纸。说来也奇怪，自从有了这张纸，餐馆里再也听不到有人说粗话了。相反，总会时不时听到"请""您"等敬语。同时，客人也越来越多了。

其实，这种变化完全得益于那张不起眼的纸。原来，**6** 它是餐馆制定的"礼貌区隔价目"。如果客人说"我要咖啡"，会收费7欧元；而说"请给我咖啡"，则可以打八折；若更加客气地说"你好，请给我咖啡"，甚至给旁边的人一个拥抱，那么就能打五折。**7** 在讲礼貌的同时，能得到优惠的折扣。顾客们何乐而不为呢！

햄은 한 상점을 마음에 들어했다. **8** 그 상점 주위에 여러 학교가 있어 매일 적지 않은 학부모들이 아이들을 데리러 와서 하교하는 김에 근처에서 밥을 먹었다. 햄은 여기에 작은 식당을 열면 장사가 분명히 잘 될 거라 생각했다.

햄의 식당은 개업 후 처음에는 손님 유동량이 확실히 많았지만 시간이 흐른 뒤 햄은 한 번 온 학부모가 더는 오지 않는 것을 발견했다. 문제는 어디에 있을까? 한 차례의 조사를 거쳐 그는 마침내 이 부근에 건설 현장이 하나 있는데, 일부 노동자들도 이곳에 와서 식사를 하며, 종종 매우 예의가 없고 심지어 상스러운 말을 쓰고, 거칠고 무례한 행동을 한다는 것을 알게 되었다. **5** 학부모들은 아이가 나쁜 것을 따라 배우지 않을까 두려워서 더 이상 식사하러 오지 않으려 했다.

하지만 이 문제를 어떻게 해결할 수 있을까? 그 예의 없는 사람들을 줄곧 전부 쫓아낼 수는 없었다. 햄은 여러모로 깊이 고려하여 마침내 좋은 방법을 생각해냈다. 그는 가게 안 가장 눈에 잘 뜨이는 곳에 종이 한 장을 붙였다. 말하자면 이상한데, 이 종이가 생긴 이후로 식당에서는 더 이상 누군가가 거친 말을 하는 것을 들을 수 없었다. 반면에 수시로 '부탁합니다' '당신' 등과 같은 경어를 들을 수 있었다. 동시에 손님도 갈수록 많아졌다.

사실 이런 변화는 완전히 그 보잘것없는 종이 덕분이다. 알고 보니 **6** 그것은 식당이 정한 '예절 구역 간 가격'이었다. 만약 손님이 '커피요'라고 말했다면 7유로를 받으나 '커피 주세요'라고 말했다면 오히려 20% 할인 받을 수 있다. 만약 더욱 정중하게 '안녕하세요, 커피 주세요'라고 말하고 심지어 옆 사람에게 포옹까지 해준다면 50% 할인될 수 있다. **7** 예의범절을 중시하는 동시에, 할인의 혜택을 받을 수 있다. 손님들이 왜 하려 하지 않겠는가!

5

为什么很多家长不愿意再去那家餐馆？

A 餐具不卫生　　　　　　B 服务员不亲切
C 担心孩子学脏话　　　　D 食物没有营养

왜 많은 학부모이 그 식당에 다시 가기를 원하지 않는가?

A 식기가 비위생적이다　　　　B 종업원이 불친절하다
C 아이가 상스러운 말을 배울까 봐 걱정한다　D 음식에 영양이 없다

建筑工地 jiànzhù gōngdì
명 건설 현장
工人 gōngrén 명 노동자, 근로자 ★
脏字 zāngzì 명 상스러운 말, 욕지거리
粗鲁 cūlǔ 형 거칠다
跟着 gēnzhe 동 뒤따르다, 따라가다
思前想后 sīqiánxiǎnghòu
성 여러모로 깊이 고려하다
醒目 xǐngmù 형 눈에 잘 뜨이다, 눈길을 끌다
粗话 cūhuà 명 거친 말
时不时 shíbùshí 부 수시로, 자주, 늘
敬语 jìngyǔ 명 경어, 공경하는 말
不起眼 bùqǐyǎn 형 볼품없다, 보잘것없었다
制定 zhìdìng 동 정하다, 세우다 ★
价目 jiàmù 명 가격, 값, 정가
欧元 Ōuyuán 유로, 유로화
则 zé 접 도리어 ★
若 ruò 접 만약, 만일
更加 gèngjiā 부 더욱, 한층
拥抱 yōngbào 동 포옹하다 ★
讲 jiǎng 동 중시하다, 중요시하다
何乐而不为 hé lè ér bù wéi
성 왜 하려 하지 않겠는가(기꺼이 하기를 원함을 나타냄)

보기 어휘

餐具 cānjù 명 식기
卫生 wèishēng 형 위생적이다, 깨끗하다
亲切 qīnqiè 형 친절하다 ★
脏话 zānghuà 명 상스러운 말, 욕

해설   질문의 의문대명사 为什么가 핵심어이다. 핵심어인 为什么를 제외하고 **很多家长**
不愿意再去那家餐馆 (많은 학부모들이 그 식당에 다시 가기를 원하지 않는다)라
고 언급한 부분을 지문에서 찾아야 한다. 두 번째 단락 마지막 부분에서 학부모들은
아이가 나쁜 것을 따라 배우지 않을까 두려워서 더 이상 식사하러 오지 않으려 했다
고 언급했으므로 정답은 C이다.

6

汉姆是如何解决客人逐渐减少的问题的？

A 重新装修了餐馆   **B** 更换了菜单
C 制定了优惠政策   **D** 做了大量宣传

햄은 손님이 점점 줄어드는 문제를 어떻게 해결했는가？

A 식당을 새로 인테리어 했다   **B** 메뉴를 바꿨다
C 우대 정책을 만들었다   **D** 대대적인 홍보를 했다

보기 어휘

装修 zhuāngxiū 통 인테리어를
하다 ⭐
菜单 càidān 명 메뉴
优惠 yōuhuì 명 우대의,
혜택의 ⭐
政策 zhèngcè 명 정책
宣传 xuānchuán 통 홍보하다,
선전하다 ⭐

정답 C

해설   질문의 의문대명사 **如何**가 핵심어이다. 두 번째 단락의 시작 부분에서 질문과 비슷한
如何解决这个问题呢？(이 문제를 어떻게 해결할 수 있을까?)라는 문장의 뒷부분을
주의 깊게 읽는다. 식당이 정한 '예절 구역 간 가격'이라고 언급했으므로 식당만의 정
책이 만들어 졌음을 알 수 있다. 따라서 정답은 C이다.

7

划线部分的 "何乐而不为" 是什么意思？

A 喜欢又能怎么样呢   **B** 如何才能快乐呢
C 为什么高兴还不去做呢   **D** 不做怎么能快乐呢

밑줄 친 부분의 '何乐而不为'는 무슨 의미인가？

A 좋아하면 또 어떻게 할 수 있는가   **B** 어떻게 해야 비로소 즐거울 수 있는가
C 왜 기쁘게 하지 않겠는가   **D** 하지 않으면 어떻게 즐거울 수 있는가

정답 C

해설   밑줄 친 부분의 의미를 묻는 문제로 밑줄 친 부분의 앞 문장을 읽어 밑줄 부분의 뜻을
유추해내야 한다. 예의범절을 중시하는 동시에 할인의 혜택을 받을 수 있다고 하였으
므로 손님들이 '왜 하려 하지 않겠느냐? 기꺼이 할 것이다'라는 의미를 품고 있다. 따
라서 정답은 C이다.

根据这段话可以知道:

A 餐厅每天营业到很晚   B 餐厅的地理位置好

C 餐厅的老板没有创意   D 不礼貌的人被赶出去了

이 글에 근거하여 알 수 있는 것은:

A 식당은 매일 늦게까지 영업한다   B 식당의 지리적 위치가 좋다

C 식당의 사장은 창의성이 없다   D 예의 없는 사람은 쫓겨났다

보기 어휘

创意 chuàngyì 명 창의성, 창의

정답   B

해설   세부적인 것을 묻는 문제로 지문과 보기를 대조하며 문제를 풀어야 한다. 지문의 첫 번째 단락에 햄이 마음에 든 가게의 지리적 위치와 특징을 언급하므로 정답은 B이다.

9-12.

很多父母都有催促孩子的习惯，通常是从早到晚，从大事到小事。比如：有些孩子出门时，会模仿大人穿鞋的样子，自己也会尝试穿一下，但很多父母觉得孩子的动作太慢了，为了缩短时间，父母们一般会阻止自己的孩子做这样的新尝试。

有些父母说自己催促孩子是希望孩子能尽快适应外部的世界，但父母之所以选择催促孩子是因为自身过度担心和焦虑。**9 12** 如果经常催促孩子，对孩子的成长是很不利的，会使他们产生一种挫败感，很容易怀疑自己。催促孩子带来的结果主要有三个：孩子要么渐渐认同父母，变成和父母一样过度担心和焦虑的人；要么会产生依赖父母的心理，觉得所有的事情跟自己无关；要么会使孩子产生逆反心理，和父母反着来。

10 父母在教育孩子的过程中应该学会放慢自己的生活节奏，试着和孩子一起按照正常的节奏生活。这样会对孩子的成长更加有利的。

另外，专家还强调，应该给孩子自由玩耍的时间。很多父母觉得孩子们一个人和自己的玩具聊天，对着天空和云朵发呆，或者非常专注地看蚂蚁搬家是极其浪费时间的行为。其实不然，这些看似浪费时间的事情，可以让孩子获得更多乐趣。**11** 父母应该让孩子用自己喜欢的方式玩耍，这样不仅可以帮助他们把事物形象化、概念化，而且能够使他们更了解自己、了解他人。

지문 어휘

催促 cuīcù 동 재촉하다

通常 tōngcháng 명 보통 ☆

出门 chū mén 외출하다

模仿 mófǎng 동 모방하다 ☆

大人 dàrén 명 어른

样子 yàngzi 명 모습

尝试 chángshì 시도해 보다

缩短 suōduǎn 동 단축하다 ☆

阻止 zǔzhǐ 동 저지하다 ☆

适应 shìyìng 동 적응하다

外部 wàibù 명 외부

过度 guòdù 형 과도하다

焦虑 jiāolǜ 형 초조하다 명 초조함

产生 chǎnshēng 동 생기다 ☆

挫败感 cuòbàigǎn 명 좌절감

怀疑 huáiyí 동 의심하다

渐渐 jiànjiàn 부 점점

认同 rèntóng 동 동일시하다, 인정하다

变成 biànchéng 동 ~로 변하다

依赖 yīlài 동 의지하다

无关 wúguān 동 무관하다

逆反心理 nìfǎn xīnlǐ 명 반항 심리

放慢 fàngmàn 동 늦추다

生活节奏 shēnghuó jiézòu 명 생활 리듬

많은 부모들은 보통 아침부터 저녁까지, 큰일에서 작은 일까지 아이를 재촉하는 습관이 있다. 예를 들면, 어떤 아이들은 외출할 때, 어른이 신발 신는 모습을 모방하여 스스로 신어보려고 시도한다. 그러나 많은 부모들은 아이의 동작이 너무 느리다고 느껴 시간을 단축하기 위해 아이의 이런 새로운 시도를 하지 못하도록 저지한다.

어떤 부모들은 아이를 재촉하는 것이 최대한 빨리 외부 환경에 적응하길 바라기 때문이라고 말한다. 그러나 부모가 아이를 재촉하는 것은 자신의 과도한 걱정과 초조함 때문이다. **9 12** 만일 자주 아이를 재촉한다면, 아이의 성장에 도움이 되지 않는다. 그들로 하여금 일종의 좌절감을 느끼게 하고 자신을 쉽게 의심하게 될 것이다. 아이를 재촉하면 주로 세 가지 결과가 나타난다. 아이가 점점 부모와 동일시하여 똑같이 지나치게 걱정하며 초조해하는 사람으로 변하거나, 부모에게 의존하는 심리가 생겨 모든 일은 자신과 무관하다고 여긴다던가, 아이로 하여금 반항 심리가 생겨 부모와 대립하게 될 것이다.

10 부모는 아이를 교육시키는 과정에서 마땅히 자신의 생활 리듬을 늦추는 것을 배워야 하며, 아이와 함께 정상적인 생활 리듬에 맞추려 시도해 보아야 한다. 이렇게 한다면 아이의 성장에 더욱 도움이 될 것이다.

이 밖에 전문가들은 마땅히 아이에게 자유롭게 놀 수 있는 시간을 주어야 한다고 강조한다. 많은 부모들은 아이들이 혼자 자신의 장난감과 이야기하는 것과 하늘과 구름을 향해 멍하게 있는 것 혹은 개미가 집을 옮기는 것을 집중해서 보는 행동을 시간 낭비라고 생각한다. 사실은 그렇지 않다. 시간을 낭비하는 것처럼 보이는 이러한 일들은 아이로 하여금 더 많은 즐거움을 얻게 할 수 있다. **11** 부모는 아이가 좋아하는 방식으로 놀게 해야 한다. 이것은 아이가 사물을 형상화, 개념화하는 것에 도움이 될 뿐만 아니라, 게다가 그들로 하여금 자신과 타인을 더 잘 이해할 수 있도록 한다.

专家 zhuānjiā 몡 전문가 ⭐
强调 qiángdiào 통 강조하다 ⭐
玩耍 wánshuǎ 통 놀다
天空 tiānkōng 몡 하늘 ⭐
云朵 yúnduǒ 몡 구름
发呆 fādāi 통 멍하다, 넋을 잃다
专注 zhuānzhù 통 집중하다
蚂蚁 mǎyǐ 몡 개미
获得 huòdé 통 얻다
乐趣 lèqù 몡 즐거움
方式 fāngshì 몡 방식 ⭐
形象化 xíngxiànghuà 몡 형상화
概念化 gàiniànhuà 몡 개념화 ⭐

9

孩子如果被过多地催促，会有哪种表现?

A 变得沉默　　B 有责任心　　C 怀疑自己　　D 追求完美

아이를 지나치게 재촉한다면 어떤 태도가 나타나는가?

A 말수가 줄어든다　　B 책임감이 생긴다　　C 자신을 의심한다　　D 완벽을 추구한다

责任心 zérènxīn 몡 책임감
追求 zhuīqiú 통 추구하다

정답　C

해설　아이를 지나치게 재촉한다면 어떤 태도가 나타나는지 묻는 문제이다. 지문의 중간 부분에 아이들을 자주 재촉한다면 좌절감을 느끼게 하고 자신을 쉽게 의심하게 될 것이라 언급했으므로 정답은 C이다.

10

第三段中，父母应该怎么做?

A 放慢自己的速度　　　　B 经常带孩子去旅游
C 少抱怨现在的生活　　　D 对孩子更加严厉

세 번째 단락에서, 부모는 어떻게 해야 하는가?

A 자신의 속도를 늦춰야 한다　　　B 자주 아이를 데리고 여행을 가야 한다
C 현재의 생활에 대한 불평을 적게 해야 한다　D 아이에게 더욱 엄해져야 한다

抱怨 bào yuàn 통 원망하다 ⭐
严厉 yánlì 혱 호되다, 단호하다

A

세 번째 단락에서 부모가 어떻게 해야 하는지 언급한 부분을 찾아야 한다. 부모는 마땅히 자신의 생활 리듬을 늦추는 것을 배워야 한다고 했으므로 정답은 A이다.

11

孩子通过自己喜爱的方式玩耍，可以：

A 掌握外国语言　　　　B 激发孩子的创造力
C 提高职业能力　　　　D 了解自我

아이가 자신이 좋아하는 방식으로 노는 것을 통해, 할 수 있는 것은:

A 외국어를 숙달할 수 있다　　B 아이의 창의력을 불러일으킨다
C 업무 능력을 향상시킨다　　D 자신을 이해한다

보기 어휘

掌握 zhǎngwò 통 숙달하다, 파악하다
激发 jīfā 통 불러일으키다, 북돋우다

D

아이가 좋아하는 방식으로 노는 것을 통해 할 수 있는 것이 무엇인지 묻는 문제이다. 지문 마지막 부분에서 아이가 좋아하는 방식으로 노는 것은 그들로 하여금 자신과 타인을 더 잘 이해할 수 있도록 한다고 했으므로 정답은 D이다.

12

最适合做上文标题的是：

A 谁偷看了孩子的日记　　B 培养孩子的兴趣
C 父母要成为孩子的榜样　D 别让孩子在催促中成长

윗글의 제목으로 가장 적합한 것은:

A 누가 아이의 일기를 몰래 봤을까　　B 아이의 흥미 기르기
C 부모는 아이의 모범이 되어야 한다　D 아이를 재촉 속에서 자라게 하지 마라

보기 어휘

偷 tōu 부 몰래, 살짝 ★
榜样 bǎngyàng 명 모범, 본보기

D

이 글의 제목을 묻는 문제이다. 글 전반적으로 아이에게 재촉하는 것의 단점을 설명하고 있으므로 '아이를 재촉 속에서 자라게 하지 마라'가 제목으로 가장 적합하다.

1-4.

1 吴道子是唐代的著名画家，被人们尊称为画圣。他小时候就失去了双亲，生活贫困。为了维持生活他只好背井离乡，出外谋生。一天傍晚，吴道子路经一座雄伟壮观的寺院。他便走了进去。吴道子进入院内后看见一位年迈的老和尚在墙上聚精会神地画画。吴道子一下子看得入迷了。老和尚一回头，发现身后站着一个十来岁的男孩儿正在认真地看他画画儿，于是问道："孩子，你喜欢画画儿吗？"吴道子连忙用力地点了点头。后来吴道子把自己的身世告诉了这位老和尚。老和尚听完以后决定收留吴道子，并教他画画儿。

学画的第一天，老和尚带着吴道子来到了大殿，指着大殿的那面雪白的墙对吴道子说："我想在这儿画一幅《江海奔腾图》，画了很多次都不像真正的海浪。我现在把这个任务交给你，明天我带你去各地的江河湖畔周游三年，回来后你再画它。"

第二天一大早，吴道子收拾好行李就跟着老和尚出发了。**2** 无论他们走到哪里，老和尚都让吴道子练习画水。起初他非常认真，但时间一长，吴道子觉得有点儿不耐烦了，练习的时候越来越不认真了。老和尚看出了吴道子的心思，并对他说："吴道子呀，要想画出江河的气势，需要下苦功夫，要从一个水滴、一朵浪花开始画。"说罢，老和尚打开了随身携带的木箱，吴道子一看非常惊讶，**3** 因为箱子里是满满的画稿，画的全部都是一个水滴和一朵浪花或一层水波。

从此，吴道子醒悟了，每天早起晚归，废寝忘食地练习画水珠。无论是刮风天还是下雨天，从不间断。他还经常到河边、湖边、海边观察水浪的变化。**4** 三年后，吴道子画水的功夫突飞猛进，得到了老和尚的赏识。后来，他终于画出了栩栩如生的《江海奔腾图》。

---

1 우다오즈는 당나라 시대의 유명한 화가로 사람들에게 '화성(회화의 성인)'으로 추앙받았다. 그는 어렸을 때 양친을 잃고, 생활이 빈곤했다. 생활을 유지하기 위해 그는 어쩔 수 없이 고향을 등지고 나가서 외지로 가 생계를 도모했다. 어느 날 저녁 무렵, 우다오즈는 한 웅장하고 장관인 사원을 지나가게 되었다. 우다오즈는 사원 안으로 들어갔다. 우다오즈는 사원 안으로 들어간 후 나이가 연로하신 어느 노스님이 정신을 집중하여 벽에 그림 그리는 것을 보았다. 우다오즈는 순식간에 빠져들어 보게 되었다. 노스님이 고개를 돌리자 열 살 남짓한 남자아이가 뒤에 서서 노스님이 그린 그림을 진지하게 보고 있는 것을 발견하고는 물었다. "얘야, 그림 그리는 것을 좋아하느냐?" 우다오즈는 재빨리 세차게 고개를 끄덕였다. 이후에 우다오즈는 자신의 신세를 이 노스님에게 말했다. 노스님은 다 들은 후에 우다오즈를 거두기로 결정하고 그에게 그림 그리는 것을 가르쳤다.

지문 어휘

唐代 Tángdài 고유 당 나라 시대
著名 zhùmíng 형 저명하다
尊称 zūnchēng 동 존칭하다
失去 shīqù 동 잃다 ☆
双亲 shuāngqīn 명 양친
贫困 pínkùn 형 빈곤하다
背井离乡 bèijǐnglíxiāng 성 어쩔 수 없이 고향을 떠나다
出外谋生 chūwàimóushēng 동 밖으로 나가 살 길을 찾다
傍晚 bàngwǎn 명 저녁 무렵 ☆
寺院 sìyuàn 명 절, 수도원
年迈 niánmài 형 연로하다
聚精会神 jùjīnghuìshén 성 정신을 집중하다
一下子 yíxiàzi 부 단시간에
回头 huí tóu 동 고개를 돌리다
发现 fāxiàn 동 발견하다
认真 rènzhēn 형 진지하다, 착실하다
连忙 liánmáng 부 재빨리, 급히 ☆
用力 yòng lì 동 힘을 내다
身世 shēnshì 명 신세, 경력
决定 juédìng 동 결정하다
收留 shōuliú 동 거두다, 받아들이다
大殿 dàdiàn 명 (절의) 본당, 대웅전
奔腾 bēnténg 동 거세게 흐르다
海浪 hǎilàng 명 파도
任务 rènwu 명 임무
交给 jiāogěi 동 ~에게 건네주다
各地 gèdì 명 각지
江河 jiānghé 명 강
湖畔 húpàn 명 호숫가
周游 zhōuyóu 동 두루 돌아다니다
收拾 shōushi 동 꾸리다
行李 xíngli 명 짐
练习 liànxí 동 연습하다
起初 qǐchū 명 처음
不耐烦 búnàifán 형 지겹다 ☆
心思 xīnsi 명 생각
气势 qìshì 명 기세
水滴 shuǐdī 명 물방울

그림을 배우는 첫날, 노스님은 우다오즈를 본당으로 데리고 가 본당의 하얀 벽을 가리키며 우다오즈에게 말했다. "나는 여기에 《강해분등도》 한 폭을 그리고 싶어 여러 번 그렸지만 진짜 파도 같지가 않더구나. 내가 지금 이 임무를 너에게 주려고 한단다. 내일 나는 너를 데리고 각지의 강과 호숫가를 3년 동안 두루 돌아다닐 것이다. 돌아온 후에 니가 그것을 그리렴."

다음날 이른 아침, 우다오즈는 짐을 꾸려 노스님을 따라 출발했다. 2 그들이 어디를 가든지 노스님은 우다오즈에게 물 그리는 것을 연습시켰다. 처음에 그는 매우 성실히 했지만 시간이 흐르자 우다오즈는 조금 지겨워졌고, 연습할 때 점점 성실히 하지 않았다. 노스님은 우다오즈의 생각을 알아채고 그에게 말했다. "우다오즈야, 강의 기세를 그리고 싶다면 끈기있게 노력해야 한단다. 물방울 하나 물보라 하나부터 그려야 한단다." 스님은 말을 멈추고, 몸에 지니고 있던 나무 상자를 열었다. 우다오즈는 보자마자 굉장히 놀랐다. 3 상자 안에는 밑그림으로 가득 했고, 스님이 그린 것은 모두 물방울 하나와 물보라 하나 혹은 한 층의 물결이었기 때문이다.

이때부터 우다오즈는 깨닫게 되어 매일 일찍 일어나 늦게 돌아와, 물방울을 그리는 연습에 전심전력으로 매진하였다. 바람이 부는 날이든 비가 오는 날이든 멈춘 적이 없었다. 그는 또한 자주 강변, 호숫가, 해변으로 가서 물결의 변화를 관찰했다. 4 3년 후, 우다오즈의 물을 그리는 실력은 비약적으로 발전하여, 노스님의 칭찬을 받았다. 후에 그는 마침내 생동감이 넘쳐 흐르는 《강해분등도》를 그렸다.

浪花 lànghuā 명 물보라
随身 suíshēn 통 몸에 지니다 ★
携带 xiédài 통 휴대하다
木箱 mùxiāng 명 나무 상자
惊讶 jīngyà 형 놀랍다
画稿 huàgǎo 명 밑그림
水波 shuǐbō 명 파도
废寝忘食 fèiqǐnwàngshí
성 전심전력으로 매진하다
水珠 shuǐzhū 명 물방울
河边 hébiān 명 강변
湖边 húbiān 명 호숫가
海边 hǎibiān 명 해변, 해안
观察 guānchá 통 관찰하다 ★
功夫 gōngfu 명 재주
突飞猛进 tūfēiměngjìn
성 비약적으로 발전하다
赞赏 zànshǎng
통 칭찬하다, 높이 평가하다
栩栩如生 xǔxǔrúshēng
성 생동감이 넘쳐 흐르다

보기 어휘

明朝 Míngcháo 고유 명나라, 명조
研究 yánjiū 통 연구하다
房屋 fángwū 명 집
结构 jiégòu 명 구성, 구조 ★

1

关于吴道子，可以知道什么?

A 是一名画家　　　　　B 生于明朝
C 喜欢研究房屋结构　　D 留下许多文学作品

우다오즈에 관해서 알 수 있는 것은 무엇인가?

A 화가이다
B 명나라 때 태어났다
C 집 구조 연구하는 것을 좋아했다
D 많은 문학작품을 남겼다

정답 A

해설 우다오즈에 관해서 묻고 있다. 지문의 시작 부분에서 우다오즈는 당나라 시대의 유명한 화가라고 언급했으므로 정답은 A이다.

2

第三段中，吴道子为什么感觉不耐烦了?

A 要干很多活儿　　　　B 整日都要观察
C 老和尚一直让他画水　D 没有伙伴一起玩儿

세 번째 단락에서 우다오즈는 왜 지겹다고 느꼈는가?

A 해야 할 일거리가 많았기 때문에
B 온종일 관찰을 해야 했기 때문에
C 노스님이 계속 그에게 물을 그리라고 했기 때문에
D 같이 놀 동료가 없었기 때문에

보기 어휘

活儿 huór 명 일거리
整日 zhěngrì 명 온종일
伙伴 huǒbàn 명 동료 ★

정답   C

해설   세 번째 단락에서 우다오즈는 왜 지겹다고 느꼈는지 이유를 묻는 문제이다. 어디를 가
든지 노스님은 그에게 물 그리는 것을 연습시켰고 시간이 흐르자 지겨워졌다고 했으
므로 정답은 C이다.

木箱里装的是什么?

A 一副围棋　　**B** 珠宝　　　　**C** 作画工具　　**D** 画稿

나무 상자에 있었던 것은 무엇인가?

A 바둑 한 세트　　　B 진주와 보석　　　C 그림 도구　　　D 밑그림

보기 어휘

围棋 wéiqí 몡 바둑
珠宝 zhūbǎo 몡 진주와 보석
工具 gōngjù 몡 공구, 수단

정답   D

해설   나무 상자에 있었던 것은 무엇인지 묻고 있다. 세 번째 단락의 후반부에서 상자 안에
는 밑그림으로 가득했다고 했으므로 정답은 D이다.

根据上文，下列哪项正确?

A 吴道子完成了任务　　　　　B 老和尚擅长画人物
C 老和尚收了很多徒弟　　　　D 墙上的画消失了

윗글에 근거하여, 다음 중 옳은 것은?

A 우다오즈가 임무를 완성하였다　　　B 노스님은 인물화에 뛰어나다
C 노스님은 많은 제자를 받아들였다　　D 벽의 그림이 사라졌다

보기 어휘

擅长 shàncháng 통 뛰어나다
徒弟 túdì 몡 제자

정답   A

해설   윗글에 근거하여 옳은 내용을 고르는 문제이다. 지문의 마지막 부분에 우다오즈의 물
을 그리는 실력은 비약적으로 발전하였고, 후에 그는 마침내 생동감이 넘쳐 흐르는
〈강해분등도〉를 그렸다고 했으므로 결과적으로 그가 임무를 완성했음을 알 수 있다.

5-8.

　　人们去看望亲人或朋友时，都习惯送给对方一束鲜花。但
很多人常常忙到很晚才下班，以至于没有时间去买鲜花，两手
空空地去赴约。两手空空去赴约真的是有些尴尬，为了避免这
种尴尬，他们第一个想到的解决办法就是下班后给花店打电话
请求帮助。而这时花店都早已关门，花店的老板都已在自己的
床上进入了梦乡。**5** 有家花店的老板就经常接到这种深夜打来
的电话，为此不能睡个安稳的觉，他感到非常无奈。

지문 어휘

看望 kànwàng 통 방문하다 ☆
亲人 qīnrén 몡 친척
送给 sònggěi 통 주다
对方 duìfāng 몡 상대방 ☆
鲜花 xiānhuā 몡 생화
下班 xià bān 통 퇴근하다
以至于 yǐzhìyú 젭 ~까지
两手空空 liǎngshǒukōngkōng
셩 두 손이 텅텅 비다
赴约 fùyuē 통 약속한 장소로
가다
尴尬 gāngà 톙 난처하다

98 파고다 HSK 5급

一天，这位花店的老板去百货商店逛了逛。逛着逛着突然感到口渴了，于是用自动售水机买了一瓶水。看着矿泉水瓶从售货机里出来，他灵机一动，**6** 我为何不能自己发明一台自动售花机呢？

从那天起，他便开始每天搜集和自动售水机相关的资料，一个人在家研制。终于功夫不负有心人，一年后就大功告成了。他在一般自动售水机的基础之上，**7** 将箱子的体积扩大了近一倍，同时将箱内的温度、湿度调整到了适合鲜花存放的度数。箱体的正面采用的材料和一般的自动售水机的材料一样，都是透明玻璃。原因很简单，因为可以透过玻璃看到箱内的鲜花。**8** 这位花店老板研制的自动售花机推向市场后，就立刻受到了广大顾客的欢迎。而且在对鲜花需求量较大的地方，比如医院、餐厅、公寓等地，出现了供不应求的现象。花店老板发现这一现象后，在这些地方增设了更多的自动售花机，并安排店员定期补充花卉，以免缺货。

花店老板的这种经营模式是一举两得的好方法，因为不仅使他获得了比实体店更高的利润，收获了自己想要的财富，而且终于可以拥有一个无人打扰的安宁的睡眠了。

사람들이 가족이나 친구를 방문할 때 상대방에게 꽃 한 다발을 주는 것에 익숙하다. 하지만 많은 사람들은 종종 아주 늦게까지 바쁘게 일하고 나서야 퇴근을 한다. 그래서 꽃을 사러 갈 시간도 없이 두 손이 텅 빈 채로 약속 장소로 간다. 두 손이 텅 빈 채로 약속 장소로 향하는 것은 정말이지 약간은 난처하기까지 하다. 이러한 난처함을 피하기 위해 그들이 첫 번째로 생각한 해결 방법은 바로 퇴근 후에 꽃집에 전화를 걸어 도움을 요청하는 것이다. 그러나 이때는 꽃집은 모두 훨씬 전에 문을 닫고, 꽃집의 주인들은 모두 이미 자신의 침대에서 꿈나라로 들어간다. 5 어떤 꽃집의 주인은 이처럼 심야에 걸려온 전화를 자주 받았고 이 때문에 평온하게 잠을 잘 수 없자 그는 어찌해 볼 도리가 없다고 느꼈다.

어느 날, 이 꽃집의 주인이 백화점을 돌아다니다가 갑자기 갈증이 나서 생수 자판기에서 물 한 병을 샀다. 생수병이 자판기에서 나오는 것을 보고, 그는 갑자기 생각이 떠올랐다. 6 나는 왜 꽃 자판기를 발명하지 않았던 걸까?

그날부터 그는 매일 자동 판매기와 관련된 자료들을 수집하여 집에서 혼자 연구하기 시작했다. 마침내 노력은 배신하지 않았고 1년 후 큰 성과를 거두었다. 그는 일반 생수 자동 판매기를 기초로, 7 기계 면적을 두 배 가까이 늘리고, 동시에 기계 내의 온도와 습도를 생화를 보존하기에 적당한 도수로 조정했다. 기계의 정면에 사용된 자재는 일반적인 생수 자동 판매기의 자재와 동일하게 모두 투명한 유리로 했다. 이유는 아주 간단하다. 유리를 통해 기계 내의 꽃을 볼 수 있기 때문이다. 8 이 꽃집의 주인이 연구 제작한 꽃 자동 판매기가 시장에 진입한 이후, 바로 고객들의 환영을 받았다. 게다가 생화 수요량이 비교적 많은 곳, 예를 들어, 병원, 레스토랑, 아파트 등의 장소에서는 공급이 수요를 따르지 못하는 현상이 나타났다. 꽃집의 주인은 이러한 현상을 발견한 후에, 이런 곳에 더 많은 꽃 자동 판매기를 증설했고, 또한 점원을 보내 정기적으로 화훼를 보충해, 품절되는 것을 피하게 했다.

꽃집 주인의 이러한 운영 패턴은 일거양득의 좋은 방법이다. 그에게 실제 매장보다 더 높은 이윤을 가져다 주어, 자신이 원하던 부를 얻게 했을 뿐 아니라, 마침내 아무도 방해하지 않는 편안한 수면을 취할 수 있게 됐기 때문이다.

补充 bǔchōng 동 보충하다 ★
花卉 huāhuì 명 화훼
缺货 quēhuò 동 품절되다, 물건이 부족하다
经营 jīngyíng 동 운영하다 ★
模式 móshì 명 양식
一举两得 yìjǔliǎngdé 성 일거양득, 일석이조
实体店 shítǐdiàn 명 실제 매장
利润 lìrùn 명 이윤 ★
财富 cáifù 명 부
拥有 yōngyǒu 동 보유하다
打扰 dǎrǎo 동 방해하다
安宁 ānníng 형 편하다
睡眠 shuìmián 명 수면

什么事让花店老板感到无奈?

A 下班后接到买花的电话　　B 鲜花的数量不多
C 顾客对花店很不满　　D 朋友聚会太频繁

보기 어휘

聚会 jùhuì 명 모임
频繁 pínfán 형 잦다, 빈번하다

어떤 일이 꽃집 주인으로 하여금 어찌해 볼 도리가 없다고 느끼게 했는가?

A 퇴근 후 꽃을 사겠다는 전화를 받는 것　　B 꽃의 수량이 많지 않은 것
C 고객이 꽃집에 대해 불만이 있는 것　　D 친구와의 모임이 너무 잦은 것

정답　A

해설　심야에 꽃을 사고 싶다고 걸려온 전화 때문에 평온하게 잠을 잘 수 없자 그는 어찌해 볼 도리가 없다고 느꼈다고 했으므로 정답은 A이다.

根据第二段，老板有什么想法?

A 进口国外的鲜花　　B 买地种各种花
C 发明自动售花机　　D 在售水机旁边卖花

보기 어휘

进口 jìnkǒu 동 수입하다 ★
种花 zhònghuā 동 꽃을 심다

두 번째 단락에 근거하여, 주인은 무슨 생각을 하게 되었는가?

A 해외의 생화를 수입한다　　B 땅을 사서 여러 가지 꽃을 심는다
C 꽃 자동 판매기를 발명한다　　D 생수 자동 판매기 옆에서 꽃을 판다

정답　C

해설　두 번째 단락에 근거하여, 주인은 무슨 생각을 하게 되었는지 묻고 있다. 두 번째 단락 마지막 부분에서 '왜 직접 꽃 자동 판매기를 발명하지 않았을까'라는 생각을 하게 되었다고 언급했으므로 정답은 C이다.

7

关于自动售花机，可以知道：

A 仅底部是用木头做的　　B 能自动浇水

C 体积比普通售货机大　　D 容易出故障

꽃 자동 판매기에 관하여 알 수 있는 것은:

A 밑바닥만 나무를 사용하여 만들었다　　B 자동으로 물을 줄 수 있다

C 기계 면적이 보통 자동 판매기보다 크다　　D 쉽게 고장 난다

정답　C

해설　꽃 자동 판매기에 관하여 알 수 있는 것을 찾는 문제로 지문의 세 번째 단락에 기계 면적을 다른 자판기보다 두 배 늘렸다고 했으므로 결과적으로 보통 자판기보다 크다 라는 내용과 일치함을 알 수 있다.

보기 어휘

底部 dǐbù 명 밑바닥

浇水 jiāoshuǐ 동 물을 뿌리다

故障 gùzhàng 명 고장, 결함

8

根据上文，下列哪项正确？

A 花卉包装问题难解决　　B 受到了很多顾客的欢迎

C 图书馆附近自动售花机最多　　D 老板自学养花

윗글에 근거하여, 다음 중 옳은 것은?

A 화훼 포장 문제는 해결하기 어렵다

B 많은 고객들에게 인기가 있었다

C 도서관 근처에 꽃 자동 판매기가 가장 많다

D 주인은 꽃을 기르는 것을 독학하였다

정답　B

해설　윗글에 근거하여 올바른 내용을 고르는 문제이다. 꽃 자동 판매기가 시장에 진입한 이후 아주 많은 고객들에게 인기가 있었다고 했으므로 정답은 B이다.

보기 어휘

包装 bāozhuāng 동 포장하다

自学 zìxué 동 독학하다

养花 yǎnghuā 동 꽃을 가꾸다

9-12.

　　在某院校的智力比赛中，经过几轮激烈地竞争后，只剩下了4位选手。主持人手持话筒发话了："**9** 下面4位选手将开始轮流串讲一个故事，我们给出的故事引句是'今晚的月光很亮……'"

　　选手甲接过话筒，随口说出："下了夜班，我独自一个人走在回家的路上，忽然身后传来一声尖叫……"选手甲的话结束后，话筒传到选手乙手上，他接着说："我慌忙回头寻找声音的来源，发现马路对面有一个男子抱着一个包狂奔，而他

지문 어휘

轮 lún 동 순차적으로 돌아가다, 차례대로 하다

竞争 jìngzhēng 동 경쟁하다

剩下 shèng xià 동 남다, 남기다

手持 shǒuchí 동 손에 쥐다

话筒 huàtǒng 명 마이크

轮流 lúnliú 동 차례대로 돌아가다, 순번대로 돌아가다 ☆

引句 yǐnjù 명 인용구

忽然 hūrán 부 갑자기 ☆

传来 chuánlái 동 들려오다, 전해 내려오다

실전 테스트 **101**

身后的女子一边喊'抓小偷'一边追……"然后就轮到选手丙了，他接着说："我看到这个情景，毫不犹豫地追上去，经过搏斗后，我终于制服了那个小偷。"

10 故事讲到这儿，似乎结束了，接下来已无话可说，可话筒已经递到了最后一位选手丁的手里。大家都想该怎么串讲下去才能使故事的结尾新颖而巧妙呢？正在这时，这位选手灵机一动，突然想出了一个很好的结局，他接着说："写到这里，年轻的作者一把撕掉稿纸。他不由得自言自语：'如此俗套无聊的故事，怎么会有读者喜欢呢！'" **11** 大家听到了他的话，都感叹地鼓起了掌。 **12** 最后选手丁理所当然地获得了本次大赛的冠军。

어느 대학의 지능 경기에서 몇 차례 치열한 경쟁을 거친 후, 단지 4명의 선수만이 남았다. 사회자가 마이크를 손에 쥐고: 9 "다음 4명의 선수가 차례대로 돌아가면서 이야기 하나를 엮어 말하기 시작할 것이며, 우리가 할 이야기의 인용구는 '오늘 밤의 달빛은 밝은데……'입니다."라고 말했다.

선수 갑(甲)이 마이크를 받아, 입에서 나오는 대로 말했다: "야간 근무를 하고 나 혼자 집으로 가는 길에, 갑자기 뒤에서 비명을 지르는 소리가 들려왔다……"선수 갑(甲)의 말이 끝난 후에, 마이크가 선수 을(乙) 손으로 전해졌고, 그는 이어 말했다: "나는 황급히 고개를 돌려 목소리의 출처를 찾았는데 큰길 건너편에서 한 남자가 가방을 안고 미친 듯이 달려오는 것을 발견했고, 그의 뒤에 있던 여자는 '도둑 잡아라'라고 외치며 쫓고 있었다……" 그리고 나서 선수 병(丙) 차례가 되어, 그가 이어 말했다: "나는 이 광경을 보고 조금도 주저하지 않고 쫓아갔고 격투 끝에 나는 마침내 그 도둑을 제압하였다."

10 이야기는 여기까지로 마치는 듯 했다. 이제 더 이상 할말이 없었으나 마이크는 이미 마지막 선수인 정(丁)의 손으로 건네졌다. 모두들 어떻게 이야기를 엮어 나가야 비로소 이야기의 결말이 참신하고 정교해질 수 있을지 생각했다. 이때 이 선수는 영감이 떠올랐고 갑자기 좋은 결말이 하나 생각났다. 그는 이어 말했다: "여기까지 쓰고, 젊은 작가는 원고지를 잡아 찢어 버렸다. 그는 저도 모르게 '이런 상투적이고 재미없는 이야기를 어떻게 독자가 좋아할 수 있겠어!'라며 혼자 중얼거렸다." 11 모두 그의 말을 듣고 감탄하며 박수를 치기 시작했다. 12 마지막 선수인 정(丁)이 당연히 이번 대회 우승을 차지했다.

尖叫 jiānjiào 동 비명을 지르다
慌忙 huāngmáng 형 황급하다, 다급하다
回头 huí tóu 동 고개를 돌리다
寻找 xúnzhǎo 동 찾다, 구하다 ★
来源 láiyuán 명 출처
马路 mǎlù 명 큰길, 대로, 차도
抱 bào 동 안다
狂奔 kuángbēn 동 미친 듯이 달리다, 광분하다
情景 qíngjǐng 명 광경, 장면 ★
毫不 háobù 부 조금도 ～않다, 전혀 ～않다
犹豫 yóuyù 형 주저하다, 망설이다 ★
搏斗 bódòu 동 격투하다, 싸우다
制服 zhìfú 동 제압하다
似乎 sìhū 부 마치 ～인 듯하다
结尾 jiéwěi 명 결말
新颖 xīnyǐng 형 참신하다, 새롭다
巧妙 qiǎomiào 형 정교하다, 교묘하다 ★
灵机一动 língjīyídòng 성 영감이 떠오르다
撕掉 sīdiào 동 잡아 찢어 버리다
稿纸 gǎozhǐ 명 원고지
不由得 bùyóude 부 저도 모르게, 저절로
自言自语 zìyánzìyǔ 성 혼자 중얼거리다, 혼잣말하다
感叹 gǎntàn 동 감탄하다
鼓掌 gǔ zhǎng 동 박수치다, 손뼉치다
理所当然 lǐsuǒdāngrán 성 당연하다, 이치로 보아 당연히 그러하여야 한다
冠军 guànjūn 명 우승, 일등, 챔피언

9

根据上文，主持人让4位选手做什么?

A 每个人唱一首歌曲　　**B** 轮流串讲一个故事
C 讲自己的人生经历　　**D** 回忆电视剧的剧情

보기 어휘

经历 jīnglì 📖 경험, 경력
回忆 huíyì 🔵 회상하다
剧情 jùqíng 📖 (극의) 줄거리

윗글에 따르면, 사회자는 4명의 선수에게 무엇을 하라고 했는가?

A 사람마다 한 곡씩 노래하게 하다　　**B** 차례대로 돌아가며 하나의 이야기로 엮게 하다
C 자신의 인생 경험을 이야기하게 하다　　**D** 드라마의 줄거리를 회상하게 하다

정답 B

해설 질문의 사회자가 나온 부분을 주의하여 읽는다. 첫 번째 단락에서 사회자가 다음 4명의 선수가 차례대로 돌아가면서 이야기 하나를 엮어 말하기 시작할 것이라고 언급했으므로 정답은 B이다.

10

关于先讲的3位选手，可以知道什么?

A 没接住前面选手的话　　**B** 都想放弃比赛资格
C 已经把故事讲得很完整　　**D** 都对坏人有很多疑问

보기 어휘

接住 jiē zhù 🔵 잇다, 받다
资格 zīgé 📖 자격
完整 wánzhěng 📗 완전하다, 완벽하다
疑问 yíwèn 📖 의문 ⭐

먼저 이야기한 3명의 선수에 관하여, 알 수 있는 것은 무엇인가?

A 앞 선수의 말을 잇지 못했다　　**B** 모두 경기 자격을 포기하고 싶어 한다
C 이미 이야기를 완전하게 했다　　**D** 모두 나쁜 사람들에 대해 많은 의문이 있다

정답 C

해설 세부적인 것을 묻는 문제로 지문과 보기를 대조하며 문제를 풀어야 한다. 마지막 단락의 시작 부분에서 이야기는 여기까지로 마치는 듯 했으며 이제 더 이상 할말이 없었다고 언급했으므로 각자의 차례에 마이크를 이어 받아 이야기를 완전하게 했음을 알수 있다. 따라서 정답은 C이다.

11

最后听到选手丁的话后，大家:

A 感叹地鼓起掌　　**B** 嘲笑他的反应
C 都被感动哭了　　**D** 不能接受事实

보기 어휘

嘲笑 cháoxiào 🔵 비웃다, 비아냥거리다

마지막으로 선수 정의 말을 들은 후에, 모두:

A 감탄하며 박수를 쳤다　　**B** 그의 반응을 비웃다
C 모두 감동받아 울었다　　**D** 사실을 받아들일 수 없다

정답 A

해설 마지막 단락의 후반부에 마지막 선수인 정의 말이 끝난 후, 모두 그의 말을 듣고 감탄하며 박수를 치기 시작했다고 언급했으므로 정답은 A이다.

12

根据上文，下列哪项正确？

A 故事结局可有可无　　　　B 年轻的作者很聪明
C 选手丁获得了冠军　　　　D 选手甲让人非常佩服

윗글에 근거하여, 다음 중 옳은 것은?

A 이야기의 결말은 있어도 되고 없어도 된다　　B 젊은 작가는 똑똑하다
C 선수 정이 우승했다　　D 선수 갑은 사람들로 하여금 탄복하게 하였다

정답　C

해설　마지막 단락의 마지막 부분에서 마지막 선수인 정이 당연히 이번 대회 우승을 차지했다고 언급했으므로 정답은 C이다.

보기 어휘

可有可无 kěyǒukěwú
성 있어도 되고 없어도 된다,
그리 중요한 것이 아니다

佩服 pèifú 통 탄복하다,
감탄하다 ★

공략비법 **12** 사자성어 및 고급 어휘 의미파악 문제

본서 p. 223

1-4.

　　山海关位于河北省秦皇岛市，汇集了中国古长城之精华，是明长城的一个重要关口。山海关的城楼上有一个举世闻名的巨匾，它大约6米长，1.5米宽，上面写有"天下第一关"。这是山海关自古就享有的美誉。关于这个牌匾，在民间流传着这样一个传说。

　　据说，在明朝万历年间，"天下第一关"牌匾中的 **1** "一"字已经脱落了很长一段时间都无人修补。于是皇帝向天下的有才之士昭告：如果有谁可以修复"一"字本来的面貌，就重金赏赐他。听到这个消息后，有才之士都从各地赶来了。经过严格的层层筛选，最后的结果出乎了大家的意料。因为被皇帝选中的不是声名赫赫的大书法家，也不是高高在上的官员，竟是一个在山海关附近的一家酒楼打工的店小二。

　　在题字那天，山海关的城楼下人山人海，都是前来观看的人。店小二并没有因此而受到影响，他从容不迫地抬头看了看山海关的牌匾，然后把已准备好的毛笔轻轻地推到了一旁，**2** 顺手从腰间拿出一块抹布，蘸了蘸墨水，手从左至右一挥，一个绝妙的"一"字出现在了人们眼前。他挥手的动作令人惊叹。

지문 어휘

山海关 Shānhǎiguān
고유 산하이관

位于 wèiyú 통 ~에 위치하다 ★

河北省 Héběishěng
지명 허베이성(하북성)

秦皇岛市 Qínhuángdǎoshì
지명 친황다오시(진황도시)

精华 jīnghuá 명 정화, 정수,
요충지

关口 guānkǒu 명 중요한 길목

城楼 chénglóu 명 성루

举世闻名 jǔshìwénmíng
성 세계에 이름이 알려지다

大约 dàyuē 부 아마, 대략

天下第一 tiānxiàdìyī
성 천하제일

自古 zìgǔ 부 예로부터, 자고로

享有 xiǎngyǒu 통 누리다

美誉 měiyù 명 명성

牌匾 páibiǎn 명 현판

民间 mínjiān 명 민간

传说 chuánshuō 명 전설 ★

据说 jùshuō 통 들은 바에 의하다, 듣자하니 ★

修补 xiūbǔ 통 수리하다

皇帝 huángdì 명 황제

修复 xiūfù 통 원상 복구하다

面貌 miànmào 명 용모

4 有人好奇地问道："你写'一'字如此好的秘诀是什么？"他傻傻地笑了笑，答道："其实没有什么秘诀。只是我所在的酒楼正好面对着山海关的城楼，当我弯下腰擦桌子的时候，我刚好可以看到"天下第一关"的"一"字，**3** 我为了打发时间，每天就模仿牌匾上的这个"一"字擦桌子。久而久之便<u>熟能生巧</u>了。

산하이관은 허베이성의 친황다오시에 위치하고 있으며, 중국의 옛 만리장성의 정화가 모여 있고, 명나라 만리장성의 중요한 길목이었다. 산하이관의 성루에는 세계에 이름이 알려진 현판이 하나 있는데 그것의 길이는 대략 6미터이고, 넓이는 1.5미터로, 그 위에는 '천하제일관'이라고 쓰여 있다. 이는 산하이관이 옛부터 누린 명성이었다. 이 현판과 관련하여 민간에서는 이런 전설이 전해 내려오고 있다.

들은 바에 의하면, 명나라 만력 연간에, **1** '천하제일관' 현판 중의 '일'자가 떨어진지 오랜 시간이 지났는데도 고치는 사람이 없었다. 그래서 황제가 천하의 재능 있는 선비들에게 '만약에 '일'자를 원래의 모양으로 복구할 수 있는 사람이 있다면 그에게 거금을 하사할 것이다'라고 명백히 알렸다. 이 소식을 들은 후 재능이 뛰어난 선비들이 각지에서 올라왔다. 엄격한 선별을 거쳐, 마지막에 나온 결과는 모두의 예상을 벗어났다. 황제에게 뽑힌 사람은 명성이 자자한 대서예가도 아니고 관직이 높은 관원도 아니었기 때문이다. 뜻밖에도 산하이관 근처의 한 주점에서 일을 하고 있는 심부름꾼이었기 때문이다.

글을 쓰는 그날에, 산하이관의 성루 아래는 인산인해를 이루었는데 모두 구경하러 온 사람들이었다. 심부름꾼은 이것으로 인해 영향을 받지 않았고, 매우 침착하게 고개를 들어 산하이관의 현판을 보고는 이미 준비해 놓은 붓을 가볍게 한 쪽으로 밀어놓고 **2** 손이 가는대로 허리춤에서 행주를 꺼내 먹물을 묻히고 손을 좌에서 우로 한 획을 긋자 하나의 절묘한 '일(一)'자가 사람들의 눈 앞에 나타났다. 그가 손을 흔드는 동작은 사람들을 감탄하게 했다.

4 어떤 사람이 호기심을 가지고 "당신이 '일'자를 이렇게 잘 쓰는 비결이 무엇입니까?"라고 묻자, 그는 바보처럼 웃으며 대답했다: "사실 비결은 별로 없습니다. 단지 제가 있는 주점이 산하이관의 성루를 바로 마주보고 있어서, 제가 허리를 구부려 탁자를 닦을 때 저는 마침 '천하제일관'의 '일'자를 볼 수 있었습니다. **3** 저는 시간을 보내기 위해서 매일 현판의 '일'자를 모방하여 탁자를 닦았습니다. 오랜 시간이 지나자 <u>익숙해져서 요령이 생긴 것입니다.</u>"

重金 zhòngjīn 명 거금
赏赐 shǎngcì 동 하사하다
消息 xiāoxi 명 소식, 뉴스
严格 yángé 형 엄격하다
筛选 shāixuǎn 동 선별하다
意料 yìliào 동 예상하다
选中 xuǎnzhòng 동 선택하다
声名赫赫 shēngmíng hèhè 명성이 자자하다
书法家 shūfǎjiā 명 서예가
官员 guānyuán 명 관원
酒楼 jiǔlóu 명 주점
打工 dǎ gōng 동 일하다 ⭐
店小二 diànxiǎo'èr 명 심부름꾼
题字 tízì 동 글을 쓰다
人山人海 rénshānrénhǎi 성 인산인해
观看 guānkàn 동 보다
从容不迫 cóngróngbúpò 성 매우 침착하다
抬头 tái tóu 동 머리를 들다
毛笔 máobǐ 명 붓
顺手 shùnshǒu 부 손이 가는 대로
拿出 náchū 동 꺼내다
抹布 mābù 명 행주
蘸墨 zhàn mò 동 먹물을 묻히다
绝妙 juémiào 형 절묘하다
挥手 huī shǒu 동 손을 흔들다
动作 dòngzuò 명 동작
惊叹 jīng tàn 동 몹시 놀라며 감탄하다
好奇 hàoqí 동 호기심을 갖다 ⭐
秘诀 mìjué 명 비결
模仿 mófǎng 동 모방하다 ⭐
久而久之 jiǔ'érjiǔzhī 성 오랜 시간이 지나다
熟能生巧 shúnéng shēngqiǎo 성 익숙해지면 요령이 생긴다

1

根据第二段，牌匾中的"一"字:

A 写歪了　　　　　　　B 变了颜色
C 常被太阳晒　　　　　D 已经脱落了

두 번째 단락에 근거하며, 현판의 '일'자는 어떠한가:

A 비뚤게 쓰여졌다　　　B 색깔이 변했다
C 자주 햇볕이 내리 쬔다　D 이미 떨어졌다

보기 어휘

脱落 tuōluò ⑧ 떨어지다

정답 D

해설 두 번째 단락에 근거하며, 현판의 '일'자는 어떠한지 묻는 문제이다. '천하제일관' 현판 중의 '일'자가 떨어진지 오랜 시간이 지났다고 언급했으므로 정답은 D이다.

2

店小二用什么题字?

A 钢笔　　　B 抹布　　　C 刷子　　　D 毛笔

심부름꾼은 무엇으로 글자를 적었는가?

A 만년필　　　B 행주　　　C 솔　　　D 붓

보기 어휘

刷子 shuāzi ⑨ 솔

정답 B

해설 심부름꾼은 무엇으로 글자를 적었는지 묻는 문제이다. 허리춤에서 행주를 꺼내 글씨를 썼다고 했으므로 정답은 행주이다.

3

最后一段中的画线部分"熟能生巧"最可能是什么意思?

A 熟练了就能运用自如
B 做事要讲道理
C 成熟的人可以成功
D 要做自己感兴趣的事

마지막 단락에 밑줄 친 '熟能生巧'의 의미로 가장 가능성이 높은 것은?

A 능숙해진다면 자유자재로 이용할 수 있다
B 일을 할 때는 이치를 따져야 한다
C 성숙한 사람이 성공할 수 있다
D 자신이 흥미 있는 일을 해야 한다

보기 어휘

熟练 shúliàn ⑨ 능숙하다 ⭐
运用自如 yùnyòngzìrú
⑧ 자유자재로 이용하다
成熟 chéngshú ⑨ 성숙하다 ⭐

정답 A

해설 밑줄이 쳐져있는 '熟能生巧'의 의미로 가장 가능성이 높은 것을 묻는 문제이다. 마지막 단락에서 그는 매일 현판의 '일'자를 모방하여 탁자를 닦았고, 오랜 시간이 지나자 익숙해져서 요령이 생긴 것이라고 말했다. 따라서 '熟能生巧'의 의미로 가장 적합한 것은 A이다.

4

根据上文，下列哪项正确？

A 店小二拜师学艺

B 山海关已经不存在了

C 店小二顺利完成了题字任务

D 皇帝给了店小二很多黄金

윗글에 근거하여, 다음 중 옳은 것은?

A 심부름꾼은 스승을 모시고 기예를 배웠다

B 산하이관은 이미 존재하지 않는다

C 심부름꾼은 글자를 적어내는 임무를 순조롭게 완성하였다

D 황제가 심부름꾼에게 많은 황금을 주었다

보기 어휘

黄金 huángjīn 명 황금 ⭐

정답 C

해설 윗글에 근거하여 올바른 내용을 찾는 문제이다. 지문 마지막 단락에 "당신이 '일'자를 이렇게 잘 쓰는 비결이 무엇입니까?"라는 질문을 통해서 그가 글자를 적어내는 임무를 순조롭게 잘 완성하였다는 것을 알 수 있다.

5-8.

　　大家去百货商场购物的时候，是否注意到了这样一个奇怪的现象：**8** 化妆品和珠宝普遍在一楼销售，这是什么原因呢？原来这是有讲究的。

　　首先是考虑到人流量。**5** 服装的需求量总是商场里最大的，有时候甚至人满为患。如果一楼是服装卖场的话，很有可能会被堵得水泄不通，从外面看就会跟菜市场似的。

　　第二是因为无论是化妆品还是珠宝，都有着精美的包装和外形，这成为了吸引路人进入商场的秘密武器。而且充满嗅觉诱惑的香水和化妆品的味道，也会让人心情大好。**6** 一楼专柜的形象好了，相当于给商场做了一个很成功的"面子工程"，就会给人档次很高的印象。

　　第三是因为化妆品和珠宝属于需求弹性很大的商品，通俗点说就是属于可买可不买的东西。如果把化妆品和珠宝放在其他楼层，可能很多人就会嫌麻烦，不去逛。而放在一楼的话，**7** 只要进入商场就要路过，极有可能无意中看到一两件中意的商品，然后顺手买下。

지문 어휘

百货商场 bǎihuòshāngchǎng 명 백화점

奇怪 qíguài 형 기이한, 이상한

现象 xiànxiàng 명 현상 ⭐

珠宝 zhūbǎo 명 보석류, 진주와 보석

普遍 pǔbiàn 형 일반적인, 보편적인

销售 xiāoshòu 동 팔다, 판매하다

讲究 jiǎngjiū 명 (숨은) 의미, 까닭, 연유 ⭐

人流量 rénliúliàng 명 인구 유동량

服装 fúzhuāng 명 의류, 복장 ⭐

需求量 xūqiúliàng 명 수요량, 필요량

人满为患 rénmǎnwéihuàn 성 사람이 너무 많아 탈이다, 인산인해이다

水泄不通 shuǐxièbùtōng 성 발 디딜 틈이 없다, 물샐 틈이 없다

여러분이 백화점에 쇼핑하러 갔을 때, 이런 기이한 현상을 알아차렸는가: 8 화장품과 보석은 일반적으로 1층에서 파는데, 이것은 무슨 원인인가? 원래 이것은 염두에 둔 것이었다.

첫째는 유동 인구량을 고려한 것이다. 5 의류의 수요량은 항상 백화점에서 가장 크며, 때로는 사람들로 가득 차기도 한다. 만약 1층이 의류 매장이라면 발 디딜 틈이 없이 꽉 막혀 있어, 밖에서 보면 채소 시장과 비슷해 보일 가능성이 높다.

둘째는 화장품이든 보석이든 정교하고 아름다운 포장과 외형을 갖추고 있어 행인을 백화점에 들어오게 끌어들이는 비장의 무기가 되기 때문이다. 게다가 후각의 유혹으로 가득 찬 향수와 화장품의 냄새 역시 사람으로 하여금 기분을 좋게 만든다. 6 1층 전문 코너는 이미지가 좋아 백화점에 '얼굴 공사'를 성공적으로 해준 것과 같이 격이 높다는 인상을 준다.

셋째는 화장품과 보석은 수요의 탄력성이 큰 상품에 속하며, 통속적으로는 살 수 있고 안 살 수도 있는 물건이라는 점 때문이다. 만약 화장품과 보석을 다른 층에 두면, 아마 많은 사람들이 귀찮아서 구경하러 가지 않을지도 모른다. 1층에 두면 7 백화점에 들어서기만 하면 지나가야 해서 무의식 중에 마음에 드는 상품 한두 개를 보고 난 후, 손이 가는 대로 살 가능성이 높다.

似的 shìde 조 ~와 비슷하다
精美 jīngměi 형 정교하고 아름답다
武器 wǔqì 명 무기, 수단
嗅觉 xiùjué 명 후각
诱惑 yòuhuò 동 유혹하다
专柜 zhuānguì 명 전문 코너, 전문 판매대
相当于 xiāngdāngyú 동 ~와 비슷하다, ~와 같다
档次 dàngcì 명 격, 등급, 차등
弹性 tánxìng 명 탄력성
通俗 tōngsú 형 통속적이다
嫌 xián 동 꺼리다, 싫어하다
顺手 shùnshǒu 부 손이 가는 대로

 5

在商场中，销量最多的商品是?

A 服装 　　　　　　B 食品
C 化妆品 　　　　　D 首饰

백화점에서 가장 많이 팔리는 상품은?

A 의류 　　　　　　B 식품
C 화장품 　　　　　D 장신구

보기 어휘

首饰 shǒushì 명 장신구, 액세서리

정답 A

해설 두 번째 단락의 시작 부분에서 의류의 수요량은 항상 백화점에서 가장 크며, 때로는 사람들로 가득 차기도 한다고 언급했으므로 정답은 A이다.

6

划线词语 "面子工程" 的意思是:

A 商场开展的打折活动 　　B 商场正门的装修效果
C 提升商品知名度的宣传 　　D 提高商场档次的柜台设置

밑줄 친 단어 "面子工程"의 의미는:

A 백화점에서 열리는 할인 행사 　　B 백화점 정문의 인테리어 효과
C 상품 지명도를 높이는 홍보 　　　D 백화점 격을 높이는 창구 설치

보기 어휘

开展 kāizhǎn 동 열리다, 개전하다
知名度 zhīmíngdù 명 지명도
柜台 guìtái 명 창구, 카운터 ★
设置 shèzhì 동 설치하다

정답 D

해설 밑줄 친 부분을 중심으로 앞뒤 문장을 살펴 본다. 1층 전문 코너는 이미지가 좋아 백화점이 격이 높다는 인상을 준다고 했으므로 정답은 D이다.

7

根据文中最后一段，化妆品和珠宝设在一楼有什么作用？

A 便于客户结账　　　　B 柜台更容易出租
C 有利于疏散人流　　　D 促进这类商品的销售

글의 마지막 단락에 따르면, 화장품과 보석을 1층에 두는 것이 어떤 작용을 하는가?

A 고객의 계산을 용이하게 한다　　B 판매대를 임대하기가 더 쉽다
C 인파를 분산시키는 게 유리하다　　D 이런 상품의 판매를 촉진한다

정답　D

해설　마지막 단락에서 1층을 언급한 부분을 찾아 그 뒤를 주의 깊게 살펴 본다. 화장품과 보석을 1층에 두면 백화점에 들어서기만 하면 지나가야 해서 무의식 중에 마음에 드는 상품 한두 개를 보고 난 후, 손이 가는 대로 살 가능성이 높다고 언급했으므로 정답은 D이다.

보기 어휘

便于 biànyú 통 ～하기가 쉽다, ～하기에 편하다
客户 kèhù 명 고객
结账 jié zhàng 통 계산하다 ⭐
出租 chūzū 통 임대하다, 세를 내다
疏散 shūsàn 형 분산시키다
人流 rénliú 명 인파
促进 cùjìn 통 촉진하다, 촉진시키다 ⭐

8

本文讨论的内容与什么有关？

A 节日促销的技巧　　　B 平面广告的作用
C 商品的楼层分布　　　D 珠宝销售额高的原因

본문에서 논의된 내용과 관계가 있는 것은 무엇인가？

A 명절 판촉의 기교　　　B 평면광고의 역할
C 상품의 층 분포　　　　D 보석 매출액이 높은 이유

정답　C

해설　지문에서 이야기하고자 하는 바와 관계가 있는 것을 고르는 문제이다. 지문 첫 번째 단락에서 화장품과 보석을 일반적으로 1층에 둔 원인에 대해 설명하면 세 가지의 원인에 대해 말하므로 정답은 C이다.

보기 어휘

促销 cùxiāo 통 판촉하다
技巧 jìqiǎo 명 기교

9-12.

　　卡娜是一位年过半百的女士，她在英国苦心经营着以自己的名字命名的酒店。虽然酒店的生意还可以，**9** 但是卡娜一直为招不到称心如意的服务员而苦恼。为此，卡娜不得不亲自为客人打扫房间。但由于体力不支，有好几次摔倒在了房间里。

　　有个人给她提了一个建议：**10** "你可以要求入住的客人自己打扫房间，我想依您的年纪他们不会忍心拒绝的。"

　　正是这句话让卡娜产生了一个灵感：我可以让客人自己打扫房间，然后我给他们降低住宿费。**11** 卡娜觉得这是一个非常好的想法，但她的朋友觉得太不可思议了。因为降低房间的价格还不如招服务员。卡娜说她之所以这样做有两个理由，一

지문 어휘

年过半百 niánguòbànbǎi 나이가 오십이 넘다
女士 nǚshì 명 여사
命名 mìngmíng 통 이름 짓다, 명명하다
生意 shēngyi 명 사업, 장사
称心如意 chènxīnrúyì 성 마음에 꼭 들다
苦恼 kǔnǎo 명 고민스럽다
亲自 qīnzì 부 직접, 손수 ⭐
摔倒 shuāidǎo 통 넘어지다, 쓰러지다 ⭐
建议 jiànyì 통 의견을 내다

是可以解决目前人员难招的问题；二是自己经营酒店的这种模式打开了全世界客人自己打扫房间的先河。至于利润她一点儿都不担心，因为她觉得从长期来看，客人少交房间的费用，会提高酒店的入住率，这样就可以弥补亏损的部分。

卡娜很快将这个想法付诸了实践。此后，在卡娜酒店可以看到这样的场景，客人办完手续后，会领到相关的打扫工具。在退房前，客人要按照酒店的规定把房间打扫干净。

12 自从卡娜改变经营模式后，酒店的入住率比原来提高了40%，在旅游旺季，还出现过供不应求的局面。

카나는 50세가 넘은 부인이다. 그녀는 영국에서 자신의 이름을 따서 지은 호텔을 심혈을 기울여서 경영하고 있었다. 호텔 사업은 그런대로 괜찮았지만, **9** 카나는 계속 마음에 드는 종업원을 모집하지 못해 고민이었다. 이 때문에 카나는 어쩔 수 없이 직접 손님을 위해 방을 청소할 수 밖에 없었다. 그러나 체력이 따라주지 않아서 여러 번 방에서 넘어졌다.

어떤 사람이 그녀에게 제안을 했다. **10** "호텔에 숙박하는 손님에게 스스로 방 청소를 하도록 요청해 보는 것도 괜찮을 것 같습니다. 제 생각에 당신 나이라면 그들도 냉정하게 거절하지는 못할 거예요."

이 말은 카나에게 좋은 생각을 떠오르게 했다. 그것은 바로 손님들이 직접 방을 청소하고, 그들에게 숙박비를 인하해 주는 것이었다. **11** 카나는 이것이 아주 좋은 생각이라고 생각했지만 그녀의 친구는 이해할 수 없는 일이라고 생각했다. 숙박비를 할인해주는 것이 종업원을 모집하는 것만 못하다고 생각했기 때문이다. 카나에게는 이렇게 하는 두 가지 이유가 있는데, 첫째, 사람을 모집하기 힘든 문제를 해결 할 수 있고, 둘째, 자신이 호텔을 운영하는 이런 패턴이 전세계 손님들이 스스로 방을 청소하는 시작을 열었기 때문이다. 이윤에 대해서 그녀는 조금도 걱정하지 않았다. 그녀가 장기적으로 봤을 때 손님이 숙박비를 적게 지불하면 호텔의 투숙률을 높일 수 있고, 이렇게 하면 적자난 부분을 보충할 수 있다고 생각했기 때문이다.

카나는 빠르게 이 생각을 실천으로 옮겼고, 카나의 호텔에서는 이후에 손님들이 수속을 마친 후에 청소 도구를 받는 광경을 볼 수 있었다. 체크아웃 전에 손님들은 호텔의 규정에 따라 룸을 깨끗이 청소했다.

12 카나가 운영 패턴을 바꾼 이후 호텔의 투숙률은 원래보다 40%가 늘었고, 여행 성수기에는 공급이 수요를 따르지 못하는 양상이 나타났다.

入住 rù zhù 통 숙박하다
忍心 rěnxīn 냉정하게 ~하다, 모질게 ~하다
拒绝 jùjué 통 거절하다
灵感 línggǎn 명 영감
降低 jiàngdī 통 인하하다
住宿费 zhùsùfèi 명 숙박비
不可思议 bùkěsīyì 성 이해할 수 없다, 불가사의하다
目前 mùqián 명 지금, 현재 ⭐
经营 jīngyíng 통 운영하다 ⭐
模式 móshì 명 패턴, 양식
先河 xiānhé 명 시작, 근원
费用 fèiyòng 명 비용
入住率 rùzhùlǜ 명 투숙률
弥补 míbǔ 통 보충하다, 메우다
亏损 kuīsǔn 통 적자나다
付诸 fùzhū 통 ~에 옮기다
实践 shíjiàn 명 실천 ⭐
规定 guīdìng 명 규정
旺季 wàngjì 명 성수기
供不应求 gōngbùyìngqiú 성 공급이 수요를 따르지 못하다
局面 júmiàn 명 양상, 국면

9

卡娜为什么要亲自打扫房间?

A 想锻炼身体
C 想节约费用
B 为了给客人留下好印象
D 没招到满意的服务员

카나는 왜 직접 방을 청소했는가?

A 운동을 하기 위해서
C 비용을 아끼기 위해서
B 손님들에게 좋은 인상을 남기기 위해서
D 만족스러운 종업원을 모집하지 못해서

보기 어휘

锻炼 duànliàn 통 단련하다
节约 jiéyuē 통 절약하다, 아끼다

정답   D

해설   카나는 왜 직접 방을 청소했는지에 대해 묻는 문제이다. 지문의 첫 번째 단락의 카나는 계속 마음에 드는 종업원을 모집하지 못해 어쩔 수 없이 직접 손님을 위해 방 청소를 했다고 했으므로 정답은 D이다.

10

根据第二段，有人建议卡娜怎么做？

A 定期去检查身体　　　　B 让客人交押金
C 让客人自己打扫房间　　D 招聘兼职人员

두 번째 단락에 근거하여, 어떤 사람이 카나에게 무엇을 하도록 제안했는가?

A 정기적으로 건강검진을 받으라고 했다　　B 손님에게 보증금을 지불하도록 했다
C 손님에게 직접 방을 청소하도록 했다　　D 아르바이트생을 구하도록 했다

보기 어휘

检查 jiǎnchá 동 검사하다
押金 yājīn 명 보증금, 선금 ★
招聘 zhāo pìn 동 모집하다, 구하다
兼职 jiān zhí 명 아르바이트, 겸직

정답   C

해설   두 번째 단락에 근거해 어떤 사람이 카나에게 무엇을 하도록 제안했는지 묻는 문제이다. 지문 두 번째 단락에서 그 사람은 호텔에 숙박하는 손님에게 스스로 방 청소를 하도록 요청해 보라고 제안했다고 했으므로 정답은 C이다.

11

第三段画线部分"不可思议"的意思最可能是：

A 没必要议论　　　　　　B 难以理解
C 不讲道理　　　　　　　D 思念家人

세 번째 단락에 밑줄 친 '不可思议'의 뜻으로 가장 적합한 것은:

A 의논할 필요가 없다　　　B 이해할 수 없다
C 도리를 중시하지 않는다　　D 가족을 그리워한다

보기 어휘

道理 dàolǐ 동 도리, 이치 ★
思念 sīniàn 동 그리워하다, 보고 싶어하다

정답   B

해설   '不可思议'의 의미를 묻는 문제로 지문 세 번째 단락에서 카나는 아주 좋은 생각이라고 했지만 그녀의 친구는 이해할 수 없는 일이라고 했다. 따라서 정답은 B이다.

12

降低住宿费后，卡娜的旅馆：

A 利润时增时降　　　　　B 扩建了
C 没有从前卫生了　　　　D 入住率提高了

숙박비를 인하한 후에 카나의 호텔은 어떻게 되었는가:

A 이윤이 오르락 내리락 했다　　B 호텔을 확장했다
C 예전처럼 위생적이지 않았다　　D 투숙률이 높아졌다

보기 어휘

利润 lìrùn 명 이윤 ★
时~时~ shí~ shí~
(때로는) ~하고 (때로는) ~하다
扩建 kuòjiàn 동 확장하다, 확대하다

공략비법 13 주제, 제목 찾기 문제

본서 p. 229

1-4.

　　有位研究员常去家附近的咖啡店喝咖啡。渐渐地他和那儿
的咖啡师成为了朋友。有一次，他和咖啡师聊天儿时，无意中
得知用不同的杯子喝同一种咖啡可以喝出不同的味道。比如用
白色不透明的瓷杯泡的咖啡比用蓝色马克杯泡的咖啡喝起来感
觉更浓。研究员听完以后有点儿半信半疑，**1** 因为他是色彩心
理学方面的专家，从色彩心理学的角度来看的话，蓝色会让咖
啡的颜色看起来更深，喝起来感觉上可能会更苦。

　　2 研究员为了检验咖啡师的这一说法，在网上招募了18个
志愿者来做实验。首先研究员把18个志愿者分成了3组，每组6
个人。他准备了三个杯子，分别是白色瓷杯、透明玻璃杯和蓝
色马克杯。他将拿铁倒在了这三个杯子中，而且每个杯子都倒
了200毫升，然后让18个志愿者饮用，饮用完以后让他们对咖
啡的味道、香气等进行评价。

　　最后结果显示，确实是白色不透明瓷杯中的咖啡喝起来会
让人觉得更苦。

　　看到实验结果后，研究员心中还是有很多疑问。比如：杯
子的形状会不会影响咖啡的味道呢？只有18个人参与实验会不
会不太可信？为了排除这些疑问，研究员又做了一次实验。这
次他选择了只是杯子的颜色不同（白、透明、蓝）而其他方面
完全相同的杯子，并且将18个志愿者扩大到了36人。**3** 最后的
实验结果和第一次的实验结果一样，与其他两种颜色相比，白
色瓷杯中的咖啡会让人觉得更苦更浓。

　　4 这两次实验均表明，杯子的颜色确实会影响人们对咖啡
味道的感知。

한 연구원은 커피를 마시러 집 근처의 카페에 자주 가는데, 그곳의 바리스타와 점점 친구가
되었다. 한번은, 그와 바리스타가 이야기를 나누다 무의식 중에 다른 잔에 커피를 마시면 같은
커피라도 다른 맛이 난다는 것을 알게 되었다. 예컨데, 흰색의 불투명한 도자기 컵에 탄 커피
는 파란색 머그컵에 탄 커피보다 마셨을때 더 진한 맛이 느껴진다는 것이다.

지문 어휘

研究员 yánjiūyuán 명 연구원

渐渐 jiànjiàn 부 점점

聊天儿 liáotiānr 통 잡담하다,
이야기를 나누다

无意中 wúyìzhōng
부 무의식 중에

得知 dézhī 통 알게 되다

杯子 bēizi 명 잔, 컵

味道 wèidào 명 맛

透明 tòumíng 형 투명하다 ⭐

蓝色 lánsè 명 파란

半信半疑 bànxìnbànyí
성 반신반의하다

色彩 sècǎi 명 색채 ⭐

专家 zhuānjiā 명 전문가 ⭐

心理学 xīnlǐxué 명 심리학

角度 jiǎodù 명 각도 ⭐

检验 jiǎnyàn 통 검증하다

说法 shuōfǎ 명 의견, 견해

志愿者 zhìyuànzhě
명 지원자 ⭐

实验 shíyàn 명 실험 ⭐

分别 fēnbié 부 각각,
따로따로 ⭐

毫升 háoshēng 명 밀리리터

饮用 yǐnyòng 통 마시다

香气 xiāngqì 명 향기

评价 píngjià 통 평가하다 ⭐

显示 xiǎnshì 통 보여주다,
나타내다

确实 quèshí 형 확실하다 ⭐

疑问 yíwèn 명 의문 ⭐

形状 xíngzhuàng 명 모양 ⭐

参与 cānyù 통 참여하다 ⭐

排除 páichú 통 제거하다

相同 xiāngtóng 형 서로 같다

相比 xiāngbǐ 통 비교하다

연구원은 다 듣고선 좀 반신반의 하였다. 1 왜냐하면 그는 색채 심리학 분야의 전문가이고, 색채 심리학 관점에서 봤을 때, 파란색은 커피의 색을 더 진하게 보이게 해서, 마시면 더 쓰다고 느낄 수 있기 때문이다.

2 연구원은 바리스타의 이 의견을 검증하기 위해 인터넷에서 18명의 지원자를 모집해 실험을 했다. 우선 18명의 지원자를 각 조 6명씩 3조로 나누었다. 그는 세 개의 컵, 흰색 도자기컵, 투명한 유리컵, 파란색 머그컵을 각각 준비했다. 그는 라떼를 이 세 개의 컵에 따랐는데, 각 컵에 200 밀리미터를 따라 18명의 지원자에게 마시게 하였고, 마신 후 그들에게 커피의 맛과 향 등에 대해 평가하도록 했다.

최종 결과, 확실히 흰색 불투명한 도자기 컵의 커피를 마시면 사람들이 더 쓰다고 느끼는 것으로 나타났다.

실험 결과를 본 후 연구원의 마음속엔 여전히 많은 의문이 들었다. 예를 들면, 컵의 모양은 커피의 맛에 영향을 줄 수 있는 건 아닐까? 단지 18명 만이 실험에 참여한 것은 신뢰성이 떨어지는 건 아닐까? 이러한 의문들을 없애기 위해, 연구원은 또 한 번 실험을 하였다. 이번에 그는 컵 색만 (흰색, 투명, 파란색) 다르게 하고, 다른 부분은 완전히 똑같은 컵을 선택하였으며, 18명의 지원자를 36명으로 늘렸다. 3 최종 실험 결과는 첫 번째 실험 결과와 같았다. 다른 두 색에 비해 흰색 도자기 컵의 커피가 사람으로 하여금 훨씬 쓰고 훨씬 진하게 느끼게 하였다.

4 이 두 번의 실험 모두 컵의 색깔이 분명 사람들의 커피 맛을 느끼는데 영향을 준다는 것임을 밝혔다.

表明 biǎomíng 동 표명하다 ☆
感知 gǎnzhī 동 느끼다

根据第一段，研究员认为蓝色马克杯：

A 不太烫手　　　　　　　B 清洗很麻烦
C 可能使咖啡喝起来更苦　D 能增添咖啡香味

첫 번째 단락에 근거하여, 연구원은 파란색 머그컵이 어떻다고 생각하는가:

A 그다지 뜨겁지 않다　　　　B 깨끗하게 씻기가 번거롭다
C 마시면 커피가 더 쓰다고 느낄 수 있다　D 커피의 향을 더할 수 있다

정답 C

해설 첫 번째 단락에서 연구원은 파란색 머그컵이 어떻다고 생각하는지 묻는 문제이다. 그는 색채 심리학 전문가로서 파란색은 커피의 색을 더 진하게 보이게 해서, 마시면 더 쓰다고 느낄 수 있다고 했으므로 정답은 C이다.

보기 어휘

烫手 tàng shǒu 형 뜨겁다
동 손을 데다
清洗 qīngxǐ 동 깨끗이 씻다
增添 zēngtiān 동 더하다
香味 xiāngwèi 명 향

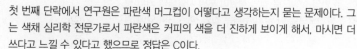

根据第二段，研究员的实验目的是：

A 检验咖啡师的说法　　　B 扩大咖啡的销量
C 做市场调查　　　　　　D 检测咖啡对健康的影响

두 번째 단락에 근거하여, 연구원의 실험 목적은:

A 바리스타의 의견을 검증하려고　　B 커피의 판매량을 확대하려고
C 시장조사를 하려고　　　　　　　D 커피가 건강에 미치는 영향을 검측하려고

보기 어휘

目的 mùdì 명 목적
扩大 kuòdà 동 확대하다 ☆
销量 xiāoliàng 명 판매량
调查 diàochá 동 조사하다
检测 jiǎncè 동 검측하다,
검사 측정하다

실전 테스트

풀이

정답   A

해설   두 번째 단락에서 연구원의 실험 목적에 대해 묻는 문제이다. 연구원은 바리스타의 의견을 검증하기 위해 인터넷에서 18명의 지원자를 모집하여 실험을 했다고 했으므로 정답은 A이다.

3

关于两次实验，可以知道什么?

A 是同时进行的   B 参与人数一样
C 结论相同   D 都忽视了杯子的质地

두 번의 실험에 관하여, 알 수 있는 것은 무엇인가?

A 동시에 진행된 것이다   B 참여한 인원수는 같다
C 결론이 동일하다   D 컵의 재질을 간과하였다

정답   C

해설   두 번의 실험에 관하여 무엇을 알 수 있는지 묻는 문제로 최종 실험 결과와 첫 번째 실험 결과는 같다고 했으므로 결과적으로 결론이 동일함을 알 수 있다.

4

上文主要谈的是:

A 怎么提高咖啡销量   B 杯子颜色影响咖啡味道
C 咖啡师的苦恼   D 如何挑选咖啡

윗글에서 주로 말하고자 하는 것은:

A 어떻게 커피 판매량을 높일 것인가   B 컵의 색은 커피 맛에 영향을 끼친다
C 바리스타의 고민   D 어떻게 커피를 고를 것인가

정답   B

해설   이 글의 주제를 묻는 문제이다. 두 번의 실험으로 컵의 색깔이 분명 사람들의 커피 맛을 느끼는데 영향을 준다는 것을 밝혔으므로 이 글의 주제는 컵의 색은 커피 맛에 영향을 끼친다이다.

5-8.

　　飞机即将起飞时，有位乘客突然觉得胃不舒服，所以她请求空姐给她倒一杯水，她想吃药。空姐微笑着对这位乘客说："女士您好，我知道您现在很不舒服，我可以理解您，但现在飞机即将起飞，为了您的安全请稍等片刻，**5** 等飞机进入平稳飞行状态后，我会马上给您送过来。"

　　十多分钟后，飞机早已平稳。这时，空姐突然想起来刚才有位乘客需要一杯水。她用双手端着一杯白开水来到客舱，小心翼翼地将水送到那位乘客面前，微笑着说："女士，真的非常抱歉，由于我的疏忽，耽误您吃药了。"乘客非常生气地说："你看看，现在几点了？你们就是这样为乘客服务的？"

　　在接下来的五个小时的飞行中，**6** 空姐为了表示歉意，每次去客舱服务时，都会特意走到那位乘客面前，面带微笑询问她是否需要帮助。可是，那位乘客每次都装没听见，面无表情地闭着眼睛，不理会空姐。快到目的地时，那位乘客跟空姐要留言本。很显然，她要投诉这名空姐。此时，空姐可能会感到委屈，但她仍然微笑着说道："女士，我再次向您表达深深的歉意，请您接受我的道歉。无论您有什么意见，请一一写下来，我都会欣然接受！"那位乘客听完空姐的话以后，似乎想说什么，但没开口，她接过留言本后便拿起笔写了起来。

　　飞机安全着陆后，乘客们陆续下飞机了。空姐紧张地翻开了那位乘客写的留言本，她感到很吃惊。**7** 因为那位乘客写的不是投诉信，而是表扬信。信中写道：**8** "在整个飞行中，您的十三次微笑深深地打动了我，让我感受到了你的真诚，使我最终决定将投诉信改成表扬信。以后如果有机会，我还会乘坐你的这个班机。"

비행기가 막 이륙할 때, 어떤 승객이 갑자기 위가 불편함을 느껴 약을 먹으려고 스튜어디스에게 물을 한 잔 달라고' 요청했다. 스튜어디스는 미소를 지으며 이 승객에게 말했다. "안녕하세요. 부인께서 지금 많이 불편하신 것은 잘 알겠지만 비행기가 곧 이륙하니, 부인의 안전을 위해 잠시 기다려주십시오. **5** 비행기가 안정적인 비행 상태에 들어 간 후에 바로 가져다 드리겠습니다."

10여 분이 지난 후 비행기는 안정되었다. 이 때, 스튜어디스는 갑자기 방금 전 한 승객이 물 한 잔을 달라고 한 것이 떠올랐다. 그녀는 두 손으로 끓인 물 한 잔을 들고 객실로 가서 조심스럽게 그 승객에게 가져다 드리며 미소를 띠우고 말했다. "부인, 정말 대단히 죄송합니다. 제 부주의로 약 드실 시간이 지체되었습니다." 그러자 승객이 굉장히 화를 내며 말했다. "이봐요, 지금이 몇 시예요? 당신들은 승객들한테 서비스를 이렇게 합니까?"

이어진 5시간의 비행 동안, **6** 스튜어디스는 미안한 마음을 표시하기 위해 객실에 와서 서비스를 할 때 마다 특별히 그 손님에게로 가서 미소 띤 얼굴로 그녀에게 도움이 필요하지는 않은지 물었다. 그러나 그 승객은 매번 못 들은 척 하며 무표정으로 눈을 감은 채 스튜어디스를 무시하였다. 목적지가 얼마 남지 않았을 때, 그 승객은 스튜어디스에게 메모지를 달라고 했다. 그녀가 이 스튜어디스에게 민원을 제기할 것이 분명했다. 이 때 스튜어디스는 억울할 수도 있었지만, 그녀는 여전히 미소를 띠며 말했다. "부인, 다시 한 번 깊은 사과의 뜻을 전합니다. 저의 사과를 받아 주십시오. 당신의 어떤 의견이든지 모두 적어주시면, 제가 모두 기꺼이 받아들이겠습니다!" 그 승객은 스튜어디스의 말을 다 듣고는 뭔가 말하려 했으나 입을 열지 않고, 메모지를 받아 펜을 들고 쓰기 시작했다.

비행기가 안전하게 착륙한 후, 승객들이 끊임없이 내렸다. 스튜어디스는 긴장하며 그 승객이 남긴 메모지를 펼치고는 매우 놀랐다. **7** 왜냐하면 그 승객이 쓴 것은 불만을 제기한 것이 아니라, 칭찬의 글이었기 때문이다. 편지에는 이렇게 적혀있었다. **8** "전체 비행 동안 당신의 13번의 미소가 나를 깊이 감동시켰고, 당신의 진심을 느끼게 하였으며, 결국 불만을 칭찬으로 바꾸게 하였습니다. 이후 기회가 있다면 나는 또 이 항공편을 탈 것입니다."

白开水 báikāishuǐ 몡 끓인 물
客舱 kècāng 몡 객실
小心翼翼 xiǎoxīnyìyì 솅 매우 조심스럽다
抱歉 bào qiàn 동 미안해하다
疏忽 shūhu 혱 부주의하다
耽误 dānwu 동 일을 그르치다 ★
生气 shēng qì 동 화내다
表示 biǎoshì 동 나타내다
歉意 qiànyì 혱 미안한 마음
特意 tèyì 분 특별히
询问 xúnwèn 동 알아보다 ★
是否 shìfǒu 분 ~인지 아닌지
目的地 mùdìdì 몡 목적지
显然 xiǎnrán 혱 명백하다 ★
投诉 tóusù 동 고발하다, 신고하다 ★
委屈 wěiqu 혱 억울하다 ★
仍然 réngrán 분 변함없이
表达 biǎodá 동 나타내다 ★
欣然 xīnrán 분 흔쾌히
接受 jiēshòu 동 받아들이다
似乎 sìhū 분 마치 ★
着陆 zhuólù 동 착륙하다
陆续 lùxù 분 끊임없이 ★
紧张 jǐnzhāng 혱 긴장하다
吃惊 chī jīng 동 놀라다
微笑 wēixiào 몡 미소 동 미소짓다
真诚 zhēnchéng 혱 진실하다
决定 juédìng 동 결정하다

5

空姐本来答应什么时候给那位乘客送水?

A 乘客用餐时　　　　　　B 飞机平稳飞行后
C 飞机降落后　　　　　　D 半个小时后

스튜어디스는 원래 그 승객에게 언제 물을 가져다 주기로 하였는가?

A 승객이 식사할 때　　　　　　B 비행기가 안정적으로 비행한 후
C 비행기 착륙 후　　　　　　　D 30분 후

보기 어휘

答应 dāying 동 응하다,
접수하다 ★
送水 sòng shuǐ 동 물을 가져다
주다
用餐 yòngcān 동 식사를 하다
降落 jiàngluò 동 착륙하다

정답 B

해설 스튜어디스는 원래 언제 물을 갖다 주기로 하였는지 묻는 문제로 지문의 첫 번째 단락에 스튜어디스는 승객에게 비행기가 안정적인 비행 상태에 들어 간 후 물을 가져다 주기로 했다고 언급했다. 따라서 정답은 B이다.

6

在飞行途中,空姐是如何向那位乘客表达歉意的?

A 给她被子　　　　　　B 不时询问她的需求
C 给她调整座位　　　　D 送她当地的纪念品

비행 도중에 스튜어디스는 어떻게 그 승객에게 미안함을 표시하였는가?

A 그녀에게 이불을 주었다　　　　　　B 수시로 그녀에게 필요한 것을 물었다
C 그녀에게 자리를 조정해 주었다　　　D 그녀에게 현지의 기념품을 주었다

보기 어휘

途中 túzhōng 명 도중
调整 tiáozhěng 동 조정하다 ★
纪念品 jìniànpǐn 명 기념품

정답 B

해설 비행 도중에 스튜어디스는 어떻게 그 승객에게 미안함을 표시하였는지 묻는 문제로 수시로 그 승객에게 필요한 것을 물었다고 했다. 따라서 정답은 B이다.

7

根据第四段,空姐为什么感到惊讶?

A 乘客要求赔偿　　　　　　B 乘客向她道歉了
C 乘客写的是表扬信　　　　D 留言本找不到了

네 번째 단락에 근거하여, 스튜어디스는 왜 놀랐는가?

A 승객이 배상을 요구해서　　　　　　B 승객이 그녀에게 사과해서
C 승객이 쓴 것이 칭찬글이라서　　　　D 메모지를 찾지 못해서

보기 어휘

惊讶 jīngyà 형 의아스럽다,
놀랍다
赔偿 péicháng 동 배상하다 ★

정답 C

해설 네 번째 단락에서 스튜어디스가 놀란 이유를 묻는 문제이다. 불만 신고가 아닌 칭찬의 글인 것을 보고 스튜어디스는 놀랐다고 했으므로 정답은 C이다.

8

最适合做上文标题的是：

A 空姐的任务

B 粗心的乘客

C 有趣的辩论

D 真诚的微笑

윗글의 제목으로 가장 적합한 것은:

A 스튜어디스의 임무

B 부주의한 승객

C 재미있는 토론

D 진실된 미소

보기 어휘

粗心 cūxīn 형 부주의하다, 세심하지 못하다

有趣 yǒuqù 형 재미있다

辩论 biànlùn 동 토론하다 ⭐

정답 D

해설 이 글의 제목을 묻는 문제이다. 지문의 마지막 단락에 스튜어디스의 미소로 승객의 마음이 풀렸다는 내용이므로 '진실된 미소'가 이 글의 제목으로 적당하다.

9-12.

9 以前有很多乘客抱怨等待行李的时间太长了。机场的工作人员常常为此感到头疼。

为了解决这个问题，有些机场在搬运行李的部门增派了更多的人员，将乘客等待行李的时间缩短到了8分钟。工作人员原本以为乘客的抱怨会大大减少，但令他们感到意外的是，乘客抱怨的情况几乎没有得到改善。

机场不得不求助一位管理学方面的专家。管理学家来到机场经过几次调查后发现，乘客取行李的时间主要有两个部分：一是走到行李提取处的时间；二是等待取行李的时间。乘客走到行李提取处大约只需要1分钟，但等待取行李需要7分钟。等待的时间确实是太长了。

管理学家根据调查的结果制定了一个解决方案：重新调整机舱出口到行李提取处的距离，也就是说把这段距离拉远一点儿。**10** 这样一来，乘客走到提取行李处的时间增加了，大概比之前多走5分钟，乘客等待行李的时间减少了，大约只需要2分钟就能拿到自己的行李。

11 部分机场实施这个方案后便取得了<u>立竿见影</u>的效果。乘客的抱怨和投诉比以前少很多。虽然乘客取行李的总时间还是和原来一样，新方案只是将乘客走到行李提取处的时间和等待行李的时间进行了调整。**12** 不过这个调整减少了乘客的心理时间，因为这样调整后乘客花在路上的时间多于等待的时间，对乘客来说走路会比站着等待过得快点儿，因此抱怨自然减少了。

지문 어휘

抱怨 bàoyuàn 동 원망하다 ⭐

等待 děngdài 동 기다리다 ⭐

搬运 bānyùn 동 운송하다

缩短 suōduǎn 동 단축하다 ⭐

改善 gǎishàn 동 개선하다 ⭐

求助 qiú zhù 동 도움을 청하다

专家 zhuānjiā 형 전문가 ⭐

调查 diàochá 동 조사하다

提取处 tíqǔchù 명 수령처

确实 quèshí 형 확실하다

调整 tiáozhěng 동 조정하다 ⭐

机舱 jīcāng 명 기내

距离 jùlí 명 거리, 간격

提取 tíqǔ 동 찾다

实施 shíshī 동 실시하다

立竿见影 lìgānjiànyǐng 성 효과가 빠르다

投诉 tóusù 동 호소하다

9 예전에 많은 승객들은 여행 짐을 기다리는 시간이 너무 길다는 것에 불만을 가졌고, **공항 직원들은 늘 이것 때문에 골치가 아팠다.**

이 문제를 해결하기 위해 일부 공항은 짐을 운반하는 부서의 인원을 추가로 파견하여, 승객들이 짐을 기다리는 시간을 8분으로 단축시켰다. 근무 직원들은 당초 승객들의 불만이 크게 감소할 것으로 생각했으나, 의외로 승객들의 불만 상황은 거의 개선된 것이 없었다.

공항은 어쩔 수 없이 관리학 분야의 한 전문가에게 도움을 청했다. 관리학자는 공항에 가서 몇 번의 조사를 거친 후, 승객들이 짐을 기다리는 시간이 크게 두 부분으로 나뉘는 것을 발견했다. 첫째는 짐 수령처에 가는 시간이고 둘째는 짐을 수령하는 것을 기다리는 시간이었다. 승객들이 짐 수령처에 가는 시간은 대략 1분인 반면에, 짐을 기다리는 시간은 7분이 소요되어 기다리는 시간이 확실히 지나치게 길었다.

관리학자는 조사 결과에 근거해 한 해결 방안을 마련했다. 바로 기내 출구에서 짐 수령처까지의 거리를 다시 조정하는 것으로, 다시 말하면 이 거리를 좀 더 멀게 하는 것이다. **10** 이렇게 하면, 승객들이 짐 수령처로 가는 시간이 늘어나, 전보다 약 5분을 더 이동해야 하고, 짐을 기다리는 시간이 감소하게 되어 대략 2분이면 자신의 짐을 가져갈 수 있게 되는 것이다.

11 일부 공항은 이 방안을 실시한 후 <u>즉시 효과</u>를 거두었고 승객들의 불만과 불평이 이전보다 훨씬 줄었다. 비록 승객들이 짐을 찾는 총 시간은 여전히 원래와 같고, 새로운 방안은 승객들이 짐 수령 처로 가는 시간과 짐을 기다리는 시간을 재조정한 것뿐이지만, **12** 이 조정은 승객들의 심리적인 시간을 감소시켰다. 왜냐하면 이러한 조정 후에 승객들은 길에서 소비하는 시간이 대기하는 시간보다 길어져서, 승객들의 입장에서 보면 걷는 것이 서서 기다리는 것 보다 시간이 조금 빨리 지나기 때문에 불만이 자연스럽게 감소하게 된 것이다.

乘客为什么经常抱怨?

A 取行李时要等很长时间　　B 航班经常延误
C 行李无故丢失　　D 机场服务不周到

승객들은 왜 자주 불만을 가졌는가?

A 짐을 찾을 때 너무 오래 걸려서　　B 항공편이 늘 연착되어서
C 짐이 이유 없이 분실되어서　　D 공항의 서비스가 세심하지 못해서

보기 어휘

延误 yánwù 통 지체하다
无故 wúgù 부 이유 없이
丢失 diūshī 통 분실하다, 잃다
周到 zhōudào 형 세심하다 ★

정답　A

해설　승객들이 왜 자주 불만을 가졌는지에 대해 묻는 문제이다. 많은 승객들은 여행 짐을 기다리는 시간이 너무 길다는 것에 불만을 가졌다고 언급했으므로 정답은 A이다.

关于管理学家所提出的方案，可以知道：

A 增加了乘客走路的时间　　B 被乘客否定了
C 简化了取行李的手续　　D 需要招聘更多的行李员

관리학자가 마련한 방안에 관하여 알 수 있는 것은:

A 승객이 걷는 시간을 늘렸다　　B 승객에게 부정당했다
C 짐 수령 수속을 간소화했다　　D 수하물 직원을 더 많이 채용해야 했다

보기 어휘

简化 jiǎnhuà 통 간소화하다
手续 shǒuxù 명 수속 ★

해설 관리학자가 마련한 방안에 관해서 무엇을 알 수 있는지 묻는 문제이다. 지문 세 번째 단락에 기내 출구에서 짐 수령처까지의 거리를 다시 조정하여 걷는 시간을 더 길게 했다고 했으므로 정답은 A이다.

11

文中画线部分的意思最有可能是:

A 机场很快运用了新方法 B 自相矛盾的意思
C 立刻产生明显的成效 D 传播范围非常小

글 가운데 밑줄 친 부분이 의미하는 것으로 가장 가능성이 높은 것은:

A 공항은 빠르게 새로운 방법을 활용했다 B 스스로 모순에 빠진다는 의미이다
C 즉각 뚜렷한 효과가 나타났다 D 전파 범위가 매우 작다

보기 어휘

自相矛盾 zìxiāngmáodùn
⟮성⟯ 스스로 모순에 빠지다

立刻 lìkè ⟮부⟯ 곧 ★
产生 chǎnshēng
⟮동⟯ 나타나다 ★
明显 míngxiǎn ⟮형⟯ 뚜렷하다 ★
成效 chéngxiào ⟮명⟯ 효과
传播 chuánbō ⟮동⟯ 전파하다 ★
范围 fànwéi ⟮명⟯ 범위 ★

정답 C

해설 '立竿见影'의 의미를 묻는 문제이다. 승객들의 불만과 불평이 이전보다 훨씬 줄었다는 것을 통해 즉각적인 효과가 있었음을 알 수 있다. 따라서 정답은 C이다.

12

最适合做上文标题的是:

A 8分钟的分配 B 乘客的疑问
C 机场的服务 D 管理学家的烦恼

윗글의 제목으로 가장 적합한 것은:

A 8분의 분배 B 승객의 의문
C 공항의 서비스 D 관리학자의 고민

보기 어휘

分配 fēnpèi ⟮동⟯ 분배하다 ★
疑问 yíwèn ⟮명⟯ 의문 ★
烦恼 fánnǎo ⟮명⟯ 번뇌, 고민
⟮형⟯ 번뇌하다

정답 A

해설 이 글의 제목을 묻는 문제이다. 지문 마지막 단락에 8분이라는 같은 시간을 재조정함으로써 승객들의 불만이 자연스럽게 감소하게 된 것이라고 했으므로 정답은 A이다.

쓰기 **실전 테스트**

공략비법 01 중국어의 기본 어순

본서 p. 247

1

| 将于下个月 | 召开 | 中旬 | 年终会 |

보기 어휘
将 jiāng 🄫 장차, 곧, ∼일 것이다
于 yú 🄪 ∼에, ∼에게
召开 zhàokāi 🄬 열다 ⭐
中旬 zhōngxún 🄭 중순 ⭐
年终会 niánzhōnghuì
🄭 연말 모임

해설 **Step 1** 술어를 찾는다.

| 술어 |
| 召开 |

Step 2 부사어는 술어 앞에 놓으며, 시간의 순서는 큰 범위에서 작은 범위 순으로 나열된다.

| 부사어(부사 + 개사구) | 술어 |
| 将于下个月 I 中旬 | 召开 |

Step 3 주어는 문장 맨 앞에 놓인다.

| 주어 | 부사어(부사 + 개사구) | 술어 |
| 年终会 | 将于下个月 I 中旬 | 召开 |

정답 年终会将于下个月中旬召开。

해석 연말 모임은 장차 다음 달 중순에 열릴 예정입니다.

2

| 完善 | 学校正在 | 教学设施 | 逐步 |

보기 어휘
完善 wánshàn
🄬 완벽하게 하다 ⭐
设施 shèshī 🄭 시설
逐步 zhúbù 🄫 조금씩,
한 걸음씩 ⭐

해설 **Step 1** 술어를 찾는다.

| 술어 |
| 完善 |

Step 2 부사인 正在와 逐步는 술어 앞에 놓는다. 正在 앞의 学校는 주어이다.

| 주어 | 부사어 | 술어 |
| 学校 | 正在 I 逐步 | 完善 |

Step 3 남은 어휘 教学设施는 목적어로 술어 뒤에 놓는다.

| 주어 | 부사어 | 술어 | 목적어 |
| 学校 | 正在 I 逐步 | 完善 | 教学设施 |

学校正在逐步完善教学设施。

학교는 교육 시설을 조금씩 개선하고 있다.

3

一份	她	购买了	意外保险

보기 어휘

份 fèn 양 (문서 세는 단위) 부, 통
购买 gòumǎi 통 구매하다
意外保险 yìwài bǎoxiǎn
양 상해보험, 재해보험

해설 **Step 1** 술어를 찾는다. [술어+了] 형태의 购买了를 술어 자리에 놓는다.

술어
购买 ㅣ 了

Step 2 一份은 수량사로 명사 意外保险(상해보험) 앞에 쓰이며 购买了의 목적어가 된다.

술어	목적어
购买 ㅣ 了	一份 ㅣ 意外保险

Step 3 남는 어휘는 주어 자리에 배치한다.

주어	술어	목적어
她	购买 ㅣ 了	一份 ㅣ 意外保险

정답 她购买了一份意外保险。

해석 그녀는 하나의 상해보험에 가입했다.

4

应该	全面保护	名胜古迹	受到

보기 어휘

全面 quánmiàn 형 전면적이다,
전반적이다 ⭐
保护 bǎohù 통 보호하다
名胜古迹 míngshèng gǔjì
명 명승고적 ⭐

해설 **Step 1** 술어를 찾는다.

술어
受到

Step 2 조동사 应该는 부사어로 술어 앞에 위치된다.

부사어	술어
应该	受到

Step 3 주어는 문장 맨 앞, 목적어는 술어 뒤에 놓인다.

주어	부사어	술어	목적어
名胜古迹	应该	受到	全面保护

정답 名胜古迹应该受到全面保护。

해석 명승고적은 전면적인 보호를 받아야 한다.

5

| 她们 | 款式 | 优缺点 | 设计的 | 都有 |

보기 어휘

款式 kuǎnshì 명 스타일
优缺点 yōuquēdiǎn 명 장단점
设计 shèjì 동 디자인하다 ⭐

해설 **Step 1** 술어를 찾는다. [부사어+술어] 형태의 **都有**를 술어 자리에 놓는다.

술어
都 ǀ 有

Step 2 **设计的**는 관형어로 명사 **款式**(스타일) 앞에 쓰인다. **款式**는 주어이다.

관형어	주어
设计的	款式

Step 3 의미상 디자인을 한 주체자는 사람인 **她们**으로 **设计的** 앞에 배치하며 관형어 자리에 놓는다. 이 문장의 전체 주어는 **款式**이며, **她们设计的**는 관형어이다.

관형어	주어
她们 ǀ 设计的	款式

Step 4 남은 어휘 **优缺点**은 목적어 자리에 배치한다.

관형어	주어	부사어	술어	목적어
她们 ǀ 设计的	款式	都	有	优缺点

정답 她们设计的款式都有优缺点。

해석 그녀들이 디자인한 스타일은 모두 장단점이 있다.

공략비법 **02** 다양한 술어문

본서 p. 253

1

| 北极 | 恶劣 | 极其 | 气候条件 |

보기 어휘

北极 běijí 명 북극
恶劣 èliè 형 열악하다 ⭐
极其 jíqí 부 굉장히, 아주 ⭐

해설 **Step 1** 술어를 찾는다.

술어
恶劣

Step 2 정도부사 **极其**는 형용사 **恶劣** 앞에 놓인다.

부사어	술어
极其	恶劣

Step 3 전체 문장의 주어는 北极(북극)이고 气候条件(기후 조건)은 술어 속의 주어이며, 이 문장은 주술 술어문이다.

주어	술어[주어+(부사어)+술어]
北极	气候条件 | 极其 | 恶劣

정답 北极气候条件极其恶劣。

해석 북극은 기후 조건이 굉장히 열악하다.

2

舅舅	地道	做的麻婆豆腐	很

보기 어휘

舅舅 jiùjiu 명 외삼촌 ★
地道 dìdao 형 정통이다 ★
麻婆豆腐 mápó dòufu
명 마파두부

해설

Step 1 술어를 찾는다.

술어
地道

Step 2 정도부사 很은 형용사 地道 앞에 놓는다. 이 문장은 형용사 술어문으로 목적어를 가질 수 없다.

부사어	술어
很	地道

Step 3 做的麻婆豆腐에서 做的는 관형어이며, 麻婆豆腐(마파두부)는 주어로 부사어 앞에 배치한다.

관형어 + 주어	부사어	술어
做的 | 麻婆豆腐	很	地道

Step 4 남은 어휘 舅舅(외삼촌)는 마파두부를 만든 주체로 做的 앞에 쓰이며 관형어 역할을 한다.

관형어	주어	부사어	술어
舅舅 | 做的	麻婆豆腐	很	地道

정답 舅舅做的麻婆豆腐很地道。

해석 외삼촌이 만든 마파두부는 정통적인 맛이다.

3

竞争	这三家报社	很	激烈

보기 어휘

竞争 jìngzhēng 명 경쟁
报社 bàoshè 명 신문사 ★
激烈 jīliè 형 치열하다, 격렬하다 ★

해설

Step 1 술어를 찾는다.

술어
激烈

Step 2 정도부사 很은 형용사 激烈 앞에 놓인다.

부사어	술어
很	激烈

Step 3 激烈(치열하다)의 직접적인 주어는 竞争이다.

주어	부사어 + 술어
竞争	很 ㅣ 激烈

Step 4 전체 문장의 주어는 这三家报社이고 竞争很激烈는 술어이다.

주어	술어[주어+(부사어)+술어]
这三家报社	竞争 ㅣ 很 ㅣ 激烈

정답 这三家报社竞争很激烈。

해석 이 세 신문사는 경쟁이 매우 치열하다.

④

这些照片	拍摄角度	极其好	的

보기 어휘

照片 zhàopiàn 몡 사진
拍摄角度 pāishè jiǎodù
촬영 각도
极其 jíqí 閉 매우, 아주 ⭐

해설 **Step 1** 술어를 찾는다. [부사어+술어] 형태의 极其好를 술어 자리에 놓는다.

술어
极其 ㅣ 好

Step 2 好는 형용사 술어로 목적어를 가질 수 없다. 따라서 남은 어휘는 [관형어+주어]의 어순에 맞춰 부사어 极其 앞에 배치한다.

관형어	주어	부사어	술어
这些照片 ㅣ 的	拍摄角度	极其	好

정답 这些照片的拍摄角度极其好。

해석 이 사진들의 촬영 각도가 매우 좋다.

⑤

装修技术	熟练	非常	那位工人的

보기 어휘

装修技术 zhuāngxiū jìshù
인테리어 기술
熟练 shúliàn 혱 숙련되다,
능숙하다 ⭐
工人 gōngrén 몡 작업자,
근로자 ⭐

해설 **Step 1** 술어를 찾는다.

술어
熟练

Step 2 정도부사 非常은 형용사 熟练 앞에 놓는다. 이 문장은 형용사 술어문으로 목적어를 가질 수 없다.

부사어	술어
非常	熟练

Step 3 남은 어휘 가운데 주어는 装修技术(인테리어 기술)이며, 那位工人的는 관형어로 주어 앞에 배치한다.

관형어	주어	부사어	술어
那位工人的	装修技术	非常	熟练

정답 那位工人的装修技术非常熟练。

해석 그 작업자의 인테리어 기술은 아주 숙련되어 있다.

공략비법 03 是술어문과 관형어

1

| 学问 | 如何管理 | 一门 | 是 | 自己的时间 |

보기 어휘
学问 xuéwen 몡 학문, 지식 ⭐
如何 rúhé 때 어떻게, 왜 ⭐
管理 guǎnlǐ 동 관리하다

[해설] Step 1 술어를 찾는다.

| 술어 |
| 是 |

Step 2 보기 가운데 管理와 时间은 '시간을 관리하다'라는 호응 어휘로 두 어휘를 차례대로 연결한다. 구조조사 的를 기준으로 如何管理自己的는 관형어이며, 时间은 주어이다.

| 관형어 + 주어 | 술어 |
| 如何管理 ㅣ 自己的时间 | 是 |

Step 3 남은 어휘 가운데 명사 学问(학문)은 목적어 자리에 배치하고, 수량사 一门은 목적어 学问을 꾸며주는 관형어로 목적어 앞에 놓는다.

| 관형어 | 주어 | 술어 | 관형어 | 목적어 |
| 如何管理自己的 | 时间 | 是 | 一门 | 学问 |

[정답] 如何管理自己的时间是一门学问。

[해석] 어떻게 자신의 시간을 관리할 것인가는 하나의 학문(지식)이다.

2

| 最小的 | 那是 | 面积 | 岛屿 | 中国 |

보기 어휘
面积 miànjī 몡 면적 ⭐
岛屿 dǎoyǔ 몡 섬 ⭐

[해설] Step 1 술어를 찾는다. 보기에 [지시대명사+동사] 형태의 那是를 술어 자리에 놓는다.

| 술어 |
| 那 ㅣ 是 |

Step 2 지시대명사 那는 이 문장의 주어이며, 목적어는 명사 岛屿(섬)로 술어 뒤에 배치한다.

| 주어 | 술어 | 목적어 |
| 那 | 是 | 岛屿 |

Step 3 보기의 남은 어휘들을 관형어 배열 어순에 따라 [소유격 명사+구조조사 的]의 순으로 만들어 목적어 앞 관형어 자리에 배치한다.

| 주어 | 술어 | 관형어 | 목적어 |
| 那 | 是 | 中国 ㅣ 面积 ㅣ 最小的 | 岛屿 |

[정답] 那是中国面积最小的岛屿。

[해석] 그곳은 중국에서 면적이 가장 작은 섬이다.

3

发明	十分古老的	造纸术	是	一项

보기 어휘

发明 fāmíng 명 발명
통 발명하다 ⭐
古老 gǔlǎo 형 오래되다
造纸术 zàozhǐshù
명 종이 제작 기술
项 xiàng 양 항목, 조항, 단위 ⭐

해설 **Step 1** 술어를 찾는다.

술어
是

Step 2 보기 가운데 구체적이고 확정적인 造纸术(종이 제작 기술)를 주어 자리에 놓는다.

주어	술어
造纸术	是

Step 3 보기의 남은 어휘들을 관형어 배열 어순에 따라 [수량사+형용사구+구조조사 的]의 순으로 만들어 목적어 发明 앞 관형어 자리에 배치한다.

주어	술어	관형어	목적어
造纸术	是	一项 ㅣ 十分古老的	发明

정답 造纸术是一项十分古老的发明。

해석 종이 제작 기술은 굉장히 오래전 발명한 기술이다.

4

最大的	动物	海洋中	是	鲸鱼

보기 어휘

动物 dòngwù 명 동물
海洋 hǎiyáng 명 해양, 바다
鲸鱼 jīngyú 명 고래

해설 **Step 1** 술어를 찾는다.

술어
是

Step 2 보기 가운데 구체적이고 확정적인 鲸鱼(고래)를 주어 자리에 놓는다.

주어	술어
鲸鱼	是

Step 3 보기의 남은 어휘들을 관형어 배열 어순에 따라 배열한다. 의미상 범위가 더 넓은 海洋中을 먼저 배치한 후 最大的를 연결해 목적어인 명사 动物(동물) 앞에 배치한다.

주어	술어	관형어	목적어
鲸鱼	是	海洋中 ㅣ 最大的	动物

정답 鲸鱼是海洋中最大的动物。

해석 고래는 바다에서 가장 큰 동물이다.

之一	他是	球星	我采访过的

보기 어휘

球星 qiúxīng 명 스포츠 스타

采访 cǎifǎng 동 인터뷰하다 ⭐

해설 **Step 1** 술어를 찾는다. 보기에 [인칭대명사+동사] 형태의 他是를 술어 자리에 놓는다.

술어
他ㅣ是

Step 2 보기 가운데 목적어 자리에 올 수 있는 명사는 球星(스포츠 스타)이다.

주어	술어	목적어
他	是	球星

Step 3 남은 어휘 가운데 [인칭대명사+동사구+구조조사 的]의 순으로 쓰인 我采访过的를 목적어 球星 앞에 배치한다. 之一는 '~중 하나'라는 뜻으로 목적어인 球星 뒤에 붙여 쓴다.

주어	술어	관형어	목적어	之一
他	是	我采访过的	球星	之一

정답 他是我采访过的球星之一。

해석 그는 내가 인터뷰 한 적이 있는 스포츠 스타 중 한 명이다.

공략비법 04 정도보어와 결과보어

본서 p. 264

放到	里	生活用品	都	那个柜子

보기 어휘

用品 yòngpǐn 명 용품

柜子 guìzi 명 캐비닛, 장롱

해설 **Step 1** 술어를 찾는다. [술어+결과보어 到] 형태의 放到를 술어 자리에 놓는다.

술어
放ㅣ到

Step 2 동사 술어 뒤에 놓이는 결과보어 到는 뒤에 장소명사나 시간명사 등이 연결되어야 한다. 따라서 보기의 那个柜子에 방위사 里를 연결해 술어 뒤에 놓는다.

술어 + 결과보어 到	목적어
放ㅣ到	那个柜子里

Step 3 남은 어휘 가운데 都는 부사어로 술어 앞에 배치하고, 生活用品(생활용품)은 주어 자리에 놓는다.

주어	부사어	술어	결과보어(개사구)
生活用品	都	放	到ㅣ那个柜子里

生活用品都放到那个柜子里。

생활 용품을 모두 그 캐비닛 안에 두었다.

2

相当　　那位嘉宾　　大方　　表现得

보기 어휘

相当 xiāngdāng 🔵 상당히 ⭐

嘉宾 jiābīn 🔵 귀빈 ⭐

大方 dàfang 🔵 대범하다, 시원시원하다 ⭐

表现 biǎoxiàn 🔵 나타내다, 표현하다 ⭐

해설 **Step 1** 술어를 찾는다. [술어+得] 형태의 表现得를 술어 자리에 놓는다.

술어
表现 ㅣ 得

Step 2 정도보어의 어순에 따라 [술어+得+정도부사+형용사]에 맞춰 배열한다.

술어	정도보어(정도부사+형용사)
表现 ㅣ 得	相当 ㅣ 大方

Step 3 남은 어휘는 주어 자리에 배치한다.

주어	술어	정도보어(정도부사+형용사)
那位嘉宾	表现 ㅣ 得	相当 ㅣ 大方

정답 那位嘉宾表现得相当大方。

해석 그 귀빈은 상당히 대범한 모습을 보였다.

3

呆在　　卧室里　　他这一整天　　都

보기 어휘

呆 dāi 🔵 머무르다 ⭐

卧室 wòshì 🔵 침실 ⭐

해설 **Step 1** 술어를 찾는다. [동사+개사] 형태의 呆在를 술어 자리에 놓는다.

술어
呆 ㅣ 在

Step 2 동사 뒤에 놓인 개사 在는 개사구 결과보어 형태로 在 뒤에 장소명사나 시간명사를 써야 한다. 보기 가운데 장소명사 卧室里를 在와 연결해 술어 뒤에 배치한다.

술어	결과보어(개사구)
呆	在 ㅣ 卧室里

Step 3 남은 어휘 가운데 都는 부사어로 술어 앞에 배치하고 他这一整天은 주어 자리에 놓는다.

주어	부사어	술어	결과보어(개사구)
他这一整天	都	呆	在 ㅣ 卧室里

정답 他这一整天都呆在卧室里。

해석 그는 하루 종일 침실에 틀어박혀 있다.

4

激动　　大声叫喊　　得　　球迷们

보기 어휘

激动 jīdòng
형 흥분하다, 감동하다
叫喊 jiàohǎn
동 외치다, 고래고래 소리치다
球迷 qiúmí 명 구기팬(축구·야구
등 구기종목의 팬) ⭐

해설

Step 1 술어를 찾는다.

술어
激动

Step 2 보기에 구조조사 得가 있는 것으로 보아 정도보어 어순에 따라 [술어+得+정도부사+구/절]에 맞춰 배열한다.

술어	得	정도보어(구/절)
激动	得	大声叫喊

Step 3 球迷们은 문장 맨 앞 주어 자리에 놓는다.

주어	술어	得	정도보어(구/절)
球迷们	激动	得	大声叫喊

정답 球迷们激动得大声叫喊。

해석 구기 종목의 팬들은 흥분해서 큰 소리로 외쳤다.

5

这批　　发　　工厂　　原料　　往

보기 어휘

批 pī 명 무더기 ⭐
工厂 gōngchǎng 명 공장 ⭐
原料 yuánliào 명 원료 ⭐

해설

Step 1 술어를 찾는다.

술어
发

Step 2 동사 뒤에 개사 往을 배치해 개사구 결과보어 형태로 만들어야 한다. 往 뒤에는 장소나 방향을 뜻하는 명사가 올 수 있으므로 장소명사인 工厂을 往 뒤에 배치한다.

술어	결과보어(개사구)
发	往 ㅣ 工厂

Step 3 보기의 남은 어휘 가운데 명사 原料(원료)는 주어 자리에 놓고 这批는 주어를 꾸며주는 관형어이므로 주어 앞에 배치한다.

관형어	주어	술어	결과보어(개사구)
这批	原料	发	往 ㅣ 工厂

정답 这批原料发往工厂。

해석 이 원료 한 무더기는 공장으로 보내진다.

공략 비법 05 존현문

| 电脑屏幕 | 输入错误 | 显示密码 | 上 |

보기 어휘

屏幕 píngmù 명 화면, 스크린
输入 shūrù 명 입력 ⭐
错误 cuòwù 명 오류, 실수
显示 xiǎnshì 동 보여주다 ⭐

해설 **Step 1** 술어를 찾는다. [술어+목적어] 형태의 显示密码를 술어 자리에 배치한다.

술어
显示 ㅣ 密码

Step 2 술어 显示는 출현을 뜻하므로 존현문 어순대로 배열한다. 주어 자리에 장소명사를 쓸 수 있으므로 명사 电脑屏幕와 방위사 上을 연결해 주어 자리에 배치한다.

주어	술어
电脑屏幕 ㅣ 上	显示 ㅣ 密码

Step 3 남은 어휘인 输入错误는 密码(비밀번호)와 자주 어울려 쓰는 어휘로 [密码+输入错误]의 순으로 연결해 목적어 자리에 배치한다.

주어	술어	목적어
电脑屏幕 ㅣ 上	显示	密码 ㅣ 输入错误

정답 电脑屏幕上显示密码输入错误。

해석 컴퓨터 화면에 비밀번호 입력 오류가 보여진다.

2

| 落了一层 | 灰尘 | 书桌上 | 厚厚的 |

보기 어휘

落 luò 동 떨어지다
层 céng 명 겹, 층
灰尘 huīchén 명 먼지 ⭐
书桌 shūzhuō 명 책상

해설 **Step 1** 술어를 찾는다. [술어+了+수량사] 형태의 落了一层을 술어 자리에 배치한다.

술어
落 ㅣ 了 ㅣ 一层

Step 2 술어 落는 소실을 뜻하므로 존현문 어순대로 배열한다. 주어 자리에 [장소명사+방위사]인 桌子上을 놓는다.

주어	술어
桌子上	落 ㅣ 了 ㅣ 一层

Step 3 남은 어휘 가운데 명사 灰尘(먼지)은 목적어 자리에 배치하고, 厚厚的는 목적어를 꾸며주는 관형어이므로 목적어 앞에 배치한다.

주어	술어	관형어	목적어
桌子上	落 ㅣ 了	一层 ㅣ 厚厚的	灰尘

정답 书桌上落了一层厚厚的灰尘。

해석 책상 위에 두꺼운 먼지 한 겹이 쌓였다.

130 파고다 HSK 5급

3

| 纸箱子 | 堆着 | 许多 | 墙角 |

纸箱子 zhǐxiāngzi
📦 종이 상자
堆 duī 📦 쌓이다 ⭐
许多 xǔduō 📦 매우 많다.
허다하다
墙角 qiángjiǎo 📦 담 모퉁이

해설

Step 1 술어를 찾는다. [술어+着] 형태의 堆着를 술어 자리에 배치한다.

| 술어 |
| 堆 ǀ 着 |

Step 2 보기의 墙角(담 모퉁이)는 장소명사로 주어 자리에 배치한다.

| 주어 | 술어 |
| 墙角 | 堆 ǀ 着 |

Step 3 남은 어휘 가운데 명사 纸箱子(종이 상자)는 목적어 자리에 배치하고, 형용사 许多(매우 많다)는 목적어를 꾸며주는 관형어이므로 목적어 앞에 배치한다.

| 주어 | 술어 | 관형어 | 목적어 |
| 墙角 | 堆 ǀ 着 | 许多 | 纸箱子 |

정답 墙角堆着许多纸箱子。

해석 담 모퉁이에 많은 종이 상자가 쌓여있다.

4

| 挂 | 阳台上 | 湿衣服 | 满了 |

挂 guà 📦 걸다
阳台 yángtái 📦 베란다,
발코니 ⭐
湿 shī 📦 습하다, 축축하다

해설

Step 1 술어를 찾는다.

| 술어 |
| 挂 |

Step 2 满了는 [결과보어+동태조사]로 술어 뒤에 쓰여 술어를 보충해준다.

| 술어 | 결과보어 + 동태조사 |
| 挂 | 满 ǀ 了 |

Step 3 阳台上은 장소명사로 주어 자리에 배치하고 湿衣服(축축한 옷)는 목적어 자리에 놓는다.

| 주어 | 술어 | 목적어 |
| 阳台上 | 挂 ǀ 满了 | 湿衣服 |

정답 阳台上挂满了湿衣服。

해석 베란다에 축축한 옷이 잔뜩 걸려있다.

실전 테스트
쓰기

5

风俗习惯	那个地区	一些	传统的	还保留着

보기 어휘

风俗习惯 fēngsú xíguàn
명 풍속 습관, 풍습
地区 dìqū 명 지역 ⭐
传统 chuántǒng
형 전통적이다 ⭐
保留 bǎoliú 동 남겨놓다,
그대로 보존하다 ⭐

해설 **Step 1** 술어를 찾는다. [부사어＋술어＋着] 형태의 **还保留着**를 술어 자리에
배치한다.

술어
还 | 保留 | 着

Step 2 那个地区는 장소명사로 주어 자리에 배치한다.

주어	술어
那个地区	还 | 保留 | 着

Step 3 보기 가운데 명사 风俗习惯(풍속 습관)은 목적어 자리에 배치하고 남
은 어휘는 관형어 배열 순서에 따라 [수량사＋형용사＋구조조사 的] 순
으로 연결해 목적어 앞에 놓는다.

주어	부사어	술어	관형어	목적어
那个地区	还	保留 | 着	一些 | 传统的	风俗习惯

정답 那个地区还保留着一些传统的风俗习惯。

해석 그 지역에는 아직도 전통적인 풍속 습관들이 남아 있다.

공략비법 **06 把자문**

본서 p. 274

1

阳台上	爸爸	毛巾	晒在了	把

보기 어휘

阳台 yángtái 명 베란다,
발코니 ⭐
毛巾 máojīn 명 수건, 타월
晒 shài 동 햇볕을 쬐다 ⭐

해설 **Step 1** 술어를 찾는다. [술어＋결과보어] 형태인 **晒在了**를 술어 자리에 배치
한다.

술어
晒 | 在了

Step 2 보기에 把가 있는 것으로 보아 把자문 어순으로 배열한다. [把＋목적
어]의 어순대로 把毛巾을 술어 앞 목적어 자리에 놓는다.

把	목적어	술어
把	毛巾	晒 | 在了

Step 3 개사구 결과보어 형태인 **在了** 뒤에 장소명사 阳台上(베란다)을 배치
하고 사람명사인 爸爸는 주어 자리에 놓는다.

주어	把	목적어	술어	기타성분(개사구 결과보어)
爸爸	把	毛巾	晒	在了 | 阳台上

정답 爸爸把毛巾晒在了阳台上。

해석 아빠는 수건을 베란다에 말려 두었다.

2

打翻了	把	他	水杯	不小心

보기 어휘

打翻 dǎfān 동 엎지르다
水杯 shuǐbēi 명 물컵, 물잔
不小心 bù xiǎoxīn 부주의하다

해설 **Step 1** 술어를 찾는다. [술어+了] 형태의 打翻了를 술어 자리에 배치한다.

술어
打翻ㅣ了

Step 2 [把+목적어] 형태로 만들어 술어 앞에 배치한다.

把	목적어	술어
把	水杯	打翻ㅣ了

Step 3 사람명사 他는 주어 자리에 배치하고 不小心은 부사어로 把 앞에 놓는다. 把자문에서는 부사어를 개사 把 앞에 놓는 것에 주의해야 한다.

주어	부사어	把	목적어	술어
他	不小心	把	水杯	打翻ㅣ了

정답 他不小心把水杯打翻了。

해석 그는 부주의하여 물컵을 엎질렀다.

3

发给	相关文件	他已经	把	我了

보기 어휘

相关文件 xiāngguān wénjiàn
명 관련 문서

해설 **Step 1** 술어를 찾는다. [동사+개사] 형태로 쓰인 发给를 술어 자리에 놓는다.

술어
发ㅣ给

Step 2 发 뒤에 놓인 개사 给는 개사구 결과보어 형태로 给 뒤에 대상을 써야 한다. 보기의 我了를 술어 뒤에 배치한다.

술어	기타성분(개사구 결과보어)
发	给ㅣ我了

Step 3 [把+목적어] 형태로 把와 相关文件을 연결해 목적어 자리에 배치하고 남은 어휘 他已经에서 他는 주어, 已经은 부사어로 모두 把 앞에 놓는다.

주어	부사어	把	목적어	술어	기타성분(개사구 결과보어)
他	已经	把	相关文件	发	给ㅣ我了

정답 他已经把相关文件发给我了。

해석 그는 이미 관련 문서를 나에게 보냈다.

笑了　　　逗　　　把爷爷　　　妹妹

보기 어휘

逗 dòu 동 웃기다, 놀리다 ⭐

해설　**Step 1**　술어를 찾는다.

술어
逗

Step 2　笑了는 결과보어로 동사 뒤에 놓는다.

술어	기타성분(결과보어)
逗	笑了

Step 3　주어는 妹妹이고 [把+목적어] 형태의 把爷爷는 주어와 술어 사이에 배치한다.

주어	把	목적어	술어	기타성분(결과보어)
妹妹	把	爷爷	逗	笑了

정답　妹妹把爷爷逗笑了。

해석　여동생은 할아버지를 웃게 했다.

下载到　　　将　　　硬盘里了　　　他　　　合同文件

보기 어휘

下载 xiàzài 동 다운로드하다, 내려 받다 ⭐
硬盘 yìngpán 명 하드디스크
合同文件 hétong wénjiàn 명 계약 문서

해설　**Step 1**　술어를 찾는다. [술어+결과보어] 형태인 下载到를 술어 자리에 배치한다.

술어
下载 ㅣ 到

Step 2　보기에 将이 있는 것으로 보아 把자문의 어순대로 배열해야 한다. [将+목적어]의 순으로 [将+合同文件]을 술어 앞에 배치한다.

将	목적어	술어
将	合同文件	下载 ㅣ 到

Step 3　개사구 결과보어 형태인 到 뒤에 장소명사 硬盘里了를 배치하고 他는 주어 자리에 놓는다.

주어	将	목적어	술어	기타성분(개사구 결과보어)
他	将	合同文件	下载	到 ㅣ 硬盘里了

정답　他将合同文件下载到硬盘里了。

해석　그는 계약 문서를 하드디스크에 내려 받았다.

공략 비법 07 被자문

본서 p. 279

1

| 感动了 | 主持人 | 人生经历 | 嘉宾的 | 被 |

보기 어휘

感动 gǎndòng 통 감동하다, 감격하다

主持人 zhǔchírén 명 사회자

经历 jīnglì 명 경험, 과정

嘉宾 jiābīn 명 귀빈 ⭐

해설

Step 1 술어를 찾는다. [술어+了] 형태인 感动了를 술어 자리에 배치한다.

| 술어 |
| 感动 | 了 |

Step 2 감동을 받은 대상은 사회자이므로 主持人(사회자)을 주어 자리에 놓는다.

| 주어 | 술어 |
| 主持人 | 感动 | 了 |

Step 3 남은 어휘 가운데 명사 人生经历(인생 경험)는 목적어이며 嘉宾的는 관형어로 목적어를 꾸미는 역할을 한다. 따라서 被 뒤에 嘉宾的人生经历의 순으로 연결해 주어와 술어 사이에 배치한다.

| 주어 | 被 | 관형어 | 목적어 | 술어 |
| 主持人 | 被 | 嘉宾的 | 人生经历 | 感动 | 了 |

정답 主持人被嘉宾的人生经历感动了。

해석 사회자는 귀빈의 인생 경험에 감동받았다.

2

| 被评为 | 优秀演员 | 5年 | 她连续 |

보기 어휘

评为 píngwéi 통 ～로 선정하다

优秀 yōuxiù 형 아주 뛰어나다

连续 liánxù 통 연속하다 ⭐

해설

Step 1 술어를 찾는다. [被+술어] 형태의 被评为를 술어 자리에 배치한다.

| 술어 |
| 被 | 评为 |

Step 2 被评为에서 被 뒤의 목적어는 누구인지 전혀 알 수 없어 생략된 것이며, 술어 评为 뒤에는 기타성분인 优秀演员을 배치한다.

| 被 | 술어 | 기타성분(목적어) |
| 被 | 评为 | 优秀演员 |

Step 3 남은 어휘 가운데 她는 주어이며, 连续와 5年은 부사어로 차례대로 연결해 被 앞에 배치한다.

| 주어 | 부사어 | 被 | 술어 | 기타성분(목적어) |
| 她 | 连续 | 5年 | 被 | 评为 | 优秀演员 |

정답 她连续5年被评为优秀演员。

해석 그녀는 5년 연속 우수 연기자로 선정되었다.

3

| 总裁 | 这项设计 | 被 | 了 | 否定 |

보기 어휘

总裁 zǒngcái 🅟 총재, 총수 ⭐
设计 shèjì 🅟 설계, 디자인 ⭐
否定 fǒudìng 🅥 부정하다 ⭐

해설 **Step 1** 술어를 찾는다.

술어
否定

Step 2 보기에 被가 있는 것으로 보아 被자문의 어순인 [주어+被+목적어(행위의 주체)+술어+기타성분] 순서대로 배열하면 된다. 被와 행위의 주체인 总裁(총재)를 연결해 술어 앞에 배치한다.

被	목적어	술어
被	总裁	否定

Step 3 这项设计(이 디자인)는 주어 자리에 놓고 了는 기타성분으로 술어 뒤에 배치한다.

주어	被	목적어	술어	기타성분(동태조사)
这项设计	被	总裁	否定	了

정답 这项设计被总裁否定了。

해석 이 디자인은 총재에게 거절당했다.

4

| 姑姑 | 眼前的 | 吓坏了 | 情景 | 被 |

보기 어휘

姑姑 gūgu 🅟 고모 ⭐
吓坏 xiàhuài 🅥 깜짝 놀라다
情景 qíngjǐng 🅟 광경, 모습, 장면

해설 **Step 1** 술어를 찾는다. [술어+了] 형태의 吓坏了를 술어 자리에 배치한다.

술어
吓坏 ㅣ 了

Step 2 깜짝 놀란 대상이 고모이므로 姑姑(고모)를 주어 자리에 배치한다. 술어 뒤의 了는 기타성분이다.

주어	술어	기타성분(동태조사)
姑姑	吓坏	了

Step 3 남은 어휘는 被자문 어순에 따라 [被+목적어(행위의 주체)] 순서대로 배열하면 된다. 情景은 목적어이며 眼前的는 관형어로 情景을 꾸며 주는 역할을 한다.

주어	被	관형어	목적어	술어	기타성분(동태조사)
姑姑	被	眼前的	情景	吓坏	了

정답 姑姑被眼前的情景吓坏了。

해석 고모는 눈 앞의 광경에 깜짝 놀랐다.

5

不小心	那封信	被	撕了	马编辑

보기 어휘

撕 sī ⑧ 찢다 ⭐
编辑 biānjí ⑲ 에디터, 편집자

해설 Step 1 술어를 찾는다. [술어+了] 형태의 撕了를 술어 자리에 배치한다.

술어
撕 ┃ 了

Step 2 [被+목적어(행위의 주체)] 순으로 배열해야 하므로 被와 马编辑를 차례대로 연결해 술어 앞에 배치한다.

被	목적어	술어
被	马编辑	撕 ┃ 了

Step 3 보기 가운데 주어는 那封信이며, 남은 어휘 不小心은 부주의한 행위를 한 목적어(사람) 뒤에 놓는다는 특징이 있다.

주어	被	목적어	부사어	술어	기타성분(동태조사)
那封信	被	马编辑	不小心	撕	了

정답 那封信被马编辑不小心撕了。

해석 그 편지는 마 에디터에 의해 부주의하여 찢어졌다.

공략
비법 08 비교문

본서 p. 284

1

比以前	这学期的	明显	难	博士课程

보기 어휘

明显 míngxiǎn ⑲ 분명하다, 뚜렷하다 ⭐
博士课程 bóshì kèchéng ⑲ 박사 교육 과정

해설 Step 1 제시된 어휘 가운데 比가 있으므로 비교문의 어순대로 배열한다. 비교문의 술어 자리에 올 수 있는 어휘는 难(어렵다)이다.

술어
难

Step 2 보기에 比以前이 있으므로 술어 앞에 배치한다.

比 + 비교 대상	술어
比 ┃ 以前	难

Step 3 남은 어휘 가운데 명사 博士课程(박사 교육 과정)을 주어 자리에 놓고 주어를 꾸며주는 这学期的(이번 학기의)는 주어 앞 관형어 자리에 놓는다.

관형어	주어	比	비교 대상	술어
这学期的	博士课程	比	以前	难

실전 테스트

쓰기

실전 테스트 **137**

Step 4   明显은 부사어로서 전치사인 比보다 앞에 놓인다.

관형어	주어	부사어	比	비교 대상	술어
这学期的	博士课程	明显	比	以前	难

정답 这学期的博士课程明显比以前难。

해석 이번 학기의 박사 교육 과정은 이전보다 명백히 어렵다.

2

损失	台风造成的	严重	想象的	比

보기 어휘

损失 sǔnshī 몡 손실 ⭐
台风 táifēng 몡 태풍
造成 zàochéng 통 발생시키다,
초래하다 ⭐
严重 yánzhòng 혱 심각하다
想象 xiǎngxiàng
통 상상하다 ⭐

해설

Step 1   술어를 찾는다. 보기에 比자가 제시되었으므로 比 비교문의 어순대로 배열한다.

술어
严重

Step 2   주어 자리에는 구체적인 대상이 와야 하므로 명사 损失(손실)는 주어 자리에 놓고 주어를 꾸며주는 台风造成的(태풍으로 발생한)는 주어 앞 관형어 자리에 놓는다.

관형어	주어	술어
台风造成的	损失	严重

Step 3   남은 어휘는 [比+비교 대상]의 순으로 比와 想像的를 차례대로 연결해 주어와 술어 사이에 배치한다.

관형어	주어	比	비교 대상	술어
台风造成的	损失	比	想像的	严重

정답 台风造成的损失比想象的严重。

해석 태풍으로 발생한 손실은 상상한 것보다 심각하다.

3

清淡一些	比那道菜	稍微	这道菜

보기 어휘

清淡 qīngdàn 혱 담백하다 ⭐
道 dào 양 음식을 세는 단위
稍微 shāowēi 뤼 약간, 조금

해설

Step 1   술어를 찾는다. [술어+보어] 형태의 清淡一些를 술어 자리에 배치한다. 참고로 一些는 술어 뒤에 보어로 쓰여 비교의 정도나 차이를 표현한다.

술어
清淡 ǀ 一些

Step 2   보기에 比那道菜가 있으므로 술어 앞에 배치한다.

比 + 비교 대상	술어
比 ǀ 那道菜	清淡 ǀ 一些

Step 3 남은 어휘 가운데 稍微(약간)는 정도부사로 술어 앞에 위치해 비교의 정도를 나타낼 수 있으므로 술어 앞에 배치하고 这道菜는 주어 자리에 놓는다.

주어	比	비교 대상	부사어	술어	보어(수량보어)
这道菜	比	那道菜	稍微	清淡	一些

정답 这道菜比那道菜稍微清淡一些。

해석 이 음식이 저 음식보다 약간 담백하다.

4

温暖	微笑	都	母亲的	比任何话

보기 어휘

温暖 wēnnuǎn 혭 따뜻하다
微笑 wēixiào 혭 미소
任何 rènhé 떼 어떠한, 무슨

해설 **Step 1** 술어를 찾는다.

술어
温暖

Step 2 보기에 比任何话가 있으므로 술어 앞에 놓은 후에 명사 微笑(미소)를 주어 자리에 놓고 주어를 꾸며주는 母亲的(어머니의)를 주어 앞 관형어 자리에 배치한다.

관형어	주어	比 + 비교 대상	술어
母亲的	微笑	比 ∣ 任何话	温暖

Step 3 남은 어휘인 都는 범위부사로 복수명사 뒤에 놓이는 특징이 있다. 이 문제에서 복수명사는 任何话(어떠한 말)로 비교 대상 뒤에 배치한다.

관형어	주어	比	비교 대상	부사어	술어
母亲的	微笑	比	任何话	都	温暖

정답 母亲的微笑比任何话都温暖。

해석 어머니의 미소는 어떠한 말보다 따뜻하다.

5

以前	现在投资	多	没有	股票的人

보기 어휘

投资 tóuzī 동 투자하다
股票 gǔpiào 몡 주식

해설 **Step 1** 술어를 찾는다.

술어
多

Step 2 没有를 사용한 비교문으로 没有 앞에는 주어, 뒤에는 비교 대상을 써야 한다. 주어에는 구체적인 대상을 써야하므로 现在投资와 股票的人을 연결해 주어 자리에 놓고 주어와 비교할 대상인 以前을 没有 뒤 술어 앞에 놓는다.

주어	没有	비교 대상	술어
现在投资 ∣ 股票的人	没有	以前	多

정답	现在投资股票的人没有以前多。
해석	현재 주식에 투자하는 사람이 예전만큼 많지 않다.

공략비법 09 겸어문

본서 p. 289

1

结果	很意外	让人	调查的

보기 어휘

结果 jiéguǒ 명 결과, 결실
意外 yìwài 형 뜻밖이다 ⭐
调查 diàochá 동 조사하다

해설	**Step 1**	먼저 [사역동사+명사]의 형태인 让人을 각각 술어1과 겸어 자리에 놓은 후에 [정도부사+형용사]의 형태인 很意外를 술어2 자리에 놓는다.

술어1	겸어	술어2
让	人	很	意外

Step 2 남은 어휘 가운데 주어는 结果이며 调查的는 주어를 꾸며주는 관형어로 주어 앞에 배치한다.

관형어	주어	술어1	겸어	부사어	술어2
调查的	结果	让	人	很	意外

정답	调查的结果让人很意外。
해석	조사의 결과는 사람들을 의아하게 했다.

2

他的	深受启发	使我	演讲

보기 어휘

深受 shēnshòu 동 깊이 받다
启发 qǐfā 명 깨달음 ⭐
演讲 yǎnjiǎng 명 강연, 연설 ⭐

해설	**Step 1**	먼저 [사역동사+명사]의 형태인 使我를 각각 술어1과 겸어 자리에 놓은 후에 [동사+명사] 형태인 深受启发를 각각 술어2와 목적어 자리에 놓는다.

술어1	겸어	술어2	목적어
使	我	深受	启发

Step 2 남은 어휘 가운데 주어는 演讲이며 他的는 주어를 꾸며주는 관형어로 주어 앞에 배치한다.

관형어	주어	술어1	겸어	술어2	목적어
他的	演讲	使	我	深受	启发

정답	他的演讲使我深受启发。
해석	그의 강연은 나로 하여금 큰 깨달음을 얻게 했다.

3

那位嘉宾的	很佩服	使我	乐观精神

보기 어휘

嘉宾 jiābīn 몡 귀빈 ☆
佩服 pèifú 통 감탄하다 ☆
乐观 lèguān 혱 긍정적이다,
낙관적이다 ☆

해설　**Step 1**　먼저 [사역동사+명사]의 형태인 使我를 각각 술어1과 겸어 자리에 놓은 후에 [정도부사+동사] 형태인 很佩服를 술어2 자리에 놓는다.

술어1	겸어	술어2
使	我	很 ┃ 佩服

Step 2　남은 어휘에서 주어는 乐观精神이며 那位嘉宾的는 관형어로 주어 앞에 배치한다.

관형어	주어	술어1	겸어	부사어	술어2
那位嘉宾的	乐观精神	使	我	很	佩服

정답　那位嘉宾的乐观精神使我很佩服。

해석　그 귀빈의 긍정적인 기운은 나를 감탄시켰다.

4

家人的鼓励	让	勇气	孩子	充满了

보기 어휘

鼓励 gǔlì 몡 격려 통 격려하다
勇气 yǒngqì 몡 용기 ☆
充满 chōngmǎn
통 가득하다 ☆

해설　**Step 1**　보기에 让이 제시되어 있으므로 겸어문 어순대로 배열한다. 먼저 사역 동사 让을 술어1 자리에 배치한 후, 두 번째 술어를 찾는다. [동사+了] 형태의 充满了를 술어2 자리에 놓는다.

술어1	술어2
让	充满 ┃ 了

Step 2　让의 목적어이자 充满了의 주어가 될만한 어휘는 孩子(아이)로 겸어 자리에 배치한다. 充满은 '가득차다'라는 의미로 뒤에 목적어를 가질 수 있다. 보기 가운데 充满과 가장 어울리는 어휘는 勇气로 술어2 뒤 목 적어 자리에 배치한다.

술어1	겸어	술어2	목적어
让	孩子	充满 ┃ 了	勇气

Step 3　남은 어휘인 家人的鼓励는 주어로 맨 앞에 놓는다.

주어	술어1	겸어	술어2	목적어
家人的鼓励	让	孩子	充满 ┃ 了	勇气

정답　家人的鼓励让孩子充满了勇气。

해석　가족의 격려는 아이로 하여금 용기가 넘치게 했다.

5

深受教训　　　姥姥的　　　让我　　　故事

보기 어휘

教训 jiàoxùn 명 교훈 ⭐
姥姥 lǎolao 명 외할머니 ⭐
故事 gùshi 명 이야기

해설　**Step 1**　먼저 [사역동사+명사]의 형태인 让我를 각각 술어과 겸어 자리에 놓은 후에 술어2를 찾는다. 보기에 [동사+명사] 형태인 深受教训을 각각 술어2와 목적어 자리에 배치한다.

술어1	겸어	술어2	목적어
让	我	深受	教训

Step 2　남은 어휘 가운데 주어는 故事(이야기)이며 姥姥的는 관형어로 주어 앞에 배치한다.

관형어	주어	술어1	겸어	술어2	목적어2
姥姥的	故事	让	我	深受	教训

정답　姥姥的故事让我深受教训。

해석　할머니의 이야기는 나로 하여금 교훈을 깊이 받게 했다.

공략비법 10 다양한 어휘 호응

본서 p. 293

1

逐步　　　完善　　　医院正在　　　医疗设施

보기 어휘

逐步 zhúbù 부 점차, 점진적으로 ⭐
完善 wánshàn 동 완벽하게 갖추다 ⭐
医疗设施 yīliáo shèshī 명 의료 시설

해설　**Step 1**　술어를 찾는다.

술어
完善

Step 2　完善(완벽하게 갖추다)은 뒤에 시설이나 제도, 장비와 어울려 호응하는 어휘로 술어 뒤 목적어 자리에 医疗设施(의료 시설)를 배치한다.

술어	목적어
完善	医疗设施

Step 3　남은 어휘 가운데 명사 医院이 주어이며, 正在(~하고 있다)와 逐步(점차)는 부사어로 차례대로 연결해 술어 앞에 배치한다.

주어	부사어	술어	목적어
医院	正在 | 逐步	完善	医疗设施

정답　医院正在逐步完善医疗设施。

해석　병원은 점차 의료 시설을 완벽하게 갖추는 중이다.

2

规定	你们这样做	合同上的	会违反

보기 어휘

规定 guīdìng 몡 규정
合同 hétong 몡 계약서 ★
违反 wéifǎn 동 위반하다 ★

해설　**Step 1**　술어를 찾는다. [조동사+동사]의 형태인 会违反을 술어 자리에 놓는다.

술어
会 ｜ 违反

Step 2　违反(위반하다)은 规定(규정)과 어울려 호응하는 어휘로 술어 뒤 목적어 자리에 规定을 배치한다.

술어	목적어
会 ｜ 违反	规定

Step 3　你们这样做는 주어로 문장의 맨 앞에 위치하며, 남은 어휘 合同上的는 목적어 规定을 꾸며주는 관형어이므로 목적어 앞에 놓는다.

주어	부사어	술어	관형어	목적어
你们这样做	会	违反	合同上的	规定

정답　你们这样做会违反合同上的规定。

해석　너희들이 이렇게 하는 것은 계약서상의 규정을 위반하는 것이다.

3

梦想	我们	追求	要不断

보기 어휘

梦想 mèngxiǎng 몡 꿈 ★
追求 zhuīqiú 동 추구하다 ★
不断 búduàn 부 끊임없이,
부단히 ★

해설　**Step 1**　술어를 찾는다.

술어
追求

Step 2　[조동사+부사]의 형태인 要不断을 술어 앞 부사어 자리에 배치한다.

부사어	술어
要 ｜ 不断	追求

Step 3　주어는 我们, 목적어는 梦想이다. '꿈을 쫓다'라는 의미로 追求와 梦想은 어울려 호응하여 쓰인다.

주어	부사어	술어	목적어
我们	要 ｜ 不断	追求	梦想

정답　我们要不断追求梦想。

해석　우리들은 끊임없이 꿈을 쫓아야 한다.

4

| 能 | 消化 | 饭后散步 | 促进 |

보기 어휘

消化 xiāohuà 명 소화 ⭐
散步 sàn bù 동 산책하다
促进 cùjìn 동 촉진시키다 ⭐

해설 **Step 1** 술어를 찾는다.

| 술어 |
| 促进 |

Step 2 조동사 能은 부사어로 술어 앞에 놓는다.

부사어	술어
能	促进

Step 3 주어는 饭后散步, 목적어는 消化이다. '소화를 촉진시키다'라는 의미로 促进과 消化는 어울려 호응하여 쓰인다.

주어	부사어	술어	목적어
饭后散步	能	促进	消化

정답 饭后散步能促进消化。

해석 식사 후 산책은 소화를 촉진시킬 수 있다.

5

| 负责 | 经理亲自 | 接待工作 | 嘉宾 |

보기 어휘

负责 fùzé 동 책임지다, 맡다
亲自 qīnzì 부 직접, 친히 ⭐
接待 jiēdài 동 접대하다,
응대하다 ⭐
嘉宾 jiābīn 명 귀빈 ⭐

해설 **Step 1** 술어를 찾는다.

| 술어 |
| 负责 |

Step 2 亲自(직접)는 부사로 술어 앞에 놓으며, 명사 经理(사장)는 주어 자리에 놓는다.

주어	부사어	술어
经理	亲自	负责

Step 3 의미상 嘉宾接待工作(귀빈 응대 업무)의 순으로 연결하는 것이 가장 자연스러우며 술어 负责(책임지다)의 목적어이므로 술어 뒤에 배치한다.

주어	부사어	술어	목적어
我们	亲自	负责	嘉宾 ǀ 接待工作

정답 经理亲自负责嘉宾接待工作。

해석 사장이 직접 귀빈 응대 업무를 책임진다.

공략비법 11 주제를 먼저 찾아라!

본서 p. 309

1

遍	演讲	热烈	表现	紧张

보기 어휘

遍 biàn 명 번, 차례(처음부터 끝까지 전 과정)

演讲 yǎnjiǎng 동 강연하다 ⭐

热烈 rèliè 형 열렬하다, 뜨겁다 ⭐

表现 biǎoxiàn 명 표현 동 표현하다, 나타난다 ⭐

紧张 jǐnzhāng 형 긴장하다

해설

Step 1 제시된 어휘가 공통으로 말하고자 하는 주제 어휘를 찾는다.
주제 어휘: **演讲** yǎnjiǎng 동 강연하다

Step 2 단어마다 살을 붙여 주제 어휘에 맞게 호응 어휘나 문장을 만든다.
① **遍** biàn 명 번, 차례 (처음부터 끝까지 전 과정)
看了一遍 (한 번 다 봤다)
说了一遍 (한 번 다 말했다)
讲了一遍 (한 번 다 말했다)

② **热烈** rèliè 형 열렬하다, 뜨겁다
热烈(地)鼓掌 (열렬히 박수를 치다)
气氛很热烈 (분위기가 뜨겁다)

③ **表现** biǎoxiàn 명 표현 동 표현하다, 나타나다
表现(得)很突出 (표현이 뛰어나다, 기량이 뛰어나다)
表现(得)很出色 (표현이 뛰어나다, 기량이 뛰어나다)

Step 3 완성된 구나 문장들을 줄거리로 만들어 원고지에 작성한다.

정답 我弟弟今天参加了全国大学生演讲比赛。为了获得冠军，每天都读好几遍演讲稿。比赛刚开始他还有点儿紧张，但是后来表现得最突出，最后获得了第一名。大家都为他的精彩表现热烈鼓掌。

	我	弟	弟	今	天	参	加	了	全	国	大	学	生	演
讲	比	赛	。	为	了	获	得	冠	军	，	每	天	都	读	好
几	遍	演	讲	稿	。	比	赛	刚	开	始	他	还	有	点	儿
紧	张	，	但	是	后	来	表	现	得	最	突	出	，	最	后
获	得	了	第	一	名	。	大	家	都	为	他	的	精	彩	表
现	热	烈	鼓	掌	。										

48

80

해석 내 남동생은 오늘 전국 대학생 웅변대회에 참가했다. 우승을 차지하기 위해 매일 원고를 몇 번씩 읽었다. 대회가 시작되었을 때 그는 조금 긴장했지만 후에는 가장 뛰어나게 표현하며 결국 1위를 차지했다. 사람들은 모두 그의 뛰어난 발표에 열렬히 박수를 보냈다.

어휘 冠军 guànjūn 명 챔피언 ⭐   突出 tūchū 형 뛰어나다 ⭐
第一名 dì-yī míng 1등   鼓掌 gǔ zhǎng 동 박수치다 ⭐

2

| 辞职 | 实际 | 观念 | 有利 | 考虑 |

보기 어휘

辞职 cí zhí 동 사직하다 ⭐
实际 shíjì 명 현실, 실제
형 현실적이다 ⭐
观念 guānniàn 명 관념 ⭐
有利 yǒulì 형 유리하다 ⭐
考虑 kǎolǜ 동 고려하다

해설

Step 1   제시된 어휘가 공통으로 말하고자 하는 주제 어휘를 찾는다.
주제 어휘: **辞职** cí zhí 동 사직하다

Step 2   단어마다 살을 붙여 주제 어휘에 맞게 호응 어휘나 문장을 만든다.
① **实际** shíjì 명 현실, 실제 형 현실적이다
符合实际 (현실에 부합하다)
实际情况 (실제 상황)
实际上 (사실상)

② **有利** yǒulì 형 유리하다
有利于将来发展 (장래 발전에 유리하다)
具备有利条件 (유리한 조건을 갖추다)

③ **考虑** kǎolǜ 동 고려하다
考虑辞职 (사직을 고려하다)
仔细考虑 (자세히 고려하다)

Step 3   완성된 구나 문장들을 줄거리로 만들어 원고지에 작성한다.

정답   人们为什么会考虑辞职呢？最主要的原因是公司的实际情况
和自己的想法观念不同。因此我们投简历之前应该考虑到这
份工作是否有利于自己将来的发展，这样我们才能在工作当
中努力并体现自我价值。

		人	们	为	什	么	会	考	虑	辞	职	呢	？	最	主
要	的	原	因	是	公	司	的	实	际	情	况	和	自	己	的
想	法	观	念	不	同	。	因	此	我	们	投	简	历	之	前
应	该	考	虑	到	这	份	工	作	是	否	有	利	于	自	己
将	来	的	发	展	，	这	样	我	们	才	能	在	工	作	当
中	努	力	并	体	现	自	我	价	值	。					

48

80

해석   사람들은 왜 사직을 고려하는 것일까? 가장 주요한 원인은 바로 실제 상황과 자신의
견해와 관념이 다르기 때문이다. 그래서 우리는 이력서를 넣기 전에 이 일이 자신의
장래 발전에 유리한지 아닌지 고려해야 한다. 이렇게 해야만 우리는 비로소 일에 있어
서 노력하며 자신의 가치를 구체적으로 드러낼 수 있다.

| 어휘 | 是否 shìfǒu 문 ~인지 아닌지 | 将来 jiānglái 명 장래 |

体现 tǐxiàn 동 구체적으로 드러내다. 구현하다 ★ 价值 jiàzhí 명 가치 ★

3

| 制定 | 逐渐 | 消费 | 实际 | 比例 |

보기 어휘

制定 zhìdìng 동 세우다. 제정하다 ★
逐渐 zhújiàn 부 점점 ★
消费 xiāofèi 명 소비
동 소비하다
实际 shíjì 명 현실, 실제
형 현실적이다 ★
比例 bǐlì 명 비율, 비례 ★

해설 **Step 1** 어휘 가운데 호응을 이루는 어휘가 있는지 찾는다.
호응 어휘: 消费比例 xiāofèi bǐlì (소비 비율)

Step 2 단어마다 살을 붙여 주제 어휘에 맞게 호응 어휘나 문장을 만든다.
① **制定** zhìdìng 동 세우다. 제정하다
制定目标 (목표를 세우다)
制定计划 (계획을 세우다)

② **逐渐** zhújiàn 부 점점
逐渐减少 (점점 감소하다)

③ **实际** shíjì 명 현실, 실제 형 현실적이다
实际情况 (실제 상황)
实际上 (사실상)

Step 3 완성된 구나 문장들을 줄거리로 만들어 원고지에 작성한다.

정답 如果想要享受幸福的老年生活，年轻时要制定好实际的计划。收到工资以后，不能把钱都花光，要逐渐减少消费比例，把一定的钱存到银行里。如果年轻时没有做好金钱上的准备，那不能保障我们的老年生活了。

		如	果	想	要	享	受	幸	福	的	老	年	生	活	，
年	轻	时	要	制	定	好	实	际	的	计	划	。	收	到	工
资	以	后	，	不	能	把	钱	都	花	光	，	要	逐	渐	减
少	消	费	比	例	，	把	一	定	的	钱	存	到	银	行	里。
如	果	年	轻	时	没	有	做	好	金	钱	上	的	准	备	，
那	不	能	保	障	我	们	的	老	年	生	活	了	。		

48
80

해석 만약 행복한 노년 생활을 누리고자 한다면, 젊었을 때 실제 계획을 잘 세워야 한다. 월급을 받은 후 돈을 모두 다 써버리지 말고, 점점 소비 비율을 줄여, 일정한 돈을 은행에 저축해야 한다. 만약 젊은 시절 금전상의 준비가 되어 있지 않다면 우리의 노년 생활을 보장할 수 없을 것이다.

어휘 享受 xiǎngshòu 동 누리다 ★   计划 jìhuà 명 계획   保障 bǎozhàng 동 보장하다

실전 테스트

공략비법 12 어휘의 함정에 빠지지 마라!

본서 p. 317

1

本来	遗憾	临时	取消	理解

보기 어휘

本来 běnlái 명 원래, 본래
遗憾 yíhàn 동 유감이다 ⭐
临时 línshí 부 갑자기, 정해진
시간에 이르러 ⭐
取消 qǔxiāo 동 취소하다 ⭐
理解 lǐjiě 동 이해하다, 알다

해설

Step 1 제시된 어휘가 공통으로 말하고자 하는 주제 어휘를 찾는다.
주제 어휘 : **取消** qǔxiāo 동 취소하다

Step 2 단어마다 살을 붙여 주제 어휘에 맞게 호응 어휘나 문장을 만든다.
① **遗憾** yíhàn 동 유감이다
感到遗憾 (유감스러움을 느끼다)

② **临时** línshí 부 갑자기, 정해진 시간에 이르러
临时取消了 (갑자기 취소 되었다)
临时有点事 (갑자기 일이 생기다)

③ **取消** qǔxiāo 동 취소하다
取消安排 (스케줄을 취소하다)
取消计划 (계획을 취소하다)

Step 3 완성된 구나 문장들을 줄거리로 만들어 원고지에 작성한다.

— 미나 쌤의 꿀 Tip!

주의!
理解는 '(사람의 마음을) 헤아
리고 이해하다'라고 할 때 쓰는
동사이다. 또한 临时는 스케줄
이나 정상적인 상황을 벗어난
갑작스러운 시간을 나타낼 때
쓰인다.

정답 我本来打算跟朋友一起去中国旅游，上个月就已经把机票订好了。但是今天朋友突然对我说，公司里临时有点事，我们的旅游计划不得不被取消了。我感到很遗憾，朋友希望我能理解他，他一直在安慰我。

	我	本	来	打	算	跟	朋	友	一	起	去	中	国	旅
游	，	上	个	月	就	已	经	把	机	票	订	好	了	。	但
是	今	天	朋	友	突	然	对	我	说	，	公	司	里	临	时
有	点	事	，	我	们	的	旅	游	计	划	不	得	不	被	取
消	了	。	我	感	到	很	遗	憾	，	朋	友	希	望	我	能
理	解	他	，	他	一	直	在	安	慰	我	。				

48
80

해석 나는 원래 친구와 함께 중국으로 여행을 갈 계획이었고, 지난달에 이미 비행기표를 예약해 두었다. 그런데 오늘 친구가 갑자기 나에게 회사에 갑자기 일이 생겨서 우리의 여행 계획이 부득이하게 취소됐다고 말했다. 나는 유감스러웠지만, 친구는 내가 그를 이해해 주길 원했고, 그는 줄곧 나를 위로했다.

어휘 **计划** jìhuà 명 계획   **不得不** bùdébù 부 부득이하게   **安慰** ānwèi 동 위로하다 ⭐

2

| 效率 | 疲劳 | 精力 | 管理 | 千万 |

보기 어휘

效率 xiàolù 명 효율 ⭐
疲劳 píláo 명 피로
형 피로하다 ⭐
精力 jīnglì 명 (사람의) 에너지,
정력 ⭐
管理 guǎnlǐ 명 관리
통 관리하다
千万 qiānwàn 부 절대, 결코

해설

Step 1 제시된 어휘가 공통으로 말하고자 하는 주제 어휘를 찾는다.
주제 어휘: 效率 xiàolù 명 효율

Step 2 단어마다 살을 붙여 주제 어휘에 맞게 호응 어휘나 문장을 만든다.
① 效率 xiàolù 명 효율
提高效率 (효율을 높이다)
效率很高 (효율이 높다)

② 疲劳 píláo 명 피로 형 피로하다
消除疲劳 (피로를 풀다)
过度疲劳 (과도하게 피로하다)
觉得疲劳 (피로를 느끼다)

③ 管理 guǎnlǐ 명 관리 통 관리하다
管理时间 (시간을 관리하다)
严格管理 (엄격하게 관리하다)

Step 3 완성된 구나 문장들을 줄거리로 만들어 원고지에 작성한다.

정답 如果想提高工作效率，那应该怎么做呢？首先，应该管理好自己的时间和精力。千万不能把时间和精力浪费在没有价值的地方。另外，要坚持锻炼，要是总觉得很疲劳的话，那么就不能集中工作，工作效率也会大大降低。

		如	果	想	提	高	工	作	效	率	，	那	应	该	怎
么	做	呢	？	首	先	，	应	该	管	理	好	自	己	的	时
间	和	精	力	。	千	万	不	能	把	时	间	和	精	力	浪
费	在	没	有	价	值	的	地	方	。	另	外	，	要	坚	持
锻	炼	，	要	是	总	觉	得	很	疲	劳	的	话	，	那	么
就	不	能	集	中	工	作	，	工	作	效	率	也	会	大	大
降	低	。													

48

80

해석 업무 효율을 높이려면 어떻게 해야 할까? 우선 자신의 시간과 에너지를 잘 관리해야 한다. 절대 시간과 에너지를 가치 없는 곳에 낭비해서는 안 된다. 이 외에도 꾸준히 단련해야 한다. 만약 항상 피로함을 느낀다면 일에 집중할 수 없고 업무 효율도 크게 떨어질 것이다.

어휘
浪费 làngfèi 통 낭비하다
锻炼 duànliàn 통 단련하다
大大 dàdà 부 크게, 대단히
价值 jiàzhí 명 가치 ⭐
集中 jízhōng 통 집중하다 ⭐
降低 jiàngdī 통 떨어지다, 줄다, 낮아지다

실전 테스트

쓰기

适应　　　坚强　　　最初　　　克服　　　情况

适应 shìyìng 동 적응하다
坚强 jiānqiáng 형 완강하다,
동 굳세게 하다 ★
最初 zuìchū 명 맨 처음, 최초 ★
克服 kèfú 동 극복하다 ★
情况 qíngkuàng 명 상황

해설　**Step 1**　제시된 어휘 가운데 호응을 이루는 어휘가 있는지 찾는다.
호응 어휘: **适应情况** shìyìng qíngkuàng (상황에 적응하다)

Step 2　단어마다 살을 붙여 주제 어휘에 맞게 호응 어휘나 문장을 만든다.

① **坚强** jiānqiáng 형 굳세다, 완강하다 동 굳세게 하다
　坚强的人 (굳센 사람)
　使自己坚强 (자신을 굳세게 하다)
　坚强地面对 (굳세게 맞서다)

② **最初** zuìchū 명 맨 처음, 최초
　最初几天 (처음 며칠)
　最初的计划 (처음 계획)

③ **克服** kèfú 동 극복하다
　克服困难 (어려움을 극복하다)
　克服问题 (문제를 극복하다)

Step 3　완성된 구나 문장들을 줄거리로 만들어 원고지에 작성한다.

정답　每个人都会遇到困难，这时我们应怎么做？最初我们不能灰心，应该让自己适应当前的情况，方法总比问题多。如果正确地判断问题，坚强地面对，积极地努力，那所有的困难都会克服的。

		每	个	人	都	会	遇	到	困	难	，	这	时	我	们
应	怎	么	做	？	最	初	我	们	不	能	灰	心	，	应	该
让	自	己	适	应	当	前	的	情	况	，	方	法	总	比	问
题	多	。	如	果	正	确	地	判	断	问	题	，	坚	强	地
面	对	，	积	极	地	努	力	，	那	所	有	的	困	难	都
会	克	服	的	。											

48

80

해석　모든 사람들은 어려움을 맞닥뜨리는데 이때 우리는 어떻게 해야 할까? 처음에 우리는 낙심해서는 안 되며 자신이 현재 상황에 적응할 수 있도록 해야 한다. 방법은 항상 문제보다 많다. 정확하게 문제를 판단하여, 굳세게 맞서고, 적극적으로 노력한다면, 그 모든 어려움은 극복될 것이다.

어휘　**灰心** huī xīn 동 낙심하다, 낙담하다 ★　**当前** dāngqián 명 현재, 눈앞
　正确 zhèngquè 형 정확하다　**判断** pànduàn 동 판단하다

13 막막하면 일기를 써라!

해설 **Step 1** 사진 속에서 5가지 정보를 캐치해 기본 어구나 문장을 만든다.

- 시간 　　**今天**(오늘)
- 인물 　　**小王**(샤오왕), **我**(나), **同事**(동료)
- 장소 　　**机场**(공항), **中国**(중국)
- 사건(행동) **去中国出差**(중국으로 출장을 간다)
- 감정 　　**担心**(걱정하다), **着急**(조급하다), **感到抱歉**(미안함을 느낀다)

Step 2 어휘에 관형어나 부사어를 붙여 문장의 길이를 조절해야 하며 사진에서 얻은 정보를 토대로 좀 더 긴 스토리를 구상해야 한다.

① **我去出差。** (나는 출장을 간다.)

② **我今天跟同事一起去中国出差。**
(나는 오늘 동료와 함께 중국으로 출장을 간다.)

③ **因为今天我跟同事一起去中国出差，所以早上5
点起床去机场了。**
(나는 오늘 동료와 함께 중국으로 출장가기 때문에, 아침 5시에 일어나 공항에 갔다.)

Step 3 마지막 문장은 사진에서 느껴진 감정으로 마무리한다. 원고지 작성법에 따라 작문해야 하며 15분 안에 80자 내외의 짧은 글을 완성하도록 주의한다.

① **我感到非常着急。** (나는 매우 조급했다.)

② **我感到非常抱歉。** (나는 정말 미안함을 느꼈다.)

③ **我就开始担心了。** (나는 바로 걱정되기 시작했다.)

정답 今天我跟同事们一起去中国出差，所以早上五点起床后就去
机场了。但坐上去机场的地铁时才发现我竟然没带护照，我
不得不急急忙忙地回家拿护照。幸运的是我及时到达了机
场，没有错过飞机，但我的同事都很为我担心，我感到非常
抱歉。

		今	天	我	跟	同	事	们	一	起	去	中	国	出	差,	
所	以	早	上	五	点	起	床	后	就	去	机	场	了	。	但	
坐	上	去	机	场	的	地	铁	时	才	发	现	我	竟	然	没	48
带	护	照	,	我	不	得	不	急	急	忙	忙	地	回	家	拿	
护	照	。	幸	运	的	是	我	及	时	到	达	了	机	场	,	80
没	有	错	过	飞	机	,	但	我	的	同	事	都	很	为	我	
担	心	,	我	感	到	非	常	抱	歉	。						

 오늘 나는 동료들과 함께 중국으로 출장을 가려고 아침 5시에 일어나 바로 공항으로 갔다. 그런데 공항으로 가는 지하철을 타고 나서야 비로소 여권을 안 가지고 왔다는 것을 알아차렸다. 나는 어쩔 수 없이 서둘러 집으로 돌아가 여권을 가져왔다. 다행히 나는 제때 공항에 도착해서 비행기를 놓치지 않았다. 하지만 내 동료들 모두가 나를 걱정해줘서, 나는 매우 미안함을 느꼈다.

어휘

竟然 jìngrán 〔부〕 뜻밖에도
急急忙忙 jíjí mángmáng 〔형〕 서둘러, 다급히
抱歉 bào qiàn 〔동〕 미안해하다

护照 hùzhào 〔명〕 여권
幸运 xìngyùn 〔형〕 운이 좋다 ★

2

해설 **Step 1**   사진 속에서 5가지 정보를 캐치해 기본 어구나 문장을 만든다.

- 시간   **周末**(주말)
- 인물   **我**(나), **朋友**(친구)
- 장소   **百货商店**(백화점), **商场**(쇼핑센터)
- 사건(행동) **约好**(약속하다), **购买**(구매하다), **逛街**(쇼핑하다),
            参加婚礼(결혼식에 참가하다)
- 감정   **高兴**(기쁘다), **期待**(기대되다), **满意**(만족하다)

Step 2   어휘에 관형어나 부사어를 붙여 문장의 길이를 조절해야 하며 사진에서 얻은 정보를 토대로 좀 더 긴 스토리를 구상해야 한다.

① **我去购买。**
   (나는 구매하러 간다.)

② 我周末跟朋友一起去商场购买衣服。
(나는 주말에 친구와 함께 옷을 사러 쇼핑센터에 간다.)

③ 我跟朋友约好了周末一起去商场买一条连衣裙。
(나는 친구와 주말에 함께 원피스 한 벌을 사러 쇼핑센터에 가기로 약속했다.)

Step 3 마지막 문장은 사진에서 느껴진 감정으로 마무리한다. 원고지 작성법에 따라 작문해야 하며 15분 안에 80자 내외의 짧은 글을 완성하도록 주의한다.

① 我感到非常满意。(나는 매우 만족스럽다.)

② 我很兴奋。(나는 아주 흥분된다.)

정답 我的同事就要结婚了。但是我发现没有可穿的衣服，就给朋友打电话约好周末一起去商场买衣服。她告诉我最近很多商店都在打五折。我本来只想买一条连衣裙，但是既然打折打得这么厉害，就多买几件吧。一想到能买很多衣服，我就觉得很兴奋。

		我	的	同	事	就	要	结	婚	了	。	但	是	我	发
现	没	有	可	穿	的	衣	服	，	就	给	朋	友	打	电	话
约	好	周	末	一	起	去	商	场	买	衣	服	。	她	告	诉
我	最	近	很	多	商	店	都	在	打	五	折	。	我	本	来
只	想	买	一	条	连	衣	裙	，	但	是	既	然	打	折	打
得	这	么	厉	害	，	就	多	买	几	件	吧	。	一	想	到
能	买	很	多	衣	服	，	我	就	觉	得	很	兴	奋	。	

48

80

해석 내 동료가 곧 결혼을 한다. 하지만 나는 입을 만한 옷이 없다는 것을 깨닫고 바로 친구에게 전화를 하여 주말에 같이 쇼핑센터에 가서 옷을 사기로 약속했다. 그녀는 나에게 최근 많은 상점들이 50% 할인을 하고 있다고 알려 주었다. 나는 원래 원피스 한 벌만 사려고 했으나 기왕 이렇게 많이 세일을 한다니 몇 벌 더 사야겠다. 옷을 많이 살 수 있다고 생각하니 흥분된다.

어휘 约 yuē 통 약속하다　打折 dǎ zhé 통 할인하다
连衣裙 liányīqún 명 원피스　既然 jìrán 접 기왕, 이왕에
兴奋 xīngfèn 형 흥분하다, 들뜨다

3

해설 **Step 1** 사진 속에서 5가지 정보를 캐치해 기본 어구나 문장을 만든다.

- 시간 **今天**(오늘)
- 인물 **我**(나)
- 장소 **家里**(집), **医院**(병원)
- 사건(행동) **感冒了**(감기에 걸렸다), **着凉了**(감기에 걸렸다)
- 감정 **难过**(괴롭다), **难受**(힘들다)

Step 2 어휘에 관형어나 부사어를 붙여 문장의 길이를 조절해야 하며 사진에서 얻은 정보를 토대로 좀 더 긴 스토리를 구상해야 한다.

① **我感冒了。**

(나는 감기에 걸렸다.)

② **因为我感冒了，所以今天没去上课。**

(감기에 걸려서 오늘 수업에 가지 않았다.)

③ **因为感冒很严重，所以我今天没去上课，在家休息了。**

(감기가 심하게 걸려서 오늘 수업에 가지 않고 집에서 쉬었다.)

Step 3 마지막 문장은 사진에서 느껴진 감정으로 마무리한다. 원고지 작성법에 따라 작문해야 하며 15분 안에 80자 내외의 짧은 글을 완성하도록 주의한다.

① **我很难受。**(나는 매우 괴롭다.)

② **虽然很疼，但是心情很愉快。**

(비록 아프긴 하지만 기분은 좋다.)

정답 **我最喜欢去滑冰场滑冰。昨天正好是周末，我跟朋友们一起去滑冰场滑了一下午，因为感觉有点儿热，所以把大衣脱下来玩儿了很长时间，结果感冒了。因为感冒很严重，所以今天没去上课，在家休息了。虽然后来被妈妈批评了，但是我还想去玩儿。**

		我	最	喜	欢	去	滑	冰	场	滑	冰	。	昨	天	正
好	是	周	末	，	我	跟	朋	友	们	一	起	去	滑	冰	场
滑	了	一	下	午	，	因	为	感	觉	有	点	儿	热	，	所
以	把	大	衣	脱	下	来	玩	儿	了	很	长	时	间	，	结
果	感	冒	了	。	因	为	感	冒	很	严	重	，	所	以	今
天	没	去	上	课	，	在	家	休	息	了	。	虽	然	后	来
被	妈	妈	批	评	了	，	但	是	我	还	想	去	玩	儿	。

48

80

해석 나는 스케이트장에 가서 스케이트 타는 것을 좋아한다. 어제는 마침 주말이어서 나는 친구들과 함께 스케이트장에 가서 오후 내내 스케이트를 탔다. 조금 더운 것 같아서 코트를 벗고 오랫 동안 놀았더니, 결국 감기에 걸렸다. 감기가 심해서 오늘 수업에 가지 않고 집에서 쉬었다. 비록 나중에 엄마에게 꾸중을 들었지만 나는 그래도 놀러가고 싶다.

어휘 **滑冰场** huábīngchǎng 몡 스케이트장 **滑冰** huá bīng 통 스케이트 타다
脱 tuō 통 벗다 **严重** yánzhòng 혱 심각하다
批评 pīpíng 통 꾸짖다

공략비법 14 틀만 알면 논설문도 没问题!

본서 p. 341

1

해설 본서 336p 주의 사항 관련 사진 패턴을 활용한다.

도입	사진 묘사	1. 图片里有(숫자)个人在(동작)。
서론	의문형 문장	2. 那么(동작)的时候要注意什么呢?
본론	열거	3. 第一，(내용)。 　第二，(내용)。 　最后，(내용)。
결론	평서문으로 전환, 제안	4. (동작)时我们要注意这些。

도입	사진 묘사	图片里有(三)个人在(商量一件事)。
서론	의문형 문장	那么(跟别人商量某件事)的时候要注意什么呢?
본론	열거	第一，(要耐心听别人的意见)。 第二，(要明确说出自己的看法)。 最后，(如果要说反对的想法，那么应该以礼貌的态度说出来)。
결론	평서문 전환	(商量)时我们要注意这些。

정답 图片里有三个人在商量一件事。那么跟别人商量某件事的时候要注意什么呢? 第一，要耐心听别人的意见。第二，要明确说出自己的看法。最后如果要说反对的想法，那么应该以礼貌的态度说出来。商量时我们要注意这些。

	图	片	里	有	三	个	人	在	商	量	一	件	事	。
那	么	跟	别	人	商	量	某	件	事	的	时	候	要	注	意
什	么	呢	？	第	一	，	要	耐	心	听	别	人	的	意	见。
第	二	，	要	明	确	说	出	自	己	的	看	法	。	最	后
如	果	要	说	反	对	的	想	法	，	那	么	应	该	以	礼
貌	的	态	度	说	出	来	。	商	量	时	我	们	要	注	意
这	些	。													

48

80

해석 사진 속의 세 사람이 한 가지 일을 상의하고 있다. 그렇다면 다른 사람과 어떤 일을 상의할 때 무엇을 주의해야 할까? 첫째, 인내심을 가지고 다른 사람의 의견을 들어야 한다. 둘째, 자신의 견해를 명확하게 말해야 한다. 마지막으로 반대의 생각을 말하려고 한다면 예의 바른 태도로 말해야 한다. 상의할 때 우리는 이것들을 주의해야 한다.

어휘
商量 shāngliang 통 상의하다　某 mǒu 대 어느, 모　耐心 nàixīn 형 인내심이 있다
明确 míngquè 형 명확하다　反对 fǎnduì 통 반대하다　以 yǐ 전 ~로서
礼貌 lǐmào 형 예의 바르다　态度 tàidu 명 태도

도입	사진 묘사	1. 图片里有(숫자)个人在(동작)。
	살 붙이기	2. 随着现代社会的发展(동작)的人越来越多了。 随着生活水平的提高，很多人选择(동작)。
서론	의문형 문장	3. 那么，(동작)有什么好处呢？
본론	열거	4. 第一，(내용)。 第二，(내용)。 最后，(내용)。
결론	평서문으로 전환, 제안	5. 我们也开始(동작)吧。

활용

도입	사진 묘사	1. 图片里有(一)个人在(滑雪)。
	살 붙이기	2. 随着现代社会的发展(滑雪)的人越来越多了。
서론	의문형 문장	3. 那么，(滑雪)有什么好处呢？
본론	열거	4. 第一，(可以缓解生活上或者工作上的压力)。 第二，(滑雪也是很好的冬季运动，可以锻炼身体)。 最后，(可以欣赏冬天美丽的风景)。
결론	제안	5. 我们也开始(学习滑雪)吧。

정답 图片里有一个人在滑雪。随着现代社会的发展滑雪的人越来越多了。那么，滑雪有什么好处呢？第一，可以缓解生活上或者工作上的压力。第二，滑雪也是很好的冬季运动，可以锻炼身体。最后，可以欣赏冬天美丽的风景。我们也开始学习滑雪吧。

		图	片	里	有	一	个	人	在	滑	雪	。	随	着	现
代	社	会	的	发	展	滑	雪	的	人	越	来	越	多	了	。
那	么	，	滑	雪	有	什	么	好	处	呢	？	第	一	，	可
以	缓	解	生	活	上	或	者	工	作	上	的	压	力	。	第
二	，	滑	雪	也	是	很	好	的	冬	季	运	动	，	可	以
锻	炼	身	体	。	最	后	，	可	以	欣	赏	冬	天	美	丽
的	风	景	。	我	们	也	开	始	学	习	滑	雪	吧	。	

48

80

해석 사진 속의 한 사람이 스키를 타고 있다. 현대 사회의 발전에 따라 스키를 타는 사람들이 점점 많아지고 있다. 그렇다면 스키를 타는 것은 어떤 장점이 있을까? 첫째, 생활상 혹은 업무상의 스트레스를 풀 수 있다. 둘째, 스키 역시 좋은 겨울 스포츠로, 몸을 단련할 수 있다. 마지막으로 겨울의 아름다운 풍경을 감상할 수 있다. 우리도 스키타는 것을 배우자.

滑雪 huá xuě 동 스키를 타다　　**缓解** huǎnjiě 동 풀다, 완화하다
锻炼 duànliàn 동 단련하다　　**欣赏** xīnshǎng 동 감상하다
美丽 měili 형 아름답다

3

해설　본서 332p 취미, 여가, 여행 관련 사진 패턴을 활용한다.

도입	사진 묘사	1. 图片里有(숫자)个人在(동작)。
	살 붙이기	2. 随着现代社会的发展(동작)的人越来越多了。 随着生活水平的提高，很多人选择(동작)。
서론	의문형 문장	3. 那么，(동작)有什么好处呢？
본론	열거	4. 第一，(내용)。 第二，(내용)。 最后，(내용)。
결론	평서문으로 전환, 제안	5. 我们也开始(동작)吧。

활용

도입	사진 묘사	1. 图片里有(一)个人在(跟小狗玩儿)。
	살 붙이기	2. 随着生活水平的提高(养宠物)的人越来越多了。
서론	의문형 문장	3. 那么，(养宠物)有什么好处呢？
본론	열거	4. 第一，(和宠物一起玩儿可以放松心情)。 第二，(可以排解孤独)。 最后，(可以培养责任心)。
결론	제안	5. 我们也开始(养宠物)吧。

정답　图片里有一个人在跟小狗玩儿。随着生活水平的提高养宠物的人越来越多了。那么，养宠物有什么好处呢？第一，和宠物一起玩儿可以放松心情。第二，可以排解孤独。最后，可以培养责任心。我们也开始养宠物吧。

		图	片	里	有	一	个	人	在	跟	小	狗	玩	儿	。
随	着	生	活	水	平	的	提	高	养	宠	物	的	人	越	来
越	多	了	。	那	么	,	养	宠	物	有	什	么	好	处	呢?
第	一	,	和	宠	物	一	起	玩	儿	可	以	放	松	心	情。
第	二	,	可	以	排	解	孤	独	。	最	后	,	可	以	培
养	责	任	心	。	我	们	也	开	始	养	宠	物	吧	。	

48

80

해석 사진 속의 한 사람이 강아지와 놀고 있다. 생활 수준의 향상에 따라 애완동물을 기르는 사람이 점점 많아지고 있다. 그렇다면 애완동물을 기르는 것은 어떤 장점이 있을까? 첫째, 애완동물과 함께 놀면 마음을 편하게 할 수 있다. 둘째, 외로움을 달랠 수 있다. 마지막으로 책임감을 기를 수 있다. 우리도 애완동물 기르는 것을 시작해 보자.

어휘
养 yǎng 통 기르다
排解 páijiě 통 (마음·심정 따위를) 달래다. 풀다
培养 péiyǎng 통 기르다. 배양하다. 육성하다
宠物 chǒngwù 명 애완동물
孤独 gūdú 명 외로움
责任心 zérènxīn 명 책임감

HSK
5급

실전 모의고사
1회

HSK(五级)模拟试题第一套

大家好！欢迎参加HSK (五级) 考试。

大家好！欢迎参加HSK (五级) 考试。

大家好！欢迎参加HSK (五级) 考试。

HSK (五级) 听力考试分两部分，共45题。

请大家注意，听力考试现在开始。

第一部分

第1到20题，请选出正确答案。现在开始第1题：

1

女：你母亲不是退休了吗？怎么还总是忙来忙去的？

男：她现在是希望小学的志愿者，每天都要去学校给孩子们讲交通安全知识。

问：他母亲退休后为什么还很忙？

2

男：这部电影剧情没什么新意，但是女主角非常有魅力。

女：是啊，我看过她拍的所有电影，每部电影都演得非常棒。

问：关于那部电影的女主角可以知道什么？

3

女：你的餐厅装修得真漂亮！什么时候开业啊？

男：营业执照还没批下来，只能等到下个月了。

问：男的遇到了什么问题？

4

男：刚才给你打电话一直占线，你给谁打电话了？

女：我的高中同学丽丽，她被公司炒鱿鱼了，我刚才打电话安慰她了。

问：丽丽怎么了？

5

女：我想买辆车，你给我推荐一款吧。

男：没问题，但是最要紧的不是买车，而是先考驾驶执照。

问：男的认为女的应该先做什么？

6

男：你好，我是宣传部新来的职员小李，钱主任让我来这里报到。

女：欢迎欢迎。我先给你办理新职员的入职手续吧。

问：男的将在哪个部门工作？

7

女：李强获得了这次全省青少年美术大赛的冠军，听说这周末所有获奖作品会在美术馆展出。

男：是吗？他真了不起，到时候我们一起去看看吧。

问：关于李强可以知道什么？

8

男：这些扇子的设计真漂亮，尤其是这把，请问多少钱？

女：不好意思，这是非卖品。只有我们店的会员才能免费领取。

问：关于那把扇子可以知道什么？

9

女：幸亏你提前给我打了个电话，要不我今天就白跑了一趟。

男：我也是刚刚从王教授那儿接到的通知，他让我马上转告你。

问：女的是什么语气？

10

男：听说你家儿子要结婚了，婚礼准备得怎么样了？

女：他们俩打算旅行结婚，不举办婚礼了，但具体去哪儿还没决定呢。

问：关于女的的儿子可以知道什么？

11

女：你怎么突然决定辞职了呢？你的工作不是很稳定吗？

男：我打算跟大学朋友一起开个室内设计公司，自己当老板。

问：关于男的可以知道什么？

12

男：累死我了！我每天下班后都得给女儿读童话故事。

女：好好享受吧！等孩子长大了，你就会怀念这段时光了。

问：女的是什么意思？

13

女：听说下周六晚上的年末晚会你不参加了。

男：本来打算参加的，但公司临时安排我去上海见一个十分重要的客户。

问：男的为什么不去参加年末晚会？

14

男：你不是说月底回来吗？怎么提前3天回来了？

女：因为谈判遇到了一些问题，所以投资方取消了合作。

问：根据对话可以知道什么？

15

女：你在画什么？

男：过几天是元旦，我正在给朋友做新年贺卡呢。

问：男的在干什么？

16

男：我认为青少年应该远离网络，否则不利于他们健康成长。

女：我觉得只要他们学会合理利用网络资源，就不必远离。

问：他们在谈什么问题？

17

女：听说西北的气候非常恶劣，你去了以后受得了吗？

男：别担心，不是我一个人去，我们实地考察小组一共有5个人。

问：女的要去的那个地方怎么样？

18

男：咱们楼道里的光线怎么这么暗？我都看不清台阶了。

女：刚才小区的保安告诉我感应灯坏了，明天能修好。

问：根据对话可以知道什么？

19

女：我已经五年没回国了，这次我发现市中心这条路比以前宽很多。

男：对，自从一年前修好以后，没那么堵了。

问：那条路现在怎么样了？

20

男：今天老板让我加班，来晚了。现在几比几了？

女：前三局两个队打得非常精彩！你没看到真的是太可惜了。

问：根据对话可以知道什么？

第二部分

第21到45题，请选出正确答案。现在开始第21题：

21

女：听说小美要参加校学生会主席的竞选。

男：是，明天上午就要做竞选演讲了。

女：我觉得她一定能竞选成功，因为她有很好的领导能力。

男：对，她肯定能成功。

问：小美要竞选什么？

22

男：你怎么了？

女：胃有点儿不舒服。

男：是不是昨天吃的东西太辣了？

女：那倒不是，可能是昨天吃太多了，消化不良。

男：我这儿有助消化的药，我给你一粒吧。

问：女的怎么了？

23

女：昨天去爬山了，感觉如何？

男：别提了，早上起床以后腰酸背痛。

女：这就说明你平时缺乏锻炼。

男：是，所以我打算以后每周日都去爬山。

问：关于男的可以知道什么？

24

男：这条围巾是你亲手织的？

女：是啊。我平时很喜欢做点儿小手工。

男：你真厉害。你可以开一家手工店，专门卖你织的围巾。

女：我的工作很忙，这只是我的业余爱好。

问：关于女的下列哪项正确？

25

女：牛仔裤洗完以后要翻过来晾晒。

男：为什么？我从来没这样晾过。

女：因为太阳光太强，这样裤子会掉色。

男：原来如此呀，那我下次一定翻过来晾晒吧。

问：牛仔裤为什么要翻过来晒？

26

男：吴教授，您看一下这次校园辩论大赛的辩题需不需要改？

女：我正想找你们商量这件事呢。这个题目太专业了。

男：我也这样认为。

女：这对非医学专业的选手来说，有点儿不公平。

问：吴教授觉得那个辩题怎么样？

27

女：你的鞋店最近生意怎么样？

男：比以前好多了。男款鞋没有女款鞋卖得好。

女：男款鞋的行情肯定没有女款鞋的行情好。你可以考虑专门卖女款鞋。

男：好主意，我先跟我的爱人商量一下吧。

问：女的建议男的怎么做？

28

男：你怎么往面里倒了这么多醋呢？不酸吗？

女：一点儿都不酸。我已经习惯了。

男：我想起来了，你的老家是山西，山西的特产就是醋。

女：对呀，我下次回家给你带几瓶吧。

问：根据对话可以知道什么？

29

女：你别乱对儿子发脾气，他这个年纪特别敏感。

男：最近业务压力太大，总不耐烦。

女：我能理解你。但我们在儿子面前，要好好控制自己的情绪。

男：知道了，我下次注意吧。

问：女的建议男的怎么做？

30

男：您好，我要退201房间，现在可以结账吗？

女：可以。您刷卡还是付现金？

男：我要刷信用卡。

女：好的。请稍等。

问：男的在做什么？

第31到32题是根据下面一段话：

有一个研究小组向13名西方人和13名东方人展示了7张脸部表情，包括：高兴、惊讶、害怕等。最后得出的结论是不同文化背景的人们对脸部表情的理解存在不同。比如东方人认为是吃惊的表情，在西方人看来是害怕的表情；东方人认为是愤怒、生气的表情，在西方人看来是讨厌的表情。有关专家认为这是由于东方人特别注重的是眼部的神情，而西方人观察的是整个脸部的表情。专家同时指出这种差异也反映在东西方人使用的表情符号中。

31 东方人认为是吃惊的表情，在西方人看来是什么？

32 根据这段话，下列哪项正确？

第33到35题是根据下面一段话：

昨天我去美术馆看画展，我站在一幅画面前看了半天，这时有一位老人走过来，问我："这画儿上的孩子是在哭还是在笑？"我看了看，发现画中的孩子泪流满面。便回答："不是在哭吗？"老人说："那你把画儿倒过来再看一下吧。"我按照他说的又看了一遍。简直不可思议。画中的孩子刚才还是哭的样子，现在居然一下子变得笑容满面了。同一个东西从不同的角度看，效果是不同的。所以在生活中，我们看待事情时，应该学会换角度来思考问题。

33 根据这段话，下列哪项正确？

34 把画儿倒过来看，上面的人有什么变化？

35 这段话主要想告诉我们什么？

第36到38题是根据下面一段话：

一个农业局的调研小组，去一个偏远的村子做调研。一天，他们走着走着迷路了。山里没有信号，不能用手机，所以非常着急。这时，一个十一二岁的小女孩儿走到他们面前说："你们是不是迷路了？"组长说："是的，你可以给我们指路吗？"话音刚落，小女孩儿便非常热情地为他们指路了。指完路以后她蹦蹦跳跳地走了。调研小组刚要出发时，有一位胡子花白的老人叫住了他们，他和蔼可亲地说："刚才那个小女孩儿告诉你们的路线是错的，我为了尊重她的好意，所以等她走了以后告诉你们正确的路线。"

36 调研小组为什么非常着急？

37 关于那个女孩儿可以知道什么？

38 这段话主要想告诉我们什么？

第39到41题是根据下面一段话：

9月1号是大学新生报到的日子。很多父母为了送孩子从很远的地方来到了学校。但王欣是一个人来报到的，因为她的父母都是残疾人，出行非常不便。王欣背着大包小包走进了校园，她累得满头大汗。她觉得拿着行李去报到很不方便，所以想找一个人帮她照看行李。这时一位穿着朴素的老奶奶从她身边走过。她走上去询问奶奶能否帮她照看行李，没想到老奶奶爽快地答应了。40分钟后，王欣回来了。当她看到老奶奶在太阳下尽职尽责地帮她看守行李时，默默地留下了感动的泪水。她诚恳地向奶奶表达了感谢。第二天，在开学典礼上，王欣发现帮助她的那位老奶奶竟然坐在了主席台上，原来她就是这所大学的校长。

39 王欣请老奶奶帮她做什么？

40 关于那位奶奶可以知道什么？

41 根据这段话，下列哪项正确？

第42到43题是根据下面一段话：

"睡眠负债"是指人们由于主动限制睡眠时间而造成的睡眠不足。"睡眠负债"常常发生在都市的年轻人群中。原因有以下几点：第一，上班族觉得工作压力很大，下班以后应该利用丰富的夜生活来缓解压力，不到凌晨决不睡觉。第二，很多年轻人白天的时候工作效率和学习效率很低，把工作和学习带回家，等到晚上才开始做。如果长期处于"睡眠负债"的状态不但记忆力和注意力会下降，而且会影响情绪和工作表现，并且会加速老化造成肥胖，甚至会引起其他严重的疾病。

42 "睡眠负债"是指什么？

43 "睡眠负债"会造成什么危害？

第44到45题是根据下面一段话：

有一家面包店卖各种各样的面包。为了吸引更多顾客，老板用苹果制作了一种用来蘸面包的苹果酱，受到了新老顾客的喜爱，面包店的生意越来越红火了。后来老板发现，很多顾客买完面包以后，还会买一些苹果酱带走，甚至有的顾客不买面包，专门来买苹果酱。而且附近很多超市和便利店都从他那儿进货然后卖。他想，既然苹果酱这么受大家的喜欢，那我还可以尝试别的口味儿的水果酱。于是，他又制作了番茄酱、草莓酱等各种口味的，满足了广大顾客的需求。

44 老板最初为什么制作苹果酱？

45 关于老板可以知道什么？

모의고사 정답

본서 p. 349

一、听力

第一部分

1. B	2. C	3. A	4. B	5. C	6. B	7. C	8. B	9. A	10. D
11. D	12. C	13. D	14. C	15. B	16. D	17. C	18. D	19. A	20. A

第二部分

21. B	22. C	23. B	24. D	25. B	26. A	27. A	28. B	29. C	30. B
31. A	32. C	33. A	34. D	35. C	36. A	37. D	38. C	39. B	40. C
41. A	42. A	43. B	44. B	45. B					

二、阅读

第一部分

46. A	47. C	48. A	49. A	50. C	51. D	52. C	53. B	54. C	55. D
56. D	57. B	58. D	59. D	60. C					

第二部分

61. D	62. B	63. A	64. A	65. B	66. C	67. C	68. A	69. D	70. B

第三部分

71. D	72. C	73. A	74. A	75. B	76. D	77. D	78. C	79. D	80. B
81. C	82. D	83. C	84. D	85. C	86. A	87. D	88. C	89. B	90. C

三、书写

第一部分

91. 古典小说包含在文学研究的范围内。

92. 小王想等所有课程结束后去公司实习。

93. 这个广告里带有一点儿童话色彩。

94. 那份报告的数据不太准确。

95. 谁会计算这个图形的体积？

96. 这学期儿子的进步十分明显。

97. 外公手术后恢复得极其快。

98. 我们要学会如何控制自己的情绪。

第二部分

99. 有一个作家出版了一本新小说。为了宣传小说，出版社今天在全市最大的书店举行了一次签售会。刚开始他很担心，因为他的名气不大。但没想到现场排队的人很多，他一边签名，一边跟读者一个一个握手了，他感到非常激动。

100. 图片里有一个孕妇在看病。随着现代社会的发展，人们的生活压力也增大，生孩子的家庭越来越少了。那么，生孩子有什么好处呢？第一，孩子可以给家庭带来幸福。第二，孩子能使夫妻关系变亲密一些。因此家庭里应该有孩子。

1

女：你母亲不是退休了吗？怎么还总是忙来忙去的？

男：她现在是希望小学的志愿者，每天都要去学校给孩子们讲交通安全知识。

问：他母亲退休后为什么还很忙？

A 被跨国公司录取了　　　　B 在当志愿者

C 每天去练太极拳　　　　　D 要照顾外孙女

지문 어휘

退休 tuì xiū 동 은퇴하다 ⭐
志愿者 zhìyuànzhě
명 자원봉사자, 지원자 ⭐

보기 어휘

跨国公司 kuàguó gōngsī
명 다국적 기업
录取 lùqǔ 동 채용하다 ⭐
太极拳 tàijíquán 명 태극권 ⭐
外孙女 wàisūnnǚ 명 외손녀

여：너희 어머니 은퇴하신 것 아니니? 왜 아직도 늘 바쁘신 거야?

남：어머니는 현재 희망 초등학교의 자원봉사자이셔. 매일 학교에 가셔서 아이들에게 교통안전 지식을 가르치고 계시지.

질문：그의 어머니는 은퇴 후에 왜 아직도 바쁘신가?

A 다국적 기업에 채용되셨다　　　B 자원봉사자이다

C 매일 태극권을 연습하러 가신다　D 외손녀를 보살펴 주셔야 한다

정답　B

해설　그의 어머니가 은퇴 후에 왜 여전히 바쁜지 묻고 있다.
남자는 어머니께서 희망 초등학교의 자원봉사자라고 했으므로 그의 어머니가 은퇴 후에도 바쁜 이유는 자원봉사자를 하고 계시기 때문임을 알 수 있다.

2

男：这部电影剧情没什么新意，但是女主角非常有魅力。

女：是啊，我看过她拍的所有电影，每部电影都演得非常棒。

问：关于那部电影的女主角可以知道什么？

A 做过模特　　　　　　　B 会功夫

C 很有魅力　　　　　　　D 非常害羞

지문 어휘

剧情 jùqíng 명 영화 줄거리
新意 xīnyì 명 새로운 내용
主角 zhǔjué 명 주연
魅力 mèilì 명 매력 ⭐
所有 suǒyǒu 형 모든, 전부의

보기 어휘

模特 mótè 명 모델 ⭐
功夫 gōngfu 명 쿵푸, 무술
害羞 hàixiū 동 부끄러워하다

남：이 영화의 스토리는 새로운 것이 없어. 하지만 여자 주인공은 매우 매력 있어.

여：맞아, 나는 그 사람이 나오는 영화를 다 봤는데, 모든 영화에서 연기를 잘하더라.

질문：그 영화의 여자 주인공에 관하여 알 수 있는 것은 무엇인가?

A 모델을 한 적이 있다　　　　B 쿵푸를 할 줄 안다

C 아주 매력이 있다　　　　　　D 몹시 부끄러워한다

정답 C

해설 그 영화의 여자 주인공에 대해서 묻고 있다.
남자는 여자 주인공이 매우 매력 있다 했으므로 정답은 C이다.

3

女 : 你的餐厅装修得真漂亮！什么时候开业啊？
男 : 营业执照还没批下来，只能等到下个月了。

问 : 男的遇到了什么问题？
A 营业执照没下来   B 缺服务员
C 设备太旧了   D 收据不见了

여 : 너희 레스토랑 인테리어가 정말 예쁘네! 언제 개업해？
남 : 영업 허가증이 아직 안 나와서, 다음 달까지 기다려야 해.

질문 : 남자는 어떤 문제에 부딪혔는가？
A 영업 허가증이 아직 나오지 않았다   B 종업원이 부족하다
C 시설이 너무 낙후되었다   D 영수증이 사라졌다

지문 어휘

装修 zhuāngxiū
동 인테리어 하다 ★

开业 kāi yè 동 개업하다

营业执照 yíngyè zhízhào
명 영업 허가증, 사업자 등록증

批 pī 동 허가하다, 승인하다 ★

보기 어휘

缺 quē 동 부족하다, 모자라다

设备 shèbèi 명 시설, 설비 ★

旧 jiù 형 낡다, 오래되다

收据 shōujù 명 영수증 ★

정답 A

해설 남자가 어떤 문제에 부딪혔는지 묻고 있다.
남자는 영업 허가증이 나오지 않아서 바로 개업을 할 수 없고 다음 달까지 기다려야
한다고 했으므로 정답은 A이다.

4

男 : 刚才给你打电话一直占线，你给谁打电话了？
女 : 我的高中同学丽丽，她被公司炒鱿鱼了，我刚才打电话安
慰她了。

问 : 丽丽怎么了？
A 失恋了   B 失业了
C 没被录取   D 跳槽了

남 : 방금 너한테 전화하니 계속 통화 중이던데, 누구랑 통화 중이었어？
여 : 내 고등학교 친구 리리랑. 그녀가 회사에서 해고당해서 내가 방금 전화해 위로하고 있었
어.

질문 : 리리는 어떠한가？
A 실연을 하였다   B 직장을 잃었다
C 채용이 안 됐다   D 직업을 바꿨다

지문 어휘

占线 zhànxiàn 동 통화 중이다,
사용 중이다

高中 gāozhōng 명 고등학교

炒鱿鱼 chǎo yóuyú
동 해고하다

安慰 ānwèi 동 위로하다 ★

보기 어휘

失恋 shī liàn 동 실연하다

失业 shī yè 동 실업하다 ★

跳槽 tiào cáo 동 직업을 바꾸다

정답 B

해설 리리의 상태를 묻고 있다.
여자는 리리가 해고되었다고 했으므로 결과적으로 리리는 직장을 잃었음을 알 수 있
다.
▶ 被炒鱿鱼(해고 당하다)와 失业(직장을 잃다)는 유의어에 속한다.

5

女 : 我想买辆车，你给我推荐一款吧。

男 : 没问题，但是最要紧的不是买车，而是先考驾驶执照。

问 : 男的认为女的应该先做什么?

　　A 交申请书　　　　　　B 印名片

　　C 考驾驶执照　　　　　D 咨询专家

여 : 차를 사고 싶은데 나에게 추천 좀 해줘.

남 : 문제 없지, 하지만 가장 급한 것은 차를 사는 것이 아니라, 우선 운전면허 시험을 보는 거야.

질문 : 남자는 여자가 무엇을 먼저 해야 한다고 생각하는가?

　　A 신청서를 낸다　　　　　B 명함을 인쇄한다

　　C 운전면허 시험을 본다　　D 전문가와 상담한다

지문 어휘

推荐 tuījiàn ⑧ 추천하다 ★

款 kuǎn ⑲ 종류, 스타일

要紧 yàojǐn ⑧ 중요하다

驾驶执照 jiàshǐ zhízhào ⑲ 운전면허증

보기 어휘

申请书 shēnqǐngshū ⑲ 신청서

印 yìn ⑧ 인쇄하다

名片 míngpiàn ⑲ 명함 ★

咨询 zīxún ⑧ 상담하다 ★

정답 　C

해설 　남자는 여자가 무엇을 먼저 해야 한다고 생각하는지에 대해 묻고 있다.
남자는 급한 것은 차를 사는 것이 아니라 우선 운전면허 시험을 봐야 한다고 했으므로 정답은 C이다.

6

男 : 你好，我是宣传部新来的职员小李，钱主任让我来这里报到。

女 : 欢迎欢迎。我先给你办理新职员的入职手续吧。

问 : 男的将在哪个部门工作?

　　A 人事部　　　　　　B 宣传部

　　C 会计部　　　　　　D 销售部

남 : 안녕하세요, 저는 홍보부에 새로 온 직원인 샤오리입니다. 첸 주임님께서 저에게 이곳에 와서 보고하라고 하셨습니다.

여 : 환영합니다. 먼저 신입사원 입사 절차부터 처리해 드리겠습니다.

질문 : 남자는 장차 어떤 부서에서 근무하는가?

　　A 인사부　　　　　B 홍보부

　　C 회계부　　　　　D 영업부

지문 어휘

宣传部 xuānchuánbù ⑲ 홍보부

主任 zhǔrèn ⑲ 주임, 팀장 ★

报到 bào dào ⑧ 보고하다, 등록하다 ★

办理 bànlǐ ⑧ 처리하다 ★

入职手续 rùzhí shǒuxù ⑲ 입사 절차

보기 어휘

部门 bùmén ⑲ 부서 ★

人事部 rénshìbù ⑲ 인사부

会计部 kuàijìbù ⑲ 회계부

销售部 xiāoshòubù ⑲ 영업부

정답 　B

해설 　남자가 장차 어떤 부서에서 근무할지 묻고 있다.
남자는 자신이 홍보부에 새로 온 직원이라고 소개했으므로 정답은 B이다.

7

女 : 李强获得了这次全省青少年美术大赛的冠军，听说这周末所有获奖作品会在美术馆展出。

男 : 是吗？他真了不起，到时候我们一起去看看吧。

问 : 关于李强可以知道什么？

    A 体育成绩突出　　　　B 很喜欢摄影
    C 获得了第一名　　　　D 是美术社团团长

여 : 리창이 이번 전국 청소년 미술 대회에서 우승을 했어. 듣자 하니 수상 작품 모두 이번 주말에 미술관에 전시한대.

남 : 진짜? 그는 정말 대단하다. 그때 우리 같이 가서 보자.

질문 : 리창에 관하여 알 수 있는 것은 무엇인가?

    A 체육 성적이 뛰어나다　　　B 촬영하는 것을 좋아한다
    C 1등을 했다　　　　　　　　D 미술 동아리의 동아리장이다

정답   C

해설   리창에 관하여 묻는 문제이다.
여자가 리창이 이번 전국 청소년 미술 대회에서 우승을 했다고 언급했으므로 정답은 C임을 알 수 있다. 녹음의 冠军과 보기의 第一名 모두 '1등, 우승'을 뜻하는 어휘이다.

지문 어휘

青少年 qīngshàonián
명 청소년
美术 měishù 명 미술, 예술 ★
大赛 dàsài 명 대회, 큰 경기
冠军 guànjūn 명 우승, 일등, 챔피언 ★
所有 suǒyǒu 명 모든, 전부의
获奖 huò jiǎng 동 상을 받다
展出 zhǎnchū 동 전시하다, 진열하다
了不起 liǎobùqǐ 형 대단하다, 보통이 아니다 ★

보기 어휘

体育 tǐyù 명 체육
突出 tū chū 형 뛰어나다 ★
摄影 shèyǐng 동 촬영하다 ★
社团 shètuán 명 동아리, 서클
团长 tuánzhǎng 명 단장

8

男 : 这些扇子的设计真漂亮，尤其是这把，请问多少钱？

女 : 不好意思，这是非卖品。只有我们店的会员才能免费领取。

问 : 关于那把扇子可以知道什么？

    A 即将上市　　　　　　B 是非卖品
    C 有香味儿　　　　　　D 款式太老

남 : 이 부채의 디자인이 정말 예쁘네요. 특히 이거요. 얼마예요?

여 : 죄송합니다. 이것은 비매품입니다. 저희 가게 회원만 무료로 받으실 수 있습니다.

질문 : 그 부채에 관하여 알 수 있는 것은 무엇인가?

    A 시장에 곧 출시할 것이다　　　B 비매품이다
    C 향이 있다　　　　　　　　　　D 스타일이 너무 구식이다

정답   B

해설   그 부채에 관하여 묻고 있다.
여자가 부채는 비매품이라고 언급했으므로 정답은 B이다.

지문 어휘

扇子 shànzi 명 부채 ★
设计 shèjì 명 디자인 ★
尤其 yóuqí 부 더욱이, 특히
非卖品 fēimàipǐn 명 비매품
会员 huìyuán 명 회원
领取 lǐngqǔ 동 받다

보기 어휘

即将 jíjiāng 부 곧, 머지않아
上市 shàng shì 동 출시되다
香味 xiāngwèi 명 향, 향기
款式 kuǎnshì 명 스타일

9

女：幸亏你提前给我打了个电话，要不我今天就白跑了一趟。

男：我也是刚刚从王教授那儿接到的通知，他让我马上转告你。

问：女的是什么语气？

A 感谢　　　　　　　　B 遗憾

C 愤怒　　　　　　　　D 犹豫

여：네가 미리 전화해 줘서 다행이야. 그렇지 않았으면 나는 오늘 헛걸음할 뻔했어.

남：나도 방금 왕 교수님한테 연락을 받았는데 그가 나에게 바로 너한테 전하라고 하셨어.

질문：여자의 어투는 어떠한가?

A 감사하다　　　　　　B 유감이다

C 분노하다　　　　　　D 머뭇거리다

지문 어휘

幸亏 xìngkuī 🔵 다행히 ⭐

提前 tíqián 🟢 (시간을) 앞당기다

要不 yàobù 🔷 그렇지 않으면 ⭐

白 bái 🔵 헛되이, 공연히

通知 tōngzhī 🟠 연락, 통지, 통보

转告 zhuǎngào 🟢 (말을) 전달하다 ⭐

语气 yǔqì 🟠 어투, 어기 ⭐

보기 어휘

感谢 gǎnxiè 🟢 감사하다, 고맙다

遗憾 yíhàn 🟢 유감이다 ⭐

愤怒 fènnù 🟡 분노하다

犹豫 yóuyù 🟡 머뭇거리다 ⭐

정답 A

해설 여자의 어투를 묻고 있다.
여자가 남자에게 미리 알려줘서 다행이고, 알려주지 않았다면 헛걸음할 뻔 했다고 했으므로 결과적으로 고마워한다는 것을 알 수 있다. 따라서 정답은 A이다.

10

男：听说你家儿子要结婚了，婚礼准备得怎么样了？

女：他们俩打算旅行结婚，不举办婚礼了，但具体去哪儿还没决定呢。

问：关于女的的儿子可以知道什么？

A 不想拍婚纱照　　　　B 打算去欧洲旅游

C 想环游世界　　　　　D 计划旅行结婚

남：듣자 하니 너희 집 아들이 곧 결혼한다며, 결혼식 준비는 잘 되어가？

여：그 둘은 여행 결혼을 할 계획이라 결혼식은 하지 않을 거야. 하지만 구체적으로 어디로 갈지는 아직 안 정했어.

질문：여자의 아들에 관하여 알 수 있는 것은 무엇인가?

A 웨딩사진을 찍고 싶지 않다　　　B 유럽으로 여행을 갈 생각이다

C 세계를 일주하고 싶다　　　　　D 여행 결혼을 계획 중이다

지문 어휘

婚礼 hūnlǐ 🟠 결혼식 ⭐

举办 jǔbàn 🟢 거행하다

具体 jùtǐ 🟡 구체적이다 ⭐

보기 어휘

拍 pāi 🟢 찍다 ⭐

婚纱照 hūnshāzhào 🟠 웨딩사진

欧洲 Ōuzhōu 🟠 유럽 ⭐

环游 huányóu 🟢 돌아다니며 구경하다

정답 D

해설 여자의 아들에 관하여 묻고 있다.
여자는 아들이 여행 결혼을 해서 결혼식을 따로 하지 않는다고 했으므로 정답은 D이다.

女 : 你怎么突然决定辞职了呢？你的工作不是很稳定吗？
男 : 我打算跟大学朋友一起开个室内设计公司，自己当老板。

问 : 关于男的可以知道什么？

    A 即将度蜜月   **B** 被炒鱿鱼了
    C 公司倒闭了   **D** 想自己开公司

여 : 너는 왜 갑자기 사직을 결정한 거야? 네 일은 안정적이지 않아?
남 : 나는 대학 동기와 함께 실내 디자인 회사를 하나 차릴 계획이야. 스스로 사장이 되려고.

질문 : 남자에 관하여 알 수 있는 것은 무엇인가？

    A 곧 신혼여행을 갈 것이다   B 회사에서 해고 당했다
    C 회사가 문을 닫았다   D 직접 회사를 차리고 싶다

지문 어휘

辞职 cí zhí 통 사직하다, 직장을 그만두다 ⭐
稳定 wěndìng 형 안정되다 ⭐
室内设计 shìnèi shèjì 명 실내 디자인
当 dāng 통 ~이 되다
老板 lǎobǎn 명 사장, 주인

보기 어휘

即将 jíjiāng 부 곧
度蜜月 dù mìyuè 신혼여행을 가다
炒鱿鱼 chǎo yóuyú 해고하다
倒闭 dǎobì 통 문을 닫다, 도산하다

[정답] D

[해설] 남자에 관하여 묻는 문제이다.
남자는 친구와 함께 실내 디자인 회사를 차려 스스로 사장이 되려고 한다고 했으므로 정답은 D이다.

12

男 : 累死我了！我每天下班后都得给女儿读童话故事。
女 : 好好享受吧！等孩子长大了，你就会怀念这段时光了。

问 : 女的是什么意思？

    A 要少看动画片   **B** 要尊重孩子的意见
    C 要珍惜现在   **D** 让孩子少吃零食

남 : 피곤해 죽겠어! 나는 매일 퇴근 후에 딸에게 동화책을 읽어줘야 해.
여 : 마음껏 즐겨! 아이가 크고 나면 너는 아마도 이 시절을 그리워하게 될 거야.

질문 : 여자의 말은 무슨 의미인가？

    A 만화 영화를 조금 봐야 한다   B 아이의 의견을 존중해야 한다
    C 현재를 소중히 여겨야 한다   D 아이에게 간식을 덜 먹게 하다

지문 어휘

童话 tónghuà 명 동화
故事 gùshi 명 이야기
享受 xiǎngshòu 통 누리다 ⭐
怀念 huáiniàn 통 그리워하다 ⭐
时光 shíguāng 명 시절, 시기, 시간

보기 어휘

动画片 dònghuàpiàn 명 만화 영화 ⭐
尊重 zūnzhòng 통 존중하다
珍惜 zhēnxī 통 소중히 여기다, 아끼다 ⭐
零食 língshí 명 간식 ⭐

[정답] C

[해설] 여자가 말한 의미가 무엇인지 묻고 있다.
여자는 아이가 크고 나면 지금을 그리워하게 될 것이라고 했으므로 현재를 소중히 여기라는 의미이다.

13

女 : 听说下周六晚上的年末晚会你不参加了。

男 : 本来打算参加的，但公司临时安排我去上海见一个十分重要的客户。

问 : 男的为什么不去参加年末晚会?

    A 时间紧   **B** 胳膊疼

    C 没得到通知   **D** 见客户

지문 어휘

年末 niánmò 명 연말
临时 línshí 부 갑자기 ★
十分 shífēn 부 매우
客户 kèhù 명 고객

보기 어휘

胳膊 gēbo 명 팔

여 : 듣자 하니 너는 토요일 저녁에 있는 연말 파티에 참가하지 않는다며.

남 : 원래는 참가하려 했는데, 회사에서 갑자기 나에게 상하이에 가서 아주 중요한 고객을 만나게 해서 말이야.

질문 : 남자는 왜 연말 파티에 참가하지 않는가?

    A 시간이 촉박해서   **B** 팔이 아파서

    C 통지를 받지 못해서   **D** 고객을 만나서

정답   D

해설   남자가 왜 연말 파티에 참가하지 않는지 이유를 묻고 있다.
남자는 회사에서 갑자기 그에게 상하이에 가 고객을 만나게 해서 연말 파티에 참석하지 못하게 됐다고 했으므로 정답은 D이다.

14

男 : 你不是说月底回来吗? 怎么提前3天回来了?

女 : 因为谈判遇到了一些问题，所以投资方取消了合作。

问 : 根据对话可以知道什么?

    A 本月上旬签合同   **B** 投资方提了新要求

    C 谈判不顺利   **D** 航班取消了

지문 어휘

月底 yuèdǐ 명 월말
提前 tíqián 동 앞당기다
谈判 tánpàn 명 협상 ★
投资方 tóuzīfāng 명 투자자
取消 qǔxiāo 동 취소하다 ★
合作 hézuò 명 합작, 협력 ★

보기 어휘

上旬 shàngxún 명 상순
签 qiān 동 서명하다, 사인하다 ★
合同 hétong 명 계약서 ★
顺利 shùnlì 형 순조롭다

남 : 월말에 돌아온다고 말하지 않았어? 어떻게 3일 앞당겨 돌아왔어?

여 : 협상에 문제가 조금 생겼어, 투자자가 협력을 취소하겠대.

질문 : 대화에 근거하여 알 수 있는 것은 무엇인가?

    A 이번달 상순에 계약서에 서명한다   **B** 투자자가 새로운 요구를 제시하였다

    C 협상이 순조롭지 않았다   **D** 항공편이 취소되었다

정답   C

해설   대화에 근거하여 알 수 있는 것은 무엇인지 묻고 있다.
여자는 협상에 문제가 생겼다고 했으므로 결과적으로 협상이 순조롭지 않음을 알 수 있다. 따라서 정답은 C이다.

15

女 : 你在画什么?
男 : 过几天是元旦，我正在给朋友做新年贺卡呢。

问 : 男的在干什么?
A 包装礼物　　　B 做贺卡
C 选生活用品　　D 看杂志

여 : 너는 지금 뭐 그려?
남 : 며칠 지나면 설날이라, 친구에게 줄 신년 연하장을 만들고 있어.

질문 : 남자는 무엇을 하고 있는가?
A 선물을 포장하고 있다　　　B 연하장을 만들고 있다
C 생활용품을 고르고 있다　　D 잡지를 보고 있다

지문 어휘

元旦 Yuándàn 명 설날 ★
新年贺卡 xīnnián hèkǎ
명 신년 연하장

보기 어휘

包装 bāozhuāng 동 포장하다
礼物 lǐwù 명 선물

정답　B

해설　남자가 무엇을 하고 있는지에 대해 묻는 문제이다.
남자는 며칠 지나면 설날이라 친구에게 줄 신년 연하장을 만들고 있다고 했으므로 정답은 B이다.

16

男 : 我认为青少年应该远离网络，否则不利于他们健康成长。
女 : 我觉得只要他们学会合理利用网络资源，就不必远离。

问 : 他们在谈什么问题?
A 青少年的心理问题
B 互联网的坏处
C 网络与现实的矛盾
D 青少年是否应该远离网络

남 : 나는 청소년들이 인터넷을 멀리 해야 한다고 생각해. 그렇지 않으면 그들이 건강하게 성장하는데 좋지 않을 거야.
여 : 나는 그들이 네트워크 자원을 이용하는 것을 합리적으로 배우기만 한다면, 멀리할 필요는 없다고 생각해.

질문 : 그들은 무엇에 대해 이야기를 나누고 있는가?
A 청소년이 심리문제
B 인터넷의 단점
C 인터넷과 현실의 모순
D 청소년들은 인터넷을 멀리 해야만 하는가

지문 어휘

青少年 qīngshàonián
명 청소년 ★
网络 wǎngluò 명 인터넷 ★
否则 fǒuzé 접 그렇지 않으면
不利于 búlìyú 동 ~에 불리하다,
~에 해롭다
学会 xuéhuì 동 배워서 알다,
습득하다
网络资源 wǎngluò zīyuán
명 네트워크 자원
不必 búbì 부 ~할 필요 없다

보기 어휘

心理 xīnlǐ 명 심리 ★
互联网 hùliánwǎng 명 인터넷
坏处 huàichu 명 나쁜 점
现实 xiànshí 명 현실 ★
矛盾 máodùn 명 모순 ★
是否 shìfǒu 부 ~인지 아닌지

정답　D

해설　그들이 무엇에 대해 이야기를 나누는지 묻는 문제이다.
남자와 여자는 청소년들이 인터넷을 멀리 해야 하는지에 대해 상반된 의견을 말하고 있으므로 정답은 D이다.

17

女： 听说西北的气候非常恶劣，你去了以后受得了吗？

男： 别担心，不是我一个人去，我们实地考察小组一共有5个人。

问： 女的要去的那个地方怎么样？

    A 名胜古迹较少   B 自然风景优美

    C 气候不好   D 粮食产量不稳定

여： 듣자 하니 서북 지역의 기후가 아주 열악하다던데 가서 견딜 수 있겠니?

남： 걱정하지 마, 나 혼자 가는 게 아니야, 우리 현장조사 팀은 모두 5명이야.

질문： 여자가 가려고 하는 지역은 어떠한가?

    A 명승고적이 비교적 적다   B 자연풍경이 매우 아름답다

    C 기후가 안 좋다   D 식량 생산량이 안정적이지 않다

정답   C

해설 여자가 가려고 하는 지역에 대해 묻는 문제이다.

여자는 서북 지역의 날씨가 굉장히 열악하다고 했으므로 날씨가 좋지 않음을 알 수 있다.

지문 어휘

恶劣 èliè 형 열악하다, 아주 나쁘다 ★

受得了 shòudeliǎo 동 견딜 수 있다

实地 shídì 명 현장

考察 kǎochá 동 조사하다

小组 xiǎozǔ 명 팀, 그룹

보기 어휘

名胜古迹 míngshèng gǔjì 명 명승고적 ★

风景 fēngjǐng 명 풍경 ★

优美 yōuměi 형 우아하고 아름답다 ★

粮食产量 liángshí chǎnliàng 명 식량 생산량

稳定 wěndìng 형 안정되다 ★

18

男： 咱们楼道里的光线怎么这么暗？我都看不清台阶了。

女： 刚才小区的保安告诉我感应灯坏了，明天能修好。

问： 根据对话可以知道什么？

    A 女的眼睛受伤了   B 钥匙丢了

    C 女的摔了一跤   D 楼道里很黑

남： 우리 복도에 빛이 왜 이렇게 어둡지? 계단도 잘 안 보여.

여： 방금 아파트 단지의 경비원이 센서등이 고장났다고 알려줬어. 내일이면 고칠 수 있을 거래.

질문： 대화에 근거하여 알 수 있는 것은 무엇인가?

    A 여자는 눈을 다쳤다   B 열쇠를 잃어버렸다

    C 여자는 넘어졌다   D 복도가 어둡다

정답   D

해설 대화에 근거하여 알 수 있는 것은 무엇인지 묻고 있다.

남자가 복도에 빛이 왜 이렇게 어둡냐고 물었으므로 정답은 D이다.

▶ 暗과 黑는 모두 '어둡다'는 의미의 비슷한 표현이다.

지문 어휘

楼道 lóudào 명 복도

光线 guāngxiàn 명 빛, 광선

暗 àn 형 어둡다 ★

台阶 táijiē 명 계단 ★

小区 xiǎoqū 명 아파트 단지

保安 bǎo'ān 명 경비원, 보안원

感应灯 gǎnyìngdēng 명 센서등

보기 어휘

受伤 shòu shāng 동 다치다, 부상당하다 ★

摔跤 shuāi jiāo 동 넘어지다

19

女 : 我已经五年没回国了，这次我发现市中心这条路比以前宽很多。

男 : 对，自从一年前修好以后，没那么堵了。

问 : 那条路现在怎么样了？

　　A 变宽了　　　　　　　B 路况差
　　C 老样子　　　　　　　D 被拆了

여 : 내가 5년 동안 귀국한 적이 없었는데, 이번에 나는 시내 중심의 이 길이 예전보다 많이 넓어졌다는 걸 알았어.

남 : 맞아, 1년 전에 도로를 고친 이후로 그렇게 막히지는 않아.

질문 : 그 길은 현재 어떠한가？

　　A 넓어졌다　　　　　　B 도로 상황이 나쁘다
　　C 이전과 같다　　　　　D 허물었다

지문 어휘

市中心 shìzhōngxīn
명 시내 중심

宽 kuān 형 넓다 ★

自从 zìcóng 전 ～한 이후,
～이래로 ★

修 xiū 통 고치다, 수리하다

보기 어휘

老样子 lǎoyàngzi 명 옛 모습

拆 chāi 통 뜯다, 부수다 ★

정답 ▶ A

해설 ▶ 그 길은 현재 어떠한지 묻고 있다.
여자는 이 길이 예전보다 많이 넓어졌다는 걸 알았다고 했으므로 그 길은 현재 넓어졌음을 알 수 있다.

20

男 : 今天老板让我加班，来晚了。现在几比几了？

女 : 前三局两个队打得非常精彩！你没看到真的是太可惜了。

问 : 根据对话可以知道什么？

　　A 男的迟到了　　　　　B 女的没去看比赛
　　C 两个队分数相差大　　D 比赛日期提前了

남 : 오늘 사장님이 나한테 야근하라고 해서 늦게 왔어. 지금 몇 대 몇이야？

여 : 앞에 세 경기는 두 팀 모두 아주 훌륭했어! 네가 못 봐서 정말 너무 아쉽다.

질문 : 대화에 근거하여 알 수 있는 것은 무엇인가？

　　A 남자가 늦게 도착했다　　　B 여자는 경기를 보러 가지 않았다
　　C 두 팀의 점수 차이가 크다　　D 경기 일정이 앞당겨졌다

지문 어휘

比 bǐ 명 대

队 duì 명 팀

精彩 jīngcǎi 형 훌륭하다,
뛰어나다

可惜 kěxī 형 아쉽다, 섭섭하다

보기 어휘

分数 fēnshù 명 점수

相差 xiāngchà 통 서로 차이가
나다

提前 tíqián 통 앞당기다

정답 ▶ A

해설 ▶ 대화에 근거하여 알 수 있는 것이 무엇인지 묻고 있다.
남자가 사장이 갑자기 야근하라고 해서 늦게 왔다고 했으므로 정답은 A이다.

21

女： 听说小美要参加校学生会主席的竞选。
男： 是，明天上午就要做竞选演讲了。
女： 我觉得她一定能竞选成功，因为她有很好的领导能力。
男： 对，她肯定能成功。

问： 小美要竞选什么？
　　A 宣传部部长　　　　　B 学生会会长
　　C 负责人　　　　　　 D 部门经理

여： 듣자 하니 샤오메이가 학교 학생회장 선거에 출마한다며.
남： 맞아, 내일 오전에 선거 연설을 한다던데.
여： 내 생각에 샤오메이는 반드시 당선될 거야. 그녀는 리더십이 있잖아.
남： 맞아, 샤오메이가 꼭 당선될 거야.

질문： 샤오메이는 어떤 선거에 나가는가?
　　A 홍보부 부장　　　　　B 학생회장
　　C 책임자　　　　　　　 D 부서 팀장

지문 어휘

校学生会主席
xiào xuéshēnghuì zhǔxí
명 학교 학생회 회장
竞选 jìngxuǎn 동 선거 운동을 하다, 경선 활동을 하다
领导 lǐngdǎo 명 지도자, 리더
동 지도하다 ★

보기 어휘

宣传部 xuānchuánbù
명 홍보부
部长 bùzhǎng 명 부장
会长 huìzhǎng 명 회장
负责人 fùzérén 명 책임자, 담당자
部门 bùmén 명 부서, 과 ★

정답 B

해설 샤오메이가 어떤 선거에 나가는지 묻고 있다.
여자는 샤오메이가 학교 학생회장 선거에 나간다고 언급했으므로 정답은 B이다.

22

男： 你怎么了？
女： 胃有点儿不舒服。
男： 是不是昨天吃的东西太辣了？
女： 那倒不是，可能是昨天吃太多了，消化不良。
男： 我这儿有助消化的药，我给你一粒吧。

问： 女的怎么了？
　　A 昨晚失眠了　　　　　B 着凉了
　　C 胃不舒服　　　　　　D 肌肉拉伤了

남： 너 왜 그래?
여： 위가 조금 불편해.
남： 어제 먹은 게 너무 매워서 그런 거 아니야?
여： 그건 아니야. 아마 어제 너무 많이 먹어서 소화 불량인 것 같아.
남： 나한테 여기 소화를 돕는 약이 있어, 한 알 줄게.

질문： 여자는 어떠한가?
　　A 어제 밤에 잠을 못 잤다　　　B 감기에 걸렸다
　　C 위가 아프다　　　　　　　　D 근육이 찢어졌다

지문 어휘

胃 wèi 명 위 ★
辣 là 형 맵다
倒 dào 부 오히려
消化不良 xiāohuà bùliáng
명 소화 불량 ★

보기 어휘

失眠 shīmián 동 잠을 이루지 못하다, 불면증에 걸리다 ★
着凉 zháo liáng 동 감기에 걸리다 ★
肌肉 jīròu 명 근육 ★
拉伤 lāshāng 동 찢다

정답 C

해설 여자의 몸 상태를 묻고 있다.

왜 그러냐는 남자의 질문에 여자는 위가 조금 불편하다고 답했으므로 정답은 C이다.

23

女：昨天去爬山了，感觉如何？

男：别提了，早上起床以后腰酸背痛。

女：这就说明你平时缺乏锻炼。

男：是，所以我打算以后每周日都去爬山。

问：关于男的可以知道什么？

　　A 经常咳嗽　　　　　　　B 打算坚持锻炼

　　C 动作灵活　　　　　　　D 想换教练

여：어제 등산을 갔었는데 어땠어?

남：말도 마. 아침에 일어나니까 허리가 시큰거리고 등이 아파.

여：이게 바로 네가 평소에 운동이 부족하다는 것을 보여주는 거야.

남：맞아. 그래서 앞으로 매주 일요일마다 등산을 갈 계획이야.

질문：남자에 관하여 알 수 있는 것은 무엇인가?

　　A 자주 기침을 한다　　　　　B 꾸준히 운동을 할 계획이다

　　C 동작이 민첩하다　　　　　　D 코치를 바꾸고 싶다

지문 어휘

如何 rúhé 떼 어떠하냐, 어떠한가 ★

腰酸背痛 yāosuānbèitòng 셍 허리가 시큰거리고 등이 아프다

缺乏 quēfá 동 부족하다, 결핍되다 ★

锻炼 duànliàn 동 단련하다

보기 어휘

咳嗽 késou 동 기침하다

灵活 línghuó 형 민첩하다, 날쌔다 ★

教练 jiàoliàn 명 감독, 코치 ★

정답 B

해설 남자에 관하여 무엇을 알 수 있는지 묻고 있다.

남자가 앞으로 꾸준하게 등산을 하겠다고 했으므로 결과적으로 꾸준히 운동을 할 계획임을 알 수 있다. 따라서 정답은 B이다.

24

男：这条围巾是你亲手织的？

女：是啊。我平时很喜欢做点儿小手工。

男：你真厉害。你可以开一家手工店，专门卖你织的围巾。

女：我的工作很忙，这只是我的业余爱好。

问：关于女的下列哪项正确？

　　A 开了家饰品店　　　　　B 不会划船

　　C 十分谦虚　　　　　　　D 喜欢做手工

남：이 목도리 네가 직접 짠 거니?

여：맞아. 나는 평소에 작은 수공품 만드는 것을 좋아해.

남：진짜 대단하다. 너는 수공품 가게를 열어서 직접 짠 목도리를 전문적으로 팔 수도 있겠다.

여：일이 바빠. 이건 그저 나의 취미일 뿐이야.

질문：여자에 관하여 다음 중 옳은 것은?

　　A 액세서리 가게를 열었다　　　　B 노를 저을 줄 모른다

　　C 아주 겸손하다　　　　　　　　D 수공예품 만드는 것을 좋아한다

지문 어휘

围巾 wéijīn 명 목도리 ★

亲手 qīnshǒu 부 직접, 손수

织 zhī 동 짜다, 뜨개질하다

手工 shǒugōng 명 수공 ★

厉害 lìhai 형 대단하다, 굉장하다

专门 zhuānmén 부 전문적으로

业余爱好 yèyúàihào 명 여가 취미

보기 어휘

饰品 shìpǐn 명 액세서리, 장신구

划船 huá chuán 동 노를 젓다

谦虚 qiānxū 형 겸손하다 ★

25

女 : 牛仔裤洗完以后要翻过来晾晒。
男 : 为什么？我从来没这样晾过。
女 : 因为太阳光太强，这样裤子会掉色。
男 : 原来如此呀，那我下次一定翻过来晾晒吧。

问 : 牛仔裤为什么要翻过来晒？
　　A 干得更快　　　　　　　B 避免掉色
　　C 容易结冰　　　　　　　D 会染其他衣

지문 어휘

牛仔裤 niúzǎikù 몡 청바지 ☆
翻 fān 통 뒤집다 ☆
晾晒 liàngshài 통 햇볕에 널어 말리다
掉色 diào shǎi 통 탈색되다
原来如此 yuánlái rúcǐ
과연 그렇다, 알고 보니 그렇다

여 : 청바지는 세탁 후 뒤집어서 말려야 해.
남 : 왜? 나는 한 번도 이렇게 말려본 적이 없는데.
여 : 햇빛이 너무 강하기 때문에, 이러면 바지가 탈색될 수 있어.
남 : 그렇구나. 그럼 나도 다음에는 꼭 뒤집어서 말려야겠어.

질문 : 청바지는 왜 뒤집어서 말려야 하나?
　　A 더 빨리 말리기 위해서　　　B 탈색을 피하기 위해서
　　C 쉽게 얼기 때문에　　　　　D 다른 옷에 물이 들기 때문에

보기 어휘

避免 bìmiǎn 통 피하다 ☆
结冰 jié bīng 통 얼음이 얼다
染 rǎn 통 물들다, 염색하다

26

男 : 吴教授，您看一下这次校园辩论大赛的辩题需不需要改？
女 : 我正想找你们商量这件事呢。这个题目太专业了。
男 : 我也这样认为。
女 : 这对非医学专业的选手来说，有点儿不公平。

问 : 吴教授觉得那个辩题怎么样？
　　A 太专业了　　　　　　　B 非常合理
　　C 很新鲜　　　　　　　　D 引人注目

지문 어휘

辩论 biànlùn 몡 토론
통 토론하다 ☆
商量 shāngliang 통 상의하다,
의논하다
题目 tímù 몡 주제 ☆
专业 zhuānyè 형 전문적이다
医学 yīxué 몡 의학
公平 gōngpíng 형 공평하다 ☆

남 : 오 교수님, 이번에 캠퍼스에서 열리는 토론 대회의 토론 주제를 바꿔야 하는지 한번 봐주실
　　수 있나요?
여 : 나도 마침 너희들을 찾아서 이 일을 상의하고 싶었어. 이 주제는 너무 전문적이야.
남 : 저도 그렇게 생각합니다.
여 : 이건 의과 전공이 아닌 참가자에게 조금 불공평해.

질문 : 오 교수는 토론 주제가 어떻다고 생각하는가?
　　A 너무 전문적이다　　　　B 아주 합리적이다
　　C 매우 신선하다　　　　　D 사람들의 이목을 끈다

보기 어휘

新鲜 xīnxiān 형 신선하다
引人注目 yǐnrénzhùmù
성 사람들의 이목을 끌다

오 교수는 토론 주제가 어떻다고 생각하는지에 대해 묻고 있다.
오 교수는 토론 주제가 의과 전공이 아닌 참가자에게는 조금 불공평하다고 했으므로
결과적으로 토론 주제가 너무 전문적임을 알 수 있다. 따라서 정답은 A이다.

27

女 : 你的鞋店最近生意怎么样？

男 : 比以前好多了。男款鞋没有女款鞋卖得好。

女 : 男款鞋的行情肯定没有女款鞋的行情好。你可以考虑专门
卖女款鞋。

男 : 好主意，我先跟我的爱人商量一下吧。

问 : 女的建议男的怎么做？

A 专门卖女款鞋   B 搞打折促销活动

C 增加鞋的产量   D 做电视广告

여 : 네 신발가게 요즘 장사 어때?
남 : 이전보다 많이 좋아졌어. 남성용 신발은 여성용 신발보다 잘 팔리지는 않아.
여 : 남성용 신발 시장은 확실히 여성용 신발 시장보다 좋지 않지. 여성용 신발을 전문적으로
파는 것을 고려해볼 수 있겠다.
남 : 좋은 생각이야. 먼저 내 아내와 상의를 해봐야 겠어.

질문 : 여자는 남자에게 어떻게 하라고 제안했는가?
A 여성 신발을 전문적으로 팔으라고   B 할인 판촉 행사를 하라고
C 신발의 생산량을 늘리라고   D TV 광고를 하라고

지문 어휘

鞋店 xiédiàn 몡 신발가게
生意 shēngyì 몡 장사, 영업
男款鞋 nánkuǎnxié
몡 남성용 신발
女款鞋 nǚkuǎnxié
몡 여성용 신발
行情 hángqíng 몡 시장, 시세
专门 zhuānmén 틘 전문적으로
好主意 hǎo zhǔyì 좋은 생각이다

보기 어휘

搞活动 gǎo huódòng
행사를 하다
促销 cùxiāo 됭 판촉하다,
판매를 촉진하다
增加 zēngjiā 됭 늘리다,
증가하다
产量 chǎnliàng 몡 생산량

여자는 남자에게 어떻게 하라고 제안했는지 묻고 있다.
여자가 남자에게 여성 신발을 전문적으로 파는 것을 고려해봐도 되겠다고 제안했으므
로 정답은 A이다.

28

男 : 你怎么往面里倒了这么多醋呢？不酸吗？

女 : 一点儿都不酸。我已经习惯了。

男 : 我想起来了，你的老家是山西，山西的特产就是醋。

女 : 对呀，我下次回家给你带几瓶吧。

问 : 根据对话可以知道什么？

A 男的爱吃甜的   B 女的来自山西

C 面有点儿咸   D 女的是厨师

남 : 너는 면에 왜 이렇게 식초를 많이 부었어? 시지 않아?
여 : 조금도 시지 않아. 이미 익숙해 졌어.
남 : 생각 났다. 너는 고향이 산시였지, 산시의 특산물이 바로 식초잖아.
여 : 맞아. 다음에 집에 가면 너한테 몇 병 가져다 줄게.

질문 : 대화에 근거하여 알 수 있는 것은?
A 남자는 단 음식을 즐겨 먹는다   B 여자는 산시 출신이다
C 면이 약간 짜다   D 여자는 요리사이다

지문 어휘

倒 dào 됭 붓다, 따르다
醋 cù 몡 식초 ★
酸 suān 혱 시큼하다
老家 lǎojiā 몡 고향
山西 Shānxī 지명 산시(산서)
特产 tèchǎn 몡 특산물

보기 어휘

来自 láizì 됭 ~로부터 오다
厨师 chúshī 몡 요리사

대화에 근거하여 알 수 있는 것은 무엇인지 묻고 있다.
여자의 고향이 산시라는 말을 통해 여자가 산시 출신이라는 것을 알 수 있다.

29

女 : 你别乱对儿子发脾气，他这个年纪特别敏感。

男 : 最近业务压力太大，总不耐烦。

女 : 我能理解你。但我们在儿子面前，要好好控制自己的情绪。

男 : 知道了，我下次注意吧。

问 : 女的建议男的怎么做？

     A 向儿子道歉   B 别太敏感

     C 控制情绪   D 缓解压力

지문 어휘

发脾气 fā píqi 통 화내다, 성질 부리다

年纪 niánjì 명 나이 ★

敏感 mǐngǎn 형 예민하다 ★

业务 yèwù 명 업무 ★

压力 yālì 명 스트레스

不耐烦 bùnàifán 형 못 참다, 견디지 못하다 ★

理解 lǐjiě 통 이해하다

面前 miànqián 명 앞, 면전

控制 kòngzhì 통 통제하다 ★

情绪 qíngxù 명 감정, 정서, 기분 ★

보기 어휘

道歉 dào qiàn 통 사과하다

缓解 huǎnjiě 통 해소하다 ★

여 : 당신은 아들에게 함부로 화내지 마요. 그의 나이 대는 아주 예민하다구요.

남 : 요즘 업무 스트레스가 너무 심해서 자꾸 못 참게 되네요.

여 : 나는 이해할 수 있어요. 하지만 우리는 아들 앞에서는 자신의 감정을 잘 조절해야 해요.

남 : 알겠어요. 다음부터는 주의할게요.

질문 : 여자는 남자에게 어떻게 하기를 제안하는가?

     A 아들에게 사과하는 것   B 너무 민감해 하지 않는 것

     C 감정 조절을 하는 것   D 스트레스를 해소하는 것

대화에 근거하여 알 수 있는 것이 무엇인지 묻고 있다.
여자는 남자에게 아들 앞에서는 자신의 감정을 잘 조절해야 한다고 했으므로 정답은 C이다.

30

男 : 您好，我要退201房间，现在可以结账吗？

女 : 可以。您刷卡还是付现金？

男 : 我要刷信用卡。

女 : 好的。请稍等。

问 : 男的在做什么？

     A 道歉   B 付款   C 取钱   D 面试

지문 어휘

退 tuì 통 체크아웃하다 ★

结账 jié zhàng 통 계산하다 ★

刷卡 shuā kǎ 통 카드를 긁다

现金 xiànjīn 명 현금

보기 어휘

道歉 dào qiàn 통 사과하다

付款 fù kuǎn 통 돈을 지불하다

取钱 qǔ qián 통 출금하다

面试 miànshì 통 면접을 보다

남 : 안녕하세요. 201호 체크아웃하려고 합니다. 지금 계산할 수 있나요?

여 : 할 수 있습니다. 카드 결제이신가요 아니면 현금 결제이신가요?

남 : 신용카드입니다.

여 : 알겠습니다. 잠시만 기다려주세요.

질문 : 남자는 무엇을 하고 있는가?

     A 사과하다   B 돈을 지불하다   C 출금하다   D 면접보다

해설 남자가 무엇을 하는지 묻는 문제이다.
남자가 방을 체크아웃하면서 카드로 결제하겠다고 했으므로 그는 돈을 지불하려는 상황임을 알 수 있다. 따라서 정답은 B이다.

第31到32题是根据下面一段话：

有一个研究小组向13名西方人和13名东方人展示了7张脸部表情，包括：高兴、惊讶、害怕等。最后得出的结论是不同文化背景的人们对脸部表情的理解存在不同。比如 **31** 东方人认为是吃惊的表情，在西方人看来是害怕的表情；东方人认为是愤怒、生气的表情，在西方人看来是讨厌的表情。有关专家认为这是由于 **32** 东方人特别注重的是眼部的神情，而西方人观察的是整个脸部的表情。专家同时指出这种差异也反映在东西方人使用的表情符号中。

31-32번 문제는 다음 내용에 근거한다:

한 연구팀이 13명의 서양인과 13명의 동양인에게 기쁨, 놀라움, 두려움 등의 7장의 얼굴 표정을 보여줬다. 최후에 얻어낸 결론은 다른 문화적 배경을 가진 사람들은 얼굴 표정에 대해 다르게 이해한다는 것이다. 예를 들어 **31** 동양인들이 놀란 표정이라고 생각하는 것을 서양인들은 두려운 표정으로 본다. 동양인들이 분노하고 화가 난 표정이라고 생각하는 것을 서양인들은 싫어하는 표정으로 생각한다. 관련 전문가들은 이것이 **32** 동양인들은 눈가의 표정을 특히 중시하는 반면에 서양인들은 전체 얼굴의 표정을 관찰하기 때문이라고 여긴다. 전문가들은 동시에 이러한 차이는 동서양 사람들이 사용하고 있는 이모티콘에도 반영된다고 지적했다.

지문 어휘

小组 xiǎozǔ 몡 팀, 그룹
西方人 xīfāngrén 몡 서양인
东方人 dōngfāngrén 몡 동양인
展示 zhǎnshì 동 보여주다, 드러내다
脸部 liǎnbù 몡 얼굴
包括 bāokuò 동 포함하다 ★
惊讶 jīngyà 형 놀랍다, 의아스럽다
害怕 hàipà 형 두렵다
结论 jiélùn 몡 결론 ★
文化背景 wénhuà bèijǐng 몡 문화 배경
存在 cúnzài 동 존재하다 ★
不同 bùtóng 형 다르다
愤怒 fènnù 형 분노하다
讨厌 tǎoyàn 동 싫어하다
专家 zhuānjiā 몡 전문가 ★
注重 zhùzhòng 동 중시하다
神情 shénqíng 몡 표정, 안색, 기색
指出 zhǐchū 동 밝히다, 지적하다
差异 chāyì 몡 차이, 다른 점
反映 fǎnyìng 동 반영하다 ★
表情符号 biǎoqíng fúhào 이모티콘

보기 어휘

委屈 wěiqu 형 억울하다 ★
激动 jīdòng 동 감격하다, 감동하다

31

问： 东方人认为是吃惊的表情，在西方人看来是什么？
　　A 害怕　　　B 委屈　　　C 激动　　　D 担心

질문: 동양인들이 놀란 표정이라고 생각하는 것을 서양인들은 무엇이라 보는가?
　　A 두려움　　　B 억울함　　　C 감격스러움　　　D 걱정

정답 A

해설 동양인들이 놀란 표정이라고 생각하는 것을 서양인들은 무엇이라 보는지 묻는 문제이다.
녹음 중간 부분에 동양인들이 놀란 표정이라고 생각하는 것을 서양인들은 두려운 표정으로 본다고 언급했으므로 정답은 A이다.

问 ： 根据这段话，下列哪项正确？

A 东西方的文化差异逐渐变大

B 东方的历史文化悠久

C 东方人更注重对方的眼睛

D 西方人讲究个人礼仪

질문 : 이 글에 근거하여, 다음 중 옳은 것은?

A 동서양의 문화 차이는 점점 커지고 있다

B 동양의 역사 문화는 오래되었다

C 동양인은 상대방의 눈을 더 중시한다

D 서양인은 개인의 예의를 중요시한다

보기 어휘

逐渐 zhújiàn 🔹 점점 ⭐

讲究 jiǎngjiu 🔹 중요시하다 ⭐

礼仪 lǐyí 🔹 예의

정답 ▶ C

해설 ▶ 이 글의 세부 내용을 묻는 문제이다.

녹음 중간 부분에 동양인의 눈가의 표정을 특히 중시한다고 했으므로 동양인은 상대방의 눈을 더 중시함을 알 수 있다. 따라서 정답은 C이다.

第33到35题是根据下面一段话：

33 昨天我去美术馆看画展，我站在一幅画面前看了半天，这时有一位老人走过来，问我："这画儿上的孩子是在哭还是在笑？"我看了看，发现画中的孩子泪流满面。便回答："不是在哭吗？"老人说："34 那你把画儿倒过来再看一下吧。"我按照他说的又看了一遍。简直不可思议。画中的孩子刚才还是哭的样子，现在居然一下子变得笑容满面了。同一个东西从不同的角度看，效果是不同的。所以在生活中，35 我们看待事情时，应该学会换角度来思考问题。

33-35번 문제는 다음 내용에 근거한다:

33 어제 나는 미술관에 가서 그림 전시회를 봤는데, 그림 한 폭 앞에 서서 한참을 보고 있을 때 노인 한 분이 걸어와서 나에게 "이 그림의 아이는 울고 있나 아니면 웃고 있나?"라고 물었다. 그림을 보니 그림 속의 아이는 온 얼굴이 눈물 범벅인 것을 알 수 있었다. 바로 "울고 있는 것 아닌가요?"라고 대답했다. 노인은 "34 그림 그림을 거꾸로 돌려서 다시 한번 보게"라고 말하였다. 나는 그의 말에 따라 다시 한 번 보았다. 그야말로 불가사의하게도 그림 속의 아이는 방금 전만 해도 울고 있는 모습이었는데, 지금은 예상 외로 얼굴에 웃음이 가득한 모습으로 변했다. 같은 것도 다른 각도에서 본다면 효과는 달라진다. 그러므로 살아가면서 35 어떠한 일을할 때, 각도를 바꾸어 문제를 생각할 줄 알아야 한다.

지문 어휘

美术馆 měishùguǎn 🔹 미술관

画展 huàzhǎn 🔹 그림 전시회, 전람회

幅 fú 🔹 폭(그림을 세는 단위) ⭐

老人 lǎorén 🔹 노인

泪流满面 lèiliúmǎnmiàn 🔹 온 얼굴이 눈물 범벅이다

倒 dào 🔹 거꾸로 뒤집다

简直 jiǎnzhí 🔹 그야말로 ⭐

不可思议 bùkěsīyì 🔹 불가사의하다, 이해할 수 없다

居然 jūrán 🔹 예상 외로, 뜻밖에 ⭐

笑容 xiàoróng 🔹 웃는 얼굴

笑容满面 xiàoróng mǎnmiàn 🔹 온 얼굴에 웃음이 가득하다

角度 jiǎodù 🔹 각도 ⭐

看待 kàndài 🔹 대하다, 다루다

33

问： 根据这段话，下列哪项正确？

　　A 他昨天去看画展了　　　　B 老人擅长画画
　　C 他不喜欢艺术　　　　　　D 他想学画画

질문： 이 글에 근거하여, 다음 중 옳은 것은?
　　A 그는 어제 그림 전시회를 보러 갔다　　B 노인은 그림을 잘 그린다
　　C 그는 예술을 좋아하지 않는다　　　　　D 그는 그림 그리는 것을 배우고 싶어한다

擅长 shàncháng 통 잘하다, 뛰어나다
艺术 yìshù 명 예술

정답　A

해설　이 글의 세부 내용을 묻는 문제이다.
녹음의 시작 부분에서 화자는 어제 미술관에 가서 그림 전시회를 봤다고 했으므로 정답은 A이다.

34

问： 把画儿倒过来看，上面的人有什么变化？

　　A 消失了　　　　　　　　　B 脸变大了
　　C 闭上眼睛了　　　　　　　D 表情变了

질문： 그림을 거꾸로 보면 그림 속의 사람에게 어떤 변화가 생겼나?
　　A 사라졌다　　　　　　　　B 얼굴이 크게 변했다
　　C 눈을 감았다　　　　　　　D 표정이 변했다

消失 xiāoshī 통 사라지다 ★
闭 bì 통 (눈을) 감다

정답　D

해설　그림을 거꾸로 보면 그림 속의 사람에게 어떤 변화가 생겼는지 묻고 있다.
녹음의 후반부에 그림을 거꾸로 돌려서 다시 보자 우는 얼굴이 웃는 얼굴로 변하였다고 했으므로 표정이 변했음을 알 수 있다. 따라서 정답은 B이다.

35

问： 这段话主要想告诉我们什么？

　　A 骄傲使人落后　　　　　　B 活到老，学到老
　　C 要换角度看问题　　　　　D 不能不懂装懂

질문： 이 글이 우리에게 주로 알리고자 하는 것은?
　　A 교만은 사람을 낙오하게 한다　　B 죽을 때까지 배워야 한다
　　C 각도를 바꿔서 문제를 보아야 한다　　D 모르면서 아는 척 해서는 안 된다

骄傲 jiāo'ào 형 교만, 오만
落后 luòhòu 통 낙오되다, 뒤처지다 ★
不懂装懂
bùdǒng zhuāngdǒng
성 모르면서 아는 척하다

정답　C

해설　이 글의 주제를 묻는 문제이다.
녹음의 마지막 부분에 화자는 살아가면서 어떠한 일을 대할 때 각도를 바꾸어 문제를 생각할 줄 알아야 한다고 했으므로 정답은 C이다.

第36到38题是根据下面一段话：

　　一个农业局的调研小组，去一个偏远的村子做调研。一天，**36** 他们走着走着迷路了。山里没有信号，不能用手机，所以非常着急。这时，一个十一二岁的小女孩儿走到他们面前说："你们是不是迷路了？"组长说："是的，你可以给我们指路吗？"话音刚落，**37** 小女孩儿便非常热情地为他们指路了。指完路以后她蹦蹦跳跳地走了。调研小组刚要出发时，有一位胡子花白的老人叫住了他们，他和蔼可亲地说："刚才那个小女孩儿告诉你们的路线是错的，**38** 我为了尊重她的好意，所以等她走了以后告诉你们正确的路线。"

36-38번 문제는 다음 내용에 근거한다：

　　농업부의 한 연구조사팀이 연구를 하기 위해 외진 한 마을로 갔다. 어느 날, **36** 그들은 걷다가 길을 잃었다. 산에는 신호가 없었고 휴대 전화를 사용할 수가 없어서 굉장히 조급했다. 이때 열 한두 살의 여자 아이가 그들 앞에 와서 "길을 잃으셨어요?"라고 말했다. 팀장이 "맞아, 우리에게 길을 가르쳐줄 수 있니?"라고 물었다. 말이 떨어지자마자, **37** 여자 아이는 아주 친절하게 그들에게 길을 알려주었다. 길을 알려준 후에 깡충깡충 뛰어 갔다. 연구조사팀이 이제 막 출발하려고 할 때, 수염이 희끗희끗한 노인이 그들을 불러 세워 상냥하고 친절하게 말했다. "방금 저 여자 아이가 당신들에게 알려준 길은 잘못된 것이오. **38** 나는 그 아이의 호의를 존중하기 위해서 그 아이가 간 후에 당신들에게 정확한 노선을 알려주는 것이오."

지문 어휘

农业局 nóngyèjú 명 농업부
调研 diàoyán 동 조사 연구하다
小组 xiǎozǔ 명 팀, 그룹
偏远 piānyuǎn 형 외지다
村子 cūnzi 명 마을
迷路 mí lù 동 길을 잃다
信号 xìnhào 명 신호 ☆
组长 zǔzhǎng 명 팀장
指路 zhǐ lù 동 길을 가리키다
话音 huàyīn 명 말소리
落 luò 동 떨어지다
蹦蹦跳跳 bèngbèng tiàotiào 형 깡충깡충
胡子 húzi 명 수염
花白 huābái 형 희끗희끗하다
老人 lǎorén 명 노인
和蔼可亲 hé'ǎikěqīn 성 상냥하고 친절하다
路线 lùxiàn 명 노선
正确 zhèngquè 형 정확하다

36

问 ： 调研小组为什么非常着急？

  A 迷路了   B 行程太满了
  C 地震了   D 轮胎坏了

질문 ： 연구조사팀은 왜 마음이 조급했는가？
  A 길을 잃었다   B 일정이 꽉 찼다
  C 지진이 일어났다   D 타이어가 펑크 났다

보기 어휘

行程 xíngchéng 명 여정, 노정
地震 dìzhèn 명 지진 ☆
轮胎 lúntāi 명 타이어

정답   A

해설   연구조사팀은 왜 마음이 조급했는지 묻고 있다.
단문 앞 부분에 연구조사팀은 길을 잃어 마음이 조급했다고 했으므로 정답은 A이다.

37

问 ： 关于那个女孩儿可以知道什么?

A 勇敢坚强 　　　　　B 骄傲自满

C 缺乏耐心 　　　　　D 乐于助人

질문 : 그 여자 아이에 관하여 알 수 있는 것은 무엇인가?

A 용감하고 굳세다 　　　　　B 교만하고 자만하다

C 참을성이 부족하다 　　　　D 다른 사람을 돕는 것을 좋아한다

보기 어휘

勇敢 yǒnggǎn 형 용감하다

坚强 jiānqiáng 형 굳세다 ★

骄傲自满 jiāo'àozìmǎn 성
교만하고 스스로 흡족하게 여기다

缺乏 quēfá 동 결핍되다 ★

耐心 nàixīn 형 참을성이 있다

乐于 lèyú 동 기꺼이 ~하다

정답 D

해설 그 여자 아이에 관하여 무엇을 알 수 있는지 묻고 있다.
단문 중간 부분에 여자 아이는 길을 잃은 팀장이 길을 알려 줄 수 있냐는 말에 바로
길을 알려주고 기쁜 모습으로 떠났으므로 남을 도와주길 좋아한다는 것을 알 수 있다.
따라서 정답은 D이다.

38

问 ： 这段话主要想告诉我们什么?

A 不要轻易相信别人 　　　B 随身携带地图

C 要尊重他人的好意 　　　D 独立思考问题

질문 : 이 글이 우리에게 알리고자 하는 것은?

A 쉽게 다른 사람을 믿지 마라 　　　B 지도를 가지고 다녀야 한다

C 타인의 호의를 존중해야 한다 　　　D 독립적으로 문제를 생각해야 한다

보기 어휘

轻易 qīngyì 형 함부로 하다,
쉽다 ★

随身 suíshēn 동 몸에 지니다,
휴대하다 ★

携带 xiédài 동 휴대하다

独立 dúlì 동 혼자 힘으로 하다 ★

思考 sīkǎo 동 생각하다 ★

정답 C

해설 이 글의 주제를 묻고 있다.
단문 마지막 부분에 노인은 아이의 호의를 존중하기 위해서 그 아이가 간 후에 당신
들에게 정확한 길을 알려주는 것이라고 말했으므로 이 글의 주제는 남의 호의를 존중
해야 한다는 것임을 알 수 있다. 따라서 정답은 C이다.

第39到41题是根据下面一段话:

9月1号是大学新生报到的日子。很多父母为了送孩子从
很远的地方来到了学校。但王欣是一个人来报到的，因为她的
父母都是残疾人，出行非常不便。王欣背着大包小包走进了校
园，她累得满头大汗。**39** 她觉得拿着行李去报到很不方便，所
以想找一个人帮她照看行李。这时一位穿着朴素的老奶奶从她
身边走过。她走上去询问奶奶能否帮她照看行李，没想到老奶
奶爽快地答应了。40分钟后，王欣回来了。**40** 当她看到老奶奶
在太阳下尽职尽责地帮她看守行李时，默默地留下了感动的泪
水。她诚恳地向奶奶表达了感谢。第二天，在开学典礼上，王

지문 어휘

新生 xīnshēng 명 신입생

报到 bào dào 동 등록하다,
보고하다 ★

残疾人 cánjírén 명 장애인

出行 chūxíng 동 외출하다

不便 búbiàn 형 불편하다

背 bēi 동 (등에) 지다 ★

校园 xiàoyuán 명 캠퍼스

满头大汗 mǎntóu dàhàn
온 얼굴이 땀범벅이 되다

行李 xíngli 명 짐

方便 fāngbiàn 형 편리하다

照看 zhàokàn 동 돌보다,
지켜보다

欣发现帮助她的那位老奶奶竟然坐在了主席台上，**41** 原来她就是这所大学的校长。

穿着 chuānzhuó 명 옷차림
朴素 pǔsù 형 수수하다
询问 xúnwèn 동 알아보다 ⭐
爽快 shuǎngkuai 형 시원하다
答应 dāying 동 응답하다,
동의하다 ⭐
尽职尽责 jìnzhí jìnzé
직무와 책임을 다하다
看守 kānshǒu 동 돌보다,
관리하다
默默 mòmò 부 소리없이, 묵묵히
感动 gǎndòng 동 감동하다
泪水 lèishuǐ 명 눈물
诚恳 chéngkěn 형 진실하다,
진심을 담다 ⭐
开学典礼 kāixué diǎnlǐ 개학식
主席台 zhǔxítái 명 강단, 연단

39~41번 문제는 다음 내용에 근거한다:

9월 1일은 대학교 신입생들이 등록을 하는 날이다. 많은 부모님이 아이를 배웅하기 위하여 먼 곳에서 학교까지 오셨다. 하지만 왕신은 혼자서 왔다. 그녀의 부모님은 장애인이셔서 외출이 매우 불편하시기 때문이다. 왕신은 크고 작은 가방들을 들쳐메고 캠퍼스에 들어왔고, 온 몸이 땀에 흠뻑 젖을 만큼 힘들었다. **39** 그녀는 짐을 들고 등록하러 가는 것이 매우 불편하다고 생각해서 자신을 도와 짐을 봐줄 사람을 찾고 싶었다. 이때 수수한 옷차림의 한 할머니가 그녀의 곁을 지나가셨다. 그녀는 할머니에게 짐을 좀 봐주실 수 있냐고 여쭤보았고, 뜻밖에도 할머니는 아주 흔쾌히 동의해 주셨다. 40분이 지난 후 왕신이 돌아왔다. **40** 할머니께서 뛰약벽 아래에서 짐을 지키고 계시는 모습을 보고 소리 없이 감동의 눈물을 흘렸다. 그녀는 진심을 담아 할머니에게 감사를 표현했다. 다음 날 개학식에서, 왕신은 그녀를 도와주었던 그 할머니가 강단에 앉아 계신 것을 보았다. **41** 알고 보니 그 할머니는 바로 이 대학교의 교장 선생님이었다.

39

问 : 王欣请老奶奶帮她做什么?

A 办入学手续　　　　　B 看守行李
C 搬运包裹　　　　　　D 订盒饭

보기 어휘

手续 shǒuxù 명 수속 ⭐
搬运 bānyùn 동 운송하다
包裹 bāoguǒ 명 소포 ⭐
盒饭 héfàn 명 도시락

질문 : 왕신은 할머니에게 무엇을 도와달라고 했는가?

A 입학 절차를 처리하는 것　　　　B 짐을 봐주는 것
C 택배를 옮기는 것　　　　　　　D 도시락을 예약하는 것

정답 ▶ B

해설 왕신이 할머니에게 무엇을 도와달라고 했는지 묻고 있다.
단문 중간 부분에 왕신은 짐을 들고 등록하러 가는 것이 불편하다고 생각해서 할머니에게 짐을 봐 달라고 부탁했으므로 정답은 B이다.

40

问 : 关于那位奶奶可以知道什么?

A 说话幽默　　　　　B 表情严肃
C 非常守信用　　　　D 是宿舍管理员

보기 어휘

幽默 yōumò 형 유머러스하다
表情 biǎoqíng 명 표정 ⭐
严肃 yánsù 형 근엄하다,
엄숙하다 ⭐
守信用 shǒu xìnyòng
신용을 지키다

질문 : 그 할머니에 관하여 알 수 있는 것은 무엇인가?

A 말이 유머러스하다　　　　　B 표정이 근엄하다
C 신용을 아주 잘 지킨다　　　D 기숙사의 관리인이다

정답 C

해설 그 할머니에 관하여 무엇을 알 수 있는지 묻고 있다.
단문 후반부에 할머니께서 40분 동안 뙤약볕 아래에서 짐을 지키고 계셨던 모습을 통해 신용을 잘 지키시는 분이라는 것을 알 수 있다.

41

问 : 根据这段话，下列哪项正确?

　　A 那位奶奶是校长　　　　B 王欣非常软弱
　　C 王欣的父母去世了　　　D 天气寒冷

질문 : 이 글에 근거하여 다음 중 옳은 것은?
A 그 할머니는 교장 선생님이다　　B 왕신은 아주 연약하다
C 왕신의 부모님은 돌아가셨다　　D 날씨가 춥다

보기 어휘

软弱 ruǎnruò 형 연약하다
去世 qùshì 동 돌아가다 ⭐
寒冷 hánlěng 형 (날씨가) 춥고
차다

정답 A

해설 이 글에 근거하여 올바른 내용을 고르는 문제이다.
단문 마지막 부분에 입학식 날 왕신은 할머니가 학교의 교장 선생님이라는 것을 알게 되었다고 했으므로 그 할머니가 교장 선생님이었음을 알 수 있다. 따라서 정답은 A이다.

第42到43题是根据下面一段话:

　　42"睡眠负债"是指人们由于主动限制睡眠时间而造成的睡眠不足。"睡眠负债"常常发生在都市的年轻人群中。原因有以下几点: 第一，上班族觉得工作压力很大，下班以后应该利用丰富的夜生活来缓解压力，不到凌晨决不睡觉。第二，很多年轻人白天的时候工作效率和学习效率很低，把工作和学习带回家，等到晚上才开始做。**43**如果长期处于"睡眠负债"的状态不但记忆力和注意力会下降，而且会影响情绪和工作表现，并且会加速老化造成肥胖，甚至会引起其他严重的疾病。

42-43번 문제는 다음 내용에 근거한다:

　　42 '수면 부채'란 사람들이 스스로 수면시간을 제한하여 생긴 수면부족을 말한다. '수면 부채'는 흔히 도시의 젊은이들 사이에서 생기며, 원인은 다음과 같은 몇 가지가 있다. 첫째로, 직장인들은 근무로 인한 스트레스가 아주 크다고 생각한다. 퇴근 후에 풍부한 야간 문화 활동을 이용해 스트레스를 해소하고자 하고, 새벽이 되기 전엔 절대 자려고 하지

지문 어휘

睡眠 shuìmián 명 수면
负债 fùzhài 명 부채
主动 zhǔdòng 형 주동적인,
자발적인 ⭐
限制 xiànzhì 동 제한하다 ⭐
造成 zàochéng 동 야기하다,
발생시키다 ⭐
不足 bùzú 형 부족하다 ⭐
都市 dūshì 명 도시
群 qún 명 무리 ⭐
上班族 shàngbānzú
명 직장인, 샐러리맨
夜生活 yèshēnghuó
명 야간 문화 활동
缓解 huǎnjiě 동 완화되다,
해소되다 ⭐
凌晨 língchén 명 새벽녘
白天 báitiān 명 낮
效率 xiàolǜ 명 능률, 효율
处于 chǔyú 동 ~에 처하다
记忆力 jìyìlì 명 기억력
下降 xiàjiàng 동 하강하다

않는다. 둘째로, 아주 많은 젊은이들은 낮 시간대의 업무 효율과 학습 효율이 현저히 낮아서 일과 공부거리를 집으로 가지고 돌아가 밤이 되어서야 그 일들을 시작한다. **43** 만약에 '수면 부채'의 상태가 장기적으로 이어진다면 기억력과 주의력이 떨어지게 될 뿐 아니라, 기분과 근무태도에도 영향을 줄 수 있고, 게다가 노화를 가속화하고 비만을 초래할 수 있으며, 심지어는 다른 심각한 질병에 걸릴 수도 있다.

状态 zhuàngtài 명 상태 ⭐
情绪 qíngxù 명 정서, 기분 ⭐
加速 jiāsù 동 가속하다
老化 lǎohuà 동 노화하다
肥胖 féipàng 형 뚱뚱하다
引起 yǐnqǐ 동 끌다, 야기하다, 불러일으키다
严重 yánzhòng 형 위급하다, 심각하다
疾病 jíbìng 명 병

42

问 : "睡眠负债" 是指什么?

　A 睡眠不足　　　　　B 长期失眠
　C 治疗疾病　　　　　D 还清贷款

질문 : '수면부채'란 무엇을 가리키는가?
　A 잠이 부족한 것　　　　B 장시간 불면증에 걸리는 것
　C 질병을 치료하는 것　　D 대출을 청산하는 것

보기 어휘

失眠 shī mián 동 잠을 이루지 못하다
治疗 zhìliáo 동 치료하다 ⭐
还清 huánqīng 동 완전히 갚다
贷款 dàikuǎn 동 대출하다 ⭐

정답 ▶ A

해설 ▶ '수면 부채'의 의미를 묻고 있다.
단문 도입 부분에서 '수면 부채'란 사람들이 스스로 수면시간을 제한하여 생긴 수면부족을 말한다고 했으므로 정답은 A이다.

43

问 : "睡眠负债" 会造成什么危害?

　A 迅速变瘦　　　　　B 注意力下降
　C 视觉受损　　　　　D 动作缓慢

질문 : '수면 부채'는 어떠한 위험을 초래할 수 있는가?
　A 급속도로 살이 빠진다　　　B 주의력이 떨어진다
　C 시각을 손상시킨다　　　　D 동작이 느려진다

보기 어휘

迅速 xùnsù 형 신속하다 ⭐
视觉 shìjué 명 시각
受损 shòusǔn 동 손실을 입다
缓慢 huǎnmàn 형 느리다

정답 ▶ B

해설 ▶ '수면 부채'가 어떠한 위험을 초래할 수 있는지 묻고 있다.
만약에 '수면 부채'의 상태가 장기적으로 이어진다면 기억력과 주의력이 떨어지게 될 수 있다고 했으므로 정답은 B이다.

第44到45题是根据下面一段话：

有一家面包店卖各种各样的面包。**44** 为了吸引更多顾客，老板用苹果制作了一种用来蘸面包的苹果酱，受到了新老顾客的喜爱，面包店的生意越来越红火了。后来老板发现，很多顾客买完面包以后，还会买一些苹果酱带走，甚至有的顾客不买面包，专门来买苹果酱。而且附近很多超市和便利店都从他那儿进货然后卖。他想，既然苹果酱这么受大家的喜欢，那我还可以尝试别的口味儿的水果酱。于是，**45** 他又制作了番茄酱、草莓酱等各种口味的，满足了广大顾客的需求。

44-45번 문제는 다음 내용에 근거한다:

한 빵집에서 다양한 빵을 팔고 있었다. **44** 더 많은 고객을 끌어들이기 위해서, 사장은 사과를 사용하여 빵에 바르는 사과잼을 만들었고, 새로 온 고객들과 기존 고객들의 사랑을 받아, 빵집의 장사는 날이 갈수록 번창하였다. 이후에 사장은 많은 고객이 빵을 구매하면서 사과잼도 사가고, 심지어 일부 고객은 빵을 사지 않고 일부러 사과잼만 사러 온다는 것을 발견하였다. 또한 근처의 많은 마트나 편의점 또한 그에게서 물품을 들여 판매하였다. 그는 사과잼이 이렇게 사람들의 사랑을 받으니, 다른 맛의 과일잼을 만들어봐도 되겠다고 생각했다. 그리하여, **45** 그는 토마토 페이스트, 딸기잼 등의 다양한 맛을 더 만들어 수많은 고객의 요구를 만족시켰다.

지문 어휘

顾客 gùkè 명 고객
老板 lǎobǎn 명 주인, 사장 ⭐
制作 zhìzuò 통 제작하다 ⭐
蘸 zhàn 통 찍다
果酱 guǒjiàng 명 과일잼
生意 shēngyi 명 장사, 사업
红火 hónghuo 형 번화하다
专门 zhuānmén 부 일부러, 전문적으로
便利店 biànlìdiàn 명 편의점
进货 jìn huò 통 물품이 들어오다
尝试 chángshì 시도해 보다, 테스트해 보다, 시험해 보다
口味儿 kǒuwèir 명 맛, 입맛 ⭐
番茄酱 fānqiéjiàng 명 토마토 페이스트
草莓酱 cǎoméijiàng 명 딸기잼
广大 guǎngdà 형 광대하다 ⭐
需求 xūqiú 명 수요

问： 老板最初为什么制作苹果酱？

　A 受到同行的启发
　B 为吸引顾客
　C 为提高面包的价格
　D 能使苹果存放更久

질문 : 사장은 처음에 왜 사과잼을 만들었는가?
　A 동종업계 사람으로부터 깨달음을 얻었다
　B 고객을 끌어들이기 위해
　C 빵의 가격을 올리기 위해
　D 사과를 더 오래 보관할 수 있기 때문에

보기 어휘

同行 tóngháng 명 동종업계 사람
启发 qǐfā 통 일깨우다 ⭐
存放 cúnfàng 통 맡기다, 놓아두다

정답 B

해설 사장은 처음에 왜 사과잼을 만들었는지 이유를 묻고 있다.
단문 첫 부분에 더 많은 고객을 끌어들이기 위해서, 사장은 사과를 이용하여 빵에 바르는 사과잼을 만들었다고 했으므로 정답은 B이다.

45

问 ： 关于老板可以知道什么?
A 对员工要求高　　B 善于发现商机
C 创业失败过很多次　　D 喜欢与人竞争

질문 ： 사장에 관하여 알 수 있는 것은?
A 직원에게 요구하는 바가 높다　　B 사업 기회를 잘 잡는다
C 아주 여러 번 창업에 실패했다　　D 다른 사람들과 경쟁하는 것을 좋아한다

정답 B

해설 사장에 관하여 무엇을 알 수 있는지 묻고 있다.
단문 마지막 부분에 사과잼이 잘 팔리는 것을 보고 더 많은 잼을 개발하여 많은 고
객에게 판매했다고 했으므로 결과적으로 사업 기회를 잘 잡는다는 내용과 일치한다.
따라서 정답은 B이다.

보기 어휘

善于 shànyú 동 ~를 잘하다,
~에 능하다 ⭐
商机 shāngjī 명 상업 기회,
사업 기회
创业 chuàng yè 동 창업하다
失败 shībài 동 패배하다,
실패하다
竞争 jìngzhēng 동 경쟁하다

제1부분 | 46~60번 문제는 지문 속 빈칸에 알맞은 단어나 문장을 채우는 문제입니다.

第46到48题是根据下面一段话：

　　你有没有想过这样一个问题，挣钱和赚钱的区别是什么？大部分人可能会说这两个词的意思完全一样。其实不然。一位经济学家较为详细地 **46 A 解释** 了这两个词。"挣"字左边是提手旁，右边是争字，意思是只有靠自己的双手，付出劳动，才能 **47 C 争取** 到一点儿报酬。然而"赚"字的左边是"贝"字，在古代表示钱，右边是一只手拿着两棵禾苗，代表粮食。整个字的意思是用钱买了粮食后再卖出去，然后得到钱。用这种方式得到的钱，才是真正 **48 A 意义** 上的钱的增加。

46–48번 문제는 다음 내용에 근거한다:

　　당신은 이러한 문제를 생각해 본 적이 있는가. 돈을 버는 것과 이윤을 남기는 것의 차이는 무엇일까? 대부분의 사람들은 이 두 단어의 뜻이 완전히 같다고 말할 것이다. 하지만 사실은 그렇지 않다. 한 경제학자는 비교적 상세하게 두 단어를 **46 A 설명했다.** '挣'의 왼쪽은 '재방변'이고, 오른쪽은 '다툴 쟁'이다. 뜻은 오직 자신의 두 손에 기대어서, 노동을 해야지만 약간의 보수를 **47 C 얻을 수 있다**는 것이다. 반면에 '赚'의 왼쪽은 '조개 패'로, 조개는 고대에는 돈을 상징했다. 오른쪽은 한쪽 손으로 두 그루의 벼 이삭을 들고 있는 것으로 양식을 상징하는 것이다. 전체 글자의 의미는 돈을 이용해서 양식을 산 후 다시 팔아 치워 돈을 번다는 것이다. 이러한 방식을 통해서 얻은 돈이야 말로 진정한 **48 A 의미**의 돈의 증가이다.

지문 어휘

挣钱 zhèng qián 통 돈을 벌다
赚钱 zhuàn qián 통 이윤을 남기다
不然 bùrán 접 그렇지 않다 ★
较为 jiàowéi 부 비교적
详细 xiángxì 형 상세하다
靠 kào 통 기대다 ★
付出 fùchū 통 바치다, 들이다, 내주다
报酬 bàochou 명 보수, 월급
贝 bèi 명 조개
禾苗 hémiáo 명 벼 이삭
粮食 liángshi 명 양식 ★
整个 zhěnggè 명 전체, 모두 ★

46

A 解释	B 承受	C 耽误	D 浏览
A 설명하다	B 감당하다	C 시간을 허비하다	D 대충 훑어보다

정답 A

해설 빈칸 뒤에 동태조사 了가 있으므로 빈칸에는 동사나 형용사가 올 수 있다. 또한 빈칸 앞에 详细라는 형용사가 빈칸을 수식하고 있으므로 '상세하게 ~했다'라는 문맥이 들어가야 하므로 정답은 A 解释이다. 解释는 구체적인 내용을 '설명하다, 해석하다'라는 의미의 동사이다.

보기 어휘

解释 jiěshì 통 설명하다, 해석하다
承受 chéngshòu 통 감당하다, 견뎌내다 ★
耽误 dānwu 통 시간을 허비하다 ★
浏览 liúlǎn 통 대충 훑어보다 ★

A 到达	**B** 采取	**C** 争取	**D** 分析
A 도착하다	B 채택하다	C 얻다	D 분석하다

보기 어휘

到达 dàodá 통 도착하다 ★
采取 cǎiqǔ 통 채택하다 ★
争取 zhēngqǔ 통 얻다, 쟁취하다 ★
分析 fēnxī 통 분석하다 ★

정답 C

해설 빈칸 뒤에 报酬(보수)와 호응되는 어휘에 주목하자!
빈칸 앞에 조동사 能이 있으므로 동사가 들어가야 하고, 문맥상 '보수를 ~하다'라는 의미로 문장이 완성되어야 하므로, 정답은 C 争取이다.
争取는 '(노력을 통해) 얻어내다, 쟁취하다'라는 의미의 동사이다.

48

A 意义	**B** 规矩	**C** 风格	**D** 范围
A 의미	B 규격	C 스타일	D 범위

보기 어휘

意义 yìyì 명 의미, 의의 ★
规矩 guīju 명 규격, 표준 ★
风格 fēnggé 명 스타일 ★
范围 fànwéi 명 범위 ★

정답 A

해설 빈칸 뒤에 방위사 上이 있으므로 빈칸에는 명사가 들어가야 한다.
문맥상 '진정한 의미의 돈의 증가이다'라는 의미가 가장 적절하다. 그러므로 정답은 A 意义(의미)이다.

第49到52题是根据下面一段话:

　　19世纪中叶的欧洲，那时的医院还没有消毒的概念，医生们为了避免把自己穿的衣服弄脏，于是每天穿灰袍子，而且 **49** A 从来 都不洗。当时有很多病人因为细菌感染而失去了生命，后来人们才知道病人死亡的真正原因是衣服造成的。

　　于是医院的医生就需要一种东西来代替灰袍子。这个东西除了能保护医生工作中所穿的衣服外，还要 **50** C 具备 一些其他的特点。比如容易发现上面的血渍、污渍，方便清洗，可以高温消毒等。**51** D 而白大褂就是一个不错的选择。因为白色和其他颜色易形成鲜明的对比，如果上面有污渍就可以马上看出来。而且经过 **52** C 反复 的高温消毒、清洗也不用担心会掉色的问题，因此成了医生的工作服。

지문 어휘

中叶 zhōngyè 명 중엽
欧洲 Ōuzhōu 명 유럽
消毒 xiāodú 통 소독하다
概念 gàiniàn 명 개념 ★
避免 bìmiǎn 통 피하다 ★
于是 yúshì 접 그래서
灰 huī 형 회색의 ★
袍子 páozi 명 두루마기
细菌 xìjūn 명 세균
感染 gǎnrǎn 명 감염
造成 zàochéng 통 초래하다, 야기하다, 발생시키다, 형성하다 ★
代替 dàitì 통 대체하다, 대신하다 ★
血渍 xuèzì 명 혈흔
污渍 wūzì 명 때
清洗 qīngxǐ 통 깨끗이 씻다
消毒 xiāodú 명 소독
鲜明 xiānmíng 형 선명하다
掉色 diào shǎi 통 탈색되다, 색이 바래다

49~52번 문제는 다음 내용에 근거한다:

　19세기 중엽의 유럽, 그때의 병원은 소독이라는 개념이 아직 없어서, 의사들은 그들이 입은 옷이 더러워지는 것을 피하기 위해서 매일 회색 두루마기를 입었다. 게다가 **49** A 이제까지 세탁도 하지 않았다. 당시에는 세균 감염 때문에 생명을 잃은 환자가 많았는데, 나중에서야 사람들은 비로소 환자들이 사망한 진정한 원인이 옷 때문에 초래되었다는 것을 알았다.

그래서 병원의 의사들은 회색 두루마기를 대체할 만한 물건이 필요했다. 이것은 의사가 근무 중에 입는 옷을 보호할 수 있는 것 외에도, 기타 몇 가지 특징을 <u>50 C 갖추고 있어야 했다</u>. 예를 들어, 그 위의 혈흔, 때 등을 쉽게 발견할 수 있어야 하고, 깨끗이 씻는 것이 용이하며, 고온 소독이 가능한 것 등이다. <u>51 D 그래서 흰색 가운은 하나의 굉장히 좋은 선택이었다</u>. 흰색은 다른 색들과 쉽게 선명한 대비의 효과를 내기 때문에, 그 위에 때가 있다면, 바로 눈에 띌 수 있다. 게다가 <u>52 C 반복적인</u> 고온 소독과 깨끗이 씻어도 탈색이 될까 걱정할 필요도 없었다. 이로 인해 의사의 근무복이 되었다.

49

A 从来	B 往后	C 目前	D 如今
A 이제까지	B 앞으로	C 지금	D 지금

보기 어휘

从来 cónglái 🅱 이제까지, 여태껏
往后 wǎnghòu 🅼 앞으로
目前 mùqián 🅼 지금, 현재 ⭐
如今 rújīn 🅼 지금, 이제 ⭐

정답 A

해설 빈칸 뒤에 부사 都가 있으므로 빈칸은 부사가 들어가야 한다. 부사 都와 호응해서 자주 사용하는 부사를 떠올리자!
당시의 의사들이 이전에 계속 세탁을 하지 않았다는 것을 강조하고 있으므로 정답은 부정을 강조하는 부사인 A 从来(이제까지)이다.
▶ 从来都不~ (이제까지 ~도 하지 않다) 표현을 익혀두자!

50

A 对比	B 分配	C 具备	D 概括
A 대비하다	B 분배하다	C 갖추다	D 요약하다

보기 어휘

对比 duìbǐ 🅳 대비하다 ⭐
分配 fēnpèi 🅳 분배하다, 할당하다 ⭐
具备 jùbèi 🅳 갖추다 ⭐
概括 gàikuò 🅳 요약하다 ⭐

정답 C

해설 빈칸 뒤에 목적어 特点(특징)과 호응하는 어휘를 찾으면 된다. 特点(특징)과 호응이 되는 동사는 具备(갖추다)이므로 정답은 C 具备이다.
▶ 具备特点(장점을 갖추다)을 익혀두자!

51

A 深色的衣服更耐脏
B 这可难倒了科学家们
C 做完实验应该立即洗手
D 而白大褂就是一个不错的选择

A 진한 색의 옷은 때가 덜 탄다
B 이는 과학자들을 곤란하게 했다
C 실험을 마친 후에는 반드시 손을 씻어야 한다
D 그래서 흰 가운은 하나의 좋은 선택이었다

보기 어휘

耐脏 nàizāng 🅵 때가 덜 탄다
难倒 nándǎo 🅳 곤란하게 하다
科学家 kēxuéjiā 🅼 과학자
实验 shíyàn 🅼 실험 ⭐
立即 lìjí 🅱 곧 ⭐
白大褂 báidàguà 🅼 흰 가운

정답 D

해설 빈칸 뒤쪽에 흰색을 선택하는 장점이 서술되고 있으므로 문맥상 어울리는 문장은 D 而白大褂就是一个不错的选择(그래서 흰 가운은 하나의 좋은 선택이었다)이다.

A 尤其	B 巨大	C 反复	D 总共
A 더욱이	B 아주 크다	C 반복하다	D 모두

보기 어휘

尤其 yóuqí 🔵 더욱이
巨大 jùdà 🔵 아주 크다 ⭐
反复 fǎnfù 🔵 반복하다 ⭐
总共 zǒnggòng 🔵 모두 ⭐

정답 C

해설 빈칸이 있는 문장 '( ) 고온 소독과 깨끗이 씻을 때 탈색이 될까 걱정할 필요도 없었다'라는 문맥이므로, 빈칸에는 반복적인 고온 살균이나 깨끗이 씻는 것으로 인해 탈색이 될까봐라는 내용이 들어가야 함을 유추할 수 있다. 따라서 정답은 C 反复(반복하다)이다.

第53到56题是根据下面一段话:

　　随着经济的发展，人们的生活节奏越来越快了，因此在如今的社会每天能按时吃饭的人已不多见。不按时吃饭对胃的伤害是最大的，长此以往，是很容易得胃病的。在民间有"喝粥养胃"的说法。53 B 事实真的如此吗？其实喝粥养胃确实是有一定的科学道理，因为粥属于流质食物，而且 54 C 通常煮得很烂，不需要胃对其进行消化，55 D 就可以直接让人体吸收。对于有胃病的人来说，喝粥是不错的选择，因为可以大大降低胃的负担。如果从"给胃减负"的角度来看的话，喝粥是有一定的养胃作用的。但是专家也明确指出，由于每个的体质不一样，所以喝粥养胃并非适用于所有人。真正养胃是需要时间进行 56 D 综合调理的，比如要注意饮食搭配，注意作息时间等。

지문 어휘

经济 jīngjì 🔵 경제
节奏 jiézòu 🔵 리듬
如今 rújīn 🔵 지금 ⭐
按时 ànshí 🔵 제때, 시간에 맞추다
胃 wèi 🔵 위 ⭐
伤害 shānghài 🔵 상해(다치게 하는 것) 🔵 상하게 하다, 손상시키다
长此以往 chángcǐyǐwǎng 🔵 이런 식으로 계속 나아가다
民间 mínjiān 🔵 민간
粥 zhōu 🔵 죽
养胃 yǎngwèi 🔵 위를 튼튼히 한다
说法 shuōfǎ 🔵 의견
如此 rúcǐ 🔵 이와 같다
其实 qíshí 🔵 사실
确实 quèshí 🔵 확실히 🔵 확실하다
道理 dàolǐ 🔵 근거, 일리, 이치 ⭐
属于 shǔyú 🔵 ~에 속하다 ⭐
流质 liúzhì 🔵 액체성 음식물
煮 zhǔ 🔵 끓이다
烂 làn 🔵 흐물흐물하다 ⭐
降低 jiàngdī 🔵 줄이다, 낮추다
负担 fùdān 🔵 부담
减负 jiǎn fù 🔵 부담을 줄이다
明确 míngquè 🔵 명확하다 ⭐
指出 zhǐchū 🔵 밝히다, 지적하다
体质 tǐzhì 🔵 체질
调理 tiáolǐ 🔵 돌보다
搭配 dāpèi 🔵 밸런스, 배합, 조화
作息 zuòxī 🔵 일하고 휴식하다

53~56번 문제는 다음 내용에 근거한다:

　　경제 발전에 따라 사람들의 생활 리듬이 날이 갈수록 빨라졌다. 이 때문에 지금의 사회에서 매일 제때 식사를 할 수 있는 사람은 이미 흔치 않다. 불규칙한 식사는 위에 손상이 가장 크다. 이런 식으로 계속 가다가는 위병에 걸리기 쉽다. 민간에서는 '죽을 먹어 위를 튼튼하게 한다'라는 의견이 있다. 53 B 실제로 정말 이럴까? 사실 죽을 먹어 위를 튼튼하게 한다는 말은 확실히 어느 정도의 과학적 근거가 있다. 왜냐하면 죽은 액체성 음식물에 속하고, 또한 54 C 일반적으로 흐물흐물하게 푹 끓이면, 위가 그 음식에 대해 소화를 진행할 필요가 없이 55 D 인체에 바로 흡수될 수 있기 때문이다. 위병이 있는 사람에게 있어서 죽을 먹는 것은 괜찮은 선택이다. 왜냐하면 위의 부담을 크게 줄일 수 있기 때문이다. 만약에 '위에게 부담을 줄이는' 관점에서 보았을 때 죽을 먹는 것은 위를 돌볼 수 있는 일정한 효과가 있다. 하지만 전문가들은 또한 모든 사람의 체질이 다르기 때문에 죽을 먹어서 위를 튼튼하게 한다는 것이 결코 모든 사람에게 적합하다고는 할 수 없다고 명확하게 밝혔다. 진정으로 위를 튼튼하게 한다는 것은 장기간에 걸쳐 56 D 종합적으로 돌보는 것이다. 예를 들어 음식 밸런스를 맞춘다거나 일과 휴식 시간을 주의하는 것 등이다.

53

A 功能	B 事实	C 秘诀	D 设施
A 기능	B 실제로	C 비결	D 시설

보기 어휘

功能 gōngnéng 몡 기능 ⭐
事实 shìshí 몡 실제로, 사실 ⭐
秘诀 mìjué 몡 비결
设施 shèshī 몡 시설 ⭐

정답 B

해설 민간에서 전해지는 가설이 과학적으로 증명이 되는 사실인지를 설명하는 것이므로 정답은 B 事实(실제로)이다.

54

A 临时	B 主动	C 通常	D 依然
A 잠시	B 주동적인	C 일반적으로	D 여전히

보기 어휘

临时 línshí 뷔 잠시, 임시 ⭐
主动 zhǔdòng 혱 주동적인 ⭐
通常 tōngcháng 몡 일반적으로, 보통 ⭐
依然 yīrán 뷔 여전히 ⭐

정답 C

해설 음식물을 흐물흐물하게 푹 끓여 먹으면 위의 부담이 줄어드는 것이 일반적으로 알고 있는 사실이므로 정답은 C 通常(일반적으로)이다.

55

A 味道很独特
B 刚出锅的粥不能马上喝
C 医生推荐多喝米粥
D 就可以直接让人体吸收

A 맛이 독특하다
B 막 솥에서 나온 죽은 바로 먹으면 안 된다
C 의사는 죽을 많이 먹으라고 건의한다
D 인체에 바로 흡수될 수 있다

보기 어휘

味道 wèidao 몡 맛 ⭐
独特 dútè 혱 독특하다
锅 guō 몡 솥 ⭐
推荐 tuījiàn 동 추천하다 ⭐
吸收 xīshōu 동 흡수하다 ⭐

정답 D

해설 이전의 내용에서 음식물의 소화에 대한 이야기를 했고 전체적인 의미상 '푹 끓인 죽은 위의 소화 작용없이 인체에 바로 흡수될 수 있다'라고 하는 것이 적합하므로 정답은 D 就可以直接让人体吸收이다.

56

A 应付	B 承担	C 遵守	D 综合
A 대응하다	B 맡다	C 지키다	D 종합하다

应付 yìngfu 동 대응하다 ⭐
承担 chéngdān 동 맡다 ⭐
遵守 zūnshǒu 동 지키다, 준수하다 ⭐
综合 zōnghé 동 종합하다 ⭐

정답 D

해설 음식 밸런스를 맞춘다거나 일과 휴식 시간을 주의하는 것 등 여러 방면으로 예를 들었기 때문에 '종합적으로 위를 튼튼하게 해야 한다'는 내용이 들어가야 적합하므로 정답은 D 综合(종합하다)이다.

第57到60题是根据下面一段话：

　　用"正"字计数是中国人常用的方法，而且非常受中国人的欢迎。因为"正"字不复杂，只有横和竖，很容易判断下一笔是哪笔。另外"正"字一共有5画，两个正字就是10画，以此类推，这样计数又简单又容易。那么，**57 B 到底是谁最先用这个方法的呢**？据说正字计数法，最开始的时候是在戏院登记来看戏的人数时用的。在清朝的旧上海，还没有凭票进戏院看戏的制度，只是由服务员在门口接待客人，**58 D 满**5位以后便带着他们进去，然后再给他们安排座位。当客人坐到自己的座位后，有一位专门记账的人会在黑板上写一个"正"字，并在后面写上该服务员的名字，随后会由他来负责收费。后来，正字计数法在老百姓的生活中 **59 D 广泛**流行起来了。直到科技发达的今天，很多中国人还 **60 C 保留**正字计数的传统习惯。

计数 jìshǔ 통 세다
复杂 fùzá 형 복잡하다
横 héng 형 가로의
竖 shù 형 세로의
判断 pànduàn 통 판단하다
另外 lìngwài 부 그 외에도,
그밖에
画 huà 명 획
以此类推 yǐcǐlèituī
성 이것에 의해 유추할 수 있다
据说 jùshuō 통 말하는 바에
의하면 ★
戏院 xìyuàn 명 극장
登记 dēngjì 통 기록하다 ★
制度 zhìdù 명 규칙, 제도 ★
接待 jiēdài 통 맞이하다,
응접하다 ★
记账 jì zhàng 통 장부에 적다
随后 suíhòu 부 뒤이어,
그 다음에

57-60번 문제는 다음 내용에 근거한다:

　　'正' 문자를 사용하여 수를 세는 것은 중국인들이 자주 사용하는 방법이며 중국인에게 큰 인기가 있다. 왜냐하면 '正' 문자는 복잡하지 않고 가로와 세로만 있어서, 다음에 그을 획을 쉽게 판단할 수 있기 때문이다. 그 외에도 '正' 문자는 모두 5획으로 두 개의 '正' 문자는 바로 10획이 된다. 이것에 의해 유추할 수 있듯이 이런 식으로 수를 세는 것이 쉽고 간단하다. 그렇다면 **57 도대체 누가 가장 먼저 이런 방법을 사용한 것일까**? 말하는 바에 의하면 '正' 문자 계수법은 처음에는 극장에 연극을 보러 온 사람 수를 기록할 때 쓰여진 것이라고 한다. 청나라 시대의 옛 상하이에서는 표를 사서 극장에 들어가 연극을 보는 규칙이 아직 없었다. 단지 당시에는 종업원이 입구에서 손님을 맞이하다가 손님이 5명이 **58 꽉 차면** 그들을 데리고 안으로 들어간 후 손님들에게 자리를 배정해 주었다. 손님들이 자리에 앉은 후 전문적으로 장부를 작성하는 사람이 칠판에 '正' 문자를 썼고 뒤에 이 종업원의 이름을 함께 기록해 둔 후 그가 돈을 받도록 했다. 나중에 '正' 문자 계수법은 사람들의 생활 속에서 **59 광범위하게** 유행하기 시작했다. 과학이 발달한 오늘날까지도 많은 중국인들이 여전히 '正' 문자 계수법이라는 전통적인 습관을 **60 간직하고 있다**.

57

A 为何要学会计算的呢
B 到底是谁最先用这个方法的呢
B 如何正确运用正字计数法呢
D 正字计数法有哪些缺点呢

A 왜 계산을 배워야 하는가
B 도대체 누가 가장 먼저 이런 방법을 사용한 것일까
C 어떻게 '正' 문자 계수법을 정확하게 활용할 것인가
D '正' 문자 계수법에는 어떤 단점들이 있는가

보기 어휘

为何 wèihé 대 왜, 어째서
学会 xuéhuì 통 배워서 알다,
터득하다
到底 dàodǐ 부 도대체
如何 rúhé 대 어떻게,
어떠한가 ★
运用 yùnyòng 통 활용하다 ★
计数法 jìshùfǎ 명 계수법
缺点 quēdiǎn 명 단점, 결점

해설 ▶ 빈칸 뒤의 내용이 '正' 문자 계수법을 사용하기 시작한 유래에 관한 내용이다. 문맥상 빈칸의 내용으로 적당한 것은 '도대체 누가 가장 먼저 이런 방법을 사용한 것일까'라는 질문이므로 정답은 B 到底是谁最先用这个方法的呢이다.

58

A 挥	B 占	C 挡	D 满
A 휘두르다	B 점유하다	C 막다	D 꽉 채우다

보기 어휘

挥 huī 통 휘두르다 ★
占 zhàn 통 점유하다 ★
挡 dǎng 통 막다, 가리다 ★
满 mǎn 통 꽉 채우다

정답 ▶ D

해설 ▶ '正'을 사용하여 사람 수를 세어 5명이 되면 영화관 안으로 데리고 들어가 자리를 배정했다고 했으므로 문맥상으로 정답은 D 满이다.

59

A 固定	B 悠久	C 密切	D 广泛
A 고정하다	B 오래다	C 밀접하다	D 광범위하다

보기 어휘

固定 gùdìng 통 고정하다 ★
悠久 yōujiǔ 형 오래다 ★
密切 mìqiè 형 밀접하다 ★
广泛 guǎngfàn
형 광범위하다 ★

정답 ▶ D

해설 ▶ 流行(유행하다) 앞에 놓이는 부사어를 선택하는 문제이다. 제시된 보기 가운데 流行을 꾸미기에 가장 적당한 말은 '광범위하다'이므로 정답은 D 广泛이다.

60

A 保证	B 阻止	C 保留	D 促进
A 보장하다	B 저지하다	C 간직하다	D 촉진시키다

보기 어휘

保证 bǎozhèng 통 보장하다
阻止 zǔzhǐ 통 저지하다 ★
保留 bǎoliú 통 간직하다, 보존하다 ★
促进 cùjìn 통 촉진시키다 ★

정답 ▶ C

해설 ▶ 传统习惯(전통 습관)과 호응이 되는 동사를 찾는 문제이다. 保留는 '간직하다. 보존하다'라는 의미로 传统习惯과 호응이 되므로 정답은 C 保留이다.

61

清洁鱼是一种生活在大海里的色彩鲜艳的小鱼。这种鱼也被称为"鱼大夫"，因为它们专门为生病的大鱼清洁。当大鱼受到细菌或寄生虫侵袭时，会来找清洁鱼求医。大鱼会张开大口让清洁鱼进入它的嘴里，清洁鱼不用任何药物和器械，只靠嘴尖去清洁，而那些被清除的污物是它们得以生存的食物。

A 鱼类的生存环境被破坏   B 深海鱼很容易生病
C 清洁鱼主要以小鱼为食   D 清洁鱼用嘴尖"工作"

칭제위는 바다에서 생활하는 색이 선명한 작은 물고기이다. 이 종류의 물고기는 '물고기 의사'라고 불리기도 한다. 왜냐하면 그들은 병이 난 큰 물고기들을 위해 특별히 청소를 해주기 때문이다. 큰 물고기는 세균이나 기생충의 습격을 받으면 칭제위를 찾아와 도움을 청한다. 큰 물고기들은 큰 입을 벌려 칭제위를 그들의 입 안으로 들어가게 한다. 칭제위는 어떠한 약물이나 기계를 사용하지 않고 단지 입의 날카로운 부분만을 사용한다. 또한 그 깨끗하게 청소된 오물들은 그들이 생존할 수 있는 음식이 된다.

A 어류의 생존 환경이 파괴되고 있다
B 심해어는 쉽게 병에 걸린다
C 칭제위는 주로 작은 물고기를 먹이로 먹는다
D 칭제위는 입의 뾰족한 부분을 이용해서 '일을 한다'

지문 어휘
清洁鱼 Qīngjiéyú 명 칭제위, 네온고비(물고기의 한 종류)
色彩鲜艳 sècǎixiānyàn 성 색이 선명하다
细菌 xìjūn 명 세균
寄生虫 jìshēngchóng 명 기생충
侵袭 qīnxí 통 침입하여 습격하다
张开 zhāngkāi 통 벌리다
药物 yàowù 명 약물
器械 qìxiè 명 기계
尖 jiān 명 날카로운 끝
清除 qīngchú 통 깨끗이 없애다
污物 wūwù 명 오물
得以 déyǐ 통 ~할 수 있다
生存 shēngcún 명 생존 통 생존하다

보기 어휘
破坏 pòhuài 통 파괴하다 ★

정답   D

해설   단문에서 칭제위는 어떠한 약물이나 기계를 사용하지 않고 단지 입의 날카로운 부분만을 사용하여 큰 물고기의 오물을 제거한다고 했으므로 D의 내용과 일치한다.

62

周有光是中国著名的经济学家和语言学家。他早年专门研究的是经济学，但50岁左右时，转行从事了语言文字研究。虽然他是"半路出家"，但在语言学领域发表了30多部专著，300多篇论文，在国内外产生了广泛影响。周有光参与制定了汉语拼音方案，而且是主要制定者，被誉为"汉语拼音之父"。

A 周有光是地理学专家
B 周有光是汉语拼音方案设计者之一
C 周有光一生都在研究经济学
D 周有光编写过很多经济教材

저우유광(주유광)은 중국의 저명한 경제학자이며 언어학자이다. 그가 젊은 시절에 연구한 것은 경제학이었으나 50세쯤 직업을 바꾸어 언어 문학 연구에 종사했다. 비록 그는 중도에 업종을 바꾼 것이었지만, 언어학 영역에서 30여편의 전문 서적과 300여 편의 논문을 발표했고 국내외적으로 폭 넓은 영향을 미쳤다. 저우유광은 한어 병음 방안 제정에도 참여했으며 주요 제작자로서 '한어 병음의 아버지'라고 추앙되고 있다.

지문 어휘
周有光 Zhōuyǒuguāng 고유 저우유광(주유광)
著名 zhùmíng 형 저명하다, 유명하다
早年 zǎonián 명 젊은 시절
转行 zhuǎn háng 통 직업을 바꾸다
半路出家 bànlùchūjiā 성 새 직업을 택하다
领域 lǐngyù 명 영역, 분야 ★
专著 zhuānzhù 명 전문서
论文 lùnwén 명 논문 ★
广泛 guǎngfàn 형 폭넓다 ★
参与 cānyù 통 참여하다 ★
制定 zhìdìng 통 제정하다

보기 어휘
设计者 shèjìzhě 명 설계자
编写 biānxiě 통 집필하다

A 저우유광은 지리학 전문가이다
B 저우유광은 한어 병음 방안 설계자 중 하나이다
C 저우유광은 평생 경제학을 연구했다
D 저우유광은 많은 경제분야 교재를 집필했다

B

단문에서 저우유광은 한어병음 주요 제작자로서 '한어 병음의 아버지'라고 추앙되고 있다고 하였으므로 B의 내용과 일치한다.

63

一说到沙尘暴，大部分人马上会想到它的很多坏处，比如会导致人们得眼病、呼吸道感染等疾病。其实沙尘暴也有益处，沙尘可以吸收汽车尾气中的有害物质，可以过滤空气。而且沙尘在降落过程中还可以和空气中的酸性物质中和，从而减少酸雨的危害。

A 沙尘暴有一定的好处
B 中国北方地区沙尘天气较常见
C 沙尘天气大多发生在秋天
D 一般沙尘暴和酸雨一起出现

황사에 대해 말을 하면 대부분의 사람은 황사의 많은 단점을 예를 들어 사람들의 눈병이나 호흡기 감염 등의 질병을 발생시킬 수 있다는 것을 바로 떠올릴 것이다. 사실 황사도 장점이 있다. 모래먼지는 자동차 배기가스 속의 유해 물질을 흡수하여 공기를 정화할 수 있다. 또한 모래먼지가 떨어지는 과정 속에서 공기 중의 산성 물질과 중화되어 이로써 산성비의 피해를 감소시킬 수 있다.

A 황사도 어느 정도의 장점을 가지고 있다
B 중국 북방 지역에서 황사를 비교적 자주 볼 수 있다
C 황사는 대부분 가을에 발생한다
D 일반적으로 황사와 산성비는 함께 발생한다

지문 어휘

沙尘暴 shāchénbào 명 황사
坏处 huàichu 명 단점, 나쁜 점
导致 dǎozhì 통 발생시키다, 초래하다
益处 yìchu 명 장점, 좋은 점
沙尘 shāchén 명 모래먼지
尾气 wěiqì 명 배기가스
物质 wùzhì 명 물질 ⭐
过滤 guòlǜ 통 정화하다, 여과하다
降落 jiàngluò 통 떨어지다, 내려오다
过程 guòchéng 명 과정
中和 zhōnghé 통 중화하다
从而 cóng'ér 접 이로써, 따라서 ⭐
减少 jiǎnshǎo 통 감소하다
酸雨 suānyǔ 명 산성비
危害 wēihài 명 피해 ⭐
一定 yídìng 형 상당한, 어느 정도의 부 반드시, 필히

A

단문에서 황사는 단점도 있지만 그 반면에 장점도 있다는 것을 예를 들어 설명하고 있다. 두 번째 문장에서 '其实'가 나오면서 앞부분의 황사의 단점과 상반되는 내용을 서술하고 있으므로 A의 내용과 일치한다.

64

"留白"是中国传统艺术的重要表现手法，被广泛应用于中国绘画等领域。国画中常用一些空白来表现画面中需要的水、云雾、风等。比如南宋马远的《寒江独钓图》，这幅画中只有一个小舟，一个渔翁在垂钓，画中没有一丝水，而是运用留白这个表现手法，给了人们很多想象，可以说是达到了"此处无声胜有声"的艺术效果。

지문 어휘

艺术 yìshù 명 예술
绘画 huìhuà 명 회화, 그림
领域 lǐngyù 명 영역, 분야 ⭐
云雾 yúnwù 명 운무, 구름과 안개
钓 diào 통 낚다 ⭐
渔翁 yúwēng 명 늙은 어부
垂钓 chuídiào 통 낚싯대를 드리우다

A 留白是一种艺术表现手法
B 留白艺术最近才开始流行起来
C 留白艺术只应用于绘画领域
D《寒江独钓图》没运用留白

'여백'은 중국 전통 예술의 중요 표현 기법으로 중국 회화 등의 영역에서 광범위하게 사용되고 있다. 중국 그림에서는 자주 공백을 사용하여 화면 속에 필요한 물과 운무 그리고 바람 등을 표현한다. 예를 들어 남송 시대 작가인 마위안의《한강독조도》속에는 배 한 척과 함께 한 늙은 어부가 낚시하는 모습만 있을 뿐 물 한 줄기 없다. 하지만 여백이라는 이러한 표현 기법을 활용하여 사람들에게 많은 상상의 여지를 주었다. 이는 실로 '이곳에서는 침묵이 말하는 것보다 낫다'라는 예술적 효과를 달성한 것이다.

A 여백은 일종의 예술 표현 기법이다
B 여백 예술은 최근에야 비로소 유행하기 시작했다
C 여백 예술은 단지 회화 영역에만 응용된다
D《한강독조도》속에는 여백을 활용하지 않았다

정답 A

해설 단문에서 여백은 중국 전통 예술의 중요 표현 기법으로 중국 회화 등의 영역에서 광범위하게 사용되고 있다고 하였으므로 A의 내용과 일치한다.

65

孔子说："民无信不立"。在现如今的经济环境中，企业诚信具有经济学价值。企业诚信不仅可以给企业带来可观的经济效益，而且在一定程度上甚至比物质资源和人力资源更重要，是企业无形资产中的重要组成部分，也是企业竞争的关键。企业在市场经济的一切活动中一定要遵纪守法，以信取人。

A 资金是企业竞争的关键
B 诚信对企业的发展极其重要
C 大部分企业都需要进行改革
D 诚信中国道德文化的核心

공자는 '백성이 믿어주지 않는다면 나라가 서지 않는다'라고 말했다. 현재의 경제 환경 속에서 기업 신용은 경제학적 가치를 가지고 있다. 기업 신용은 기업에게 객관적인 경제적 이익을 가져다줄 뿐 아니라 게다가 일정한 정도에서는 심지어 물질 자원과 인력 자원보다 훨씬 더 중요한 기업 무형 자산 중 중요한 구성 부분이며 또한 기업 경쟁의 관건이다. 기업은 시장 경제의 모든 활동 속에서 반드시 법이나 규율을 지켜야 하며 진심으로 다른 사람을 대해야 한다.

A 자금은 기업 경쟁의 관건이다
B 신용은 기업 발전에 굉장히 중요하다
C 대부분의 기업은 모두 개혁을 진행할 필요가 있다
D 신용은 중국 도덕 문화의 핵심이다

정답 B

해설 단문에서 기업 신용은 물질 자원이나 인력 자원보다 훨씬 중요한 자산이며 기업 경쟁의 관건이라고 했으므로 B의 내용과 일맥상통한다.

趵突泉位于济南市，是济南的象征与标志。趵突泉水既是济南七十二名泉之首，也是最早出现在古代文献中的名泉，因此被誉为"天下第一泉"。趵突泉的泉水一年四季都在18摄氏度左右，而且泉水十分清澈，味道微甜，是十分理想的饮用水。

A 趵突泉的水质不好
B 一年四季都是济南的旅游旺季
C 趵突泉的水温比较稳定
D 冬天趵突泉会结冰

바오투취안은 지난(제남)시에 위치하고 있는 지난의 상징이다. 바오투취안의 물은 지난의 72개의 이름난 샘 가운데 으뜸이며 또한 고대 문헌 가운데 가장 먼저 출현한 유명 샘이고, 이로써 '천하제일 샘'이라고 추앙되고 있다. 바오투취안의 샘물은 일년 사계절 내내 18도 정도이며, 샘물이 매우 깨끗하고 맛이 약간 달콤한 굉장히 이상적인 음용수이다.

A 바오투취안의 수질은 좋지 않다
B 일년 사계절 내내 지난 여행의 성수기이다
C 바오투취안의 수온은 비교적 안정적이다
D 겨울에 바오투취안은 언다

정답 C

해설 단문에서 바오투취안의 샘물은 일년 사계절 내내 18도 정도라고 하였으므로 수온이 비교적 안정적이라고 한 C의 내용과 일치한다.

지문 어휘

趵突泉 bàotūquán
교유 바오투취안(지난시에 있는 샘 이름)
位于 wèiyú ~에 위치하다 ★
济南 Jǐnán 지유 지난(제남)
象征 xiàngzhēng 명 상징, 심볼 ★
标志 biāozhì 명 상징, 표지 ★
泉 quán 명 샘
文献 wénxiàn 명 문헌
摄氏度 shèshìdù 명 섭씨
清澈 qīngchè 형 맑고 깨끗하다
味道 wèidào 명 맛
微 wēi 형 약간의, 경미한
理想 lǐxiǎng 형 이상적이다, 만족스럽다
饮用水 yǐnyòngshuǐ 명 음용수, 식수
水质 shuǐzhì 명 수질
旺季 wàngjì 명 성수기
稳定 wěndìng 형 안정적이다, 안정되다 ★
结冰 jié bīng 동 얼음이 얼다, 결빙하다

其实蔬菜和水果有本质的区别。蔬菜中含有丰富的维生素C、钙、铁等微量元素，这些都是人体维持生命的主要营养来源。而大多数的水果中虽然富含维生素C，但是其他元素明显低于蔬菜。另外，蔬菜的含糖量比水果低很多，多吃也不会造成糖分摄入量过多的问题，而水果吃太多的话，很容易发胖。

A 多吃水果有利于减肥
B 蔬菜的水分含量低于水果
C 蔬菜含糖量低于水果
D 水果中富含钙和铁

사실 채소와 과일은 본질적인 차이가 있다. 채소에는 풍부한 비타민C, 칼슘, 철분 등 미량 원소를 함유하고 있고, 이것들은 모두 인체가 생명을 유지하는 주요한 영양 공급원이다. 하지만 대다수의 과일 속에는 비타민C를 풍부하게 함유하고 있긴 하지만, 다른 요소는 뚜렷하게 채소보다 적다. 이밖에, 채소의 당 함유량은 과일보다 훨씬 적기 때문에 많이 먹어도 당분 섭취 과다 등의 문제를 일으키지 않는다. 반면에 과일은 너무 많이 먹으면 쉽게 살이 찐다.

지문 어휘

蔬菜 shūcài 명 채소 ★
区别 qūbié 명 구별, 차이
含有 hányǒu 동 함유하다
丰富 fēngfù 형 풍부하다
维生素 wéishēngsù 명 비타민
钙 gài 명 칼슘
铁 tiě 명 철분
微量 wēiliàng 명 미량
元素 yuánsù 명 요소
维持 wéichí 동 유지하다
生命 shēngmìng 명 생명
主要 zhǔyào 형 주요한
营养 yíngyǎng 명 영양 ★
富含 fùhán 동 풍부하게 함유하다
明显 míngxiǎn 형 뚜렷하다 ★
低于 dīyú 동 ~보다 낮다
糖分 tángfèn 명 당분
过多 guòduō 동 과다하다, 너무 많다
发胖 fā pàng 동 살찌다

A 과일을 많이 먹는 것은 다이어트에 도움이 된다
B 채소의 수분 함유량은 과일보다 적다
C 채소의 당 함유량은 과일보다 적다
D 과일에는 칼슘과 철분이 풍부하게 함유되어 있다

정답   C

해설   단문에서 채소의 당 함유량은 과일보다 훨씬 적다고 하였고 보기 C에서도 채소의 당 함유량은 과일보다 적다고 하였으므로 단문과 일치하는 정답은 C이다.

68

蝴蝶的翅膀就像飞机的两翼，让蝴蝶利用气流向前飞行。蝴蝶翅膀上有各种各样的色彩鲜艳的图案，令人赞叹不已。但是这些图案不仅是蝴蝶的一件美丽的外衣，更是蝴蝶保护自己的武器。有时蝴蝶遇到危险的情况时，就会把翅膀合在一起，起到了隐蔽作用。另外，蝴蝶常常用翅膀上的图案向同伴传递信号。

A 蝴蝶的翅膀有很多功能
B 蝴蝶喜欢远距离飞行
C 蝴蝶与同伴无法沟通
D 根据翅膀的图案可以判断蝴蝶的种类

지문 어휘

蝴蝶 húdié 몡 나비 ⭐
翅膀 chìbǎng 몡 날개 ⭐
翼 yì 몡 날개
气流 qìliú 몡 기류
飞行 fēixíng 몡 비행하다
各种各样 gèzhǒnggèyàng
셩 다양한, 각양각색
鲜艳 xiānyàn 톙 화려하다 ⭐
图案 tú'àn 몡 도안
令 lìng 됭 (~로 하여금)
~하게 하다
赞叹不已 zàntànbùyǐ
셩 감탄해 마지않다
武器 wǔqì 몡 무기
隐蔽 yǐnbì 동 은폐하다
同伴 tóngbàn 몡 동료
传递 chuándì 동 전달하다
功能 gōngnéng 몡 기능 ⭐
沟通 gōutōng 동 소통하다 ⭐
判断 pànduàn 동 판단하다

나비의 날개는 비행기의 두 날개처럼 나비가 기류를 이용해서 앞으로 비행하게 한다. 나비의 날개 위에는 다양한 종류의 화려한 색의 도안이 있어서 사람의 감탄을 자아낸다. 하지만 이 도안들은 단지 나비의 아름다운 겉옷일 뿐만 아니라, 더욱이 나비가 자신을 보호하기 위한 무기이기도 하다. 때로 나비들이 위급한 상황에 부딪히면, 날개를 함께 모아서, 은폐작용을 한다. 이 외에도, 나비는 자주 날개 위의 도안을 이용해서 동료들에게 신호를 전달한다.

A 나비의 날개에는 많은 기능이 있다
B 나비는 원거리 비행을 좋아한다
C 나비는 동료와 소통할 방법이 없다
D 날개의 도안에 근거하여 나비의 종류를 판단할 수 있다

정답   A

해설   나비는 위급한 상황에 날개를 모아 몸을 은폐하고 또한 도안을 이용해서 동료에게 신호를 보낸다 등의 내용으로 보기 A의 나비의 날개에는 많은 기능이 있다는 내용과 일치한다.

69

中国主要有八大菜系，分别是川菜、鲁菜、粤菜、苏菜、浙菜、闽菜、湘菜和徽菜。每个菜系都具有鲜明的地方风味特色。在这些菜系中最有名的是大家熟悉的川菜。川菜取材广泛，以善用麻辣而著称，代表菜有麻婆豆腐、鱼香肉丝。如今川菜馆已遍布世界各地，受到了很多人的欢迎。

지문 어휘

分别 fēnbié 튀 각각 ⭐
川菜 chuāncài 몡 쓰촨(사천)
요리
鲁菜 lǔcài 몡 산둥(산동) 요리
粤菜 yuècài 몡 광둥(관동) 요리
苏菜 huáicài 몡 쟝쑤(강소) 요리

A 川菜的口味过于清淡
B 中国菜的特点是又麻又辣
C 只有重庆和成都两地有川菜
D 麻婆豆腐是川菜

중국 요리는 주로 8대 요리로 구성 되어 있으며, 각각 쓰촨 요리, 산둥 요리, 광둥 요리, 쟝쑤 요리, 저장 요리, 푸젠 요리, 후난 요리, 안후이 요리이다. 모든 요리 계열은 분명한 지역적 맛의 특색을 갖추고 있다. 이러한 요리 계열 가운데 가장 유명한 것은 모두가 잘 알고 있는 쓰촨 요리이다. 쓰촨 요리의 재료는 다양하고 '마라'를 잘 활용하는 것으로 유명하다. 대표적인 음식으로는 마파두부와 위샹러우쓰가 있다. 현재 쓰촨 음식점은 전세계 각지에 두루 분포되어 있으며 많은 사람에게 인기가 있다.

A 쓰촨 요리의 맛은 지나치게 싱겁고 순하다
B 중국 음식의 특징은 얼큰하고 매운 것이다
C 단지 충칭과 청두 두 곳에만 쓰촨 음식이 있다
D 마파두부는 쓰촨 요리이다

정답 D

해설 단문에서 중국의 8대 요리가 무엇인지 나열한 후 가장 유명한 쓰촨 요리의 대표음식인 마파두부와 위샹러우쓰를 예를 들어 설명하였다. 보기 D에서 마파두부는 쓰촨 요리라는 내용과 단문이 일치한다.

70

　　二胡至今已有一千多年的历史。二胡在中国民乐中的地位基本等同于小提琴在西洋乐中的地位。二胡发出的声音有着丰富的表现力，可以发出马鸣的声音，也可以发出人哭泣时哽咽的声音。二胡制作简单，价格便宜，容易学，深受中国人的喜爱。

A 普通老百姓买不起二胡
B 在中国非常受欢迎
C 小提琴比二胡更有表现力
D 在中国学二胡的孩子越来越多了

얼후는 현재까지 이미 천 년이 넘는 역사를 가지고 있다. 얼후의 중국 민속 음악 중에서의 위치는 기본적으로 바이올린의 서양 음악에서의 위치와 동일시한다. 얼후가 내는 소리는 풍부한 표현력이 있어서, 말이 우는 소리도 낼 수 있고, 사람이 흐느껴 울 때 목메어 우는 소리도 낼 수 있다. 얼후의 제작 방법은 간단하고 가격이 싸고 배우기 쉬워서 중국인의 사랑을 크게 받고 있다.

A 보통의 서민들은 얼후가 비싸서 살 수 없다
B 중국에서 매우 인기 있다
C 바이올린은 얼후보다 표현력이 있다
D 중국에서 얼후를 배우는 아이들이 점점 더 늘어났다

정답 B

해설 마지막 문장에서 얼후의 가격이 싸고 배우기 쉬워서 중국인의 사랑을 크게 받고 있다고 하였으므로 보기 B의 중국에서 매우 인기가 있다는 내용과 일맥상통한다.

浙菜 zhècài 명 저장(절강) 요리
闽菜 mǐncài 명 푸젠(복건) 요리
湘菜 xiāngcài 명 후난(호남) 요리
徽菜 huīcài 명 안후이(안휘) 요리
菜系 càixì 명 (요리) 계열
具有 jùyǒu 동 있다, 가지다
鲜明 xiānmíng 형 선명하다, 분명하다
熟悉 shúxī 형 익숙하다
麻辣 málà 형 얼얼하고 맵다
著称 zhùchēng 동 이름나다, 유명하다
如今 rújīn 명 지금 ⭐
遍布 biànbù 동 널리 퍼지다
世界各地 shìjiè gèdì 세계 각지
口味 kǒuwèi 맛 ⭐
过于 guòyú 부 지나치게
清淡 qīngdàn 형 담백하다 ⭐
重庆 chóngqìng 지명 충칭(중경)
成都 chéngdū 지명 청두(성도)

지문 어휘

二胡 èrhú 명 얼후, 이호(현악기의 일종)
至今 zhìjīn 부 현재까지, 지금까지 ⭐
民乐 mínyuè 명 민속 음악
地位 dìwèi 명 위치, 지위 ⭐
等同 děngtóng 동 동일시하다
小提琴 xiǎotíqín 명 바이올린
西洋 xīyáng 명 서양
发出 fāchū 동 소리를 내다
鸣 míng 동 울다
哭泣 kūqì 동 흐느껴 울다
哽咽 gěngyè 동 목메어 울다
制作 zhìzuò 동 제작하다 ⭐
深受 shēnshòu 동 깊이 받다, 크게 입다
老百姓 lǎobǎixìng 명 서민, 백성 ⭐

第71到74题是根据下面一段话:

　　韦孝宽不仅是南北朝时期杰出的军事家、战略家，而且还是中国历史上在路边植树的第一人。

　　71 在古代，人们用土台作为计算道路里程的标记，每隔一华里便会设置一个土台。

　　有一年，韦孝宽因立了功，被任命到陕西雍州任职。在任职期间他发现，道路上的土台虽然易于辨识，但是因为风吹日晒、雨水冲刷等因素，很容易损坏崩塌，需要定期维护。**72 73** 这不但增加了国家的开支，也加重了老百姓劳役。

　　73 韦孝宽经过多次调研，他发现可以用树木取代土台，作为道路里程的标记。**72** 因为这样不仅不需要维护，还可以为路上的行人遮风挡雨。于是，韦孝宽下令将道上的土台都拆了，一律改种槐树。朝廷闻知此事后，觉得这一举措利国利民，便向全国推广了韦孝宽的做法，每隔一里种一棵，每隔十里种三棵。

　　千百年来，在陕西韦孝宽种植槐树的事迹被人们广为传颂。陕西人将种植槐树当做一种传统继承了下来。**74** 现在槐树已经被定为西安市的市树，是西安市的象征。

71-74번 문제는 다음 내용에 근거한다:

웨이샤오콴은 남북조 시대의 걸출한 군사가, 전략가일 뿐만 아니라, 중국 역사상 최초로 길가에 나무를 심은 사람이다.

71 고대에 사람들은 토대를 이용하여 도로의 이정표로 삼았는데, 매 500m마다 토대를 하나씩 설치했다.

어느 해, 웨이샤오콴은 공을 세워서, 산시(섬서) 용저우(용주)에서 직무를 맡을 것을 임명받았다. 재임기간 동안, 그는 도로의 토대가 식별하기에는 편리하지만 바람이 불고 햇볕이 내리쬐거나 빗물에 침식되어 쉽게 손상되고 무너졌기 때문에 정기적인 유지 보수가 필요함을 발견했다. **72 73** 이것은 국가의 지출을 증가시켰을 뿐만 아니라, 백성들의 노역을 가중시켰다.

73 웨이샤오콴은 여러 번의 연구와 조사를 통해, 나무가 토대를 대체할 수 있다는 것을 발견하고는 나무를 도로의 이정표로 삼았다. **72** 이렇게 하면 유지 보수가 필요 없을 뿐만 아니라, 길 위의 행인들도 비바람을 피할 수 있었다. 그래서 웨이샤오콴은 도로의 토대를 모두 없애고 일률적으로 회화나무를 심도록 명령했다. 조정에서 이 일을 들은 후, 이 조치가 국가와 국민에게 이롭다고 생각했고, 전국에 웨이샤오콴의 방법을 널리 보급하여 매 1리 마다 나무 한 그루를 심고 매 10리 마다 나무 3그루를 심었다.

천년 동안 산시에서 웨이샤오콴이 회화나무를 심은 일이 사람들에게 널리 칭송되었고, 산시 사람들은 회화나무 심는 것을 전통으로 여겨 계승해 내려왔다. **74** 현재 회화나무는 이미 시안(서안)시의 시목으로 지정되었고, 시안시의 상징이 되었다.

지문 어휘

杰出 jiéchū 형 걸출한, 뛰어난
战略 zhànlüè 명 전략
植树 zhí shù 동 나무를 심다
道路 dàolù 명 도로
里程 lǐchéng 명 이정(한 곳에서 다른 곳 사이의 길의 거리)
标记 biāojì 명 표지, 기호
隔 gé 동 사이를 두다, 간격을 두다
华里 huálǐ 양 길이의 단위, 약 500m
设置 shèzhì 동 설치하다
立功 lìgōng 동 공을 세우다
任命 rènmìng 동 임명하다
任职 rèn zhí 동 직무를 맡다
辨识 biànshí 동 식별하다
风吹日晒 fēngchuīrìshài 성 바람이 불고 햇볕이 내리쬐다
冲刷 chōngshuā 동 흐르는 물에 침식되다
因素 yīnsù 명 요소, 원인 ⭐
损坏 sǔnhuài 동 손상시키다
崩塌 bēngtā 동 무너지다, 붕괴하다
定期 dìngqī 형 정기적인
维护 wéihù 동 유지 보수하다
开支 kāizhī 동 지출하다
加重 jiāzhòng 동 가중하다, 늘리다
老百姓 lǎobǎixìng 명 백성 ⭐
劳役 láoyì 명 강제 노역
调研 diàoyán 동 조사 연구하다
取代 qǔdài 동 대체하다
遮风挡雨 zhēfēngdǎngyǔ 성 비바람을 막다
下令 xià lìng 동 명령을 내리다
一律 yílǜ 부 일률적으로
槐树 huáishù 명 회화나무
朝廷 cháotíng 명 조정, 왕실
举措 jǔcuò 명 조치, 거동
利国利民 lìguólìmín 성 국가와 국민 모두에게 이롭다
推广 tuīguǎng 동 널리 보급하다
种植 zhòngzhí 동 심다
事迹 shìjì 명 사적
传颂 chuánsòng 동 전해 내려오며 칭송되다
当做 dàngzuò 동 ~로 여기다
继承 jìchéng 동 계승하다
象征 xiàngzhēng 동 상징, 표시

71

问 ： 古代路上设土台，是为了：

A 防治洪水　　　　　　B 供行人休息
C 侦查敌情　　　　　　D 计算里程

보기 어휘

防治 fángzhì 동 막다, 예방 치료하다

侦查 zhēnchá 동 법에 따라 조사(수사) 하다

질문: 고대 사람들이 길에 토대를 만든 것은 무엇을 하기 위함인가:

A 홍수를 막기 위해　　　　　B 사람에게 휴식을 제공하기 위해서
C 적의 상황을 조사하기 위해서　D 이정을 계산하기 위해서

정답 D

해설 구체적 질문으로 지문에서 바로 찾아낼 수 있는 문제 유형이다.
두 번째 단락에서 고대에 사람들은 토대를 이용하여 도로의 이정표로 삼았고, 매 500m마다 토대를 하나씩 설치했다고 하였으므로 거리 계산을 위해 토대를 만들었다는 것을 알 수 있다.

72

问 ： 在路旁种槐树有什么好处?

A 可以净化空气　　　　B 可以绿化城市
C 减少财政支出　　　　D 可以储存大量地表水

보기 어휘

储存 chǔcún 동 저장하다, 모아 두다

地表水 dìbiǎoshuǐ 명 지표수, 지표에 있는 모든 물

질문: 도로 옆에 회화나무를 심으면 어떤 좋은 점이 있나?

A 공기를 정화할 수 있다　　　　B 도시를 녹지화 할 수 있다
C 재정 지출을 줄일 수 있다　　　D 대량의 지표수를 저장할 수 있다

정답 C

해설 구체적 질문으로 지문에서 바로 찾아낼 수 있는 문제 유형이다.
흙으로 만든 토대는 무너지면 계속 다시 세워야 하는데, 나무를 심으면 유지 보수가 필요 없을 뿐만 아니라, 국가와 국민에게 이롭다고 했으므로 '재정 지출을 줄일 수 있다'가 정답임을 알 수 있다.

73

问 ： 关于韦孝宽，可以知道什么?

A 爱护老百姓　　　　　B 设置了土台
C 研究过多种花草　　　D 关注雍州的农业发展

보기 어휘

关注 guānzhù 동 관심을 가지다, 주시하다

农业 nóngyè 명 농업 ★

질문: 웨이샤오콴에 관해서, 알 수 있는 것은 무엇인가?

A 백성을 사랑한다　　　　B 토대를 설치했다
C 다양한 화초를 연구한 적이 있다　D 용저우의 농업 발전에 관심을 가졌다

정답 A

해설 토대가 무너지면 백성들의 노역이 가중되었기 때문에 웨이샤오콴은 이러한 문제를 해결하기 위해 여러 번의 연구와 조사를 거친 것으로 보아 결과적으로 백성을 사랑한다는 의미와 일맥상통한다.

问 : 根据上文，下列哪项正确？

　A 槐树是西安市的象征

　B 韦孝宽在很多地方做过官

　C 陕西森林面积小

　D 如今种植槐树成为了全国的传统

보기 어휘

森林 sēnlín 명 삼림

如今 rújīn 명 지금 ⭐

传统 chuántǒng 명 전통 ⭐

질문 : 윗글에 근거하여, 다음 중 옳은 것은?

　A 회화나무는 시안시의 상징이다

　B 웨이샤오콴는 여러 곳에서 관리를 한 적이 있다

　C 산시의 삼림 면적이 적다

　D 지금 회화나무를 심는 것이 전국의 전통이 되었다

정답　A

해설　마지막 단락에 현재 회화나무는 이미 시안시의 시목으로 지정되었고, 시안시의 상징이 되었다고 했으므로 정답은 A이다.

第75到78题是根据下面一段话：

　　明代著名科学家宋应星编写了一部影响巨大的科学著作——《天工开物》。这本书科学地总结了农业、手工业、冶铁业等多方面的生产和实践。**77** 他从小便爱阅读各种科学书籍。

　　宋应星从小就热爱科学，喜欢读各种科学书籍。在他15岁那年，一次偶然的机会他得知宋代沈括写的《梦溪笔谈》是一部科学价值很高的著作。于是四处打听这本书。

　　一天，他因没找到《梦溪笔谈》那本书而闷闷不乐，在路上他不小心撞到了一个行人，那个行人手里拿着的小吃被撞掉了。宋应星边道歉边帮忙捡起掉在地上的小吃。**75** 突然，他看到小吃店包装纸上写着"梦溪笔谈"四个字。宋应星连忙问那个人是在哪儿买的，问清楚后，便立刻去追那个卖小吃的老人。 跑了很长一段路终于追上了。宋应星把想要买这本书的原委都告诉了老人。老人见他爱书心切，就把残缺不全的《梦溪笔谈》给他了，并告诉他书的另一部分在一个纸浆店里。宋应星向老人表达谢意后，又一口气跑到了纸浆店。不巧店是《梦溪笔谈》的后半部分已和其他书一起被拆散泡在水池里准备重新打成纸浆。正在他急得团团转的时候，纸浆店的老板来了。宋应星赶紧拉着老板，拿着身上所有的钱对老板说要买下这水池里的所有废纸。老板听后感到不解，说道："这一池废纸不值这么多钱。"**78** 说罢，宋应星又把自己对这本书的渴望跟老板说了一遍，老板被感动了，二话没说便让工人把《梦溪笔谈》

지문 어휘

编写 biānxiě 통 집필하다, 편집하다 ⭐

影响 yǐngxiǎng 통 영향을 미치다

巨大 jùdà 형 아주 크다 ⭐

著作 zhùzuò 명 저서, 작품

手工业 shǒugōngyè 명 수공업

冶铁 yětiě 명 제철

实践 shíjiàn 명 실천 ⭐

书籍 shūjí 명 서적

价值 jiàzhí 명 가치 ⭐

四处 sìchù 명 도처, 사방

闷闷不乐 mènmènbúlè 성 의기소침하다

撞 zhuàng 통 부딪치다 ⭐

道歉 dào qiàn 통 사과하다

捡 jiǎn 통 줍다 ⭐

连忙 liánmáng 부 급히 ⭐

追 zhuī 통 뒤쫓다 ⭐

追上 zhuīshàng 통 따라잡다

原委 yuánwěi 명 경위

心切 xīnqiè 형 마음이 절실하다

残缺不全 cánquē bùquán 모자라다(손상되어) 완전하지 않다

纸浆 zhǐjiāng 명 펄프

一口气 yìkǒuqì 부 단숨에

不巧 bùqiǎo 부 불행히도

的后半部分捞上来了，而且没收一分钱。**76** 宋应星捧着滴着水的书回到家后，又小心翼翼地把书晾干，然后把两个部分装订在了一起。他终于得到了<u>梦寐以求</u>的书。

宋应星从《梦溪笔谈》中学到了自然科学、工艺技术等方面的知识。这为他编著《天工开物》打下了坚实的基础。

75~78번 문제는 다음 내용에 근거한다:

명대의 유명한 과학자 쑹잉싱은 큰 영향을 끼친 과학 저서 《천공개물》을 집필했다. 이 책은 농업, 수공업, 제철업 등 다양한 방면의 생산과 실천을 과학적으로 총결했다. **77** 그는 어릴 때부터 각종 과학 서적 읽는 것을 좋아했다.

쑹잉싱은 어릴 때부터 과학을 사랑했고, 각종 과학 서적 읽는 것을 좋아했다. 그가 15살 이던 그 해, 우연한 기회로 송나라 선쿼가 쓴 《몽계필담》이 과학적 가치가 아주 높은 작품 이라는 것을 알게 되었다. 그래서 도처로 이 책을 수소문 하고 다녔다.

하루는 그가 《몽계필담》을 찾아내지 못해서 의기소침해 하고 있을 때, 실수로 길에서 어느 행인과 부딪쳤고, 그 행인의 손에 들려 있던 간식이 떨어졌다. 쑹잉싱은 사과를 하며 땅에 떨어진 간식을 주웠다. **75** 뜻밖에 그는 간식 가게의 포장지에 '몽계필담' 네 글자가 적혀 있는 것을 보았고, 급히 그 사람에게 어디서 산 것인지 묻고, 정확하게 물은 후에 곧 바로 그 간식을 파는 노인을 뒤쫓아 갔다. 아주 먼 길을 달려가 마침내 따라잡았다. 쑹잉싱은 그 책을 사고 싶은 경위를 노인에게 모두 이야기했다. 노인은 책을 사랑하는 그의 간절한 마음을 보고, 반만 남은 《몽계필담》을 그에게 주면서, 책의 나머지 부분은 어느 종이 가게에 있다고 알려 주었다. 쑹잉싱은 노인에게 고마움을 표시하고는 단숨에 종이 가게로 뛰어갔다. 불행히도 가게에서는 《몽계필담》의 뒷부분을 이미 다른 책과 같이 해체해서 수조에 담궈 다시 종이로 만들 준비를 하고 있었다. 그가 다급해 어쩔 줄 몰라 하고 있을 때, 종이 가게 사장이 왔다. 쑹잉싱은 재빨리 사장을 붙들고 몸에 지니고 있던 모든 돈을 들고서 이 수조 안에 있는 모든 종이를 사야 한다고 사장에게 말했다. 사장은 그의 말을 듣고서 이해가 되지 않아 말했다. "이 수조 안의 폐지는 이만큼의 가치가 없소." **78** 말을 마치자, 쑹잉싱은 또 이 책에 대한 자신의 간절한 마음을 사장에게 말했다. 사장은 감동을 받았고, 두말하지 않고 직원에게 《몽계필담》의 뒷 부분을 건져내라고 했으며 게다가 돈을 한 푼도 받지 않았다. **76** 쑹잉싱이 물이 떨어지는 책을 두 손으로 받쳐 들고 집으로 돌아온 후 조심스럽게 책을 햇볕에 말렸다. 그리고 나서 두 부분을 함께 제본했다. 그는 마침내 <u>꿈 속에서도 바라던</u> 책을 얻은 것이다.

쑹잉싱은 《몽계필담》으로부터 자연과학, 공예기술 등 방면의 지식을 배웠고, 이는 그가 《천공개물》을 저술하는데 튼튼한 기초를 쌓아 주었다.

拆散 chāisǎn 통 해체하다, 분해하다

泡 pào 통 물(액체)에 담가 두다

水池 shuǐchí 명 수조, 못

团团转 tuántuánzhuàn 통 빙빙 돌다

废纸 fèizhǐ 명 폐지

不解 bùjiě 통 이해하지 못하다

渴望 kěwàng 통 갈망하다

二话没说 èrhuàméishuō 성 두말하지 않고

捞 lāo 통 건지다

小心翼翼 xiǎoxīnyìyì 성 조심하다, 엄숙하고 경건하다

晾干 liànggān 통 말리다

装订 zhuāngdìng 통 제본하다

梦寐以求 mèngmèiyǐqiú 성 꿈 속에서도 바라다, 자나깨나 갈망하다

编著 biānzhù 통 저술하다, 편저하다

坚实 jiānshí 형 튼튼하다, 견실하다

问: 宋应星为什么去追卖小吃的人?

A 想表达谢意　　　　　B 想找《梦溪笔谈》
C 想赔偿那个路人　　　D 想问纸浆店的地址

质문: 쑹잉싱은 왜 간식 파는 사람을 뒤쫓아갔나?

A 고마움을 표현하기 위해서　　B 《몽계필담》을 찾고 싶어서
C 그 행인에게 배상하고 싶어서　D 종이 가게의 주소를 묻고 싶어서

보기 어휘

赔偿 péicháng 통 배상하다 ★
地址 dìzhǐ 명 소재지, 주소

정답　B

해설　구체적 질문으로 지문에서 바로 찾아낼 수 있는 문제 유형이다.
세 번째 단락에 '몽계필담'이라고 적힌 포장지를 보고 그 책을 찾기 위해 간식 파는 사람을 뒤쫓아 갔다고 했으므로 정답은 B이다.

76

问 ： 第三段中画线部分"梦寐以求"的意思最可能是：

A 共同的梦想　　　　　　B 提出要求
C 十全十美　　　　　　　D 迫切地希望

- - - - -

질문 ： 세 번째 단락에 밑줄 친 '梦寐以求'의 뜻으로 가장 적당한 것은：

A 공동의 꿈　　　　　　　B 요구를 제시하다
C 결함 없는 완벽함　　　　D 절실하게 바라는 것

보기 어휘

十全十美 shíquánshíměi
성 모든 방면에서 완전무결하게
나무랄 데가 없다
迫切 pòqiè 형 절박하다,
절박하다

정답 ▸ D

해설 ▸ 밑줄이 쳐져있는 어휘의 뜻을 묻는 문제이다.
한참 동안 수소문하던 책을 우여곡절 끝에 드디어 손에 넣었으므로 '절실하게 바라는 것'이 정답이다.

77

问 ： 关于宋应星，可以知道：

A 学过印刷　　　　　　　B 创作了《梦溪笔谈》
C 从小就爱好写作　　　　D 喜欢读科学书籍

- - - - -

질문 ： 쏭잉싱에 관하여, 알 수 있는 것은：

A 인쇄를 배운 적이 있다　　　B 《몽계필담》을 창작했다
C 어렸을 때부터 작문을 좋아했다　D 과학 서적을 읽는 것을 좋아했다

보기 어휘

印刷 yìnshuā 명 인쇄
동 인쇄하다 ★
创作 chuàngzuò 동 창작하다

정답 ▸ D

해설 ▸ 구체적 질문으로 지문에서 바로 찾아낼 수 있는 문제 유형이다.
첫 번째 단락 마지막 부분에서 그는 어릴 때부터 각종 과학 서적 읽는 것을 좋아했다고 언급하였으므로 보기 D의 내용과 일치한다.

78

问 ： 根据上文，下列哪项正确？

A 宋应星是一位收藏家
B 宋应星和沈括是一个时代的人
C 纸浆店店主被宋应星打动了
D《天工开物》残缺不全

- - - - -

질문 ： 윗글에 근거하여, 다음 중 옳은 것은？

A 쏭잉싱은 수집가이다
B 쏭잉싱과 선쿼는 동시대의 인물이다
C 종이 가게 주인은 쏭잉싱에게 감동을 받았다
D 《천공개물》은 파손되어 완전하지 않았다

보기 어휘

打动 dǎdòng 동 감동시키다

정답 ▸ C

해설 ▸ 윗글에 근거하여 알맞은 내용을 고르는 문제이다.
세 번째 단락에서 쏭잉싱이 책에 대한 간절한 마음을 사장에게 말하자 사장은 감동을 받았다고 하였으므로 이는 보기 C의 내용과 일치한다.

第79到82题是根据下面一段话：

　　美图秀秀是由美图网研发推出的一款免费图片处理软件。不用学习就可以使用，在1分钟之内就可以做出像在影楼里照的照片一样的效果，还能一键分享到新浪微博、人人网和朋友圈。

　　美图秀秀的创始人是80后吴欣鸿。他上高中期间休学了2年，去中国美术学院学了油画。高中毕业后，周围的人都以为他会考和美术相关的专业继续深造。但他说和画画相比，更喜欢创业，于是就走上了创业之路。2001年他创办了服务网站，2003年创办了一个交友网站，**79** 最后都以失败而告终。 然而，他始终没有放弃自己的创业梦想。

　　一天，他拍了一张照片，想把这张照片上传到网上。为了让照片看起来更美观，他在网上搜了一下修图的软件。那时的修图软件对大部分人来说非常难掌握，而且通过调查后发现人们对这张修图软件的需求很大。他灵机一动，**80** 为何不开发一款容易处理的修图软件呢？ 这一想法令他兴奋不已。

　　于是，吴欣鸿选择了再次创业，他和他的小伙伴们创办了美图网，而且在2008年10月推出了美图秀秀软件。**81** 一经推出便受到了欢迎，用户突破了100万。 后来经过不断地调试和升级，美图秀秀的功能越来越多，**82** 使用方法也越来越简单方便，用户人群从最初的90后，开始向80后、70后扩展了。

　　截至2015年1月，美图秀秀的用户已超过4亿。这一次，吴欣鸿终于成功了。

79–82번 문제는 다음 내용에 근거한다:

메이투슈슈는 메이투 웹사이트에서 연구 개발하여 출시한 무료 사진 보정 프로그램이다. 공부할 필요 없이 바로 사용할 수 있고, 1분이면 사진관에서 찍은 것 같은 효과를 만들어 낼 수 있으며, 또한 클릭 한 번으로 시나 블로그, 런런왕 그리고 위챗 모멘트와 공유할 수도 있다.

메이투슈슈의 창시자는 80년대 출생한 우신홍이다. 그는 고등학교 때 2년간 휴학하고 중국 미술학원으로 가서 유화를 공부했다. 고등학교를 졸업한 후, 주변 사람들은 모두 그가 미술과 관련 있는 전공시험을 본 후 계속해서 연구를 할 것이라고 생각했다. 그러나 그는 그림 그리는 것과 비교했을 때, 창업을 더욱 좋아한다고 말했고, 창업의 길로 들어섰다. 2001년 그는 서비스 웹사이트를 창설했고, 2003년에는 친구소개 사이트를 만들었지만, **79** 결국 모두 실패로 끝이 났다. 그러나 그는 시종일관 창업의 꿈을 포기하지 않았다.

어느 날, 그는 한 장의 사진을 찍어서, 그 사진을 인터넷에 업로드하고 싶었다. 사진을 더욱 예쁘게 보이도록 하기 위해 그는 인터넷에서 사진 보정 프로그램을 검색했다. 그 당시 사진 보정 프로그램은 일반인들이 완벽하게 활용하기에는 매우 어려웠으며, 또한 조사를 통해 사람들의 사진 보정 프로그램에 대한 수요가 굉장히 많다는 것을 알게 되었다. 그는 **80** 쉽게 활용할 수 있는 사진 보정 프로그램을 왜 개발하지 않고 있지?라는 생각이 갑자기 떠올랐고, 이 생각은 그를 매우 흥분시켰다.

지문 어휘

美图秀秀 Měitúxiùxiù
몡 메이투슈슈(사진 보정 프로그램)

研发 yánfā 통 연구 개발하다

推出 tuīchū 통 출시하다, 내놓다

免费 miǎn fèi 통 무료이다, 돈을 받지 않다

图片处理软件 túpiàn chǔlǐ ruǎnjiàn 사진 보정 프로그램

影楼 yǐnglóu 몡 사진관

一键 yíjiàn 클릭 한 번

分享 fēnxiǎng 통 공유하다

新浪微博 Xīnlàng wēibó 시나 블로그

人人网 Rénrénwǎng 런런왕

朋友圈 Péngyouquān 위챗 모멘트

创始人 chuàngshǐrén 몡 창시자

油画 yóuhuà 몡 유화

深造 shēnzào 통 더욱 깊이 연구하다

创业 chuàng yè 몡 창업 통 창업하다

网站 wǎngzhàn 몡 웹사이트

告终 gàozhōng 통 끝을 알리다

始终 shǐzhōng 몡 시종일관, 처음과 끝 ☆

上传 shàngchuán 통 업로드 하다

掌握 zhǎngwò 통 숙달하다, 꽉 잡다 ☆

灵机一动 língjīyídòng 셩 영감이 탁 떠오르다

为何 wèihé 뮈 왜, 무엇 때문에

兴奋不已 xīngfèn bùyǐ 몹시 흥분하다

用户 yònghù 몡 사용자

突破 tūpò 통 돌파하다

调试 tiáoshì 통 테스트하다

升级 shēngjí 통 업그레이드 하다

扩展 kuòzhǎn 통 확대되다, 확장하다

截至 jiézhì 통 ~에 이르다

그래서 우신훙은 또 한차례의 창업을 선택을 했고, 그와 그의 친구들은 메이투 웹사이트를 창설하였으며, 2008년 10월 메이투슈슈 프로그램을 출시했다. **81** 출시하자마자 인기를 끌어, 사용자 수가 100만 명을 돌파했다. 이후에 지속적인 테스트와 업그레이드를 통해서, 메이투슈슈의 기능은 점점 늘어났고, **82** 사용 방법 또한 점점 더 간단하고 편리해졌다. 최초 사용자들은 90년대 생이었으나 점점 80년대 생, 70년대 생으로까지 사용이 확대되었다.

　　2015년 1월에 이르러, 메이투슈슈의 사용자는 이미 4억명을 초과했다. 이번에 우신훙은 마침내 성공을 하게 되었다.

79

问 : 根据第二段，吴欣鸿：
A 考上了美国美术学院　　B 开了一家服装店
C 工作一直很稳定　　　　D 创业失败过

질문 : 두 번째 단락에 근거하여, 우신훙은:
A 미국 미술학원에 합격했다　　B 옷가게를 열었다
C 일이 계속해서 안정적이었다　　D 창업에 실패한 적이 있다

보기 어휘

稳定 wěndìng 웹 안정되다 ★

정답 D

해설 두 번째 단락에 근거하여 알 수 있는 것은 무엇인지 묻고 있다.
두 번째 단락에서 우신훙은 여러 차례 창업을 시도했지만 결국 모두 실패했다고 하였으므로 보기 D의 내용과 일치한다.

80

问 : 第三段画线词语 "想法" 指的是：
A 帮朋友修修图　　　　B 开发图片处理软件
C 掌握图片处理技能　　D 建一个人物图片库

질문 : 세 번째 단락에 밑줄 친 '想法'가 가리키는 것은:
A 친구를 도와서 사진을 수정하는 것　　B 사진 보정 프로그램을 개발하는 것
C 사진 보정 기능을 정복하는 것　　　　D 인물사진 뱅크를 만드는 것

보기 어휘

技能 jìnéng 웹 기능
库 kù 웹 각종 자료와 데이터를 저장해 둔 집합체, 창고

정답 B

해설 세 번째 단락에서 그는 '쉽게 활용할 수 있는 사진 보정 프로그램을 왜 개발하지 않고 있지'라고 생각했으므로 보기 B의 '사진 보정 프로그램을 개발하는 것'이 정답이다.

81

问 : 美图秀秀刚推出时：
A 广告宣传力度大　　B 价格偏低
C 受到网友欢迎　　　D 资金方面有问题

질문 : 메이투슈슈가 막 출시됐을 때:
A 광고의 힘이 컸다　　B 가격이 너무 쌌다
C 네티즌의 환영을 받았다　　D 자금 부분에 문제가 있었다

보기 어휘

广告宣传 guǎnggào xuānchuán 웹 광고
力度 lìdù 웹 힘의 세기, 역량
偏低 piāndī 웹 너무 낮다, 일방적으로 낮다
网友 wǎngyǒu 웹 네티즌

82

问：根据上文，下列哪项正确？

A 美图网日均访问量过亿

B 吴欣鸿出版了很多书

C 吴欣鸿自己创办了美图网

D 美图秀秀简单易学

보기 어휘

出版 chūbǎn 통 출판하다, 출간하다 ☆

创办 chuàngbàn 통 창설하다, 창립하다

정답 D

第83到86题是根据下面一段话：

一说到范仲淹人们就会马上想到那句"先天下之忧而忧，后天下之乐而乐"，因为在人们心中他是以文学家的形象为人们所知的。但其实，他不仅有文学才华，而且还有经济头脑。

范仲淹在浙江杭州当官时，当地发生了饥荒，谷价飞涨，令百姓的生活痛苦不堪。**83** 通常情况下，政府应该运用行政手段抑制物价飞涨的现象。然而，范仲淹的举措令众人不解，他不但没有压低粮食的价格，反而下令将粮食的价格提高一些。

后来事实证明众人的担心是多余的，事情的发展出乎了人们的意料。杭州粮食的价格上涨的消息立即传开了，许多外地的粮商得知此消息后见有利可图，便不分昼夜地将大米运往杭州。**84** 由于将粮食运往杭州的粮食过多，没多久杭州的粮食市场就饱和了，粮食的价格自然就降下来了。**86** 范仲淹的做法使百姓平安地度过了饥荒。

范仲淹使用的这个经济理念是"完全竞争"，**85** 即商品的价格完全受市场的调节，量少了价格随之走高，相反量多了价格随之走低。在那个时代，范仲淹就懂得用这种经济理念来救灾，不能不说是一位有经济头脑的大家。

지문 어휘

才华 cáihuá 명 재능

饥荒 jīhuang 명 기근

谷价 gǔjià 명 곡식 가격

飞涨 fēizhǎng 통 폭등하다

不堪 bùkān 형 몹시 심하다

政府 zhèngfǔ 명 정부 ☆

运用 yùnyòng 통 활용하다 ☆

抑制 yìzhì 통 억제하다

举措 jǔcuò 명 조치, 거동

不解 bùjiě 통 이해하지 못하다

压低 yādī 통 낮추다

粮食 liángshi 명 식량, 양식 ☆

反而 fǎn'ér 접 오히려, 그런데

下令 xià lìng 통 명령을 내리다

提高 tígāo 통 높이다

证明 zhèngmíng 통 증명하다

多余 duōyú 형 쓸데없는, 불필요한 ☆

出乎 chūhū 통 벗어나다

意料 yìliào 명 예상, 예측 통 예상하다, 예측하다

上涨 shàngzhǎng 통 오르다

有利可图 yǒulìkětú 성 취할 이익이 있다

실전 모의고사

1회

83-86번 문제는 다음 내용에 근거한다:

판중옌에 대해서 말하기만 하면, 사람들은 곧바로 '천하의 사람들이 걱정하기에 앞서 걱정하고 천하의 사람들이 다 기뻐하고 난 다음에 기뻐하다'라는 구절을 떠올릴 것이다. 왜냐하면 그는 문학가의 이미지로 사람들이 기억하기 때문이다. 하지만 사실 그는 문학적 재능뿐만 아니라 경제적 사고력도 있었다.

판중옌이 저장(절강)성 항저우(항주)에서 관리를 하고 있을 때, 그곳에 기근이 발생했고, 곡식 가격이 폭등해서 백성들의 생활이 몹시 고통스러웠다. **83** 일반적으로 이런 상황에서 정부가 행정 수단을 활용하여 물가 폭등 현상을 억제한다. 하지만, 판중옌의 조치는 대중들을 이해하지 못하게 했다. 그는 곡식의 가격을 내리지 않았을 뿐만 아니라, 오히려 곡식의 가격을 조금 더 올리라고 명령했다.

나중에야 사람들의 걱정이 쓸데없는 것이었음이 밝혀졌다. 사건의 전개는 사람들의 예상을 뒤엎었다. 항저우의 곡식 가격이 올라갔다는 소식은 즉시 퍼져 나갔고, 많은 외지의 곡식 상인들이 이 소식을 듣고, 돈을 벌 수 있다는 생각에 밤낮을 가리지 않고 항저우로 쌀을 가지고 왔다. **84** 결국 항저우로 가져온 곡식은 넘쳐났고, 얼마 지나지 않아 항저우의 곡식 시장은 포화상태가 되어, 곡식 가격은 자연스럽게 떨어졌다. **86** 판중옌의 모든 결정은 백성들이 편안하게 기근을 넘길 수 있도록 했다.

판중옌이 사용한 이 경제 개념은 '완전 경쟁'이다. **85** 즉, 상품의 가격이 순전히 시장의 조절만 받게 되는 것이다. 양이 적어지면 가격은 이에 따라 떨어지고, 반대로 양이 많아지면 가격은 이에 따라 높아진다. 그 시대에 판중옌은 이미 이러한 경제 개념을 이용해서 어려움 해결할 줄 알았으니 그를 경제적 사고의 대가라 말하지 않을 수 없다.

不分昼夜 bùfēnzhòuyè 형 밤낮을 가리지 않다
大米 dàmǐ 명 쌀
过多 guòduō 형 과다하다
饱和 bǎohé 명 포화 형 포화 상태에 이르다, 최고조에 달하다
降 jiàng 동 내리다
理念 lǐniàn 명 이념, 신념
竞争 jìngzhēng 명 경쟁
调节 tiáojié 동 조절하다
随之 suízhī 따라서
懂得 dǒngde 동 알다
救灾 jiù zāi 동 재난에서 구원하다

83

问 : 物价飞涨时，官府一般会怎么做?

　　A 向邻村借粮　　　　B 增加税收
　　C 控制粮价　　　　　D 发放粮食

질문 : 물가가 폭등했을 때, 정부는 일반적으로 어떻게 하는가?
　　A 이웃 마을에서 곡식을 빌린다　　　B 세금을 높인다
　　C 곡식의 가격을 통제한다　　　　　D 곡식을 나눠준다

보기 어휘

官府 guānfǔ 명 정부, 관청
税收 shuìshōu 명 세금, 세수
控制 kòngzhì 동 통제하다 ★
发放 fāfàng 동 돈이나 물자를 방출하다

정답　C

해설　구체적 질문으로 지문에서 바로 찾아낼 수 있는 문제 유형이다.
두 번째 단락에서 물가가 폭등했을 때 일반적으로 정부는 행정 수단을 사용하여 물가 폭등 현상을 억제한다고 한 내용이 보기 C의 '곡식의 가격을 통제한다'라는 내용과 일맥상통한다.

84

问 : 根据第三段，下列哪项正确?

　　A 杭州的百姓经常吃不饱
　　B 范仲淹的提议未被批准
　　C 其他地区捐了很多粮食给灾民
　　D 杭州的粮价最后降价了

보기 어휘

未 wèi 부 아직 ~하지 않다
批准 pīzhǔn 동 승인하다, 허가하다 ★
捐 juān 명 기부하다, 헌납하다 ★
灾民 zāimín 명 이재민

A 항저우의 백성들은 자주 배불리 먹지 못한다
B 판중옌의 제안은 승인되지 못했다
C 다른 지역에서 많은 곡식을 이재민에게 기부했다
D 항저우의 곡식 가격이 마지막에는 떨어졌다

정답 ▶ D

해설 ▶ 아래 보기 중 어느 항목이 지문의 내용과 맞는지 찾는 문제이다.
세 번째 단락에서 항저우로 가져온 곡식이 많아져서 곡식 시장은 곧 포화상태가 되었고, 가격은 자연스럽게 떨어졌다고 하였으므로 보기 D의 내용과 일치한다.

85

问 : 关于 "完全竞争", 可以知道:

A 最早由范仲淹实行   B 打破市场规则
C 物价受市场调节   D 不利于公平竞争

보기 어휘

实行 shíxíng 통 실행하다
公平 gōngpíng 형 공정하다, 공평하다 ★

질문 : '완전경쟁'에 관하여, 알 수 있는 것은 무엇인가?

A 판중옌이 최초로 실행한 것이다   B 시장규칙을 파괴한다
C 물가는 시장의 조절을 받는다   D 공정 경쟁에 불리하다

정답 ▶ C

해설 ▶ 完全竞争(완전 경쟁) 뒤의 即는 '즉'이라는 의미로 앞의 完全竞争(완전 경쟁)의 의미를 풀어 준다는 의미이다. '完全竞争(완전 경쟁)이란 즉, 상품의 가격이 순전히 시장의 조절만 받게 되는 것이다'라고 했으므로 이는 보기 C의 '물가는 시장의 조절을 받는다'라는 내용과 일치한다.

86

问 : 关于范仲淹可以知道什么?

A 化解了粮食危机
B 大半辈子都在杭州做官
C 因写悲剧而闻名于世
D 善于听取手下官员的建议

보기 어휘

化解 huàjiě 통 해결하다, 해소하다, 풀다
半辈子 bànbèizi 명 반평생
闻名于世 wénmíng yúshì 세상에 널리 알려지다, 세상에 드러나다
听取 tīngqǔ 통 귀를 기울이다, 귀담아듣다

질문 : 판중옌에 관하여 알 수 있는 것은 무엇인가?

A 곡식 위기를 해결했다
B 인생의 대부분을 항저우에서 관리로 보냈다
C 불행한 처지 때문에 세상에 널리 알려졌다
D 수하 관리의 건의에 귀를 잘 기울인다

정답 ▶ A

해설 ▶ 세 번째 단락 마지막 부분에서 판중옌의 모든 결정으로 백성들이 편안하게 기근을 넘겼다고 하였으므로 보기 A의 '곡식 위기를 해결했다'가 정답이다.

第87到90题是根据下面一段话:

90 世界上最热的地方在哪里？很多人都会不假思索地说是赤道。其实不然，虽然赤道地区阳光照射很强烈，但是白天的最高气温很少有超过35摄氏度的时候。而查看一下世界气象记录的话便可以知道，在非洲、亚洲和澳洲等地的 **88** 沙漠地区，白天的气温比赤道高很多。比如非洲的撒哈拉沙漠白天最高气温可达50多度。

这是为什么呢？原来气温的高低不仅仅和纬度有关，还和湿度、海拔、洋流等有关系。赤道地区的附近有三大海洋，分别是太平洋、大西洋和印度洋。海洋的热容量大，能把太阳的热量传向海底深处，而且海水蒸发时要消耗大量的热量，另外海水升温的速度比陆地慢得多。**87** 因此，白天赤道地区的温度不会急速上升。

在沙漠地区情况就完全不同了。那里的水资源和植物就像"稀有动物"一样，少得可怜。所以沙地因水资源短缺，水分蒸发的量几乎是零。还有沙地的热容量小，不容易向地表下层散热，白天的时候，当沙子的表面被晒得很热很烫时，地表下层的沙子还是冷冰冰的。再加上沙地升温的速度很快，当太阳升起时，沙漠的温度就直线往上升。到了中午，沙地就像一个大火盆，有时最高气温可达到50度以上。

除此之外，**89** 赤道地区的降雨量比较多，而沙漠地区很难见到下雨天，大多数情况下都是晴天，而且骄阳似火的太阳从早晨到傍晚都挂在空中。**90** 综上所述，世界上白天最热的地方不在赤道，而是在沙漠地区。

87-90번 문제는 다음 내용에 근거한다:

90 세상에서 가장 더운 곳은 어디인가? 많은 사람은 생각할 필요도 없이 바로 적도 지역 이라고 말할 것이다. 사실은 그렇지 않다. 적도 지역에 햇볕이 강렬하게 비추고 있지만, 낮의 최고 기온이 35℃를 넘길 때는 아주 적다. 그리고 세계 기상 기록을 살펴보면 아프리카, 아시아 그리고 오세아니아 등 **88** 사막 지역의 낮의 기온은 적도보다 훨씬 높다는 것을 알 수 있다. 예를 들어, 아프리카의 사하라 사막의 낮 최고 기온은 50℃에 달한다.

왜 이런 것일까? 원래 기온의 변화는 단순히 위도가 아니라 습도, 해발, 해류 등과도 관련이 있다. 적도 근처에는 3대 해양인 태평양, 대서양, 인도양이 있다. 해양의 열용량은 크기 때문에 태양의 열량을 해저 깊이 전달 시킬 수 있다. 게다가 바닷물이 증발할 때 대량의 열량을 소모한다. 그 밖에도 해수의 온도 상승 속도는 육지보다 훨씬 느리다. **87** 이 때문에 낮에 적도 지역의 온도는 급속히 올라가지 않는다.

사막 지역의 상황은 전혀 다르다. 그곳의 물과 식물은 '희귀 동물'처럼 굉장히 적다. 그래서 사막 지역은 수자원이 부족해 수분 증발량이 거의 0에 가깝다. 또한 사막 지역의 열용량은 작아서 지표 아래로 열을 분산시키기가 어렵다. 대낮에 모래 표면이 햇볕에 아주 뜨거워질 때에도 지표 아래의 모래는 여전히 매우 차갑다. 게다가 사막의 온도 상승 속도

지문 어휘

不假思索 bùjiǎsīsuǒ 성 생각할 필요 없이 곧장 반응하다

赤道 chìdào 명 적도

照射 zhàoshè 동 비추다

摄氏度 shèshìdù 명 섭씨

查看 chákàn 동 살펴보다, 조사하다

气象 qìxiàng 명 기상

非洲 Fēizhōu 명 아프리카

亚洲 Yàzhōu 명 아시아

澳洲 Àozhōu 명 오세아니아

沙漠 shāmò 명 사막 ⭐

气温 qìwēn 명 기온

撒哈拉沙漠 Sāhālā shāmò 명 사하라 사막

不仅仅 bùjǐnjǐn 부 단순히 ~가 아니라

纬度 wěidù 명 위도

湿度 shīdù 명 습도

海拔 hǎibá 명 해발

太平洋 Tàipíngyáng 명 태평양

大西洋 Dàxīyáng 명 대서양

印度洋 Yìndùyáng 명 인도양

传 chuán 동 전하다

海底 hǎidǐ 명 해저

蒸发 zhēngfā 동 증발하다

消耗 xiāohào 동 소모하다

陆地 lùdì 명 육지, 땅 ⭐

水资源 shuǐzīyuán 명 수자원

稀有 xīyǒu 형 희소하다, 드물다

地表 dìbiǎo 명 지표, 지구의 표면

散热 sànrè 동 산열하다

沙子 shāzi 명 모래

晒 shài 동 햇볕을 쬐다 ⭐

烫 tàng 동 데우다 ⭐

冷冰冰 lěngbīngbīng 형 냉랭한, 차가운

再加上 zàijiāshàng 접 게다가

直线 zhíxiàn 명 직선

火盆 huǒpén 명 화로

降雨量 jiàngyǔliàng 명 강우량

骄阳似火 jiāoyángsìhuǒ 성 불타는 듯하다

傍晚 bàngwǎn 명 해 질 무렵 ⭐

综上所述 zōngshàng suǒshù 앞서 말한 내용을 종합하다

는 굉장히 빠르다. 태양이 뜰 때 사막의 온도는 급격히 상승한다. 정오가 되면 사막은 화로 같아지고, 때로 최고 온도가 50℃ 이상까지 오른다.

이 밖에도 **89** 적도 지역은 강우량이 비교적 많지만, 사막 지역에서는 비 오는 날을 보기 힘들다. 대부분 맑은 날이고, 게다가 마치 불타는 듯한 태양이 아침부터 해질 무렵까지 하늘에 떠 있다. **90** 종합해보면, 세계에서 낮에 가장 더운 지역은 적도가 아니라 사막 지역인 것이다.

87

问 : 关于赤道地区，可以知道：
    A 最高温度可达40度   B 四季气候变化分明
    C 昼夜温差不大   D 气温升高慢

보기 어휘

分明 fēnmíng 형 명확하다, 분명하다
昼夜 zhòuyè 명 낮과 밤

질문 : 적도 지역에 관하여 알 수 있는 것은:
    A 최고 온도는 40℃에 이른다   B 사계절 기후변화가 분명하다
    C 낮과 밤의 온도 차이가 크지 않다   D 기온 상승이 느리다

정답   D

해설   구체적 질문으로 지문에서 바로 찾아낼 수 있는 문제 유형이다.
두 번째 단락 마지막 부분에서 낮 시간에 적도의 온도 상승이 빠르지 않다고 하였으므로 보기 D의 내용과 일치한다.

88

问 : 沙漠地区有什么特点？
    A 日照时间最短   B 沙子热容量大
    C 白天地表温度很高   D 水分蒸发极慢

보기 어휘

日照时间 rìzhào shíjiān 명 일조시간

질문 : 사막지역은 어떠한 특징이 있는가?
    A 일조시간이 가장 짧다   B 모래 열용량이 크다
    C 낮의 지면 온도가 아주 높다   D 수분 증발이 매우 느리다

정답   C

해설   사막의 특징에 대해 묻는 문제이다.
첫 번째 단락 마지막 부분에서 낮 시간에 사막이 적도보다 온도가 높다고 하였고 또 사하라 사막의 경우 낮 최고 기온이 50℃에 달한다고 예를 들어 설명하였다. 이는 보기 중 C의 내용과 일맥상통한다.

89

问 : 根据上文，下列哪项正确？
    A 沙漠地区湿度很大
    B 赤道地区降雨较多
    C 沙漠地区阴天较少
    D 沙漠地区植物种类很丰富

보기 어휘

阴天 yīntiān 명 흐린 날씨

질문 : 윗글에 근거하여, 다음 중 옳은 것은?
질문 : 윗글에 근거하여, 다음 중 옳은 것은?
　A 사막 지역은 습도가 아주 높다
　B 적도 지역은 비가 비교적 많이 내린다
　C 사막 지역은 흐린 날이 비교적 적다
　D 사막 지역의 식물의 종류는 아주 풍부하다

정답　B

해설　윗글에 근거하여 보기 중에서 옳은 것을 찾는 문제이다.
네 번째 단락 앞 부분에서 적도 지역은 강우량이 비교적 많지만, 사막 지역에서는 비오는 날을 보기 힘들다고 하였으므로 보기 B의 내용과 일치한다.

90

问 : 上文主要谈什么?
　A 赤道地区的气候特点　　B 赤道地区常降雨的原因
　C 沙漠比赤道更热的原因　D 沙漠地区的气候

질문 : 윗글에서 주로 말하고자 하는 것은?
　A 적도 지역의 기후 특징　　B 적도 지역에 자주 비가 내리는 이유
　C 사막이 적도보다 더 더운 이유　D 사막 지역의 기후

정답　C

해설　이 글의 주제를 찾는 문제이다.
'세상에서 가장 더운 곳은 어디인가?'라는 질문으로 시작하여 사막과 적도 지역을 비교하고, '세계에서 낮에 가장 더운 지역은 적도가 아니라 사막 지역인 것이다'라는 결론으로 글을 맺고 있으므로 보기 C의 '사막이 적도보다 더 더운 이유'가 정답이 된다.

HSK 5급 1회 **쓰기**

제1부분 91~98번 문제는 제시된 단어를 알맞게 배열하여 하나의 문장을 완성하는 문제입니다.

91

包含　　　的范围内　　　在文学研究　　　古典小说

包含 bāohán 图 포함하다 ★
范围 fànwéi 图 범위 ★
古典小说 gǔdiǎn xiǎoshuō
图 고전소설

해설 **Step 1** 술어를 찾는다.

| 술어 |
| 包含 |

Step 2 결과보어 在는 장소, 시간, 범위 등과 함께 술어 뒤에 놓는다.

| 술어 | 결과보어(개사구) | |
| 包含 | 在文学研究 | 的范围内 |

Step 3 古典小说는 주어로 문장 맨 앞에 위치한다.

| 주어 | 술어 | 결과보어(개사구) | |
| 古典小说 | 包含 | 在文学研究 | 的范围内 |

정답 古典小说包含在文学研究的范围内。

해석 고전소설은 문학 연구 범위에 포함되어 있다.

92

去公司实习　　　小王想等　　　结束后　　　所有课程

实习 shíxí 图 실습하다 ★
结束 jiéshù 图 끝나다
所有 suǒyǒu 图 모든, 전부의
课程 kèchéng 图 커리큘럼,
교육과정 ★

해설 **Step 1** 술어를 찾는다. 보기에 술어가 여러 개인 것으로 보아 연동문 어순 배열
문제임을 알 수 있다. 여러 개의 술어 가운데 동작이 먼저 발생한 것으
로 짐작되는 술어를 술어 1 자리에 배치한다.

| 술어 1 | 술어 2 | 술어 3 | 술어 4 |
| 小王想等 | 结束后 | 去公司 | 实习 |

Step 2 等과 后는 '~까지 기다린 후에'라는 뜻으로 함께 쓰인다. 선후 순서에
따라 술어를 나열한다.

| 주어 | 부사어 | 술어 1 | 목적어 1 | 술어 2 | 술어 3 | 목적어 2 | 술어 4 |
| 小王 | 想 | 等 | 所有课程 | 结束后 | 去 | 公司 | 实习 |

정답 小王想等所有课程结束后去公司实习。

해석 샤오왕은 모든 과정이 끝날 때까지 기다린 후에 회사에 가서 실습을 하고 싶어 한다.

| 童话 | 一点儿 | 带有 | 这个广告里 | 色彩 |

童话 tónghuà 명 동화
广告 guǎnggào 명 광고
色彩 sècǎi 명 색채, 성향 ⭐

[해설] **Step 1** 술어를 찾는다.

| 술어 |
| 带有 |

Step 2 보기에 [일반명사+방위사]인 这个广告里가 있으나, 함께 쓰일 전치사가 없으므로 존현문의 어순으로 문장을 배열한다. 这个广告里를 주어 자리에 놓는다.

| 주어 | 술어 |
| 这个广告里 | 带有 |

Step 3 남은 어휘 가운데 童话色彩는 목적어 자리에 놓고, [수사+양사] 형태의 一点儿은 관형어로 목적어 앞에 배치한다.

| 주어 | 술어 | 관형어 | 목적어 |
| 这个广告里 | 带有 | 一点儿 | 童话色彩 |

[정답] 这个广告里带有一点儿童话色彩。

[해석] 이 광고에는 약간의 동화적 색채가 있다.

| 数据 | 那份报告 | 的 | 不太准确 |

数据 shùjù 명 데이터 ⭐
报告 bàogào 명 보고서 ⭐
准确 zhǔnquè 형 정확하다, 확실하다

[해설] **Step 1** 술어를 찾는다.

| 술어 |
| 不太准确 |

Step 2 구조조사 的는 명사(구)와 명사(구)를 꾸미는 말을 연결해주는 연결고리이다.

| 관형어 | | 주어 |
| 那份报告 | 的 | 数据 |

Step 3 형용사 술어는 목적어를 가질 수 없으므로, 문장의 맨 마지막에 놓는다.

| 관형어 | | 주어 | 부사어 | 술어 |
| 那份报告 | 的 | 数据 | 不太 | 准确 |

[정답] 那份报告的数据不太准确。

[해석] 그 보고서의 데이터는 그다지 정확하지 않다.

95

会计算这个　　谁　　体积　　图形　　　的

计算 jìsuàn 🔴 계산하다 ⭐
体积 tǐjī 🟩 부피
图形 túxíng 🟩 도형

해설 **Step 1**　술어를 찾는다.

술어
会计算这个

Step 2　구조조사 的는 명사(구)와 명사(구)를 꾸미는 말을 연결해주는 연결고
리이다.

부사어	술어	관형어		목적어
会	计算	这个图形	的	体积

Step 3　남은 어휘 가운데 谁는 주어 자리에 놓는다.

주어	부사어	술어	관형어		목적어
谁	会	计算	这个图形	的	体积

정답 谁会计算这个图形的体积?

해석 누가 이 도형의 부피를 계산할 수 있지?

96

的　　　十分明显　　　进步　　　这学期儿子

十分 shífēn 🔵 매우
明显 míngxiǎn 🟧 뚜렷하다 ⭐
进步 jìnbù 🟩 발전 ⭐

해설 **Step 1**　술어를 찾는다.

술어
十分明显

Step 2　구조조사 的는 명사(구)와 명사(구)를 꾸미는 말을 연결해주는 연결고
리이다.

관형어		주어
这学期儿子	的	进步

Step 3　형용사 술어는 목적어를 가질 수 없으므로, 문장 맨 마지막에 놓는다.

관형어		주어	부사어	술어
这学期儿子	的	进步	十分	明显

정답 这学期儿子的进步十分明显。

해석 이번 학기 아들의 (학업) 발전이 매우 뚜렷하다.

| 恢复 | 得 | 外公手术后 | 极其快 |

恢复 huīfù 동 회복하다 ☆
外公 wàigōng 명 외할아버지 ☆
手术 shǒushù 명 수술 ☆
极其 jíqí 부 아주 ☆

해설 **Step 1** 술어를 찾는다.

| 술어 |
| 恢复 |

Step 2 보기에 得와 정도부사 极其가 있는 것으로 보아 정도보어 어순인 [술어+得+정도부사+형용사]에 맞게 배열해야 함을 알 수 있다. 보기의 极其快를 술어 뒤 정도보어 자리에 놓는다.

| 술어 | 得 | 정도부사 | 형용사 |
| 恢复 | 得 | 极其 | 快 |

Step 3 남은 어휘 外公手术后를 주어 자리에 배치한다.

| 주어 | 술어 | 得 | 정도부사 | 형용사 |
| 外公手术后 | 恢复 | 得 | 极其 | 快 |

정답 外公手术后恢复得极其快。

해석 외할아버지께서는 수술 후 회복이 매우 빠르시다.

| 控制 | 学会如何 | 情绪 | 自己的 | 我们要 |

控制 kòngzhì 동 통제하다 ☆
学会 xuéhuì 동 습득하다, 배워서 할 줄 알다
如何 rúhé 대 어떻게, 왜 ☆
情绪 qíngxù 명 감정, 정서, 기분 ☆

해설 **Step 1** 술어를 찾는다. 보기에 술어가 2개 있다.

| 술어1 | 술어2 |
| 学会如何 | 控制 |

Step 2 '자신의 감정을 통제하다'가 문맥상 자연스럽기 때문에 控制의 목적어는 自己的情绪가 되어야 한다.

| 술어1 | 술어2 | 목적어 |
| 学会如何 | 控制 | 自己的情绪 |

Step 3 남은 어휘 중 주어는 我们이고, 要는 조동사로써 술어1 学会 앞에 놓는다. 이때 如何는 의문대명사로 控制를 꾸며주는 역할을 하며, '如何控制自己的情绪'가 술어1 学会의 목적어가 된다.

| 주어 | 조동사 | 술어1 | 목적어(대명사+술어2+목적어) |
| 我们 | 要 | 学会 | 如何控制自己的情绪 |

정답 我们要学会如何控制自己的情绪。

해석 우리는 어떻게 자신의 감정을 통제할 수 있는지 알아야 한다.

99

作家	宣传	排队	握手	激动

作家 zuòjiā 명 작가
宣传 xuānchuán
동 홍보하다 ⭐
排队 pái duì 동 줄을 서다
握手 wò shǒu 동 악수하다 ⭐
激动 jīdòng 동 감격하다

해설

Step 1 제시된 어휘가 공통으로 말하고자 하는 주제 어휘를 찾는다.
주제 단어: **宣传** xuānchuán 동 홍보하다

Step 2 단어마다 살을 붙여 주제 어휘에 맞는 호응 어휘나 문장을 만든다.
① **作家** zuòjiā 명 작가
作家出版一本小说 작가는 소설책 한 권을 출간했다.

② **排队** pái duì 동 줄을 서다
排队的人多 줄을 선 사람이 많다

③ **握手** wò shǒu 동 악수하다
一个一个握手 (한 명씩 악수하다)
一一握手 (한 명씩 악수하다)

Step 3 완성된 구나 문장들을 줄거리로 만들어 원고지에 작성한다.

정답 有一个作家出版了一本新小说。为了宣传小说，出版社今天在全市最大的书店举行了一次签售会。刚开始他很担心，因为他的名气不大。但没想到现场排队的人很多，他一边签名，一边跟读者一个一个握手了，他感到非常激动。

		有	一	个	作	家	出	版	了	一	本	新	小	说	。	
为	了	宣	传	小	说	，	出	版	社	今	天	在	全	市	最	
大	的	书	店	举	行	了	一	次	签	售	会	。	刚	开	始	
他	很	担	心	，	因	为	他	的	名	气	不	大	。	但	没	
想	到	现	场	排	队	的	人	很	多	，	他	一	边	签	名,	
一	边	跟	读	者	一	个	一	个	握	手	了	，	他	感	到	
非	常	激	动	。												

48

80

해석 어떤 한 작가가 새 소설을 한 권 출간했다. 소설을 홍보하기 위해 출판사는 오늘 시 전체에서 가장 큰 서점에서 작가 사인회를 한 차례 열었다. 처음에 그는 굉장히 걱정했다. 왜냐하면 그의 명성이 그렇게 높지 않았기 때문이다. 하지만 뜻밖에도 현장에는 줄을 선 사람들이 많았고, 그는 한편으로는 사인을 하며 한편으로는 독자들과 일일이 악수를 했다. 그는 굉장히 감격스러웠다.

어휘 出版 chūbǎn 동 출간하다, 출판하다 ⭐   出版社 chūbǎnshè 명 출판사
签售会 qiānshòuhuì 작가 사인회   名气 míngqì 명 명성, 지명도
现场 xiànchǎng 명 현장

해설 논설문 패턴을 활용한다.

도입	사진 묘사	1. 图片里有(숫자)个人在(동작)。
	살 붙이기	2. 随着现代社会的发展(동작)的人越来越少了。 随着生活水平的提高，很多人选择(동작)。
서론	의문형 문장	3. 那么，(동작)有什么好处呢？
본론	열거	4. 第一，(내용)。 第二，(내용)。
결론	평서문으로 전환, 제안	5. 因此应该……

활용

도입	그림 묘사	1. 图片里有(一)个女的在(看病)。
	살 붙이기	2. 随着现代社会的发展，(生孩子)的人越来越少了。
서론	의문형 문장	3. 那么，(生孩子)有什么好处呢？
본론	열거	4. 第一，(孩子可以给家庭带来幸福)。 第二，(孩子能使夫妻关系变亲密一些)。
결론	평서문으로 전환, 제안	5. 因此家庭里应该有孩子。

정답 图片里有一个孕妇在看病。 随着现代社会的发展，人们的生活压力也增大，生孩子的家庭越来越少了。那么，生孩子有什么好处呢？ 第一，孩子可以给家庭带来幸福。第二，孩子能使夫妻关系变亲密一些。因此家庭里应该有孩子。

		图	片	里	有	一	个	孕	妇	在	看	病	。	随	着
现	代	社	会	的	发	展	,	人	们	的	生	活	压	力	也
增	大	,	生	孩	子	的	家	庭	越	来	越	少	了	。	那
么	,	生	孩	子	有	什	么	好	处	呢	？	第	一	,	孩
子	可	以	给	家	庭	带	来	幸	福	。	第	二	,	孩	子
能	使	夫	妻	关	系	变	亲	密	一	些	。	因	此	家	庭
里	应	该	有	孩	子	。									

48

80

해석 사진 속의 한 임산부는 진찰을 받고 있다. 현대 사회의 발전에 따라 사람들의 생활 스트레스도 커졌고, 아이를 낳는 가정도 점점 줄어들었다. 그렇다면 아이를 낳는 것은 어떤 장점이 있을까? 첫째, 아이는 가정에 행복을 가져올 수 있다. 둘째, 아이는 부부의 관계를 더욱 밀접하게 할 수 있다. 그렇기 때문에 가정에는 반드시 아이가 있어야 한다.

어휘 孕妇 yùnfù 뗑 임산부　家庭 jiātíng 뗑 가정　幸福 xìngfú 뗑 행복
夫妻 fūqī 뗑 부부　亲密 qīnmì 뗑 밀접하다

HSK
5급

실전 모의고사
2회

모의고사 듣기 스크립트

HSK(五级)模拟试题第二套

大家好！欢迎参加HSK（五级）考试。

大家好！欢迎参加HSK（五级）考试。

大家好！欢迎参加HSK（五级）考试。

HSK（五级）听力考试分两部分，共45题。

请大家注意，听力考试现在开始。

第一部分

第1到20题，请选出正确答案。现在开始第1题：

1

女：你以前参加过公司的产品介绍会吗？

男：参加过。今天来的媒体比去年那时候多多了。

问：关于男的可以知道什么？

2

男：你看起来很喜欢小动物，你以前养过宠物吗？

女：以前养过一只狗，后来因为妈妈对狗毛过敏就送给朋友了。

问：女的为什么把狗送给别人了？

3

女：糟了！我把钱包忘在办公室了。我得回去一趟。

男：没事儿，我带了银行卡，一会儿我买单吧。

问：女的要回哪儿？

4

男：你儿子年纪轻轻就开了一家这么大的食品加工厂，真厉害！

女：哪里，哪里！这是他和朋友一起经营的，他只是股东之一。

问：女的是什么意思？

5

女：您好，请问有什么可以帮您的？

男：你好！如果要办理旅游签证的话，需要提前准备哪些材料？

问：男的在咨询哪方面的事情？

6

男：真倒霉！我把车停在这儿不到5分钟，就被交警贴了一张罚单。

女：你没看见那个红色的禁止停车的警示牌吗？这里不让停车。

问：男的为什么被罚款了？

7

女：听说新版教材下个月中旬就出版了，改动大不大？

男：内容比以前精简了一些，而且附带了一张教学光盘。

问：他们在讨论什么？

8

男：今天拍照的时候相机突然自动关机了，明天我想去售后服务中心维修一下。

女：你有发票吗？看一下是否在保修期内。

问：男的明天想去做什么？

9

女：你好像和这家咖啡厅的黄老板很熟？

男：是的。我上研究生的时候，在这儿打过两年工，老板非常照顾我。

问：男的怎么认识咖啡厅的老板？

10

男：这条地铁修好以后，我从家到学校的往返时间就缩短了45分钟。

女：对呀，自从今年国庆节修好以后，我也节省了很多时间。

问：那条地铁是从什么时候开始投入使用的？

11

女：你知道住在这个病房里的那位大爷去哪儿了吗？

男：他的手术做得很成功，恢复得也很快，昨天下午已经出院了。

问：关于那个病人可以知道什么？

12

男：马校长，您能给我一张名片吗？

女：太不巧了，我今天忘拿名片盒了。我告诉你我的手机号码吧。

问：女的是什么意思？

13

女：你可以帮我看一下吗？我每次进这个网页都进不去。

男：我建议你换一个浏览器试试。

问：男的建议女的怎么做？

14

男：咱家的这几套家具已经过时了，扔了又太可惜，要不送人吧。

女：隔壁李大爷现在一个人住，可以问问他需不需要。

问：他们和李大爷最可能是什么关系？

15

女：你们公司这个月上旬新推出的那款游戏受欢迎吗？

男：非常受欢迎。下载量已经超过8万次了，很多媒体都对此进行了报道。

问：关于那款游戏可以知道什么？

실전 모의고사

2회

16

男：这学期新招聘的三位老师真是又年轻又漂亮啊。

女：是啊。她们不仅年轻漂亮，而且在国家期刊上发表过很多论文，学术能力很强。

问：关于新招聘的教师可以知道什么？

17

女：老板，我今天上午买充电器的时候没注意看型号，买错了，可以换吗？

男：我看看。对不起，不能换，因为包装袋已经拆了。

问：女的为什么想换充电器？

18

男：北方的空气真干燥，感觉皮肤没有以前光滑了。

女：是，刚从南方来的人都不太适应北方的气候，过一段时间就好了。

问：男的觉得北方怎么样？

19

男：昨天的辩论会气氛真热烈，大家都积极表达了自己的观点。

女：是啊，主要是辩论会的话题特别有趣。

问：男的觉得这次讨论会怎么样？

20

男：这家四星级酒店最近在搞活动，打七折呢，就定这家酒店吧。

女：别着急，我们先上网看一下网友的评价吧。

问：女的建议怎么做？

第二部分

第21到45题，请选出正确答案。现在开始第21题：

21

女：你父母知道你昨天辞职的事儿吗？

男：知道。我事先和他们商量过，征求过他们的意见。他们很支持我的决定。

女：那你以后有什么打算？

男：我对美食比较感兴趣。所以想开一家饭店。

问：男的以后有什么打算？

22

男：小姑娘，你想买什么样的手机？

女：我想买比较适合老年人使用的手机，你可以给我推荐几款吗？

男：这款比较适合老年人。因为手机的字号很大，待机时间长。

女：谢谢。我可以看一下吗？

问：那款手机有什么特点？

23

女：你今天和女朋友在郊外玩儿得怎么样？

男：好玩儿是好玩儿，但是太累了。

女：为什么那么累呢？

男：因为我们去果园摘了很多水果。

问：男的今天去哪儿了？

24

女：张导演，能否提前给我们透露一下您明年拍摄电影的计划？

男：我明年打算拍两部电影。

女：剧本选好了吗？

男：还没选好。我目前正在看几个剧本。如果剧本确定好了，我会通知大家的。

问：男的最可能是从事哪个职业？

25

男：你有没有计算机专业的朋友？

女：有几个，怎么了？

男：我新开的那个咖啡店正在做数据分析，在程序编写上遇到了点儿问题。

女：那我帮你问问我的高中同学吧，他现在是这个方面的专家。

问：男的遇到了哪方面的问题？

26

女：我下周去云南出差，你可以帮我照看几天这两盆花吗？

男：可以是可以。但是我从来没养过花，我该怎么做呢？

女：很简单，一说你就知道了。两天浇一次水，然后把花放在有阳光的地方就可以了。

男：确实很简单。放心吧，交给我吧。

问：女的请男的帮什么忙？

27

男：衣柜怎么还没装好啊？

女：它的说明书介绍得一点儿都不详细，我没弄明白怎么装。

男：应该不难啊？对我来说不用看说明书也能装。

女：那你试试吧，我装了好几个小时都没装好。

问：女的觉得说明书怎么样？

28

女：张社长，咱们部门需不需要美术编辑？

男：当然需要，最近一直都在招，但是都没招到满意的。

女：我可以给您推荐我的学弟吗？他是学这个专业的，而且是研究生学历。

男：可以啊。你告诉他下周一上午10点来公司参加面试吧。

问：根据对话，可以知道什么？

29

男：我告诉你一个好消息，刘德华要来广州开演唱会了。

女：真的吗？你知道开演唱会的时间和具体地址吗？

男：下个月的第二个星期天，在人民广场附近的体育馆开，只开一场。

女：太好了，谢谢你。我喜欢他已经快10年了，这次无论如何都要去看。

问：关于演唱会，下列哪项正确？

30

女：你装修这套房子大概花了多少钱？

男：我们是找装修公司设计的，所以有点儿贵，大概10万左右。

女：买家具和家电花了多少？

男：我们没买新的，因为手头有点儿紧，打算明年再买新的。

问：根据对话，可以知道什么？

第31到32题是根据下面一段话：

一位画家，在回忆录中写道，他从小就爱画画，而且画得栩栩如生。同时，他也是舞蹈学院的学生，成绩非常优秀。临近毕业时，他非常苦恼。是继续画画呢，还是做一名舞蹈演员呢？考虑了很久以后，他决定边做舞蹈演员边用业余时间画画。这时，父亲语重心长地对他说："孩子，如果你想同时坐两把椅子，最后你只会掉到椅子中间的地上。因此，我建议你放弃一把椅子。"听完父亲的话以后，他认真思考了一段时间。最终，他选择了画画这把"椅子"。他说："虽然选择放弃是一件极其痛苦的事情，但却是人们取得成功的前提。"

31 那位画家当时为什么很苦恼？

32 父亲的话是什么意思？

第33到35题是根据下面一段话：

我有一位朋友获得过多次羽毛球单打冠军。有很多羽毛球爱好者向他请教成功的秘诀是什么？他很平静地答道："成功以前要先做好充分的失败准备。"他的回答出乎了所有人的意料。后来他是这样解释的：在比赛的过程中会发生很多意外，比如低级的失误等，所以在进入正式比赛以前要做好相关的思想准备，这样可以减少心理压力，从而有助于取得比赛的成功。他还讲了一段他的亲身经历，在一次全国羽毛球的大赛中，他和另外一名著名的羽毛球运动员都进入了决赛，他对手很强，一上场就先赢了一局，但由于自己在赛前做好了失败的心理准备，所以没有因为紧张而打乱比赛节奏，在先输掉一局的情况下，越战越勇，最后反倒是他战胜了对手。成功之前做好失败的准备，并不是让我们放弃对成功的追求，而是让我们放下包袱，以放松的状态去面对比赛，这样反而更容易成功。

33 朋友在哪方面很厉害？

34 根据这段话，下列哪项正确？

35 "放下包袱"最可能是什么意思？

第36到38题是根据下面一段话：

我现在最大的爱好就是去滑雪场滑雪，我每次去滑的时候很多人都会为我竖起大拇指，说我滑得很好。但如果让我说起学滑雪的经历的话，不是一句两句就能说完的。我学滑雪的时候没有请教练，因为我看着别人滑的时候，觉得很简单，于是一有时间就自己去练习。但当我穿上滑雪板以后才知道并非想象的那么简单。那时对我来说最困难的是如何停下来。我因为不会停，所以摔了很多跟头，从上坡滚下来很多次。最后我决定反复练习怎么在坡上的任何一个地方停下来，为了学会这个技巧，我上网看了很多视频。终于功夫不负有心人，我能熟练的在坡上停止、滑行、再停止。后来，我慢慢地敢从山顶飞速地向下坡滑行，因为我心里知道，只要我想停，轻轻一转身就可以平稳地停下来。只有知道怎样停下来的人，才知道如何加速前进。

36 说话人是怎么学滑雪的？

37 说话人遇到的最大问题是什么？

38 这段话主要想告诉我们什么？

第39到41题是根据下面一段话：

在社交活动中，交谈是必不可少的内容。俗话说："一句话说得人笑，一句话说得人跳。"这句话的意思是指一句话说好了可以使人高兴，说不好会让人生气。因此，我们在交谈时，要讲究方法。我们平时说话时，要注意很多问题。首先要注意说话的姿态，不要做抖腿，挖鼻子等不礼貌的行为。其次要注意措辞，不要用训斥的语气和对方谈话。最后要注意谈话的场合和周围的环境。有时候，我们说的一句好话既可以给他人送去温暖，也可以让你获得好的人缘，从而让你成为人际高手。在平时的生活中多培养自己的语言表达能力吧，这样你的人生会变得更精彩。

39 "一句话说得跳"是什么意思？

40 根据这段话，平时说话时什么最重要？

41 这段话主要谈什么？

第42到43题是根据下面一段话：

在印度有一种不同寻常的树叫"电树"。如果人们不小心碰到它，就会立刻有触电的感觉，非常难受。为什么会这样呢？原来这种树既可以蓄电也可以发电，而且它的蓄电量还会随着时间而发生变化。中午的时候，它的电流量较强。到了晚上，电流量相对来说较弱。有专家推测"电树"之所以带电是因为吸收了太阳能后而把它加以转化形成的。如果可以揭秘它是如何转化的，人们就可以仿照它的发电原理，制造出一种新型的发电机来造福人类。

42 如果人碰到了"电树"，会怎么样？

43 关于"电树"可以知道什么？

第44到45题是根据下面一段话：

如果我们爬到半山腰时遇到了暴雨，应该怎么办呢？大部分人可能会选择马上下山。其实这是最危险的做法。因为山上的石头和泥沙会顺着雨水流动的方向极速地向下散落，最后会堆在下面，总之越往下走路况越差。如果这时下山会有生命危险。相对来说比较安全的办法是，继续前进，冒着风雨登上山顶。

44 暴雨过后，下山的路变得怎么样？

45 登山途中如果遇到了暴雨天气，应该怎么办？

모의고사 정답

一、听力

第一部分

| 1. A | 2. C | 3. C | 4. C | 5. A | 6. A | 7. C | 8. A | 9. B | 10. C |
| 11. C | 12. D | 13. B | 14. C | 15. B | 16. A | 17. D | 18. A | 19. A | 20. C |

第二部分

21. D	22. C	23. C	24. A	25. B	26. C	27. B	28. D	29. A	30. C
31. C	32. C	33. D	34. C	35. C	36. A	37. B	38. D	39. A	40. C
41. A	42. D	43. D	44. A	45. D					

二、阅读

第一部分

| 46. D | 47. D | 48. B | 49. D | 50. C | 51. D | 52. A | 53. B | 54. B | 55. D |
| 56. A | 57. A | 58. C | 59. B | 60. A | | | | | |

第二部分

| 61. D | 62. B | 63. C | 64. C | 65. A | 66. C | 67. D | 68. D | 69. B | 70. D |

第三部分

| 71. D | 72. C | 73. C | 74. A | 75. C | 76. D | 77. A | 78. D | 79. B | 80. B |
| 81. D | 82. D | 83. C | 84. B | 85. D | 86. A | 87. B | 88. D | 89. B | 90. D |

三、书写

第一部分

91. 别把饮料洒在文件上。

92. 这在科学领域是个大奇迹。

93. 那位专家的讲座允许拍摄吗？

94. 饭馆的营业执照已经批下来了。

95. 这次会议临时被总裁取消了。

96. 张主任说话的语气有点儿不耐烦。

97. 女儿终于获得了模特儿比赛的冠军。

98. 她决心用一年时间通过会计资格考试。

99. 大学毕业以后，为了享受稳定的生活，该准备哪些呢？第一，要找到适合自己的工作，不能只顾工资高低，先要通过工作积累丰富的经验。第二，要制定明确的目标，有目标的人遇到困难时，也会以积极的态度面对困难。

100. 图片里有一个人在摄影。随着现代社会的发展，去郊区摄影的人越来越多了。那么，去郊区摄影有什么好处呢？第一，可以使自己的生活变丰富一些。第二，还可以欣赏到美丽的自然风景。那我们也开始学摄影吧。

听力

제1부분 1~20번 문제는 남녀간의 대화를 듣고 질문에 알맞은 답을 고르는 문제입니다.

1

女: 你以前参加过公司的产品介绍会吗?

男: 参加过。今天来的媒体比去年那时候多多了。

问: 关于男的可以知道什么?

　　A 曾参加过介绍会

　　B 担任主持人

　　C 要做会议记录

　　D 是一名球星

여: 너는 예전에 회사 상품 소개 프레젠테이션에 참가한 적 있니?

남: 참가한 적 있지. 오늘 온 매체가 작년보다 훨씬 많은 것 같아.

질문: 남자에 관하여 알 수 있는 것은 무엇인가?

　　A 이전에 상품 소개 프레젠테이션에 참가한 적이 있다

　　B 사회자를 맡고 있다

　　C 회의 기록을 작성해야 한다

　　D 구기종목 스타이다

지문 어휘

公司 gōngsī 몡 회사

产品介绍会

chǎnpǐn jièshàohuì

상품 소개 프레젠테이션

媒体 méitǐ 몡 매체 ★

보기 어휘

担任 dānrèn 동 맡다 ★

主持人 zhǔchírén 몡 사회자, MC

球星 qiúxīng 몡 (구기 스포츠의) 유명선수

정답 A

해설 남자에 관하여 묻고 있다.

예전에 회사의 상품 소개 프레젠테이션에 참가한 적이 있냐는 여자의 질문에 남자가 참가한 적이 있다고 했으므로 정답은 A이다.

2

男: 你看起来很喜欢小动物,你以前养过宠物吗?

女: 以前养过一只狗,后来因为妈妈对狗毛过敏就送给朋友了。

问: 女的为什么把狗送给别人了?

　　A 房东不让养　　　　　B 没时间照顾

　　C 对狗毛过敏　　　　　D 缺乏耐心

지문 어휘

宠物 chǒngwù 몡 애완 동물 ★

过敏 guòmǐn 동 알레르기 반응을 보이다 ★

보기 어휘

房东 fángdōng 몡 집주인

照顾 zhàogù 동 돌보다

缺乏 quēfá 동 결핍되다 ★

耐心 nàixīn 몡 인내심, 참을성 톙 참을성이 있다

남 : 너는 작은 동물들을 좋아하는 것 같은데, 이전에 애완동물 길러 본 적 있니?

여 : 예전에 강아지 한 마리 길러본 적이 있는데, 나중에 엄마가 강아지 털 알레르기가 있으셔서 친구에게 주었어.

질문 : 여자는 왜 강아지를 다른 사람에게 주었나?

    A 집주인이 키우지 못하게 해서   B 돌볼 시간이 없어서

    C 강아지 털 알레르기가 있어서   D 참을성이 부족해서

정답 C

해설 여자는 왜 강아지를 다른 사람에게 주었는지 이유를 묻고 있다.
예전에 강아지를 기른 적이 있지만 나중에 엄마가 강아지 털 알레르기가 있어서
친구에게 주었다고 했으므로 정답은 C이다.

3

女 : 糟了! 我把钱包忘在办公室了。我得回去一趟。

男 : 没事儿，我带了银行卡，一会儿我买单吧。

问 : 女的要回哪儿？

    A 停车场   B 公寓   C 办公室   D 加油站

지문 어휘

糟 zāo 형 잘못되다, 망치다

糟了 zāo le 망쳤다, 틀렸다, 이런

银行卡 yínhángkǎ 명 카드

买单 mǎidān 동 계산하다

여 : 이런! 나는 지갑을 사무실에 깜빡하고 두고 왔어. 나는 다시 갔다 와야 할 것 같아.

남 : 괜찮아, 나한테 카드가 있으니까, 이따가 내가 계산할게.

질문 : 여자는 어디로 돌아가려고 하는가?

    A 주차장   B 아파트   C 사무실   D 주유소

보기 어휘

停车场 tíngchēchǎng 명 주차장

公寓 gōngyù 명 아파트 ⭐

加油站 jiāyóuzhàn 명 주유소

정답 C

해설 여자가 어디로 돌아가려고 하는지 장소를 묻고 있다.
여자가 지갑을 사무실에 두고 와서 갔다 와야 한다고 했으므로 정답은 C이다.

4

男 : 你儿子年纪轻轻就开了一家这么大的食品加工厂，真厉害!

女 : 哪里，哪里! 这是他和朋友一起经营的，他只是股东之一。

问 : 女的是什么意思？

    A 工厂经济效益差   B 工厂规模比较小

    C 工厂是合开的   D 很羡慕儿子

지문 어휘

年纪 niánjì 명 나이 ⭐

工厂 gōngchǎng 명 공장 ⭐

经营 jīngyíng 동 운영하다 ⭐

股东 gǔdōng 명 주주

남 : 자네 아들은 나이가 어린 데도 벌써 이렇게 큰 식품 가공 공장을 차리다니, 정말 대단해!

여 : 별말씀을! 이건 우리 아들이랑 친구가 함께 경영하는 거고, 걔는 그냥 주주 가운데 하나야.

질문 : 여자의 말은 무슨 의미인가?

    A 공장의 경제적 효율이 좋지 않다   B 공장 규모가 비교적 작다

    C 공장은 함께 차린 것이다   D 아들을 부러워한다

보기 어휘

经济效益 jīngjì xiàoyì 명 경제적 효율

规模 guīmó 명 규모 ⭐

羡慕 xiànmù 동 부러워하다

정답 C

해설 여자의 말에 대한 의미를 묻고 있다.
그 공장은 아들과 친구가 함께 경영하는 것이라는 여자의 말속에서 공장을 함께 차린
것임을 알 수 있다.

5

女： 您好，请问有什么可以帮您的?
男： 你好! 如果要办理旅游签证的话，需要提前准备哪些材料?

问： 男的在咨询哪方面的事情?
　　A 旅游签证　　B 签证延期　　C 手续费用　　D 学位证明

여： 안녕하세요, 도움이 필요하신가요?
남： 안녕하세요! 만약에 여행 비자를 발급받으려면 어떤 자료들을 미리 준비해야 하나요?

질문： 남자는 어떤 방면의 일을 상담하고 있는가?
　　A 여행 비자　　　　B 비자 연장　　　　C 수속 비용　　　　D 학위 증서

지문 어휘

办理 bànlǐ 통 처리하다 ★
签证 qiānzhèng 명 비자
需要 xūyào 통 필요하다
材料 cáiliào 명 자료

보기 어휘

咨询 zīxún 통 상담하다 ★
延期 yánqī 통 (시간을) 연장하다
手续 shǒuxù 명 수속 ★
费用 fèiyòng 명 비용
学位 xuéwèi 명 학위
证明 zhèngmíng 명 증서

정답 A

해설 남자가 상담하고 있는 것이 무엇인지 묻고 있다.
남자는 여행 비자를 발급 받으려면 어떤 자료들을 준비해야 하는지 물어보고
있으므로 정답은 A이다.

6

男： 真倒霉! 我把车停在这儿不到5分钟，就被交警贴了一张罚单。
女： 你没看见那个红色的禁止停车的警示牌吗? 这里不让停车。

问： 男的为什么被罚款了?
　　A 违规停车　　　　　　　　B 没带驾驶证
　　C 忘系安全带了　　　　　　D 闯红灯了

남： 정말 운도 없지! 여기에 차를 세운지 5분도 안 됐는데 경찰이 벌금 부과 딱지를 붙여놨어.
여： 너는 저 빨간 주차금지 경고 팻말을 못 봤니? 여기 주차 금지야.

질문： 남자는 왜 벌금을 내게 되었나?
　　A 규정을 어기고 주차했다　　　　B 운전 면허증을 가지고 오지 않았다
　　C 안전벨트를 매는 것을 잊었다　　D 신호를 위반했다

지문 어휘

倒霉 dǎoméi 형 운이 없다 ★
交警 jiāojǐng 명 교통 경찰
贴 tiē 통 붙이다
罚单 fádān 명 벌금 통지서
禁止 jìnzhǐ 통 금지하다
警示牌 jǐngshìpái
명 경고 알림판, 경고 팻말

보기 어휘

违规 wéi guī 통 규정을 어기다
驾驶证 jiàshǐzhèng
명 운전 면허증
系 jì 통 매다, 묶다 ★
安全带 ānquándài
명 안전 벨트
闯红灯 chuǎng hóngdēng
통 신호를 위반하다

정답 A

해설 남자가 왜 벌금을 내게 되었는지 이유를 묻고 있다.
남자는 차를 세운지 5분도 안되었는데 경찰이 벌금을 부과했다고 했으므로 결과적으
로 주차 금지 구역에 차를 세워서 벌금을 내게 되었음을 알 수 있다. 따라서 정답은
A이다.
▶ 禁止停车(주차 금지)와 违规停车(규정을 어기고 주차하다)는 비슷한 의미에
속한다.

7

女 : 听说新版教材下个月中旬就出版了，改动大不大？

男 : 内容比以前精简了一些，而且附带了一张教学光盘。

问 : 他们在讨论什么？
　　A 教材质量　　　　　　B 光盘的价格
　　C 新版教材　　　　　　D 开业典礼

여 : 듣자 하니 개정판 교재가 다음 달 중순에 곧 출간이 된다는데 교정된 내용이 많니?

남 : 내용은 이전보다 조금 줄어들었고, 수업용 CD 한 장을 덧붙였어.

질문 : 그들은 무엇에 대해 이야기하고 있는가?
　　A 교재의 질　　　　　　B CD의 가격
　　C 개정판 교재　　　　　D 개업식

정답　C

해설　그들은 무엇에 대해 이야기하고 있는지 묻고 있다.
여자가 개정판 교재가 다음 달 중순에 곧 출간이 된다는 얘기를 듣고 남자에게 큰
변화가 있는지 물어보고 있으므로 그들은 개정판 교재에 대해 이야기를 하고 있음을
알 수 있다. 따라서 정답은 C이다.

8

男 : 今天拍照的时候相机突然自动关机了，明天我想去售后服
　　务中心维修一下。

女 : 你有发票吗？看一下是否在保修期内。

问 : 男的明天想去做什么？
　　A 修相机　　　　　　　B 洗照片
　　C 开收据　　　　　　　D 装修厨房

남 : 오늘 사진 찍는데 카메라가 갑자기 꺼지더라고, 내일 서비스 센터에 가서 수리 좀
받아야겠어.

여 : 영수증 있어? 수리 보증 기간인지 확인해봐.

질문 : 남자는 내일 무엇을 하러 가려고 하는가?
　　A 카메라를 수리하러　　　　　B 사진을 현상하러
　　C 영수증을 발행하러　　　　　D 주방을 인테리어하러

정답　A

해설　남자는 내일 무엇을 하러 가려고 하는지 묻고 있다.
남자는 카메라가 갑자기 꺼져서 내일 서비스 센터에 수리를 받으러 가려고 한다고
말했으므로 정답은 A이다.

9

女 : 你好像和这家咖啡厅的黄老板很熟?

男 : 是的。我上研究生的时候，在这儿打过两年工，老板非常照顾我。

问 : 男的怎么认识咖啡厅的老板?

    A 他们是校友   B 打过工
    C 一起做过兼职   D 是老乡

지문 어휘

研究生 yánjiūshēng
명 대학원생

照顾 zhàogù 통 돌보다

보기 어휘

校友 xiàoyǒu 명 학교 친구, 교우

兼职 jiānzhí 명 아르바이트 ⭐

老乡 lǎoxiāng 명 고향 사람

여 : 너는 이 카페의 황 사장님과 잘 아는 것 같은데?

남 : 맞아. 내가 대학원 다닐 때, 여기서 2년 동안 일한 적이 있었는데, 사장님께서 나를 굉장히 잘 보살펴 주셨어.

질문 : 남자는 어떻게 카페의 사장을 아는가?

    A 그들은 학교 친구이다   B 일을 한 적이 있다
    C 아르바이트로 같이 일한 적이 있다   D 고향 사람이다

정답   B

해설   남자가 어떻게 카페의 사장을 아는지 묻고 있다.
남자는 대학원 다닐 때 그 카페에서 2년 동안 일한 적이 있다고 했으므로 정답은 B이다.

10

男 : 这条地铁修好以后，我从家到学校的往返时间就缩短了45分钟。

女 : 对呀，自从今年国庆节修好以后，我也节省了很多时间。

问 : 那条地铁是从什么时候开始投入使用的?

    A 今年年末   B 四月中旬
    C 国庆节   D 元旦

지문 어휘

往返 wǎngfǎn 통 왕복하다 ⭐

缩短 suōduǎn 통 단축하다 ⭐

国庆节 Guóqìngjié
명 국경절 ⭐

节省 jiéshěng 통 아끼다 ⭐

보기 어휘

中旬 zhōngxún 명 중순 ⭐

元旦 Yuándàn
명 양력 1월 1일 ⭐

남 : 이 지하철 노선이 개통되고 집에서 학교까지 왕복하는 시간이 45분 줄었어.

여 : 맞아. 올해 국경절에 개통된 후, 나도 시간이 많이 절약되었어.

질문 : 그 지하철은 언제부터 사용되기 시작했는가?

    A 올해 연말   B 4월 중순
    C 국경절   D 양력 1월 1일

정답   C

해설   그 지하철은 언제부터 사용되기 시작했는지 시간을 묻고 있다.
여자는 국경절에 지하철 노선이 개통된 후 시간이 많이 절약되었다고 했으므로 정답은 C이다.

11

女 : 你知道住在这个病房里的那位大爷去哪儿了吗?

男 : 他的手术做得很成功，恢复得也很快，昨天下午已经出院了。

问 : 关于那个病人可以知道什么?

A 手术很失败　　　　　　B 去看望家人了

C 已经出院了　　　　　　D 刚住院

여 : 이 병실에 입원하셨던 그 할아버지께서 어디로 가셨는지 아세요?

남 : 수술이 매우 성공적이었고, 회복도 빨라서 어제 오후에 이미 퇴원했어요.

질문 : 그 환자에 관하여 알 수 있는 것은 무엇인가?

A 수술이 실패했다　　　　　　B 가족을 보러 갔다

C 이미 퇴원했다　　　　　　　D 방금 입원했다

지문 어휘

病房 bìngfáng 명 입원실

手术 shǒushù 명 수술
동 수술하다 ★

成功 chénggōng 형 성공적이다
동 성공하다

恢复 huīfù 동 회복하다 ★

出院 chūyuàn 동 퇴원하다

보기 어휘

病人 bìngrén 명 환자

住院 zhùyuàn 동 입원하다

정답 C

해설 환자에 관하여 묻고 있다.
남자가 할아버지께서 회복이 빨라서 어제 오후에 퇴원했다고 했으므로 정답은 C이다.

12

男 : 马校长，您能给我一张名片吗?

女 : 太不巧了，我今天忘拿名片盒了。我告诉你我的手机号码吧。

问 : 女的是什么意思?

A 要咨询专家　　　　　　B 号码删了

C 改天再约　　　　　　　D 没拿名片

남 : 마 교장 선생님, 저에게 명함 한 장 주실 수 있나요?

여 : 공교롭게도 오늘 명함 케이스를 가지고 오는 것을 잊었네요. 제 휴대 전화 번호를 당신에게 알려드리죠.

질문 : 여자의 말은 무슨 의미인가?

A 전문가에게 자문을 구해야 한다　　　B 번호가 삭제되었다

C 날짜를 바꾸어 다시 약속을 잡는다　　D 명함을 가져오지 않았다

지문 어휘

校长 xiàozhǎng 명 학교장

名片 míngpiàn 명 명함 ★

盒 hé 명 통, 케이스

보기 어휘

咨询 zīxún 동 자문하다,
의견을 구하다 ★

删 shān 동 삭제하다, 빼다

정답 D

해설 여자가 한 말의 의미를 묻고 있다.
여자는 오늘 명함 케이스를 가지고 오는 것을 잊어버렸다고 했으므로 정답은 D이다.

女 : 你可以帮我看一下吗? 我每次进这个网页都进不去。

男 : 我建议你换一个浏览器试试。

问 : 男的建议女的怎么做?

    A 安装新软件　　　　　**B** 换浏览器

    C 重装系统　　　　　　**D** 买一个新鼠标

지문 어휘

网页 wǎngyè 명 인터넷 홈페이지

建议 jiànyì 동 제안하다

浏览器 liúlǎnqì 명 브라우저

보기 어휘

安装 ānzhuāng 동 설치하다

系统 xìtǒng 명 시스템 ★

鼠标 shǔbiāo 명 마우스 ★

여 : 저 대신 한 번 봐주실 수 있나요? 제가 이 웹 페이지에 들어가려고 할 때마다 매번 안 들어 가져요.

남 : 브라우저를 바꿔서 한번 해보세요.

질문 : 남자는 여자에게 어떻게 할 것을 건의하는가?

    A 새로운 소프트웨어를 설치해라　　B 브라우저를 바꿔라

    C 시스템을 다시 설치해라　　　　　D 새로운 마우스를 사라

정답   B

해설   남자가 여자에게 어떻게 할 것을 제안하는지 묻고 있다.

남자는 여자에게 브라우저를 바꿔서 한번 해 볼 것을 제안했으므로 정답은 B이다.

▶ 网页(홈페이지), 浏览器(브라우저), 软件(소프트웨어), 鼠标(마우스)는 모두 컴퓨터 관련 어휘임으로 반드시 기억해두자!

14

男 : 咱家的这几套家具已经过时了, 扔了又太可惜, 要不送 人吧。

女 : 隔壁李大爷现在一个人住, 可以问问他需不需要。

问 : 他们和李大爷最可能是什么关系?

    A 父子　　　　　　　　**B** 老朋友

    C 邻居　　　　　　　　**D** 师生

지문 어휘

家具 jiājù 명 가구

可惜 kěxī 형 아깝다, 섭섭하다

隔壁 gébì 명 이웃집 ★

보기 어휘

师生 shīshēng 명 스승과 제자, 사제

남 : 우리 집의 이 가구들은 이미 유행이 지났어, 버리기에는 너무 아까운데, 다른 사람에게 주는 것은 어때?

여 : 이웃집의 이씨 할아버지께서 지금 혼자 계시니까, 할아버지에게 필요한지 안 필요한지 여쭤보자.

질문 : 그들은 이씨 할아버지와 어떤 관계일 가능성이 가장 높은가?

    A 아버지와 아들　　　　　B 오랜 친구

    C 이웃　　　　　　　　　D 스승과 제자

정답   C

해설   그들이 이씨 할아버지와 어떤 관계일 가능성이 가장 높은지 묻고 있다.

이웃집 이씨 할아버지에게 가구가 필요한지 물어보자고 여자가 말했으므로 그들은 이씨 할아버지와 이웃 관계임을 알 수 있다. 따라서 정답은 D이다.

15

女 : 你们公司这个月上旬新推出的那款游戏受欢迎吗?

男 : 非常受欢迎。下载量已经超过8万次了，很多媒体都对此进行了报道。

问 : 关于那款游戏可以知道什么?

A 很有创意　　　　B 下载量高
C 过时了　　　　　D 种类丰富

지문 어휘

推出 tuīchū 동 출시하다
游戏 yóuxì 명 게임
下载 xiàzài 동 다운로드 하다 ★
超过 chāoguò 동 넘다, 초과하다
媒体 méitǐ 명 매체 ★
报道 bàodào 명 보도 ★

보기 어휘

创意 chuàngyì 명 독창적인 구상
过时 guò shí 형 유행이 지나다

여 : 당신들 회사에서 이번 달 초에 새롭게 출시한 그 게임은 인기가 있나요?
남 : 매우 인기 있습니다. 다운로드 수가 이미 8만을 넘었습니다. 많은 매체에서 이에 대해 보도를 진행했습니다.

질문 : 그 게임에 관하여 알 수 있는 것은 무엇인가?
A 매우 창의적이다　　　　B 다운로드 수가 많다
C 유행이 지났다　　　　　D 종류가 풍부하다

정답　B

해설　그 게임에 관하여 묻고 있다.
게임은 매우 인기있어서 다운로드 수가 이미 8만을 넘었다고 했으므로 다운로드 수가 많음을 알 수 있다. 따라서 정답은 B이다.

16

男 : 这学期新招聘的三位老师真是又年轻又漂亮啊。

女 : 是啊。她们不仅年轻漂亮，而且在国家期刊上发表过很多论文，学术能力很强。

问 : 关于新招聘的教师可以知道什么?

A 非常优秀　　　　B 教授经验丰富
C 管理严格　　　　D 得过国家奖学金

지문 어휘

招聘 zhāo pìn 동 모집하다
期刊 qīkān 명 정기 간행물
论文 lùnwén 명 논문 ★
学术 xuéshù 명 학술 ★

보기 어휘

优秀 yōuxiù 형 우수하다
严格 yángé 형 엄격하다

남 : 이번 학기에 새로 모신 선생님 세 분은 정말 젊고 예쁘다.
여 : 맞아. 그녀들은 젊고 예쁠 뿐 아니라, 게다가 국가 정기 간행물에 많은 논문을 발표했고, 학술 능력도 뛰어나.

질문 : 새로 모신 선생님에 관하여 알 수 있는 것은 무엇인가?
A 매우 우수하다　　　　B 교수 경험이 풍부하다
C 관리가 엄격하다　　　　D 국가 장학금을 받은 적이 있다

정답　A

해설　새로 모신 선생님에 관하여 묻고 있다.
새로 모신 선생님들은 국가 정기 간행물에 많은 논문을 발표한 학술 능력이 뛰어난 선생님들이라고 했으므로 매우 우수한 분임을 알 수 있다. 따라서 정답은 A이다.

17

女 : 老板，我今天上午买充电器的时候没注意看型号，买错了，可以换吗?

男 : 我看看。对不起，不能换，因为包装袋已经拆了。

问 : 女的为什么想换充电器?

    A 充电器坏了   B 设计不时尚

    C 颜色太艳   D 买错型号了

지문 어휘

老板 lǎobǎn 명 주인, 사장 ★

充电器 chōngdiànqì 명 충전기 ★

型号 xínghào 명 모델

包装袋 bāozhuāngdài 명 포장지

拆 chāi 동 뜯다 ★

보기 어휘

设计 shèjì 명 디자인 ★

时尚 shíshàng 명 유행하다 ★

艳 yàn 형 (색이) 튄다

여 : 사장님, 제가 오늘 오전에 충전기를 살 때 모델을 주의 깊게 보지 않아서, 잘못 샀네요. 교환이 가능한가요?

남 : 제가 한번 볼게요. 죄송합니다. 바꿀 수 없습니다. 포장지를 이미 뜯었네요.

질문 : 여자는 왜 충전기를 바꾸고 싶어 하는가?

    A 충전기가 고장 나서   B 디자인이 유행에 맞지 않아서

    C 색이 너무 튀어서   D 모델을 잘못 사서

정답   D

해설   여자가 왜 충전기를 바꾸고 싶어 하는지 묻고 있다.
여자는 충전기 모델을 정확하게 확인하지 않아서 충전기를 잘못 샀다고 했으므로 정답은 D이다.

18

男 : 北方的空气真干燥，感觉皮肤没有以前光滑了。

女 : 是，刚从南方来的人都不太适应北方的气候，过一段时间就好了。

问 : 男的觉得北方怎么样?

    A 空气干燥   B 交通不便

    C 人们热情   D 物价较高

지문 어휘

干燥 gānzào 형 건조하다
동 말리다, 건조하다 ★

皮肤 pífū 명 피부

光滑 guānghuá
형 반들반들하다 ★

보기 어휘

物价 wùjià 명 물가

남 : 북방의 공기는 정말 건조해. 느끼기에 피부가 예전처럼 반들반들하지 않아.

여 : 그래. 남방에서 온 지 얼마 안 된 사람들은 모두 북방 기후에 잘 적응하지 못해. 하지만 조금 지나면 괜찮아질 거야.

질문 : 남자는 북방이 어떻다고 생각하는가?

    A 공기가 건조하다   B 교통이 불편하다

    C 사람들이 친절하다   D 물가가 비교적 높다

정답   A

해설   남자가 북방이 어떻다고 생각하는지 묻고 있다.
남자는 북방의 공기는 굉장히 건조하다고 했으므로 정답은 A이다.

19

男 : 昨天的辩论会气氛真热烈，大家都积极表达了自己的
观点。

女 : 是啊，主要是辩论会的话题特别有趣。

问 : 男的觉得这次讨论会怎么样？

　　A 气氛热烈　　　　　　　B 无聊极了

　　C 发言的人少　　　　　　D 令人失望

남 : 어제 토론회의 분위기는 정말 뜨거웠어. 모두 적극적으로 자기의 관점을 얘기했지.

여 : 그래. 특히나 토론회의 주제가 정말 흥미로웠어.

질문 : 남자는 어제 토론회가 어떻다고 생각하는가?

　　A 분위기가 뜨거웠다　　　　　B 굉장히 지루했다

　　C 발언자가 적었다　　　　　　D 실망스러웠다

정답　A

해설　남자가 어제 토론회를 어떻게 생각하는지 묻고 있다.
남자는 어제 토론회의 분위기가 뜨거웠다고 했으므로 정답은 A이다.

20

男 : 这家四星级酒店最近在搞活动，打七折呢，就定这家
酒店吧。

女 : 别着急，我们先上网看一下网友的评价吧。

问 : 女的建议怎么做？

　　A 看看具体位置　　　　　　B 打电话咨询

　　C 先看网友的评价　　　　　D 办会员卡

남 : 이 4성급 호텔에서 요새 이벤트 중이래. 30% 할인이라더라. 이 호텔로 정하자.

여 : 서두르지마. 우리 우선 인터넷으로 네티즌의 평가를 좀 보자.

질문 : 여자는 어떻게 하자고 건의했는가?

　　A 구체적 위치를 좀 보자고　　　　B 전화를 걸어 알아보자고

　　C 우선 네티즌의 평가를 보자고　　D 멤버십 카드를 발급받자고

정답　C

해설　여자가 어떻게 하자고 건의했는지 묻고 있다.
여자는 결정하기에 앞서 우선 인터넷으로 네티즌의 평가를 확인해 보자고 했으므로
정답은 C이다.

21

女 : 你父母知道你昨天辞职的事儿吗？

男 : 知道。我事先和他们商量过，征求过他们的意见。他们很支持我的决定。

女 : 那你以后有什么打算？

男 : 我对美食比较感兴趣。所以想开一家饭店。

问 : 男的以后有什么打算？

　　A 开花店　　　　　　　B 留在父母身边

　　C 考博士　　　　　　　D 开饭店

지문 어휘

辞职 cí zhí ⑧ 사직하다 ⭐
事先 shìxiān ⑲ 사전(에), 미리
商量 shāngliang ⑧ 상의하다
征求 zhēngqiú ⑧ (의견을) 구하다 ⭐
意见 yìjiàn ⑲ 견해, 이의
支持 zhīchí ⑧ 지지하다
决定 juédìng ⑲ 결정 ⑧ 결정하다
感兴趣 gǎn xìngqù ⑧ 관심이 있다

보기 어휘

博士 bóshì ⑲ 박사

여 : 네 부모님은 네가 어제 사직한 사실을 알고 계시니?

남 : 알고 계셔. 나는 미리 부모님과 상의하고 부모님의 의견을 여쭤봤어. 부모님께서는 나의 결정을 지지하셔.

여 : 그럼 너는 앞으로 어떤 계획이 있니?

남 : 나는 맛있는 음식에 대해 비교적 관심이 있어서 식당을 하나 열 계획이야.

질문 : 남자는 앞으로 어떤 계획이 있는가?

　　A 꽃집을 연다　　　　　　B 부모님의 곁에 남아있다

　　C 박사 시험을 친다　　　　D 식당을 연다

정답　　D

해설　남자가 앞으로 어떤 계획이 있는지 묻고 있다.
남자는 맛있는 음식에 대해 비교적 관심이 있어서 식당을 하나 열 계획이라고 했으므로 정답은 D이다.

22

男 : 小姑娘，你想买什么样的手机？

女 : 我想买比较适合老年人使用的手机，你可以给我推荐几款吗？

男 : 这款比较适合老年人。因为手机的字号很大，待机时间长。

女 : 谢谢。我可以看一下吗？

问 : 那款手机有什么特点？

　　A 音量低　　　　　　　B 屏幕窄

　　C 字号大　　　　　　　D 防水

지문 어휘

适合 shìhé ⑧ 적합하다, 어울리다
使用 shǐyòng ⑧ 사용하다
推荐 tuījiàn ⑧ 추천하다 ⭐
特点 tèdiǎn ⑲ 특징
待机时间 dàijī shíjiān ⑲ 대기시간

보기 어휘

音量 yīnliàng ⑲ 음량
屏幕 píngmù ⑲ 스크린
窄 zhǎi ⑱ 협소하다, 좁다 ⭐
防水 fángshuǐ ⑧ 방수하다

남 : 아가씨, 어떤 휴대 전화를 사고 싶나요?

여 : 어르신들께서 사용하시기에 적당한 휴대 전화를 사려고 하는데요. 몇 개 추천해 주실 수 있나요?

남 : 이 모델이 어르신들께서 사용하시기에 적당합니다. 글자 크기도 크고 배터리 사용 시간도 깁니다.

여 : 감사합니다. 한번 볼 수 있나요?

질문 : 그 모델의 휴대 전화는 어떠한 특징을 가지고 있는가?
　　A 음량이 낮다　　　　　　　　B 화면이 좁다
　　C 글자 크기가 크다　　　　　　D 방수기능이 있다

정답　C

해설　그 모델의 휴대 전화는 어떠한 특징을 가지고 있는지 묻고 있다.
남자가 추천해 준 모델의 휴대 전화는 글자 크기도 크고 배터리 사용시간도 길다고
했으므로 정답은 C이다.

23

女 : 你今天和女朋友在郊外玩儿得怎么样?
男 : 好玩儿是好玩儿，但是太累了。
女 : 为什么那么累呢?
男 : 因为我们去果园摘了很多水果。

问 : 男的今天去哪儿了?
　　　　A 池塘　　　B 警察局　　C 果园　　　　D 菜市场

지문 어휘

郊外 jiāowài 명 교외
果园 guǒyuán 명 과수원
摘 zhāi 동 따다 ★

보기 어휘

池塘 chítáng 명 연못 ★
警察局 jǐngchájú 명 경찰서

여 : 너는 오늘 여자친구와 교외에 가서 잘 놀았어?
남 : 재미있긴 재미있었는데 너무 피곤해.
여 : 왜 그렇게 피곤한데?
남 : 과수원에 가서 과일을 많이 땄거든.

질문 : 남자는 오늘 어디에 갔는가?
　　　　A 연못　　　　B 경찰서　　　C 과수원　　　　D 채소 시장

정답　C

해설　남자가 오늘 어디에 갔는지 장소를 묻고 있다.
남자는 여자친구와 과수원에 가서 과일을 많이 땄다고 했으므로 정답은 C이다.

24

女 : 张导演，能否提前给我们透露一下您明年拍摄电影的
　　计划?
男 : 我明年打算拍两部电影。
女 : 剧本选好了吗?
男 : 还没选好。我目前正在看几个剧本。如果剧本确定好了，
　　我会通知大家的。

问 : 男的最可能是从事哪个职业?
　　A 电影导演　　　　　　　B 新闻主编
　　C 指挥家　　　　　　　　D 相声演员

지문 어휘

导演 dǎoyǎn 명 감독, 연출가 ★
透露 tòulù 동 넌지시 드러내다.
흘리다
拍摄 pāishè 동 촬영하다
剧本 jùběn 명 극본
确定 quèdìng 동 확정하다 ★

보기 어휘

主编 zhǔbiān 명 편집장
指挥家 zhǐhuījiā 명 지휘자
相声 xiàngsheng 명 만담

여 : 장 감독님, 저희에게 미리 감독님의 내년 영화 촬영 계획을 말씀해 주실 수 있나요?
남 : 저는 내년에 두 편의 영화를 찍으려고 합니다.
여 : 극본은 선정되었나요?

남 : 아직 고르지 못했습니다. 저는 현재 몇 개의 극본을 보고 있는 중입니다. 만약 극본이 정해지면, 여러분께 알려드리겠습니다.

질문 : 남자는 어떤 직업에 종사하고 있을 가능성이 큰가?

　　A 영화감독　　　　　　　　B 뉴스 편집장
　　C 지휘자　　　　　　　　　D 만담가

정답 ▶ A

해설 ▶ 남자가 어떤 직업에 종사하고 있을 가능성이 큰지 묻고 있다.
여자가 처음에 남자에게 '장 감독님'이라고 불렀으므로 정답은 A이다.

25

男 : 你有没有计算机专业的朋友?
女 : 有几个, 怎么了?
男 : 我新开的那个咖啡店正在做数据分析, 在程序编写上遇到了点儿问题。
女 : 那我帮你问问我的高中同学吧, 他现在是这个方面的专家。

问 : 男的遇到了哪方面的问题?

　　A 安装软件　　　　　　　B 程序编写
　　C 办会员卡　　　　　　　D 租房子

남 : 너한테 컴퓨터 전공한 친구가 있어?
여 : 몇 명 있어, 왜?
남 : 내가 새로 개업한 커피숍 데이터 분석을 하고 있는데, 프로그래밍을 하다가 문제가 좀 생겨서 말이야.
여 : 그럼 내 고등학교 동창한테 한번 물어 봐줄게. 그 애는 지금 이 방면의 전문가야.

질문 : 남자는 어떠한 방면의 문제가 생겼는가?

　　A 프로그램을 설치하는 것　　　B 프로그래밍을 하는 것
　　C 멤버십 카드를 만드는 것　　　D 방을 임대하는 것

정답 ▶ B

해설 ▶ 남자가 어떠한 방면의 문제가 생겼는지 묻고 있다.
남자는 프로그래밍을 하다가 문제가 좀 생겨서 이 분야의 전문가를 찾고 있다고 했으므로 정답은 B이다.

26

女 : 我下周去云南出差, 你可以帮我照看几天这两盆花吗?
男 : 可以是可以。但是我从来没养过花, 我该怎么做呢?
女 : 很简单, 一说你就知道了。两天浇一次水, 然后把花放在有阳光的地方就可以了。
男 : 确实很简单。放心吧, 交给我吧。

지문 어휘

计算机 jìsuànjī 몡 컴퓨터, 계산기
专业 zhuānyè 몡 전공
数据 shùjù 몡 데이터 ★
分析 fēnxī 동 분석하다 ★
程序 chéngxù 몡 프로그램 ★
编写 biānxiě 동 작성하다, 짜다
专家 zhuānjiā 몡 전문가 ★

보기 어휘

安装 ānzhuāng 동 설치하다 ★
软件 ruǎnjiàn 몡 소프트웨어 ★
会员卡 huìyuánkǎ 몡 멤버십 카드
租 zū 동 빌리다

지문 어휘

云南 Yúnnán 지명 윈난(운남)
照看 zhàokàn 동 돌보아주다
盆 pén 양 화분을 세는 단위 ★
浇 jiāo 동 뿌리다 ★
阳光 yángguāng 몡 햇빛
确实 quèshí 형 확실하다

问 : 女的请男的帮什么忙?
　　　A 照顾宠物　　　　　　B 搬家
　　　C 照看花　　　　　　　D 照看孩子

보기 어휘

宠物 chǒngwù 圆 애완 동물 ⭐

여 : 내가 다음주에 윈난(운남)으로 출장을 가는데, 나 대신 이 꽃 화분 두 개를 며칠만 돌봐줄
　　수 있어?
남 : 되긴 되지. 하지만 나는 꽃을 길러본 적이 한 번도 없어. 내가 어떻게 해야 해?
여 : 아주 쉬워. 말하면 바로 알 수 있을 거야. 이틀에 한 번 물을 주고, 꽃을 햇빛이 있는
　　장소에 놓기만 하면 돼.
남 : 확실히 간단하네. 마음 놓고 나한테 줘.
질문 : 여자는 남자에게 무엇을 도와달라고 하였나?
　　　A 애완동물 돌보기　　　　　　B 이사
　　　C 꽃 돌보기　　　　　　　　　D 아이 돌보기

정답　C

해설　여자는 남자에게 무엇을 도와달라고 하였는지 묻고 있다.
　　　여자는 다음주에 윈난(운남)으로 출장을 가서 남자에게 자신의 꽃 화분 두 개를 돌봐
　　　달라고 부탁했으므로 정답은 C이다.

27

男 : 衣柜怎么还没装好啊?
女 : 它的说明书介绍得一点儿都不详细, 我没弄明白怎么装。
男 : 应该不难啊? 对我来说不用看说明书也能装。
女 : 那你试试吧, 我装了好几个小时都没装好。

问 : 女的觉得说明书怎么样?
　　　A 非常复杂　　　　　　B 不详细
　　　C 有错误　　　　　　　D 没有中文说明

지문 어휘

衣柜 yīguì 圆 옷장
装 zhuāng 圐 설치하다 ⭐
说明书 shuōmíngshū
圆 설명서
详细 xiángxì 圀 자세하다,
상세하다

보기 어휘

复杂 fùzá 圀 복잡하다
错误 cuòwù 圆 잘못, 실수

남 : 옷장을 왜 아직도 설치하지 않았어?
여 : 설명서에 설명이 전혀 자세하게 나와 있지 않아서, 나는 어떻게 설치하는지 모르겠어.
남 : 별로 안 어려울 텐데? 나는 설명서를 안 보고도 설치할 수 있어.
여 : 그럼 네가 한번 해봐. 나는 몇 시간 동안 설치를 시도해 봤는데도 실패했어.
질문 : 여자가 느끼기에 설명서는 어떠한가?
　　　A 아주 복잡하다　　　　　　B 상세하지 않다
　　　C 잘못된 점이 있다　　　　　D 중국어 설명이 없다

정답　B

해설　여자가 느끼기에 설명서는 어떠한지 묻고 있다.
　　　여자는 설명서의 내용이 자세하게 나와 있지 않아서 옷장을 설치하지 못했다고
　　　했으므로 정답은 B이다.

28

女 : 张社长，咱们部门需不需要美术编辑？

男 : 当然需要，最近一直都在招，但是都没招到满意的。

女 : 我可以给您推荐我的学弟吗？他是学这个专业的，而且是研究生学历。

男 : 可以啊。你告诉他下周一上午10点来公司参加面试吧。

问 : 根据对话，可以知道什么？

A 女的打算学美术专业　　B 女的想去留学
C 男的想辞职　　　　　　D 女的想推荐一个人

여 : 장 사장님, 저희 부서에 미술 편집자가 필요한가요?

남 : 당연히 필요하지. 요새 계속 모집하고 있지만 아직 만족스러운 사람을 찾지 못했어.

여 : 제가 저의 학교 후배를 추천해드려도 될까요? 그는 이 전공을 하고 대학원 졸업을 했습니다.

남 : 좋아. 그 후배에게 다음 주 오전 10시까지 회사에 와서 면접에 참가하라고 해줘.

질문 : 대화에 근거하여 알 수 있는 것은 무엇인가?

A 여자는 미술을 전공할 계획이다　　B 여자는 유학을 가고 싶다
C 남자는 사직을 하고 싶어한다　　　D 여자는 한 사람을 추천하려고 한다

정답 D

해설 대화에 근거하여 무엇을 알 수 있는지 묻고 있다.
여자가 학교 후배를 추천해도 되겠냐고 하자 남자가 좋다고 했으므로 정답은 D이다.

지문 어휘

社长 shèzhǎng 몡 사장
部门 bùmén 몡 부, 부서 ⭐
编辑 biānjí 몡 편집자 ⭐
招 zhāo 동 모집하다
推荐 tuījiàn 동 추천하다 ⭐
学弟 xuédì 몡 후배
研究生 yánjiūshēng
몡 대학원생
学历 xuélì 몡 학력 ⭐
面试 miànshì 몡 면접시험
동 면접시험을 보다

보기 어휘

留学 liú xué 동 유학하다
辞职 cí zhí 동 사직하다 ⭐

29

男 : 我告诉你一个好消息，刘德华要来广州开演唱会了。

女 : 真的吗？你知道开演唱会的时间和具体地址吗？

男 : 下个月的第二个星期天，在人民广场附近的体育馆开，只开一场。

女 : 太好了，谢谢你。我喜欢他已经快10年了，这次无论如何都要去看。

问 : 关于演唱会，下列哪项正确？

A 在广州开　　　　　　　B 演出时间待定
C 在人民广场举办　　　　D 女的没时间去看

남 : 좋은 소식이 하나 있어. 류더화(유덕화)가 광저우(광주)에 와서 콘서트를 한대.

여 : 정말이야? 콘서트가 언제 어디서 열리는지 알고 있니?

남 : 다음 달 두 번째 일요일이고 인민광장 근처의 체육관에서 열린대. 한 번 밖에 안 한다던데.

여 : 잘 됐다, 고마워. 내가 류더화(유덕화)를 좋아한 지 벌써 10년째야. 이번에는 무슨 일이 있어도 꼭 보러 갈 거야.

질문 : 콘서트에 관하여, 다음 중 옳은 것은?

A 광저우(광주)에서 열린다　　　　B 콘서트 날짜가 아직 잡히지 않았다.
C 인민광장에서 열린다　　　　　　D 여자는 보러 갈 시간이 없다

지문 어휘

消息 xiāoxi 몡 소식
刘德华 Liúdéhuá
고유 류더화(유덕화)
广州 Guǎngzhōu
지명 광저우(광주)
演唱会 yǎnchànghuì
몡 음악회
具体 jùtǐ 톙 구체적이다 ⭐
体育馆 tǐyùguǎn 몡 체육관
无论如何 wúlùn rúhé
톈 어쨌든

보기 어휘

演出 yǎnchū 몡 공연
동 공연하다
待定 dàidìng 동 결정을 기다리다
举办 jǔbàn 동 열다, 거행하다

콘서트에 관해서 올바른 내용을 고르는 문제이다.
남자는 류더화(유덕화)가 광저우(광주)에 와서 콘서트를 한다고 했으므로 정답은 A이다.

30

女： 你装修这套房子大概花了多少钱？

男： 我们是找装修公司设计的，所以有点儿贵，大概10万左右。

女： 买家具和家电花了多少？

男： 我们没买新的，因为手头有点儿紧，打算明年再买新的。

问： 根据对话，可以知道什么？

A 房子还没装修　　　　　B 男的跟银行贷款了

C 没买家具　　　　　　D 房租涨了

여： 너는 이 집 인테리어하는 데 돈이 얼마나 들었니?

남： 인테리어 회사를 찾아서 한 거라 약간 비쌌어, 대략 10만 위안 정도 들었지.

여： 가구랑 가전제품 사는 데는 얼마나 들었니?

남： 주머니 사정이 좋지 않아서 새로 사진 않았어, 내년에 새로 살 계획이야.

질문： 대화에 근거하여 알 수 있는 것은 무엇인가?

A 방은 아직 인테리어를 하지 않았다　　B 남자는 은행에 대출을 하였다

C 가구를 사지 않았다　　　　　　D 방세가 올랐다

지문 어휘

装修 zhuāngxiū 동 인테리어하다 ★

套 tào 양 집을 세는 단위 ★

设计 shèjì 동 설계하다, 디자인하다 ★

家具 jiājù 명 가구

家电 jiādiàn 명 가전제품

手头 shǒutóu 명 경제 상황, 주머니 사정

手头紧 shǒutóu jǐn 주머니 사정이 어렵다

보기 어휘

贷款 dài kuǎn 동 대출하다 ★

房租 fángzū 명 집세

涨 zhǎng 동 (물가가) 오르다 ★

대화에 근거하여 무엇을 알 수 있는지 묻고 있다.
남자는 주머니 사정이 좋지 않아서 새 가구와 가전제품은 사지 않았다고 했으므로 정답은 C이다.

第31到32题是根据下面一段话：

　　一位画家，在回忆录中写道，他从小就爱画画，而且画得栩栩如生。同时，他也是舞蹈学院的学生，成绩非常优秀。**31** 临近毕业时，他非常苦恼。是继续画画呢，还是做一名舞蹈演员呢？考虑了很久以后，他决定边做舞蹈演员边用业余时间画画。这时，父亲语重心长地对他说："孩子，如果你想同时坐两把椅子，最后你只会掉到椅子中间的地上。因此，**32** 我建议你放弃一把椅子。"听完父亲的话以后，他认真思考了一段时间。最终，他选择了画画这把"椅子"。他说："虽然选择放弃是一件极其痛苦的事情，但却是人们取得成功的前提。"

지문 어휘

回忆录 huíyìlù 명 회고록, 회상록

栩栩如生 xǔxǔrúshēng 성 생동감이 넘쳐흐르다

优秀 yōuxiù 형 우수하다

临近 línjìn 다가오다

苦恼 kǔnǎo 형 몹시 괴롭다, 고민하다

继续 jìxù 동 계속하다

舞蹈演员 wǔdǎo yǎnyuán 명 무용수, 무용가

考虑 kǎolǜ 고려하다, 생각하다

31–32번 문제는 다음 내용에 근거한다:

　어느 화가의 회고록에 그는 어렸을 때부터 그림 그리는 것을 좋아했을 뿐만 아니라 그림을 생동감 있게 그렸고, 동시에 그는 무용학과의 학생으로서 성적도 굉장히 우수했다고 적었다. **31** 졸업할 때쯤, 그는 계속 그림을 그릴 것인지 아니면 무용수가 될 것인지에 대해 매우 고민했다. 오랫동안 생각한 끝에 그는 무용수를 하면서 여가시간에는 그림을 그리기로 결정했다. 이때 아버지가 의미심장하게 그에게 말했다. "얘야 만약 네가 동시에 두 개의 의자에 앉고자 한다면 결국에는 의자 중간의 바닥으로 떨어지게 될 거란다. 그래서 **32** 나는 네가 의자 하나를 포기하길 바란다." 아버지의 말을 들은 후. 그는 한동안 진지하게 생각했다. 마지막에 그는 그림을 그리는 이 '의자'를 선택했다. 그는 "비록 포기를 선택하는 것은 매우 고통스러운 일이지만, 실은 사람들이 성공을 이루는 전제조건이다."라고 말했다.

决定 juédìng 동 결정하다	
业余 yèyú 명 업무 외, 여가 ★	
语重心长 yǔzhòng xīncháng 성 말이 간곡하고 의미심장하다	
极其 jíqí 부 아주 ★	
痛苦 tòngkǔ 형 고통스럽다 ★	
取得 qǔdé 동 얻다	
前提 qiántí 명 전제	

问 ： 那位画家当时为什么很苦恼?
　　A 无法顺利毕业
　　B 没人支持他画画
　　C 不知道如何选择
　　D 不想当舞蹈演员

보기 어휘

无法 wúfǎ 동 방법이 없다, 할 수 없다
支持 zhīchí 동 지지하다

질문 ： 그 화가는 당시에 무엇 때문에 고민했는가?
　　A 순조롭게 졸업을 할 수가 없어서
　　B 그가 그림을 그리는 것을 지지하는 사람이 없어서
　　C 어떻게 선택해야 할지 몰라서
　　D 무용수가 되고 싶지 않아서

정답 C

해설 그 화가가 당시에 무엇 때문에 고민했는지 묻고 있다.
단문 앞 부분에 졸업할 때쯤, 계속 그림을 그릴 것인지 아니면 무용수가 될 것인지에 대해 매우 고민했다고 했으므로 결과적으로 어떻게 선택해야 할지 몰라서임을 알 수 있다. 따라서 정답은 C이다.

问 ： 父亲的话是什么意思?
　　A 要分清主次
　　B 梦想可有可无
　　C 要学会放弃
　　D 椅子不可以随便坐

보기 어휘

分清 fēnqīng 동 분명하게 가리다
主次 zhǔcì 명 주된 것과 부차적인 것
梦想 mèngxiǎng 명 꿈
可有可无 kěyǒukěwú 성 있어도 되고 없어도 된다

질문 ： 아버지의 말은 무슨 의미인가?
　　A 주된 것과 부차적인 것을 분명하게 가려야 한다
　　B 꿈은 있어도 되고 없어도 된다
　　C 포기하는 것을 배워야 한다
　　D 의자에 마음대로 앉으면 안 된다

정답 　C

해설　아버지의 말이 무슨 의미인지 묻고 있다.
단문 중간 부분에 아버지는 의자 두 개 가운데 하나를 포기하라고 했으므로 아버지의
뜻은 포기하는 것을 배워야 한다는 말임을 알 수 있다. 따라서 정답은 C이다.

第33到35题是根据下面一段话：

33 我有一位朋友获得过多次羽毛球单打冠军。有很多羽毛球爱好者向他请教成功的秘诀是什么？他很平静地答道："成功以前要先做好充分的失败准备。"他的回答出乎了所有人的意料。后来他是这样解释的：在比赛的过程中会发生很多意外，比如低级的失误等，所以在进入正式比赛以前要做好相关的思想准备，这样可以减少心理压力，从而有助于取得比赛的成功。他还讲了一段他的亲身经历，在一次全国羽毛球的大赛中，他和另外一名著名的羽毛球运动员都进入了决赛，他对手很强，一上场就先赢了一局，但 **34** 由于自己在赛前做好了失败的心理准备，所以没有因为紧张而打乱比赛节奏，在先输掉一局的情况下，越战越勇，最后反倒是他战胜了对手。成功之前做好失败的准备，并不是让我们放弃对成功的追求，而是让我们放下包袱，**35** 以放松的状态去面对比赛，这样反而更容易成功。

33-35번 문제는 다음 내용에 근거한다:

33 나에게는 배드민턴 단식 경기에서 여러 번 1등을 한 친구가 한 명 있다. 많은 배드민턴 애호가들이 그에게 성공의 비결이 무엇인지 물어봤고, 그는 침착하게 "성공 이전에 먼저 충분한 실패를 준비해야 한다."라고 대답했다. 그의 대답은 모든 사람의 예상을 벗어난 것이었다. 이후에 그는 시합 과정에서 예를 들어 초보적인 실수 등의 많은 의외의 상황이 발생할 수 있기 때문에, 정식 경기에 들어가기 전에 이에 대한 마음의 준비를 해야 하며, 이렇게 해야지만 심리적 압박을 줄일 수 있고, 시합에서의 성공을 거두는데 도움이 된다고 설명했다. 그는 또한 그가 직접 겪은 경험을 이야기했다. 전국 배드민턴 대회에서 그는 다른 한 유명 배드민턴 운동선수와 결승전에 진출했다. 그의 상대선수는 강했고, 시합이 시작되자 먼저 한 세트를 이겼다. 하지만 그는 스스로 **34** 시합 전에 실패에 대한 마음의 준비를 했기 때문에, 긴장감으로 인한 경기의 리듬은 깨지지 않았다. 먼저 한 세트를 진 상황에서, 시합이 진행될수록 용기가 생겼고, 마지막에는 그가 오히려 상대를 이겼다고 한다. 성공 전에 실패를 준비하는 것은 우리가 성공을 쫓는 것을 결코 포기하는 것이 아니라, 우리가 부담을 내려놓고, **35** 긴장이 완화된 상태에서 시합에 임하게 해준다. 이렇게 하면 오히려 더욱 쉽게 성공할 수 있게 된다.

지문 어휘

获得 huòdé 동 얻다
羽毛球 yǔmáoqiú 명 배드민턴
单打 dāndǎ 명 (배드민턴 등의) 단식경기
爱好者 àihàozhě 명 애호가
请教 qǐngjiào 동 물어보다
秘诀 mìjué 명 비결
平静 píngjìng 형 조용하다, 침착하다 ☆
答道 dádào 동 대답하다
充分 chōngfèn 형 충분하다 ☆
失败 shībài 동 패배하다, 지다
出乎意料 chūhūyìliào 성 예상이 빗나가다
解释 jiěshì 동 해석하다
过程 guòchéng 명 과정
意外 yìwài 형 의외의 ☆
低级 dījí 형 초보적인
失误 shīwù 명 실수 동 실수를 하다
相关 xiāngguān 동 상관이 있다, 관련되다 ☆
压力 yālì 명 스트레스
取得 qǔdé 동 얻다, 취득하다
亲身 qīnshēn 형 직접, 몸소
决赛 juésài 명 결승
对手 duìshǒu 명 상대 ☆
一局 yìjú 한 판
紧张 jǐnzhāng 형 긴장하다
打乱 dǎluàn 동 망쳐 버리다
节奏 jiézòu 명 리듬
追求 zhuīqiú 동 추구하다 ☆
包袱 bāofu 명 부담, 보따리
状态 zhuàngtài 명 상태 ☆
反而 fǎn'ér 접 반대로, 오히려 ☆

33

问 : 朋友在哪方面很厉害？
　　A 拳击　　　　B 射击　　　　C 跆拳道　　　D 打羽毛球

질문 : 친구는 어떤 분야에서 뛰어난가？
　　A 권투　　　　B 사격　　　　C 태권도　　　D 배드민턴

拳击 quánjī 명 권투
射击 shèjī 명 사격 ★
跆拳道 táiquándào 명 태권도

정답 D

해설 화자가 소개하는 친구는 어떤 분야에서 뛰어난지 묻고 있다.
화자는 유명 배드민턴 선수 친구에 대해 이야기를 하고 있으므로 정답은 D이다.

34

问 : 根据这段话，下列哪项正确？
　　A 朋友现在已经辞职了　　　　B 朋友现在是著名教练
　　C 心理状态很重要　　　　　　D 失误是可以避免的

질문 : 이 글에 근거하여, 다음 중 옳은 것은？
　　A 친구는 현재 이미 은퇴했다　　　B 친구는 현재 유명한 코치이다
　　C 심리상태는 매우 중요하다　　　　D 실수는 피할 수 있는 것이다

보기 어휘

避免 bìmiǎn 동 피하다 ★

정답 C

해설 이 글에 근거하여 옳은 내용을 고르는 문제이다.
화자는 시합 전에 실패에 대한 마음의 준비를 했기 때문에, 긴장감으로 인한 경기의 리듬이 깨지지 않았다고 한 것으로 보아, 시합 전에 뜻밖에 발생하는 일이나 패배에 대한 준비를 한 친구의 이야기에서 심리상태가 매우 중요하다는 것을 알 수 있다. 따라서 정답은 C이다.

35

问 : "放下包袱" 最可能是什么意思？
　　A 万事开头难　　　　　　B 要善于听取他人意见
　　C 给自己减压　　　　　　D 骄傲自满

질문 : '부담을 내려놓다'의 뜻으로 가장 적당한 것은？
　　A 모든 일은 시작이 어렵다　　　　B 다른 사람의 의견을 잘 들어야 한다
　　C 자신에게 주는 부담을 줄인다　　　D 교만하고 자만하다

보기 어휘

开头 kāitóu 명 시작 동 시작하다
善于 shànyú 동 ~를 잘하다 ★
听取 tīngqǔ 동 귀담아 듣다
减压 jiǎn yā 동 부담을 줄이다
骄傲自满 jiāo'ào zìmǎn 성
교만하고 스스로 흡족하게 여기다

정답 C

해설 '부담을 내려놓다'의 의미를 묻고 있다.
단문의 마지막 부분에 긴장이 완화된 상태에서 시합에 임하게 해 준다고 했으므로 긴장이 완화된 상태에서 시합에 나간다는 것은 자신에게 주는 부담을 줄여줄 수 있음을 알 수 있다. 따라서 정답은 C이다.

第36到38题是根据下面一段话：

我现在最大的爱好就是去滑雪场滑雪，我每次去滑的时候很多人都会为我竖起大拇指，说我滑得很好。但如果让我说起学滑雪的经历的话，不是一句两句就能说完的。我学滑雪的时候没有请教练，因为 **36** 我看着别人滑的时候，觉得很简单，于是一有时间就自己去练习。但当我穿上滑雪板以后才知道并非想象的那么简单。**37** 那时对我来说最困难的是如何停下来。我因为不会停，所以摔了很多跟头，从上坡滚下来很多次。最后我决定反复练习怎么在坡上的任何一个地方停下来，为了学习这个技巧，我上网看了很多视频。终于功夫不负有心人，我能熟练的在坡上停止、滑行、再停止。后来，我慢慢地敢从山顶飞速地向下坡滑行，因为我心里知道，只要我想停，轻轻一转身就可以平稳地停下来。**38** 只有知道怎么样停下来的人，才知道如何加速前进。

36-38번 문제는 다음 내용에 근거한다:

지금 나의 가장 큰 취미는 바로 스키장에 스키 타러 가는 것이다. 매번 스키를 타러 갈 때 마다 많은 사람이 모두 나에게 엄지 손가락을 치켜 들며, 스키를 잘 탄다고 말한다. 그러나 나에게 스키를 배운 과정을 말하라고 한다면, 한두 마디로 다 끝낼 수는 없다. **36** 나는 스키를 배울 때 코치가 없었다. 다른 사람이 스키 타는 것을 볼 때 매우 간단하다고 생각했기 때문에 시간이 있으면 혼자 연습하러 갔다. 그러나 내가 스키를 착용하고 난 후에 비로소 생각만큼 그렇게 간단하지 않다는 것을 알았다. **37** 그 당시 나에게 있어서 가장 어려웠던 것은 어떻게 멈추냐는 것이었다. 나는 멈추는 것을 잘 못했기 때문에 여러 번 곤두박질치며 넘어졌고, 오르막 비탈길에서 여러 번 굴렀다. 마지막에는 언덕의 어떤 한 지점에서 어떻게 멈추는지를 반복적으로 연습하기로 결정했다. 이 테크닉을 배우기 위해서, 나는 인터넷으로 많은 동영상을 봤다. 마침내 노력은 사람을 배신하지 않는다는 말처럼, 나는 능숙하게 비탈길에서 멈추고, 활주하고, 다시 멈출 수 있게 되었다. 나중에 나는 천천히 자신 있게 산정상에서 아주 빠르게 비탈길을 활주했다. 나는 내가 멈추고 싶다면, 가볍게 몸을 돌리기만 하면 안정적으로 멈출 수 있다는 것을 마음속으로 알고 있었기 때문이다. **38** 어떻게 멈추는지 아는 사람만이 비로소 어떻게 속도를 더해 앞으로 나아갈지 알 수 있다.

지문 어휘

滑雪场 huáxuěchǎng
명 스키장

滑雪 huáxuě 동 스키를 타다

竖 shù 동 똑바로(곧게) 세우다

大拇指 dàmǔzhǐ 엄지 손가락

教练 jiàoliàn 명 코치 ★

简单 jiǎndān 형 간단하다

于是 yúshì 접 그래서

练习 liànxí 동 연습하다

滑雪板 huáxuěbǎn 명 스키(판)

摔 shuāi 동 쓰러지다, 넘어지다

跟头 gēntou 명 곤두박질

上坡 shàngpō 명 오르막 비탈

滚 gǔn 동 구르다, 뒹굴다 ★

反复 fǎnfù 부 반복하여, 거듭
동 거듭하다.
반복하다 ★

技巧 jìqiǎo 명 기교, 곡예

上网 shàng wǎng
동 인터넷을 하다

视频 shìpín 명 동영상

终于 zhōngyú 부 마침내

熟练 shúliàn 형 능숙하다

停止 tíngzhǐ 동 멈추다

滑行 huáxíng 동 활주하다,
미끄러져 나가다

敢 gǎn 동 자신 있게 ~하다

飞速 fēisù 형 매우 빠르다

转身 zhuǎn shēn 동 방향을
바꾸다

平稳 píngwěn 형 안정되다

加速 jiāsù 동 가속하다, 속도를
내다

36

问：说话人是怎么学滑雪的？

A 是自己学的　　　　　B 请了一个教练
C 跟父亲学的　　　　　D 在学校学的

질문 : 화자는 어떻게 스키를 배웠는가?

A 스스로 배웠다　　　　B 코치를 모셨다
C 아버지에게 배웠다　　D 학교에서 배웠다

A

화자는 어떻게 스키를 배웠는지 이유를 묻고 있다.
단문 중간 부분에 그는 스키를 배울 때 코치가 없었으며, 다른 사람이 스키 타는 것을 볼 때마다 간단하다고 생각했기 때문에 시간이 있으면 혼자 연습하러 갔다고 언급했으므로 정답은 A이다.

37

问 : 说话人遇到的最大问题是什么?
   A 怕摔倒
   B 不会停
   C 不会拐弯
   D 担心速度太快

질문 : 화자가 맞닥뜨린 가장 큰 문제는 무엇인가?
   A 넘어지는 것을 무서워하는 것
   B 멈추는 것을 모르는 것
   C 코너를 돌 줄 모르는 것
   D 속도가 너무 빠른 것을 걱정하는 것

보기 어휘

遇到 yùdào 동 만나다
摔倒 shuāidǎo 동 쓰러지다 ★
拐弯 guǎi wān 동 방향을 바꾸다 ★
担心 dān xīn 동 염려하다, 걱정하다

B

화자가 맞닥뜨린 가장 큰 문제는 무엇인지 묻고 있다.
단문 중간 부분에 화자는 그 당시 가장 어려웠던 것은 어떻게 멈추냐는 것이었다고 했으므로 정답은 B이다.

38

问 : 这段话主要想告诉我们什么?
   A 遇事要沉着冷静
   B 知足常乐
   C 方向比速度更重要
   D 学会停止，才会加速

질문 : 이 글이 우리에게 알려주고자 하는 것은?
   A 뜻밖의 사고를 당했을 때는 침착해야 한다
   B 만족을 알면 항상 즐겁다
   C 방향은 속도보다 중요하다
   D 멈추는 것을 배워야만 속도를 더 낼 수 있다

보기 어휘

沉着 chénzhuó 형 침착하다
冷静 lěngjìng 형 조용하다
知足常乐 zhīzúchánglè 성 만족을 알면 항상 즐겁다

D

이 글의 주제를 묻고 있다.
단문 마지막에 어떻게 멈추는지 아는 사람만이 비로소 어떻게 속도를 더해 앞으로 나아갈지 알 수 있다고 말했으므로 멈추는 것을 배워야만 속도를 더 낼 수 있다는 것이 이 글의 주제에 해당된다. 따라서 정답은 D이다.

第39到41题是根据下面一段话：

在社交活动中，交谈是必不可少的内容。俗话说："一句话说得人笑，一句话说得人跳。"这句话的意思是 **39** 指一句话说好了可以使人高兴，说不好会让人生气。因此，我们在交谈时，要讲究方法。**40** 我们平时说话时，要注意很多问题。首先要注意说话的姿态，不要做抖腿，挖鼻子等不礼貌的行为。其次要注意措辞，不要用训斥的语气和对方谈话。最后要注意谈话的场合和周围的环境。有时候，我们说的一句好话既可以给他人送去温暖，也可以让你获得好的人缘，从而让你成为人际高手。**41** 在平时的生活中多培养自己的语言表达能力吧，这样你的人生会变得更精彩。

39–41번 문제는 다음 내용에 근거한다：

사회활동에서 대화는 반드시 필요한 부분이다. 속담에서 '말 한마디로 사람을 웃게 할 수도 있고, 말 한 마디로 사람을 펄쩍 뛰게 할 수 있다'라고 했다. **39** 이 말의 의미는 말을 잘 하면 사람을 웃게 할 수 있고, 말을 잘 못하면 사람을 화나게도 할 수 있다는 것이다. 그래서 우리는 대화를 나눌 때 방법에 신경을 써야 한다. **40** 우리가 평소에 말을 할 때, 많은 문제에 대해 주의해야 한다. 먼저 말하는 태도에 주의해야 한다. 다리를 떨거나, 코를 파는 등의 예의 없는 행동을 해서는 안 된다. 다음으로 어휘 사용에 주의해야 한다. 꾸짖는 말투로 상대방을 훈계해서는 안 된다. 마지막으로 말하는 장소와 주변 환경에 주의해야 한다. 때로는 우리가 내뱉는 말 한 마디가 다른 사람에게 따뜻함을 줄 수도 있고, 또한 당신에게 좋은 인연을 얻게 할 수도 있다. 이렇게 함으로써 당신은 인간관계에 있어서 베테랑이 될 수 있다. **41** 일상생활에서 자신의 언어 표현 능력을 잘 훈련한다면, 당신의 인생은 더욱 멋있게 변할 것이다.

39

问："一句话说得跳"是什么意思？

A 让人生气   B 让人激动

C 让人害羞   D 让人后悔

질문： '한 마디로 펄쩍 뛰게 할 수 있다'는 무슨 뜻인가？

A 화나게 한다   B 감동하게 한다

C 부끄럽게 한다   D 후회하게 한다

정답 A

해설 '한 마디로 뛰게 할 수 있다'는 무슨 의미인지 묻고 있다.

단문에서 말을 잘 하면 사람을 웃게 할 수 있고 말을 잘 못하면 사람을 화나게 할 수 있다고 풀이를 해 주고 있다. 따라서 정답은 A이다.

▶ 这句话的意思是(이 말의 의미는 ~이다) 뒤에 힌트가 숨어 있음을 기억하자!

40

问 ： 根据这段话，平时说话时什么最重要？
　　A 说话的速度　　　　　B 谈话的技巧
　　C 说话的态度　　　　　D 谈话的内容

질문 : 이 글에 근거하여, 평소 대화할 때 무엇이 가장 중요한가?
　　A 대화의 속도　　　　　B 대화의 기교
　　C 대화의 태도　　　　　D 대화의 내용

谈话 tánhuà 명 대화 동 이야기
하다
技巧 jìqiǎo 명 기교

정답　C

해설　이 글에 근거하여 평소 대화할 때 가장 중요한 것이 무엇인지 묻고 있다.
단문 중간 부분에 화자는 평소 말을 할 때 가장 먼저 태도를 주의해야 한다고 말했으
므로 정답은 C이다.

41

问 ： 这段话主要谈什么？
　　A 巧妙说话的好处　　　B 怎样处理人际关系
　　C 说话不要太绕　　　　D 说话要注意眼神

질문 : 이 글에서 말하고자 하는 것은?
　　A 교묘하게 말하는 것의 장점　　B 인간관계를 어떻게 해결할 것인가
　　C 말을 너무 돌려서 하지 마라　　D 말할 때에는 눈빛을 조심해라

巧妙 qiǎomiào 형 (기술·방법
등이) 교묘하다, 뛰어나다 ⭐
人际关系 rénjì guānxì
명 대인관계
绕 rào 동 맴돌다 ⭐
眼神 yǎnshén 명 눈매, 눈빛

정답　A

해설　이 글의 주제를 묻고 있다.
화자는 마지막 부분에서 일상생활에서 자신의 언어 표현 능력을 잘 훈련한다면, 당신
의 인생은 더욱 멋있게 변할 것이라고 했으므로 결과적으로 교묘하게 말하는 것의 장
점에 대해 설명하고 있음을 알 수 있다. 따라서 정답은 A이다.

第42到43题是根据下面一段话：

　　在印度有一种不同寻常的树叫"电树"。如果 **42** 人们不小
心碰到它，就会立刻有触电的感觉，非常难受。为什么会这样
呢？原来 **43** 这种树既可以蓄电也可以发电，而且它的蓄电量还
会随着时间而发生变化。中午的时候，它的电流量较强。到了
晚上，电流量相对来说较弱。有专家推测"电树"之所以带电
是因为吸收了太阳能后而把它加以转化形成的。如果可以揭秘
它是如何转化的，人们就可以仿照它的发电原理，制造出一种
新型的发电机来造福人类。

印度 Yìndù 고유 인도
不同寻常 bùtóngxúncháng
성 보통과 다르다. 일반적이지 않다
碰到 pèngdào 동 만나다
立刻 lìkè 부 곧, 즉시 ⭐
触电 chù diàn 동 감전되다
难受 nánshòu 형 불편하다
发电 fā diàn 동 전기를 일으키다
电流量 diànliúliàng 명 전류량
相对 xiāngduì 부 상대적으로
동 마주하다 ⭐
推测 tuīcè 동 추측하다

42-43번 문제는 다음 내용에 근거한다:

인도에는 '전기가 통하는 나무'라고 불리는 특별한 나무가 있다. 만약 당신의 실수로 **42** 그 나무를 만지게 된다면, 즉시 감전되는 느낌이 들고, 견디기 매우 힘들 것이다. 왜 이렇게 되는 것일까? 알고 보니 **43** 이 종류의 나무는 전기를 저장하며 또한 전기를 일으킬 수 있을 뿐 아니라 전기 저장량이 시간에 따라 변한다고 한다. 정오에는 전류량이 비교적 강하고, 저녁이 되면 전류량이 상대적으로 약해진다고 한다. 어떤 전문가는 '전기가 통하는 나무'는 태양에너지를 흡수해 그것을 전기로 바꾸기 때문에 전기가 통한다고 추측했다. 만약 그것이 어떻게 전기로 바뀌는지에 대한 비밀을 밝힐 수 있다면 사람들은 그것의 발전 원리를 모방해서 신형의 발전기를 만들어내, 인류에 행복을 가져오게 할 수 있을 것이다.

带电 dàidiàn 동 전류가 통하다
吸收 xīshōu 동 흡수하다 ★
太阳能 tàiyángnéng 명 태양 에너지
转化 zhuǎnhuà 동 바꾸다, 전환하다
形成 xíngchéng 동 형성되다 ★
揭秘 jiēmì 동 비밀을 밝히다, 비밀을 폭로하다
仿照 fǎngzhào 동 모방하다, 따르다
制造 zhìzào 동 만들다 ★
发电机 fādiànjī 명 발전기

42

问 : 如果人碰到了"电树"，会怎么样？
　　A 呼吸困难　　　　　B 皮肤过敏
　　C 不停地流鼻涕　　　D 如触电般难受

보기 어휘

过敏 guòmǐn 동 알레르기 반응을 보이다 ★
鼻涕 bítì 명 콧물
流鼻涕 liúbítì 콧물이 나오다

질문 : 만약에 사람들이 '전기가 통하는 나무'를 만지면, 어떻게 되는가?
　　A 호흡이 곤란해진다　　　　B 피부가 알레르기 반응을 보인다
　　C 끊임없이 콧물을 흘린다　　D 감전된 것처럼 견디기 힘들다

정답 ▶ D

해설 ▶ 만약에 사람들이 전기가 통하는 나무를 만지면, 어떻게 되는지 묻고 있다. 단문 도입 부분에 만약 그 나무를 만지게 된다면 마치 감전되는 것 같은 느낌이 들면서 견디기 힘들 것이라고 했다. 따라서 정답은 D이다.

43

问 : 关于"电树"可以知道什么？
　　A 能吸尘　　　　　　B 有药用价值
　　C 可以发光　　　　　D 会放电

보기 어휘

发光 fāguāng 동 빛을 내다, 발광하다
放电 fàngdiàn 동 전기에너지를 방출하다

질문 : '전기가 통하는 나무'에 관하여 알 수 있는 것은 무엇인가?
　　A 먼지를 흡수할 수 있다　　　B 약으로 쓸 가치가 있다
　　C 빛을 낼 수 있다　　　　　　D 전기에너지를 방출할 수 있다

정답 ▶ D

해설 ▶ 전기가 통하는 나무에 관해서 묻고 있다. 단문 중간 부분에 이런 나무는 전기를 저장할 수도 있고 전기를 방출할 수도 있다고 했으므로 정답은 D이다.

第44到45题是根据下面一段话:

　　如果我们爬到半山腰时遇到了暴雨,应该怎么办呢? 大部分人可能会选择马上下山。其实这是最危险的做法。因为 **44** 山上的石头和泥沙会顺着雨水流动的方向极速地向下散落, 最后会堆在下面, 总之越往下走路况越差。如果这时下山会有生命危险。**45** 相对来说比较安全的办法是, 继续前进, 冒着风雨登上山顶。

44-45번 문제는 다음 내용에 근거한다:

　　만약 우리가 산 중턱에서 폭우를 만난다면 어떻게 해야 할까? 대부분의 사람들은 아마도 바로 하산을 결정할 것이다. 사실 이것이 가장 위험한 방법이다. **44** 산의 돌, 진흙과 모래가 빗물이 흐르는 방향을 따라 매우 빠르게 아래로 흩어지고 마지막에는 아래쪽에 쌓이게 된다. 결국 아래로 걸어 갈수록 상황은 더욱 나빠지게 된다. 만약 이때 하산을 한다면 생명이 위험할 수도 있다. **45** 상대적으로 비교적 안전한 방법은 계속해서 앞으로 나아가 비바람을 뚫고 산 정상에 오르는 것이다.

问: 暴雨过后, 下山的路变得怎么样?

　A 堆满泥沙　　　　　　B 很曲折

　C 到处是树叶　　　　　D 很宽阔

질문: 폭우가 온 후, 하산하는 길은 어떻게 변하는가?

　A 진흙과 모래가 가득 쌓인다　　　B 아주 구불구불하다

　C 나뭇잎이 가득하다　　　　　　D 아주 넓다

정답　A

해설　폭우가 온 후, 하산하는 길이 어떻게 변하는지 묻고 있다.
단문 중간 부분에 산의 돌, 진흙과 모래가 빗물이 흐르는 방향을 따라 빠르게 아래로 흩어지고 마지막에는 산 아래쪽에 쌓이게 된다고 했으므로 정답은 A이다.

45

问 : 登山途中如果遇到了暴雨天气，应该怎么办？
　　A 原地等待
　　B 尽量快速下山
　　C 找安全的地方避雨
　　D 继续往上走

질문 : 등산하는 길에 폭우가 내린다면, 어떻게 해야 하는가?
　　A 그 자리에서 기다린다
　　B 최대한 빠르게 하산한다
　　C 안전한 장소를 찾아 비를 피한다
　　D 계속 위로 올라간다

정답　D

해설　등산하는 길에 폭우가 내린다면, 어떻게 해야 하는지 묻고 있다.
단문 마지막 부분에 상대적으로 비교적 안전한 방법은 계속해서 앞으로 나아가 산 정
상에 오르는 것이라고 했으므로 정답은 D이다.

보기 어휘

途中 túzhōng 명 도중
原地 yuándì 명 제자리
等待 děngdài 통 기다리다 ☆
尽量 jǐnliàng 부 최대한,
가능한 한 ☆
快速 kuàisù 형 신속하다, 빠르다
避雨 bì yǔ 통 비를 피하다

제1부분 46~60번 문제는 지문 속 빈칸에 알맞은 단어나 문장을 채우는 문제입니다.

46-48.

　　我们去游泳时，总会看到一些初学者在游泳圈的帮助下学游泳，看上去游泳圈和救生圈差不多，殊不知游泳圈和救生圈是有很大区别的。救生圈是正规的救生设备，具备很多附属 **46 D** 功能，而且必须按照国家标准制造，要求格外严格。

　　游泳圈虽然和救生圈的外形差不多，但如果出现险情时对游泳者是起不到救护作用的。因为游泳圈是水上玩具，是按照玩具的标准制造的。因此游泳圈易破损、漏气，而且塑料 **47 D** 表面遇水很滑，人们是很难抓住的，它只能在水上 **48 B** 休闲运动中，起到辅助的作用。

　　우리들은 수영을 할 때 일부 초보자들이 수영 튜브의 도움으로 수영을 배우는 것을 자주 볼 수 있다. 수영 튜브와 구명환은 보기에는 엇비슷해 보인다. 하지만 뜻밖에도 수영튜브와 구명환은 굉장히 큰 차이가 있다. 구명환은 정식 공인된 구명 설비로서 많은 부수적인 **46 D** 기능을 갖추고 있다. 게다가 반드시 국가 표준에 따라 제조해야 하기 때문에 요구사항이 매우 엄격하다.

　　수영 튜브는 비록 외형적인 면에서 구명환과 비슷하지만 위험 상황 발생 시 수영하는 사람에게 구조의 역할을 하지 못한다. 왜냐하면 수영 튜브는 수상 오락 도구로서 완구 표준에 따라 제작된 것이기 때문이다. 그렇기 때문에 수영 튜브는 쉽게 파손되고 공기가 새어나가며 게다가 합성수지 **47 D** 표면에 물이 닿으면 매우 미끄러워져서 사람들이 쉽게 잡을 수 없다. 수영 튜브는 단지 수상 **48 B** 레저 스포츠에서 보조적인 역할만을 담당하는 것이다.

지문 어휘

初学者 chūxuézhě 몡 초보자
游泳圈 yóuyǒngquān 몡 수영 튜브
看上去 kànshàngqu 동 보기에는
救生圈 jiùshēngquān 몡 구명환
殊不知 shūbùzhī 동 생각지도 못하다
正规 zhèngguī 혱 정식 공인된, 정식의
救生设备 jiùshēng shèbèi 몡 구명 설비
具备 jùbèi 동 갖추다
附属 fùshǔ 혱 부수의, 부속의 동 부속되다
按照 ànzhào 전 ~에 따라
标准 biāozhǔn 몡 표준
制造 zhìzào 동 제조하다
格外 géwài 부 매우, 유달리
严格 yángé 혱 엄격하다
外形 wàixíng 몡 외형
险情 xiǎnqíng 몡 위험한 상황
救护 jiùhù 동 구조하다
玩具 wánjù 몡 완구, 장난감
破损 pòsǔn 동 파손되다
漏气 lòuqì 동 공기가 새다
塑料 sùliào 몡 합성수지 (플라스틱, 비닐 등)
遇 yù 동 만나다
滑 huá 혱 미끄럽다 ☆
抓住 zhuāzhù 동 붙잡다
辅助 fǔzhù 동 보조하다

46

A 规则	B 措施	C 素质	D 功能
A 규칙	B 조치	C 소질	D 기능

보기 어휘

规则 guīzé 몡 규칙 ☆
措施 cuòshī 몡 조치 ☆
素质 sùzhì 몡 소질, 소양
功能 gōngnéng 몡 기능 ☆

해설 具备(갖추다)와 어울리는 목적어는 功能(기능)이다. 规则(규칙)은 遵守(지키다), 措施(조치)는 采取(채택하다)와, 素质(소질)는 提高(높이다)와 각각 호응이 된다.

47

A 零件	B 面积	C 空间	D 表面
A 부속품	B 면적	C 공간	D 표면

보기 어휘

零件 língjiàn 명 부속품 ★
面积 miànjī 명 면적 ★
空间 kōngjiān 명 공간 ★
表面 biǎomiàn 명 표면 ★

정답 D

해설 빈칸의 정답은 '遇水很滑(물이 닿으면 미끄러워진다)'라는 성질이 있는 것이다. 수영 튜브에서 물에 닿으면 미끄러워지는 성질을 갖는 것은 表面(표면)이다.

48

A 培训	B 休闲	C 接待	D 联合
A 양성하다	B 한가하게 지내다	C 접대하다	D 연합하다

보기 어휘

培训 péixùn 동 양성하다 ★
休闲 xiūxián 동 한가하게 지내다, 레저를 즐기다 ★
接待 jiēdài 동 접대하다 ★
联合 liánhé 동 연합하다 ★

정답 B

해설 빈칸 앞뒤의 水上(수상), 运动(스포츠)과 어울리는 어휘를 답으로 찾는 문제로서 정답은 休闲(한가하게 지내다, 레저를 즐기다)이다. 水上休闲运动은 '수상 레저 스포츠'라는 의미이다.

49-52.

　　侯宝林是中国著名的相声表演艺术家。他只上过三年小学，但非常 **49 D 勤奋**好学。有一次，他为了买到自己日思夜想的明代笑话书《谑浪》，他不知疲倦地跑遍了北京大大小小的旧书摊，**50 C 但还是弄不到**。过了几天，有个人告诉他北京图书馆里藏有此书，他便决定去图书馆抄书。那时是冬天，他每天都 **51 D 顶**着狂风，冒着大雪，一连18天都跑到图书馆去抄书，最后抄完了一部10万字的书。后来，他凭着这 "不达目的不罢休" 的毅力，**52 A 成就**一番事业，成为了相声艺术界的一代宗师。

허우바오린은 중국의 저명한 만담 공연 예술가이다. 그는 단지 3년 동안 초등학교에 다닌 것이 전부이지만 매우 **49 D 근면**하며 배우기를 좋아했다. 한 번은 그가 간절히 원하던 명나라 시대의 유머 서적 《쉐랑》을 사기 위해 피곤함도 잊은 채 베이징에 있는 모든 책을 파는 노점을 샅샅이 뒤졌으나 **50 C 여전히 찾아내지 못했다**. 며칠 뒤 어떤 사람이 그에게 베이징 도서관에 이 책이 소장되어 있다는 것을 알려 주었고, 그는 바로 도서관에 가서 책을 베끼기로 결정했다. 당시는 겨울인지라 그는 매일 광풍을 **51 D 무릅쓰고** 폭설을 맞아

지문 어휘

侯宝林 Hóu Bǎolín 고유 허우바오린

相声 xiàngsheng 명 만담

好学 hàoxué 형 배우는 것을 좋아하다

日思夜想 rìsīyèxiǎng 성 간절히 바라다, 밤낮으로 생각하다

笑话 xiàohua 명 유머, 농담

谑浪 Xuèlàng 고유 쉐랑(명나라 시대의 유머 서적)

疲倦 píjuàn 형 피곤하다

跑遍 pǎobiàn 두루 돌아다니다, 샅샅이 돌아다니다

大大小小 dàda xiǎoxiǎo 형 모든, 온갖 종류의

书摊 shūtān 명 책을 파는 노점

抄书 chāoshū 책을 베껴 쓰다

狂风 kuángfēng 명 광풍

一连 yìlián 부 연이어

抄 chāo 동 베끼다 ★

目的 mùdì 명 목표, 목적

가며 18일 동안 내내 도서관으로 가서 책을 베꼈고, 결국 10만 자의 책 한 권을 모두 베껴
냈다. 훗날 그는 이러한 '목표를 이루지 못하면 포기하지 않는다.'라는 굳센 의지로 하나의
사업을 52 A 완성했고, 제1대 만담 예술계의 대가가 되었다.

罢休 bàxiū 동 포기하다
毅力 yìlì 명 굳센 의지
事业 shìyè 명 사업
艺术界 yìshùjiè 명 예술계
宗师 zōngshī 명 대가, 종사

49

A 犹豫	B 匆忙	C 大方	D 勤奋
A 머뭇거리다	B 매우 바쁘다	C 대범하다	D 근면하다

정답 D

해설 好学(공부하기를 좋아하다)와 호응이 되는 형용사는 勤奋(근면하다)이다. 또한 원하
는 책을 얻기 위해 추운 겨울 매일 도서관에 가서 책을 베낀 이야기에서도 정답의 힌
트를 찾을 수 있다.

보기 어휘

犹豫 yóuyù 형 머뭇거리다 ⭐
匆忙 cōngmáng
형 매우 바쁘다 ⭐
大方 dàfang 형 대범하다 ⭐
勤奋 qínfèn 형 근면하다 ⭐

50

A 得到了家人的支持	B 复印了好几页
C 但还是弄不到	D 终于买到了一本

A 가족들의 지지를 받았다	B 몇 페이지를 복사했다
C 하지만 여전히 찾아내지 못했다	D 결국 한 권을 샀다

정답 C

해설 빈칸 앞은 책을 찾기 위해 책을 파는 노점을 샅샅이 뒤진 이야기이고, 빈칸 뒤는 책이
도서관에 있다는 얘기를 듣고 도서관으로 간 이야기이므로 노점에서는 책을 발견하지
못했다는 이야기가 흐름상 적당하다. 동사 弄은 여기서 '찾다, 얻다'라는 의미이다.

보기 어휘

支持 zhīchí 명 지지 동 지지하다
终于 zhōngyú 부 결국, 마침내

51

A 甩	B 伸	C 摸	D 顶
A 휘두르다	B 펴다	C 더듬다	D 무릅쓰다

정답 D

해설 빈칸 뒤의 狂风(광풍)과 호응이 되는 동사는 顶(무릅쓰다)이다.

보기 어휘

甩 shuǎi 동 휘두르다,
내던지다 ⭐
伸 shēn 동 펴다 ⭐
摸 mō 동 더듬다 ⭐
顶 dǐng 동 무릅쓰다 ⭐

52

A 成就	B 鼓舞	C 诊断	D 贡献
A 완성하다	B 격려하다	C 진단하다	D 공헌하다

정답 A

해설 事业(사업)와 호응이 되는 동사는 成就(완성하다, 이루다)이다. 诊断(진단하다)은 疾
病(질병)과 贡献(공헌하다)은 力量(역량, 힘)과 호응이 된다.

보기 어휘

成就 chéngjiù 동 완성하다,
이루다 ⭐
鼓舞 gǔwǔ 동 격려하다 ⭐
诊断 zhěnduàn 동 진단하다 ⭐
贡献 gòngxiàn 동 공헌하다 ⭐

53-56.

　　研究人员做了一个实验，**53 B 询问**消费者是比较喜欢在6种口味的冰淇淋中挑一种呢，还是比较喜欢在24种口味的冰淇淋中挑一种。实验结果 **54 B 表明**，大部分消费者喜欢有更多的选择，即在24种口味的冰淇淋中选择。可是，当他们进入店里真正购买的时候，和有24种冰淇淋可选的人相比，只有6种冰淇淋可选的人们 **55 D 反而**买得数量更多。

　　研究者把冰淇淋换成了果酱，又重现做了一次实验，**56 A 结果仍是如此**。看来，有时选择太多的时候，不见得是一件好事，会使我们浪费更多的时间去犹豫。

연구원이 한 실험을 했다. 소비자들이 6종류 맛의 아이스크림들 가운데 하나를 고르는 것을 선호하는지 아니면 24종류 맛의 아이스크림들 가운데 하나를 고르는 것을 선호하는지를 **53 B 묻는 것**이었다. 실험 결과는 **54 B 밝혔다**, 대부분의 소비자는 더욱 많은 선택이 있는 것을 좋아한다는 것을. 즉 24종류 맛의 아이스크림 가운데 선택하는 것을 더 선호한다는 것이다. 하지만 그들이 상점에 들어가 실제로 구매를 할 때에는 24종류의 아이스크림 가운데 선택할 수 있는 사람과 비교했을 때 단지 6종류의 아이스크림 가운데 선택할 수 있는 사람들이 **55 B 오히려** 구매하는 수량이 더 많았다.

연구원은 아이스크림을 과일잼으로 바꿔서 다시 한 번 실험을 했으나 **56 B 결과는 여전히 이와 같았다**. 보아하니 때로는 선택이 더 많은 것이 꼭 좋은 일인 것 만은 아닌 것 같다. 우리로 하여금 망설이는데 더 많은 시간을 낭비하게 할 수 있다.

53

A 责备	B 询问	C 承担	D 充满
A 책망하다	B 묻다	C 맡다	D 충만하다

정답 B

해설 실험은 사람들에게 어떤 것을 더 선호하는지 询问(묻다. 알아보다)하는 것이다. 承担(맡다)은 责任(책임)과, 充满(충만하다)은 自信(자신감) 등과 자주 호응이 된다.

54

A 从事	B 表明	C 概括	D 承认
A 종사하다	B 밝히다	C 요약하다	D 승인하다

정답 B

해설 实验结果(실험 결과)가 주어이므로 이와 호응이 되는 동사는 表明(밝히다. 표명하다)이다.

실전 모의고사

2회

55

A 如何	B 总算	C 始终	D 反而
A 어떻게	B 겨우	C 시종일관	D 반대로

보기 어휘

如何 rúhé 때 어떻게, 왜,
어째서 ★
总算 zǒngsuàn 부 겨우,
마침내 ★
始终 shǐzhōng 부 시종일관,
한결같이 ★
反而 fǎn'ér 부 반대로 ★

정답 D

해설 선택 범위가 더 적은 사람이 구매하는 수량이 더 많았으므로 역접의 의미가 있는 反而(반대로)이 정답이 된다.

56

A 结果仍是如此	B 更难以解释
C 根本无法估计	D 调查失去了方向

A 결과는 여전히 이와 같았다	B 더욱 설명하기 어렵다
C 근본적으로 추측할 방법이 없다	D 조사는 방향을 잃었다

보기 어휘

仍 réng 부 여전히
如此 rúcǐ 때 이와 같다
难以 nányǐ 부 ~하기 어렵다
解释 jiěshì 동 설명하다,
해명하다
根本 gēnběn 부 근본적으로,
전혀
无法 wúfǎ 동 방법이 없다
估计 gūjì 동 추측하다
失去 shīqù 동 잃다,
잃어 버리다 ★

정답 A

해설 빈칸 뒤의 내용이 '선택이 많다고 반드시 좋은 것은 아니다'이므로 과일잼 실험의 결과도 아이스크림 실험의 결과와 같다는 것을 알 수 있다.

57-60.

胃作为人体的消化器官，它在处理食物时，可以自动地把它们划分为人体需要的营养物及人体不需要的废料，然后根据体内不同器官的需求再 **57** A 分别 输送过去，以便器官正常"工作"。其实，读书和胃处理食物的原理是有相同之处的。读书需要用脑思考后，才可以 **58** C 吸收 书本上的知识。如果不思考，新知识就不能和以前的旧知识"碰头"，只能 **59** B 堆 在那儿，不能成为我们进步的"营养物"。**60** A 读书并加以思考，可以把新旧知识融合在一起，把需要的知识变为自己的学问，把不需要的当作垃圾处理掉。

지문 어휘

胃 wèi 명 위
消化 xiāohuà 명 소화
동 소화하다
器官 qìguān 명 기관
处理 chǔlǐ 동 처리하다
营养 yíngyǎng 명 영양 ★
营养物 yíngyǎngwù 명 영양물
废料 fèiliào 명 폐기물
输送 shūsòng 동 운반하다,
수송하다
以便 yǐbiàn 접 ~하도록
脑 nǎo 명 뇌
思考 sīkǎo 동 사고하다 ★
碰 pèng 동 부딪히다
成为 chéngwéi 동 ~이 되다
新旧 xīnjiù 명 이전과 새로운 것
学问 xuéwen 명 학문, 학식 ★

위는 인체의 소화 기관으로서, 음식물 처리 시 자동으로 인체에 필요한 영양물과 인체에 불필요한 폐기물로 구분하고, 그런 다음 체내의 서로 다른 기관의 필요에 따라 다시 **57** A 각각 운반해 줄 수 있다. 이로써 각 기관이 정상적으로 '일할 수 있게' 한다. 사실 독서와 위가 음식물을 처리하는 원리는 동일한 점이 있다. 독서는 뇌를 이용하여 사고를 한 후에야 비로소 책 속의 지식을 **58** C 흡수할 수 있다. 만일 사고를 하지 않는다면 새로운 지식은 이전의 지식들과 '부딪히지' 못하고, 단지 그곳에 **59** B 쌓일 수 밖에 없으며 우리가 발전할 수 있는 '영양물'이 될 수 없다. **60** A 책을 읽고 사고를 해야지 새로운 지식과 예전 지식을 하나로 융합할 수 있으며, 필요한 지식을 자신의 학문으로 바꾸거나, 불필요한 것을 쓰레기로 삼아 처리해 버릴 수도 있는 것이다.

57

A 分别	B 只好	C 亲自	D 照常
A 각각	B 부득이	C 직접	D 평소대로 하다

정답 A

해설 인체에 필요한 영양물을 필요에 따라 각 기관들에게 '각각' 보내는 상황이므로 分别(각각)가 정답이다.

58

A 强调	B 欣赏	C 吸收	D 应付
A 강조하다	B 감상하다	C 흡수하다	D 대응하다

정답 C

해설 书本上的知识(책 속의 지식)와 호응이 되는 동사를 찾는 것이므로 정답은 吸收(흡수하다)이다. 强调(강조하다)는 重点(중점)과, 欣赏(감상하다, 좋아하다)은 风景(풍경)과, 应付(대응하다)는 问题(문제)와 호응이 된다.

59

A 欠	B 堆	C 浇	D 披
A 빚지다	B 쌓다	C 뿌리다	D 걸치다

정답 B

해설 사고를 거치지 않은 지식이 머릿속에서 어떻게 되는지 술어를 찾는 문제이다. 의미상 지식은 쌓이는 것이므로 정답은 堆(쌓이다)이다.

60

A 读书并加以思考
B 旅游能开阔眼界
C 读书能让人受益匪浅
D 获得信息的途径有很多

A 책을 읽고 사고를 하다
B 여행은 견문을 넓힐 수 있다
C 독서는 사람들로 하여금 많은 이득을 얻게 할 수 있다
D 정보를 획득하는 방법은 매우 많다

정답 A

해설 새로운 지식과 예전 지식을 하나로 융합하고, 필요한 지식을 자신의 학문으로 바꾸며, 불필요한 것을 쓰레기로 처리할 수 있는 것은 책을 읽고 사고를 해야 가능한 것이므로 정답은 A이다.

61

　处在叛逆期的青少年，他们反对父母把自己当"孩子"，而且迫切希望摆脱父母的看管。他们拒绝接受父母提出的所有意见，常常跟父母反着来，甚至离家出走。其实这不一定完全是坏事，如果从心理发展的角度来看的话，这是青少年获得独立思考的必经阶段。

A 父母应该多称赞孩子
B 叛逆期的孩子喜欢父母的看管
C 孩子应该理解父母
D 叛逆期是每个人的必经地阶段

　사춘기 청소년들은 부모가 그를 '아이'라고 생각하는 것을 반대할 뿐만 아니라 부모의 감시에서 벗어나길 간절히 바란다. 그들은 부모가 제시한 모든 의견을 받아들이길 거부하고, 종종 부모와는 반대로 행동하며, 심지어 가출을 하기도 한다. 사실 이것이 완전히 나쁜 일인 것 만은 아니다. 만약 심리 발전의 관점에서 본다면 이것은 청소년들이 독립적인 사고를 얻기 위해 반드시 거쳐야 하는 단계이기 때문이다.

A 부모는 아이를 많이 칭찬해야 한다
B 사춘기의 아이는 부모의 관리를 좋아한다
C 아이는 부모를 이해해야 한다
D 사춘기는 모든 사람이 반드시 거쳐야 하는 단계이다

정답 D

해설 심리 발전의 관점에서 본다면 사춘기는 청소년이 독립적인 사고를 획득하기 위해 반드시 거쳐야 하는 단계라고 했으므로 '사춘기는 모든 사람이 반드시 거쳐야 하는 단계이다'라고 한 D가 정답이다.

62

　海绵城市是指城市在面临雨水带来的自然灾害等问题时，能像海绵一样"吸水"的城市。那城市是如何能"吸水"的呢？原来这类城市中有很多地块是用吸水材料建成的。如果遇到暴雨的天气时，这些地块就可以发挥它的作用，吸水大量雨水，解决城市积水的问题。另外，被吸收的雨水还可以再次利用，比如清洗道路、浇树等等。

A 城市的道路越来越少了
B 海绵城市能吸收和利用雨水
C 海绵城市的年均降雨量比较大
D 大城市积水问题已经全部解决了

지문 어휘

处在 chǔzài 통 처하다
叛逆期 pànnìqī 명 사춘기
迫切 pòqiè 형 간절하다 ★
摆脱 bǎituō 통 벗어나다
看管 kānguǎn 통 감시하다
拒绝 jùjué 통 거절하다, 거부하다
接受 jiēshòu 통 받아들이다
提出 tíchū 통 제시하다, 꺼내다
不一定 bùyídìng 부 ~한 것은 아니다
角度 jiǎodù 명 관점 ★
获得 huòdé 통 얻다
独立思考 dúlì sīkǎo 명 독립적 사고
必经 bìjīng 통 반드시 거치다, 경험하다
阶段 jiēduàn 명 단계 ★

보기 어휘

称赞 chēngzàn 통 칭찬하다 ★
理解 lǐjiě 통 이해하다

지문 어휘

海绵城市 hǎimián chéngshì 명 해면 도시(Sponge City)
面临 miànlín 통 직면하다 ★
自然灾害 zìrán zāihài 명 자연재해
如何 rúhé 대 어떻게, 왜 ★
地块 dìkuài 명 땅, 땅덩이
材料 cáiliào 명 재료
建成 jiànchéng 통 조성하다, 세우다
暴雨 bàoyǔ 명 폭우, 장대비
发挥 fāhuī 통 발휘하다 ★
作用 zuòyòng 명 역할, 작용
积水 jīshuǐ 통 물이 고이다

해면 도시는 도시가 빗물이 가져오는 자연재해 등의 문제에 직면했을 때, 마치 스펀지처럼 '물을 흡수'할 수 있는 도시를 가리킨다. 그러면 도시는 어떻게 '물을 흡수'할 수 있는 것일까? 알고 보니 이러한 도시에 있는 많은 땅은 물을 흡수하는 재료를 사용해서 조성한 것으로, 만약 폭우가 내리면 이 땅들은 역할을 발휘하여 대량의 빗물을 흡수하고 도시에 물이 고이는 문제를 해결한다. 그 밖에도, 흡수된 빗물은 재활용이 가능한데 예를 들어 도로를 깨끗이 씻거나, 나무에 물을 주는 것 등이 있다.

A 도시의 도로는 점점 더 줄어 들었다
B 해면 도시는 빗물을 흡수하고 이용할 수 있다
C 해면 도시의 연평균 강우량은 비교적 많다
D 대도시 물 저장 문제는 이미 완전히 해결되었다

지문 어휘

吸收 xīshōu 동 흡수하다, 빨아들이다 ★
再次 zàicì 부 재차
清洗 qīngxǐ 동 깨끗이 씻다
道路 dàolù 명 도로

보기 어휘

年均 niánjūn 형 연평균의
降雨量 jiàngyǔliàng 명 강우량

정답 B

해설 해면 도시의 땅은 대량의 빗물을 흡수하고 흡수된 빗물은 재활용이 가능하다고 했으므로 해면 도시는 빗물을 흡수하고 이용할 수 있다는 B가 정답이다.

63

海象顾名思义，即海中的大象。海象生活在北极，其身体庞大，皮肤一般是灰色或者黄色。但奇妙的是，当它们在冰冷的海水中浸泡一段时间后，为了减少能量消耗，血管会收缩，皮肤就会变成灰白色。当它们上岸后，血管会扩张，皮肤会呈现出棕红色。

A 海象在水中皮肤呈红色
B 在南极可以看到海象
C 海象的肤色多变
D 海象一般上岸找食物

지문 어휘

海象 hǎixiàng 명 바다코끼리
顾名思义 gùmíngsīyì 성 이름을 보고 그 뜻을 생각하다
大象 dàxiàng 명 코끼리
北极 běijí 명 북극
庞大 pángdà 형 거대하다
皮肤 pífū 명 피부
奇妙 qímiào 형 신기하다
冰冷 bīnglěng 형 얼음같이 차가운
浸泡 jìnpào 동 담그다
消耗 xiāohào 동 소모하다
血管 xuèguǎn 명 혈관
收缩 shōusuō 동 수축하다
上岸 shàng'àn 동 육지에 오르다
扩张 kuòzhāng 동 확장하다
呈现 chéngxiàn 동 (양상을) 띠다
棕红色 zōnghóngsè 명 밤색, 고동색

바다코끼리는 이름을 보고 그 뜻을 생각해 보면, 즉 바닷속의 코끼리이다. 바다코끼리는 북극에서 생활한다. 그 몸집은 거대하고, 피부는 일반적으로 회색 또는 노란색이다. 그러나 신기한 것은 바다코끼리는 차가운 바닷물에 일정시간 몸을 담그고 난 후에는 에너지 소모량을 줄이기 위해 혈관이 수축되며 피부가 회백색으로 변한다. 다시 육지로 나오고 난 후에는 혈관이 확장되어 피부가 밤색을 띠는 것이다.

A 바다코끼리는 물속에서 붉은색을 띤다
B 남극에서는 바다코끼리를 볼 수 있다
C 바다코끼리의 피부색은 자주 변한다
D 바다코끼리는 대부분 육지에서 먹을 것을 찾는다

보기 어휘

呈 chéng 동 띠다, 드러내다
南极 nánjí 명 남극
肤色 fūsè 명 피부색
食物 shíwù 명 음식물, 먹을 거리 ★

정답 C

해설 물속에서는 회백색, 육지에서는 밤색으로 변한다는 것을 통해 피부색이 자주 변한다는 것을 알 수 있으므로 바다코끼리의 피부색은 자주 변한다고 한 C가 정답이다.

64

　　故宫博物院结合时代流行的元素，推出了一系列创意产品。这些产品不仅具有艺术感，而且还非常时尚。比如朝珠耳机、折扇等。这些产品一经推出，来到故宫文化产品专卖店内，购买产品的人逐渐增多，深受人们的喜爱。

A 参观故宫的游客逐渐增多
B 故宫纪念品都是限量产品
C 故宫纪念品很有创意
D 故宫的门票涨了

　　고궁 박물관은 시대에 유행하는 요소를 결합해 몇 개의 독창적인 상품을 출시했다. 이러한 상품들은 예술적 감각을 갖추고 있을 뿐 아니라, 굉장히 세련미가 넘친다. 예를 들어, 청나라 때의 목걸이와 접목시킨 이어폰과 접선 등이 있다. 이런 상품들은 출시되자마자 고궁 문화 상품 전문 판매점에 진열되었고, 상품을 구매하는 사람이 점점 많아졌으며 사람들에게 깊은 사랑을 받고 있다.

A 고궁을 참관하는 여행객이 점점 많아졌다
B 고궁 기념품은 모두 한정수량 상품이다
C 고궁 기념품은 매우 독창적이다
D 고궁의 입장권 가격이 올랐다

정답　C

해설　도입 부분에서 고궁 박물관이 몇 개의 독창적인 상품을 출시했다고 설명했으므로 고궁 기념품은 매우 독창적이라는 내용과 일치한다.

지문 어휘

故宫 Gùgōng 몡 고궁
博物院 bówùyuàn 몡 박물관 ⭐
结合 jiéhé 동 결합하다 ⭐
流行 liúxíng 동 유행하다
元素 yuánsù 몡 요소, 원소
推出 tuīchū 동 출시하다
一系列 yíxìliè 혱 일련의
创意 chuàngyì 몡 독창적인 견해, 창의적인 구상
艺术 yìshù 몡 예술
时尚 shíshàng 혱 세련되다 ⭐
朝珠 cháozhū 몡 청나라 고관들의 목걸이
耳机 ěrjī 몡 이어폰
折扇 zhéshàn 몡 접선, 접는 부채
一经 yìjīng 부 ~하자마자
推出 tuīchū 동 출시하다, 내놓다
专卖店 zhuānmàidiàn 몡 전문 판매점
购买 gòumǎi 동 구매하다, 사다
逐渐 zhújiàn 부 점점 ⭐
增多 zēngduō 동 많아지다, 증가하다
深受 shēnshòu 동 깊이 받다

보기 어휘

参观 cānguān 동 참관하다
游客 yóukè 몡 여행객
纪念品 jìniànpǐn 몡 기념품
限量 xiànliàng 몡 한정수량
门票 ménpiào 몡 입장권
涨 zhǎng 동 물가 등이 오르다

65

　　随着人们生活和工作方式的改变，用眼的时间越来越多。比如长时间看电脑、看手机、玩儿电子游戏等等，这样很容易得干眼症。于是很多人将眼药水变成了日常必备的药品。其实，最好不要常规使用眼药水，原则上能不用就不用。另外，眼药水开封后，有效期一般为一个月，千万不要超过这个期限。

A 不要长期滴眼药水
B 眼药水打开之后，没有有效期
C 眼药水最好在晚上使用
D 眼药水需要低温储存

지문 어휘

随着 suízhe 젠 ~에 따라
干眼症 gānyǎnzhèng 몡 안구건조증
将 jiāng 젠 ~을/를
眼药水 yǎnyàoshuǐ 몡 안약
日常 rìcháng 혱 일상의
必备 bìbèi 동 반드시 구비하다
药品 yàopǐn 몡 약품
其实 qíshí 부 사실
常规 chángguī 혱 정규적인
原则 yuánzé 몡 원칙 ⭐
开封 kāifēng 동 개봉하다

사람들의 생활과 업무 방식의 변화에 따라 눈을 사용하는 시간이 점점 늘어나고 있다. 예를 들어, 오랜 시간 동안 컴퓨터나 휴대 전화를 보거나, 컴퓨터 오락을 하는 것 등이다. 이렇게 하면 안구건조증에 걸리기가 쉽다. 그래서 많은 사람들은 안약을 생활 필수 구비 약품으로 생각한다. 사실 안약을 정규적으로 사용하지 않는 것이 가장 좋다. 원칙적으로 안 써도 된다면 사용하지 말아야 한다. 그 밖에도, 안약 개봉 후 유효기간은 일반적으로 한 달이며, 절대 이 기한을 초과해서는 안 된다.

A 장기간 안약을 넣으면 안 된다
B 안약을 개봉한 후에는 유효기간이 없다
C 안약은 밤에 사용하는 것이 가장 좋다
D 안약은 저온 저장을 해야 한다

有效期 yǒuxiàoqī 명 유효기간
超过 chāoguò 동 초과하다
期限 qīxiàn 명 기한

보기 어휘

长期 chángqī 장기간
低温 dīwēn 명 저온
储存 chǔcún 동 저장하다

정답 A

해설 안약을 정기적으로 사용하지 않는 것이 가장 좋으며, 원칙적으로 안 써도 된다면 사용하지 말아야 한다고 했으므로 장기간 안약을 넣으면 안 된다는 A가 정답이다.

66

自行车又叫脚踏车或单车，已经有一百多年的历史。在过去，自行车更多的是作为环保的交通工具用来代步出行。随着人们生活水平的提高，现代人的生活方式发生了很大的变化，自行车的功能也随之改变了。目前，越来越多的人将自行车作为锻炼身体的健身器材，逐渐从代步工具向运动型转变。

A 自行车是锻炼身体的唯一方式
B 如今自行车的种类多种多样
C 自行车已经不是代步工具了
D 骑自行车是年轻人锻炼身体的首选

지문 어휘

脚踏 jiǎotà 동 발로 밟다
脚踏车 jiǎotàchē 명 자전거
(사투리)
单车 dānchē 명 자전거(사투리)
历史 lìshǐ 명 역사
作为 zuòwéi 동 ~로 여기다
环保 huánbǎo 환경보호의 약칭
交通 jiāotōng 명 교통
代步 dàibù 동 걸음을 대신하다
出行 chūxíng 동 외출하다
随着 suízhe 전 ~에 따라서
水平 shuǐpíng 명 수준
功能 gōngnéng 명 기능 ⭐
随之 suízhī 따라서
目前 mùqián 명 현재, 지금 ⭐
将 A 作为 B jiāng A zuòwéi B
A를 B로 여기다
健身 jiànshēn 동 헬스,
신체를 건강하게 하다
器材 qìcái 명 기구
转变 zhuǎnbiàn 동 바뀌다,
바꾸다

自行车(자전거)는 脚踏车 또는 单车라고도 불리며, 이미 백여 년의 역사를 가지고 있다. 과거에 자전거는 일반적으로 환경을 보호하는 교통수단으로 여기며 걷기를 대체하는 외출 수단이었다. 사람들의 생활 수준이 높아짐에 따라, 현대인의 생활방식에는 아주 큰 변화가 생겼고, 자전거의 기능 역시 이에 따라 변했다. 현재 점점 더 많은 사람이 자전거를 신체 단련을 위한 헬스 기구로 여기고 있으며, 점점 걷기를 대체하는 교통수단에서 운동기구로 바뀌어 가고 있다.

A 자전거는 신체를 단련하는 유일한 방식이다
B 현재 자전거의 종류는 매우 다양하다
C 자전거는 이미 걷기의 대체 수단이 아니다
D 자전거 타기는 젊은 사람들이 몸을 단련하는데 가장 좋은 선택이다

보기 어휘

唯一 wéiyī 형 유일한, 하나밖에
없는 ⭐
如今 rújīn 명 현재, 지금 ⭐
多种多样 duōzhǒngduōyàng
성 (종류나 모양이) 아주 다양하다
首选 shǒuxuǎn 동 으뜸으로
치는

정답 C

해설 마지막 부분에 현재 많은 사람이 자전거를 교통수단이 아닌 운동기구로 여기고 있다고 했으므로 자전거는 이미 걷기의 대체 수단이 아니라는 C가 정답이다.

67

古代汉语中是没有标点符号的，而是通过语感、语气助词等进行断句，因此读文章的时候比较吃力，常常会引起大大小小的误解。到了汉朝，才发明了"句读"符号。"读"表示的是表达句中的意思未完或者停顿；"句"表示一句话的意思表达完整了。后来，宋朝时开始使用了标点符号，用"，"表示"读"，用"。"表示"句"。

A 标点符号的产生早于文字
B 没有标点符号不影响阅读
C 古代的文章结构很复杂
D "句"表示的是句中语意完整

고대 중국어에는 문장부호가 없었고, 어감이나 어기조사 등으로 문장을 끊어 읽었다. 그래서 글을 읽기가 비교적 힘이 들었고, 크고 작은 오해가 자주 생겼다. 한나라 때에 이르러서야 '구두' 부호가 발명되었다. '두'가 의미하는 것은 문장의 의미가 아직 끝나지 않았거나 혹은 잠시 쉼을 나타내는 것이고, '구'는 한 마디 말의 의미가 완전하게 표현되었음을 나타내는 것이다. 후에, 송나라 때 문장부호를 사용하기 시작했는데, '，(쉼표)'를 사용해 '두'를 표시했고, '，(마침표)'를 사용해 '구'를 표시했다.

A 문장부호는 문자보다 일찍 생겼다
B 문장부호가 없어도 독해에 영향을 주지 않는다
C 고대 글의 구조는 복잡했다
D '구'가 표시하는 것은 문장의 뜻이 완전하다는 것이다.

정답 D

해설 단문 후반부에 '구'는 한 마디 말의 의미가 완전하게 표현되었음을 나타낸다고 했으므로 보기 D와 내용이 일치한다.

"夫人外交"指的当然就是夫人在对外交往中的活动和作用，由夫人出面完成某种外交任务。这里的夫人首先指国家领导人和高级外交官的妇人，即有资格正式作为国家政治代表的夫人。实践证明，"夫人外交"大有可为，因为女性可以展现温和友好的形象，这样可以更好地开展外交活动。

A 外交活动以互送礼物为主
B 女性外交官比男性外交官多了
C 夫人外交会带来负面影响
D 女性在外交活动中扮演重要角色

지문 어휘

古代 gǔdài 몡 고대 ⭐

标点符号 biāodiǎn fúhào 몡 문장부호

语感 yǔgǎn 몡 어감

语气助词 yǔqì zhùcí 몡 어기조사, 어조사

断句 duànjù 문장의 뜻에 따라 끊어 읽다

吃力 chīlì 혱 힘들다

引起 yǐnqǐ 동 야기하다, 초래하다

大大小小 dàda xiǎoxiǎo 혱 크고 작은

误解 wùjiě 몡 오해

句读 jùdòu 몡 구두

未 wèi 분 아직 ~하지 않다

停顿 tíngdùn 동 잠시 쉬다

表达 biǎodá 동 나타내다 ⭐

完整 wánzhěng 혱 완전하다, 온전하다 ⭐

宋朝 sòngcháo 몡 송나라

보기 어휘

结构 jiégòu 몡 구조, 구성 ⭐

지문 어휘

夫人外交 fūrén wàijiāo 몡 부인 외교

指 zhǐ 동 가리키다

对外 duìwài 분 대외적으로

交往 jiāowǎng 동 왕래하다

出面 chūmiàn 동 나서다, 담당하다

任务 rènwu 몡 임무, 책무

领导人 lǐngdǎorén 몡 지도자

外交官 wàijiāoguān 몡 외교관

妇人 fùrén 몡 부인, 아내

资格 zīgé 몡 자격 ⭐

实践 shíjiàn 몡 실천 ⭐

'부인 외교'란 당연히 대외 왕래 속에서의 부인들의 활동과 역할로써, 부인들이 나서서 어떠한 외교적 임무를 완성하는 것을 가리킨다. 여기서의 부인은 우선 국가 지도자와 고급 외교관의 부인으로서, 즉 공식적으로 국가 정치 대표자가 될 자격이 있는 부인을 가리킨다. 여러 사례들은 '부인 외교'의 발전 여지가 매우 크다는 것을 증명하였다. 왜냐하면 여성은 온화함과 우호적인 이미지를 드러낼 수 있고, 이렇게 하면 외교 활동을 더욱더 좋게 펼쳐나갈 수 있기 때문이다.

A 외교 활동은 서로 선물을 주는 것을 위주로 한다
B 여성 외교관은 남성 외교관보다 많다
C 부인 외교는 부정적인 영향을 가져올 수 있다
D 여성은 외교 활동에서 중요한 역할을 맡고 있다

정답 D

해설 여성은 온화함과 우호적인 이미지를 드러낼 수 있고, 이로서 외교 활동을 더욱더 좋게 펼쳐나갈 수 있다고 했으므로 여성들이 외교 활동에서 중요한 역할을 맡고 있다는 것임을 알 수 있다.

69

　　在我们的一生中会遇到很多不同类型的朋友，他们会被冠以不同的称呼。例如，只见过一次面的，了解不深的朋友叫"一面之交"；关系好到亲密无间的朋友叫"胶漆之交"，年龄不相当而成为朋友，叫"忘年之交"，可以同生共死的朋友叫"生死之交"等等。

A 困难中产生的友谊叫胶漆之交
B 一面之交的朋友是只见过一次面的朋友
C 多认识朋友有助于人际交往
D 忘年之交的朋友是指年龄差不多

우리는 일생 동안 서로 다른 부류의 친구들을 많이 만날 수 있으며, 그들에게는 다른 호칭이 덧붙여질 것이다. 예를 들어 단지 한 번 만나서 이해가 깊지 않은 친구를 '일면지교'라고 부르고, 관계가 막역한 친구는 '교칠지교'라고 부르며, 나이대가 비슷하지 않지만 친구가 되었다면 '망년지교'라고 부르고, 생사를 같이 할 수 있는 친구는 '생사지교'라고 부르는 것 등이다.

A 어려움 속에서 생긴 우정을 '교칠지교'라고 한다
B '일면지교'의 친구란 단지 한 번 만난 적이 있는 친구이다
C 친구를 많이 아는 것은 인간관계에 도움이 된다
D '망년지교'의 친구란 연령이 비슷한 친구를 가리킨다

정답 B

해설 단지 한 번 만나서 이해가 깊지 않은 친구를 '일면지교'라고 부른다고 했으므로 정답은 B이다.

证明 zhèngmíng 통 증명하다
大有可为 dàyǒukěwéi 성 발전의 여지가 매우 크다
展现 zhǎnxiàn 통 드러내다
温和 wēnhé 형 온화하다, 따뜻하다
友好 yǒuhǎo 형 우호적이다
形象 xíngxiàng 명 이미지, 인상 ⭐
开展 kāizhǎn 통 펼쳐나가다, 전개되다

보기 어휘

负面影响 fùmiàn yǐngxiǎng 부정적인 영향
扮演 bànyǎn 통 ～역을 맡다
角色 juésè 명 역학, 배역 ⭐

지문 어휘

冠以 guànyǐ 통 앞에 ～라고 갖다 붙이다
称呼 chēnghu 통 ～라고 부르다 ⭐
一面之交 yímiànzhījiāo 성 한 번 만난 적이 있는 사이
亲密无间 qīnmìwújiàn 성 사이가 아주 좋아 전혀 격의가 없다
胶漆 jiāoqī 명 떨어질 수 없는 사이, 정이 깊고 두텁다
相当 xiāngdāng 통 엇비슷하다 ⭐
忘年之交 wàngniánzhījiāo 성 나이, 학력 등에 관계 없이 맺어진 우정
同生共死 tóngshēnggòngsǐ 성 함께 살고 함께 죽는다

보기 어휘

有助于 yǒuzhùyú 통 ～에 도움이 되다

兰新高速铁路是中国首条西北的高原和荒漠地区修建的高速铁路。全长1776公里，东起兰州，途径西宁，西至乌鲁木齐，是世界上一次性建设里程最长的快速铁路。这条高速铁路的时速达200公里/小时以上，大大缩短了从新疆到内地的行车时间。

A 兰新高速铁路主要用于货运
B 中国西北地区铁路交通发达
C 兰新高速铁路还未通车
D 兰新高速铁路经过高原地区

란신 고속철도는 서북 고원과 황무지 지역에 건설한 중국 첫 번째 고속철도이다. 전체 길이는 1,776km이고, 동쪽의 란저우(란주)에서 시작해 시닝(시녕)을 거쳐, 서쪽의 우루무치에 이르는 전 세계에서 한번에 거리가 가장 긴 고속철도를 건설했다. 이 고속철도의 속도는 시속 200km 이상이며, 신장에서 내륙으로의 운행시간을 크게 단축시켰다.

A 란신 고속철도는 주로 화물 운송에 사용된다
B 중국 서북지역은 철도 교통이 발달했다
C 란신 고속철도는 아직 개통되지 않았다
D 란신 고속철도는 고원지역을 통과한다

정답 D

해설 란신 고속철도는 서북 고원과 황무지 지역에 건설한 중국 첫 번째 고속철도라고 했으므로 관련 고속철도는 고원 지역을 통과한다는 D가 정답이다.

제3부분   71~90번 문제는 지문을 읽고 질문에 알맞은 답을 고르는 문제입니다.

71-74.

　　随着经济的发展，人们的生活水平提高了，压力也日益增大，"二手压力"也悄然诞生了。那什么是"二手压力"呢？我们先举个例子：当你的同事向你喋喋不休地抱怨自己的不满时，你有时会感到精神烦躁，甚至会认为他遭遇的那些不顺心的事情也发生在自己的身上。如果在你的身上有以上这些问题的话，那么你在倾听的过程被他们的压力所"传染"了，这就是所谓的"二手压力"。

　　研究表明，压力就像感冒一样是可以传染的。"二手压力"可以在工作环境中迅速蔓延。**71** 英国有位心理学家说，人类都像"海绵"，能吸收周围人散发出带有的感染性的情绪。当我们吸收了他人的压力时，我们不仅会形成和他人一样的消极的思维模式，还会下意识地模仿他们在压力下使用的肢体语言。如果他们在向我们倾诉的过程中，耸起肩膀，皱着眉头，那么

지문 어휘

高速铁路 gāosùtiělù
명 고속철도
首 shǒu 명 최초, 처음
荒漠 huāngmò 명 황량한 사막
地区 dìqū 명 지역, 지구 ★
修建 xiūjiàn 동 건설하다
公里 gōnglǐ 명 km, 킬로미터
途径 tújìng 명 경로
至 zhì 동 이르다
一次性 yícìxìng 형 한번의,
일회성의
建设 jiànshè 동 건설하다
里程 lǐchéng 명 이정, 노정
时速 shísù 명 시속
缩短 suōduǎn 동 단축하다 ★
新疆 Xīnjiāng 지명 신장(신강)

보기 어휘

货运 huòyùn 명 화물 운송
通车 tōngchē 동 차가 다니다
经过 jīngguò 동 통과하다,
경유하다

지문 어휘

日益 rìyì 부 날로
增大 zēngdà 동 증대하다
二手 èrshǒu 형 간접적인,
중고의
悄然 qiǎorán 형 조용하다
举 jǔ 동 들다
例子 lìzi 명 예
喋喋不休 diédiébùxiū
성 쉴 새 없이 떠들다
抱怨 bàoyuàn 동 원망하다
烦躁 fánzào 형 초조하다,
짜증나다
遭遇 zāoyù 동 만나다
顺心 shùnxīn 형 뜻대로 되다
倾听 qīngtīng 동 귀를 기울이다
过程 guòchéng 명 과정
所谓 suǒwèi 형 소위, 이른바

我们也会自动地模仿他们的那些面部表情、姿势和声音等。另外，由于女性更容易与他人产生共鸣，因此 **72** 女性很容易受到"二手压力"。

为什么他人的压力会传染给我们呢？原因主要有两个。第一，我们吸收周围人的压力是为了跟他们 **73** 打成一片；第二，缘于做事目标不明确。我们不能忽视"二手压力"的问题，因为 **74** "二手压力"的危害很大，它会影响我们的身心健康。

경제 발전에 따라 사람들의 생활 수준은 높아졌고, 스트레스도 날로 커지면서 '간접 스트레스'라는 것이 조용히 생겨났다. 그렇다면 '간접 스트레스'란 무엇일까? 우선 예를 들어 보자면, 당신의 직장 동료가 당신에게 쉴 새 없이 자신의 불만을 늘어놓을 때, 당신은 정신적으로 초조해짐을 느낄 것이다. 심지어 상대가 맞닥뜨린 뜻하지 않은 일들이 자신에게도 일어날 수 있다고 느껴질 수도 있다. 만약 당신에게 이런 문제들이 있다면 당신은 이야기를 듣는 과정에서 그들의 스트레스에 '전염'된 것이고 이것을 소위 '간접 스트레스'라고 일컫는다.

연구에서 분명히 볼 수 있듯이 스트레스는 감기처럼 전염될 수 있다. '간접 스트레스'는 급속히 퍼지고 있다. **71** 영국의 어느 심리학자는 사람은 모두 '스펀지' 같이 주변 사람이 뿜어내는 전염성 있는 감정을 흡수할 수 있다고 말한다. 우리가 타인의 스트레스를 흡수했을 때, 우리는 타인의 부정적인 사고방식을 받아들일 수 있을 뿐만 아니라 무의식적으로 그들이 스트레스를 받으며 사용하는 신체 언어를 모방할 수도 있다. 만약 그들이 우리에게 하소연을 하는 과정에서 어깨를 으쓱하거나, 미간을 찌푸린다면, 우리도 자동적으로 그들의 그런 얼굴 표정, 자세 그리고 목소리 등을 모방하게 된다. 그 밖에도, 여성은 더욱 쉽게 타인과 공감대를 형성하는데, 이 때문에 **72** 여성은 쉽게 '간접 스트레스'를 받게 된다.

그렇다면 왜 타인의 스트레스가 우리에게 전염되는 것일까? 주요 원인은 두 가지가 있다. 첫째, 우리가 주변사람의 스트레스를 흡수하는 것은 **73** 그들과 한 무리가 되기 위해서이다. 둘째, (자신이 원하는) 일의 목표가 명확하지 않기 때문이다. 우리는 '간접 스트레스'를 얕봐서는 안 된다. **74** '간접 스트레스'의 위험성은 굉장히 커서, 우리의 심신 건강에 영향을 끼칠 수도 있기 때문이다.

表明 biǎomíng 图 분명하게 밝히다, 표명하다 ★
传染 chuánrǎn 图 전염하다 ★
迅速 xùnsù 图 급속하다, 신속하다 ★
蔓延 mànyán 图 널리 번지다 (퍼지다), 만연하다
海绵 hǎimián 图 스펀지
吸收 xīshōu 图 흡수하다, 빨아들이다 ★
散发出 sànfāchū 방출하다
情绪 qíngxù 图 감정, 정서, 기분 ★
消极 xiāojí 图 부정적인, 소극적이다 ★
下意识 xiàyìshí 图 무의식, 잠재의식
模仿 mófǎng 图 모방하다 ★
倾诉 qīngsù 图 이것저것 다 말하다
耸 sǒng 图 으쓱거리다
肩膀 jiānbǎng 图 어깨
皱着眉头 zhòuzhe méitóu 미간을 찌푸리다
姿势 zīshì 图 자세 ★
共鸣 gòngmíng 图 공감
打成一片 dǎchéngyípiàn 图 (주로 생각·감정이) 하나가 되다, 한 덩어리가 되다
忽视 hūshì 图 소홀히 하다 ★

71

问： 第二段中为什么说"人类都像海绵"？
　　A 抵抗性弱
　　B 适应能力很强
　　C 模仿能力强
　　D 会吸收别人的情绪

질문: 두 번째 단락에서, 왜 '사람은 모두 스펀지와 같다'라고 말하는가?
　　A 저항력이 강하기 때문에
　　B 적응력이 강하기 때문에
　　C 모방 능력이 강하기 때문에
　　D 다른 사람의 감정을 흡수할 수 있기 때문에

보기 어휘

抵抗性 dǐkàngxìng 图 저항력
适应 shìyìng 图 적응하다

정답　D

해설　영국의 어느 심리학자는 사람은 모두 '스펀지' 같이 주변 사람이 뿜어내는 감정을 흡수할 수 있다고 말했으므로 정답은 D이다.

72

问 : 根据第二段，下列哪项正确？
A 消极思维模式与年龄相关
B 女性喜欢模仿
C 女性更容易受他人影响
D 人的思维模式很容易被改变

질문 : 두 번째 단락에 근거하여, 다음 중 옳은 것은?
A 부정적인 사고방식과 연령은 서로 상관이 있다
B 여성은 모방을 좋아한다
C 여성은 다른 사람의 영향을 더 쉽게 받는다
D 사람의 사고방식은 쉽게 바뀔 수 있다

정답 C

해설 두 번째 단락 마지막 문장에서 여성은 쉽게 타인과 공감대를 형성하기 때문에 '간접 스트레스'를 더욱 쉽게 받게 된다고 말했으므로 정답은 C이다.

73

问 : 第三段中画线词语 "打成一片" 是什么意思？
A 吵架   B 斗争
C 搞好关系   D 辩论

질문 : 세 번째 단락에서 밑줄 친 '打成一片'은 무슨 의미인가?
A 말싸움 하다   B 투쟁하다
C 관계를 좋게 하다   D 논쟁하다

보기 어휘

斗争 dòuzhēng 동 투쟁하다
搞好 gǎohǎo 동 잘하다
辩论 biànlùn 동 논쟁하다,
변론하다 ★

정답 C

해설 打成一片은 주로 생각이나 감정이 하나가 된다는 의미로 '관계를 좋게 하다'라는 의미의 C가 정답이다. 다른 보기는 모두 '말싸움 하다'는 의미이므로 정답이 될 수 없다.

74

问 : 最适合做上文标题的是：
A 会传染的消极情绪
B 海绵效应
C 倾诉的方法
D 你能读懂他人的表情吗

질문 : 윗글의 제목으로 가장 적합한 것은？
A 전염될 수 있는 부정적인 감정
B 스펀지 효과
C 털어놓는 방법
D 당신은 타인의 표정을 읽을 수 있습니까?

보기 어휘

效应 xiàoyìng 명 효과와 반응,
효응
倾诉 qīngsù 동 다 털어놓다,
이것저것 다 말하다

해설 타인의 스트레스가 감염되는 원인과 상황을 설명하는 글이므로 '전염될 수 있는 부정적인 감정'이 정답으로 가장 적절하다.

지문 어휘

75-78.

78 科学家对自然界中4000多种花进行了统计，结果发现唯独没有黑色的花。这是为什么呢？

75 花儿可以呈现五颜六色的主要原因是花朵内有花青素。花青素分布在细胞的液泡内，它在不同的环境下，会形成不同的颜色。当它在酸性溶液中时，它呈现的是红色，酸性越强，颜色就越红；当它在碱性的溶液中时，它呈现的颜色是蓝黑色，如果碱性越强，会变成黑色；在中性的溶液中时，就是紫色；如果细胞液里没有色素，呈现白色。

此外，影响花色还有另外一个重要的原因——阳光的照射。太阳光有多种色光，而且阳光的波长和热能都不同。科学家们经过长期观察和研究发现，在相同的条件下，**76** 白色花能反射太阳光中所有的光波，吸收的热能最少；黄色花和红色花可以分别反射太阳光中较多的黄色光波和红色光波，升温的速度比较慢，从而可以保护自己，避免被烧伤。然而，黑色的花可以吸收太阳光中全部的光能，吸收的热能最多，升温很快，所以花的组织很容易受到伤害。

有人说我看过黑色的花。至于那些他们所谓的"黑色的花"实际上只是接近黑色的深紫色或者是深红色的。比如在云南、广东、海南等地生长着一种珍稀的花，叫"老虎须"，它是一种极为罕见的"黑花"，**77** 它的花瓣基部有数十条紫得发黑的细丝，虽然非常接近黑色，但不是真正的黑色。

---

78 과학자들이 자연계의 4,000여 종의 꽃을 대상으로 통계를 진행했는데 그 결과 유독 검정색 꽃만 없다는 것을 밝혔다. 이것은 무엇 때문일까?

75 꽃이 다양한 색을 띠는 주요 원인은 꽃봉오리 속에 안토시안이 있기 때문이다. 안토시안은 세포의 액포 속에 분포해 있는데 서로 다른 환경에서 서로 다른 색을 형성한다. 안토시안은 산성 용액 속에서는 붉은색을 띠게 되는데 산성이 강할수록 점점 더 붉어진다. 알칼리성 용액 속에서는 검은 남색을 띤다. 만약 알칼리성이 강해진다면 검은색으로 변할 수도 있다. 중성 용액 속에서는 자색을 띤다. 만약 세포액 속에 색소가 없다면 흰색을 띠게 된다.

그 밖에도 꽃의 색깔에 영향을 주는 또 다른 주요 원인은 빛의 조사이다. 태양광은 다양한 색광을 지니고 있고, 게다가 빛의 파장과 열에너지가 모두 다르다. 과학자들은 오랜 시간 관찰과 연구를 통해 발견했다. 같은 조건에서 **76** 흰색 꽃은 태양광 속의 모든 광파를 반사할 수 있어 열에너지 흡수가 가장 적고, 노란 꽃과 빨간 꽃은 각각 태양광에 비교적

统计 tǒngjì 명 통계 동 합산하다, 통계를 내다

唯独 wéidú 부 유독, 단지

呈现 chéngxiàn 동 나타나다

五颜六色 wǔyánliùsè 성 색깔이 다양하다

花朵 huāduǒ 명 꽃봉오리, 꽃

花青素 huāqīngsù 명 안토시안

细胞 xìbāo 명 세포

液泡 yèpào 명 액포

形成 xíngchéng 동 형성되다 ★

酸性 suānxìng 명 산성

溶液 róngyè 명 용액

碱性 jiǎnxìng 명 알칼리성

紫色 zǐsè 명 자색

色素 sèsù 명 색소

照射 zhàoshè 동 조사하다, 비추다

波长 bōcháng 명 파장

热能 rènéng 명 열에너지

观察 guānchá 동 관찰하다 ★

条件 tiáojiàn 명 조건

反射 fǎnshè 동 반사하다

光波 guāngbō 명 광파

升温 shēngwēn 동 온도가 상승하다

避免 bìmiǎn 동 피하다 ★

烧伤 shāoshāng 동 화상을 입다

光能 guāngnéng 명 빛에너지

组织 zǔzhī 동 조직하다 ★

实际上 shíjìshang 사실상

接近 jiējìn 동 접근하다 형 가까운

云南 Yúnnán 지명 윈난(운남)

广东 Guǎngdōng 지명 광둥(광동)

海南 Hǎinán 지명 하이난(해남)

珍稀 zhēnxī 형 진귀하고 드물다

花瓣 huābàn 명 꽃잎

基部 jībù 명 줄기와 뿌리 사이

细丝 xìsī 명 매우 가는 실

많은 노란색 광파와 빨간색 광파를 반사할 수 있어 온도 상승 속도가 비교적 느려서 스스로를 보호할 수 있으며, 화상을 피할 수도 있다. 그러나 검은색 꽃은 태양광 속의 모든 빛 에너지를 흡수할 수 있고, 열에너지 흡수도 가장 많아 온도 상승도 빠르다. 그래서 꽃 조직이 쉽게 상처를 받게 된다.

어떤 사람은 검은색 꽃을 본 적이 있다고 말한다. 그들이 소위 말하는 '검은색 꽃'은 사실 검은색에 가까운 짙은 자색 혹은 짙은 빨간색 꽃이다. 예를 들어 윈난(운남), 광둥(광동), 하이난(해남)등 지역에서 이런 진귀한 꽃이 자라고 있는데, 이 꽃을 '라오후쉬'라고 부른다. 그것은 매우 보기 드문 '검은색 꽃'이다. **77** 이 꽃의 꽃잎과 줄기와 뿌리 사이에는 수십 개의 검은색을 띠는 보라색 은사가 있다. 비록 검은색에 매우 가깝지만 진정한 검은색은 아닌 것이다.

75

问 : 下列哪项属于花色形成的决定性因素?

    A 湿度   B 温度   C 花青素   D 降水量

질문 : 다음 중 꽃의 색을 형성하는 결정적인 요인은?

    A 습도   B 온도   C 안토시안   D 강수량

보기 어휘

湿度 shīdù 명 습도
降水量 jiàngshuǐliàng
명 강수량

정답 C

해설 두 번째 단락에 꽃이 다양한 색을 띠는 주요 원인은 꽃봉오리 속에 안토시안이 있기 때문이라고 했으므로 정답은 C이다.

76

问 : 花儿是如何避免自身被烧伤的?

    A 跟光照没有关系
    B 花儿有自我防卫功能
    C 可以吸收阳光的大部分光波
    D 能反射阳光中较强的光波

질문 : 꽃은 어떻게 스스로가 화상 입는 것을 피하는가?

    A 빛이 내리쬐는 것과 관련이 없다
    B 꽃은 자기방어 기능이 있다
    C 햇빛의 대부분의 광파를 흡수할 수 있다
    D 햇빛 속의 비교적 강한 광파를 반사할 수 있다

보기 어휘

如何 rúhé 대 어떻게 ⭐
光照 guāngzhào
동 (태양이) 내리쬐다
防卫 fángwèi 동 방위하다,
방어하다

정답 D

해설 중간 부분에 흰색 꽃은 태양광 속의 모든 광파를, 노란 꽃과 빨간 꽃은 각각 태양광에 비교적 많은 노란색 광파와 빨간색 광파를 반사할 수 있어서 화상을 피할 수 있다고 했으므로 정답은 D이다.

77

问 ： 根据上文，下列哪项正确?
A 老虎须不是真正的黑色
B 黑色花儿的种类很丰富
C 花儿的细胞液多呈阳性
D 喜阴植物花色更深

질문 : 윗글에 근거하여, 다음 중 옳은 것은?
A '라오후쉬'는 진정한 검은색은 아니다
B 검은색 꽃의 종류는 아주 많다
C 꽃의 세포액은 대부분 양성을 띈다
D 그늘을 좋아하는 식물은 색이 더 짙다

정답 A

해설 '라오후쉬'의 꽃잎과 줄기와 뿌리 사이에는 수십 개의 검은색을 띄는 보라색 은사가
있고 비록 검은색에 매우 가깝지만 진정한 검은색은 아니라고 했으므로 정답은 A이
다.

78

问 ： 上文最可能来自哪种出版物?
A 《旅游杂志》   B 《娱乐新闻周刊》
C 《历史与文化》   D 《植物与自然》

질문 : 윗글은 어떤 출판물에서 발췌했을 가능성이 큰가?
A 《여행잡지》   B 《예능기사 주간지》
C 《역사와 문화》   D 《식물과 자연》

정답 D

해설 윗글은 어떤 출판물에서 발췌했을 가능성이 큰지 묻고 있다.
첫 번째 단락에 과학자들이 자연계의 4,000여 종의 꽃을 대상으로 통계를 진행하여
검정색 꽃이 없다는 것을 밝히며 소개한 것으로 보아 《식물과 자연》이 가장 적당하다.

79-82.

　　1928年，诗人徐志摩 **82** 推荐沈从文去上海的中国公学去教
书。当时担任中国公学校长的是胡适。胡适大胆地接纳了只有
小学学历，性格又腼腆的沈从文，并让他教授大学一年级的文
学选修课。

　　当时，沈从文虽然已经在文坛有点儿名气，但他从未当过
老师。对于这份工作，他心里充满了期待和不安。为了能顺利
地上完第一堂课，在课前他做足了准备。**79** 当他走进教室时，
教室里早已坐满了学生。他看着下面<u>黑压压的一片</u>，心里顿时

지문 어휘

推荐 tuījiàn 통 추천하다

教书 jiāoshū 통 교사가 되다

担任 dānrèn 통 맡다 ☆

腼腆 miǎntiǎn 형 낯을 가리다,
부끄러워하다

选修课 xuǎnxiūkè 명 선택과목

文坛 wéntán 명 문단

名气 míngqì 명 명성

顺利 shùnlì 형 순조롭다

黑压压 hēiyāyā 형 새까맣다

顿时 dùnshí 부 갑자기

紧张起来，脑子里变得一片空白。**80** 上课前他自以为准备好了，很有信心，所以就没带教案和教材。可是五分钟过去了，他一个字也没说；之后他竟然呆呆地站了十分钟，面色尴尬极了，双手不停地搓来搓去。这时，教室里鸦雀无声，同学们都好奇地等着他开口。或许是学生们那充满求知欲地眼神给了他提醒，他终于开口讲课了。但原来准备的1小时的内容，只用了不到15分钟的时间就匆匆讲完了。

可剩下的时间怎么办呢？他无助地看了看学生们，然后拿起粉笔在黑板上写了这样一句话："我第一次上课，见你们人多，怕了。"

看着沈从文无奈的表情，学生们哈哈大笑起来。听完这堂课的学生对沈从文的看法不一。**81** 有的人觉得他很诚实，表示理解并鼓励了他；有的人觉得他没有资格当老师，还向校长告状了。校长胡适只是笑了笑说道："上课讲不出话来，学生都没有轰他走，这就是成功。"

有了这次经历后，沈从文每天都告诫自己在课堂上不要紧张。渐渐地，他在课堂上变得越来越从容了。

1928년 시인 쉬즈모는 **82** 선충원에게 상하이의 중국 공립학교로 가서 교사가 되는 것을 추천했다. 당시 중국 공립학교 교장을 맡고 있던 사람은 후스였다. 후스는 단지 초등학교 학력에 성격 또한 낯가림이 심한 선충원을 과감하게 받아들였고, 그에게 대학교 1학년 선택과목을 가르치게 했다.

당시 선충원은 문단에서 약간의 명성이 있긴 했지만 그는 선생님을 해 본 적이 없었기 때문에 이 일에 대한 그의 마음은 기대와 불안감으로 가득 찼다. 첫 번째 수업을 순조롭게 마치기 위해 수업 전에 그는 충분한 준비를 했다. 그가 **79** 교실에 들어 갔을 때, 교실 안에는 이미 학생들이 가득 차 있었다. 그는 강단 아래의 새까만 무리들을 보자 갑자기 긴장되기 시작했고, 머리 속이 하얘졌다. **80** 수업 전에 그는 이미 모든 준비가 잘 되었다고 생각하고 자신감이 넘쳐서 교안과 교재를 가지고 오지 않았다. 그러나 5분이 지났고, 그는 한 마디도 하지 못했다. 그 후에도 그는 뜻밖에도 우두커니 10분을 서 있었다. 안색은 매우 난처했고, 두 손을 계속 비벼댔다. 이때 교실 안은 굉장히 조용했고, 학생들은 모두 호기심에 가득 차서 그가 입을 열기만을 기다리고 있었다. 어쩌면 학생들은 배움의 욕망이 가득 찬 눈빛으로 그를 일깨워 줬는지도 모른다. 그는 마침내 수업을 시작했다. 그러나 원래 준비했던 1시간 동안의 내용을 단지 15분도 안 되는 시간에 황급히 마쳤다.

그러면 남은 시간은 어떻게 한단 말인가? 그는 어쩔 줄 몰라하며 학생들을 바라봤고, 그런 후에 분필을 들고 칠판에 이렇게 적었다. "저는 처음으로 수업을 하는데, 학생이 너무 많은 것을 보고 무서워졌습니다."

선충원의 어쩔 줄 모르는 표정을 보고 학생들은 크게 웃기 시작했다. 이 수업을 들은 학생들은 선충원에 대한 견해가 달랐다. **81** 어떤 사람은 그가 솔직하다고 생각하여 이해를 표하며 그를 격려해 주었고; 어떤 사람은 그가 교사가 될 자격이 없다고 생각하고는 교장 선생님에게 이 일을 일러 바쳤다. 교장 후스는 웃으면서 "수업시간에 강의를 못했는데, 학생들이 그를 내쫓지 않았으니 그것만으로도 성공이네"라고 말했다.

이 경험을 한 후, 선충원은 매일 스스로에게 교실에서 긴장하지 말자고 타일렀고, 그는 교실에서 점점 침착하게 변해갔다.

교案 jiào'àn 🅝 교안
教材 jiàocái 🅝 교재 ⭐
竟然 jìngrán 🅑 뜻밖에도
呆呆地 dāidāide 🅑 우두커니, 하염없이
面色 miànsè 🅝 안색
尴尬 gāngà 🅕 난처하다
鸦雀无声 yāquèwúshēng 🅢 까마귀와 참새 소리마저도 없다
好奇 hàoqí 🅣 호기심을 갖다 ⭐
或许 huòxǔ 🅑 어쩌면, 아마 ⭐
求知欲 qiúzhīyù 알고자 하는 욕망
眼神 yǎnshén 🅝 눈빛
提醒 tíxǐng 🅣 일깨우다
匆匆 cōngcōng 🅕 황급하다, 매우 급한 모양
无助 wúzhù 무능해서 아무것도 못하다. 일을 추진시킬 능력이 없다
粉笔 fěnbǐ 🅝 분필
无奈 wúnài 🅕 어쩔 줄 모르다 ⭐
诚实 chéngshí 🅕 진실하다
资格 zīgé 🅝 자격
告状 gàozhuàng 🅣 일러바치다, 이르다, 고자질하다
轰 hōng 🅣 내쫓다, 쫓아 내다
告诫 gàojiè 🅣 타이르다
渐渐 jiànjiàn 🅑 점점
从容 cóngróng 🅕 침착하다

79

问 : 第二段中画线部分"黑压压的一片"，是指：

    A 教室里光线不好   **B** 听课的人很多

    C 房间里很乱   **D** 学生们积极踊跃发言

질문 : 두 번째 단락에서 밑줄 친 '黑压压的一片'이 가리키는 것은?

    A 교실이 어둡다   B 수업을 듣는 사람이 아주 많다

    C 방이 지저분하다   D 학생이 적극적으로 발표를 하다

보기 어휘

积极 jījí 형 적극적이다
踊跃 yǒngyuè 형 적극적이다, 앞을 다투다
发言 fāyán 동 의견을 발표하다, 발언하다 ★

정답   B

해설   그가 교실에 들어 갔을 때, 교실 안에는 이미 학생들이 가득 차 있었으므로 그가 본 강단 아래의 까만 무리는 바로 많은 학생이다. 그러므로 정답은 B이다.

80

问 : 沈从文没拿教案，是因为他觉得：

    A 听课的学生不多

    B 自己准备得很充分

    C 这样可以减轻讲课时的压力

    D 教材会限制自己的讲课范围

질문 : 선충원이 교재를 들고 오지 않은 것은 그가 생각하기에：

    A 수업을 듣는 학생이 많지 않다고 생각했기 때문에

    B 자신이 충분히 준비했다고 생각했기 때문에

    C 그렇게 하면 수업할 때 스트레스를 줄일 수 있다고 생각했기 때문에

    D 교재가 자신의 수업 범위를 제한할 수도 있다고 생각했기 때문에

보기 어휘

减轻 jiǎnqīng 동 줄다, 감소하다
限制 xiànzhì 동 제한하다

정답   B

해설   두 번째 단락에 수업 전에 그는 이미 모든 준비가 잘 되었다고 생각하고 자신감이 넘쳐서 교안과 교재를 가지고 오지 않았다고 했으므로 정답은 B이다.

81

问 : 看见沈从文写的那句话，学生们：

    A 在课堂上公然埋怨他

    B 立刻离开了教室

    C 得到了很大的启发

    D 表示理解并鼓励了他

질문 : 선충원이 쓴 그 글을 본 후 학생들은：

    A 수업시간에 공개적으로 그를 원망했다

    B 신속하게 교실을 떠났다

    C 큰 깨우침을 얻었다

    D 이해하고 그를 격려하였다

보기 어휘

公然 gōngrán 부 공개적으로
埋怨 mányuàn 동 원망하다
启发 qǐfā 명 깨우침

해설   어떤 학생들은 그의 글을 보고 그가 솔직하다고 생각하여 이해를 표하며 그를 격려해 주었다고 했으므로 정답은 D이다.

82

问 : 上文主要谈的是:

A 中国教育的发展历史
B 紧张时如何调整自己
C 沈从文完美的讲课过程
D 沈从文如何从作家转变为老师

질문   윗글에서 말하고자 하는 것은:

A 중국 교육의 발전역사
B 긴장할 때 어떻게 자신을 컨트롤해야 하는가
C 선충원의 완벽한 수업 과정
D 선충원이 어떻게 작가에서 교사가 되었는가

정답   D

해설   도입 부분에 시인 쉬즈모는 선충원에게 상하이의 공립학교로 가서 교사가 되는 것을 추천했다는 말을 통해서 윗글은 작가인 선충원이 어떤 과정을 거쳐 교사가 되었는지 소개하는 글임을 알 수 있다.

83-86.

耳朵让我们生活在一个有声的世界中，但在 **86** 日常生活中各种各样的噪音和不健康的生活习惯却影响了我们的听力。如今，在地铁和公共汽车里，经常可以看见戴耳机听音乐、看视频的人。由于这些环境比较嘈杂，**83** 为了听清楚耳机里的声音，人们会不知不觉地把音量调大，直到听清楚为止。但是，很多人都不知道这样的"举动"是造成听力逐渐下降的一个重要原因。

我们的内耳有2万个感觉神经细胞，正因为有了它们，我们才能听到各种声音。但是它们又是非常脆弱的，经不起噪声长时间带来的伤害。使用耳机会产生近距离高分贝的噪音，这会造成内耳的细胞受损甚至死亡，久而久之，就会使人们失去听觉。国外有研究表明，长时间戴耳机，可导致耳聋提前30年到来。

那么，我们应该如何科学使用耳机，而不伤害我们脆弱的耳朵呢？首先，戴耳机要遵循三个"60原则"。即听音乐或看视频时的音量不要超过最大音量的60%，连续听的时间不要超过60

지문 어휘

噪音 zàoyīn 몡 소음
耳机 ěrjī 몡 이어폰
视频 shìpín 몡 동영상
嘈杂 cáozá 톙 시끄럽다, 떠들썩하다
不知不觉 bùzhībùjué 쪵 자기도 모르는 사이에, 부지불식간에
举动 jǔdòng 몡 행동
逐渐 zhújiàn 囝 점점 ★
内耳 nèi'ěr 몡 내이, 속귀
神经 shénjīng 몡 신경
细胞 xìbāo 몡 세포
脆弱 cuìruò 톙 연약하다
经不起 jīngbuqǐ 동 감당할 수 없다
伤害 shānghài 동 손상시키다, 상하게 하다 ★
近距离 jìnjùlí 몡 근거리
分贝 fēnbèi 몡 데시벨
噪声 zàoshēng 몡 소음
受损 shòusǔn 동 손상을 입다

分钟，外界的声音不要超过60分贝。**84** 这三个原则已经成为国际上公认的保护听力的方法。

其次，请选择头戴式的耳机。现在市场上卖的耳机主要有三种，分别是头戴式、耳挂式和入耳式。如果是在长期的噪声环境下使用的话，**85** 头戴式对耳朵的损伤是最小的，入耳式则是最大的。再次，最好不要在嘈杂的环境下用耳机听音乐。特别是在地铁里，因为地铁本身就是一个封闭式的环境，再戴上耳机紧紧地压在耳朵上，其对内耳的伤害是极大的。

最后，如果你是经常用耳机听音乐的人，那在生活中要多留意自己听力的情况。当出现耳鸣、头晕、听力下降等症状时，就应立即去医院检查一下。

久而久之 jiǔ'érjiǔzhī
성 오랜 시일이 지나다
导致 dǎozhì 동 야기하다,
초래되다 ⭐
耳聋 ěrlóng 동 귀가 먹다
遵循 zūnxún 동 따르다
原则 yuánzé 명 원칙 ⭐
公认 gōngrèn 동 공인하다
损伤 sǔnshāng 동 손상되다
封闭式 fēngbìshì 폐쇄식
留意 liúyì 동 주의를 기울이다
耳鸣 ěrmíng 명 이명, 귀울림
头晕 tóuyūn 동 어지럽다
症状 zhèngzhuàng 명 증상

귀는 우리가 소리 있는 세상에서 살게 해준다. 그러나 **86** 일상생활에서 여러 가지 소음과 건강하지 않은 생활습관은 우리의 청력에 영향을 미친다. 현재, 지하철과 버스에서 이어폰을 끼고 음악을 듣고, 동영상을 보는 사람들을 자주 볼 수 있을 것이다. 이런 환경은 비교적 시끄럽기 때문에 **83** 이어폰 소리를 정확하게 듣기 위해서 사람들은 자신들도 모르게 잘 들릴 때가지 볼륨을 크게 높인다. 그러나 많은 사람은 이런 행동이 청력을 점점 저하시키는 중요한 원인이라는 것을 모른다.

우리의 내이에는 2만개의 감각 신경 세포가 있다. 감각 신경 세포가 있기 때문에, 우리들은 비로소 각종 소리를 들을 수 있는 것이다. 그러나 감각 신경 세포는 굉장히 연약하기 때문에 소음으로 장시간 가져오는 손상을 감당할 수가 없다. 이어폰을 사용하면 근거리 고데시벨의 소음이 생길 수 있는데, 이것은 내이의 세포가 손상되고 심지어는 사망에까지 이르게 한다. 오랜 시간 지속되면 사람들은 청력을 잃을 수도 있게 된다. 외국의 어느 연구에서는 장시간 이어폰을 착용하면 귀머거리가 되는 것을 30년 앞당기는 것이라고 밝혔다.

그러면 우리가 어떻게 이어폰을 사용해야 과학적으로 우리의 연약한 귀를 손상시키지 않을 수 있을까? 먼저 이어폰을 낄 때는 세 가지 '60원칙'을 따라야 한다. 음악을 듣거나 동영상을 볼 때의 볼륨이 최대 볼륨의 60%를 초과해서는 안 되고, 연속듣기 시간이 60분을 초과해서는 안되며, 외부 소리가 60 데시벨을 초과해서도 안 된다. **84** 이 세가지 원칙은 이미 국제적으로 공인된 청력을 보호하는 방법이 되었다.

둘째로 헤드셋을 사용해야 한다. 현재 시장에서 판매되는 이어폰은 주로 세 종류로서 각각 헤드셋, 귀걸이 식, 귀 속 삽입 식이다. 만일 장시간 시끄러운 환경에서 사용을 해야 한다면 **85** 헤드셋이 귀에 주는 손상이 가장 적고 삽입식이 가장 크다. 다음으로, 가장 좋은 것은 시끄러운 환경에서 이어폰을 끼고 음악을 듣지 않는 것이다. 특히 지하철 안이 그렇다. 지하철은 그 자체가 폐쇄된 환경으로 거기에다 이어폰을 귀에 꽉 끼고 있으면 내이의 손상이 매우 커진다.

마지막으로, 만약 당신이 자주 이어폰을 끼고 음악을 듣는 사람이라면, 일상생활에서 자신의 청력에 주의를 기울여야 한다. 이명, 어지럼증, 청력저하 증상이 나타날 때에는 즉시 병원에 진찰을 받으러 가야 할 것이다.

83

问： 第一段中画线词语"举动"指的是什么？
A 听音乐　　　　　　　B 看视频
C 放大音量　　　　　　D 在嘈杂的环境中

질문： 첫 번째 단락에서, 밑줄 친 '举动'이 가리키는 것은 무엇인가?
A 음악 듣기　　　　　　B 동영상 보기
C 볼륨을 크게 하는 것　　D 시끄러운 환경에 있는 것

정답 C

해설 첫 번째 단락에 이어폰 소리를 정확하게 듣기 위해 볼륨을 크게 높이는데 이런 행동은 청력을 저하시키는 중요한 원인이 된다고 했으므로 정답은 C이다.

84

问： 根据三个"60原则"，可以知道：
A 6条原则
B 能有效地保护听力
C 室外音量可以超过60分贝
D 能检测耳机是否好用

질문： 세 가지의 '60 원칙'에 근거하여, 알 수 있는 것은:
A 6개의 원칙
B 효과적으로 청력을 보호할 수 있다
C 실외 음량은 60 데시벨을 초과할 수 있다
D 이어폰의 기능이 좋은지 검사 측정할 수 있다

보기 어휘

有效 yǒuxiào 형 효과가 있다
检测 jiǎncè 동 검사 측정하다, 검측하다

정답 B

해설 세 번째 단락에 이어폰 사용시 3가지 '60원칙'이 있는데, 이 세가지 원칙은 이미 국제적으로 공인된 청력을 보호하는 방법이라고 했으므로 정답은 B이다.

85

问： 根据上文，下列哪项正确？
A 经常清洁耳机
B 地铁里禁止播放音乐
C 耳挂式耳机更好
D 头戴式耳机对耳朵损伤最小

질문： 윗글에 근거하여, 다음 중 옳은 것은?
A 이어폰을 자주 청결하게 한다
B 지하철에서 음악 방송하는 것을 금지한다
C 귀에 꽂는 형태의 이어폰이 더 좋다
D 헤드셋 식 이어폰이 귀에 주는 손상이 가장 작다

보기 어휘

清洁 qīngjié 동 청결하게 하다
播放 bōfàng 동 방송하다 ☆

해설　네 번째 단락에 헤드셋이 귀에 주는 손상이 가장 적고 삽입식이 가장 크다고 했으므로 정답은 D이다.

86

问 : 本文主要说明什么？
　A 如何科学地使用耳机
　B 音乐市场状况的改变
　C 音乐在生活中无处不在
　D 乘坐地铁的社会问题

질문 : 윗글에서 주로 설명하고자 하는 것은?
　A 어떻게 과학적으로 이어폰을 사용할 것인가?
　B 음악 시장 상황의 변화
　C 음악은 생활 속에서 없는 곳이 없다
　D 지하철 탑승의 사회적 문제

정답　A

해설　도입 부분에 일상 생활에서 여러 가지 소음과 건강하지 않은 생활습관은 청력에 영향을 미친다고 한 것과 귀의 손상을 최소화 할 수 있는 이어폰 선택과 사용 방법을 소개하고 있으므로 '어떻게 과학적으로 이어폰을 사용할 것인가'가 정답이다.

87-90.

　　87 郭亮洞是河南省辉县的一条建在悬崖上的公路，始建于1972年，1977年完工。郭亮洞有 **90** "挂壁公路"的美称，因为远远望去如同挂在山壁上。如果你开车行驶在这条公路上，会感到惊心动魄！

　　郭亮洞所在的村是郭亮村，这个村三面环山，一面是悬崖。由于这种特殊的地理环境，想在这儿修建公路难度是非常大的，因此在修建郭亮洞之前，这里没有一条通往山外的公路，这里的村民世世代代过着与世隔绝的生活，

　　为了摆脱这种生活困境，村里的领导向村民提议修路。这个提议得到了全村人的响应。村民们自发地卖掉了山羊、山药等值钱的东西，集资购买了修路时需要的材料和一些工具。历时五年，村民们没有用任何机械，大石头用手搬，小石头用筐抬，人人手指流血，**88** 全凭人力在悬崖上凿了一条高五米、宽四米、全长1300米的石洞公路。这不得不说是中国建筑史上的奇迹。

지문 어휘

河南省 Hénánshěng
지명 허난성(하남성)
县 xiàn 명 현
悬崖 xuányá 명 절벽, 벼랑
公路 gōnglù 명 도로
完工 wángōng 동 완공하다
挂 guà 동 걸다
壁 bì 명 벽
美称 měichēng 명 아름다운 이름
如同 rútóng 동 마치 ～와 같다
行驶 xíngshǐ 동 (차나 배 등이) 달리다
惊心动魄 jīngxīndòngpò
성 마음이 조마조마하다
所在 suǒzài 명 장소, 소재
村 cūn 명 마을, 촌락
环山 huánshān 동 산으로 둘러싸다
特殊 tèshū 형 특수하다 ☆
难度 nándù 명 난이도

此外，为了保证人们的行车安全，**89** 洞里每隔一段距离都会有一个侧窗，这样阳光自然会照进来，不仅起到了照明的作用，人们还可以透过侧窗欣赏洞外的美景。

挂壁公路解决了村民们交通不便的难题，同时也把大山里的美景展现在了山外人的眼前。这里已成为了旅游景点，吸引了很多人来这里观光，也吸引了多美术专业的学生到这里写生。

---

87 구어량 터널은 허난성(하남성) 후이현(휘현)의 절벽에 지은 도로이다. 1972년에 짓기 시작해서 1977년에 완공했다. 구어량 터널은 **90** '절벽에 걸려있는 도로'라는 아름다운 이름도 가지고 있는데, 멀리서 보면 마치 산 절벽에 걸려있는 듯 하기 때문이다. 만약 당신이 이 도로를 달린다면, 아마도 마음이 조마조마해지는 것을 느낄 것이다.

구어량 터널이 있는 마을은 구어량촌이다. 이 마을은 삼면이 산으로 둘러싸여 있고, 한 면은 절벽으로 이루어져 있다. 이런 특수한 지리적 환경 때문에, 이곳에 도로를 건설한다고 생각하는 것은 굉장히 어려운 것이었다. 그래서 구어량 터널을 건설하기 전에 이곳에는 산 밖으로 통하는 도로가 없었고, 이 마을 주민들은 여러 대에 걸쳐 세상과 단절된 생활을 보내야만 했다.

이런 생활의 곤경을 벗어나기 위해 마을의 이장이 마을 사람들에게 도로 건설에 대한 제의를 했다. 이 제의는 온 마을 사람들의 호응을 얻었다. 마을 사람들은 자발적으로 염소와 마 등 돈이 될 만한 것들을 팔았고, 자금을 모아 도로 건설 시 필요한 자재와 도구들을 구매했다. 5년의 시간이 지났고, 마을 사람들은 어떠한 기계를 사용하지 않고, 큰 돌은 손으로 옮기고, 작은 돌은 광주리로 들어 옮겼다. 사람들 손가락에서는 피가 흘렀다. **88** 온전히 사람의 힘에만 의지해서 벼랑에 높이 5m, 넓이 4m, 전체길이 1,300m의 바위 터널 도로를 팠다. 이것은 중국 건축 역사상의 기적이라고 말하지 않을 수 없었다.

이 외에도, 사람들의 도로 안전을 보장하기 위해서 **89** 터널 안에 일정한 거리를 두고, 측창을 설치했다. 이렇게 했더니 빛이 자연적으로 들어와 조명 역할을 했을 뿐만 아니라 사람들은 또한 측창을 통해서 터널 밖의 아름다운 경치를 감상할 수도 있었다.

절벽에 걸려있는 도로는 마을 사람들의 교통불편 문제를 해결했을 뿐만 아니라 동시에 또 산의 아름다운 경치를 외지 사람의 눈앞에 펼쳐지게 했다. 이곳은 이미 관광명소가 되었고, 많은 사람들이 이곳으로 관광을 오도록 매료시켰으며, 많은 미술 학도들이 이곳에 와서 그림을 그리도록 매료시켰다.

修建 xiūjiàn 통 건설하다, 시공하다

通往 tōngwǎng 통 ~로 통하다

村民 cūnmín 명 마을 주민

世世代代 shìshìdàidài 성 대대손손

与世隔绝 yǔshìgéjué 성 세상과 동떨어져 지내다

摆脱 bǎituō 통 벗어나다

困境 kùnjìng 명 곤경

领导 lǐngdǎo 명 이장, 책임자 ⭐

提议 tíyì 통 제의하다

修路 xiūlù 통 도로를 만들다

响应 xiǎngyìng 통 호응하다

自发 zìfā 형 자발적인

山羊 shānyáng 명 염소

山药 shānyao 명 마, 참마

值钱 zhíqián 통 값어치가 있다

集资 jízī 통 자금을 모으다

材料 cáiliào 명 재료

工具 gōngjù 명 공구, 수단

历时 lìshí 통 시간이 경과하다

机械 jīxiè 명 기계

搬 bān 통 옮기다, 이사하다

筐 kuāng 명 광주리

抬 tái 통 함께 옮기다

全凭 quánpíng 통 모두 ~에 의지하다

凿 záo 통 (끌이나 정으로) 구멍(홈)을 파다(뚫다, 내다)

不得不 bùdébù ~하지 않으면 안 된다, 반드시 ~해야 한다

建筑 jiànzhù 명 건축 통 세우다 ⭐

奇迹 qíjì 명 기적 ⭐

此外 cǐwài 명 이 외에, 이 밖에 ⭐

保证 bǎozhèng 통 보증하다, 보장하다

隔 gé 통 떨어지다

距离 jùlí 명 거리

照 zhào 통 비추다, 알리다

照明 zhàomíng 명 조명

透过 tòuguo 통 통하다

欣赏 xīnshǎng 통 감상하다 ⭐

旅游景点 lǚyóu jǐngdiǎn 명 관광명소

87

问 ： 关于光亮洞下列哪项正确?

A 全长一万多米

B 建在悬崖上

C 仅允许私家车通过

D 只对村民开放

질문 : 구어량 터널에 관하여 다음 중 옳은 것은?

A 전체 길이는 10,000m 정도 이다

B 벼랑에 만들어졌다

C 자가용 통행만 허락한다

D 마을 사람들에게만 개방한다

정답　B

해설　도입 부분에 구어량 터널은 허난성 후이현의 절벽에 지은 도로라고 했으므로 정답은 B이다.

88

问 ： 根据第三段，为什么说挂壁公路上 "中国建筑史上的 奇迹"?

A 使用了大量资金

B 采用了著名建筑师的设计方案

C 半年之内完工了

D 修建过程很艰苦

질문 : 세 번째 단락에 근거하여, 절벽에 걸린 도로를 왜 '중국 건축 역사상의 기적'이라고 하는가?

A 많은 자금을 사용했기 때문에

B 유명한 건축사의 설계 방안을 채택했기 때문에

C 반년 만에 완공했기 때문에

D 건설 과정이 굉장히 힘들었기 때문에

정답　D

해설　세 번째 단락에 마을 사람들은 돌을 손으로 옮겨 1,300m의 바위 터널 도로를 팠다고 했으므로 '건설과정이 굉장히 힘들었다'가 정답이다.

89

问 ： 根据上文，挂壁公路的侧窗主要有什么作用?

A 使空气保持清新

B 引进自然光

C 保证手机信号

D 可以和路人聊天儿

질문 : 윗글에 근거하여, 절벽에 걸린 도로의 측창은 무슨 작용을 하는가?
A 공기 깨끗하게 유지한다
B 자연광이 들어오게 한다
C 휴대 전화 신호를 받을 수 있게 한다
D 행인들과 대화할 수 있다

정답 B

해설 네 번째 단락에 측창을 설치함으로 빛이 자연적으로 들어와 조명 역할을 하게 했다고 했으므로 정답은 B이다.

90

问 : 下列哪项适合做上文标题?
A 公共资源的合理使用建议
B 公路是城市发展的必要条件
C 旅游业促进经济的发展
D 深山中的美----挂壁公路

보기 어휘

资源 zīyuán 명 자원 ★
促进 cùjìn 동 촉진하다 ★

질문 : 다음 중 윗글의 제목으로 적합한 것은?
A 공적 자원의 합리적인 사용에 대한 건의
B 도로는 도시 발전의 필수 조건이다
C 여행업은 경제의 발전을 촉진한다
D 깊은 산 속의 아름다움: 절벽에 걸린 도로

정답 D

해설 절벽에 걸려있는 도로 '구어량 터널'에 관한 설명을 하고 있는 글임을 알 수 있으므로 정답은 D이다.

제1부분 91~98번 문제는 제시된 단어를 알맞게 배열하여 하나의 문장을 완성하는 문제입니다.

91

| 洒在 | 饮料 | 把 | 文件上 | 别 |

洒 sǎ 통 쏟다 ⭐
饮料 yǐnliào 명 음료
文件 wénjiàn 명 서류, 문서 ⭐

해설

Step 1 술어를 찾는다.

술어
洒在

Step 2 보기에 把가 있는 것으로 보아 把자문 어순인 [주어+把+목적어(행위의 대상)+술어+기타성분]대로 배열하면 된다. 보기의 把(~을/를)와 사물명사인 饮料(음료)를 차례대로 술어 앞에 배치한다.

把	목적어	술어
把	饮料	洒在

Step 3 남은 어휘 가운데 부사 别는 把 앞에 놓고, 文件上은 결과보어 在 뒤 기타성분 자리에 배치한다.

부사	把	목적어	술어	기타성분(결과보어(개사구))	
别	把	饮料	洒	在	文件上

정답 别把饮料洒在文件上。

해석 음료를 문서 위에 쏟지 말아라.

92

| 大奇迹 | 是 | 这在 | 个 | 科学领域 |

奇迹 qíjì 명 기적 ⭐
领域 lǐngyù 명 영역, 분야 ⭐

해설 **Step 1** 술어를 찾는다.

술어
是

Step 2 是술어문의 주어 자리에는 구체적이고 확정적인 것, 목적어 자리에는 추상적이고 불확실한 것을 배치한다.

주어	술어	목적어
这	是	大奇迹

Step 3 남은 어휘 가운데 관형어 个는 목적어 앞에 놓고, 科学领域는 범위로 전치사 在 뒤에 배치하여 부사어를 완성한다. 부사어는 술어 앞에 놓인다.

주어	부사어		술어	관형어	목적어
这	在	科学领域	是	个	大奇迹

정답 这在科学领域是个大奇迹。

해석 이것은 과학 분야에서 하나의 큰 기적이다.

93

讲座	允许拍摄	的	吗	那位专家

讲座 jiǎngzuò 명 강좌 ⭐
允许 yǔnxǔ 동 허가하다
拍摄 pāishè 명 촬영
专家 zhuānjiā 명 전문가 ⭐

해설 **Step 1** 술어를 찾는다.

술어
允许拍摄

Step 2 구조조사 的는 명사(구)와 명사(구)를 꾸미는 말을 연결해주는 연결고리이다.

관형어		주어
那位专家	的	讲座

Step 3 [관형어+주어]를 술어 앞에 배치하고, 남은 어휘 가운데 어기조사 吗는 문장 맨 마지막에 위치한다.

관형어		주어	술어	목적어	어기조사
那位专家	的	讲座	允许	拍摄	吗

정답 那位专家的讲座允许拍摄吗?

해석 그 전문가의 강좌는 촬영이 허용됩니까?

94

批下来了	营业执照	饭馆的	已经

批 pī 동 승인하다, 허가하다 ⭐
营业执照 yíngyè zhízhào
명 사업자 등록증
饭馆 fànguǎn 명 식당

해설 **Step 1** 술어를 찾는다.

술어
批下来了

Step 2 남은 어휘 중 명사를 술어 앞 주어 자리에 배치하고, 관형어를 명사(주어) 앞에 배치한다.

관형어	주어	술어
饭馆的	营业执照	批下来了

Step 3 부사어 已经을 술어 앞에 배치한다.

관형어	주어	부사어	술어	기타성분
饭馆的	营业执照	已经	批	下来了

정답 饭馆的营业执照已经批下来了。

해석 식당의 사업자 등록증이 이미 나왔다.

95

被总裁	这次会议	了	取消	临时

总裁 zǒngcái 명 총수 ★
会议 huìyì 명 회의, 임시로
取消 qǔxiāo 동 취소하다 ★
临时 línshí 부 잠시, 임시로 ★

해설 **Step 1** 술어를 찾는다.

술어
取消

Step 2 보기에 被가 단독으로 제시된 것으로 보아 被자문 어순인 [주어+被+목적어(행위의 주체)+술어+기타성분]대로 배열하면 된다.

주어	被	목적어	술어	기타성분
这次会议	被	总裁	取消	了

Step 3 부사어 临时를 被 앞에 배치한다.

주어	부사어	被	목적어	술어	기타성분
这次会议	临时	被	总裁	取消	了

정답 这次会议临时被总裁取消了。

해석 이번 회의는 총수에 의해 임시로 취소되었다.

96

有点儿	说话的	张主任	语气	不耐烦

主任 zhǔrèn 명 주임, 팀장 ★
语气 yǔqì 명 어투, 말투 ★
不耐烦 búnàifán 형 귀찮다 ★

해설 **Step 1** 술어를 찾는다.

술어
不耐烦

Step 2 정도부사 有点儿은 형용사 앞에 놓인다.

부사어	술어
有点儿	不耐烦

Step 3 형용사 술어는 목적어를 가질 수 없다. 남은 어휘를 의미에 맞게 배열한다.

관형어		주어	부사어	술어
张主任	说话的	语气	有点儿	不耐烦

张主任说话的语气有点儿不耐烦。

장 팀장의 어투는 조금 짜증이 섞여있다.

97

终于获得了　　女儿　　模特儿　　冠军　　比赛的

终于 zhōngyú 부 마침내
获得 huòdé 동 얻다
模特儿 mótèr 명 모델 ⭐
冠军 guànjūn 명 챔피언, 1등 ⭐
比赛 bǐsài 명 대회, 경기

Step 1　술어를 찾는다.

술어
终于获得了

Step 2　女儿과 冠军, 模特儿이 주어나 목적어 자리에 올 수 있는데, 문맥상 술어 获得의 목적어로 가장 적합한 것은 冠军이다. 模特儿은 比赛를 꾸미고, 女儿은 주어 자리에 배치한다.

주어	부사어	술어	동태조사	관형어	목적어
女儿	终于	获得	了	模特儿比赛的	冠军

女儿终于获得了模特儿比赛的冠军。

딸은 마침내 모델 대회에서 1등을 차지했다.

98

资格考试　　她　　一年时间　　决心用　　通过会计

资格 zīgé 명 자격 ⭐
决心 jué xīn 동 결심하다 ⭐
会计 kuàijì 명 회계, 회계사 ⭐

Step 1　술어를 찾는다.

술어
决心

Step 2　用은 一年时间과, 通过는 考试와 각각 호응된다. 用은 방식을 나타내는 동사로 通过 앞에 위치한다.

전체 술어	전체 목적어			
	술어 1	목적어 1	술어 2	목적어 2
决心	用	一年时间	通过	会计 + 资格考试

Step 3　她는 주어로서 문장 맨 앞에 위치한다. 用一年时间通过会计资格考试는 목적어로 决定 뒤에 놓인다.

주어	술어	목적어
她	决心	用一年时间通过会计资格考试

她决心用一年时间通过会计资格考试。

그녀는 일년 안에 회계사 자격 시험을 통과하기로 결심했다.

99

| 毕业 | 面对 | 目标 | 稳定 | 适合 |

毕业 bì yè 통 졸업하다
面对 miànduì 통 맞서다 ★
目标 mùbiāo 명 목표 ★
稳定 wěndìng 형 안정적이다 ★
适合 shìhé 통 적합하다

해설

Step 1 제시된 어휘가 공통으로 말하고자 하는 주제 어휘를 찾는다.
주제 어휘: 毕业 bì yè 통 졸업하다

Step 2 단어마다 살을 붙여 주제 어휘에 맞게 호응 어휘나 문장을 만든다.

① 毕业 bì yè 통 졸업하다
大学毕业 (대학교를 졸업하다)
毕业于北京大学 (베이징 대학교를 졸업하다)

② 面对 miànduì 통 맞서다
面对困难 (어려움에 맞서다)
面对问题 (문제에 맞서다)

③ 目标 mùbiāo 명 목표
制定目标 (목표를 세우다)
实现目标 (목표를 실현하다)

④ 稳定 wěndìng 형 안정적이다
稳定的生活 (안정적인 생활)

Step 3 완성된 구나 문장들을 줄거리로 만들어 원고지에 작성한다.

정답 大学毕业以后，为了享受稳定的生活，该准备哪些呢？第一，要找到适合自己的工作，不能只顾工资高低，先要通过工作积累丰富的经验。第二，要制定明确的目标，有目标的人遇到困难时，也会以积极的态度面对困难。

		大	学	毕	业	以	后	，		为	了	享	受	稳	定	的
生	活	，		该	准	备	哪	些	呢	？		第	一	，		要	找	到
适	合	自	己	的	工	作	，		不	能	只	顾	工	资	高	低，
先	要	通	过	工	作	积	累	丰	富	的	经	验	。		第	二，
要	制	定	明	确	的	目	标	，		有	目	标	的	人	遇	到
困	难	时	，		也	会	以	积	极	的	态	度	面	对	困	难。

48

80

대학 졸업 후 안정적인 삶을 누리기 위해 어떤 준비를 해야 할까? 첫째, 자신에게 적합한 일을 찾아야 한다. 단지 월급의 높고 낮음만 생각해서는 안 되고, 우선 일을 통해 풍부한 경험을 쌓아야 한다. 둘째, 명확한 목표를 세워야 한다. 목표가 있는 사람은 어려움에 부딪혔을 때에도 적극적인 태도로 어려움에 맞설 것이다.

어휘 **只顾** zhǐgù 동 단지 ~만 생각하다　　**高低** gāodī 명 고저　　**积累** jīlěi 동 쌓다
明确 míngquè 형 명확하다 ⭐

100

해설　논설문 패턴을 활용한다.

도입	사진 묘사	1. 图片里有(숫자)个人在(동작)。
	살 붙이기	2. 随着现代社会的发展(동작)的人越来越多了。 随着生活水平的提高，很多人选择(동작)。
서론	의문형 문장	3. 那么，(동작)有什么好处呢？
본론	열거	4. 第一，(내용)。 第二，(내용)。
결론	평서문으로 전환, 제안	5. 那我们也开始(동작)吧。

활용

도입	사진 묘사	1. 图片里有(一)个人在(摄影)。
	살 붙이기	2. 随着现代社会的发展(去郊区摄影)的人越来越多了。
서론	의문형 문장	3. 那么，(去郊区摄影)有什么好处呢？
본론	열거	4. 第一，(可以使自己的生活变丰富一些)。 第二，(还可以欣赏到美丽的自然风景)。
결론	평서문으로 전환, 제안	5. 那我们也开始(学摄影)吧。

정답　图片里有一个人在摄影。随着现代社会的发展，去郊区摄影的人越来越多了。那么，去郊区摄影有什么好处呢？第一，可以使自己的生活变丰富一些。第二，还可以欣赏到美丽的自然风景。那我们也开始学摄影吧。

		图	片	里	有	一	个	人	在	摄	影	。	随	着	现
代	社	会	的	发	展	，	去	郊	区	摄	影	的	人	越	来
越	多	了	。	那	么	，	去	郊	区	摄	影	有	什	么	好
处	呢	？	第	一	，	可	以	使	自	己	的	生	活	变	丰
富	一	些	。	第	二	，	还	可	以	欣	赏	到	美	丽	的
自	然	风	景	。	那	我	们	也	开	始	学	摄	影	吧	。

48
80

해석 사진 속의 한 사람이 사진을 찍고 있다. 현대 사회의 발전에 따라 교외로 나가서 촬영을 하는 사람들이 점점 많아졌다. 그렇다면 교외로 나가서 사진을 찍는 것은 어떤 장점이 있을까? 첫째, 자신의 생활을 좀 더 풍부하게 할 수 있다. 둘째, 아름다운 자연 풍경을 감상할 수 있다. 그렇다면 우리도 사진 촬영에 대해 배워보자.

어휘 摄影 shè yǐng 용 사진을 찍다 ★ 郊区 jiāoqū 명 교외, 외곽
丰富 fēngfù 형 풍부하다 欣赏 xīnshǎng 용 감상하다 ★

파고다
HSK

5급 종합서 최신 개정판

해설서

파고다 HSK

5급 종합서 최신 개정판

파고다 고득점 전문강사의
한 달 완성 합격 전략!

- 기본서+실전 모의고사 구성의 한 권으로 끝내는 종합서
- 5급 어휘 완전 정복! 핸디북 사이즈의 어휘 노트
- 듣기·쓰기 영역을 한 번에 잡는 받아쓰기 PDF
- 파고다 1타 강사의 시험 직전 볼 수 있는 합격 비법 특강

이 책의 구성

 + + + + + +

| 기본서 | 실전 모의고사 2회분 | 해설서 | 어휘 노트 | 받아쓰기 PDF | 저자 특강 동영상 강의 | MP3 무료 다운로드 |

PRINTED WITH
SOY INK

ECO LIFE WITH
PAGODA

친환경 소재인 콩기름 잉크로 인쇄.

Bravo your challenge!
PAGODA Books

교재문의 02)6940-4070

13720

ISBN 978-89-6281-835-2
정가 ₩ 22,000

9 788962 818352